高等院校经管类
创新应用精品教材

管理学原理

【第三版】

主　编：颜明健
副主编：朱　泳　黄俊毅
编著者：张菊香　翁鸣鸣　范　爽
　　　　张彩霞　刘倩雯

MANAGEMENT

厦门大学出版社
XIAMEN UNIVERSITY PRESS
国家一级出版社
全国百佳图书出版单位

三版前言

管理学原理是一门建立在经济学、心理学、行为学、社会学、哲学和数学等基础之上的综合性和实践性很强的应用性学科,是学习经济和管理类相关专业的入门必修课程,学习和熟悉管理学的内涵也是掌握现代完备知识体系的重要基础。管理学是研究和探讨各种社会组织管理活动的基本规律和一般方法的科学。这些基本规律和科学方法对于所有管理领域具有普遍适用性,是管理学科群中最为基础的学科,它涉及的范围广,影响面大,是理论性与应用性较强的专业基础课程。

在 21 世纪的现代社会中,管理作为组织实现目标的一种手段(过程),可以说无处不在,无时不有。人们不管从事何种工作,几乎都在参与管理活动,大到管理国家,管理各类营利或非营利性组织,管理各式业务或行政事务,小至管理家庭,管理子女,管理自己。可以说,从个人的得失、组织的成败直至国家的兴衰,无不与管理工作是否得当有着紧密的关系。

本书在综合与借鉴中外学者专家研究的基础上,力求系统性、层次性、完整性、创新性及实用性地介绍管理的理论与知识、管理的方法与工具,尤其强调管理观念的不断更新创新,管理内容的及时变通拓广。

全书融合了多位编著者多年的教学经验和成果,在内容、体系等方面力求做到题材新颖,选材适当,案例突出,注重运用。本书同时注重对受教育者管理思想的培养、管理技能的训练、管理艺术的熏陶和管理素质的训练。

本书共十四章,主要针对高校本科及研究生教育的特点,以实用、应用、够用为原则,围绕各个管理环节编写应知、应会、应熟的管理知识和技能,突出能力素质培养。在每一章设置了本章学习重点、开篇案例、管理故事和管理工具;每章结束前再设置本章提要、关键概念、思考习题、技能训练等板块,便于强化学生对管理知识的理解和技能的掌握。通过体系、内容和编排框架的创新,力争使本书编写体现出"引导、吸收、感悟、训练"一体化的特色。

本书可作为相关专业专科、本科、研究生的教材,亦可作为相关管理人员的培训教材,并可为从事工商管理、项目管理和经济管理人员进行管理研究与解决问题时提供参考。

本书主要特色:

一、完整而全面的知识内容

全书涵盖的知识点较为完整而全面,除了绝大多数的教材一般涉及的基本章节之外,特别把组织变革(第 8 章)、人力资源管理(第 9 章)、激励(第 10 章)、群体与团队(第 12 章)及沟通与冲突管理(第 13 章)分章单独探讨,以适应 21 世纪以来变化急速的管理挑战与发展。

二、高效而有序的教学编排

全书高效而有序的层次性编排,目的当然是帮助提高学生的学习效率和教师的教学效率。

"本章学习重点"在每一章的开头部分描述了本章将要学习的关键主题。每章结束前的"本章提要"及"关键概念"突显了本章学习必须掌握的重要知识点和概念。

"开篇案例"和"管理故事"是一连串令人兴奋的教学课程设计。写在每一章开头的"开篇案例"都有一定的代表性与意义;而穿插章节里的"管理故事"多是有趣简短的小故事,让我们在轻松的学习里体认一些管理的原则与真理。

　　"管理工具"与"技能训练"是本书重视实用性与应用性的重要环节。前者是经典的管理"方法",是将管理思想运用于管理实践的手段,分别散见于各章中(如第三章的"PEST 分析法"、第六章的"BCG 矩阵"等),特别标示出来是紧扣各章内容的补充,以补遗珠之憾;后者则是扎扎实实的管理"技能培训",具体切实地依照步骤学习,无形之中也就养成了熟练的管理素养与技能了。

　　"思考习题"是帮助学生消化本章内容的重点习题。所提的问题是对该章基本知识点、定义或概念的理解及回忆;也可能具有思想上的挑战性,强调分析性及创新性,要求学生及时评估自己对学习和研究主题的把握程度。

　　新版本的提升:

　　一、全面更新各章的开篇案例

　　鼓励编著者与时俱进,因应最新形势的潮流与变化,更新每一章的开篇案例,以引导学生进入各章的知识领域。

　　二、尊重教学反馈的局部修改

　　经过征询众多采用本教材教师的反馈意见与不吝指正,各章内容都有或多或少的修改。

　　三、各章最后放上二维码,可直接扫码取得各章课件资源,便于学习。

　　本书的编著者是厦门大学嘉庚学院管理学院的优秀教师群,每一位教师负责编写两章,他们是——

　　副主编:

　　朱　　泳(工商与项目管理教研室主任,负责编写第 1 章、第 9 章)

　　黄俊毅(旅游管理教研室主任,负责编写第 5 章、第 11 章)

　　编著者:

　　张菊香(毕业论文召集人,核心骨干教师,负责编写第 12 章、第 14 章)

　　翁鸣鸣(实践教学召集人,核心骨干教师,负责编写第 2 章、第 3 章)

　　范　　爽(实践教学召集人,核心骨干教师,负责编写第 4 章、第 6 章)

　　张彩霞(实践教学召集人,核心骨干教师,负责编写第 10 章、第 13 章)

　　刘倩雯(实践教学召集人,核心骨干教师,负责编写第 7 章、第 8 章)

　　本书的完成不仅是他们多年辛勤努力教学与科研的成果,更是众人精诚团结、众志成城的具体呈现。感谢厦门大学出版社眭蔚副编审自始至终真诚全力的支持与协助,本书才得以顺利完成;当然,也要由衷地感谢本书所参考的所有相关文献的专家前辈们,他们的指引与努力让我们更坚定地完成工作。

　　管理学原理是一门范围极广的学科,由于编者们才疏学浅,疏漏之处在所难免,敬请各方先进贤达不吝批评指正。

厦门大学嘉庚学院管理学院　　颜明健

2019.6

目　录

管理工具索引

第 1 章 导 论

本章学习重点：

- 了解管理的由来；

- 掌握组织的特征与组织资源；

- 理解管理的定义与内涵；

- 掌握管理的职能；

- 理解管理的科学性与艺术性；

- 掌握管理者的类型；

- 理解管理者的角色与技能；

- 认识管理学的特点；

- 熟悉管理学的研究内容、研究对象及研究方法。

🌸 开篇案例

华为轮值董事长郭平 2019 新年致辞

今天,信息通信技术正在像一百多年前的电力一样,快速渗透到各个垂直行业,引发数字化、智能化变革,驱动数字经济高速发展。展望未来,在一个连接无处不在、智能无所不及的数字世界里,每个人和每个家庭都有机会享受到基于数据智能的个性化体验,每个组织都能够利用数字平台提升效率,构建面向未来的商业模式。

安全与可信对于数字经济的持续繁荣至关重要。如果不能应对日益增长的安全风险,数字社会将会崩塌。全社会、全行业需要共同努力,构建一个基于事实和风险的、可验证的网络安全管理体系。

过去 30 年,华为以宗教般的虔诚服务客户,与各国运营商一起把通信技术从象牙塔、实验室带到了各级城市及偏远地区,丰富人们的沟通和生活,消除数字鸿沟,服务了超过 30 亿人。30 年的积累,使得华为有能力抓住数字化、智能化的巨大机会,为客户、为社会创造更大价值。同时,华为也已经明确把网络安全和用户隐私保护作为公司的最高纲领,倡导并践行在创新中构筑安全,在合作中增进安全,共建可信的数字世界。

2018 年,华为聚焦 ICT 基础设施和智能终端,实现销售收入人民币 7 212 亿元,同比增长 19.5%。我们预计 2019 年仍将稳健增长。

面对质疑和排挤,客户的信任就是我们前进的最大动力。我们将始终坚持以客户为中心,集中精力把产品做到最好、把服务做到最优,用实践证明我们是值得信任的。我们相信,选择华为的客户,将赢得 5G 时代最佳的技术与商业竞争力;选择华为的国家,将赢得下一波数字经济的发展优势。

引领创新,为客户创造更大价值

持续研发投入。华为高度重视技术创新与研究,坚持将每年收入的 10% 以上投入研发。2018 年,华为在研发方面投入了 1 000 多亿人民币,在"2018 年欧盟工业研发投资排名"中位列全球第五。持续的投入到今天开花结果,转化为我们向客户持续提供创新产品、高效服务的能力。

尊重和保护知识产权。持续的投入使得华为成为全球最大的专利持有企业之一。截至 2018 年底,累计获得授权专利87 805项,其中有11 152项核心专利是在美国授权的,我们的技术专利对全球的信息社会是很有价值的。华为注重保护自己的知识产权,也尊重他人知识产权,与很多世界企业达成了专利交叉许可。

5G 创新和商用领先。华为投入 5G 技术研究已超过 10 年之久,累计向 ETSI 声明2 570族 5G 标准必要专利。华为率先构建了 5G 规模商用能力,不仅做到了 5G 性能至强、站点极简、维护更智能,而且还能为客户提供很多独一无二的价值,比如通过独有的核心技术,将微波传输能力从传统的 1 Gbps 大幅提升到 20 Gbps,使 5G 基站可以不用光纤,用微波就能实现超宽带回传,在充分发挥 5G 站点效用的情况下实现了低成本快速部署。我们的 5G 解决方案一进入市场就受到了广泛的欢迎,截至 2019 年 2 月底,我们已经和全球领先运营商签订了 30 多个 5G 商用合同,40 000 多个 5G 基站已发往世界各地。

做成全球最好的网络连接。面向未来,我们还将大量投入研发,打造极简网络,把复杂留给自己,把简单留给客户。在5G SA上,朝着"网络架构极简、站点极简、交易模式极简、交付运维极简、系统对内对外极安全、具备最佳网络韧性、实现GDPR的要求"的目标前进,做新一代最强的高质量产品,持续引领5G产业的技术发展。

严格遵从标准,打造安全可信的高质量产品

保障网络安全是全社会、全行业的共同责任。网络安全是全球性挑战,行业和监管机构需要制定统一的网络安全标准和评估认证制度,并确保这些标准对所有厂商和运营商都适用;设备供应商的责任是遵从标准,制造安全的设备;运营商的责任就是负责自己网络的安全运营。

严格遵从标准,制造安全的设备。作为一家设备供应商,华为既不运营电信网络,也不掌握客户数据,我们的责任主要在于打造安全可信的高质量产品。我们不断提升软件工程能力与实践,在产品设计、开发及交付全生命周期,将安全和隐私置于战略优先地位,同时推动第三方验证,保持开放合作,不断提升安全能力。我们已经建立了端到端的安全保障体系,华为从来没有,将来也不会植入后门,我们也绝不允许别人在我们的设备上这么干。

从结果可信到过程可信。过去30年,华为和运营商一起建设了1 500多张网络,服务170个国家,30多亿人口,保持着良好的安全记录。华为在增强产品防攻击、防渗透能力上也做到了行业最强——在专业软件安全工程成熟能力评估公司的12个评估项目,华为产品有9项达到了业界最高级水平,其他3项也高于业界的平均水平。但是我们清楚,未来网络安全的威胁是不断变化的,华为不仅要实现结果的安全可信,还要实现过程的安全可信。2018年底,公司董事会正式做出决议,我们将初始投入20亿美元的专项预算,在整个公司范围内开展软件工程能力变革,用面向未来的标准对历史上所有代码进行重构,让代码易读、易升级,从而在每一个产品和解决方案中,都融入信任,构建高质量。

尊重并保护用户隐私。华为遵从所有适用的隐私法律法规(包括GDPR)并嵌入业务流程,我们绝不通过售卖个人数据谋取商业利益。我们提供完善的管理、技术手段保证用户个人数据的安全,也积极帮助监管机构、客户及用户了解我们如何收集、处理及保护个人数据。

确保业务连续和健康发展

建设业务连续性管理体系。经过多年建设,华为在采购、制造、物流及全球技术服务等领域建立了端到端业务连续性管理体系,通过有效的管理组织及流程IT支撑,制定业务连续性计划及突发事件应急预案,开展员工培训及演练,确保对日常业务风险的有效管理。10年来,华为快速有序应对日本海啸、泰国洪水、尼泊尔地震、勒索病毒攻击等80多起突发事件,证明了华为业务连续性管理机制的有效性。

保障供应连续性。我们实行多元化的供应策略,通过多技术方案、多供应商选择、多生产基地、多运输路线等手段来保障整个供应链的连续性。对于现网运行产品,我们根据产品生命周期预测做足了备件储备。针对极端情况下的供应安全,我们十几年来的创新投入可以确保不会出现重大问题。

与生态圈合作共赢

构建合作共赢的生态圈。我们坚持与生态伙伴分享利益，与全球 ICT 行业共同进化，构建哥斯达黎加式的开放、有活力、多样性、共生共荣的生态环境，共同去满足单个公司或国家越来越无法支撑的全球需求。

与供应商伙伴共同成长。30 年的厚积薄发，使得华为更有能力抓住云计算、5G、智能终端等未来产业机会。我们已经与来自全球的 1.3 万多家供应商广泛合作，建立了长期合作关系。面向未来，我们将实行战略采购——以支撑商业成功为最终目标，以互信互助的合作机制和极简交易模式为支撑，联合创新，共同引领产业发展，同时保障业务连续性。不管风云多么变幻，我们对供应商的采购政策不会改变，坚定不移地追求合作共赢。

推动产业发展。我们在标准组织、产业联盟、开源社区等各类产业组织中积极贡献，加速产业发展，做大产业空间。华为加入了 400 多个标准组织、产业联盟、开源社区，担任超过 400 个重要职位。2018 年，我们提交标准提案超过 5 000 篇，累计提交近 60 000 篇。

加大全球产业布局与投资。此外，我们也将持续加大全球产业布局与投资，为所在国家完善基础设施、加快产业发展、扩大就业机会、改善民生福祉做出实实在在的贡献。

以法律遵从的确定性，应对国际政治的不确定性

独立经营与决策，开放透明沟通。华为是一家 100% 由员工持有的民营企业，没有任何政府部门及其他第三方机构持有公司股权，干涉公司经营与决策。虽然不是上市公司，但我们一直参照上市公司的标准和实践，坚持每年发布公司年报，年报中的财务报表经独立审计师审计，让外界了解华为业务的真实性、完整性和独立性。同时，我们也积极与政府、媒体、分析师等进行沟通，敞开大门欢迎各界人士来华为参观交流。

严格遵守法律，持续完善合规体系。我们始终以法律遵从的确定性，应对国际政治的不确定性。我们严格遵守业务所在国的所有适用的法律法规，包括联合国、美国和欧盟适用的出口管制和制裁法律法规。通过 10 多年组织与资源的持续投入，华为逐步建立起了符合业界最佳实践的合规体系，从公司政策、制度、组织、流程、文化、培训与宣传等方面，将合规管控落实到所有业务流程中，融入每一位员工的思想意识与行为习惯中。

通过法律手段捍卫权利。同时，对于不公平的对待，我们也将基于司法程序的确定性，通过法律手段来捍卫我们的权利。

2019，不惧艰难困苦，奋勇向前

聚焦 ICT 基础设施和智能终端，创新领先。运营商业务要抓住 5G 第一波商业机会，依托端到端优势，构建战略领先，同时夯实客户信任，通过商业解决方案帮助客户提升盈利能力，持续为客户创造价值；企业业务要围绕聚焦的客户场景，以解决客户问题为出发点，和合作伙伴一起为客户提供有竞争力的解决方案，做好 Huawei Inside，并通过充分与各国政府、行业、企业的合作使我们融入当地社会，成为其中的一分子；云服务业务要构筑 AI 和面向企业的服务竞争力，在数字政府、汽车 ICT 部件、平安城市领域建格局，保持高速增长；消费者业务继续以手机为支柱、以 AI 为驱动，打造芯端云协同的硬件和服务生态平台，提升品牌和体验，做全场景、全连接的智慧生活领导者。

激发组织活力，对准多打粮食，增加土地肥力。我们队伍必须有战斗力，要聚焦以作战人员为中心，做强弹头作战部，建立有序有力的组织队列。我们的领军人物一定要

是有战略洞察力、结构思维能力,有成功实践经验的优秀"全科医生"。为此,组织要去除不必要烦琐程序,减少作战决策的层级,减少协调,减少会议,减少队列中的非作战人员,不这样改革,我们不能生存。组织建设一定要有利于作战、有利于胜利。我们现在要求所有组织建设要对准目标,多产粮食,增加土地肥力,必须去除一些不必要的组织结构及流程,过于完美的结构与流程,可能不利于攻克高地。

堡垒最容易从内部攻破,堡垒也最容易从外部加强。面向未来,华为将努力排除外部干扰,不断改进内部管理,沿着既定战略方向前进。我们要与时间赛跑,为共同的愿景和使命而奔跑——把数字世界带入每个人、每个家庭、每个组织,构建万物互联的智能世界。

资料来源:摘自《华为投资控股有限公司 2018 年度报告》

1.1 管理的由来

1.1.1 管理的由来和意义

1. 管理的由来

人类的管理活动在其开始记载自身历史之前就已发生。据古人类学家考证,晚期猿人(直立人)生活在距今 150 万~30 万年前。晚期猿人作为一种物种,当时的生存环境并不比其他物种好。稀少的生存资源和敌对的自然环境,使得他们常常不得不以集体的力量狩猎(甚至比他们强大的)巨兽,并在此过程中要求有相当程度的计划和协作活动。到距今 5 万~1 万年前,晚期猿人的脑量不断增大,使其进化成智人。智人智力的提高使得工具得到大大改善,男人外出捕猎的收获量明显提高,人类社会由母系社会逐渐变为父系社会,男人从此获得了对家庭和社会的支配权。同时,人们发现,在采集食物、防御敌害和照料家庭的相互活动中如能建立起集团和部落,就能更好地保护和促进他们的利益。随着人类的逐渐进化,人与人之间的相互联合也越来越成为一种自觉选择。在这一进程中,组织随之形成。由此看来,工具和组织是人类胜过他们在自然界的敌人得以生存和发展的硬件条件和软件条件。因此,人类为了生存需要保护其组织的生存。组织的规矩及内在的生产关系、权力和利益分配模式也随同知识和技术一代代流传和发展,久而久之便形成了大家都认可的有关家庭、部落、教会、军队和国家在经济、政治、社会和宗教方面的法规。正是这些流传下来的法规条文和历史遗迹使我们看到了最早期的管理思想。

把管理作为一门学科进行系统研究,虽然是最近一二百年的事,但是管理实践却和人类历史一样悠久,至少可以追溯到几千年以前。生活在幼发拉底河流域的苏美尔人(Semites)早在公元前 5000 年就开始了最原始的记录活动,这也是有据可考的人类历史上最早的管理活动。

随着人类社会的发展,管理的思想在逐步地丰富和发展。从公元前 3000 年的古巴比伦国的寺庙管理,到"四大文明古国"的辉煌历史与成就,无不折射出古人管理思想的光辉(详见本书第 2 章)。工业革命的到来,使资本主义生产力突飞猛进地发展,同时对管理的范围、职能和要求有了新的内容,特别是要适应资本主义大工业企业的生产、经营的需要。于是,在 20 世纪初,以泰勒(F.W.Taylor)为代表的工程师们对管理进行了正规而又系统的研究。泰勒的科学管理理论的提出,揭开了管理研究的序幕。

德鲁克在《管理的实践》(1954)中提到:"管理作为一种基本的、独特的和主要的制度,它的出现是社会历史中具有重大意义的事情。过去很少(如果不是没有的话)有任何一种新的根本性的制度,一个重要的群体,曾像管理自 20 世纪以来这样迅速出现。在人类历史中,很少有一种新的制度能如此迅速地证明其自身的必不可少;而更少见的是,一种新的制度在出现时遇到的阻力如此之少,引起的混乱如此之少,引起的争论如此之少……管理,主要负责使资源具有生产效率,即负责取得有组织的经济进步的社会机体,反映出时代的基本精神。"

可见,管理的出现,对人类而言,意义不亚于蒸汽机的发明,它们都使人类的社会生产活动更具效率。蒸汽机使各种机器有了新的强大的动力,引发了人类历史上第一次技术革命,使人类进入一个新的时代——蒸汽机时代;而管理使人和各种互不相关的资源组合成一个总系统,并在达到目标的过程中,使系统内各种人和各项工作得以统一和协调。所以,管理发展成为科学是人类社会组织的重大变革,它把人们带入一个有序而高效的时代。管理是20 世纪发展最快的社会科学,也是我国改革开放三十年来发展最快的社会科学。

管理是人类协作和共同劳动的产物,管理成为协调个人努力必不可少的因素。通过管理,组织才能够形成一种整体的力量,以完成单独个人力量的简单总和所不能完成的各项活动,实现不同于个人目标的组织总体目标,即 $1+1>2$ 的协同效应;人类社会通过管理来保障组织活动的秩序性和效率性,有效地达到预定的目标。

对于管理产生的原因,人们通常认为是共同劳动产生管理。因为两个或两个以上的人在一起劳动,必然就会产生相互之间的协调问题。

※ **管理故事 1-1**

一条裤子

一家有姐妹两个孩子,妹妹总是穿姐姐穿小了的衣服。新学期又开始了,妹妹找出一件姐姐穿过的裤子,让妈妈帮她剪下去二寸缝好,妈妈说工作忙你找奶奶帮你改吧。妹妹找到奶奶,让奶奶帮她剪下去二寸缝好,奶奶正打牌呢,让她找姐姐帮她改。妹妹又找到姐姐,让姐姐帮她剪下去二寸缝好,姐姐也忙着准备开学,说你找妈妈帮你改吧。能找的三个人都找过了,妹妹不知道再找谁了。到了晚上,妈妈想到小女儿的不容易,抽空把裤子剪了二寸缝上了。奶奶心疼小孙女,又把裤子剪了二寸缝上了。姐姐心疼妹妹,又把裤子剪了二寸缝上了。结果裤子短得不能穿了。

今天,有学者从另一角度去思考管理的产生缘由。事实上,我们每一个人作为个体也会同样面临目标与目标之间(如生活目标及工作目标与学习目标)、人与人之间(如家庭成员之间、朋友之间)、资源与资源、活动与活动之间(如时间安排)的协调问题,也就是说,个人也需要管理(通常称为自我管理)。这就说明,共同劳动并不是管理产生的唯一原因。

管理是为解决资源的有限性与人们需求多样性矛盾的产物。每个组织所拥有的资源尽管在质量、数量、种类上不尽相同,但相对于人们的需求来说却是有限的。这就要求组织应该充分有效地利用这些有限的资源,而资源的充分利用程度取决于是否进行了有效的配置。良好的管理能够充分利用资源,促进组织目标的实现,推动国家经济的迅速发展。管理的产生缘由见图 1-1。

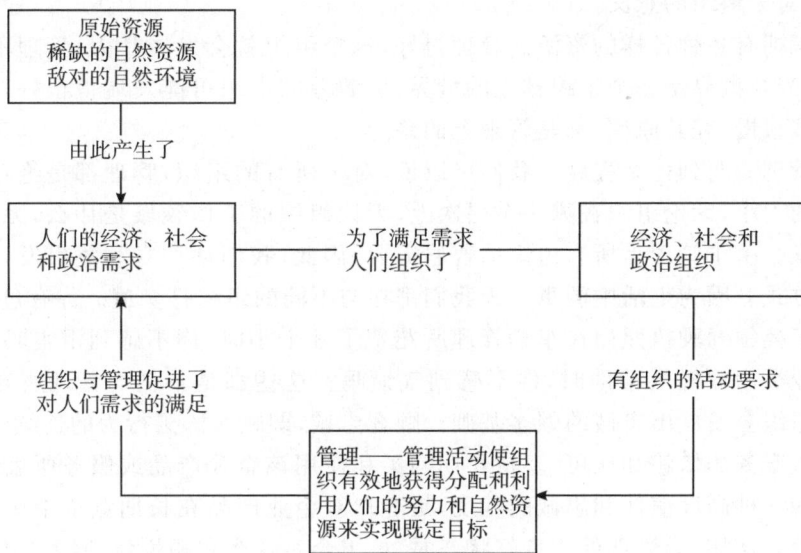

图 1-1 管理的产生缘由

2. 学习管理的意义

管理无处不在,无时不有,无论个人还是各类组织都需要管理。进入现代社会,人人都在不知不觉地参与管理,从小孩子管理零花钱,到家长管理子女,教师管理学生,厂长管理工厂,经理管理公司直到元首管理国家等,管理已成为人类社会生产与生活中的需求。总之,随着人类社会生产的不断发展,科学技术的不断进步,以及人类社会生活的日益复杂化,时代对管理也不断提出新的要求。同时,随着环境的变化以及管理的实践者和研究者们的努力,管理也日益社会化、现代化和科学化。当今世界,各种范围和层面的政治、经济、科技、人才之争都归结于相应的管理之争。换句话说,管理状况如何是决定个人成长、企业存亡、国家兴衰的关键,这已成为不争的事实和定论。

(1)管理对于个人的意义

管理如此重要,很自然地就会想“我能从这本书里得到什么”或“它对我意味着什么”。很少有人能直接回答这些看似普通的问题。简洁的回答是,学会管理你能够跟人一起工作得更和顺,这也是本书的大部分内容;此外,你的个人生活和职业生活也会更成功。

很显然,管理学习直接应用于你的职业生活。如果你是一个管理者,或者将来想要成为一个管理者,那么对良好管理技能的需要是不言自明的。即使你对成为一个管理者没有兴趣,你仍然需要管理技能才能在今天的职场中取得成功。简单告诉员工做什么的旧式的工作现场已经一去不复返了。你很可能被期望通过参与式管理在管理你的组织中成为一个工作伙伴。你也许在一个团队里工作,并且共享决策或其他管理任务。老板希望雇用那些能够参与公司管理的员工,并且训练非管理人员来履行管理职能。

管理学习也能直接应用于你的个人生活。你每天跟人沟通和互动;你制定个人计划和

7

决策,设定目标,把将要做的事情区分优先次序,并且让别人为你做某些事情。你曾经与家人和朋友发生冲突吗?你曾经感到压力很大吗?本书也许可以帮助你培养能够应用于所有这些领域的管理技能。本章将帮助你了解什么是管理,什么是管理者。

(2)管理对于组织的意义

一个组织拥有各种各样的资源。管理得好,这个组织就会发展壮大;管理不好,就可能解体、破产。当今世界是一个组织林立的世界,资源差的组织可能发展得很好,资源好的组织却可能发展很慢,究其原因,都是管理上的差异。

组织对管理需要到什么程度?我们可以说,对于所有的组织,管理都是绝对必要的,无论组织规模的大小,无论组织在哪一个层次上,无论组织的工作领域是什么,无论这个组织位于哪个国家。由于管理是所有组织的普遍需要,因此,我们从切身利益出发,要求组织改进它的管理方式。因为生活中的每一天我们都在与不同的组织打交道。你有过这样的经历吗?当你为了换领驾驶执照而在车辆管理所花费了 3 个小时,你不感到沮丧吗?当百货商店里没有营业员为你提供帮助时,你不感到气愤吗?这些都是不良的管理所导致的问题。管理良好的组织会发展出忠诚的顾客基础。顾客忠诚,即顾客购买行为的连续性,是指客户对企业产品或服务的依赖和认可、坚持长期购买和使用该企业产品或服务所表现出的在思想和情感上的一种高度信任和忠诚的程度,是客户对企业产品在长期竞争中所表现出的优势的综合评价。比如,当管理处于良好状态时,员工会对顾客和颜悦色,服务良好等,从而让顾客有信赖感,由此,就会不断提高顾客的忠诚度。管理不善的组织,它们的顾客基础萎缩,相应的营业收入也在下降。通过学习管理,能够认识到哪些属于不良的管理,并且采取措施纠正它。此外,你也能够识别优秀的管理,不管这些管理是发生在你与之打交道的组织还是你受雇的组织中。

就一个城市而言,它的资源主要是它的人口和自然资源,发展得快慢、好坏都是管理上的问题。二百年前,纽约还不大,现在却发展成为世界上最现代化的都市之一。我国改革开放前,深圳是一个小渔村,而今一跃成为一座现代化城市。

就一个国家而言,管理得好,就能成为发达国家;管理不好,就难摆脱落后挨打的局面。从世界历史上看,真正的全球性超级大国,只有英国和美国。英国的面积并不大,人口也不是很多。美国是一个新兴的国家,二百多年前还是一块不毛之地,建国一百多年后就成为世界第一强国,靠的就是管理。日本是第二次世界大战的战败国。战争使日本经济遭到了严重的破坏,整个国民经济在战争结束时已达到崩溃的边缘。但日本仅用了不到二十年的时间,就从一片废墟上崛起,迅速超过英国、德国,一跃成为世界经济强国。促使日本经济高速增长的主要原因不是别的,正是管理。新加坡、韩国、中国香港、中国台湾等国家和地区战后都曾一片萧条,而它们也都是通过加强管理而发展起来的,成为举世瞩目的经济繁荣的国家和地区。改革开放后的中国,在三十多年的时间里,经济发展一直保持高速增长,靠的也是管理。

正如拉丁美洲流行的一句话所讲的那样,发展中国家并不是在发展上落后,而是在管理上落后。凡是在第二次世界大战以后取得经济和社会迅速进步的地方,都是由于系统而有目标地培养管理人员和发展管理的结果。

1.1.2 组织的定义

设想一下,当你清早被电子闹钟叫醒,开灯,穿好衣服,梳洗、刷牙,准备早餐,吃早点,出门步入街道,然后到车站,乘上公交车至单位。在这一系列过程中,大约至少已与十多个组织发生了关系。这里涉及的组织有电力公司、煤气公司、自来水公司、钟厂、服装厂、商店、超市、公交公司等。就在平常的日子里,我们每天直接或间接地会接触到许多组织。组织是当今社会中各机构的最普遍的形式。正是由于组织具有这种主导地位的优势,所以了解组织究竟是如何运作的显然十分必要。

组织作为管理者经营的实体,有其自身的目标。彼得·德鲁克认为,管理者有两项任务,"其一是管好其营业,其二是建造一组织"。在领导组织实现其目标的过程中,管理人员了解并掌握有关组织的知识,是采取正确行动的基础。缺少对组织运营知识的透彻理解,想要达成组织目标和发动组织变革是勉为其难的。

1. 组织的定义

管理寓于组织之中,因而要全面、准确地掌握管理的内涵,首先应该对组织有一个基本的认识。组织是一切管理活动的载体,也就是说,管理不可能独立于组织而存在。所谓组织(organization),就是以结构化和协作形式共同工作来实现一系列目标的群体。组织是两个或两个以上的人的集合,组织的成员必须按照一定的方式相互合作,形成一种整体的力量,共同努力去完成依靠单独个人力量的简单相加所不能完成的各项活动,实现不同于个人目标的组织总体目标。

2. 组织的特征

组织的影响是如此广泛,以至于在我们的生活中不可忽视。我们在医院出生,到派出所登记户口,进入学校接受教育,就职于某个企业或事业单位,借助于公交公司的公共汽车出行,从银行申请贷款购买住房等,可以说现代人类生活在一个组织化的世界之中。上述这些看似迥然不同的各种组织均存在着一些共同的特征。

首先,每个组织都是由两个以上的人员组成的。人是组织的主体,是组织借以开展工作、达成目标的首要因素,而且组织是两个以上人员的集合体,单独一个人是不能构成组织的。任何个人,只要符合组织所需要的素质,并愿意接受组织的约束,遵守组织的规章制度,提供组织所需要的贡献,参加组织的集体活动,都有可能成为组织的一员。

其次,每个组织都有一个明确的目的。组织的目的通常以一个或者一组目标来表达,它反映了组织所希望达到的状态。组织目标是由一系列具体指标来表达的。例如销售额、利润额、市场份额、员工素质和员工态度等。既有成长性的目标,也有保证性的目标;既有定性的目标,也有定量的目标。组织目标是不同组织成员的"黏合剂"。作为组织成员的个人,之所以愿意加入组织,并与其他人协同行动,是因为他们需要实现某个依靠自身的力量所无法实现的目标。在后面的有关章节中还将详细讨论组织的目标,这里只强调两点:其一,每个组织都有自己特定的终极目标。实现这个终极目标,是组织存在的理由。一般来说,每个组织的终极目标不会轻易改变,因为这种改变会导致组织性质的变更,但为实现终极目标而在不同时期从事活动的具体要求,即组织在各个时期的具体目标则会更新。其二,组织目标,包括终极目标和阶段目标,虽然要求被全体成员共同接受,但这并不意味着不允许加入组织的每个成员存在自己的个人目标,更不意味着组织成员的个人目标与整个组织的共同目标必然是完全吻合的。事实上,在很多情况下,成员的个人目标与组织的共同目标是不一致的,有时甚至是相互矛盾的。但是,组织成员仍然愿意承认和接受这种共同目标,因为他们知道自己个人目标的实现往往是以集体共同目标的实现为前提的。管理者的一项非常重要的任务是为组织选择一个能被其成员广泛接受的目标。

最后,每个组织都具有系统性的结构,用以规范和限制成员的行为。组织的结构既可以是弹性的、开放的,也可以是刚性的、严密的,但不管其类型如何,它都要求具有某些精细的特征,以便明确组织成员间的工作关系。所有组织都通过一定的程序,精心设计出一定的组织结构,如直线型、事业部型、矩阵型等(详看第 7 章"组织结构与设计"),明确人与人、部门与部门之间纵向和横向的关系,以方便命令的传达和工作上的相互配合,使组织形成一个有机的整体,提升组织战斗力。

管理是组织活动极为重要的组成部分。人类对于管理的需要是随着社会经济的发展和组织规模的不断壮大而日益明显的。如果说简单的组织只需简单的管理,因而管理的重要性还不十分突出的话,那么时至今日,社会和经济已获得高度发展,组织的规模越来越大,组织面临的环境越来越不确定,业务作业活动越来越现代化,在这样的时代中,管理就越来越成为影响组织生死存亡和社会经济发展的关键因素。

尽管管理的基本原理和一般方法具有一定的普遍性,所有组织都可以加以运用,但是,由于不同类型组织的最终目的不同,在管理活动中所关注的侧重点也就各不一样,因此管理者在实践工作中要视不同类型组织选择适宜的管理方式和技术,有针对性地予以区别对待。

3. 组织资源

管理的对象为组织中所有的资源,主要包括人力资源、物力资源、财力资源和信息资源。表 1-1 描述了不同类型的组织所运用的资源。

表 1-1 组织对资源的利用

组织	人力资源	物力资源	财力资源	信息资源
中石化	管理人员、化工技术人员、专业工人	办公楼、炼油厂	国有资本、股东投资、银行贷款、公司债券	OPEC 产油情况、地质和化学研究进展、经济形势
麦当劳	管理人员、营养专家和服务人员	门店、生产设备	股东投资、银行贷款、公司债券	食品口味、健康偏好、收入信息
国航	管理人员、飞行员、航空技术人员和服务人员	飞机和维修设备	国有资本、股东投资、银行贷款、公司债券	燃料供给、经济形势、安全统计
个人花店	服务人员	店面	个人资本	社区居民收入和消费偏好、顾客流量

（1）人力资源

在一个社会组织中，人力资源是最为重要的资源。因为人是一种活的要素，具有创造性，具有很大的潜力。如果这种创造性得以发挥，潜力被挖掘出来，就能够产生极大的动力。另外，人是具有感情的要素，其工作效率、生产积极性的发挥都受感情因素的影响，而感情因素是最难以定量化、模式化的因素。由此决定了人是一个组织中管理难度最大，也最能够体现和需要管理艺术性的管理对象。所以说，人力资源是管理的首要对象。正因为如此，现代管理才特别强调要以人为本，以人为中心。人力资源管理的首要任务就是要充分开发、利用组织内的人力资源，积极争取组织所缺乏的外部人力资源。这里要指出的是，现代管理思想的主张是：组织的人力资源的开发利用不仅仅只是对人的劳动能力的运用，在现代管理中，不断地提高成员的素质，积极地对员工进行培训，是人力资源管理最为重要的任务。传统人力资源管理的目标是人尽其才，今天的人力资源管理要在人尽其才的基础上，还要使员工的才智、才能不断地增长。本书第 9 章将详细阐述人力资源管理。

（2）物力资源

物力资源是人们从事社会实践活动的物质基础。任何一个组织的生存与发展都离不开一定的物质基础。对组织的物力资源管理的要求是：遵循客观事物发展规律的要求，根据组织目标和组织的实际情况，对各种物力资源进行最优配置和最佳的利用，开源节流，物尽其用。要注意的是，随着知识经济时代的到来，一个组织的物力资源不仅包括组织的有形资产，还应当包括无形资产。而且在这些无形资产中，有相当一部分是与人力资源紧密地结合着的。所以，物力资源的管理与人力资源的管理在今天已经紧密地结合起来，对知识型企业来说更是如此。

做好物力资源的管理工作，最为重要的一点是要提高物质财富的投入产出率。随着物质财富的匮乏，可持续发展的普及，无论是一个国家，还是一个企业，都不能长期靠高投入来维持高增长，提高投入产出比率是管理中的一个最基本的原则。

（3）财力资源

在市场经济中，财力资源既是各种经济资源的价值体现，又是具有一定独立性的特殊资源。虽然资金、资本等财力资源是在利用物质资源的基础上产生的，但是财力资源的分配和合理的使用，反过来对物力资源、人力资源的合理运用会产生直接的影响。特别是在市场经济中，一个普遍的现象是资源价值形式的运动引导着物质或者说实物的运动。这种现象对管理的作用就是：对组织财力资源的运用效率决定着组织其他资源的运用效率。所以，任何一个组织，都可以从财力资源运用的角度来考察其管理的水平、成效，对于工商企业来说就更是如此了。管理财力资源，目标就是要实现财尽其力，通过聚财、用财而不断地生财。

（4）信息资源

组织中的信息资源指的是各种消息、情报、数据、资料等。信息资源如同人力资源、资金、厂房、设备、钢材、水泥一样是不可缺少的重要资源。建立完善的信息系统，及时掌握必要的外部信息，在组织内部实行信息共享已经是决定一个组织的竞争力的关键。

管理工作中，我们时时刻刻要根据计划进展的情况、其他资源使用的情况、组织成员的情绪、环境的变化这些信息来进行分析、判断，最后作决策。在管理过程中，管理者决策必须以一定的信息为前提，必须以一定的信息传递到被管理者一方去，被管理者执行决策的情况也必须通过信息反馈才可能为管理者知晓。管理工作离不开信息资源,在这一点上,可以毫不夸张地说,信息构成了管理工作的基础。特别是在市场经济体制中的企业,面临着变化剧烈的市场、各具个性的顾客、有限的资源、咄咄逼人的竞争对手,在市场里如同在战场上一样。如果企业能捕捉有利于企业发展的信息,抓住先机就能在市场竞争中脱颖而出。否则,一旦企业的竞争对手占了先机,就意味着企业开始走下坡路,步履艰难,甚至可能被清算而倒闭。

在今天的信息社会里,信息的数量太多,而且还在不断地增长,这种近乎爆炸式的增长对社会的每个组织和每个人来说却几乎是一场灾难。一个组织如何去收集市场的信息、用户对自己产品或服务的意见、竞争对手的所作所为、社会经济发展状况和政策、法令等,并对收集到的信息进行分析、综合和判断,提供给决策者,在组织内部把各种信息送到相关部门,保持信息渠道的畅通,这些工作本身就是管理工作的重要组成部分。对信息资源管理的主要任务就是要根据实现组织目标管理的要求,建立完善高效的信息网络,保证管理所需要的各种信息准确、完整、及时;在组织内建立起合适的信息共享网络,为平等、互动、交流的新型管理提供条件。

在具体的管理过程中,上述四种管理对象是由不同的管理职能部门来完成的。一般的组织都应当针对上述四个方面建立起相应的管理职能部门。

4. 组织的类型

组织可分为营利组织(如工商企业)和非营利组织(如学校、医院、公共事业单位、政府机构)。非营利组织的特点如下:

(1)服务或劳务是无形的且不能简单明确地测量,不像工商企业那样能按期以销售量、销售收入、利润率等指标衡量,比如学校的教学水平和学生质量就难以按月、日来衡量。

(2)顾客的影响比较小,缺乏及时促进的力量,如公共卫生机构往往具有垄断性而缺乏竞争,而顾客的付款又往往不是该单位的主要收入来源。

(3)职工(如医生、教师)往往较多地关心专业成就,而较少地关心整个事业。

(4)非营利性组织的财政支持者,如政府或者有名望的资助者,往往可干涉该单位的内部管理。例如,公共卫生机构因服务需要需增加医生编制,但公共管理部门不同意,就得不到批准。

(5)领导人的威信、魅力往往对非营利组织的发展起着重要的作用。

无论何种类型的组织,管理者的工作都具有共性。他们都要作决策,设立目标,构建有效的组织结构,配置和激励员工,从法律上保障组织的生存以及获得内外部的政治支持以实现计划。当然,还是存在一些差别,对于营利组织,衡量绩效的最重要也是最明确的指标是利润;而对于非营利组织,则找不到这种一般性的指标,考核学校、博物馆、政府机构、慈善组织的绩效是相当困难的。这些组织中的管理者有时往往不是由市场检验他们的绩效,在非营利组织中,往往只有个人对工作成就的满意,才成为工作的主要动力。

1.2　管理的定义与职能

1.2.1 管理的定义

自19世纪末20世纪初管理学形成至今,关于管理的概念问题,学术界提出各种各样的见解。什么是"管理",从不同的角度出发,可以有不同的理解。从字面上看,管理有"管辖"、"处理"、"管人"、"理事"等含义,即对一定范围的人员及事务进行安排和处理。但这种解释不可能严格地表达出管理本身所具有的完整含义。关于管理的定义,至今仍未被人们所公认和统一。长期以来,许多中外学者从不同的研究角度出发,对管理做出了不同的解释(图 1-2)。

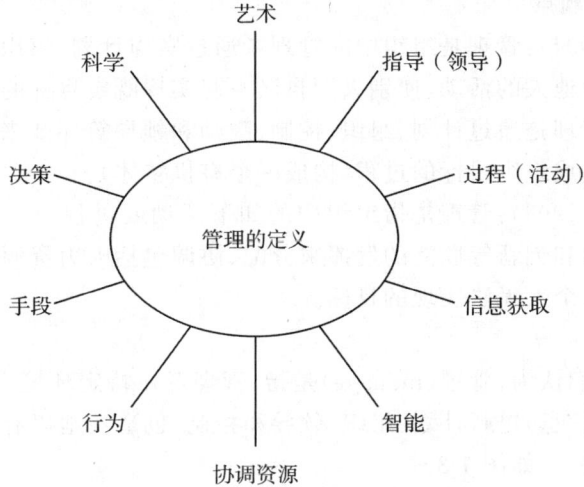

图 1-2 管理究竟是什么

1. 国外学者代表观点

玛丽—帕克—福莱特(Mary Parker Follett,1942):管理是通过其他人来完成工作的艺术。

唐纳利(Donnelly)、吉布森 (Gibson)和伊凡塞维奇(Ivancevich,1971):管理是协调个人和集体的努力来达到群体目标的一个过程。

特里(Terry,1972):管理是一个易识别的过程,这个过程的目的是通过人力资源和其他资源的利用来达到既定目标。

孔茨(Koontz)和奥·唐纳(O. Donell,1972):管理涉及在经营组织中创造和保证某种内部环境,在这个内部环境中,以群体形式组织在一起的个人能有效地工作去达到群体的目标。

邓(Dun)、史蒂芬(Stephens)和凯利(Kelly,1973):管理是一种包括工作组织中一系列任务、职责和关系的职能。

麦克法兰德(McFarland,1974):一个管理人员通过系统的、协调的、合作的人类活动来创造、引导、保持和运作有目标的组织的过程。

赫伯特·西蒙(Herburt Simon):管理就是决策。

孔茨(Koontz):管理是在正式组织中,通过他人并同他人一起把事情办妥的艺术。

法约尔(Fayol):管理就是实行计划、组织、指挥、协调和控制。

路易斯·布恩和戴维·克茨(Boone and Kurts,1984):管理就是使用人力及其他资源去实现目标。

斯蒂芬·P.罗宾斯和玛丽·库尔塔(Robbins and Coultar,1996):管理是与其他人一起并且通过他人来切实有效地完成活动的过程。

帕梅拉·S.刘易斯、斯蒂芬·H.古德曼和帕特丽夏·M.范特(Lewis,Goodman and

13

Fandt,1998):管理是切实有效地支配和协调资源,并努力达到组织目标的过程。

沃伦·R.普伦基特和雷蒙德·F.阿特纳(Plunkett and Attner,1997):管理是一个或多个管理者单独或集体通过行使相关职能(计划、组织、人员配备、领导和控制)和利用各种资源(信息、原材料、货币和人员)来制定并达到目标的活动。

2. 国内学者代表观点

杨文士和张雁(1994):管理是组织中的管理者通过实施计划、组织、人员配备、指导与领导、控制等职能来协调他人的活动,使别人同自己一起实现既定目标的活动过程。

徐国华(1998):管理是通过计划、组织、控制、激励和领导等环节来协调人力、物力和财力资源,以期更好地达成组织目标的过程(构成一个有机整体)。

周三多和陈传明(1999):管理是指组织中的如下活动或过程——通过信息获取、决策、计划、组织、领导、控制和创新等职能的发挥来分配、协调包括人力资源在内的一切可以调用的资源,以实现单独的个人无法实现的目标。

3. 本书定义

综合各家之说我们认为,管理(manage)是指:管理者在特定环境下,对组织所拥有的资源(人力、物力、财力、信息)进行计划、组织、领导和控制,创造性地以有效率和有效能的方式来实现组织目标的过程。如图 1-3。

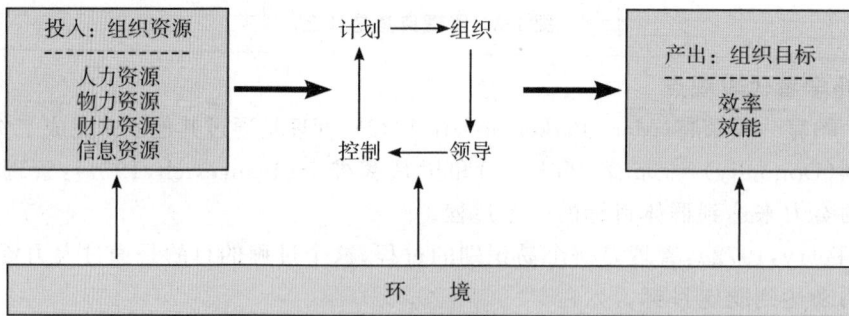

图 1-3　管理的定义

该定义主要包含以下几层含义:

(1)管理的主体,即管理者。虽然管理者在行使管理职能时要受到各式各样因素的影响,但是管理者的素质与管理工作的绩效有密切的关系。好的管理者可以点石成金,差的管理者往往点金成石。德鲁克认为,管理者有 3 个层次的责任:第一个责任是管理一个组织,第二个责任是管理管理者,第三个责任是管理工作及工人。

(2)管理的客体,即管理对象。它是管理主体施加影响的人和事。通常,一切组织活动都是由人力、物力、财力、信息等要素及各要素间的相互关系构成的,因此,管理的客体就是人力、物力、财力、信息等要素及各要素间的相互关系。

(3)管理活动,包括管理职能和按管理职能要求所进行的实际活动。管理的职能是对管理工作的实质进行概括。所谓职能,是指人、事物或机构应有的作用,"职能"一词在这里是"活动"、"行为"的意思。管理工作是由一系列相互关联、连续进行的活动构成的。管理的职能就是管理者执行其职责时应该做什么。管理职能是管理者开展管理工作的手段和方法,也是管理工作区别于一般作业活动的重要标志,是每个管理者都必须做的事情,是管理理论研究和管理实践的重点。管理的实质性内容是一致的,管理的本质是一个有意识的活动或过程,更具体化地说,管理是为组织目标进行的活动或过程,管理的基本职能是由计划、组织、领导、控制等一系列相关的活动构成的。管理者必须认真研究并合理运用各项管理职能,才能提高管理效率,高效地完成管理任务。

(4)管理的目标。管理的目标是组织目标的体现,是管理的出发点和归宿。管理的直接目标就是追求效率。管理的终极目标就是追求效能,但是,仅仅追求效益是不够的,还必须注意管理的效率。管理的目标应该是效能与效率的统一。见图1-4。

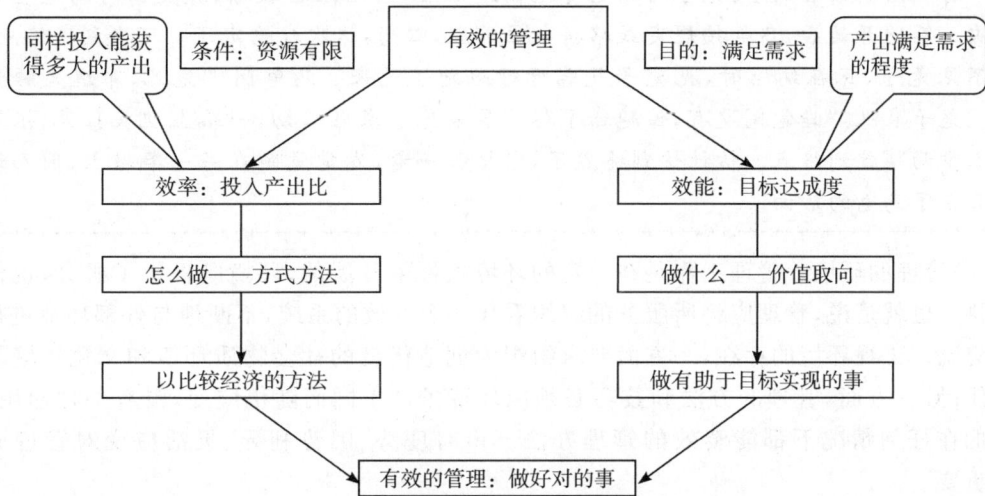

图 1-4　管理的目标应该是效能与效率的统一

所谓效率(efficiency),指的是聪明地利用资源和实现成本效益。效率强调系统输入与输出的关系。对于给定的输入,如能获得更多的输出,就提高了效率;对于较少的输入,能获得同样的输出,同样也提高了效率。因为管理者经营的输入资源是稀缺的(资金、人员、设备等),所以他们必须关心这些资源的有效利用。因此,管理就是要使资源利用成本最小化。

所谓效能(effectiveness),指的是制定正确的决策并且成功地予以实施。管理还必须使活动实现预定的目标,即追求活动的效能。当管理者实现了组织的目标时,就是有效能的。因此,效率涉及的是活动的方式,而效能涉及的是活动的结果。

效率和效能是互相联系的(图1-5)。组织可能是有效率的,但却是无效能,那种把错事干好的组织就是如此;当然,在更多的情况下,高效率还是与高效能相

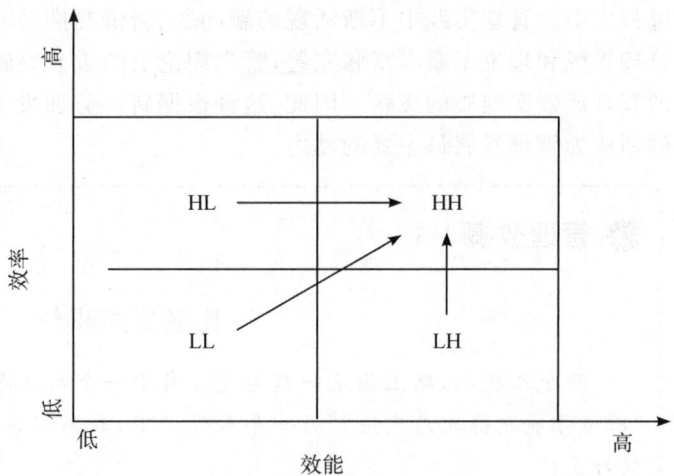

图 1-5　效率和效能关联图

关联的。管理活动既要追求效能,又要追求效率,即要努力以尽可能低的成本实现组织目标。

✳ **管理故事** 1-2

龟兔重赛

有一则新寓言故事:兔子与乌龟赛跑输了以后,总结经验教训,并提出与乌龟重赛一次。赛跑开始后,乌龟按规定线路拼命往前爬,心想:这次我输定了。可当到了终点,却不见兔子,正在纳闷时,见兔子气喘吁吁地跑了过来。乌龟问:"兔兄,难道又睡觉了?"兔子哀叹:"睡觉倒没有,但跑错了路。"原来兔子求胜心切,一路上埋头狂奔,恨不得三步两蹿就到终点。估计快到终点了,它抬头一看,发觉竟跑在另一条路上,因而还是落在了乌龟的后面。

---

(5)管理的环境。管理工作是在一定的环境条件下开展的,环境既提供了机会,也构成了威胁。也就是说,管理应将所服务的组织看作一个开放的系统,不断地与外部环境进行沟通与交流。正视环境的存在,一方面要求组织为创造优良的社会物质环境和文化环境尽社会责任;另一方面,管理的方法和技巧必须因环境条件不同而随机应变,没有一种通用的、万能的在任何情况下都能奏效的管理办法。审时度势、因势利导、灵活应变对管理成功至关重要。

(6)管理的载体。管理的载体是组织。管理不能脱离组织而存在,同样,组织中必定存在管理。

(7)管理的核心问题是协调。协调是使每个人的努力与组织预期目标相一致。每一项管理职能、每一次管理决策都要进行协调,都是为了协调。

(8)管理发展的主要动力是变革与创新。生产力的迅速发展推动着社会生产方式的不断进步,尤其在科学技术日新月异的现代社会,社会生产的组织方式正处于一个持续变革的过程之中。管理实践中不断涌现的新问题、新情况推动着管理技术和手段不断革新,从而使管理思想和理论不断丰富和完善,管理理论上的重大突破同时又反过来指导实践,促使组织的管理成效实现质的飞跃。因此,这种根据新形势而发生的迅速的、连续的、根本的变革与创新成为管理发展最主要的动力。

✳ **管理故事** 1-3

比老虎跑得快

两个人爬山,路上遇见一只老虎。其中一个人立即蹲下来绑鞋带。另一个人笑他:"难道你能跑得比老虎快?"另一个人说:"不,我不用跑得比老虎快,我只要跑得比你快就好了!"

1.2.2 管理的职能

管理的职能即管理的职责和功能,通俗地讲,其所探讨的是"管理者做什么"的问题。管理者只有在明确自己的工作任务和职责要求之后,才能运用适宜的管理方法和手段以及组织所赋予的权力,有针对性地开展管理活动,并承担相应的责任。反之,管理者如果凭感觉做事,想起什么做什么,则可能造成"该做的事情无人干,不该插手的事情偏要管"的混乱局面,这非但无益于组织目标的实现,甚至会徒然耗费有限的精力和资源。因此,对管理职能的准确界定,无疑具有非常重要的意义,它是达成管理目标的前提条件。

1. 不同学派的观点

正如学者们对管理的内涵都各具见解一样,管理领域的不同学派在考察管理的职能时,也从各自的视角来观察管理者的实际工作,从而得出不同的研究结论(表 1-2)。下面简单介绍几个重要学术流派关于管理职能的主要观点。

表 1-2　管理职能划分的主要观点

年份	人物	计划	组织	领导	协调	控制	激励	人事	调集资源	通信联系	决策	创新	领导们的努力
1916	法约尔	●	●	●	●	●							
1934	戴维斯	●	●			●							
1937	古利克	●	●	●		●		●		●			
1947	布朗	●	●	●		●			●				
1948	厄威克	●	●			●							
1951	科曼	●	●	●	●	●			●				
1953	特里	●	●	●		●							●
1955	孔茨	●	●			●		●					
1956	特里	●	●		●	●	●						
1958	麦克法兰	●	●	●		●							
1964	梅西	●	●			●		●					
1964	孔茨	●	●	●		●		●					
1966	希克斯	●	●			●	●				●	●	
1970	海曼和斯科特	●	●			●		●					
1972	特里	●	●	●	●	●							
1979	梅西	●	●	●		●					●	●	
1984	罗宾斯	●	●	●		●							
1991	巴托尔和马丁	●	●	●		●							
1997	达夫特	●	●	●		●							

(1)管理过程学派的先驱亨利·法约尔认为,所有的管理者都在从事计划、组织、指挥、协调和控制工作。随后,卢瑟·H.古利克(Luther H. Gulick)在法约尔关于管理职能论述的基础上,发展并形成了他的管理"七职能论",即著名的"POSDCRB"。古利克指出,管理的七种职能分别是计划(planning)、组织(organizing)、人事(staffing)、指挥(directing)、协调(coordinating)、报告(reporting)和预算(budgeting)。

(2)社会协作系统学派的代表人物切斯特·巴纳德(Chester Barnard)认为,组织中的管理人员有以下三项职能:①建立和维系一个信息联系的系统;②从组织成员那里获得必要的服务;③规定组织目标。

(3)决策理论学派的赫伯特·A.西蒙则认为,"管理就是决策"。

(4)经验主义学派关于管理职能的论述十分详细,主要包括以下五个方面:①树立目标并决定为达到这些目标要做些什么,然后把它传达给与目标的实现有关的人员;②进行组织工作;③进行鼓励和联系工作;④对企业的成果进行分析,确立标准,并对企业所有人员的工作进行评价;⑤使员工得到成长和发展。

(5)管理思想史学家林德尔·F.厄威克(Lyndall F. Urwick)认为,管理者主要承担计划、组织和控制三大职能。

各个学派从不同的角度阐释了其对管理职能的看法,这有利于我们全面认识管理工作的面貌,并在此基础上就"管理者做什么"做出自己的判断。

2. 本书对管理职能的界定

关于管理职能的划分可谓是"仁者见仁,智者见智"。本书参考各个学派的主要观点,认为组织中各级管理者所承担的基本职能有四类,分别是计划(planning)、组织(organizing)、领导(leading)和控制(controlling),如图1-6。(参考 Ricky W.Griffin)

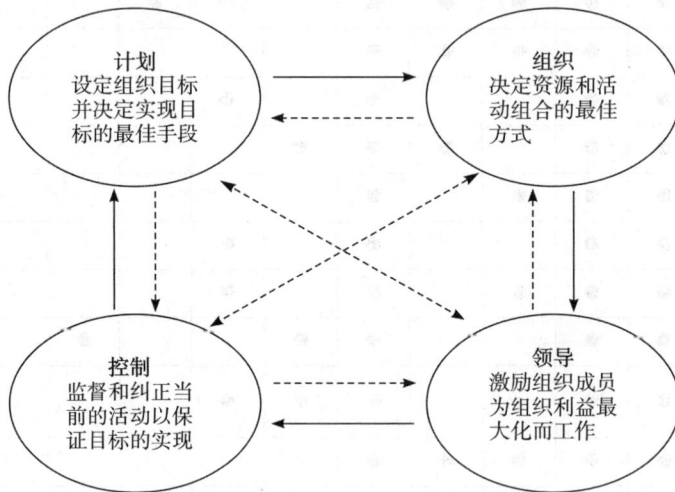

图 1-6　管理职能

(1)计划

计划是指根据组织的内外部环境,并结合自身的实际情况,制定合理的总体战略和发展目标的过程,通过工作计划将组织战略和目标逐层展开,形成分工明确、协调有序的战略实施和资源分配方案。计划描绘了组织的未来蓝图,指明了组织发展的前进方向,为管理者的日常决策提供了必要的依据,为组织成员的工作绩效提供了考评标准,因而无论环境如何复杂动荡,都不应该忽视计划职能的重要性。

(2)组织

组织主要是指在战略和目标的指导下,明确组织当前的工作任务并对任务进行分类与整合,通过设置一系列的机构和职位来承担这些工作任务,同时,通过明确组织中的指挥链并进行相应的职责和权限划分,构建起完整的组织管理体系。简言之,组织工作是一个"搭台子、组班子、定规矩"的连续动态过程,是落实组织目标和工作计划并确保其有效执行的必要环节。组织是从事管理活动的载体,包括对组织结构和组织行为的分析和研究。组织职能是指管理者为实现组织目标而建立与协调组织结构的工作过程。组织是实现计划的保证,为了完成计划、实现组织目标,必须建立起一个合理、高效的组织系统。具体来说,组织就是按照组织目标,将各个要素、各个部门、各个坏节等,在空间和时间的联系上,在上下左右的关系上,在劳动的分工协作上,合理组织起来,形成一个有机的整体,使组织内的人、财、物、信息等资源得到最合理的使用,以便保证计划的实现。

(3)领导

领导是指在组织确立之后,各级管理者利用组织赋予的权力和自身的影响力,指导和影响组织成员为实现组织目标所做出的努力和贡献的过程与艺术。领导指充分利用各种方法和手段对下属进行有效的激励,并为下属提供必要的指导和支持,以集中精力、实现组织预定目标的过程。有效的领导不仅需要管理者掌握丰富的沟通技巧,与下属进行充分的交流,掌握其思想和工作动态,充分挖掘新的激励点,还要求管理者发展独特的组织文化,营造和谐的工作氛围,为组织内部的良性竞争提供健康有序的环境条件。

(4)控制

控制是指为确保组织目标的顺利实现,遵照一定的科学程序,对组织内部各项工作的进展情况与实际效果进行监控和评估,并在其偏离预定轨道时及时采取措施加以纠正的过程。控制活动可以使工作失误得以及时发现和迅速补救,有助于组织从整体上维护自身的根本利益,因此,它贯穿于管理过程的始终,是组织获得成功的重要手段和必要保障。管理控制的手段虽然多种多样,但其目的都在于使组织适应环境的变化,限制偏差的累积,以保证计划目标的实现,或根据客观环境的变化,适时地做出相应的调整。

❋ **管理故事** 1-4

爱丽丝和猫的对话

"请你告诉我,我该走哪条路?"爱丽丝说。

"那要看你想去哪里?"猫说。

"去哪儿无所谓。"爱丽丝说。

"那么走哪条路也就无所谓了。"猫说。

——摘自刘易斯·卡罗尔的《爱丽丝漫游奇境记》

---

3. 管理职能的关系

当然,管理的实际情况比我们所描述的管理职能要复杂千万倍,计划、组织、领导和控制四项职能并不存在泾渭分明的界限。管理者在从事实际工作时常常会发现,上述四项管理职能并不是独立存在的,职能间常常是你中有我、我中有你,既彼此包含,又相互推动,因此,将管理者所履行的职能描述为一种过程的观点更为符合实际情况。换言之,管理者在进行管理时始终处于一种过程当中,以连续、循环的方式从事着计划、组织、领导和控制活动。四项管理职能是相互关联、相互制约、不可分割的一个整体。通过计划职能,明确组织的目标和方向;通过组织职能,建立实现目标的手段;通过领导职能,把个人工作与所要达到的组织目标协调一致;通过控制职能,检查计划的实施情况,保证计划的实现,进而推进新的计划。如此循环不息,把工作不断推进向前。从四项职能在时间方面的逻辑关系来看,它们通常按照一定的先后顺序发生,即先计划,继而组织,然后领导,最后控制。但从不断持续进行的实际管理过程来看,在进行控制工作的同时,往往就开始编制新的计划或修改原计划,并进入新一轮的管理活动,这意味着管理过程是一个各职能活动周而复始的循环过程。而且由于管理工作过程的复杂性,实际的管理职能并不一定会按某种固定的模式顺序依次进行,往往是交错的。不同的组织状况,各个职能的作用程度不同;同一个组织中,各个管理层次管理职能的重点也不同。在管理工作中,要根据实际情况,综合地利用这些职能,才能收到良好的效果。管理的这四项职能的运用,归根结底是为了实现组织的目标。

1.2.3 管理的科学性与艺术性

管理既是科学,又是艺术。

首先,管理是一门科学。科学是关于自然、社会和思维的知识体系,是人们实践经验的总结和概括。管理的科学性是指管理作为一个活动过程,期间存在着一系列客观规律、原则、制度和方法。管理由传统走向现代,就是一个由经验走向科学的历程。时至今日,人们通过总结管理中的大量成功经验、失败教训,已经抽象、归纳出了管理的一些基本原理和原则,这对管理效率和效能的提高有着直接的意义。美国著名的管理学家孔茨说:"医生如果不掌握科学,几乎跟巫医一样。高级管理人员如果不具备科学管理知识也只能碰运气,凭直觉,或者按老经验办事。"人们利用这些理论和方法来指导自己的管理实践,又以管理活动的结果来衡量管理过程中所使用的理论和方法是否正确,是否行之有效,从而使管理的科学理论和方法在实践中得到不断的验证和丰富。因此说,管理是一门科学,是指它以反映管理客观规律的管理理论和方法为指导,有一套分析问题、解决问题的科学的方法论。公司战略的分析和设定,公司组织结构的规划,管理层次的划分,管理幅度的设定都有着特定的方法,管理决策需要预测,运用统计方法,需要考虑各种情况发生的概率,从而最终做出能够使公司获利的决策,所有这些都证明管理是科学,并不是拍脑袋就能出来的。优秀的管理者都会努力去通晓管理学,用众多的科学工具来武装自己,而不只是凭借经验去管理。

其次,管理又是一门艺术。这主要由于管理的主体与客体皆离不开"人"。管理的所有活动都不得不受人的情感、意志、个性、能力等诸多无法用科学方法检测和度量的非理性因素制约。管理的艺术性,指管理者在管理实践活动中对管理原理和管理理论运用的灵活性和对管理方式和方法选择的技巧性与创造性。管理者仅凭书本知识,背诵管理理论和公式进行管理活动是不行的。成功的管理技巧是需要一个管理者通过很多年、很多事情的积累才能领悟到的。管理者的经验可以说是管理艺术性的基石。管理的艺术性包含了管理者在管理实践中创造性、灵活性地将管理理论与管理活动相结合。管理没有一成不变的模式,没有放之四海而皆适用的灵丹妙药。管理的艺术性是由两个方面决定的:其一,管理总是在一定环境中的管理,而管理的环境总是不断变化的,因此为了适应环境的变化,管理也应当是灵活的。其二,是由管理的主要对象,即人的主观能动性及感情所决定的。感情是最难数量化、模式化的东西。它的变化确有一定的规律,但又带有相当的戏剧性。因此,管理的基本原理和方法必须与现实结合,灵活地运用,才能解决实际中的问题。管理的艺术性导致每一个管理者的管理思维、管理习惯是无法复制的,也就是说世界上不存在着两个完全一样的管理者。想通过复制一名成功的管理者而成就自身的成功是行不通的。由于管理是一门艺术,它常常"只可意会,不可言传",其艺术的真谛也因此而难以从教科书中获得,需要在管理实践中修炼和感悟。

一名有着理论知识但没有实际管理经验的管理者可能会由于没有经验的积累而导致失败,而同时一名有着丰富管理体验的管理者也可能因为缺少理论的基础,面对问题的时候总是希望求助于自己过去的经验,并由于经验而蒙蔽了自己的双眼,从而影响到最终决策的正确性。实际上科学性和艺术性是管理的两个相辅相成的方面,缺一不可。忽视管理的科学性只强调管理的艺术性,将会使艺术性变为随意性;反之,忽视艺术性,管理科学则成为僵死的教条。总之,管理的科学性与艺术性应是和谐的统一。管理的科学性使管理者在处理问题时有理可依,有据可循;而管理的艺术性则使管理者能够灵活应变,而不至于被管理理论的条条框框所束缚。

在管理中科学不是绝对的,艺术也不是绝对的;理论不是万能的,经验也不是万能的。真正成功的管理者应该是能够用理论来指导实践,能够从实践中升华理论的人。

1.3 管理者工作的内涵

1.3.1 谁是管理者

1. 管理者

管理作为一项工作,其任务是实现既定的目标,而目标是通过人的贯彻才得以实现的,因此,人是进行管理活动的主体。管理者在组织中工作,但组织中的每一个人都是管理者吗?从某种意义上说,并非所有在组织中工作的人都是管理者。可以将组织成员分成两类:管理者和操作者。

(1)管理者(managers)。管理者是以执行管理过程为主要职责的人。管理者是指挥、协调和监督他人活动的人,管理者往往会告诉组织成员该做什么,以及如何去做,并要求别人定期向他汇报。管理者处于操作者之上的组织层次中。如医院院长、车间主管等。

(2)操作者(operatives)。是直接从事某项工作或任务的人员,一般不具有监督其他人工作的职责,也没有人向他汇报工作。如医院的护士、汽车装配人员、餐馆的厨师等。

2. 管理职业化

(1)职业经理人的出现

在现代企业里,企业的所有权与经营权通常是分离的,于是出现了职业的管理者,这一现象在股份公司内部表现得最为明显。

但是,两权分离并不是在企业发展的初期就有的,而是随着企业发展到一定阶段而出现的一种必然现象。而且,从对企业的支配控制关系来看,可以将两权分离分为形式上的分离和实质性的分离两种。所谓形式上的分离是指所有权与经营权的分离,即把企业的经营活动委托给管理者来进行,但所有者起着实际的支配控制作用;而实质性分离是指所有权与支配权的分离,即管理者在经营过程中有着实际的支配权,如图1-7所示。

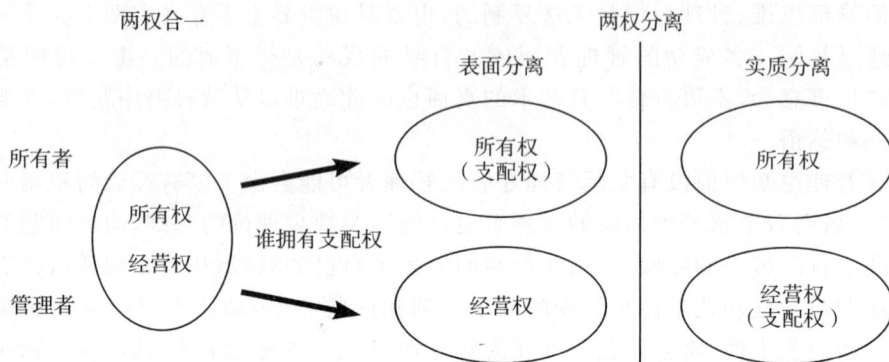

图 1-7　从两权合一到两权分离

美国学者伯利(A.Berle)和米恩斯(G. Miearns)1932年的研究表明,在被研究的美国200家大公司中,占公司总数量40％、占公司财产58％的企业是由并未握有公司股权的经理人员控制的;由此他们得出结论:现代公司的发展已经发生了"所有与控制"的分离,公司实际上已经为由职业经理组成的"控制者集团"所控制。后人把这一现象称为"经理革命"。

那么经理人员凭什么对公司实行控制呢?一般说来,可以概括为两种基本类型:

①以专业知识为基础的管理者支配控制

这就是伯利与米恩斯的所谓"经营者控制"论。这一理论主张经营者以自己的知识和能力为基础支配公司,否决了以所有权为基础进行的支配。它反映了随着企业规模的扩大,分工越来越细,企业管理变得日益复杂和困难,需要专门的管理知识和能力。而且随着股权逐渐分散,作为所有者的资本家(股东)不可能对企业实行实质上的控制,于是受资本家雇用的专业经营者开始发挥实际控制作用。

②以持有股票为基础的公司控制

以股票为基础的控制从某种意义上来说,仍然是所有者控制的范畴。这种公司控制通常包括三大类型:a. 以个人为基础的资本家控制;b. 以法人为基础的经营者控制;c. 以团体所有为基础的银行控制。据了解,日本的大多数企业是以法人公司所有为基础进行控制,而美国的企业大多数是运用年金基金的银行以银行信托部股票所有为基础控制对方公司。这两者的根本差别在于以团体所有为基础的银行控制始终是为了运用资产而持有股票,从而实现了对公司的实质控制;而以法人为基础的经营者控制自始至终都是为实现对公司的控制而持有股票的。

总之,在大型的股份制企业里已经不存在传统意义上的所有权与经营权的统一,所有者与经营者已经实现人格上的分离。但是,要清醒地认识到,企业的管理活动并不是依靠单个经营者就能完成的,而是通过一个经营管理组织来完成的。在这个经营管理组织内,不同管理人员的分工不同,但是他们都以某种形式进行计划、组织、领导和控制工作,以保证管理工作的顺利进行。

（2）管理职业化

如同律师、会计和医生等,管理人员已逐步职业化。但是,人们对"管理工作职业化"也存在着肯定和否定两种认识。这里,我们首先考察一下专家们对职业化的理想模式所作的描述。具体要求为以下五个方面:

①职业具有一个系统的理论体系。技能是通过长期的训练过程取得的。某个职业的产生不仅需要经验,而且需要知识。

②职业者都有以高超的知识为基础的权威性,并为人们所公认。这种权威性是高度专门化的,它仅与职业者的能力范围有关。

③实施这种权威要得到广泛的社会的准许与认可。社会通过给予职业者某些权力和特权而批准职业者在某一领域内实施这种权威。对进入职业的控制、发许可证的程序以及职业者与顾客之间来往的信任等均属此例。

④在调整职业人员与顾客、同事之间的关系上,都有一种道德标准,例如医疗职业的希波克拉底誓约。这种自我约束被用作社会控制的基础。

⑤有一种文化是由组织支撑维持的。职业人员是许多正式和非正式群体的一个成员。这些群体所具有的社会作用的相互影响将构成该职业独特的社会形态,形成一种职业文化。

如今,管理教育作为专业几乎各个大学都有;职业化的管理人才培训机构和活动到处可见;大批的注册会计师、资产评估师、公务员、职业经理等专门管理人员走向工作岗位;同时,管理咨询公司、行业管理协会和职业者自律性组织日益增多,并在经济建设中发挥越来越大的作用。这些事实就是管理职业化在上述理想模式五个方面发展的综合结果,显然,我们无须将现实去仔细对照就可得到肯定的答案。

当然,管理职业化是一个渐进的过程。组织形式是随着生产力的发展而变化的,而企业的所有权和经营权的分离是使职业管理层兴起的根本原因。循着历史发展的轨迹,组织形式经历了家庭手工业、工场手工业、工厂（企业）和现代企业（公司）。前三种形式表现为所有权高度集中,从而决定了两权合一;而公司制度确立的现代企业形式的目的在于集中分散的资金,扩大企业规模,举办个人独资无力经营的现代化大企业,以增强企业的市场竞争力。在这种情况下,公司财产所有权极为分散,资产所有者无法直接管理企业,于是聘请专职管理人员负责企业的经营,由此实现了所有权和管理权分离。在此情况下,股东们开始把购买股票主要看作是一种金融投资,而不是作为控制企业的手段。股东,即企业的资产所有者,对企业财政状况的关心往往大于实际的管理工作。因此,广泛的受雇用的管理阶层全面控制了企业,职业经理人应运而生。美国学者詹姆斯·伯恩汉（James Burnham）1941 年在《管理革命:世界上发生了什么?》一书中,首先使用了"管理革命"一词来描述"资本家的时代变成了管理人员的时代"这种变化。

由两权分离引起的管理革命使得企业的管理职能彻底独立了出来,进而使管理工作专业化和管理人员职业化得到了承认,并且为公司规模的进一步扩大和发展奠定了基础。

1.3.2 管理者的类型

1. 按照管理者在组织中的层次分类

管理者是管理活动的筹划者、执行者。在一切组织中,管理者往往不是一个人,而是由多个人多个职能角色构成的群体。要使组织运作既有效率又有效能,一般需要三个层次的管理者——高层管理者、中层管理者和基层管理者,他们各自的职责见表1-3。

(1)高层管理者

高层管理者处于组织的最高层,是指对整个组织负有全面责任的管理人员。他们负责制定组织的总目标、总战略,掌握大政方针,评价组织绩效,沟通组织与外界的交往,有权分配组织中的一切资源。他们对环境的正确判断,对目标和资源运用的正确决策,对组织的生存和发展具有特别重要的作用。高层管理者对外代表组织,负责协调与外部的关系,并对组织所造成的社会影响负责。总之,高层管理者主要从事战略性的工作。

(2)中层管理者

中层管理者是位于高层管理者和基层管理者之间的承上启下的一个或若干个层次的管理人员。负责制定具体的计划,是对某一部门或某一方面负有责任的管理人员。他们在高层与基层之间起着桥梁和纽带作用,贯彻执行高层管理者所制定的重大决策并传达到基层,同时将基层的意见和要求反映到高层。他们更注重"上传下达",起到桥梁作用和日常的管理作用,还负责监督和协调基层管理人员的工作。

(3)基层管理者

基层管理者又称一线管理者,遍布在组织的各个部门,是管辖作业人员的管理者。他们的主要职责是传达上级指示和计划,给下属作业人员分派具体工作任务,指导、监督和协调下属的活动,控制工作进度。基层管理者工作的好坏,直接关系到任务的完成和目标的实现。

表1-3 不同层次管理者的职责

层次类别	实例	主要职责	关注点
高层管理者	学校的校长,医院的院长,行政首脑,公司总经理等	对组织负有全面责任。主要侧重于决定组织的大政方针,沟通组织与外界的交往联系,为组织创造良好的内外部环境	组织的成败往往取决于高层管理者的判断、决策或安排,因此高层管理者很少从事具体事务性工作,而把主要精力和时间放在组织全局性或战略性问题的考虑上。他们最关心的应是重大问题决策的正确性和良好的组织环境的塑造
中层管理者	工厂里的车间主任,学校里的系主任,机关里的处长等	正确理解高层的指示精神,创造性地结合本部门的实际情况,贯彻落实高层所确定的大政方针,指挥基层管理者开展工作。他们的主要管理对象是基层管理者	根据上级的指示,把任务具体分配给各个基层单位,并了解基层管理者的要求,帮助其解决困难,检查并监督他们的工作,通过基层管理者的努力去带动第一线的操作者完成各项任务。他们注重的是日常管理事务
基层管理者	工厂里的班组长,运动队里的教练,学校里的教研室主任,机关里的科长等	直接指挥和监督现场作业人员,保证完成上级下达的各项计划和指令	他们几乎每天都要和下属打交道,明确下属的任务,组织下属开展工作,协调下属的行动,解决下属的困难,反映下属的要求。他们主要关心的是具体任务的完成

2. 按作用分类

管理者由于其在组织中所处的地位不同,其职责也有所不同。如一名会计师,他可以是一个成本核算小组的组长(基层管理者),可以是财务部经理(中层管理者),也可以是一名财务总监(高层管理者)。虽然其职务、地位改变了,但从其在组织中所起的作用看,则是一样的,即都属于财务方面的管理者。根据管理者在组织中所起的作用的不同,一个组织中管理者的分类如表1-4所示。

表 1-4　按作用划分的不同管理者的职责

运营管理者	负责创造和管理提供组织产品与服务的工作。运营经理的典型工作包括生产控制、库存控制、质量控制、工厂规划和选址等
财务管理者	任何一个组织的运转都离不开资金的有效运作,财务管理者主要从事与资金的筹措、运算、核算和投资、使用等有关活动的管理,并对此承担责任
营销管理者	负责同营销职能有关的工作——吸引消费者和顾客购买组织的产品或服务。这些领域的工作包括新产品开发、定价、推广与分销等
人力资源管理者	主要从事人力资源管理,保证组织所需的各类人员和组织中人力资源的合理使用,负责员工招聘、选择、培训、使用、评估、奖惩等的管理工作
行政管理者	主要负责后勤保障工作。任何组织都少不了行政管理人员和行政工作人员,没有他们,其他专业管理人员和操作者就难以专心致志地工作
其他管理者	由于各组织的目标、任务相差甚远,很难按管理者的作用统一分类。除了上述几类管理者外,不同的组织中还有其他各种管理者,均归入此类,如技术管理者、公共关系管理者、信息管理者等

1.3.3 管理者的角色

管理者角色学派是20世纪70年代在西方出现的一个管理学派,它是以对管理者所担任的角色分析为中心来考察管理者的职务和工作的。美国著名的管理学家亨利·明茨伯格(Henry Mintzberg)是管理者角色学派的创始人。明茨伯格认为,管理者做什么可以通过管理者在工作中所扮演的角色来恰当地描述。对于管理者而言,从管理者的角色出发,才能够找出管理学的基本原理并将其应用于管理者的具体实践中去。

管理者角色学派的代表作就是明茨伯格的《管理者工作的性质》(The Nature of Managerial Work)。管理者真正做了什么? 他们是怎么做的? 为什么要这样做? 对这些古老的问题早就有着许多现成的答案,但明茨伯格并不轻易相信这些现成答案,而是深入研究现实。明茨伯格发现,在企业管理过程中,管理者很少花时间做长远的考虑,他们总是被这样或那样的事务和人物牵制,而无暇顾及长远的目标或计划。一个显而易见的事实是,他们用于考虑一个问题的平均时间仅仅9分钟。管理者若想固定做一件事,这样的努力注定要失败,因为他会不断被其他人打断,总会需要他去处理其他各种事务。所以,明茨伯格认为,那种从管理职能出发,认为管理是计划、组织、指挥、协调、控制的说法,未免太学究气了。你随便找一个管理者,问他所做的工作中哪些是协调而哪些不是协调,协调能占多大比例,恐怕谁也答不上来。所以明茨伯格主张不应从管理的各种职能来分析管理,而应把管理者看成各种角色的结合体。

在《管理者工作的性质》中,明茨伯格这样解释说:"角色这一概念是行为科学从舞台术语中借用过来的,角色就是属于一定职责或者地位的一套有条理的行为。"根据他自己和别人的研究成果,得出结论:管理者并没有按照人们通常认为的那样按照职能来工作,而是进行别的很多的工作。明茨伯格将管理者的工作分为 10 种角色。这 10 种角色可归纳为 3 类,即人际角色、信息角色和决策角色。明茨伯格的管理者角色理论的内容可以用表 1-5 来表示。

1. 人际角色

人际角色直接产生于管理者正式权力的基础。管理者所扮演的三种人际角色是:精神领袖(作为"头头"必须担任一些具有礼仪性质的角色)、领导者角色(管理者和员工一起工作并通过员工的努力来确保组织目标的实现)、联络人角色(在组织中要与其他部门协调,以及与外部利益相关者建立良好的关系所扮演的角色)。

(1)精神领袖角色

这是管理者所担任的最基本的角色。由于管理者是正式的权威,是一个组织的象征,因此要履行这方面的职责。作为组织的精神领袖,每位管理者有责任主持一些仪式,比如接待重要的访客、参加某些职员的婚礼、与重要客户共进午餐等。很多职责有时可能是日常事务,然而,它们对组织能否顺利运转非常重要,不能被忽视。

(2)领导者角色

由于管理者是一个企业的正式领导,要对该组织成员的工作负责,在这一点上就构成了领导者的角色。这些行动有一些直接涉及领导关系,管理者通常负责雇用和培训职员,负责对员工进行激励或者引导,以某种方式使他们的个人需求与组织目的达到和谐。在领导者的角色里,能最清楚地看到管理者的影响。正式的权力赋予了管理者潜在影响力。

表 1-5　明茨伯格的管理者角色理论

角色	描述	特征活动
人际角色		
(1)精神领袖	精神领袖,象征性的首脑,需履行许多法律性的或者社会性的例行义务	迎接来访者,签署法律文件
(2)领导者	负责激励和动员下属,负责人员配备和培训	实际上从事所有的有下级参与的活动
(3)联系人	在组织中要与其他部门协调,还要与外部组织如供应商和顾客协调	从事外部活动,企业间项目合作沟通
信息角色		
(4)跟踪者	寻求和获取各种特定的即时信息,以便透彻地了解组织与环境,作为组织内部和外部信息的神经中枢	阅读期刊和报告,保持私人接触
(5)传播者	将从外部和上级得到的信息传递给组织的其他成员——有些是关于事实的信息,有些是解释和综合组织的有影响力的人物的各种价值观点	举行信息交流会,用各种信息沟通形式传达信息
(6)发言人	向外界发布有关组织的计划、政策、行动、结果等信息,作为组织所在产业方面的专家	举行董事会议,向媒体发布信息

续表

决策角色		
（7）企业家	寻求组织和环境中的机会,制定改进方案以发起变革,监督某些方案的策划	制定战略,检查会议执行情况,开发新项目
（8）扰动处理者	当组织面临重大的、意外的动乱时,负责采取补救行为	检查陷入混乱和危机的时期,解决下属部门间的冲突
（9）资源分配者	负责分配组织的各种资源——事实上是批准所有重要的组织决策	调度、询问、授权、从事涉及预算的各种活动,安排下级的工作
（10）谈判者	在主要的谈判中作为组织的代表	参与工会,进行合同谈判

（3）联系人角色

这指的是管理者同他所领导的组织以外的无数个人或团体维持关系的重要网络。通过对每种管理工作的研究发现,管理者花在单位之外的其他人身上的时间与花在自己下属身上的时间一样多。这样的联系通常都是通过参加外部的各种会议,参加各种公共活动和社会事业来实现的。实际上,联系人角色是专门用于建立管理者自己的外部信息系统的——它是非正式的、私人的,但是有效的。

2. 信息角色

管理者负责确保和其一起工作的人具有足够的信息,从而能够顺利完成工作。整个组织的人依赖于管理结构和管理者以获取或传递必要的信息,以完成各自工作。管理者所扮演的三种信息角色是:跟踪者角色(持续关注内外环境的变化以获取对组织有用的信息,接触下属或从个人关系网获取信息,了解组织潜在的机会和威胁)、传播者角色(分配作为监督者获取的信息,保证员工具有必要的信息,以便切实有效完成工作)、发言人角色(把信息传递给单位或组织以外的个人,让相关者如股东、消费者、政府等了解和满意)。

（1）跟踪者角色

作为跟踪者,管理者为了得到信息而不断审视自己所处的环境。他们询问联系人和下属,通过各种内部事务、外部事情和分析报告等主动收集信息。担任跟踪者角色的管理者所收集的信息很多是口头形式的,当然也有一些董事会的意见或者社会机构的质问等。

（2）传播者角色

组织内部可能会需要这些通过管理者的外部个人联系收集到的信息。管理者必须分享并分配信息,要把外部信息传递到企业内部,把内部信息传给更多的人,让他们知晓。当下属彼此之间缺乏便利联系时,管理者有时会分别向他们传递信息。

（3）发言人角色

这个角色是面向组织外部的。管理者把一些信息发送给组织之外的人。而且,管理者作为组织的权威,要求对外传递关于本组织的计划、政策和成果信息,使得那些对企业有重大影响的人能够了解企业的经营状况。例如,首席执行官可能要花大量时间与有影响力的人商谈,要就财务状况向董事会和股东报告,还要履行组织的社会责任,等等。

3. 决策角色

处理信息并得出结论。管理者进行决策,让工作小组按照既定的路线行事,并分配资源以保证计划的实施。管理者所扮演的四种决策角色是:企业家角色(对作为监督者发现的机会进行投资,以利用这种机会)、扰动处理者角色(处理组织运行过程中遇到的冲突或问题)、资源分配者角色(决定组织资源如人力、财力、物力、信息等用于哪些项目)、谈判者角色(花费大量时间,同员工、供应商、客户和其他工作小组进行必要的谈判,以确保小组朝着组织目标迈进)。

（1）企业家角色

企业家角色指的是管理者在其职权范围之内充当本组织变革的发起者和设计者。管理者必须努力组织资源去适应周围环境的变化,要善于寻找和发现新的机会。而作为创业者,当出现一个好主意时,总裁要么决定一个开发项目,直接监督项目的进展,要么就把它委派给一个雇员。这是开始决策的阶段。

（2）扰动处理者角色

企业家角色把管理者描述为变革的发起人,而扰动处理者角色则显示管理者非自愿地回应压力。在这里,管理者需要应对迫在眉睫的罢工、某个主要客户的破产或某个供应商违背了合同等变化。在危机的处理中,时机是非常重要的。而且这种危机很少在例行的信息流程中被发觉,大多是一些突发的紧急事件。实际上,每位管理者必须花大量时间对付突发事件。没有组织能够事先考虑到每个偶发事件。

（3）资源分配者角色

管理者负责在组织内分配责任,他分配的最重要的资源也许就是他的时间。更重要的是,管理者的时间安排决定着他的组织利益,并把组织的优先顺序付诸实施。接近管理者就等于接近了组织的神经中枢和决策者。管理者还负责设计组织的结构,即决定分工和协调工作的正式关系的模式,分配下属的工作。在这个角色里,重要决策在被执行之前,首先要获得管理者的批准,这能确保决策是互相关联的。

（4）谈判者角色

组织要不停地进行各种重大的谈判,这多半由管理者带领进行。对在各个层次进行的管理工作研究显示,管理者花了相当多的时间用于谈判。一方面,因为管理者的参加能够增加谈判的可靠性,另一方面因为管理者有足够的权力来支配各种资源并迅速做出决定。谈判是管理者不可推卸的工作职责,而且是工作的主要部分。

需要指出的是,管理者的这 10 种角色是一个整体,它们是互相联系、密不可分的。这 10 种角色形成了一个完整的角色构架,没有哪种角色能在不触动其他角色的情况下脱离这个框架。比如,人际关系方面的角色产生于管理者在组织中的正式权力和地位;这又产生出信息方面的三个角色,使其成为某种特别的组织内部信息的重要神经中枢;而获得信息的独特地位又使管理者在组织做出重大决策(战略性决策)中处于中心地位,使其得以担任决策方面的四个角色。我们说这 10 种角色形成了一个完整的角色构架,并不是说所有的管理者都给予每种角色同等的关注。不过,在任何情形下,人际的、信息的和决策的角色都不可分离。这 10 种角色表明,管理者从组织的角度来看是一位全面负责的人,但事实上却要担任一系列的专业化工作,既是通才又是专家。

管理故事 1-5

懒蚂蚁效应

日本北海道大学进化生物研究小组对三个分别由 30 只蚂蚁组成的黑蚁群的活动进行了观察。结果发现,大部分蚂蚁都很勤快地寻找、搬运食物,而少数蚂蚁却整日无所事事,东张西望,人们把这少数蚂蚁叫作"懒蚂蚁"。

有趣的是,当生物学家在这些"懒蚂蚁"身上作上标记,并且断绝蚁群的食物来源时,那些平时工作很勤快的蚂蚁表现得一筹莫展,而"懒蚂蚁"们则"挺身而出",带领众蚂蚁向它们早已侦察到的新的食物源转移。

原来"懒蚂蚁"们把大部分时间都花在了"侦察"和"研究"上了。它们能观察到组织的薄弱之处,同时保持对新食物的探索状态,从而保证群体不断得到新的食物来源。这就是所谓的"懒蚂蚁效应"——懒于杂务,才能勤于动脑。

1.3.4 管理者技能

管理者在行使四种管理职能和扮演三大类角色时,必须具备三类技能。

1. 技术技能

技术技能(technical skills)是指"运用管理者所监督的专业领域中的过程、惯例、技术和工具的能力"(Plunkett and Attner,1997)。在特定的工作岗位要有特定的相关专业的知识与能力,如生产技能、营销技能、财务技能等,它们都是管理或岗位所需的技能。例如,监督会计人员的管理者必须懂会计,熟知会计技能,才能知道按照一定的会计要求对会计人员进行监督。应该明确,对于管理人员来说,熟悉、掌握一定的专业技能是做好管理工作的基础,但并不是所有各个层次的管理人员都需要具备较高的技术技能。作为高层管理者(有时也包括中层管理者)来说,只要具备一定的技术技能就足够了,因为管理过程的技术问题可以通过专家的作用来求得解决,再者高(中)层管理者也不一定有足够的时间来熟悉和掌握全部技术问题。而对基层管理者和大多数中层管理者来说,要做好管理工作必须具备较强的技术技能。

2. 人际技能

人际技能(人际关系技能)(human skills)是指"成功地与别人打交道并与别人沟通的能力"(Plunkett and Attner,1997)。正如美国管理学者罗宾斯所说,管理工作主要是通过别人并和别人一道完成组织目标的过程或活动,管理者的一项主要工作就是处理组织内外的人际关系,为组织的发展和目标达成奠定良好的关系基础,只有人际关系协调好了,组织成员才能心悦诚服地努力工作,组织与外部环境的关系才能顺畅。有效的管理者要具有良好沟通、协调能力,对于组织内部能够激励人们成为一个上下一致的团队,对于组织外部与社会建立融洽的合作关系和沟通渠道。管理者在处理物的管理技能上和处理人的关系技能上,更注重对人际关系的处理。

3. 概念技能

概念技能(conceptual skills)是指"把观点设想出来并加以处理以及将关系抽象化的精

神能力"(Plunkett and Attner,1997)。概念技能是指管理者综观全局,面对复杂多变的环境,具有分析、判断、抽象和概括并认清主要矛盾,抓住问题实质,形成正确概念,从而形成正确决策的能力,也就是洞察组织与环境要素间相互影响和作用关系的能力。具体地说,概念技能包括感知和发现环境中的机会与威胁的能力,理解事物的相关性并找出关键影响因素的能力,以及权衡不同方案的优劣和内在风险的能力等。概念技能是对高层管理者才有的特别要求,要将在企业中遇到的问题概念化,是一个理论升华和文化创造的过程。高层管理者是企业理论和企业文化的主要创造者,需要有较高的抽象的概念技能。同时在日常的工作中,他们概念清晰地明确自己和企业向什么方向走,并把此概念贯彻在自己和企业的行动中。

需要指出的是,管理者的技能是管理者行之有效地开展管理工作的基础。通常来说,作为一名管理人员上述三种技能都应具备,但是根据工作和角色分工,上述几种管理技能的相对重要性随管理者在组织中的层次不同而有所不同,如图1-8。对于基层管理人员而言,技术技能最为重要,人际技能也是非常有益的,但概念技能的要求则相对较低。对于中层管理人员而言,技术技能的重要性有所下降,人际技能的要求变化不大,但概念技能的重要性则有所上升。对于高层管理人员而言,概念技能和人际技能最为重要,技术技能的要求则相对较低。在大企业中,高层主管可以充分借助下属人员的技术技能,因而对其自身的技术技能要求不高。但在小企业中,即使是高层管理人员,技术技能也仍然是非常重要的。

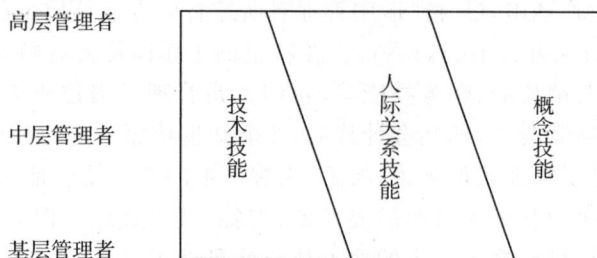

图 1-8　管理者层次与管理者技能的关系

※ **管理故事** 1-6

船长与旅客的对话

有一旅客首次搭乘客轮,问船长:"你是否对江中每一处险滩都知道得一清二楚?"船长说:"并不全部清楚。"旅客惊讶道:"那你怎么开船呢?"船长说:"为什么一定要在险滩之间摸索呢?我知道深水在哪里不就够了吗?"

1.3.5 学习做一个正直的管理者

1. 有效管理者与成功管理者

传统观念认为,成功的管理者一定被提升得最快。卢桑斯等人的研究显然对上述看法提出了挑战。21 世纪所需的管理人员不仅应是个成功的管理者,更应是一个有效的管理者。

1998 年,弗雷德·卢桑斯(Fred Luthans)和他的同事们从一个新的角度对管理人员做了考察。他们提出了这样的问题:组织中提升得最快的管理人员与那些把工作做得最好的管理人员同样从事管理工作,他们的侧重是否有所不同? 人们通常以为,那些在工作中最具成效的管理人员一定也是被提升得最快的人。然而,现实的情况并非如此。

卢桑斯和他的同事们研究了 450 多名管理人员。他们发现,管理人员都从事以下四项管理活动:

(1)传统的管理:决策、计划和控制;

(2)沟通:交换日常的信息和处理文牍工作;

(3)人力资源管理:激励、执行纪律、处理冲突、人事工作及培训等;

(4)网络联系:社会活动、政治活动,以及与外界人士的联系。

研究表明,通常管理人员约有 32％的时间用于传统的管理活动,沟通为 29％,人力资源活动占 20％,而网络联系则为 19％。但是,不同的管理人员在这四项活动上所花的时间与努力差异很大。具体而言,成功的管理人员(这里定义为在组织中提升速度快的管理人员)与有效的管理人员(指绩效在质和量两方面俱佳,并使下属感到满意和得到下属支持的管理人员)各自的侧重点大不相同(表 1-6)。网络联系与管理人员的成功与否关系最大,而人力资源管理活动则相关性最小;对有效的管理人员来讲,他们最侧重的活动是沟通,而网络联系所占的比重最少。

表 1-6   管理活动的时间分布

活动	一般管理人员	成功的管理人员	有效的管理人员
传统管理	32％	13％	19％
沟通	29％	28％	44％
人力资源管理	20％	11％	26％
网络联系	19％	48％	11％

这项研究使我们对管理人员的活动有了更深刻的了解,明白了管理人员究竟在做些什么。一般而言,管理人员对四项管理活动,即传统管理、沟通、人力资源管理和网络联系各花约 20％～30％的时间。然而,成功的管理人员与有效的管理人员各自活动的侧重是不同的。事实上,他们正好相反。这一发现使传统的假设,即管理人员的提升根据其绩效(业绩与表现)来定,遇到了挑战。同时,它也生动地反映了社会与政治技能对于在组织中取得成功的重要作用。

2. 管理者的个性特征

德鲁克认为,管理人员的管理对象涉及人,而人是一种独一无二的特殊资源,这要求使用他的人有特殊的品质。对人"进行工作"始终意味着培养他。这种培养方向决定了一个人最终是更富有活力,还是完全失去活力。管理人员是否按正确的方向来培养下属,是否帮助他们成长为更高大、更丰富的人,将直接决定他本人能否得到发展,是成长还是萎缩,是进步还是退步,是更丰富还是更贫乏。

人们可以学会对人进行管理的某些技巧,如主持会议或进行谈话的技巧,也可以制定一些有助于培养人的方法。但是,即使这些都已经会了、已经说了或已经做了,为了培养人,管理人员还需要一种基本品质,即要求管理人员有正直的品格。一个管理人员如果缺少这种品质,无论他多么善于同人处好关系,多么和蔼可亲,多么能干和有才华,都不适合做一个管理人员。管理人员无法从别人那里获得但却必须具备的,不是天才,而是正直的品格。

美国20世纪八九十年代企业研究领域中的著名人物约翰·科特对美国15个在企业管理工作职位上运作卓有成效的经理进行追踪调查后,在其所著的《总经理》一书中对经理个人特征进行了描述:经理在信息资料的积累和人际关系交往联系发展上,具有对企业经营、企业组织结构知识丰富和在企业中有广泛的人际交往联系的特征;在基本的个性上,具有一般智力以上、善于分析、直觉强、性情乐观、有成就感、待人和蔼、有权力欲、善于开拓人际交往关系、情绪稳定、雄心勃勃、有与各种不同类型经营专家相互交往的特殊才能。

同时约翰·科特在《变革的力量》一书中认为,智力、动力、心理健康和正直是对重要职位的领导行为的最低要求。其中一种品质更为突出并不意味着某个人具备更强的领导能力,这四种品质都只需达到一定水平之上即可,具有双倍智能或更健康的心理的人不一定能发挥更大的领导才能;但若四种品质中的某种未能达到最低水平,就会削弱领导行为的效果。科特认为遗传或童年形成的品质对重要职位中的领导行为是有影响的。

管理工具 1-1

80/20 效率法则

80/20 效率法则(the 80/20 principle)又称为帕累托法则,即指 20% 的事态成因,可以导致 80% 的事态结果。比如一个公司 80% 的利润、收入,每每来自于 20% 的好客户、20% 的好卖产品、20% 的卖命员工。"80/20"原理对于企业管理者的一个重要启示便是:避免将时间花在琐碎的多数问题上,因为就算你花了 80% 的时间,你也只能取得 20% 的成效。你应该将时间花于重要的少数问题上,因为掌握了这些重要的少数问题,你只花 20% 的时间,即可取得 80% 的成效。凡事情应该讲求效果,既注重效率,又注重效能。集中火力,处事分先后轻重,远离"无价值",看清问题实质,这就是 80/20 原则的精髓。

1.4 管理学的研究对象与研究方法

1.4.1 何谓管理学

1. 管理学

何谓管理学?这是我们学习管理学必须明确的一个问题。

　　管理是各类组织都具有的活动,不论何种类型(如经济组织、政治组织、社会组织、公益组织等)、何种规模(如大规模或小规模)及何种领域(如人力资源、计划、财务、市场营销及公务员管理、医生管理等)都存在管理问题。管理学对这些管理活动的普遍规律和基本原理进行研究。

　　管理学(management)是研究各类管理活动的产生、发展的普遍规律、基本原理和一般方法的科学;管理学是一门基础学科,是各类专门管理学科的理论基础。

　　管理活动是普遍存在的,但是不同性质的组织有其独特的内涵,管理的内容不同,方法也不尽相同,在此基础上进行科学的总结和概括可以形成各具特色、专门性强的各种管理科学。组织可以根据是否以营利为目的,把各种组织分成两大类:一类是以企业为代表的营利性组织,如工业企业、银行、商场、酒楼、广告公司等;一类是非营利性的组织,如政府机关、学校、社会团体等。这两类组织的目的不同、性质不同、管理的思想不同,但作为普遍性的规律来研究,可以有企业管理学、行政管理学、教育管理学等。

　　如果按研究组织所处的行业或行业的细分来研究,可以有农业管理、林业管理、旅游管理、医院管理等。上升到整个国家整个社会层次,可以有国民经济管理学。当然也可以研究具体的管理活动,如人力资源管理、投资管理等。

　　既然管理活动涉及整个社会的各个方面,不同的领域、不同的范围、不同的组织、不同层次的组织都会有自己的特殊内容,出现不同专业性的管理学是一点也不足为怪的,但是管理学所研究的是管理中的普遍规律和原理,因此这些基本原理加上所研究对象的特殊性,就构成了各种专门性的管理学,管理学是管理科学中的基础。

　　我们的管理学编写内容,就是根据管理定义,举凡涉及管理的基本概念和定义、管理基本职能和原理及其具体方法等都囊括其中,其中的组织涵盖公司及一般非营利性机构、团体。

2. 管理学的特点

　　管理学是一门系统地研究管理活动的基本规律和一般方法的科学。它作为一门科学,具有以下学科特点。

　　(1)管理学是一门具有很强的实践性特点的应用科学。管理学是人们长期从事管理实践活动的理论总结。它是在管理实践经验的基础上,吸取和运用有关其他学科的研究成果,经归纳提高而形成的管理的系统知识。管理学源于管理实践,反过来又指导管理实践,为管理所运用和为管理实践服务。

　　(2)管理学是一门具有很强的综合性特点的交叉学科。管理学是建立在自然科学和社会科学知识基础上的交叉性学科。学好管理学,必须懂得经济学、哲学、心理学、谈判学、生理学、会计学,以及数学、统计学、预测学等学科的知识。因为管理学重要的管理对象是人,要管好人,就要懂得人的生理和心理知识,才能够对症下药,并能针对性地找到提高积极性的方法。

　　(3)管理学是一门具有很强动态性特点的发展中学科。管理学是社会实践和历史发展的产物。管理学是对前人管理实践、经验和管理思想、理论的总结、扬弃和发展。尽管管理实践像人类历史一样久远,管理思想及各种管理理论也层出不穷,但真正发展成为一门学科,还只是近代的事。1911 年美国工程师弗里德里克·W.泰勒出版《科学管理原理》,标志着管理学正式诞生。由于从管理学正式诞生到现在也不过 100 年的时间,因此,管理学是一门年轻的学科。从 19 世纪 20 年代科学管理真正产生以来,伴随着科学技术的进步与发展,管理理论已跨越科学管理、行为科学、管理科学、信息管理阶段。例如,20 世纪七八十年代的组织文化,90 年代的业务流程再造、即时化制造、敏捷制造、全面质量管理,到 21 世纪的供应链管理、企业资源规划,伴随信息技术的日新月异,新的管理理论和方法正在不断涌现。

(4)管理学是一门具有很强的双重性特点的软科学。正如在论述管理性质中所讲的,管理是一门科学,也是一门艺术。管理学是一门不精确的学科。不同的人面对同样的问题可以用不同的方法去解决,正所谓殊途同归。

3. 管理学的研究对象与内容

(1)管理学的研究对象

关于管理学的研究对象,学者们也有不同的认识。如孔茨等认为,管理学的研究对象是经营理论和管理科学,他们在《管理学》教科书中开宗明义地指出"本书目的是阐明经营理论和管理科学的基础知识";而美国另外的管理学者小詹姆斯·H.唐纳利等人在《管理学基础》中则指出,"讨论只与某一特定的(虽然也是相当广泛存在的)事例有关的管理过程,我们就将有限的资源(包括其他人的力量)的管理展开讨论",也就是说,他们认为管理学的研究对象是有限资源的管理。而多数学者则认为,管理学的研究对象就是管理本身。综合各家见解,管理学的研究对象归纳为以下几个方面:

①管理学的首要研究对象是"人"。这是因为,管理者对人有什么样的预料和假设,就会有什么样的管理办法。人性假设是一切管理者应用管理理论、实施管理行为的哲学基础,是管理者采取各项管理措施的前提。从"经济人"假设到"社会人"假设,从"自我实现人"假设到"复杂人"假设,管理学对"人"的研究始终处于核心位置。我们将在第 2 章详细阐述这些概念。

②管理学的第二个研究对象是"环境"。这是因为,"人"总是处在特定的环境中,而诸多的环境又存在很大的差异,比如市场环境、财务政策、采购环境、人力资源环境等差异巨大。所以,为了使"人"不犯错误,管理者需要甄别特定环境,作出详细而正确的描述。

③管理学的第三个研究对象是"任务"。这是因为,当"人"熟悉和适应了特定环境之后,就要实现管理目标,也就是完成特定的任务。在完成任务之前,管理者需要明确组织的任务是什么,哪些人该完成哪些任务。

④管理学的第四个研究对象是"方法"。这是因为,管理者要想完成特定的任务就必须寻找正确的方法。比如,为了完成复杂的组织任务,管理专家发明了运营管理、财务管理、营销管理、质量管理等各种类型的管理手段和管理方法。

(2)管理学的研究内容

①管理理论的产生和发展。管理理论与方法是一个历史的发展和演化的过程。管理理论和管理思想的形成与发展,反映了管理科学从实践到理论的发展过程,研究其产生和发展是为了继往开来,继承发展和建设现代的管理理论。本书第 2 章通过对管理理论的产生和发展的研究和介绍,可以使读者更好地理解管理学的发展历程,有助于掌握管理的基本原理。

②现代管理的一般原理、制度。任何一门科学都有其基本的原理,管理科学也不例外。

管理的基本原理是指带有普遍性的、最基本的管理规律,是对管理的实质及其基本运动规律的表述。诸如决策的制定、计划的编制、组织的设计、过程的控制等,这些活动都有一个基本的原理,是人们进行管理活动都必须遵循的基本原则。我们必须学习和掌握它,做到活学活用。

③管理过程以及相应的职能。研究管理的活动的过程和环节、管理工作的程序及相应的管理职能等问题。管理职能主要是计划、组织、领导与控制。这是管理学原理研究的中心内容。

④管理者及其行为。管理者的素质高低、领导方式、领导行为、领导艺术和领导能力,对管理活动的成功与否起着决定性的作用。

1.4.2 管理学的研究方法

如前所述,管理学作为一门科学,具有综合性的特点,它具有社会科学和自然科学相互渗透的特点。管理学涉及的学科面之广是已有学科少见的。它不仅与经济学、哲学、社会学、法学、心理学等有紧密的联系,而且还用到数学、统计学、预测学等学科的相关知识。同时,还以系统论、控制论、信息论等学科作为方法论的基础。从某种意义上说,管理学是上述科学知识在管理中的综合运用。学习和研究一门科学,就应该根据该门学科的特点,选择适当的观点和研究方法。对于管理学而言,具体应坚持三个观点:其一,实践观点。管理理论来自管理实践,管理学研究应以管理实践为基础,坚持理论联系实际的原则。其二,辩证的观点。对管理学的研究,一定要反对非此即彼的形而上学的思维,而要坚持联系的观点和发展的观点。通过综观管理的发展历史和吸纳国际上的管理经验,从中探索、概括出对管理实践活动具有真正指导意义的管理原理和管理规律。其三,系统的观点。研究管理学应该从系统的观点出发,着重从管理系统与其组成的各要素之间、管理系统与外部环境之间的联系和相互作用的关系中综合地、精确地考察管理客体,从中探索、寻找最佳的管理思想、管理方法。

确定了研究管理学的基本观点之后,开展管理学的研究工作还必须遵循科学的研究方法。管理学的研究方法主要有:

1. 历史研究法

历史研究法就是按照管理学历史发展的自然进程,分析和揭示其本质及其运动规律的方法。任何管理活动和管理现象都不是孤立的,都有它产生的历史背景及其发生、发展的过程。因此,对管理学中的某一理论、某一个定义、某一规律的研究,都应该放在一定历史条件下,从其发生、发展的过程去研究,才能掌握它的来龙去脉,了解它的本质。运用历史的方法研究管理学,要求研究者全面地、发展地看待一切管理思想和流派,既要挖掘它的历史渊源,又要看到它的发展变化。同时,在分析和研究某种管理理论或管理流派时,一方面必须注意其所反映的普遍性、共性的问题,另一方面还必须注意其思想所代表的是哪种生产关系主体的利益。这是由管理学的社会属性所决定的。

2. 比较研究法

所谓比较研究法就是对国内外有某种联系的管理现象加以对比,确定研究对象之间异同的方法。进行比较研究有利于洋为中用、古为今用。对管理学的研究,不仅需要纵向的历史考察,还需要横向的中外比较。通过对管理组织、管理制度、管理方法、管理经验进行全面的比较分析,寻求异同,博采众长,为我所用。比较研究法一般可分为类比和对比。前者主要目的是研究对象之间的相同点,后者主要目的是研究对象之间的不同点。

3. 抽象研究法

抽象研究法是指在研究某一对象的过程中,有意识、有目的地撇开某些具体或次要的方面、因素或属性,将其本质的关系、属性抽取出来进行研究的方法。抽象的过程包括从特殊到一般,也包括从一般到特殊。进行管理学研究,必须从管理学的实践出发,从大量的材料中取得感性认识,经过分析、归纳,上升到抽象的范畴,再把高度抽象的东西进行演绎,从而得出正确的研究结论。运用抽象研究法必须把这两个过程很好地结合起来,才能实现科学抽象的全过程。

4. 调查研究法

调查研究法是指人们在科学方法论的指导下,运用一定的科学手段和方法,对管理活动进行有目的、有系统的考察,搜集大量的调查数据和调查资料,在此基础上对搜集到的研究资料进行分析与研究,以达到了解事物内部结构及其相互关系和发展变化趋势的目的。管理学的应用性、实践性很强,与一般的以逻辑推理为主的学科不同,必须通过直接或间接的方式调查获取大量的材料,以数据或材料反映管理活动的本质规律。运用调查研究法要针对不同的研究目的、研究对象以及研究对象的性质采取相应的调查方法,如普遍调查、典型调查、抽样调查等。在选取调查对象时,一个根本的要求是所选样本要有代表性。根据"大数定律",调查的数据要有一定的数量才能反映事物的本质,样本太小就不能反映事物的本质。最后要对调查数据、资料进行全面、系统的分析,从中找到规律性的东西,并在此后进行实证研究,以对调查研究结果进行验证。

5. 案例分析法

案例分析法就是对已发生的真实而典型的事例展开研究,从中总结出管理的原则、规律。案例分析法采用的是从特殊到一般的哲学思维路线,从案例的研究中演绎出一般的规律性的结果。案例分析法就其类型而言有以下几种:

(1)解题型。即为正确理解原理原则而研究的案例。

(2)示范型。即通过范例的研究,具体生动地阐明如何把管理理论和管理实践结合起来,其具体做法是通过典型案例的介绍与分析,阐明某一管理在实践中的成功运用。

(3)分析型。在逼真的客观情景下,对所选案例进行剖析,总结其成败得失的经验教训。

(4)咨询型。对所选案例,带着一定的问题向有关人员咨询,将咨询情况进行分析论证,提出解决问题的思路或方案。

(5)论证型。即对某些案例从理论和实践的结合上进行深入的分析论证,从中得出某种结论。

6. 定量分析法

定量分析法是通过对事物的观察和测量,考察事物存在的规模、运动的规律和发展的速度,并定量地展示分析结果的方法。定量分析法能够使人们对管理客体的运行情况定量掌握,具体而精确。从管理科学发展的趋势看,定量研究在管理活动的研究中有进一步受到重视和强化的趋势。通过定量地描述管理活动的发展规律,可使人们对管理活动的认识更加准确、客观,也更加深刻。

上述管理学的研究方法只是对管理学研究体系而言的,在具体的研究实践中,可以单独使用一种方法,也可以同时使用多种研究方法,这要根据研究对象及研究目的灵活运用,以便收到更好的研究效果。

1.4.3 学习管理学的方法

以中肯和客观的态度来看待管理学的人们都会深刻认识到,管理学是典型的既具有科学性,又饱含艺术性的学科。关于学习这样一门有着双重属性的学科的建议,本节首先要强调的是,远在管理学理论形成之前,人们早已在进行各种各样的管理活动,即使在现代生活中,也有不少从未系统研习管理学的人做得相当出色。因此,在能被实践证明的理论尚未被验证之时,和每一种实践活动一样,管理工作有赖于认真且积极地去干。其次,你面前这本教材向你展示的管理学就像数理化和经济学一样,作为一门拥有自己的规范和日趋严谨的学科体系。它的知识能更有效地指导你的实务;它的职业教育会赋予你有成就的和不断进步的专业人士的感觉;它的思维方式会增进你对社会和生活更多的理解。当然,实现这美妙图景的前提是,将你有限的个人资源投资到管理学的概念、原理、方法技术和由这些所构成的思想体系中去。

❋ **管理故事** 1-7

礼物

有个老木匠准备退休,他告诉老板,说要离开建筑行业,回家与妻子儿女享受天伦之乐。

老板舍不得他的好工人走,问他是否能帮忙再建一座房子,老木匠说可以。但是大家后来都看得出来,他的心已不在工作上,他用的是软料,出的是粗活。房子建好的时候,老板把大门的钥匙递给他。

"这是你的房子,"他说,"我送给你的礼物。"

他震惊得目瞪口呆,羞愧得无地自容。如果他早知道是在给自己建房子,他怎么会这样呢?现在他得住在一幢粗制滥造的房子里!

将管理的科学性和艺术性有机结合起来的管理者最有可能是一名成功的管理者。那么,这种将管理的科学性和艺术性有机结合起来的能力从何而来呢?最常见的途径是通过教育和经验(图1-9)。

(1)教育的作用。通过教育获得管理技能,亦即当你完成这门课程后,你将了解管理学的研究成果和思想,为今后的继续学习打下基础。

(2)经验的作用。本书的目的是向你提供健全的管理技能。但是,即使你把书中的每句

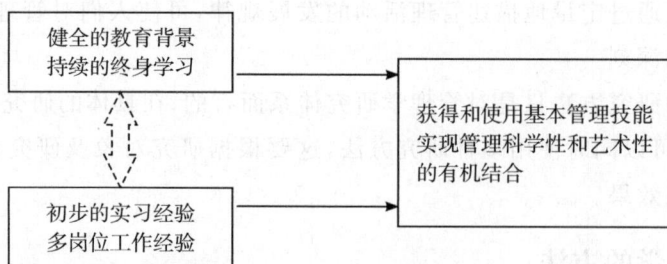

图 1-9　管理技能的来源

话都背下来,也不见得就可以走上高级管理岗位,有效地开展工作。因为,管理的技能还必须从经验中学习。只有体会过每天都在压力下工作并接受各种管理挑战的人,才能对管理工作的性质有更加深入的理解。

学习中常用的方法如下:

1. 案例分析

案例分析是管理学原理教学联系实际的特色形式,应引起教师的高度重视。要求教师把握好三个环节:案例的精选—案例分析小组的讨论分析及陈述—教师点评。重点放在引导学生寻找正确的分析思路和对关键点的多视角观察上,而不是用自己的观点影响学生。教师不要对结果或争论下结论,而是对学生们的分析进行归纳、拓展和升华。

2. 角色扮演

给出一定的案例或要解决的管理问题,由学生扮演其中的角色(也可轮流扮演),设身处地的分析与解决所面临的问题。学生从所扮演角色的角度出发,运用所学知识,自主分析与决策,以提高学生实际决策的技能。

3. 情景剧

由师生共同选择案例,并编写脚本。由学生们进行演出,演出分为两部分:一是所要解决的管理关系与矛盾的展示;二是由角色扮演者现场处理所要解决的问题。演出结束后,全班同学进行评议,分析各扮演者处理是否得当,并提出更好的建议。可以分组进行,有关角色也可以轮流扮演。这种方法可提供更有价值的仿真环境,并且使学生对不断变化与发展的管理问题进行动态的分析与决策,对于训练学生的管理意识,提高实际管理技能具有重要的作用。

4. 调查与访问

在课上或课外,组织学生进行社会调查,有条件时,直接访问企业家,组织学生与企业家对话。

5. 借助网络

现代教学应充分利用互联网,对管理专业学生而言,这是一种特殊的接触实际的窗口。根据教学进度需要,引导学生登录有关网站,了解现实企业状况,搜集最新信息,学习最新管理知识,思考与分析现实管理问题。

6. 校园体验

通过所学的管理知识,结合学生自己的生活实际,把发生在身边的现象用管理知识加以分析与解决。

7. 管理沙龙

这是针对管理课程的特点而尝试的一种特殊的教学方式。一般是针对一个特定的管理问题,事先进行较为充分的准备;然后,由学生们集聚在一起,在轻松的氛围中进行畅谈,相互启发,也可以争论,形成相同或不同的思路,并于事后形成文字材料。

本章提要

1. 人类的管理活动在其开始记载自身历史之前就已发生。对于管理产生的原因,人们通常认为是共同劳动产生管理,因为两个或两个以上的人在一起劳动,必然就会产生相互之间的协调问题。今天,有学者从另一角度去思考管理的产生缘由。管理是为解决资源的有限性与人们需求多样性矛盾的产物。

2. 所谓组织,就是以结构化和协作形式共同工作来实现一系列目标的群体。管理的对象为组织中所有的资源,主要包括人力资源、物力资源、财力资源和信息资源。

3. 管理是指管理者在特定环境下,对组织所拥有的资源(人力、物力、财力、信息)进行计划、组织、领导和控制,创造性地以有效率和有效能的方式来实现组织的目标的过程。

4. 组织中各级管理者所承担的基本职能有四类,分别是计划、组织、领导和控制。四项管理职能并不是独立存在的,职能间常常是你中有我、我中有你,既彼此包含,又相互推动,是相互关联、相互制约、不可分割的一个整体。

5. 管理既是科学,又是艺术。有效的管理工作需要科学性和艺术性的结合,真正成功的管理者应该是能够用理论来指导实践,能够从实践中升华理论的人。绝大多数的管理者通过经验和教育相结合获得管理技能和职位的晋升。

6. 管理者是以执行管理过程为主要职责的人,管理职业化是一个渐进的过程。可以根据管理层次和作用对管理者进行分类。从层次上,可以将管理者分为高层管理者、中层管理者和基层管理者。从作用上,可以将管理者分为运营、营销、财务、人力资源、行政管理和其他类型管理者。

7. 明茨伯格将管理者的工作分为 10 种角色。这 10 种角色可归纳为三类,即三种人际角色(精神领袖、领导者、联系人)、三种信息角色(跟踪者、传播者、发言人)和四种决策角色(企业家、扰动处理者、资源分配者、谈判者)。

8. 管理者在行使四种管理职能和扮演三大类角色时,必须具备三类技能:技术技能、人际技能和概念技能。通常来说,一名管理人员上述三种技能都应具备,但是根据工作和角色分工,上述几种管理技能的相对重要性随管理者在组织中的层次不同而有所不同。

9. 管理学是研究各类管理活动产生、发展的普遍规律、基本原理和一般方法的科学;管理学是一门基础学科,是各类专门管理学科的理论基础,具有实践性、综合性、动态性和双重性等特点。管理学的研究对象包括人、环境、任务以及方法。管理学的研究内容可概括为管理理论的产生和发展,现代管理的一般原理、制度,管理过程及相应的职能,管理者及其行为四个方面。管理学的研究方法主要有历史研究法、比较研究法、抽象研究法、调查研究法、案例分析法和定量分析法等。

关键概念

- 管理（manage）
- 计划（plan）
- 组织（organize）
- 领导（lead）
- 控制（control）
- 效率（efficiency）
- 效能（effectiveness）
- 管理者（manager）
- 管理学（management）

思考习题

1. 简要阐述管理的由来。

2. 什么是管理？管理包含哪些基本职能？

3. 谈谈效率和效能的区分，并举出现实中组织的例子加以说明。

4. 管理的四项基本职能是什么？它们之间的相互关系如何？

5. 请阐述管理者的类型。

6. 简述管理者在组织中所扮演的角色，对其中的每一种角色给出相应的例子。

7. 说明管理者应具备哪些基本技能。为什么处在同一组织的不同层次的管理者其所需的这些技能的要求是不同的？

8. 有人说管理是一门艺术，不存在普遍适用的原理。你怎么看？

9. 有人说，人人都是管理者。你是否同意这个观点，为什么？

10. 如何认识学习管理的意义？

11. 管理学具备哪些特点？

12. 请阐述管理学的研究对象和研究内容。

13. 管理学是否只适用于营利组织？请阐述你的理解。

技能实训

1. 通过网络或文献查找出一家组织的结构图，在图中标出高层、中层或基层管理者，列出各层次管理者的头衔。

2. 采访本地一家组织的管理者，了解他如何执行管理活动的每一项职能，及他所扮演的角色和工作中所必需的技能。

3. 小组讨论：生活中你遇到过哪些优秀和拙劣的管理？哪些组织的管理给你留下了深刻的印象？

4. 以小组为单位，借助下面的分析矩阵，讨论不同类型组织的管理工作内容及其差异。矩阵的组合可以是多种多样的，如可以将管理职能与业务活动（如生产、财务管理等）组合起来，分析不同业务领域管理工作的共性和差异。

	计划	组织	领导	控制	生产运营	市场营销	人事管理	财务管理
制造企业								
大学								
医院								
宾馆								
超级市场								
……								

参考文献

[1]邱农.新编管理学[M].北京:经济管理出版社,2007.

[2]刘友金,张卫东.管理学[M].徐州:中国矿业大学出版社,2012.

[3]刘燕娜,刘秀琴.管理学[M].北京:中国农业出版社,2007.

[4]邢以群.管理学(第三版)[M].杭州:浙江大学出版社,2012.

[5]刘亚臣.管理学[M].北京:中国电力出版社,2008.

[6]许月奎,钱塑.管理学[M].大连:大连理工大学出版社,2011.

[7]〔美〕卢西尔著,高俊山,戴淑芬译.管理学基础:概念、应用与技能提高(第 4 版)[M].北京:北京大学出版社,2011.

[8]周健临.管理学(第三版)[M].上海:上海财经大学出版社,2011.

[9]方振邦.管理学基础(第二版)[M].北京:中国人民大学出版社,2011.

[10]杨文士.管理学(第三版)[M].北京:中国人民大学出版社,2009.

[11]朱雪芹.管理学原理[M].北京:清华大学出版社,2011.

[12]徐光华,暴丽艳.管理学:原理与应用[M].北京:清华大学出版社、北京交通大学出版社,2004.

[13]汪克夷,易学东,刘荣.管理学(第五版)[M].大连:大连理工大学出版社,2011.

[14]赵涛,齐二石.管理学[M].天津:天津大学出版社,2004.

[15]赵金先,张立新,姜吉坤.管理学原理[M].北京:经济科学出版社,2011.

[16]曾旗,何继新.管理学[M].北京:中国农业大学出版社、北京大学出版社,2008.

[17]汤石章.管理学原理[M].上海:上海交通大学出版社,2012.

[18]汪大海.管理学[M].北京:北京师范大学出版社,2010.

[19]汪洁.管理学基础[M].北京:清华大学出版社,2009.

[20]余秀江,张光辉.管理学原理[M].北京:中国人民大学出版社,2004.

[21]单宝玲,辛枫冬.管理学原理(第 2 版)[M].天津:天津大学出版社,2010.

[22]刘宁杰,莫柏预.管理学[M].北京:中国财政经济出版社,2005.

[23]郭朝阳.管理学(中国版)[M].北京:北京大学出版社,2006.

[24]朱礼龙.管理学[M].合肥:合肥工业大学出版社,2009.

[25]孙焱林,陈雨良,李彤.实用现代管理学[M].北京:北京大学出版社,2004.

[26]刘玉玲.管理学[M].南京:南京大学出版社,2011.

[27]刘汴生.管理学(第二版)[M].北京:科学出版社,2011.

[28]宋晶,郭凤侠.管理学(第三版)[M].大连:东北财经大学出版社,2011.

[29]曾坤生.管理学(第2版)[M].北京:清华大学出版社,2012.

[30]包国宪,吴建祖,雷亮.管理学:理论与方法(第二版修订)[M].兰州:兰州大学出版社,2008.

[31]刘溢海,岳佐华.新编管理学教程[M].上海:上海财经大学出版社,2007.

[32]吴照云.管理学(第五版)[M].北京:中国社会科学出版社,2006.

可扫码获取本章课件资源:

第 2 章
管理思想的发展与演进

本章学习重点：

- 了解管理思想的早期和萌芽阶段；

- 掌握科学管理理论的主要内容；

- 掌握行为科学理论的起源与发展；

- 了解现代管理理论的基本思想。

开篇案例

马蜂窝内容变现新逻辑

马蜂窝依托"内容＋交易"模式,创业 9 年成功走到 D 轮融资。马蜂窝创始人陈罡在 2019 年抛出了一个全新逻辑:"3C 战略",即 consumer、content 和 commercialization。这三个"C"构成新一代矩阵,内容是其中的关键点。"3C 战略"本质上是一个消费决策场景,不但要给用户"种草",还要让用户自己做决策,最终自己"拔草",推动马蜂窝真正高效率完成内容变现。

◆**增长靠流量,流量靠什么? 还是内容。**

陈罡对于当下旅游行业现状有清楚的认识,在他看来,随着 5G 时代到来,信息的内涵和外延都会充分发生变化,但如果企业能把握新一代的用户、新一代的社交、新一代的移动互联网,甚至新一代的微信互联网,将是一个巨大的机会。

陈罡认为,在线旅游跟传统电商一样,也要讲人货场。人是新人,货也是新货。新人、新货,更关键的是新的场,这个场是新的消费决策,从传统的门店、传统的电销变成了线上的内容。

"内容不仅是帮用户把想法变成出行的冲动,更关键的是让用户做自己的决策。"陈罡进一步解释,想要实现这个闭环,根本就是"内容要对用户有真正的价值"。

◆**什么样的内容有价值?**

新一代用户的需求发生了变化,我们为产业链提供新的配给方式,我们为业者们提供新一代的表达方式,让用户所见即所得。

例如,马蜂窝现在重点在做的"短内容",用户去每一个目的地,打开马蜂窝 App,数字上面会有气泡,气泡点进去之后就可以看到当下或者几分钟之前用户在当地的实时分享。今天去一个地方,是刮风下雨,要穿什么衣服,看一下当地实时照片就可以了。

问答也是很重要的产品。通过马蜂窝问答,全球各地的平均应答时间不会超过半个小时,有问必答,因为这里面有强大的社区,有很多愿意分享的旅行者。

◆**有价值内容如何变现?**

商业化(commercialization)能否实现,要看消费者(consumer)与内容(content)是否能对齐。马蜂窝在内容变现体系上,为用户提供了一个从知道到买到的"种拔一体"的消费场景。

数据统计发现,充分利用马蜂窝的内容优势、内容产品进行品牌曝光和流量引流的深度运营商家,其流量增长是普通商家的近 4 倍;销量涨幅,深度运营商家是普通商家的近 2 倍。这个流量红利的驱动点就来自于内容。有数据显示,马蜂窝已经连续三年完成了 GMV 的 100% 增长,2017 年已达到 GMV 102 亿。

◆**如何提升变现效率?**

变现效率是考验内容公司的另一大难题。

如今变现效率最高的,莫过于直播带货。在各大平台爆红的李佳琪的一句"买它!"

就能带来几千万成交。从抖音,到淘宝、亚马逊,直播被视为"带货神器",引来众多玩家入场。小红书、马蜂窝、大众点评,也纷纷向短视频下注。

马蜂窝最近也宣布发力短视频,更是直接提出希望借此提高内容变现效率。马蜂窝短视频负责人赵倩认为,短视频并不是一种新的传播介质,让它成为"现象级"风口的,是它所带来的内容变现机会。对于马蜂窝来说,除了给用户提供优质内容之外,进一步提高"内容＋交易"闭环的效率也将是核心目标。

谁都想培养出下一个李佳琪。于是,短视频、短内容不只是马蜂窝内容运营2019年的关键词,所有内容公司都在尝试各种办法,更快地为用户"种草",再更快地为他们"拔草"。

"内容为王＋服务制胜",陈罡认为这是"3C战略"的核心。"我们清楚地知道我们的边界在哪里。我们所擅长的是产品的创新、技术的创新、数据的创新,这些创新的结果,就是服务和流量。"

管理作为人类的一种活动,因人类活动的需要而产生,也随着人类活动的需要而发展。其源头可以上溯到数千年前。但是,从管理实践到形成一套比较系统的理论,则经历了一段漫长的历史发展过程。回顾管理学的形成与发展历程,了解管理思想和理论的演变和历史,以及管理先驱对管理理论和实践所做的贡献,对每个学习管理学的人来说都是必要而有益的。

2.1　早期管理思想

2.1.1 古代管理思想

1. 中国古代管理思想

中国是历史悠久的文明古国之一,在其各个历史发展时期,都蕴涵着丰富的管理思想。有些管理思想是先于西方几千年提出来的,有些管理思想至今还具有借鉴意义。

早在两千多年前的春秋战国时期,杰出的军事家孙武著有《孙子兵法》一书。该书计有十几篇,篇篇闪烁着智慧的光芒。"知己知彼,百战不殆"这句名言就是一例,其含义是,只有摸清敌我双方的情况并分析客观规律,才能克敌制胜。孙武的策略思想不仅在军事上而且在管理上具有指导意义和参考价值。日本和美国的一些大公司甚至把《孙子兵法》作为培训经理的必用书。

战国时期的另一本书《周礼》对封建国家的管理体制进行了思想化的设计,内容涉及政治、经济、财政、教育、军事、司法和工程等方面。该书对封建国家的经济管理的论述和设计都达到了相当高的水平。

孙膑运用运筹学和对策论的思想,帮助田忌在赛马中战胜了齐王。齐王和田忌赛马,各出三匹,每匹马出场一次,共赛三场,胜数多者获胜。然而齐王具有优势,因为两人的三匹马以速度快慢排一、二、三后,齐王的三匹马都分别比田忌的三匹马快一些,如果这样比赛,齐王肯定以三比零获胜。田忌请孙膑帮忙,孙膑为田忌出主意,以己方的劣马对齐王的好马,以己方的好马对齐王中马,以己方中马对齐王的劣马,结果田忌以2∶1的比分获胜。

中国古代关于领导艺术、经济管理的思想可以从许多著作中找到,如《墨子》、《老子》、《齐民要术》、《天工开物》等。这里不再赘述。

(1)中国古代管理思想的产生背景

首先,从中华民族生存的地理环境上来看,中华民族在气候温暖湿润、江河纵横交错、土地广袤富饶的自然环境中生存繁衍,从事单一的种植型农业生产活动。因此,中华民族在古代过着"日出而作,日落而息","邻国相望,鸡犬之声相闻,民至老死不相往来"的封闭的自给自足生活;习惯于乐天知命,安分守己,崇尚和谐、安稳、平和、缓慢的生活方式;生活中喜好中庸之道,提倡"温良恭俭让"的谦谦君子风度;人格上讲究道德修养和自我完善,具有盲目的从众心理和特别容易融入群体之中的特点。这种小农经济的长期影响,反映在管理思想上,往往具有固守封闭、不思冒险和进取、易于满足等特征。

其次,从宗法制度的角度分析。中国古代长期存在着以血缘关系为纽带的宗法制度,强悍的宗族凝聚力量和"家长制"的集权专制,将社会全体成员通过共同的风俗习惯、心理状态、行为规范牢牢地联系在一起,导致了中国管理思想上重"人治",轻"法制",重裙带关系,轻法律约束,整个社会就如同一张巨大的关系网,将每一个社会成员都纳入其中。由于宗法制度的影响,中国古代的管理思想既带有鲜明的专制性、等级性,同时又具有牢不可破的血缘亲情和心理上的融合、凝聚能力。

最后,儒家和道家文化的影响。儒家和道家作为两种具有不同的价值观念、思维方式的思想体系,在整个中华民族文化的融合演进中,互相影响,互相吸收,共同构成了中国传统文化的主流,同时也衍生了两种不同的管理思想。儒家主张"积极入世"的人生态度。在个人的追求上,提倡"天行健,君子以自强不息"的奋斗精神;在认知和个人修为上主张"格物、致知"和"正心、诚意";在个人和家国的协调发展上强调个人奋斗和家国利益的趋同一致;求的终极结果是实现"修身、齐家、治国、平天下"的和谐统一,崇尚内圣外王和天下大同思想。与儒家相比,道家更倾向于清心寡欲和宁静自守,采取"消极避世"的管理思想。它主张凡事与世无争,顺其自然,在"无为"中追求"无不为"。在长期的儒道融合交流互促中,中国人无论在得意或失意时,都能找到思想和心理平衡的支点。中国古代的管理思想中既有"穷则独善其身,达则兼济天下","先天下之忧而忧,后天下之乐而乐"的积极入世追求,也有遭遇困难挫折就退隐山林、避于桃源自娱的消极遁世思想,这给中国人提供了很大的通达权变的空间,也使得中国人无论在什么样的生存状态下都能活得适得其所。

(2)中国古代管理思想的主要内容

在浩如烟海的文史资料中蕴藏着极其丰富的管理思想,在这里我们只取其部分精华。

①谋而后动的决策思想

在管理工作中,决策是一个管理者必须首先考虑的问题。那么,管理者应该如何决策才能确保决策不失误,我国的古代先贤给我们留下了许多精辟的见解。"凡事预则立,不预则废。""人无远虑,必有近忧。""先谋后事者昌,先事后谋者亡。"这些告诉我们无论做什么事情都要先谋而后动,只有谋划得充分、合理、科学,才能在执行时游刃有余,才能做到"不动声色,而措天下于泰山之安",做事情才能成功而不失败。所谓"日之能烛远,势高也;使日在水中,则不能烛十步",意思是作为领导者,应该具备高瞻远瞩的特质,绝对不能鼠目寸光,只看眼前利益而看不到长远利益。宋代文学家苏轼在《策别十八》："为国有万世之计,有一时之计,有不终月之计","不谋万世者,不足以谋一时;不谋全局者,不足以谋一域",是说做事应该有战略决策和战术决策、长远规划与短期计划之别,根据形势的变化按照既定目标相时而动,有助于管理成功。可见,预测和决策关系全局成败,中国人向来强调谋划和规划,强调战略和战术的综合运用,主张谋而后动。所以孙子说,"知彼知己者,百战不殆","知天知地,胜乃不穷"。

②义利两全的取舍思想

在中国古代社会中,虽然有一些人主张重义轻利,但是也有一批实用主义的思想家、哲学家提倡义与利并举,主张义利双兼,这种充满着浓重的讲利重义的管理思想,倡导"见利思义","义然后取","义,利也","兼相爱,交相利",宋代苏轼就是其中之一。他在《利者义之和论》中说"义利利义相为用",主张义利互为共用,二者不能偏废。春秋时的管子更是认为"自利"是人所共有的情结:"民,利之则来,害之则去。民之从利也,如水之走下,于四方无择也。"然而,管子并未走向极端,他还认为"自利"与"利人"并不完全矛盾,而且"自利"之德与"利人"之德也是统一调和的。陈寿在《三国志·吴书·骆统传》中进一步将义利观和富民利民联系起来,指出"财须民生,强赖民力,威恃民势,福由民殖,德俟民茂,义以民行",即财富是人民创造的,国家强大依靠人民的力量,国威靠人民的气势,福利乃由人民所树立,道德靠人民的实践来兴盛,义的实现靠人民的共同行动。这句话,可谓深刻地概括了中国义利两全的管理真谛,在普通民众之中具有广泛的影响。

③赏罚分明的激励思想

在激励和奖惩方面,孙子提出:"合军聚众,务在激气。"诸葛亮指出:"赏以兴功,罚以禁奸,赏不可不平,罚不可不均。""诛罚不避亲戚,赏赐不避仇怨",应做到"无党无偏",意思就是说管理者务必要做到赏罚公正分明,才能服人服众。春秋战国时期的韩非子主张"诚有功,则虽疏必赏;诚有过,则近爱必诛"。对此诸葛亮论述的更加具体,他说"赏罚之致,谓赏善罚罪也。赏以兴功,罚以禁奸。赏不可不平,罚不可不均。赏赐知其所加,则邪恶知其所畏"。

④德能兼备的用人思想

在中国古代的管理思想中特别重视德能兼备的标准。我国远古时代的禅让制度,就是在考察德行修养的基础上实行的推举贤能的管理制度。管子认为,国家选贤任能,要举拔有德者给予爵位,举拔有才者就任为官,把德行置于功劳之上,主张国家用人要德才兼备,德能并举,"德"与"能"不可偏废。选贤还应做到选用人才不受年龄的限制。管子强调考核官员的内容主要有三个:一是德望与其地位是否相称;二是功绩与其俸禄是否相称;三是能力与其官职是否相称。

⑤不诣不渎,上下同欲的同道思想

任何一个组织都由人群组成。什么样的组织才有战斗力,才能充分发挥组织中每个人的内在潜能,一直是管理者在努力思考的问题。《周易·系辞下》文中有一句名言:"君子上交不诣,下交不渎。"《庄子·山本》中指出:"君子之交淡若水,小人之交甘若醴。"反对交酒肉朋友,搞钱权交易,以利于形成清正廉洁的组织风气。《论语·为政》中认为小人勾结而不合群,总以小集团、小帮派的利益破坏整个组织的团结;君子则合群而不勾结,不是为了谋取私利,而是为了达成组织的目标,诚心诚意地搞好团结,"同心而共济,始终如一"。

正如《尚书·君陈》中所说:"必有忍,其乃有济;有容,德乃大。"

⑥执要群效的统一思想

在组织理论方面,我国古代虽然没有形成完整的理论体系,但是散见于古代先贤片言只语论述中的管理思想仍然为我们现在从事各种管理工作提供了可以借鉴的名言警句。其中执要群效的统一思想就是组织理论的雏形。《韩非子·扬权》:"事在四方,要在中央。圣人执要,四方来效。"在此,韩非子第一次将决策层和执行层、中央和地方的管理职能进行了明确的划分。《管子·明法》:"威不两错,政不二门。"李世民说:"理国守法,事须划一。"罗贯中在《三国演义》中也有一句名言:"夫为治有体,上下不可相侵。"这些论述都从不同角度强调了上下级之间权利与责任的不同,并且都明确指出统一决策指挥的不可或缺的重要作用。

⑦不偏不倚的中庸思想

"中庸"思想,是儒家须臾不可分离的管理之道。孔子说:"过犹不及。"程熙对中庸的解释是:"不偏之谓中,不易之谓庸。中者,天下之正道;庸者,天下之定理。"朱熹说道:"中者,不偏不倚,无过与不及之名。庸,平常也。"教育引导人们在处理和解决问题的时候不应该走极端,要避免过与不及的出现,应从两端入手,抓住问题的"终始本末、上下精细、无所不尽",再"量度以取中,然后用之"。中庸之道,通俗地说,就是正确掌握事物发展的"度",以实现管理的和谐发展。

⑧对立转化的辩证思想

我国古代先人在不断探究人与外界环境关系的基础上,逐渐形成了朴素的辩证思想。这在《易经》、《老子》、《孙子兵法》中都得到了充分体现。中国这种充满了哲学思辨的管理思想主要表现在整体观和转化观两个方面。

与西方不同,中国古代的管理思想常常习惯于从整体到个体或者从个体角度审视和对待整体,主张整体和个体的有效统一,如中国画以"写意"为主,重视对整体的把握,并不重视对细节真实的分析。表现在集体组织中,特别注重"少数服从多数,个人服从组织,下级服从上级",这种管理思想虽然有时容易压抑个体能动性的发挥,但也特别容易形成拼搏、奉献、团结的战斗群体,有利于发挥团体的整体优势。

而"物极必反"、"否极泰来"和"盛极必衰"等人们熟悉的词汇中,则更多地蕴含着转化观的管理思想,体现出古人对万物相互联系、阴阳互相消长的哲学思辨。例如,《老子》中"以顺待逆,以逸待劳,以卑待骄,以静待躁"的后发制人思想,"欲先取之,必先予之"的取予之法,"不战而胜,是为上策"的战略思想,"避实而击虚","因敌变化而取胜"的应变之策,"千军易得,一将难求"的选才识贤的人事原则等,都是这种因应变化转化的精彩论述。

⑨以民为本的民本思想

中国古代的管理思想中,将组织环境概括为天时、地利、人和。《淮南子·主术训》中指出:"上因天时,下尽地财,中用人力。"其中,天和地,反映了外部环境。《孙子兵法·地形篇》指出,"知天知地,胜乃不穷",可见正确地判断外部环境之重要。

而人和的主要内涵是"以人为本",即人是构成国家整体的第一要素,要求把人作为管理的重心,提倡"爱人贵民"。这种民本思想是中国古代的重要管理理念,也是"人和"的理论基础。管子说,"君若将欲霸王举大事乎?则必从其本事矣";"夫霸王之所始也,以人为本,本理则国固,本乱则国危"。《贞观政要》中指出:"君,舟也;人,水也。水能载舟,亦能覆舟。"准确而形象地说明了领导者与群众之间的关系,为历代政治家所遵从。

"将相和"、"君臣和"是在管理层面的"人和","君臣遇合,天下事迎刃而解"(《观案》)指出,领导层次的良好合作是解决天下事的重要环节。

⑩诚信为本的经营思想

信誉是国家和企业的生命,这是我国长期管理实践中产生的信条。中国人从来都是重信誉的。孔子说:"君子信而后劳其民。"(《论语·尧曰》)韩非说:"小信成则大信立,故明主积于信。"(《韩非子·外储说左上》)治理国家,言而不信,出尔反尔,政策多变,从来都是大忌。故《管子》告诫主政者要取信于民,行政应遵循一条主要原则:"不行不可复。""不行不可复者","不欺其民也"。欺骗人民只能一次,第二次人民就不信你了。"言而不可复者,君不言也;行而不可再者,君不行也。凡言而不可复,行而不可再者,有国者之大禁也。"(《管子·形势》)

2. 西方古代管理思想

外国的早期管理实践和思想也有着悠久的历史。在奴隶社会,管理实践和思想主要体现在指挥军队作战、治国施政和管理教会等活动之中。古巴比伦人、古埃及人、古希腊人以及古罗马人在这些方面都做出了重要贡献。

古巴比伦在汉谟拉比的统治下,建立了强大的中央集权国家。为了治理国家,从中央到地方设立了一系列法庭,设置官吏管辖行政、税收和水利灌溉,国王总揽国家的全部司法、行政和军事权力。在汉谟拉比统治时期,《汉谟拉比法典》的编纂是一件大事。这部法典共282条,较全面地反映了当时的社会情况,并以法律形式来调节全社会的商业交往、个人行为、人际关系、工薪、惩罚以及其他社会问题。在汉谟拉比之后,在尼布甲尼撒国王统治时期,也出现了许多有效管理的实例。一些大的工程建设充分体现了当时的管理水平,如被誉为古代世界七大奇观之一的"空中花园"和高200米的"巴比伦塔"。

在古埃及,值得称道的管理实践是其金字塔式的管理机构。在法老之下设立了各级官吏,最高为宰相,辅助法老处理全国政务,总管王室农庄、司法、国家档案,监督公共工程的兴建。宰相之下设有一批大臣,分别管理财政、水利建设以及各地方事务。上自宰相,下至书吏、监工,各有专职,形成了以法老为最高统治者的金字塔式的管理机构。为了强化法老专制政权的统治,埃及法老为自己修建了被后世称为世界七大奇观之一的金字塔。其工程之浩大、技术之复杂,至今仍被视为难以想象的奇迹,以致被蒙上许多神秘的色彩。仅从管理角度来看,成千上万人的共同劳动,就需要严密的组织和管理。

在古希腊,当时的思想家们对管理有许多精辟的见解。苏格拉底曾提出管理的普遍性,认为管理技能在公共事务和私人事务之间是相通的。亚里士多德不仅指出了管理一个家庭和管理一个国家的相似之处,而且研究了国家制度的问题,提出了国家制度的各种形式,以及采取各种形式国家制度的原则,描绘了以奴隶制为基础的"理想城邦"的轮廓。

古罗马在征服古希腊后,经过连年征战和吞并,逐渐成为一个庞大的帝国。管理这样一个庞大的帝国,本身就需要高超的管理方法和技能。罗马共和时期,在管理体制上已体现了行政、立法和司法的分离。古罗马人的最有效的管理实践,是当时统治者戴克里先对罗马帝国的重组。他上台以后看到帝国组织庞大,事务繁杂,但又人浮于事。针对这一情况,他重新设计了帝国的组织机构,把军队和政府分为不同的权力层次,对每一层次规定了严明的纪律以保证组织职能的发挥。他把帝国分为 100 个郡,归为 13 个省,进一步把省组成 4 个道,从而建立起专制的组织结构。

2.1.2 工业革命时期的管理思想

18 世纪 60 年代开始的工业革命使西方国家在生产技术和生产关系上产生了重大的变革。工业革命加速了资本主义生产的发展,社会的基本生产组织形式迅速从以家庭为单位转向以工厂为单位。机器大量生产和工厂制度的普遍出现,使得人们对管理有了新的认识。

1. 主要代表人物和管理思想

(1)亚当·斯密

亚当·斯密(Adam Smith,1723—1790),英国著名古典政治经济学家,其 1776 年发表的《国富论》是经济学史上不朽的巨著。在这本书中,亚当·斯密的劳动分工的思想和"经济人"观点,对以后管理理论的发展有着深刻的影响。

①劳动分工

亚当·斯密以著名的别针生产为例阐述分工的必要性。他指出,如果没有分工,10 人 1 天很难造出 200 枚针,而将工人进行抽线—拉直—剪断—磨尖—打孔加磨角等专业化分工后,平均每天每人可造出 48 000 枚针。专业化分工可带来三方面的好处:a. 分工使得每个工人的熟练程度得到提高;b. 分工节省了由一种工作转换到另一种工作的时间;c. 分工使得工人更熟悉自己的工作,从而有利于工具的改进发明。

②"经济人"假设

亚当·斯密认为人的行为动机根源于经济诱因,人都要争取最大的经济利益,工作就是为了取得经济报酬。

(2)查尔斯·巴贝奇

查尔斯·巴贝奇(Charles Babbage,1792—1871),英国著名数学家和机械工程师。他对管理的贡献主要体现在以下两方面:

①对工作方法的研究

他认为一个体质较弱的人如果所使用的铲在形状、重量、大小等方面都比较适宜,那么他一定能胜过体质较强的人。因此,要提高工作效率,必须仔细研究工作方法。

②对报酬制度的研究

他主张按照对生产率贡献的大小来确定公认的报酬。公认的收入应由三部分组成:按照工作性质所确定的固定工资,按照对生产率所作出的贡献分得的利润,以及为增进生产率提出建议而赢得的奖金。

(3)罗伯特·欧文

罗伯特·欧文(Robert Owen,1771—1858),英国著名的空想社会主义者,也是一位企业家、慈善家。他比较早地注意到企业中人力资源的重要性,被称为"人事管理之父"。

1820 年发表了他的代表作《致拉纳克郡的报告》。欧文的主要观点是:

①关心影响劳动生产率的人的因素,把工人比喻为有生命的机器,维护好机器并使其效率高、寿命长,这样可以获得更多的利润;

②灵活、稳健的人事管理政策(不虐待,不解雇工人,改善劳动条件和生活条件,提高工资,工厂主和工人要和睦相处);

③鼓励竞赛精神,以此来代替残酷的惩罚。

2. 工业革命时期的管理思想的特点

这一时期的学者从不同的角度提出了一些管理思想,但并没有形成一种系统化的理论体系。在这一阶段,管理思想呈现出以下特点:

管理指导思想:认为人是懒惰的,要强制管理。

管理重点:解决分工和协作的问题,侧重研究通过分工和协作来保证生产顺利地进行,减少资金消耗,提高工人的日产量指标,获得更多的利润。

管理方式:家长式,由资本家直接担任。

管理依据:凭个人的经验和感觉来进行管理。

人才培养方式:师傅带徒弟,代代相传。

2.2　古典管理理论

2.2.1　泰勒的科学管理理论

科学管理的创始人是美国古典管理学家弗雷德里克·温斯洛·泰勒(Frederick Win-slow Taylor)。泰勒是从"工人为什么磨洋工"这一现象出发研究管理问题的,长期的切身观察使泰勒认识到,工人"磨洋工"主要是因为"落后的管理"。泰勒相信,通过科学的管理可以克服"磨洋工"现象。通过在企业中的实践和大量实验,他提出了"科学管理理论"(Scientific Management Theory)。

1. 泰勒其人

泰勒出生于美国费城一个富有的律师家庭,很早就养成了寻求真理、善于观察和学习的习惯。泰勒常常迷恋于科学调查、研究和实验,强烈地希望按事物发展的客观规律办事,这为他后来致力于劳动效率的研究和科学管理理论的探索提供了必备的条件。泰勒 1875 年进入一家小机械厂当学徒工,1878 年转入费城米德瓦尔钢铁厂当机工并在夜校学习,获得工程学学士学位后被提升为总工程师。他从学徒、工人、工长、总机械师到后来成为总工程师的经历使其有充分的机会去了解工人的种种问题和态度,并意识到提高管理质量的极大可能性。

泰勒一生致力于"科学管理",他认为提高生产率不但要降低成本和提高利润,而且要通过工人提高生产率。他把生产率看作是较高工资和较高利润的保证。相信应用科学的方法来代替按惯例和凭经验办事的方法可以不必费更多精力和努力,便能取得这样的生产率。泰勒在管理方面的主要著作有《计件工资制》(1895)、《车间管理》(1903)、《科学管理原理》(1911)。泰勒通过这一系列的著作,总结了几十年研究的成果,归纳了自己长期管理实践的经验,概括出了一些管理原理和方法,经过系统化整理,形成了"科学管理"的理论。泰勒在管理理论方面做了许多开拓性工作,为现代管理理论奠定了基础。泰勒 1915 年于费城去世,后人在他的墓碑上刻着:科学管理之父——F.W. Taylor。

2. 科学管理理论内容

科学管理的中心问题是提高劳动生产率。

(1)工作定额

为了科学地制定工作定额,首先要进行时间和动作研究。把工人的操作分解成基本动作,再对尽可能多的工人测定完成这些基本动作所需的时间,同时选定最适用的工具、机器,决定最适当的操作程序,消除错误的动作和不必要的动作,得出最有效的操作方法,作为标准。然后,累计完成这些基本动作的时间,加上必要的休息时间和其他延误时间,就可以得到完成这些操作的标准时间,由此来制定"合理的日工作量"。

泰勒在伯利恒钢铁公司进行了有名的"搬运生铁块试验"。该公司由75名工人负责把92磅重的生铁块搬运30米距离装到铁路货车上,他们每天平均搬运12.5吨,日工资1.15美元。泰勒找了一名工人进行试验,试验各种搬运姿势、行走的速度、持握的位置对搬运量的影响,多长的休息时间为好。经过分析确定装运生铁块的最佳方法和57%的时间用于休息,使每个工人的日搬运量达到47~48吨。同时工人的工资收入也有了提高,日工资达到了1.85美元。

(2)标准化

要使工人在工作中采用标准的操作方法,使用标准化的工具、机器和材料,来提高劳动生产率。

泰勒在伯利恒钢铁公司做过另一项著名的"铁锹试验"。当时公司的铲运工人拿着自己家的铁锹上班,这些铁锹各式各样,大小不等。堆料场里的物料有铁矿石、煤粉、焦炭等。每个工人的日工作量为16吨。泰勒经过观察,发现由于物料的比重不一样,一铁锹的负载就大不一样,如果是铁矿石的话,一铁锹有38磅;如果是煤粉,一铁锹只有3.5磅。到底一铁锹多大的负载才是最好的?经过试验最后确定一铁锹21磅对工人是最适宜的。又进一步研究了为达到这一标准负载,又适用于每种物料的各种铁锹的形状和规格。

(3)能力与工作相适应

为了提高劳动生产率,泰勒认为必须挑选一流的工人去工作。"一流"是指该工人的能力最适合做这种工作,并且愿意去做。根据每个人不同的能力,把他们分配到相应的工作岗位上,并进行培训,教会他们科学的工作方法,使他们成为一流的工人,激励他们努力工作。

在制定工作定额时,泰勒提出以"一流的工人在不损害其健康的情况下维持较长年限的速度"为标准。这种速度不是突击性、短时冲刺式的,而是可以长期维持的正常速度。

(4)差别计件付酬制

付酬制度合理与否与工人的积极性有很大的关系。计时付酬体现不出工人劳动的数量。计件工资虽是按工人的劳动数量付酬,但工人怕一旦提高了劳动效率后,雇主再降低工资率,这等于增加了劳动强度。

泰勒提出了新的付酬制度,首先要科学地制定工作定额,然后对不同的工作规定不同的工资率,用差别计件工资制来鼓励工人完成或超额完成工作定额。如果工人完成或超额完成定额,则定额内的部分连同超额部分都按比正常单价高25%计酬。如果工人完不成定额,则按比正常单价低20%计酬。泰勒认为这样做会大大提高工人的积极性,从而大大提高劳动生产率。

(5)计划职能与执行职能相分离

泰勒认为应该用科学的工作方法取代经验工作法。经验工作法是指每个工人使用什么样的操作方法、使用什么工具都根据自己的经验决定。这样工效的高低取决于他们的操作方法和所用的工具是否合理,以及个人的熟练程度和努力程度。泰勒主张明确划分计划职能和执行职能,由管理部门来进行时间和动作研究,制定科学的工作定额和标准化的操作方法,选用工具、拟定计划和发布指示、命令,把实际的执行情况与标准相比较并进行控制,由工人执行。这样做,科学的工作方法才被采用和实施。

(6)例外原则

泰勒认为,规模较大的企业不能只依据职能原则来组织和管理,而必须用例外原则。所谓例外原则,是指高层管理者只集中精力处理生产经营中的重大决策问题,而把那些经常出现、重复出现的"例行问题"的解决办法制度化、标准化,并交给下级管理人员去处理。泰勒提出的这种例外原则为以后管理上的分权化原则和实行事业部制等管理体制提供了依据。

(7)科学管理原则

在科学管理制度之下,工人的主动性(即他们的勤奋工作、诚意和独创精神)实际上经常地发挥出来,而企业管理当局则主动地承担起新的、非常巨大和特别的责任,这些责任被划分成四种不同的类型,并被叫作"科学管理原则"。

第一条原则:由管理人员有意识地搜集原来存在于工人头脑中和体力技能中的大量传统知识,并把这些传统知识记录下来,编成表格,进而在许多情况下归纳成法则、规则甚至数学公式。

第二条原则:管理人员科学地选择并不断地培训工人。管理人员的责任在于仔细地研究每个工人的性格、脾气和工作成绩,以便一方面发现其局限性,另一方面更重要的是发现其发展的可能性。

第三条原则:使经过科学的选择和培训的工人同作业的科学方法结合起来。

第四条原则:把工厂的实际工作在工人和管理人员之间做几乎平均的分配。

科学管理方法要求工人按正确的方法工作,按科学方法改变他们原来的方法。而作为报偿,他们的收入能增加 30%～100%,增加的幅度随他们所从事行业的性质而不同。

3. 泰勒的追随者对科学管理理论的贡献

对科学管理做出杰出贡献的还有吉尔布雷斯夫妇、甘特、巴思、艾默森和福特等人。

(1)吉尔布雷斯夫妇

弗兰克·吉尔布雷斯是泥瓦工出身的工程师和管理学家;莉莲·吉尔布雷斯是心理学家和管理学家,是美国第一位获得心理学博士学位的妇女,是弗兰克·吉尔布雷斯的夫人,被人称为"管理学的第一夫人"。吉尔布雷斯夫妇的研究成果主要有:

①提出动作研究和动作经济的原则。

②强调进行制度管理。

③探讨工作、工人和环境之间的相互影响。

④提出管理人员发展计划。

吉尔布雷斯夫妇不但在动作研究、疲劳研究、制度管理等方面做出了出色的贡献,而且还重视企业中人的因素。这对以后行为科学的出现产生了重要的影响。

(2)甘特

亨利·甘特是泰勒在创建和推广科学管理制度时的紧密合作者,是科学管理运动的先驱者之一,同时他又非常重视工业中人的因素,也是人际关系理论的先驱者之一。甘特在管理思想方面的贡献主要有:

①提出了一种"工作任务和奖金"的工资制度。

②制定用于生产控制的各种图表,特别是甘特图,即生产计划进度图。

③强调对工人进行培训,强调工业民主,重视对人的领导方式。

(3)艾默森

艾默森是美国圣太妃铁路的工程师,也是美国早期的科学管理研究工作者,他曾和泰勒有过密切的联系,并独立地发展了科学管理的许多原理,在工时测定、成本、提高效率、消除浪费等方面都做出了贡献。他积极宣传效率观念,1912年出版了《十二项效率原则》一书,书中提出的十二条效率原则:明确的目标;科学的判断;优秀的咨询;纪律;公平的处理;可行、及时、准确、充分、永久的记录;生产调度;时间安排标准化;工作环境标准化;操作标准化;工作标准化的书面说明;效率奖励。

(4)福特

亨利·福特是福特制科学管理方法的创始人,对提高劳动生产率做出了重要贡献。福特创造了第一条流水生产线,后来被称为"福特制"。福特制是指由福特首创的一套生产和管理制度。福特制对科学管理的贡献如下:

①制造方式标准化。

②流水式装配线。

③把服务大众作为宗旨。

④建立人事部门,关心员工生活。

4. 科学管理理论的评价——贡献和局限

以泰勒为代表的科学管理具有划时代的意义,其主要的贡献有:

(1)将科学引入管理,使管理实践活动出现前所未有的突破,从而极大地提高了生产效率。泰勒科学管理的最大贡献在于泰勒所提倡的在管理中运用科学方法和他本人的科学实践精神。他打破一百多年沿袭下来的经验管理方法,用规范的方法、科学的标准进行管理,追求提高生产效率,健全和推动社会进步,促进了资本主义的发展。他的科学精神,直到今天仍对生产管理具有重大的指导作用。

(2)将计划职能与执行职能分开,从而出现专职的管理人员,这一重大突破极大地促进了管理理论的发展。

尽管今天看来,泰勒的科学管理具有划时代的进步意义,但在当时的推广和执行并不十分顺利,遭遇到来自工人和雇主们的双重阻力。工人认为苛刻的劳动定额和标准是施加于他们的剥削,而一部分雇主们不能理解设置计划专职人员的必要性。除去工人和雇主的抵触心理,泰勒的科学管理也存在其自身的时代局限性,表现为:

泰勒的实验和改革均基于"经济人"假设。认为工人只关心提高自己的金钱收入,把工人当成会说话的工具,设定了苛刻的定额和标准,忽略了人的社会特性和情感需求,实际上是对工人的一种压榨。

泰勒仅解决了现场生产的作业效率问题,研究的范围较窄,而没有解决企业作为一个整体如何经营和管理的问题。

2.2.2 法约尔的一般管理理论

在泰勒等人以探讨提高工厂效率为重点进行科学管理研究的同时,法国人法约尔则以管理过程和管理组织为研究重点,着重研究管理的组织和管理活动过程,形成了一般管理理论(General Administrative Theory)。

1. 法约尔其人

亨利·法约尔(Henry Fayol),法国古典管理理论学家,被尊称为管理过程学派的开山鼻祖。法约尔 1860 年从圣埃蒂安国立矿业学院毕业后进入康门塔里·福尔香堡采矿冶金公司,成为一名采矿工程师,并在此度过了整个职业生涯。从采矿工程师到矿井经理,直至公司总经理,他在实践中逐渐形成了自己的管理思想和管理理论,对管理学的形成和发展做出了巨大的贡献。

1916 年问世的名著《工业管理与一般管理》是法约尔一生管理经验和管理思想的总结。他认为他的管理理论虽然是以大企业为研究对象,但除了可应用于工商企业之外,还适用于政府、教会、慈善团体、军事组织以及其他各种事业。所以,人们一般认为法约尔是第一个概括和阐述一般管理理论的管理学家。

法约尔关于管理过程和管理组织理论的开创性研究,特别是其中关于管理职能的划分以及管理原则的描述对后来的管理理论研究具有非常深远的影响。此外,他还是一位概括和阐述一般管理理论的先驱者,是一位伟大的管理教育家,后人称他为"管理过程之父"。

2. 一般管理理论的内容

(1)企业经营的基本活动

法约尔指出,任何企业经营都存在六种基本活动,而管理只是其中之一。这六种基本活动是:

技术活动:生产、制造和加工;

商业活动:采购、销售和交换;

财务活动:资金的筹措、运用和控制;

安全活动:设备的维护和人员的保护;

会计活动:货物盘点、成本统计和核算;

管理活动:计划、组织、指挥、协调和控制。

在企业经营六项基本活动中,管理活动处于核心地位。企业经营本身需要管理,同样其他五项活动的开展也需要管理。

(2)管理职能

在上述基本活动分类的基础上,法约尔重点分析了管理活动,首次系统地提出了管理职能之说。他认为所有组织的管理活动包括五项职能:计划、组织、指挥、协调和控制。

计划:包括预测未来和对未来的行动予以安排;

组织:包括选择组织形式,规定各部门的相互关系,选聘、评价和培训工人等;

指挥:使所有人员按照企业的利益做出最大的贡献;

协调:平衡各种关系,使企业活动的各种资源保持一定的比例,各部门配合良好;

控制:保证计划目标得以实现,对工作中的错误进行纠正并避免重犯。

(3)十四条原则

法约尔根据自己长期的管理经验,归纳出十四项一般管理原则:

表 2-1 法约尔的十四条管理原则

1. 分工:类似亚当·斯密的劳动分工原则,其核心在于专业化可以提高生产率,从而增加产出

2. 权力与责任:管理者有发布命令并使人服从的力量。在行使权力的同时,必须承担相应的责任,有权无责或有责无权都是组织上的缺陷

3. 纪律:全体员工服从和遵守组织运作中的规则

4. 统一指挥:任何一位员工只接受一位上级的命令

5. 统一领导:指一个组织对于目标相同的活动,只能有一个领导和一个计划

6. 个人利益服从整体利益:个人和小集体的利益不能超越组织的利益。当两者不一致时,主管人员必须想办法使它们一致起来

7. 员工报酬:报酬合理,能够奖励有益的工作成果和激发全体员工的工作热情

8. 集权化:必须根据组织的客观情况,确定适度的决策权力的分配与集中结构

9. 等级链:组织机构是由最高层到最基层所形成的层次结构,这一结构实际上是一条权力线,它是自上而下和自下而上确保信息传递的必经途径。在一定条件下,允许跨越权力线而直接进行横向沟通,以克服由于统一指挥而产生的信息传递延误(这一原则称为"跳板原则",也叫"法约尔桥")

10. 秩序:每位员工都必须各就其位,各得其所

11. 公正:管理者应该以其忠诚和热心来对待下属

12. 人员的稳定:员工的高度流动会造成效率损失,因此,管理者应该提供合理的人事计划以保证工作的完成

13. 首创精神:在尽力完成工作目标的前提下,鼓励员工的创新精神和创造性

14. 团结精神:鼓励团队精神,以实现组织内部成员之间的协调与合作

3. 一般管理理论的评价

法约尔对管理的贡献主要有以下几个方面:

(1)法约尔对管理五大职能的分析为管理提供了科学的理论框架。

(2)提出了管理教育的必要性。法约尔认为对管理知识的需要是普遍的,尤其是企业的中上层领导人。

(3)法约尔提出的管理原则至今仍具有指导意义。

但是法约尔的一般管理理论也有一定的局限性。它的不足之处是它的管理原则缺乏弹性,以至于有时实际管理者无法完全遵守。

2.2.3 韦伯的行政组织理论

除法约尔之外,古典管理理论的主要代表人物还有德国著名的社会学家马克斯·韦伯,他提出的行政组织理论对泰勒、法约尔的理论是一种补充,对后来的管理学家们尤其是组织理论学家有很大影响,被称为"组织理论之父"。

1. 韦伯其人

马克斯·韦伯(Max Weber,1864—1920)是德国著名的社会学家和哲学家,他对法学、经济学、政治学、历史学和宗教学都有广泛的兴趣。他在管理理论上的研究主要集中在组织理论方面,其主要贡献是提出了所谓理想的行政组织体系理论。行政组织体系又称为bureaucracy(官僚政治或官僚主义),与汉语不同,它并不带有贬义。韦伯的原意是通过职务或职位而不是通过个人或世袭地位来管理。要使行政组织发挥作用,管理应以知识为依

据进行控制,管理者应有胜任工作的能力,应该依据客观事实而不是凭主观意志来领导,因而这是一个有关集体活动理性化的社会学概念。这集中反映在他的代表作《社会组织与经济组织》一书中。这一理论的核心是组织活动要通过职务或职位而不是通过个人或世袭地位来管理,他也认识到个人魅力对领导的重要性。他所讲的"理想的"不是指最合乎需要,而是指现代社会最有效和合理的组织形式。

2. 行政组织理论的内容

(1)权力的类型

权力是统治社会或管理组织的基础。韦伯认为,权力是一种引起服从的命令结构,有以下三种类型:

①传统型:建立在对于古老传统和习惯的神圣不可侵犯的基础上。

②领袖超凡魅力型:建立在对某个英雄人物或某个具有模范品质的人的崇拜的基础上。

③法理型:建立在由法律规则确定的职位或地位的基础上。韦伯认为只有理性—合法型权力才是现代社会组织中占主导地位的基础形态。

(2)理想的行政组织体系

理想的行政组织体系,直译为官僚制(bureaucracy),又译科层制。韦伯认为,官僚制既是一种组织结构,又是一种管理体制,其中心思想是建立在"合理"与"合法"的基础上,而不是通过"世袭"或"个人魅力"来实现。

韦伯的理想行政组织体系具有如下特征:

①正式的规章。组织管理的权力建立在一整套为所有组织成员共同认可和严格履行的正式规则基础之上。所有人员的活动都无一例外地受这套规则的制约。这些规则是为完成组织目标和实现组织功能的需要而制定的,排除任何个人情感的因素。

②明确的分工。组织权力横向方面按职能分工,明确规定每个部门的职责、权限和任务,限定各自的管理范围,各负其责,各司其职,相互配合,不得推诿或越权。

③权力分层。组织权力纵向方面按职位层层授权,明确规定每一个管理人员的权力和责任。职位的设立服从管理和效率的需要,不因人设位。处于中间职位的管理人员既接受上级的指挥,又对下级实施管理。组织权力的分层形成一个金字塔形的等级结构。

④非个人的人员关系。在组织管理范围内,部门以及管理人员的关系均为公务关系。在处理组织事务时,应照章办事,不允许将私人关系掺杂在内,更不允许因私人关系而破坏组织的正式规则。

⑤正规化的人员任用。组织成员资格应通过正式考核获得,他们进入组织并占据一定职位的依据,是他们经由教育和训练所获得的专门知识和技能。

⑥职业管理人员。管理者是专职人员而不是企业的所有者,他们领取固定的工资并在组织中追求他们职业生涯的成就。管理人员晋级有统一的标准,其薪金应与责任和能力相适应。

3. 对行政组织理论的评价

韦伯的思想是对封建社会的传统管理模式、理念和方法的否定,体现了适应当时工业革命后生产方式特点和资本主义社会发展的管理思想和理念。官僚组织结构之所以能带来高效率,是因为从纯技术的角度看,官僚制强调知识化、专业化、正规化和权力集中化,它在组织中消除了个人情感的影响。因此,它能使组织内人们的行为理性化,具有一致性和可预测性。

官僚组织结构理论的局限性主要有以下两个方面:(1)诸多假设的有效性问题;(2)过分

地强调执行规章制度。

2.2.4 小结

古典管理理论是人类历史上首次用科学的方法来探讨管理问题,实质上反映了当时社会的生产力发展到一定阶段时对管理上的要求,要求管理适应生产力的发展。反过来管理思想的发展、管理技术和方法的进步,又进一步促进了生产力的发展。古典管理理论流派主要内容比较如表 2-2 所示。

表 2-2　古典管理理论流派主要内容比较

管理理论流派	主要观点	优点	不足
科学管理理论	提高劳动生产率,以科学方法挑选工人,工时研究与标准化,推行差别计件工资制,进行职能管理,管理上实行例外原则	将科学研究方法和管理方式引进了管理实践,改变了从前依靠经验管理的状态,提高了生产率	只是将工人视为生产工具,忽视工人的创造性
一般管理理论	管理过程的 5 个职能划分理论和 14 条管理原则	具有较好的适应性	忽视了不同企业类型和环境中管理的特殊性
行政组织理论	建立一种高度结构化的、正式的、非人格化的理想的官僚组织体系,是提高劳动生产率的最有效形式	为提高劳动生产率提供了官僚组织这样一种有效形式,利于进行稳定、严格、集中和可靠的管理	忽视了员工个人的主动性原则和创造性,以及组织快速应对环境变化的能力

2.3　从新古典管理理论到行为管理理论

20 世纪 30 年代,传统的科学管理理论开始受到一种新的管理理论的批判与挑战。这种理论认为,传统的科学管理理论是建立在人是以追求最大的经济利益为一切活动目的的"经济人"假说的基础之上的。把人作为"机器人"来看待,压抑了人的积极性、创造性的发挥,也无法极大地提高生产效率。这种理论在对传统科学管理理论反思的基础上,重新界定管理的核心与主体,就是在管理中必须把人作为有感情、有需要、有追求、有价值以及与周围环境和社会有密切联系的"社会人"来对待,激发人的积极性和创造性,协调人与人、人与组织之间的关系,最大限度地提高生产效率,达到组织的目标。这种理论就是行为科学管理理论。

行为科学管理理论的出现并不是偶然的,这个时期的西方国家,一方面,由于生产资料的日益集中,垄断的进一步加剧,人民生活水平急剧下降,工人的阶级觉悟、文化程度和组织能力不断提高,导致阶级矛盾异常尖锐和突出,在生产中如何解决人与人之间的关系问题成为社会关注和研究的焦点;另一方面,传统的科学管理理论在复杂多变的社会关系和社会矛盾面前显得捉襟见肘,力不从心,难以有效地控制工人来达到提高生产率和增加利润的目的。

行为科学本身有一个发展过程，它基本上分为两个时期：前期叫作人际关系学说，以梅奥为代表；后期是 1949 年在美国芝加哥大学召开的一次跨学科会议，这次会议讨论了应用现代科学知识研究人类行为的一般理论，这门综合学科被命名为"行为科学"。从 20 世纪 30 年代到 60 年代，行为科学始终在西方组织理论研究中占据着主导地位。

2.3.1 梅奥的人际关系学说

梅奥（George Elton Mayo，1880—1949）是原籍澳大利亚的美国管理学家。主持了著名的霍桑实验，从而提出了人际关系学说，并由此真正揭开了组织中关于人的行为研究的序幕。

1. 霍桑实验

1924—1932 年间，美国国家研究委员会和西方电气公司合作，由梅奥负责进行了著名的"霍桑实验"，即在西方电气公司所属的霍桑工厂，为测定各种有关因素对生产效率的影响程度而进行的一系列实验，由此产生了人际关系学说。实验分四个阶段：

第一阶段：工场照明实验（1924—1927 年）。实验将一批工人分为两组：一组为"实验组"，让工人在不同照明强度下工作；另一组为"控制组"，工人在照明度始终保持不变的条件下工作。但是照明度的变化对生产率几乎没有什么影响，这个实验似乎以失败告终。但这个实验得出结论：工场的照明只是影响工人生产效率的一项微不足道的因素；生产效率仍与某种未知因素有关。

第二阶段：继电器装配室实验（1927—1928 年）。测试各种工作条件（材料供应、休息时间、作业时间、工资等）的变动对小组生产率的影响，以便能够更有效地控制影响工作效果的因素。实验的结论是，这些因素对生产率很少或没有多大影响，但似乎由于督导方法的改变，工人工作态度也有所变化，产量有所增加。

第三阶段：访谈计划（1928—1931 年）。两年内他们在上述实验的基础上进一步开展了全公司范围的普查与访问，调查了 2 万多人次，发现所得结论与上述实验所得相同，即"任何一位员工的工作绩效，都受到其他人的影响"。

第四阶段：接线板接线工作室实验（1931—1932 年）。以集体计件工资制刺激，企图形成"快手"对"慢手"的压力以提高效率。实验发现，工人既不会为超定额而充当"快手"，也不会因完不成定额而成"慢手"，当他们达到他们自认为是"过得去"的产量时就会自动松懈下来。实验的结论是，车间里除了存在按照公司编制建立的正式组织外，还存在因某些因素而形成的非正式组织，这些非正式组织有时会严重影响工作效率。

2. 人际关系学说的主要观点

根据霍桑实验，梅奥于 1933 年出版了《工业文明中人的问题》一书，提出了与古典管理理论不同的新观点，主要归纳为以下几个方面：

（1）工人是"社会人"而不是"经济人"

传统组织理论把人当作"经济人"来对待，认为金钱是刺激人积极性的唯一动力。而梅奥则认为，每个人都是独特的社会动物，都是复杂社会系统的成员，任何一个人只有把自己完全投入集体中才能实现彻底的"自由"。因此，人在组织中不仅仅只单纯追求金钱收入，还有社会及心理方面的需求，即还要追求人与人之间的友情、安全感、归属感和受人尊重等。这就要求企业管理当局在进行组织和管理时，要考虑到人的社会和心理方面的需求，把工人当作不同的个体来对待,当作一个社会群体中的社会人来对待,不能将其视为无差别的机器或机器的一部分。对于社会人来说,重要的是人与人之间的合作,而不是在无组织的人群中互相竞争,每个人行动的目的并不是为自我的利益,而主要是为保护自己在集团中的地位,人的行动更多的是由感情而不是由逻辑来引导的。

(2)企业中存在非正式组织

传统组织理论只重视组织结构、职权划分、规章制度等"正式团体"的问题,但梅奥在霍桑实验中却认为:一切组织中都存在着两种类型,一种是正式组织,这是由职位、权力、责任及其相互关系和规章制度明确界定、相互衔接而构成的组织体系,它以效率逻辑作为价值标准。还有一种是非正式组织,就是人们在正式组织的共同劳动过程中,因相同的情趣、爱好、利益等而结成的自发性群体组织。它以感情逻辑作为价值标准,具有群体成员自愿遵从的不成文的规范和惯例,对成员的感情倾向和劳动行为具有很大的影响力。这两种类型的组织相伴相生,相互依存。因此,作为管理者来说,必须正视非正式组织的存在,并利用它来影响人们的工作态度,为正式组织的活动和目标服务。

(3)新的领导能力在于提高员工的满意度

传统组织理论认为生产效率主要受工作方法、工作条件、工资制度等制约,只要改善工作条件,采用科学的作业方法,实行恰当的工资制度,就可以提高生产效率。梅奥通过研究则认为,生产率的升降在很大程度上取决于工人工作的积极性、主动性和协作精神,即取决于工人的"士气",而工人的士气则取决于他们对各种需要的满足程度,满足程度越高,士气就越高,劳动生产率也就越高。在这些需要中,金钱和物质方面的需要只占很少的一部分,更多的是要得到友谊、尊重、安全与保障等方面的社会需要。因此,新型领导应尽可能满足工人的需要,不仅要解决他们物质生活或生产技术方面的问题,还要善于倾听工人的意见,沟通上下的思想,适时、充分地激励工人,在了解人们合乎逻辑的行为时,也必须了解人们不合逻辑的行为,使正式组织的经济需要与非正式组织的社会需要取得平衡,以最大可能地提高工人的士气,从而从根本上提高生产效率。

3. 梅奥的人际关系学说的主要贡献

梅奥的人际关系学说克服了古典管理理论的不足,导致了管理的一系列改革,其中许多措施到现在仍然是管理者所遵循的原则。其贡献主要有以下几点:

(1)激起了管理层对人的因素的研究兴趣。

(2)改变了人与机器没有差别的观点,恢复了人的"社会人"本来面目。

(3)为行为科学的产生奠定了基础。

(4)为管理思想的发展开辟了新的领域。

(5)为管理方法的变革指明了方向。

虽然梅奥的人际关系学说开创了在管理中重视人的因素的时代,为行为科学的发展奠定了基础,但是,在管理过程中应考虑的因素还有许多,并不仅仅是要建立良好的人际关系。而且人也绝非在任何情况下都感情用事,在许多方面人都是有理性的。因而,人际关系学说也有一定的局限性。

2.3.2 "二战"后行为科学理论的发展

20 世纪 50 年代初期,人际关系学说发展为行为科学理论。行为科学理论综合运用社会学、心理学等相关学科的知识与方法,对工人在生产中的行为产生的原因进行分析研究,其内容主要涉及人的本性与需要、动机、行为之间的关系以及生产中的人际关系。第二次世界大战以后,行为科学的发展主要集中在以下几个方面。

1. 关于人的需要、动机、行为等方面的研究(详细内容参照第 10 章中激励的主要理论和方法)

(1)马斯洛的"需求层次理论"和麦克利兰的"成就需要论"

亚伯拉罕·马斯洛(Abraham Maslow,1906—1964 年)是一名心理学医生。他在行医中发现,心理病患者的病源往往是没有能力满足自身的某些需求。由此,他在治病中归纳和总结出了需求层次理论。

该理论是研究人的需求结构的理论,其基本观点有两个:一是只有尚未满足的需求能够影响行为;二是人的需求都有轻重层次,低层次需求得到满足后,才会产生更高层次的需求。马斯洛把人类的需求分为五个层级,按其重要程度和产生的先后顺序分别为生理需求、安全需求、社交需求、尊重需求和自我实现的需求。

麦克利兰则认为,个体在工作情境中有三种重要的需要:

①成就需要:争取成功,希望做得最好的需要。

②权力需要:影响或控制他人且不受他人控制的需要。

③亲和需要:建立友好亲密的人际关系的需要。

(2)赫兹伯格的"双因素理论"

赫兹伯格认为,影响人的积极性的因素可以分为两大类:保健因素和激励因素。其中,保健因素能预防和消除职工的不满,但不能直接起到激励作用;而激励因素能对职工产生一种内在的激励,使职工有一种满足感,促进人们不断提高工作效率。

(3)弗鲁姆的"期望理论"

弗鲁姆提出,人们受到激励的程度受两个因素的影响:一是效价,即激励因素的价值,或者说是个人主观上对实现目标后获得的奖励的价值大小的评价;二是期望值,即人们主观上认为实现既定目标的可能性大小。

✳ **管理故事 2-1**

一支温度计的成功

一家大医院要招聘一名护士长,有 9 名应聘者进入最后一轮角逐。

考官拿来 9 支温度计,发给每人一支,他说,这些温度计刚给病人测量过体温,现在请应聘者把温度记录在纸上。可是,应聘者发现,温度计中根本看不见水银柱! 到了交读数的时间,6 名应聘者在纸上快速地写下了一个温度,可还有 3 名应聘者在纸上写下了:"对不起,温度计没有数字可读。"

结果,这 3 名应聘者被留下了,考官说,这 9 支温度计的确有问题,里面的水银事先都被抽掉了。

接着,在3名应聘者中,要选出最后一个人选。考官说你们用刚才的温度计量量自己的体温吧。有两人顿时狐疑地看着考官,而另一个人,则下意识地把温度计摆正位置,用力地甩了甩,然后插入自己的胳肢窝。5分钟过后,她抽出温度计一看,惊喜地看到上面标记出了体温。原来温度计中的水银根本没被抽空,考官只是事先把温度计倒着甩,让水银降到了另一端。

2. 关于企业中人性的研究

(1)麦格雷戈的"X-Y"理论

麦格雷戈对马斯洛的理论加以发展,提出领导者对人性的认识会形成不同的领导风格。而人们对人性的认识可以大致分为两种,即 X 假设和 Y 假设。其中 X 假设强调从外部对员工施加刺激,而 Y 假设强调激发员工内在积极性。两者都有其合理的一面,管理者应根据不同的情况加以选择使用。

(2)阿基里斯的"不成熟—成熟理论"

阿基里斯的观点与麦克雷戈的 X 理论假设相对应,认为管理者对员工的看法,使员工始终处于不成熟状态,已经成为激励过程的主要障碍。为了激励员工,必须创造条件,使员工逐渐由不成熟走向成熟。

3. 企业中领导方式问题的研究

行为科学对领导方式的研究中比较有代表性的有:

(1)俄亥俄州立大学的"四分图理论"

美国俄亥俄州立大学的研究者首先把领导者对人的重视和对行为的重视结合起来,提出了四分图理论。他们认为,领导者对人的重视和对行为的重视并不矛盾,而应该是相互联系的,一个领导者只有把两者结合起来,才能进行有效的领导。

(2)布莱克和莫顿的"管理方格理论"

布莱克和莫顿在四分图理论的基础上对其加以改进,提出了"管理方格理论"。该理论把领导方式分为 9×9＝81 种,并分析其中 5 种典型的领导方式,为领导改进自己的领导行为指明了方向。

2.4　现代管理理论

第二次世界大战以后,随着社会生产力的发展以及系统论、控制论、信息论、电子计算机技术在管理领域中日益广泛的应用,西方管理理论的发展进入了管理科学时代。这一时期,西方管理理论的一个最突出的特点就是学派林立,众说纷纭。这些学派相互补充,从不同角度阐明现代管理的有关问题,从而形成了现代管理理论。

面对现代管理理论研究"百家争鸣,百花齐放"的繁荣景象,美国管理学家哈罗德·孔茨(Harold Koontz)对此形象地称为"管理理论丛林"。1961 年孔茨认为当时的管理学有六大流派或研究方法:管理过程学派、经验或案例学派、人际行为学派、社会系统学派、决策理论学派、数量学派。至 1980 年,他在《再论管理理论丛林》的论文中提出,有代表性的管理理论学派至少有 11 个学派,见表 2-3。在众多学派中,权变理论和系统理论尤为引人关注,它们实际上发挥了整合其他理论的架构性角色。

表 2-3 "管理理论丛林"的 11 个学派

学派名称	代表人物	理论观点
管理过程学派	孔茨 奥唐奈	在法约尔管理思想的基础上发展起来的,主要研究管理的过程和职能
人际关系学派	梅奥 马斯洛	管理工作总是通过人去完成的,因此必须围绕人与人之间的关系这个核心来进行研究
群体行为学派	卢因 谢里大	同人际关系学派关系密切,容易混淆。但它关心的是群体中人的行为,而不是人际关系,着重研究各种群体行为方式。它也常被叫作"组织行为学"
经验(或案例)学派	德鲁克 戴尔	管理学者和实际管理工作者通过研究各式各样的成功和失败的管理案例,就能理解管理问题,自然学会有效地进行管理
社会系统学派	巴纳德	将组织看作是一种社会系统,是一种人的相互关系的协作体系,组织是社会大系统中的一部分,受到社会环境各方面因素的影响。管理人员的作用就是要围绕着物质的、生物的和社会的(群体的相互作用、态度和信息)因素去适应总的合作系统
社会技术学派	特里斯特	是社会系统学派的进一步发展。认为在管理中只分析社会系统是不够的,还需要研究技术系统对人的影响,只有使社会系统和技术系统两者协调起来,才能解决这些矛盾从而提高劳动生产率,而管理者的一项重要任务就是确保这两个系统相互协调
系统学派	卡斯特	以一般系统论为理论基础来研究管理问题。该学派的主要内容包括系统观点、系统分析和系统管理三方面
决策学派	西蒙	强调管理者的主要任务是决策和解决问题,着重研究如何制定决策的问题,以及决策对组织管理的影响
管理科学学派	伯法	开发解决管理问题的数学模型,重视定量分析技术的研究及在管理工作中的应用
权变学派	卢桑斯	管理不可能存在着一种通用程序,它完全依环境、自身的变化而变化
管理角色学派	明茨伯格	通过观察管理者的实际活动来明确和研究管理者的工作内容

2.4.1 管理过程学派

管理过程学派又叫管理职能学派、经营管理学派。这一学派是继古典管理学派和行为科学学派之后最有影响的一个管理学派,它的开山祖师就是古典管理理论的创始人之一法约尔。

管理过程学派的代表人物是美国的哈罗德·孔茨和西里尔·奥唐奈(Cyril O' Donnell)。

该学派的基本研究方法是:首先把管理人员的工作划分成一些职能,然后以管理职能为框架进行研究,从丰富多彩的管理实践中探求管理的基本规律。孔茨·奥唐奈合著的《管理学》是战后这一学派的代表作,他们主张把管理划分为5项职能:计划、组织、人事、领导、控制。这个学派把它的管理理论建立在以下7条基本信念的基础上:(1)管理是一个过程,可以通过分析管理人员的职能从理性上很好地加以剖析。(2)可以从管理经验中总结出一些基本道理或规律。这些就是管理原理。它们对认识和改进管理工作能起一种说明和启示的作用。(3)可以围绕这些基本原理开展有益的研究,以确定其实际效用,增大其在实践中的作用和适用范围。(4)这些原理只要还没有被证明为不正确或被修正,就可以为形成一种有用的管理理论提供若干要素。(5)就像医学和工程学那样,管理是一种可以依靠原理的启发而加以改进的技能。(6)即使在实际应用中由于背离了管理原理而造成损失,但管理学中的原理,如同生物学和物理学中的原理一样,仍然是可靠的。(7)尽管管理人员的环境和任务受到文化、物理、生物等方面的影响,但管理理论并不需要把所有的知识都包括进来才能起一种科学基础或理论基础的作用。

2.4.2 人际关系学派

该学派是从20世纪60年代的人类行为学派演变来的。基本思想是:管理工作总是通过人去完成的,因此必须围绕人与人之间的关系这个核心来进行研究。这个学派的学者大多数受过心理学方面的训练,把有关的社会科学原有的或新近提出的理论、方法和技术用来研究人与人之间和人群内部的各种现象,从个人的品性动态一直到文化关系,无所不及。他们注重管理中"人"的因素,认为人们在为实现目标而结成团体一起工作时,应该互相了解。

2.4.3 群体行为学派

这个学派与人际关系学派密切相关,两者常常被混淆在一起。但它关心的主要是群体中人的行为,而不是一般的人际关系和个人行为。它以社会学、人类学和社会心理学为基础,而不以个人心理学为基础。研究的对象是各种群体的行为方式,从小群体的文化和行为方式到大群体的行为特点。它也常被称为"组织行为学",这里的组织可以是公司、政府机关、医院或任何一种事业中一组群体关系的体系和类型。

2.4.4 经验学派

经验学派又称为案例学派,其代表人物主要有彼得·德鲁克和戴尔。德鲁克的代表作是《管理的实践》,戴尔的代表作是《伟大的组织者》,其主要观点如下:

1. 管理的性质

该学派认为管理是管理人员的技巧,是一个特殊的、独立的活动和知识领域。

2. 管理的任务

该学派认为作为管理人员的经理,有两项别人无法替代的特殊任务:一是必须造成一个"生产的统一体",二是在作出每一个决策和采取每一项行动时,要把当前利益和长远利益协调起来。

3. 提倡实行目标管理

该学派主张通过分析经验(案例)来研究管理学问题,就可以总结出某些一般性的管理结论或原理,有助于学生或从事实际工作的管理人员来学习和理解管理学理论,使他们更有效地从事管理工作。

2.4.5 社会系统学派

该学派从社会学的角度来分析各类组织。该学派将组织看作是一种社会系统,是一种人的相互关系的协作体系,组织是社会大系统中的一部分,受到社会环境各方面因素的影响。管理人员的作用就是要围绕着物质的、生物的和社会的(群体的相互作用、态度和信息)因素去适应总的合作系统。美国的切斯特·巴纳德(Chester Barnard)是该学派的创始人,他的著作《经理的职能》对该学派有很大的影响。该学派的理论有以下一些要点:

1. 组织是一个社会协作系统。

2. 组织的存在有三个基本条件。第一,明确的目标。组织必须有明确的目标,否则成员不会产生协作意愿。第二,协作意愿。成员有对组织目标做出贡献的意愿。第三,意见交流。通过意见交流将目标和意愿联系起来,统一行动并满足需要。

3. 经理人员的主要职能有三条:建立和维持一套信息传递的系统;善于激励组织成员为实现组织目标而作出努力;确定组织目标。

2.4.6 社会技术学派

社会技术学派是在社会系统学派的基础上进一步发展而形成的,创始人是特里斯特(E.L.Trist)及其在英国塔维斯托克研究所中的同事。他们通过对英国煤矿中长壁采煤法生产问题的研究,认为组织既是一个社会系统,又是一个技术系统,并强调技术系统的重要性,认为技术系统是组织同环境进行联系的中介。发现只分析企业中的社会方面是不够的,还必须注意其技术方面。

他们发现,企业中的技术系统(如机器设备和采掘方法)对社会系统有很大的影响,个人态度和群体行为都受到人们在其中工作的技术系统的重大影响。因此,他们认为,必须把企业中的社会系统同技术系统结合起来考虑,而管理者的一项主要任务就是要确保这两个系统相互协调。

2.4.7 系统学派

第二次世界大战之后,企业组织规模日益扩大,企业内部的组织结构也更加复杂,从而提出了一个重要的管理课题,即如何从企业整体的要求出发,处理好企业组织内部各个单位或部门之间的相互关系,保证组织整体的有效运转。以往的管理理论都只侧重于管理的某一个方面,它们或者侧重于生产技术过程的管理,或者侧重于人际关系,或者侧重一般的组织结构问题。为了解决组织整体的效率问题,20 世纪 60 年代系统理论产生了。该学派主要代表人物是卡斯特(Fremont E.Kast)、罗森茨韦克(Jame E.Rosenzweig)等美国管理学家。

该学派把一般系统理论应用到组织管理之中,运用系统研究的方法,建立起系统模型,从系统的角度分析和研究组织的管理活动和管理过程,解决管理问题。该学派的主要内容包括系统观点、系统分析和系统管理三方面。主要观点是:

1. 组织是一个由人、财、物、任务、信息等相互联系的要素构成的开放性系统,由若干子系统组成。根据需要和不同的分类标准,可以把子系统分为目标子系统、技术子系统、社会心理子系统、组织结构子系统和外界因素子系统等多种类型,子系统还可以再分解。

2. 组织的子系统之间相互依存,局部最优并不等于整体最优。组织内子系统协同工作力求获得协同效应,即获得比子系统单独工作更大的成功。例如迪士尼的电影、主题公园、电视节目和商品特许相互之间都有互惠的作用。公司还可以从电影音乐、电脑游戏和其他特许权如午餐盒、服装、玩具等中获得额外的收益。对于经理人来说,协同是一个重要概念,它可以创造出和谐的气氛。

3. 组织是一个开放的系统,同外界环境系统相互作用,并不断地自我调节以适应环境的变化。当组织不再关注环境的反馈并作出适当的修正时,它就会陷入失败。熵(Entropy)是反映系统衰落的正态过程的概念。从系统管理的观点看,管理的主要目标就是不断赋予组织活力,减少组织中的熵。

2.4.8 决策学派

决策学派的主要代表人物是曾获 1978 年度诺贝尔经济学奖的赫伯特·西蒙。该学派是以社会系统论为基础,吸收了行为科学、系统论的观点,运用电子计算机技术和统筹学的方法而发展起来的一种理论。

1. 决策学派的主要观点

(1)管理就是决策。西蒙认为决策贯穿管理的全过程,决策是管理的核心。计划、组织、领导、控制等管理职能都需要决策。

(2)决策原则。在决策标准上,用"令人满意"原则代替"最优化"原则。

(3)决策的过程。管理的实质是决策,它是由一系列相互联系的工作构成的一个过程。这个过程包括 4 个阶段,即情报活动、设计活动、抉择活动和审查活动。决策是一个复杂的过程,而不是"拍板"的一瞬间。

(4)决策分为程序性决策和非程序性决策。程序性决策是指按既定的程序所进行的决策。对于例行问题,往往可制定一个例行程序。非程序性决策是当问题的涉及面广,又是新发生的、非结构性的,或问题极为重要而复杂,没有例行程序可循,就要进行特殊处理的决策。

2. 决策理论的缺陷

决策理论尽管有许多其他理论所不具备的优点,但仍存在以下缺陷:

(1)管理是一种复杂的社会现象,仅靠决策无法给予管理者有效的指导,实用性不大。孔茨曾说过,尽管决策制定对管理是重要的,但在建立管理学全面理论上是一个太狭隘的重点,而如果把它的含义加以扩展的话,则它又是一个太宽广的重点。因为决策理论既可以应用于鲁滨逊所碰到的问题上,也可以应用于美国钢铁公司的问题上。

(2)决策理论没有把管理决策和人们的其他决策行为区别开来。决策并非只存在于管理行为中,人们的日常活动中也普遍存在决策,如人们日常生活做事都需要决策,组织中非管理人员的活动也需要决策,但这些决策行为都不是管理行为。决策理论没有把管理决策和人们的其他行为区别开来,其根本原因是没有认识到管理的本质。

2.4.9 管理科学学派

管理科学学派是对泰勒的科学管理理论的继承和发展。其代表人物是美国的埃尔伍德·斯潘赛·伯法等人,其代表作是伯法的《现代生产管理》。伯法认为,一定生产系统的成功管理依赖于以下因素:①计划;②关于实际情况的信息系统;③管理者对需求、库存状况、进度、质量水平、产品和设备革新等方面变化所做出的决定。

该学派认为,解决复杂系统的管理决策问题,可以用电子计算机作为工具,寻求最佳计划方案,以达到企业的目标。其实质就是管理中的一种数量分析方法。它主要用于解决能以数量表现的管理问题。其作用在于通过管理科学的方法,减少决策中的风险,提高决策的质量,保证投入的资源发挥最大的经济效益。该学派的特点如下:

1. 力求减少决策的个人艺术成分,依靠建立一套决策程序和数学模型以增强决策的科学性。决策的过程就是建立和运用数学模型的过程。

2. 以经济效果作为评价各种可行方案的依据,如成本、总收入和投资利润率等。

3. 广泛使用电子计算机。电子计算机的运用大大提高了运算的速度,使数学模型应用于企业和组织成为可能。管理科学学派的主导思想就是以系统的观点,运用数学、统计学的方法和电子计算机技术,为现代管理决策提供科学的依据,解决各种生产、经营问题。

2.4.10 权变学派

权变理论(The Theory of Contingency)又称为"随机应变法"、"情况决定论"、"管理情景论"或"形势管理论"等,是 20 世纪 70 年代在美国形成的一种管理理论。美国管理心理学家约翰·莫尔斯(J. J. Morse)和杰伊·洛希(J. W. Lorscn)在 1970 年的《超 Y 理论》一文和 1974 年出版的《组织及其他成员:权变法》一书就提出权变的观点,认为没有什么一成不变的、普遍适用的最佳管理方式,必须根据组织内外环境自变量和管理思想及管理技术等因变量之间的函数关系,灵活地采取相应的管理措施,管理方式要适合于工作性质、成员素质等。这一学派的代表人物是美国尼布拉加斯大学教授卢桑斯(Fred Luthans),他在 1976 年出版的《管理导论:一种权变学》一书中系统地概括了权变管理理论。

该学派认为,在给定的情境下,适当的管理行为取决于这一情境下的独特要素。强调管理者的实际工作取决于所处的环境条件,管理者要根据组织所处的内外部条件随机应变,没有什么一成不变、普遍适用的"最好的"管理理论和方法。

2.4.11 管理角色学派

管理角色学派以对管理者所担任角色的分析为中心来考虑管理者的职务和工作,以求提高管理效率,代表人物是亨利·明茨伯格(Henry Mintzbery)。明茨伯格认为管理者们并不只从事计划、组织、协调和控制工作,而是还进行许多别的工作。管理者通常扮演着三种角色:(1)人际关系方面的角色,包括挂名首脑、联络者和领导者的角色;(2)信息方面的角色,包括跟踪者、传播者和发言人的角色;(3)决策方面的角色,包括企业家、扰动处理者、资源分配者和谈判者的角色。

✳ 管理故事 2-2

飞不出瓶口的蜜蜂

如果你把六只蜜蜂和同样多只苍蝇装进一个玻璃瓶中,然后将瓶子平放,让瓶底朝着窗户,会发生什么情况?

你会看到,蜜蜂不停地想在瓶底上找到出口,一直到它们力竭倒毙或饿死;而苍蝇则会在不到两分钟的时间之内,穿过另一端的瓶颈逃逸一空——事实上,正是由于蜜蜂对光亮的喜爱,由于它们的智力,才灭亡了。

蜜蜂以为,囚室的出口必然在光线最明亮的地方,它们不停地重复着这种合乎逻辑的行动。对蜜蜂来说,玻璃是一种超自然的神秘之物,它们在自然界中从来没遇到过这种突然不可穿透的大气层;而它们的智力越高,这种奇怪的障碍就越显得无法接受和不可理解。

那些苍蝇则对事物的逻辑毫不留意,全然不顾亮光的吸引,四下乱飞,结果误打误撞地碰上了好运气,顺利得救。苍蝇正是凭着这股拼劲,不断地探索,才得以最终发现那个出口,并因此获得自由和新生。

2.5 管理理论的新发展

2.5.1 当代管理理论中的主要流派

进入 20 世纪 80 年代以后,全球经济的发展及组织管理的实践,促成了管理新思想的不断涌现。具有代表性的有:

1. 战略管理理论

进入 20 世纪 70 年代以后,由于国际政治、经济环境的剧变,尤其是石油危机对世界经济的巨大影响,企业界和理论界不得不关注如何应对世界经济政策和原材料供应等方面的不确定性以及日益加剧的市场竞争。这个时期中,战略管理成为管理理论的热点领域,重点研究企业如何适应充满危机和不确定性的环境,取得竞争胜利。迈克尔·波特(M. E. Porter)所著的《竞争战略》把战略管理理论推向了高峰,他强调通过对产业演进的说明和各种基本产业环境的分析,得到最终的战略决策。

随着企业战略理论和企业经营实践的发展,研究重点逐步转移到企业竞争方面,企业竞争战略理论得到长足的发展,并涌现出了三大主要战略学派:行业结构学派、核心能力学派和战略资源学派。

(1)行业结构学派

行业结构学派的创立者和代表人物是迈克尔·波特教授。波特认为,构成企业环境的最关键部分就是企业投入竞争的一个或几个行业,行业结构极大地影响着竞争规则的确立以及可供企业选择的竞争战略。为此,波特创造性地建立了5种竞争力量分析模型,他认为一个行业的竞争状态和盈利能力取决于 5 种基本竞争力量之间的相互作用,即进入威胁、替代威胁、买方讨价还价能力、供方讨价还价能力和现有竞争对手的竞争,而其中每种竞争力量又受到诸多经济技术因素的影响。在这种指导思想下,波特提出了赢得竞争优势的三种最一般的基本竞争战略:总成本领先战略、差异化战略、专一化战略。

(2)核心能力学派

1990 年,普拉哈拉德和哈默尔在《哈佛商业评论》上发表了《企业核心能力》一文。所谓核心能力,就是所有能力中最核心、最根本的部分,它可以通过向外辐射,作用于其他各种能力,影响其他能力的发挥和效果。一般来说,核心能力具有如下特征:可以使企业进入各种相关市场参与竞争,并使企业具有一定程度的竞争优势,而且应当不会轻易地被竞争对手所模仿。

核心能力学派认为,现代市场竞争与其说是基于产品的竞争,不如说是基于核心能力的竞争。企业的经营能否成功,已经不再取决于企业的产品、市场的结构,而取决于其行为反应能力,即对市场趋势的预测和对变化中的顾客需求的快速反应,因此,企业战略的目标就在于识别和开发竞争对手难以模仿的核心能力。另外,企业要获得和保持持续的竞争优势,就必须在核心能力、核心产品和最终产品三个层面上参与竞争。在核心能力层面上,企业的目标应是在产品性能的特殊设计与开发方面建立起领导地位,以保证企业在产品制造和销售方面的独特优势。

(3)战略资源学派

战略资源学派认为,企业战略的主要内容是如何培育企业独特的战略资源,以及最大限度地优化配置这种战略资源的能力。因此,企业竞争战略的选择必须最大限度地有利于培植和发展企业的战略资源,而战略管理的主要工作就是培植和发展企业对自身拥有的战略资源的独特的运用能力,即核心能力,而核心能力的形成需要企业不断地积累战略制定所需的各种资源,需要企业不断学习、不断创新、不断超越。只有在核心能力达到一定水平后,企业才能通过一系列组合和整合形成自己独特的,不易被人模仿、替代和占有的战略资源,才能获得和保持持续的竞争优势。

(4)企业战略联盟

首先由美国 DEC 公司总裁简·霍普兰德(J. Hopland)和管理学家罗杰·奈杰尔(R. Nigel)提出。战略联盟是两个或两个以上的经济实体(一般指企业,如果企业间的某些部门达成联盟关系,也适用此定义)为了实现特定的战略目标而采取的任何股权或非股权形式的共担风险、共享利益的长期联合与合作协议。构建联盟现已成为进入新兴国际市场的常用方式,并成为企业实现快速成长的三种战略之一。战略联盟理论的代表人物为数不少。20 世纪 80 年代中期,沃纳菲尔特、格兰特、巴尔奈等学者的研究促成了战略管理理论的新流派——资源基础理论的产生。这一理论认为资源不仅指有形资产,而且还包括无形资产,有形资产和无形资产共同构成企业的潜在能力。同时,各企业的资源具有极大的差异性,也不能完全自由流动。企业的可持续竞争优势就来源于选择性资源的积累和配置以及要素市场的不完善。战略联盟使企业资源运筹的范围从企业内部扩展到外部,在更大范围内促进资源的合理配置,从而带来资源的节约并提高其使用效率。

2. 学习型组织理论

企业组织的管理模式问题一直是管理理论研究的核心问题之一,而对未来企业组织模式的研究又是当今世界管理理论发展的一个前沿问题。20世纪80年代以来,随着信息革命、知识经济时代进程的加快,企业面临前所未有的竞争环境的变化,传统的组织模式和管理理念已越来越不适应环境,一些有名的大公司纷纷退出历史舞台。因此,研究企业组织如何适应新的知识经济环境,增强自身的竞争能力,延长组织寿命,成为世界理论界和企业界关注的焦点。在这样的大背景下,以美国麻省理工学院教授彼得·圣吉(Peter M. Senge)为代表的西方学者,吸收东西方管理文化的精髓,提出了以"五项修炼"为基础的学习型组织理论。该理论集中体现于1990年出版的《第五项修炼——学习型组织的艺术与实务》一书中。

学习型组织理论认为,在新的经济背景下,企业要持续发展,必须要提高企业的整体能力与整体素质。也就是说,企业的发展不能只靠一两位杰出领导者来把关、决策和指挥,未来真正出色的企业将是能够设法使各阶层人员全身心投入并有能力不断学习的组织——学习型组织。所谓学习型组织,是指通过培养弥漫于整个组织的学习气氛,充分发挥员工的创造思维能力而建立起来的一种有机的、高度柔性的、扁平的、符合人性的、能持续发展的组织。"善于不断学习"是学习型组织的本质特征,它强调要终身学习、全员学习、全过程学习和保持性学习,同时,通过学习真正领略工作的意义,追求心灵的满足和自我实现,并与周围的世界产生一体感。

学习型组织的形成必须建立在组织成员五项修炼的基础上,这五项修炼就是:

(1)系统思考。这是五项修炼的核心。在处理问题时要扩大思考的空间,建立系统的处理模式。

(2)自我超越。这是五项修炼的基础。在认识客观世界的基础上,创造出自己最理想的环境,不断给予自己新的奋斗目标,努力发展自我,超越自我。

(3)改善心智模式。强调每个人要以开放求真的态度,扩大自己的胸怀,克服原有的习惯所形成的障碍,以新的眼光看待世界。

(4)建立共同远景。是在共同的理想、共同的文化、共同的使命作用下,把组织建设成为一个生命共同体,为了一个共同的目标努力工作。

(5)团队学习。其目的是为了使组织成员学会集体思考,以激发群体的智慧。通过深度会谈和讨论,使成员理解彼此的感觉和想法,增强凝聚力,发挥出综合效率。

3. 企业文化理论

企业管理不仅仅是一门科学,更是一种文化。1981年,美国加州大学管理学教授威廉·大内在其著作《Z理论——美国企业如何迎接日本挑战》中提出了Z理论。这一理论融合了东西方的文化因素,对美国和日本的管理思想取长补短,汲取传统规则的精华,结合现代管理思想,提出了一套系统、明确的价值体系,形成了企业文化的研究和应用热潮。其主要思想是:企业应当建立符合时代发展需要的文化价值观,为企业和员工创造一种迸发创造力和凝聚力的环境来推动企业更快地向前发展,并长期保持竞争优势。

企业文化包括经营哲学、企业价值观、企业精神、企业形象以及企业制度等多方面内容,具有导向、约束、凝聚、激励和调适功能,对内形成对员工的向心力,对外形成对客户的吸引力。

各国根据自己的民族文化特点和企业经营环境等因素,形成了各具特色的企业文化。例如,美国的企业管理以个人的能动主义为基础,鼓励职工个人奋斗,实行个人负责、个人决策。因此,企业的价值目标和个人的价值目标是不一致的,企业以严密的组织结构、严格的规章制度来管理员工,以追求企业目标的实现。职工仅把企业看成是实现个人目标和自我价值的场所和手段。而日本是一个单民族的国家,社会结构长期稳定统一,思想观念具有很强的共同性。同时,日本民族受中国儒家伦理思想的影响,侧重"和"、"信"、"诚"等伦理观念,使日本高度重视人际关系的处理。以团队精神为特点的日本企业文化,使企业上下一致地维护和谐,互相谦让,强调合作,反对个人主义和内部竞争。取得一致意见后才做出决定,一旦出了问题不归咎个人责任,而是各自多作自我批评。

4. 企业流程再造理论

20 世纪七八十年代以来,信息技术革命使企业的经营环境和运作方式发生了很大的变化,同时西方国家经济的长期低增长,顾客的需求变化等使企业面临着严峻挑战。正是在这种背景下,结合美国企业为挑战来自日本、欧洲的威胁而展开的实际探索,1993 年美国麻省理工学院教授迈克尔·哈默(Michael Hammer)和詹姆斯·钱皮(James Champy)出版了《再造企业:经营革命宣言》一书,明确提出了企业流程再造理念。

企业流程再造(Business Process Reengineering,BPR)是指为了改善成本、质量、服务、速度等重大的现代企业的运营基准,对工作流程(business process)进行根本的重新思考与彻底翻新。简言之,企业流程再造是对企业的业务流程作根本性的思考和彻底重建,其目的是在成本、质量、服务和速度等方面取得显著的改善,使得企业能最大限度地适应以顾客、竞争、变化为特征的现代企业经营环境。

企业流程再造关注的要点是企业的业务流程,并围绕业务流程展开重组工作。业务流程是指一组共同为顾客创造价值而又相互关联的活动。哈佛商学院的迈克尔·波特教授将企业的业务流程描绘为一个价值链。竞争不是发生在企业与企业之间,而是发生在企业各自的价值链之间,只有对价值链的各个环节——业务流程进行有效管理的企业,才有可能真正获得市场上的竞争优势。

企业流程再造的原则是:(1)围绕结果而不是工序进行组织;(2)注重整体流程最优的系统思想;(3)将信息处理工作纳入产生这些信息的实际工作中去;(4)将各地分散的资源视为一体;(5)将并行工作联系起来,而不是仅仅联系它们的产出;(6)使决策点位于工作执行的地方,在业务流程中建立控制程序。

企业流程再造的方法有:

第一,成本导向的流程简化。这是一种最基本的流程简化方法,旨在通过对特定流程进行的成本分析,来识别并减少那些诱使资源投入增加或成本上升的因素。该方法适用于对产品的价格或成本影响较大的那些活动。操作前提是不能以损害那些必要的或关键的能够确保满足顾客需要的流程或活动为代价。

第二,时间导向的流程简化。这是一种旨在缩短产品生产周期的流程简化方法。其特点是注重对产品生产的整个流程各环节占用时间,以及各环节间的转换时间进行深入的量化分析。

第三,重组性的流程简化。这是一种立足长期流程能力大幅改进,而对整个业务流程进行根本性的再设计的方法。该方法强调在企业组织的现有业务流程绩效及其战略发展需要之间寻找差距与改进空间。实施这种方法要求组织自上而下,制定跨部门、跨企业的执行计划,相应的资源投入也是非常可观的。

企业流程再造通过将非增值性步骤从业务流程中剔除出去或尽可能地简化,能有针对性地提高为顾客提供产品与服务的效率,提高对质量管理环节的监控能力。流程简化的作用主要表现为以下四点:

第一,提高响应能力。这主要表现在为顾客提供支持性服务的产品配送环节,由于每个子环节的周期速度加快了,就促使紧随其后的环节跟进性动态改变,最终提高了顾客的满意度。

第二,降低成本。彻底消除无效预算。

第三,降低次/废品率。随着那些容易导致次/废品出现的无效低能环节的减少,次/废品率也将出现明显的下降。

第四,提高员工满意度。降低流程的无效性和复杂性,意味着员工将被赋予更多的权力对自身工作进行具体决策,这无疑会大大提高员工参与工作的热情和干劲。

2.5.2 其他管理理论思想简介

随着科学技术的发展,管理理论和思想也层出不穷,在社会生产和文明进步中发挥着越来越大的作用。其中影响力较大的管理理论思想主要有以下几种。

1. 电子商务管理

电子商务(e-Commerce)是利用计算机技术、互联网技术和远程通信技术,实现整个商务(买卖)过程中的电子化、数字化和网络化。通过网上琳琅满目的商品信息、完善的物流配送系统和方便安全的资金结算系统进行交易。

电子商务市场运作空间基本实现了虚拟化,在这种空间中,生产者、中间商与消费者用数字方式进行交互式的商业活动,创造数字化经济。其市场范围超越了传统意义上的市场范围,不再具有国内市场与国际市场之间的明显标志。从企业的经营管理角度看,国际互联网为企业提供了全球范围的商务空间。跨越时空,为全球消费者服务,生产消费管理结构虚拟化的深入,世界经济的发展进入"创新中心、营运中心、加工中心、配送中心、结算中心"的分工,随之而来的发展是人们的数字化生存。新的商务规则的制定与发展为电子商务的安全、通畅与便利提供了安全保证。

2. 供应链管理

供应链管理(Supply Chain Management,SCM)是以市场和客户需求为导向,在核心企业协调下,达到对整个供应链上的信息流、物流、资金流、业务流和价值流的有效规划和控制,从而将客户、供应商、制造商、销售商、服务商等合作伙伴连成一个完整的网状结构,形成一个极具竞争力的战略联盟。简单地说,供应链管理就是优化和改进供应链活动,其对象是供应链组织和它们之间的"流",应用的方法是集成和协同;目标是满足客户的需求,最终提高供应链的整体竞争能力。

供应链管理是一种先进的管理理念,它的先进性体现在以顾客和最终消费者为经营导向,以满足顾客和消费者的最终期望来生产和供应。除此之外,供应链管理有以下特点:把所有节点企业看作是一个整体,实现全过程的战略管理;是一种集成化的管理模式,从供应商开始,把不同的企业集合起来以增加整个供应链的效率,注重的是企业之间的合作,以达到全局最优;以最终客户为中心,只有让客户和最终消费者的需求得到满足,才能有供应链的更大发展。

供应链管理的实质是深入供应链的各个增值环节,将顾客所需的正确产品(right product)能够在正确的时间(right time),按照正确的数量(right quantity)、正确的质量(right quality)和正确的状态(right status)送到正确的地点(right place)——即"6R",并使总成本最小。因此,供应链管理的运作过程中就要求各个企业成员对市场信息的收集与反馈要及时、准确,以做到快速反应,降低企业损失。

3. 全面质量管理

全面质量管理(Total Quality Management,TQM)就是一个组织以质量为中心,以全员参与为基础,目的在于通过让顾客满意和本组织所有成员及社会受益而达到长期成功的管理途径。在 20 世纪 50 年代,质量管理学家爱德华·戴明提出了 PDCA 循环质量管理理论,即通过计划(plan)、执行(do)、检查(check)和行动(action)一系列工作程序来解决质量问题。作为质量管理的先驱,戴明的理论奠定了全面质量管理(TQM)的基础。

全面质量管理有三个核心的特征:全员参加的质量管理、全过程的质量管理和全面的质量管理。全员参加的质量管理即要求全部员工,无论高层管理者还是普通办公职员或一线工人,都要参与质量改进活动。全过程的质量管理必须在产品的选型、研究试验、设计、原料采购、制造、检验、储运、安装、使用和维修等各个环节中都把好质量关。其中,产品的设计过程是全面质量管理的起点,原料采购、生产、检验过程是实现产品质量的重要过程;而产品的质量最终在市场销售、售后服务的过程中得到评判与认可。为提高质量,必须采用全面的方法,包括科学的管理方法、数理统计的方法、计算机技术等。

全面质量管理还强调四个观点:用户第一的观点,并将用户的概念扩充到企业内部,即下道工序就是上道工序的用户,不将问题留给用户;预防的观点,即在设计和加工过程中消除质量隐患;定量分析的观点,只有定量化才能获得质量控制的最佳效果;以工作质量为重点的观点,因为产品质量和服务均取决于工作质量。

日本企业认真学习和实践全面质量管理,产品质量和竞争力迅速提高,经济实力也迅速进入世界强国行列。美国通用电气公司对质量追求"零缺陷"和"六 Sigma",为公司带来了巨大的成本节约和丰厚的利润。

4. 创新管理

到了 20 世纪七八十年代,随着知识经济的到来,美国经济学家熊彼特在其《经济发展理论》中最早提出了创新的概念。他认为创新是企业家主体实现利润的过程。创新可以分为技术推动型和需求拉动型。创新不仅仅指技术革新或单纯的生产方式革命,同时更具有体制变革的含义。熊彼特总结出了两个创新模型:模型之一是指将外生的科学发明转化成生产力,推动利润增长;模型之二是指在企业发展壮大到一定程度后自己投入资金进行研发,以使企业在不断创新中不断壮大,不断创造利润。创新是企业发展的保证,只有不断自主创新才能成为激烈竞争市场中的赢家。

2.5.3 21世纪管理新趋势

与20世纪相比,在21世纪,由于竞争的不断加剧、科学技术的突飞猛进和人们生活水平的不断提高,管理的理论与实践也将发生重大的变化。20世纪90年代以来,我们经常可以听到这样的故事:一家公司昨天还是一颗明星,今天却发现已停滞不前,并陷入困境,而且常常是处于一种看起来似乎是不可逆转的危机之中。这种现象并不仅仅局限于中国,在美国、日本、德国、英国等国家也普遍存在,而且这种现象还经常出现在企业之外的组织之中——政府机关、医院、社团、学校等。

引起这些危机的主要原因,按照管理大师德鲁克的说法,"并不是因为我们把事情弄糟了,也不是因为我们做了错事。在大多数情况下,我们做的事是正确的,只是没有效果。为什么会出现这种自相矛盾的情况呢?原因是时代改变了,组织一直赖以为基础的假设不再符合现实了"。这些假设涉及对市场、对顾客的认识,涉及对自身优势和弱点的认识等。当我们对这些方面的假设不再符合现实时,由这些假设出发所作的决策和所采取的行为就会遭遇失败。例如,有时我们明明看到了眼前有一个极好的发展机遇,但当我们按照以前曾经取得成功的做法来利用这一机遇时,结果却不是走向更大的成功,而是陷入困境或由此走向失败。原因不在于以前的做法不对,也不是我们不应该利用这一机遇,而在于我们所处的环境变了。由于环境的变化,以前成功的方法今天已不再适用,而当我们忽视变化的环境,仍以以前的做法来进行今天的事情时,结果就是失败。

归纳进入21世纪以来的变化,21世纪的管理呈现出了以下几个新趋势。

1. 信息化导致管理规则重构

21世纪人类面临的变化之快是史无前例的,其所可能发生的变化不仅比以往更加迅猛,更加捉摸不定,而且更加彻底。从21世纪的管理实践看,大致有三股主要的力量在推动着变化的加速,那就是信息技术的发展、人类需求的多样化和全球化进程。而其中对管理影响最大的是信息技术的发展。

信息技术的发展将彻底改变人类的生产经营方式,从而要求管理进行彻底的变革。由于信息技术的发展,组织中信息处理方式发生了翻天覆地的变化。以前一些不言自明的道理,在信息技术高度发展的今天,往往变得不堪一击。在企业中,不管规则成不成文,当它们被制定或被普遍认可时,多少有其道理存在,而规则中蕴藏着的往往是前人的理论与经验的结晶,但在信息科技出现后,这些规则就有待于我们仔细商榷(表2-4)。

表2-4　信息技术对企业固有规则的影响

旧规则	运用的信息技术	新规则
资料只能出现在一处	联网资料库	资料可以不受限制,同时出现在许多地方
只有专家才能处理复杂的工作	专家系统	通才也能做专家的事
企业必须在集权和分权之间选择其一	信息通信网络	企业能取长补短,同时享有集权与分权的好处

续表

旧规则	运用的信息技术	新规则
由经理人做一切的决定	决策支持工具(数据库、模拟软件)	每个人都必须作决定
地方人员需要办公室,以接收、储存、修正并传送资料	无线通信设备及手提电脑	地方人员得以随时随地传送资料
和潜在客户联络的最好方式,便是面对面亲自接触	无线通信和互联网	和潜在客户联络的最好方式,便是有效的接触
你必须找出东西在哪里	物联网、自动辨识与追踪技术	东西会告诉你它们在哪里
计划必须定期修正	高效能电脑	计划可立即修订

　　信息技术的发展,使人类的生产方式和生活方式都发生了根本性的变化。工业化时代给我们带来了汽车、冰箱、洗衣机、电脑等有形产品,而信息时代所带来的是无形的存在物,即用于搜集、分析、传输和综合处理信息的才智与能力,其结果是新公司和新工业如信息服务、软件、基因工程等的诞生。在工业化时代,企业得以繁荣发展是因为它们能得到并开发利用原材料、标准化产品和服务及大批量生产能力。而随着科技的进步,产品变为商品的速度大大加快,新产品一旦问世,几个月甚至几天内具有类似特性的无牌产品立即就会出现在市场上。除非消费者能从商标中认出价值,否则很多人购物时只考虑价格。因此,只有当我们善于利用无形资产时,才能将自己与其他竞争者相区别,并超价出售商品。这意味着在 21 世纪,最有价值的商品是无形资产,而不是有形物,有形物只不过是无形物的载体而已。

2. 知识经济引发知识管理

　　根据现在的发展趋势,与信息技术的广泛运用相联系的另一个未来变化就是我们将从工业经济走向知识经济时代。与知识经济相对应,将出现一个全新的管理领域——知识管理。

　　知识管理就是运用集体的智慧提高应变和创新能力。在知识型企业中,难免会出现某些员工为了自己的工作成效而隐瞒知识和信息,使信息和知识不能被共享的情况。这种"信息利己主义者"是对未来知识型企业管理的挑战。知识管理就是要重新调整公司的管理重心,把它建成知识型公司,并建立有利于员工彼此进行合作的创造性方式,开发员工知识创新能力。企业未来的生存空间就是知识的空间,有效的知识管理要求企业的领导层把集体知识共享和创新视为赢得竞争优势的支柱。传统的企业,员工是作为机器的补充而参与生产的,每一个人就像一架机器中可替换的零件,企业关心的是员工做了多少重复的动作,整个企业就像重复操作的机器,管理者的任务只是为它的运作建立秩序;知识型企业,员工作为知识的创造者和载体,成为企业的主体,机器只是他们的工具,企业关心的是员工能为企业创造什么,他们的智慧才是企业最看重的,企业就像一个知识库,企业的价值也主要取决于知识的价值,企业的任务就是管好这个知识库。

　　值得关注的是,在以知识为基础的经济中,新的知识不断涌现,随后大部分知识很快就变得陈旧过时。企业不能等着自己的知识被竞争对手的创新所淘汰,而是要主动地淘汰旧产品和旧知识,以争取走在变革的前面,自己建立"游戏规则",领导新潮流。在知识管理中,最难处理的旧知识不是那些已经证明是错误或不适用的知识,而是曾经很成功但未明确证明已过时的知识。人们往往把过去成功的经验不假思索地搬到未来使用,这就难免招致失败。

3. 环境变化促发网络化组织

由于信息技术的运用,管理思想的转变,未来组织的管理模式也必然会随之发生变化。根据詹姆斯·吕佩等人的总结,未来的组织将不再是传统的金字塔形,而是各种适应性网络型组织形式。

在信息社会中,企业不再仅仅追求单纯庞大和复杂,而是必须极其高效地运作。今后的企业必须以大量的信息交流为基础,管理也必须是富有创造力和综合性、灵活而迅速的。在网络型组织中,工作主要由一些比较固定的有不同专业知识的员工组成的跨职能工作组完成,并由一些临时性的应急小组负责解决一些特殊问题和满足顾客的临时需要;决策将尽可能由低层作出,依靠技术手段,丰富的信息足以使智慧型员工完全不必再等上层管理者的指示就可作出自己的判断;按照客户的具体要求量体裁衣式地生产及提供特种服务,即时生产技术取代以前的批量流水线作业,生产过程将变成公司、供货商与买主之间同时互动的过程;非正式组织将在网络组织中发挥主导作用,权威的建立更大程度上取决于个人的专长和创造性而不是正式职位。这种结构的最大特点在于它能充分发挥个人的能力,同时赋予组织快速反应的能力。

未来的这种适应性网络组织能够对不断变化着的外部环境做出灵活机动的反应,但是个人能力发挥与快速决策的问题在于容易失去控制。巴林银行的倒闭就是一个极好的例子——一个证券经纪人就搞垮了一个全球性的大型组织。为了增强对外部环境的适应能力,组织必须机动灵活,而随着组织的全球化和决策的低层化,越来越多的企业将可能被它自身任何一个成员的失误置于危险之地。这就给我们的管理带来了一系列的新问题:怎样管理这样一个网络型组织?作为管理者如何去了解一个由许多自我管理的个体组成的分散组织中的情况?

对此,管理大师德鲁克在《新型企业组织的诞生》一文中认为,"一个以信息为基础的企业必须围绕着一个对企业管理有明确规定、对企业各部门甚至个人都有明确规定的目标进行组织,它还必须根据比较预期目标和实际效果的系统反馈进行组织,这样每个人就都可以实行自我管理了"。也就是说,为了使网络组织紧密相连,管理者必须清楚组织的共同目标和共同准则。这些准则能帮助我们确立经营的标准和原则,能够规定该组织的任何成员在所谓关键时刻应如何行事。除了必须从一开始就有明确的目标之外,我们还必须启用新的企业模式,配之以高级管理形式,重新构建企业基础,并创造一种能促进更新与发展的企业文化,如表 2-5 所示。

在新型组织中,强调的将不再是指挥,而是每一位员工的自我管理,管理者和操作者之间的区别会进一步消失,管理的作用不再是传统意义上的计划和预算、组织和人事、控制与解困,而且也将超出传统领导工作的范畴。21 世纪组织中的管理者必须增加三项新职责:确立组织定位,指明组织前进的目标;调动员工的能动性,使组织充满创造力;力争诚实正直,建立相互信任,并以此作为组织管理的基础。

表 2-5　20 世纪与 21 世纪企业模式对比

比较项	20 世纪	21 世纪
结构	官僚主义	没有官僚主义,条条框框少,职员人数少
	多层次	层次少
	组织安排的原则是高级经理负责管理	组织安排的原则是管理层负责领导,低级职员负责管理
	其政策和程序的特征:存在许多复杂的内部相互依赖关系	其政策和程序的特征:使内部相互依赖关系达到满足服务客户所需的最低限度
体系	几乎不依赖业绩信息体系	依赖许多业绩信息体系,特别是能提供有关客户资料的体系
	只向主管们提供业绩资料	广泛传播业绩资料
	只向高级人员提供管理培训和支持体系	为许多人提供管理培训和支持体系
文化	内向型	外向型
	集权型	分权型
	决策慢	决策快
	伪善	开诚布公
	不冒风险	有更大的冒险意识

（1）定位

定位的含义是指追寻从最大外延上讲组织的性质是什么:我们从何而来? 我们的特色是什么? 我们将走向何方? 定位的核心就是明确组织的特色或核心能力。管理者如果搞不清自己的组织做过什么,最适合做什么,就会使组织变得毫无特色,盲目模仿他人,最终必败无疑。通过定位可以把一个组织的优良传统带向未来,并在竞争中确立自己的特色。因此,管理者的一个新职责就是要搞清楚他们自己心目中和全体员工心目中的公司定位。

（2）能动性

能动性是指需要增加管理的激励性质。传统的命令支配式管理、单向交流方式和绝对服从的组织文化只能激发出员工 10% 的创造力,在一个日新月异的世界里,新型管理者成功的关键是让每一个成员都密切关注市场动向。为此,要打破几十年来根深蒂固的陈旧观念,改变以往管理者计划、员工执行的做法,致力于创造一种激发每一个员工创造力的良好气氛。

（3）诚实正直

第三项新职责是力求组织的诚实正直。诚实正直是信任的基础,而信任是管理控制一个灵活机动的网络组织的基础。诚实正直要求所有的交流都是开诚布公的,说到做到,言行一致。

21 世纪的成功管理者将和 20 世纪的精英们有很大的不同,21 世纪的管理者善于说服人而不是咆哮发令,他们知道如何教育员工,如何保持团结一致,管理者创造价值的途径是靠与员工沟通协调而不是靠统治帝国。

环境的变化是永恒不变的真理,只要环境在变,管理创新就不会也不应该停止。随着环境变化的加剧,创新将成为管理的主旋律。面对未来环境的急剧变化,唯有致力于持续的创新,才能使管理理论和实践与不断变化着的环境相适应,才能使管理这一工具在人类追求不断发展的过程中显示出勃勃生机。

现代各种管理新思潮的涌现,也对我国的管理学界提出了新的挑战。如何根据中国的实际情况和现有基础,结合最新的管理理论和方法,创造性地形成适合中国国情和时代发展背景的独特的管理理论与方法,是摆在我国管理理论研究人员和实践工作者面前的一个重要课题。

本章提要

本章主要阐述了管理理论的形成与发展过程,在回顾中外早期管理思想的基础上,着重介绍了古典管理理论、行为管理理论、现代管理理论的形成与发展,之后又简要介绍了一些当代有代表性的管理理论分支、流派,以及新思潮(如下图)。

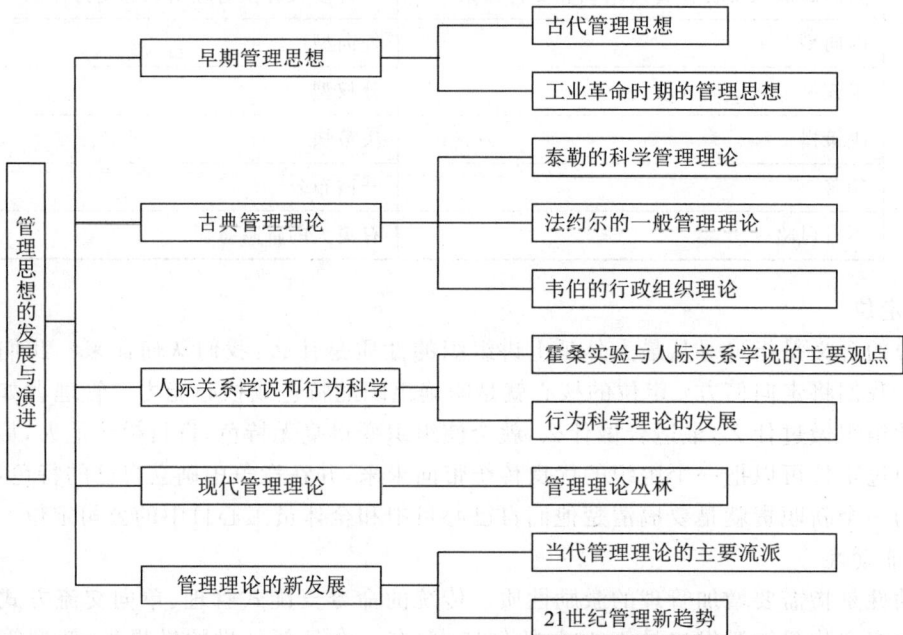

1. 古典管理理论着眼于寻找科学的管理劳动和组织的各种方法,包括三个不同的理论学派:科学管理理论学派、一般管理理论学派和行政组织理论学派。其代表人物分别为泰勒、法约尔、韦伯。他们都主张管理的科学化和专业化,并以提高劳动生产率为研究目标。

2. 行为管理理论把重点放在分析影响组织中人的行为的各种因素上,强调管理的重点是理解人的行为。其代表人物有梅奥、马斯洛、麦格雷戈等。行为管理理论的特点在于把人看作是宝贵的资源,强调从人的作用、需求、动机、相互关系和社会环境等方面研究其对管理活动及其结果的影响。

3. 第二次世界大战以后,随着经济的不断发展和生产社会化程度的迅速提高,管理越来越成为人们关注的焦点,出现了诸多种类的管理理论。孔茨将各种管理理论归纳为11个学派,分别是管理过程学派、人际关系学派、群体行为学派、经验(或案例)学派、社会系统学派、社会技术学派、系统学派、决策学派、管理科学学派、权变学派、管理角色学派。在众多学派中,权变理论和系统理论尤为引人关注,它们实际上扮演了整合其他理论的架构性角色。

4. 20 世纪 80 年代以后,战略管理、学习型组织、企业文化、企业再造等成为当代管理理论的主题。进入 21 世纪以后,随着竞争的加剧、顾客需求的个性化和科学技术的日新月异,将引起管理规则的重构、知识管理的兴起和网络化组织的诞生。

关键概念

- 古典管理理论(classical management)
- 霍桑实验(Hawthorne experiment)
- 经济人(economic man)
- 社会人(social man)
- 行为科学(behavioral sciences)
- 管理理论丛林(the management theory jungle)

思考习题

1. 泰勒科学管理理论的主要内容有哪些?
2. 法约尔对管理理论的发展有何贡献?
3. 韦伯的主要管理思想是什么?在当时有什么积极的意义?
4. 简述霍桑实验的步骤以及结论。
5. 权变理论对你有何启示?是否意味着管理工作艺术性很强,无法学习?
6. 21 世纪管理思想发展的新趋势是什么?

技能实训

1. 在图书馆或网上查阅古代我国儒家、法家、墨家的相关管理思想,列出其主要观点,并说明哪些观点具有现实价值,对当今管理仍有指导意义。

2. 科学管理方法的运用

每 4～6 名同学组成一组,观察一下每位同学早上起床到整理床铺、完成洗漱,用秒表记录时间,观察所有的动作。研究分析完成相应工作应由哪些基本动作组成,每一动作的要求是什么,需要花多少时间;研究每个同学中哪些是错误动作、多余动作,哪些动作不标准,哪些动作花时过多。每一小组进行讨论研究,在剔除所有不必要的动作之后,把完成这项任务必需的动作按顺序列出,组合成一个操作步骤,写上动作的要求和能做到的最短时间。对小组的同学进行训练,使所有的同学能在规定的时间与要求下完成任务。

3. 小组练习

每 10 名左右学生结成一组,针对当代的各种管理新思潮进行梳理,在课堂讨论时做以下主题发言:

(1)你们认为当代哪种管理思潮最能代表时代主流思潮?
(2)这种管理新思潮的基本观点和理论体系框架。
(3)引起你们热衷这种管理新思潮的主要理由。
(4)这种管理新思潮的缺陷。

要求:对上述调查访问和小组练习形成书面报告交给老师,教师根据各组所做情况进行评估打分。

参考文献

[1]刘汴生.管理学:理论与实务[M].北京:北京大学出版社,2012.

[2]曾旗,高金章.管理学[M].北京:高等教育出版社,2012.

[3]戴武堂,李静.管理学[M].武汉:武汉大学出版社,2011.

[4]邢以群.管理学(第三版)[M].杭州:浙江大学出版社,2012.

[5]倪杰.管理学原理(第二版)[M].北京:清华大学出版社,2011.

[6]郝云宏.管理学[M].杭州:浙江工商大学出版社,2010.

[7]卢昌崇.管理学(第三版)[M].大连:东北财经大学出版社,2010.

[8]吴照云.管理学[M].北京:中国社会科学出版社,2011.

[9]孙元欣.管理学——原理·方法·案例(第二版)[M].北京:科学出版社,2011.

[10]汪克夷,刘荣,齐丽云.管理学[M].北京:清华大学出版社,2010.

[11]王端,杨喜梅.管理学基础[M].北京:清华大学出版社,2011.

[12]姬定中,葛元月.管理学(第二版)[M].北京:科学出版社,2011.

[13]尤利群.管理学[M].杭州:浙江大学出版社,2009.

[14]赵伊川.管理学(第二版)[M].大连:东北财经大学出版社,2011.

可扫码获取本章课件资源:

第 3 章　管理环境

本章学习重点：

- 理解管理环境的含义及分类；

- 掌握环境管理的方法；

- 了解全球化的发展趋势；

- 掌握全球化对管理的要求与挑战。

🏵 开篇案例

阿迪达斯 4.25 亿美元售高尔夫业务

运动品制造商阿迪达斯于 2017 年 5 月 11 日正式以 4.25 亿美元（约合 3.3 亿英镑）的售价将旗下运营状况不佳的高尔夫球业务出售给英国投资公司 KPS Capital Partners，其中包括泰勒梅（Taylor Made）、亚当斯（Adams Golf）以及雅狮威（Ashworth）三个品牌。

自 1997 年拥有泰勒梅以来，阿迪达斯一度成为世界上最大的高尔夫球供应商。虽然泰勒梅高尔夫品牌市场地位强劲，但该集团不得不做出打包出售的决定。在阿迪达斯长期战略中，将重点聚焦鞋类和服装品类，欲提高阿迪达斯和锐步两大运动品牌的核心竞争力。

据了解，阿迪达斯早在 2016 年 5 月，就公布当年一季度业绩以及高尔夫业务出售计划。公开资料显示，当年阿迪达斯一季度收入为 47.69 亿欧元，同比增长 17%。其中，阿迪达斯大中华区销售收入增长达 30%。但泰勒梅—阿迪达斯高尔夫业务销售表现持续低迷。近几年，由于高尔夫市场不断面临结构重组的挑战，泰勒梅—阿迪达斯高尔夫业务 2015 年四季度总收入下滑 15%，全年业绩亏损近 1 亿欧元。长期入不敷出后，阿迪达斯一直在积极为旗下高尔夫品牌寻求买家。

业内人士分析，近年来，全球高尔夫市场持续萎缩，年轻消费者对高尔夫关注度不够，大环境不景气，阿迪达斯的高尔夫业务也难独善其身。此次售出泰勒梅—阿迪达斯高尔夫业务，砍掉不良资产的阿迪达斯，业绩将实现减负，长期而言有利于企业良性发展。

北京商报记者对泰勒梅品牌在北京市场的运营状况进行调查后发现，2011 年泰勒梅曾先后入驻北京赛特购物中心、百盛一期店，但目前两家商场中早已不见该品牌的踪影。据赛特购物中心工作人员反映，泰勒梅早在五年前就已经撤柜，运营周期不到两年，高尔夫球场周边有很多运动品牌扎堆，商场内开设专柜难有销量。

派尚服饰搭配学院院长康兰馨对此表示，高尔夫经济在中国市场已经处于饱和以及逐步走低的态势，相比十年前，年轻的新兴贵族对高尔夫这项运动的热度也已经大打折扣。另据分析，此次高尔夫运动品牌被售出后，对中国市场不会造成太大的影响，因细分化市场本身容量有限，增长前景不明朗。所以，此次并购无论花落谁家，消费市场都不会因此而产生动荡。

任何组织及其管理活动都是在一定的环境中进行的，受到内外各种环境因素的影响。组织要想生存和发展，就必须了解、熟悉其所处的复杂环境，洞察环境因素的变化，并根据环境变化及时调整管理的目标、方向、路径和行为，求得组织外部环境、内部环境和发展目标三者之间的动态平衡。因此，认识组织环境，了解组织环境因素的构成，正确处理好组织管理与组织环境的关系，就成了管理活动的一项重要内容。

3.1　环境分析的框架

3.1.1　什么是管理环境

"物竞天择"是达尔文进化论的核心。生物互相竞争,能适应环境者以"适者生存"的方式被环境选择存留下来。管理环境所研究的正是这些问题,它要求组织"与时俱进",随环境的变化而变化,随环境的发展而发展。

管理环境是指存在于社会组织内部与外部影响组织运行和组织绩效的因素或力量的总和。

3.1.2　管理环境的分类

组织的管理环境不仅包括组织外部环境,还包括组织内部环境。根据各种因素对组织业绩影响程度的不同,组织外部环境又可分为宏观环境和微观环境,而组织内部环境一般包括组织文化和组织经营条件两大部分,如图 3-1 所示。

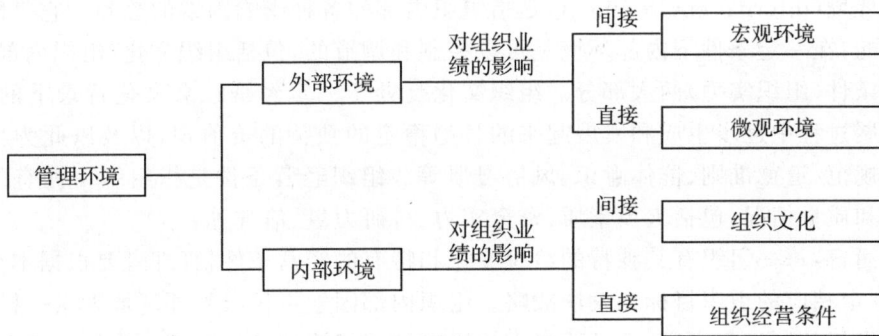

图 3-1　管理环境分类

1. 外部环境

外部环境(external environment)是组织之外客观存在的各种影响因素的总和。根据影响因素对组织业绩影响程度不同,可分为宏观环境因素和微观环境因素。宏观环境因素又称一般环境因素(general environment),一般包括政治法律、经济、文化、技术、自然、国际等因素。一方面,这些影响因素往往是不以个别组织的意志为转移的,具有一定的不确定性;另一方面,这些因素虽然影响不是直接的,但都有可能对组织产生某种重大的影响,能使组织面临极大的风险。因此,管理者必须加以认真分析和研究,不可掉以轻心。微观环境因素又称任务环境因素(task environment)或特殊环境因素(specific environment),是指对组织目标的实现有直接影响的那些外部因素,包括资源供应者、服务对象(顾客)、竞争者、战略合作伙伴、政府管理部门及社会特殊利益代表组织。对任何一个具体的组织,其微观环境因素会与其他组织不同。一个组织发展的不同时期其微观环境因素也不同,管理者对本组织微观环境因素的了解和把握情况往往会直接影响管理效益,管理者对微观环境因素的变化也更为敏感。

对一个组织而言,组织外部哪些是环境因素,是宏观环境因素还是微观环境因素,取决于组织的目标定位。同样是生产饮料的企业,由于各自的产品市场定位不同,其环境影响因素也不同。例如两个饮料生产企业,一家专业生产儿童饮料,一家生产保健饮料,对于这两家企业,人口结构、饮食习惯、政府对食品卫生的有关规定、饮料生产技术的发展等是它们在经营中必须加以考虑的因素。进一步地,对前一家企业而言,还要考虑国家的计划生育政策、儿童在社会中的地位等宏观环境因素和儿童的口味变化、儿童的数量与年龄结构、所需的原辅材料供应情况、儿童饮料市场竞争情况等微观环境因素;而对后一家企业,则要关心保健品市场需求及竞争情况、国家对保健品生产销售的特殊规定等任务环境因素。由此可见,对于一个组织的发展有重大影响的环境因素,对于另一个组织可能根本不重要,即使最初看起来它们是同一类型的组织。

外部环境与管理相互作用,一定条件下甚至对管理有决定作用。外部环境制约管理活动的方向和内容。无论什么样的管理目的,管理活动都必须从客观实际出发,脱离现实环境的管理是不可能成功的。"靠山吃山,靠水吃水"一定程度上反映了外部环境对管理活动的决定作用。同时,外部环境影响管理的决策和方法。当然,管理对外部环境具有能动的反作用。

2. 内部环境

内部环境(internal environment)是指组织内部的各种影响因素的总和。它是随组织产生而产生的,在一定条件下内部环境是可以控制和调节的,包括组织文化(组织内部气氛)和组织经营条件(组织实力)两大部分。组织文化是处于一定经济社会文化背景下的组织,在长期的发展过程中逐步生成和发展起来的日趋稳定的独特的价值观,以及以此为核心而形成的行为规范、道德准则、群体意识、风俗习惯等。组织经营条件是指组织所拥有的各种资源的数量和质量情况,包括人员素质、资金实力、科研力量、信誉等。

一般而言,每一组织有其独特的组织文化和特有的经营条件,管理者要根据本组织的实际情况,制定相应的组织目标和发展战略。组织内部因素不仅与外部环境因素一样,将影响一个组织目标的制定和实现,而且还将直接影响该组织管理者的管理行为。一方面,管理是对组织内部环境中各个因素的管理;另一方面,业已存在的内部环境因素是实施管理的条件,在一定时间范围,管理只能在内部环境因素确定的条件框架内展开。

3.2 宏观环境

外部宏观环境又称一般环境,是在一定时空内存在于社会中的各类组织均会面对的环境,其内容庞杂,大致可归纳为政治法律环境、经济环境、社会文化环境、技术环境、自然环境和国际环境六方面。

3.2.1 政治法律环境

政治法律环境是政府对商业的管制,是政府对商业活动的干预。在市场经济体制中,政府干预企业经济活动的方式主要有以下几种:利用普通法、反托拉斯法经过法院间接干预企业经济活动;利用宏观调控手段通过市场间接干预企业经济活动;通过国有化直接干预企业经济活动；通过管制机构直接干预企业活动。

目前中国市场经济下的法律包括三类：①市场主体的法律。这类法律为市场经营者提供了充分的投资主体身份选择。②市场自由法律。市场自由包括财产自由、交易自由和营业自由，该类法律规定国家不能随意征用公司财产和私人财产，从而确认了私人财产的基本权利。同时，该类法律保证了组织交易自由和营业自由的权利。③市场秩序法律。市场秩序的法律主要有三个方面的内容，即防止商业欺诈、防止商业贿赂及防止商业垄断。

政府在竞争性行业管制的方式主要包括：控制产品的价格；发放许可证或营业执照；制定行业标准和要求行业公开信息；税收、补贴和政府采购；行业进入管制等。

3.2.2 经济环境

经济环境反映了组织所在国或地区的总体经济状况和经济政策，是影响组织，特别是作为经济组织的企业活动的重要环境因素。它主要包括宏观和微观两个方面的内容。

1. 宏观经济环境

组织的宏观经济环境主要由社会经济结构、经济发展水平、经济体制和宏观经济政策等几个要素构成。

社会经济结构指国民经济中不同的经济成分、不同的产业部门以及社会再生产各个方面在组成国民经济主体时相互的适应性、量的比例及排列关联的状况。社会经济结构主要包括五方面的内容，即产业结构、分配结构、交换结构、消费结构、技术结构，其中最重要的是产业结构。

经济发展水平是指一个国家经济发展的规模、速度和所达到的水准。反映经济发展水平常用的主要指标有国民生产总值、国民收入、经济增长速度等。

经济体制是指国家经济组织的形式。经济体制规定了国家和企业、企业和企业、企业和各个经济部门的关系，并通过一定的管理方法和手段，调控和影响社会经济流动的范围、内容和方式等。

宏观经济政策是指国家、政党制定的一定时期内国家经济发展目标实现的战略与策略，包括综合性的全国经济发展战略和产业政策、国民收入分配政策、价格政策、物资流通政策、金融货币政策、劳动工资政策、对外贸易政策等。

2. 微观经济环境

组织的微观经济环境主要是指企业所在地区或所服务地区的消费者的收入水平、消费偏好、储蓄情况、就业程度等因素。这些因素直接决定着企业目前以及将来的市场大小。假定其他条件不变，一个地区的就业越充分，收入水平越高，那么该地区的购买能力就越高，对某种活动及其产品的需求就越大。一个地区的经济收入水平对其他非经济组织活动也是有重要影响的。

3.2.3 社会文化环境

社会文化是对社会施加广泛影响的各种文化现象和文化活动的总称。它具有地域、民族或群体特征，与社会生产和社会生活紧密相连。

人口因素是企业最关注的社会环境因素之一。人口是大多数产品消费市场构成的关键要素,对企业战略的制定有重大影响。例如,人口总数直接影响着社会生产总规模;人口的地理分布影响着企业的厂址和销售市场选择;人口的性别比例和年龄结构在一定程度上决定了社会需求结构,进而影响社会供给结构和企业生产的产品结构;人口的教育文化水平直接影响着企业的人力资源状况;家庭户数及其结构的变化与耐用消费品的需求和变化趋势密切相关,因而也就影响到耐用消费品的生产规模等。对人口因素的分析可以使用以下一些变量:出生率和死亡率,人口的平均寿命,人口的年龄和地区分布,人口在民族和性别上的比例变化,人口在地区教育水平和生活方式上的差异等。

文化因素对组织的影响是间接的、潜在的和持久的。文化的基本要素包括哲学、宗教、语言与文字、文学艺术等,它们共同构筑成文化系统,对组织文化有重大的影响。哲学是文化的核心部分,在整个文化中起着主导作用。我国的传统哲学基本上由宇宙论、本体论、知识论、历史哲学及人生论(道德哲学)五个方面构成,它们以各种微妙的方式渗透到文化的各个方面,发挥着强大的作用。宗教作为文化的一个侧面,在长期发展过程中与传统文化有着密切的联系,在我国文化中,宗教所占的地位并不像西方那样显著,宗教情绪也不像西方那样强烈,但其作用仍不可忽视。语言文字和文学艺术是文化的具体表现,是社会现实生活的反映,它对企业职工的心理、人生观、价值观、性格、道德及审美观点的影响及导向是不容忽视的。组织对文化环境的分析过程是企业文化建设的一个重要步骤,组织对文化环境分析的目的是要把社会文化内化为组织的内部文化,使组织行为符合环境文化的价值检验。

3.2.4 技术环境

技术环境是指企业所处的环境中的技术及与技术直接相关的各种基本要素的集合。技术环境大体上包括四个方面:技术水平、科技力量、国家科技体制、国家科技政策和科技立法。

技术水平是企业技术环境中技术所达到的水准。它是构成技术环境的首要因素。一般人们用先进技术、一般先进技术、中间技术和落后技术来划分技术水平。

科技力量是指企业技术环境中科技研究、开发和应用的实力。

科技体制是指企业技术环境中科技系统的结构和运行方式。

科技政策与科技立法是指企业技术环境中对于科技研究、开发和应用的政策及法律。

科学技术不仅直接影响着组织内部活动,还同时与其他环境因素互相依赖,互相作用,给组织活动带来有利与不利影响。任何组织的活动都需要利用一定的物质条件,这些物质条件反映着一定技术水平。社会的进步会影响这些物质条件的技术水平的先进程度,从而影响利用这些条件的组织活动的效率。

首先,从组织作业活动过程来看,无论何类组织开展何种作业活动,都需要利用一定的物质手段。社会科技的进步会促进组织活动过程物质条件的改善和技术水平的先进化、现代化,从而使利用这些物质条件和技术进行活动的组织取得更高的效率。

其次,从组织活动成果来看,不同的产品或服务代表着不同的技术水平,对劳动者和劳动条件有着不同的技术要求。技术进步了,企业现有产品就可能被采用了新技术的竞争产品所取代。产品更新换代后,企业现有的生产设施和工艺方法可能显得落后,生产作业人员的操作技能和知识结构可能不再符合要求,生产所用的原材料也可能需要作相应的更新。

最后，从组织活动的管理方面来看，现代信息和通信技术的发展使管理手段、方法乃至管理思想和管理模式发生了重大的变化。现在电子计算机不仅在各项专业管理工作中得到应用，而且使各方面管理系统实现了集成化和一体化，乃至在企业与外部关系上出现了网络化联结，改善了组织内外整体管理的水平。

3.2.5　自然环境

前述四个环境的一个共同特征是它们都属于社会环境，是人们在一定物质生产活动基础上建立起来的各种相互联系、相互作用关系的总和，它强调的是与一定生产力发展水平相适应的生产关系以及在生产关系基础上建立和衍生出来的其他各种社会关系。

与社会环境不同的是，自然环境强调的是外在物质要素的条件、状况对人类活动的制约和影响。主要包括地理位置、气候条件以及资源状况等自然因素。地理位置是制约组织活动特别是企业经营活动的一个重要因素。企业选址是否靠近原料产地或产品销售市场，也会影响到资源获取的难易和交通运输的成本等。从利用国家政策的角度讲，当国家在经济发展的某个时期对某些地区采取倾斜政策时，地理位置对企业活动的影响是相当明显的。

3.2.6　国际环境

每个企业的业务越来越成为全球业务的一部分，没有一个国家的企业能一点不受国外市场的影响，或者不影响国外市场。无论是受影响还是影响国际市场，每个企业只有程度的差别，而没有性质的差别。因此，我们说，国际环境是指其他国家的商业对企业或企业参与其他国家商业的相互间的影响。按这种影响分类，我们将企业分为五类，这五类企业既是国际环境中的企业，又构成了企业的国际环境。

1. 本国企业。它是在本国国内从事生产经营活动的企业。

2. 国际化企业。它是转移产品到国外市场以创造价值的企业。这种做法的基础在于国外市场中，当地的竞争者并不具有这样的技能和产品。这些企业倾向于将产品的开发功能集中在自己的国家，而转移在自己国家所生产出来的差异化产品到国外市场去创造价值。

3. 多国本土化企业。它是将技能和产品转移到国外市场的时候，将它们的产品本土化，以使自己的产品更加符合不同国家顾客的不同需求的企业。它倾向于在重要的国外市场中建立整套的价值创造体系，包括生产、行销及研发。

4. 跨国企业。它是以某一国家为母国，在全球市场上进行全球采购、全球销售或全球服务的企业。企求跨国经营同时达到低成本和差异化的优势。

5. 全球化企业。它是超越国家边界，不以某一国家为母国，在全球市场进行全球采购、全球生产、全球销售或全球服务的企业。

没有任何企业能置身于国际商业的影响之外，它们都是地球村的一员。各种规模或者类型的组织都面临着管理全球环境的机遇和挑战，这迫使每个管理者都不得不去认真思考在国际市场中它的消费者在哪里、它的竞争者是谁、它如何才能从一个地区性的公司发展成为全球性公司等诸如此类的问题。因此，管理不能割裂国际环境来完成，必须将企业放在国际环境之中来进行企业管理。

3.3 微观环境

不同的组织有不同的微观环境,与宏观环境相比,微观环境对组织的影响更为直接和具体,因此,绝大多数组织的管理者也都更为重视其微观环境因素。对大多数组织而言,其微观环境因素主要包括资源供应者、服务对象、竞争者、战略合作伙伴、政府管理部门和社会特殊利益代表组织,如表 3-1 所示。

表 3-1 微观环境因素

微观环境因素	定义	以企业为例	对组织的影响
资源供应者	向该组织提供其所需资源的人或单位	银行;职业介绍所、人才市场;新闻机构、情报机构;科研机构、技术市场;原辅材料供应商	一旦主要的资源供应者发生问题,就会导致整个组织运转的减缓或中止
服务对象	购买组织产品或劳务的人或单位	企业的客户或企业产品消费者	拥有一定量的服务对象,是一个组织生存发展的前提
竞争者	与该组织争夺资源、服务对象的人或组织	同行、替代品生产者、同样需要该组织所需资源的组织	竞争者的多少直接影响组织获得一定的业绩所需付出的代价
战略合作伙伴	两家或更多的公司在合资公司或其他形式的伙伴关系中共同工作	企业、科研院所、高校以及政府部门	帮助企业获得自己所缺乏的专长,还有助于分散风险和开拓新的市场机会
政府管理部门	国务院、各部委及地方政府的经济管理部门或机构	工商行政管理局、税收部门、物价局、劳动管理部门、技术监督局等	其政策和权力对一个组织可以做什么和不可以做什么以及能取得多大的收益,都会产生直接的影响
社会特殊利益代表组织	代表着社会上某一部分人的特殊利益的群众组织	工会、消费者协会、环境保护组织等	通过直接向政府主管部门反映情况,或通过各种舆论宣传工具,对各类组织施加影响

3.3.1 资源供应者

一个组织的资源供应者是指向该组织提供资源的人或单位。这里所指的资源不仅包括设备、人力、原材料、资金,也包括信息、技术、服务和关系等一切该组织运作所需输入的东西。对大多数组织来说,金融部门、政府部门是其主要的资金供应者;学校、劳动人事部门、各类人员培训机构、人才市场、职业介绍所是其主要的人力资源供应者;各新闻机构、情报信息中心、咨询服务机构、政府部门是其主要的信息供应者;大专院校、科研机构、发明家是其技术的主要源泉。

由于组织在其运转过程中依赖于供应者的资源供应,一旦主要的资源供应者发生问题,就会导致整个组织运转的减缓或中止。因此,管理者一般都力图避免在不了解供应者的情况下进行有关决策。为了避免自己陷入困境,在战略上一般都努力寻求所需资源的及时、稳定、保质保量供应,与供应商建立战略合作关系或避免过分依赖于一两个资源供应者。

3.3.2 服务对象(顾客)

服务对象或顾客是指一个组织为其提供产品或劳务的人或单位,如企业的客户、商店的购物者、学校中的学生和毕业用人单位、医院的病人、图书馆的读者等,都可称其为相应组织的服务对象。

任何组织之所以能够存在,是因为有一部分需要该组织产出的服务对象的存在,如果一个组织失去了其服务对象,该组织也就失去了其自身存在的基础。组织的服务对象是影响组织生存与发展的主要因素,而任何一个组织的服务对象对组织来说又是一个潜在的不确定的因素。

顾客的需求是多方面且会经常改变的,而要成功地拥有顾客,就必须满足顾客的需求。为此,管理者必须深入市场,分析顾客的心理,根据顾客需求的变化,及时推出新产品、新服务,确保及时地向其顾客提供满意的商品和优质的服务。这几乎已成为当今各级组织管理者所面临的头等大事。

3.3.3 竞争者

一个组织的竞争者是指与其争夺资源、服务对象的人或组织。任何组织都不可避免地会有一个或多个竞争者。这些竞争者之间不是相互争夺资源,就是相互争夺服务对象。运用波特的"五力模型",可对行业内的竞争状态加以系统分析。

基于资源的竞争一般发生在许多组织都需要同一有限资源的时候,最常见的资源竞争是人才竞争、资金竞争和原材料竞争。当各组织竞争有限资源时,该资源的价格就会上扬。例如,当资金紧缺时,利率就会上升,组织的营运成本就会上升。

基于顾客的竞争一般发生在同一类型的组织之间,或许这些组织提供的产品或服务方式不同,但它们的服务对象是同一的,就同样会发生竞争。例如航空部门与铁路运输部门之间、铁路与公路运输部门之间就可能为争夺货源和乘客而展开竞争。竞争不仅限于国内,随着中国对外开放政策的实施,国内的各类组织不仅面临着来自国内组织的竞争,而且还将直接面临来自国外组织的竞争。在这种情况下,国内的竞争者之间有时可能会出现某种程度的联合,以对抗来自国外的竞争。

没有一个组织可以忽视竞争对手,否则就会付出沉重的代价。竞争对手是管理者必须对其有所了解并及时作出反应的一个重要环境因素。

※ **管理故事** 3-1

疯子和呆子

一个心理学教授到疯人院参观,了解疯子的生活状态。一天下来,觉得这些人疯疯癫癫,行事出人意料,可算大开眼界。想不到准备返回时,发现自己的车胎被人下掉了。"一定是哪个疯子干的!"教授这样愤愤地想道,动手拿备胎准备装上。事情严重了,下车胎的人居然将螺丝也都下掉。没有螺丝有备胎也上不去啊!教授一筹莫展。在他着急万分的时候,一个疯子蹦蹦跳跳地过来了,嘴里唱着不知名的欢乐歌曲。他发现了困境中的教授,停下来问发生了什么事。教授懒得理他,但出于礼貌还是告诉了他。疯子哈哈大笑说:"我有办法!"他从每个轮胎上面下了一个螺丝,这样就拿到三个螺丝将备胎装了上去。教授惊奇感激之余,大为好奇:"请问你是怎么想到这个办法的?"疯子嘻嘻哈哈地笑道:"我是疯子,可我不是呆子啊!"

3.3.4 战略合作伙伴

战略合作伙伴,又称战略联盟,两家或更多的公司在合资公司或其他形式的伙伴关系中共同工作,帮助企业从其他公司那里获得自己所缺乏的专长,还有助于分散风险和开拓新的市场机会。当然战略合作伙伴不仅存在于企业与企业之间,企业和科研院所、高校以及政府部门也可以在某种共同利益的联系下结成战略合作伙伴。

3.3.5 政府管理部门及其政策法规

政府管理部门主要是指国务院、各部委及地方政府的相应机构,如工商行政管理局、技术监督局、物价局等。政府管理部门拥有特殊的官方权力,可制定有关的政策法规,规定价格幅度,征税,对违反法律的组织采取必要的行动等,而这些对一个组织可以做什么和不可以做什么以及能取得多大的收益,都会产生直接的影响。

有的组织由于组织目标的特殊性,更是直接受制于某些政府部门。例如我国的电信业、军工企业、医药业和饮食业,就各自受到工信部、国防科工委、医药管理局、卫生防疫管理部门的直接管理或监督。

政府的政策法规一方面会增加组织的运行成本,另一方面则会限制管理者决策的选择余地。为了符合政府的政策法规和政府管理部门的要求,组织就必然要增加运行成本。例如为了取得消防管理部门的认可,企业必须按规定装设消防设备。某些政策法规规定了组织可以做什么和不可以做什么,从而限制了管理者的选择余地。如我国《劳动法》的颁布,对组织的招工、用人、辞退决策带来了一定的限制。

3.3.6 社会特殊利益代表组织

社会特殊利益代表组织是指代表着社会上某一部分人特殊利益的群众组织,如工会、消费者协会、环境保护组织等。它们虽然没有拥有政府部门那么大的权力,但同样可以对各类组织施加相当大的直接影响。它们可以通过直接向政府主管部门反映情况,通过各种宣传工具制造舆论以引起人们的广泛注意。事实上,有些政府法规的颁发是对某些社会特殊利益代表组织所提出的要求的回应。

由上可见,任何组织都不是孤立的。组织把环境作为自己输入的来源和输出的接受者,组织也必须遵守当地的法律,并对竞争作出反应。正因为如此,供应者、服务对象、政府机构、社会特殊利益代表组织等可以对某一个组织施加压力,而管理者也必须对这些环境因素的影响作出适当的反应。

3.4　内部环境

组织的内部环境主要包括所有者、董事会、雇员、工作的物理环境和组织文化。

3.4.1 所有者

企业的所有者是对企业拥有法律上的财产权利的人。所有者可能是一个人,他创建和运营着一家小型企业;可能是合伙人,他们共同拥有企业;也可能是购买了企业股票的个人投资者;还可能是其他组织。

3.4.2 董事会

公司董事会是由股东选举出来的监督管理者、保证企业按符合股东利益最大化要求经营的治理实体。有些董事会无所作为,它们执行一般的监督职责,但很少积极介入真正的运营。但是这一趋势正在发生变化,越来越多的董事会仔细地检查公司的经营并且对公司的管理施加更大的影响。这一趋势的部分原因是愈演愈烈的商业丑闻。在某些案例中,董事会成员由于不道德行为而遭到起诉。在另一些案例中,董事会被认为疏于职守,未能对公司经理的行为进行监督。

3.4.3 雇员

组织中的雇员也是内部环境的主要要素。今天的管理者最应当关注的是劳工队伍在性别、种族、年龄和其他方面都发生了变化。劳工们要求更多的工作自主权,包括企业的所有权和自主完成工作的权利。另一个趋势是对临时性劳工的依赖增加了。雇主倾向于使用临时劳工,因为使用他们的灵活性更大,工资更低,而且不参加公司福利项目。但是管理者们也要处理由此而带来的问题。例如,企业内会产生不同的"等级",越来越多的劳工缺乏对企业的忠诚,因为明天他们也许就要为别人干活。

3.4.4 工作的物理环境

企业工作的物理环境是指企业自然条件和人工环境。该因素包括工作地点的空气、光线和照明、声音(噪声和杂音)、色彩等,它对于员工的工作安全、工作心理和行为以及工作效率都有极大的影响。防止物理环境中的消极性和破坏性因素,创造一种适应员工生理和心理要求的工作环境,是实施有序而高效管理的基本保证。

某些企业在市中心摩天大楼里办公,往往包括几个楼层,另一些则在郊区或乡村,办公条件类似于大学。某些办公室有长长的走廊连接各个办公室,另一些则可能是组合式办公室,有隔墙而没有门。

3.4.5 组织文化

组织内部环境中一个特别重要的部分是它的文化。组织文化是一组价值观、信仰、行为、习惯和态度,它帮助组织成员理解组织的立场、行为方式和组织所关心的问题。

文化决定着组织的"感觉"。微软公司的形象是人们穿着随便但工作时间很长。相反,美洲银行的形象是正规的、工作纪律严格并且着装保守的公司。德州仪器公司则喜欢谈论它"只穿衬衣"的文化,公司里不系领带,经理们大多不穿外套。西南航空公司则保持着追求快乐和兴奋的文化。

通常情况下,组织文化是长期发展和培养的结果。它的起点往往是组织创立者。随着组织的成长,它的文化会进行调整、成形,并由符号、故事、英雄、口号和庆典加以精炼。另外,公司的成功和经验分享也对文化的形成起着重要的作用。

对于组织文化的管理,管理者们应当理解当前的文化,然后决定是应当保持还是应当改变。必须注意在保持现有有效的文化和改变已经陷入机能障碍的文化之间进行巧妙的选择。

3.5 环境管理

系统分析的观点认为,组织是一个处于一定内部、外部环境条件中的输入和输出系统。组织不断地从外部环境中输入各种资源,在一定的内部环境条件下对这些输入的资源加以处理,随后将处理结果作为输出提供给外部环境。如此,形成组织或短或长的生命过程。

一般而言,除了某些实力雄厚的特大型组织能够对改变其环境施加一些影响外,大多数组织对改变其外部环境是无能为力的,因而常常是环境制约着组织而不是相反。但这并不是说管理者对外部环境的影响就无能为力了。组织者若不去积极主动地研究和处理管理问题,就会导致组织的灭亡,因此,作为管理者,必须学会怎么样管理其所处的环境,充分认识环境,分析环境,能动地适应环境,将环境对自己的不利影响降低到最低限度,以实现组织与内外环境动态的平衡。

3.5.1 处理环境问题的一般步骤

1. 了解认识环境

管理者要了解环境对组织的影响程度。由于环境的客观性、多变性、复杂性,管理者首先要随时随地利用各种渠道与方法去认识、了解、掌握环境,认真地研究其变化的规律,预测环境变化的趋势及其可能对组织产生的影响。一般而言,了解、认识和掌握外部环境变化因素是比较困难的,这就要求管理者花大量的精力搜集各种信息,掌握第一手资料,了解在众多因素中哪些是对组织有利的,哪些会影响组织目标的实现。深入地了解、认识环境,尤其是要掌握与本组织及自身管理有关的静态的、动态的环境信息,把握环境发展变化的趋势与规律,了解关于环境的各种因素与变量,对各种环境因素做到心中有数,始终保持对环境的动态监视与整体把握。

2. 分析判断环境

在充分了解掌握大量环境信息的基础上,要对各种环境因素进行深入的分析和判断。只有经过分析和判断,才能够确定环境对本组织有哪些影响,影响的性质是什么,影响的程度有多大,带来的有利因素和不利因素有哪些,管理上采取什么对策等。在对环境的分析判断中,既要放眼于宏观环境,又要着眼于微观环境;既要研究动态环境,又要研究静态环境;既要考虑当前的具体工作,又要把握全局的政策方向。

3. 能动适应环境

在了解、分析、掌握环境因素的基础上,在管理中能动地适应环境,并根据环境的变化不断调整内部组织机构与经营管理策略,创造和把握组织生存发展的机会,这是管理者的重要职责,也是其能力和水平的重要表现。企业组织在适应环境方面可以采取以下策略:合理选择经营区域;聘请合适的管理人员强化管理;密切关注环境变化,加强计划与预测;建立缓冲机制,有效规避风险;调整职位和部门,提高组织的有机化程度。

❋ **管理故事** 3-2

沙漠之舟

小骆驼问妈妈:"妈妈,妈妈,为什么我们的睫毛那么长?"

骆驼妈妈说:"当风沙来的时候,长长的睫毛可以让我们在风暴中都能看得到方向。"

小骆驼又问:"妈妈,妈妈,为什么我们的背那么驼,丑死了!"

骆驼妈妈说:"这个叫驼峰,可以帮我们储存大量的水和养分,让我们能在沙漠里耐受十几天的无水无食条件。"

小骆驼又问:"妈妈,妈妈,为什么我们的脚掌那么厚?"

骆驼妈妈说:"那可以让我们重重的身子不至于陷在软软的沙子里,便于长途跋涉啊。"

3.5.2 对不同环境因素的管理方法

1. PEST 分析法

PEST 分析是用来帮助组织分析其外部宏观环境的一种方法。宏观环境又称一般环境,是指影响一切行业和企业的各种宏观力量。对宏观环境因素作分析,不同行业和企业根据自身特点和经营需要,分析的具体内容会有差异,但一般都应对政治(political)、经济(economic)、社会(social)和技术(technological)这四大类影响企业的主要外部环境因素进行分析。简单而言,称之为 PEST 分析法。

外部宏观环境因素的具体内容我们已经作了详细的论述,这里不再赘述。外部宏观环境不是管理者可以影响的,更不是管理者可以改变的,对于宏观环境主要是如何主动适应它。

2. 波特的五力竞争模型

企业是在一定行业中从事经营活动的。行业环境的特点直接影响着企业的竞争力。美国学者波特认为,影响行业内竞争结构及其强度的主要有现有竞争对手、潜在竞争对手、替代品生产商、购买者及供应商五种环境因素,详细内容参见第 6 章战略管理。

3. SWOT 分析法

SWOT 分析思想是由安索夫于 1956 年提出来的,后来经过多人的发展而成为一个用于环境战略分析的实用方法。SWOT 分析法即对组织优势(strength)、劣势(weakness)、机会(opportunity)和威胁(threats)的分析。通过研究环境,认识外界的变化可能对组织造成的威胁或提供的发展机会,同时分析企业自身在资源和能力上的优势和劣势,由此两方面结合制定出企业生存和发展方向战略。详细内容参见第 6 章战略管理。

✳ 管理故事 3-3

要见老总

A 在合资公司做白领,觉得自己满腔抱负没有得到上级的赏识,经常想:如果有一天能见到老总,有机会展示一下自己的才干就好了!

A 的同事 B 也有同样的想法,他更进一步,去打听老总上下班的时间,算好他大概会在何时进电梯,他也在这个时候去坐电梯,希望能遇到老总,有机会可以打个招呼。

他们的同事 C 更进一步,他详细了解老总的奋斗历程,弄清老总毕业的学校、人际风格、关心的问题,精心设计了几句简单却有分量的开场白,在算好的时间去乘坐电梯,跟老总打过几次招呼后,终于有一天跟老总长谈了一次,不久就争取到了更好的职位。

---

4. 环境特性识别方法

根据企业所面临环境的复杂性(指环境构成要素的类别和数量)和动态性(指环境的变化速度及这种变化的可观察和可预见程度)这两项标准,还可以将管理环境分为四类:稳定、简单的环境;稳定、复杂的环境;动态、简单的环境;动态、复杂的环境,如表 3-2 所示。

表 3-2 组织环境分类

环境状态		动态程度	
		稳定	动态
复杂程度	简单	状态 1:稳定、简单的环境 环境影响因素较少, 环境因素变化不大, 环境因素容易了解	状态 2:动态、简单的环境 环境影响因素较少, 但在不断地变化之中, 环境因素比较容易掌握
	复杂	状态 3:稳定、复杂的环境 环境影响因素较多, 但环境因素基本保持不变, 掌握环境因素较难	状态 4:动态、复杂的环境 环境影响因素多, 且处于不断地变化之中, 掌握环境因素困难

(1)稳定、简单的环境

在这种外部环境中的组织会处于相对稳定的状态。在这种环境下,管理者对内部可采用强有力的组织结构形式,通过计划、纪律、规章制度及标准化生产来进行管理。如一般的日用品生产的企业大都处于此种环境。

（2）动态、简单的环境

处于这种环境中的组织一般都处于相对缓和的不稳定状态之中。面临这种环境的组织一般都采用调整内部组织管理的方法来适应变化中的环境。纪律和规章制度仍占主要地位，但也可能在其他方面，如企业的市场营销方面采取强有力的措施，以应对快速变化中的市场形势。像唱片公司等多属于这一环境中的组织，它们面临的竞争对手不多，材料供应商也只有固定的几个，销售渠道单一，涉及的政府管理部门也有限。但尽管环境影响因素不多，但它却面临着技术或市场需求的迅速变化。

（3）稳定、复杂的环境

一般来说，处于这种环境中的组织为了适应复杂的环境都采用分权的形式，强调根据不同的资源条件来组织各自的活动。不管怎样，它们都必须面对众多的竞争对手、资源供应者、政府部门和特殊利益代表组织，并作出管理上的相应改变。像汽车制造企业基本上处于此种环境之中。

（4）动态、复杂的环境

宏观环境和微观环境因素的相互作用有时会形成动态、复杂的环境。面对这样的环境，管理者就必须更强调组织内部各方面及时有效的相互联络，并采用权力分散下放和各自相对独立决策的经营方式。一般而言，电器制造公司、高新技术企业面临的就是技术飞速发展、市场需求变化迅速、竞争对手对抗剧烈的动态、复杂的环境。

5. 环境管理具体措施

一般来说，管理上常采用的减少环境压力的措施有：

（1）信息管理

信息管理对于理解初始环境和监督环境变化信号十分有效。信息管理的方法之一是环境监督，即组织成员通过各种形式收集组织内外环境信息；方法之二是信息加工，即对信息进行分类、加工、处理；方法之三是信息发送，即把有用的信息（包括针对变化采取的策略方面信息）传递给组织内外需要这种信息的人或组织。

（2）收购、兼并和联盟

收购是一家企业购买另一家企业的部分资产、部分业务，也可以是整体收购，还可以收购股权以便控股。兼并是两家或更多的企业合并成为一家新的企业。联盟包括合资、合作、建立联合体等。当竞争对手很强时，可以联合起来对付。企业还可以用联合的方法来控制其主要供应商以保证资源的稳定供应。

（3）舆论

当组织受到其他组织威胁或危害时，管理人员常采用舆论的力量来对抗这些威胁。例如，当有关部门对企业乱摊派，主管部门随意撤换企业领导、强行改变企业性质时，管理者就当借助于舆论的力量来改变其不利的地位。

（4）广告

广告可以建立品牌忠诚，减少易变的服务对象的影响和竞争对手推出的新产品或新服务的影响。当一批客户相信某公司的产品比起其他公司的产品好时，该公司就拥有了一批稳定的顾客，并增加了该公司对其产品价格、经销商的选择余地，也增强了其与其他公司的竞争能力。

（5）战略反应

这是组织适应环境的一种重要措施。具体来说包括保持现状、稍作改动或采取全新战略。在稳定的环境中，可保持现状，但必须事先对环境趋势进行分析和预测，提前做好应变计划；在动态环境中，管理者主要是通过保持策略灵活性来对付复杂多变的环境。如果企业当前所在的市场成长迅速，企业可能会决定更多地投资于该市场中的产品或服务。但如果企业当前所面临的市场萎缩或未能提供潜在增长的证据，企业则会削减投入。

（6）组织设计

组织可以通过在结构设计中增加灵活性来适应环境。如果组织面对的是不确定性相对较低的环境，一般就会采用制定许多基本规则和标准作业程序的组织设计；如果组织面对的是不确定性相对较高的环境，组织可能就会采取标准作业程序较少的组织设计，从而为管理者提供更多的自主判断的灵活性，以便对环境变化作出迅速反应。

（7）组织变革

老子在《道德经》中说"刚强者死之徒，柔弱者生之徒"，是讲做人做事不能太僵硬，而要有一定的柔性。企业要生存与发展要有一定的柔性，以适应环境的变化，而这种柔性的表现形式就是不断地变革，在变革中求发展，在发展中来变革。组织变革就是改变僵硬求柔性，与时俱进地使企业与环境相适应。

（8）直接影响

组织面对环境并不总是被动适应，有时候组织可以通过许多方式对环境产生直接影响。如企业通过游说和讨价还价影响他们的管制者，使管制者通过有利于企业的政策或采取有利于企业的行动；企业可以通过一定的竞争行为影响竞争对手，使竞争对手作出相应反应；企业也可以同供应商签订长期合同或者自己生产，影响供应商的行为；企业还可以生产新产品或者为原有产品创造出新用途来影响顾客、发现新的顾客、从竞争对手那里争夺顾客以及说服顾客相信自己需要新产品。

每个管理者的工作都受到来自组织内外部的各种因素的制约，但管理者仍可以在一定范围内对组织的生存和发展产生重大的影响，管理者可以通过管理工作变消极因素为积极因素。这也是一个好的管理者与一个差的管理者的区别之处。

3.6　企业社会责任

不论在什么地方，企业总是要赚钱才能生存。但是，对于如何合法地追求利润和使用这些利润，存在着不同的看法。某些公司不择手段地寻求利润最大化的方法，不计代价地追求成长，除了自己公司的利益，别的一概不予考虑。而另一些公司，则对企业持有另外的看法，它们致力于社会的改善，即使这样做可能意味着利润的减少。绝大多数公司的立场居于两者之间。究竟采取哪一种立场取决于经理们的伦理和社会责任感。本节将详细讨论管理伦理和社会责任感的基本问题。

3.6.1 管理伦理

1. 管理伦理的三个领域

管理伦理是指导管理者工作的行为标准。伦理在各个方面影响着经理的工作,图 3-2 描述了其中三个特别的领域。

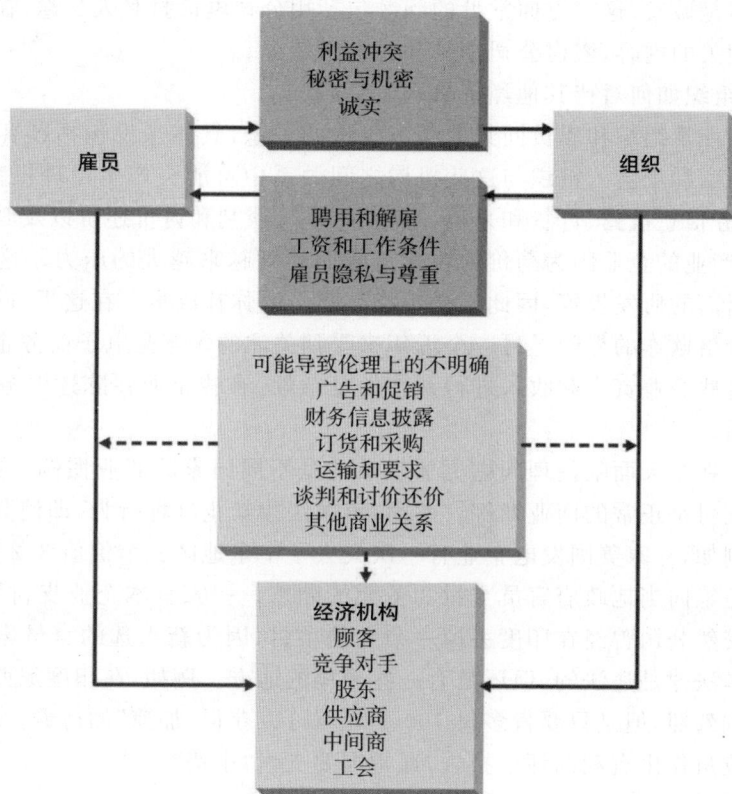

图 3-2 管理伦理

（1）组织如何对待雇员

管理伦理的一个重要方面是组织如何对待雇员。这一领域中的问题包括聘用与解雇、工资和工作条件、雇员隐私和尊重。例如,无论从伦理上还是从法律上都要求聘用员工应当单纯地以个人完成工作的能力为依据。在聘用中歧视女性的做法既不合乎伦理也不合乎法律。但是我们假设在另一个案例中,管理者并不采取歧视的立场,只是有时会在其他候选人具备同样条件的情况下聘用自己的密友或亲属。这样的做法固然并不违法但站在伦理的立场上看可能是不恰当的。

工资和工作条件受到严格的控制,但这仍然是一个经常引起争议的领域。例如,经理支付给雇员的工资低于其应当得到的水平,因为经理知道雇员舍不得这份工作,这样的做法是不合伦理的。

最后,绝大多数观察家都同意,组织必须保护雇员的隐私。如果经理传播某雇员患有艾滋病或同某同事有男女关系的谣言,是对雇员隐私的不道德侵害。同样,组织对待性骚扰的态度和做法涉及雇员隐私和相关的权利,也属此范畴。

（2）雇员如何对待组织

雇员如何对待组织方面的伦理问题非常多，特别是在利益冲突、秘密与机密、诚实等方面。利益冲突是对个人有利而可能损害组织的决策。为了防备这种行为，绝大多数公司都有禁止雇员接受供应商礼物的规定。泄露公司秘密显然是不合伦理的。高度竞争产业（电子、软件和时尚产品）中的雇员可能会受到诱惑将公司的计划出卖给竞争对手。另一个受到普遍关注的方面是诚实，这一方面常见的问题包括用公司电话打私人长途，在工作时间上网浏览与工作不相关的内容，盗窃公司物品和超额报销等。

（3）雇员和组织如何对待其他经济机构

管理伦理还涉及组织和雇员同其他经济机构的关系，具体来说包括顾客、竞争对手、股东、供应商、中间商和工会。组织与这些机构之间关系中可能会产生伦理模糊的领域，包括广告和促销、财务信息披露、订货和采购、运输和要求、谈判和讨价还价以及其他商业关系。

例如，医药产业的企业因为药价的快速上涨而受到越来越大的压力。这些企业辩解说他们必须增加新药的研发投资，因此不得不提高药价以弥补成本。在这里，问题的关键是找出合理定价和价格欺诈的界限。另一个近年来受到关注的领域是电子商务企业的财务信息披露。由于对这些企业资产和收入进行评估的复杂性，有些企业在陈述财务状况时过分夸大了积极的方面。

令许多企业在今天面临伦理问题更加复杂的是不同国家的商业惯例。在某些国家里，行贿和补偿性支付是正常的商业惯例。然而，美国法律禁止这种行为，即使其他国家的竞争对手这样做。例如，一家美国发电企业有一次失去了中东地区一个价值3.2亿美元的合同，只因为该公司拒绝向当地政府官员支付3美元的贿赂。一家日本企业支付了这笔钱，赢得了这个工程。安然公司曾经在印度丢掉一个大的项目，因为新当选的官员索要贿赂。尽管这些做法按美国法律是违法的，但还是有一些模糊的地方。例如，在印度尼西亚外国人要等上一年才能拿到驾照，但是只要肯多付100美元就可以获得"加速"的待遇。在罗马尼亚，如果希望房屋验收员作出有利的评估报告，通常需要支付"小费"。

2. 管理伦理行为

受到近年来公司丑闻的刺激以及公司意识到伦理或不伦理行为的重要性，许多企业开始重新强调员工的伦理行为。这一强调表现为多种形式，但是任何一种加强伦理行为的努力都必须从最高层经理开始。高层管理者决定着组织的文化，定义着哪些行为是可以接受的，而哪些行为是不能接受的。

不幸的是，伦理和不伦理的区别经常是主观的，常常出现不同的意见。那么，如何判断某一特别的决定是否合乎伦理呢？传统上，专家们建议采用一种包含三个步骤的模型来判断具体情况下的问题。这些步骤是：（1）收集相关的事实；（2）决定最适当的道德价值观；（3）根据所涉及的活动或政策的是非作出伦理判断。

为了说明这种方法，我们以经理报销费用中常见的两难处境为例。企业通常向经理们提供与工作相关的费用报销，如商业旅行或向业务顾客提供娱乐。典型的这类费用包括酒店费用、餐费、出租车或租车费等。当然，企业希望员工如实申报并且只申报同工作有关的费用。例如，如果经理到外地出差请客户外出就餐花费600元，则为这顿饭提交600元的收据报销是合理而又准确的做法。然而，假设这位经理第二天在同一个地方，纯粹出于社交的目的请自己的好友吃饭，提交这样的收据并且要求公司报销就是不合伦理的。有些经理会认为将同朋友一起吃饭的费用提交公司报销是合理的。他们也许会辩解说,他们的报酬本来就不合理,这只是提高收入的方法之一。

其他在这一案例中可能用到的原则包括各种伦理规范,如效用、权利、正义和关怀。效用指的是行为是否对其关系人最有利;权利指的是行为是否尊重个人权利;正义指的是行为是否符合绝大多数人的公平观;关怀指的是行为是否符合人们相互间的责任。图 3-3 描述了一个将上述伦理规范结合起来的模型。

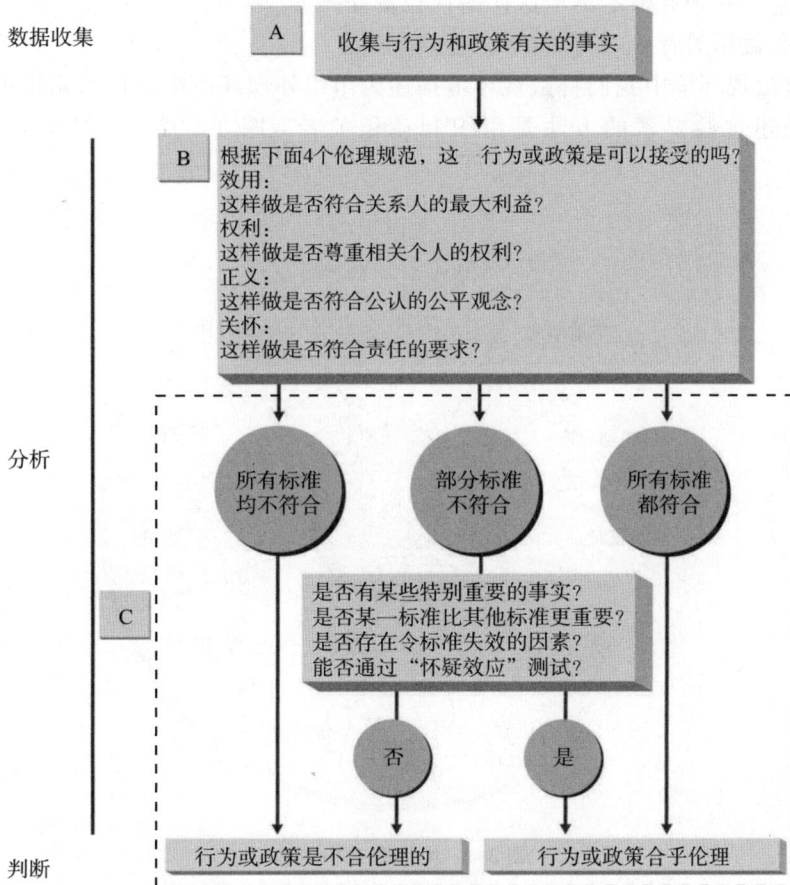

数据收集

A 收集与行为和政策有关的事实

B 根据下面4个伦理规范,这 行为或政策是可以接受的吗?
效用:
这样做是否符合关系人的最大利益?
权利:
这样做是否尊重相关个人的权利?
正义:
这样做是否符合公认的公平观念?
关怀:
这样做是否符合责任的要求?

分析

所有标准均不符合

部分标准不符合

所有标准都符合

C 是否有某些特别重要的事实?
是否某一标准比其他标准更重要?
是否存在令标准失效的因素?
能否通过"怀疑效应"测试?

否   是

判断

行为或政策是不合伦理的

行为或政策合乎伦理

图 3-3　伦理决策指南

现在请再考虑经理超额报销费用的问题。尽管效用规范表明经理从超额报销中获得了好处,但其他人,比如经理和同事却未必这么看。与此相似,绝大多数专家认为这样的行为是对他人权利的不尊重。此外,它明显是不公正的并且损害自己对他人应尽的责任。因此,这一行为显然是不合伦理的。不过,在图 3-3 中我们也提供了一些特定条件下适用的做法。例如,假设经理丢失了合理报销的收据,但是第二顿饭的餐费数额刚好一样。有些人也许认为提交后面这张收据是合理的,因为经理只不过是要拿回他应得的。但是,也有一些人认为提交社交性餐费的收据无论如何都是错误的。我们在这里提出这一点只是为了说明具体情况的变化可能导致问题的复杂化。

3.6.2 企业社会责任

社会责任是组织在其运营的社会环境中必须履行的保护和改善社会的义务。

1. 社会责任的领域

组织负担社会责任的对象包括利益相关者、自然环境和一般社会福利。某些组织认识到它在上述三个领域中的责任并且努力满足它们的要求,而另一些组织则只强调其中的一个或两个,还有一些企业根本不承认任何社会责任。

（1）组织利益相关者

在3.3节微观环境中我们将微观环境描述为组织外部环境中直接影响组织的要素的组合。另一种描述这些要素的方法是组织利益相关者。图3-4描绘了主要的组织利益相关者。

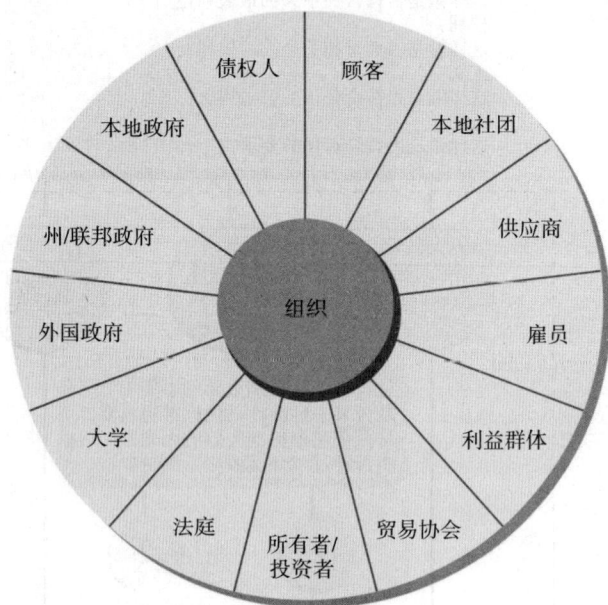

图 3-4　组织利益相关者

绝大多数努力担负责任的企业将主要精力放在三类群体上:顾客、雇员和投资者,然后再根据同组织业务的相关性和重要程度选择其他利益相关者,并试图满足其需要和期望。

对顾客负责的组织努力做到公平和诚实。它们会采取公平的价格,提供产品保证,兑现送货期限的承诺,并且对所销售产品的品质负责。

对雇员负责的组织公平地对待其员工,将他们结合为团队,尊重他们的尊严和基本的人类需要。

为了负担起对投资者的社会责任,管理者们必须遵循适当的会计程序,向投资人提供适当的财务绩效信息,在管理组织的过程中保护投资者的权利和投资。此外,他们还应当对未来的成长和盈利机会作出准确和精明的判断,避免任何涉及不恰当行为的可能,这些敏感区包括内部交易、操纵股价和隐瞒财务数据。

（2）自然环境

社会责任的第二个关键领域是自然环境。企业不应当直接向溪流、河流、大气和空地中倾倒污水、废弃的产品和垃圾。企业还应当开发经济上可行的避免酸雨、全球变暖和臭氧层消失的方法，开发处理污水、有害废弃物和普通垃圾的方法。例如，宝洁公司是用可循环材料制作容器的产业领导者。君悦酒店集团设立了一家新的公司帮助对酒店的废弃物进行循环处理。福特公司也发布了开发和营销低污染电动车的新项目。

（3）一般社会福利

某些人相信，除了利益相关者和环境责任之外，企业组织还应当增进一般社会的福利。这方面的例子包括慈善捐款、资助慈善组织和非营利机构，资助博物馆、乐团和公共广播电视，以及为改善健康和教育体系做贡献。有些人甚至认为企业应当承担起更加广泛的责任，包括在世界范围内纠正政治不平等。例如，有些观察家认为企业不应当在有侵犯人权记录的国家中开展业务。

2. 关于社会责任的两个对立观点

从表面上看，人们不会怀疑组织需要承担社会责任。不过，反对将社会责任进行宽泛解释的人士也提出了几个有力的观点。图 3-5 总结了争论双方的主要观点。我们在下面的部分中将对此进行详细的解释。

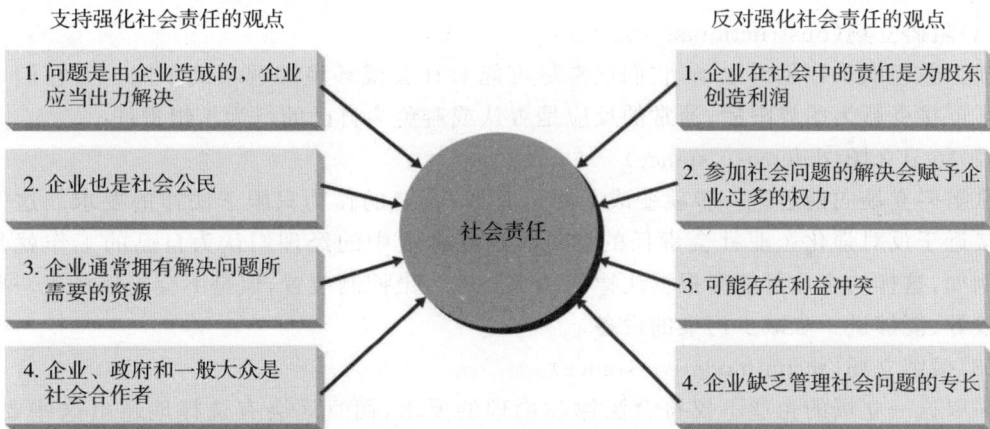

支持强化社会责任的观点	反对强化社会责任的观点
1. 问题是由企业造成的，企业应当出力解决	1. 企业在社会中的责任是为股东创造利润
2. 企业也是社会公民	2. 参加社会问题的解决会赋予企业过多的权力
3. 企业通常拥有解决问题所需要的资源	3. 可能存在利益冲突
4. 企业、政府和一般大众是社会合作者	4. 企业缺乏管理社会问题的专长

图 3-5　社会责任两面观

（1）支持强化社会责任的观点

支持强化企业社会责任的人士主张，因为许多问题是由企业引起的，例如空气和水污染、资源耗尽等，企业应当在解决问题方面扮演主要角色。他们还认为企业是依法成立的实体，具有同私人公民大体相同的权利，因此它们不能逃避自己作为公民的责任。这一观点的支持者还指出当政府机构由于预算限制而无法采取行动的时候，许多大型企业却实现了超额的利润，这些钱应当用来帮助解决社会问题。

（2）反对强化社会责任的观点

有些人，其中包括著名的经济学家如米尔顿·弗里德曼，认为将社会责任宽泛化可能令企业偏离其基本使命——为所有者创造利润。

另一个反对强化企业社会责任的观点认为企业已经拥有了很大的权力，如果它们再介入社会活动的话,其权力将得到进一步的加强。还有人则更加关注可能的利益冲突。例如,假如由经理来决定资助哪一种社会活动或慈善事业,本地的歌剧院(完全靠资助才能生存)可能会向他提供下一个演出季的前排座位以换取他的支持。如果演出剧目合乎这位经理的口味,他可能会受到吸引将资助投向这家剧院,尽管其他地方更需要这笔钱。

最后,批评者们指出组织往往缺乏对社会活动项目进行评估和决策所必需的专长。它们无法判断哪个项目更有价值或者应当如何更好地花钱。

3. 组织承担社会责任的方式

有些人认为组织应当多承担社会责任,另一些人认为这种责任已经够多了。各个组织自己所采取的立场也千差万别。图 3-6 描述了组织所采取的四种立场,从最低社会责任到最高社会责任。

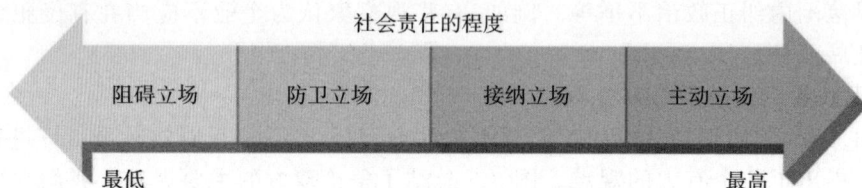

社会责任的程度

| 阻碍立场 | 防卫立场 | 接纳立场 | 主动立场 |

最低　　　　　　　　　　　　　　　　最高

图 3-6　组织承担社会责任的方式

(1)阻碍立场(obstructionist stance)

极少数组织采取阻碍立场,它们通常尽可能对社会或环境问题不闻不问。当它们一旦跨越了可接受行为的界限后,通常的反应是否认或避免为自己的行为承担责任。

(2)防卫立场(defensive stance)

从阻碍立场向前迈进一步就变成了防卫立场,企业的作为只限于法律的要求。这一方式最接近于反对强化企业社会责任的意见。这些企业中的经理们认为自己的工作就是赚钱。例如,这样的企业可能会根据法律的要求安装污染控制装置,但是不会安装稍贵一些而品质较好、能够进一步减少污染的设备。

(3)接纳立场(accommodative stance)

采取这一立场的企业不仅符合法律和伦理的要求,而且还会有选择地超出这些要求。这类企业自愿参加社会项目,但是寻求支持者必须说服组织项目是值得支持的。这里的问题在于,必须有人上门请求,组织不会主动提供这类捐赠。

(4)主动立场(proactive stance)

社会责任程度最高的企业采取的是主动立场。采取这一立场的企业将强化社会责任的意见放在心上。它们将自己看成是社会公民,积极寻求贡献的机会。这方面的一个出色的例子是由麦当劳公司提供的罗纳德·麦克唐纳住房项目。这些住房通常位于大型医疗中心附近,可以向孩子在附近住院的家庭提供最便宜的住房。

注意,上述分类并不是分立的。它们所描述的是各种持续过渡的不同态度。组织未必只能落在某一类别中。例如,尽管麦当劳住房项目广受好评,但麦当劳公司也曾因为向消费者夸大其食品的营养价值而受到指责。

3.7　全球化与管理

3.7.1 管理的全球观

1. 全球化的内涵与特征

(1) 全球化

在各种力量的综合作用下,全球化日益成为一种不可阻挡的潮流。何为全球化? 简单地说就是全球的经济、文化或社会生活与结构日趋一体化、同质化。不过,不同的学科对全球化的理解存在差异。经济学家将全球化理解为世界经济的一体化;政治学家视之为建立新的世界格局的全球战略;社会学家则用它来解释世界市场经济活动的标准化,国际交往使用同一工作语言,以同样的方式建立相似的国际机构等国际化现象;而更多的人一提起全球化,联想到的则是人口、毒品走私、恐怖主义、环境污染、核武器扩散等人类社会共同面临的全球性难题。

管理学更为关注的是经济的全球化。所谓经济的全球化,是指世界各国的经济在产品与劳务的广泛输出、跨国投资的不断增加、国际资本市场的日益一体化以及技术与信息的快捷传播的基础上形成的相互依赖和高度融合的现象。全球化使得世界经济日益成为一个整体,在这种情况下,个别国家经济的重大变动,特别是在世界经济中占重大份额的大国经济的变动,则不可避免地通过各种渠道牵动或波及他国乃至全世界。经济的全球化使得企业的外部环境、经营的范围和领域以及内部员工的构成等诸多方面部发生了很大变化,由此产生了很多新的管理问题,如基于员工民族文化的差异而形成的跨文化冲突等问题。

(2) 全球化的特征

在生存性动机或者战略性动机的刺激下,大量的企业从本土走向世界大舞台。全球化的企业发展就需要有全球化的管理为之提供支持,以下着重介绍全球化管理的主要职能方面:市场全球化、制造全球化、金融全球化、研发全球化以及人力资源全球化(图 3-7)。

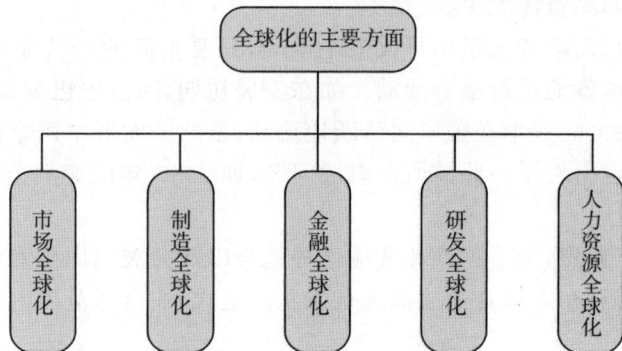

图 3-7　全球化的主要方面

①市场全球化

由于最早的全球化形式是国际贸易,主要目的就是在全球市场上进行相关商品的进出口,因此毫无疑问,全球化过程中最典型、最普遍的就是实现市场全球化。市场全球化是指产品或者服务可以在全球的贸易市场上进行交易和流通。20 世纪 80 年代以来,随着国内市场的逐渐饱和,海外市场已经成为很多跨国企业的主要业绩增长点。

在全球市场的扩张过程中,企业需要考虑的问题包括以下几个方面:a. 如何选择适合的国际市场。不同国家的市场环境不同,企业需要根据自己的产品特点、成本、价格等进行国际市场的选择,例如美国、日本市场比较活跃,消费意识比较超前,适合创新型产品的销售。b. 如何进行产品的国际定位。由于不同国家、地区的市场需求不同,全球化过程中,企业需要考虑产品的国际定位。例如,销往欧美的车型往往比销往亚洲的更大一些,以适应欧美人更为高大的身材。c. 如何在不熟悉的市场环境下进行营销推广。不同国家或地区拥有不同的文化背景和行为习惯的顾客。

②制造全球化

制造全球化就是企业将生产制造的整个过程渗透到全球各地,从各个国家和地区采购原材料、雇用员工,以完成部分或全部生产过程。由于不同国家和地区的生产要素的质量和成本有比较大的差异,因此根据自己的实际要求,企业可以利用这些差异来降低生产成本或者提升产品质量,以获得更强的竞争优势。

在制造全球化的趋势下,形成了越来越多的跨国合作的全球生产制造网络,产品的生产制造不再集中于一个国家或地区。全球制造网络扮演着越来越重要的角色。从原材料到加工为成品,需要经过很多制造流程。过去这些流程往往都集中在一个国家和地区完成,而现在可能是由分布在不同国家或地区的厂家来共同完成。可以说,全球制造网络的形成使整个地球变成一个联动的大工厂。不同国家或地区的企业根据自己的优势,负责生产流程的某些环节,从而共同完成某一种最终产品的制造,最为典型的就是波音飞机的制造。

③金融全球化

服务业也随着制造业的发展而向全球延伸,其中最为典型的就是金融行业。20 世纪 80 年代以来,发达国家开始逐渐放松对金融活动的管制,着力推动资本的自由化。国际资本的运作目的已经转向获得最大的收益或者规避风险,而不是基本的商品贸易。现在国际资金流通中,90% 以上与商品贸易无关。

对组织的发展而言,融资渠道不再仅限于本国,只要企业的经营业绩突出,并受到市场的肯定,就可以在全球各地进行融资活动。如在发展初期,阿里巴巴就得到了来自日本软银的投资而不断发展壮大。资本在国家间活跃地流动,虽然为发展中国家注入了活力,促进了其经济的发展,但是也引发了一些前所未有的问题,如 1997 年的亚洲金融危机。

④研发全球化

经济全球化愈演愈烈,为了更好地适应这种趋势以及突破国内研发资源的有限性,很多跨国公司打破了以前只在本国企业总部进行研发的定式,在全球范围内进行研发投资,形成研发国际化。

研发国际化指的是企业改变原来只在母国进行研发活动的做法,通过直接建立国外研发机构、跨国收购或者建立国际技术联盟等形式,将研发活动扩展到全球,形成以创新源获取全球化、创新人才国际化、创新组织国际网络化为特征的技术创新的新范式。研发国际化主要有两种形式:a. 企业与国外企业、大学以及研究机构建立技术联盟,形成稳定的技术合作关系;b. 企业通过并购、合作建立或者直接建立国外技术研发机构,如海尔集团在美国的研发中心。还有很多企业的研发国际化兼用上述两种方式,如荷兰的飞利浦公司在上海建立了独资的中国研发总部,同时通过该总部与浙江大学、中国科学院等科研机构建立了技术合作关系。

研发国际化充分利用了不同地区的特有资源优势,并与当地企业进行有效交流,有效地配置了企业的能力,促进了创新活动的产生与扩散。这样,跨国企业的研发活动便由分散在不同地区的单位共同完成,形成了富有弹性、多样性和复杂性的全球创新网络。

⑤人力资源全球化

总的来说,上述四个方面的全球化都需要人力资源来支撑。全球化的发展在促进国家间商品贸易、资本流通以及制造布局的同时,也放松了对人力资源的限制。

人力资源的全球化是指劳动力的跨国界流动。高层职业经理人、金融分析师、科学家、工程师、设计人才等,在国际人力市场上炙手可热。这些人员不受国界的限制,只要拥有在市场上创造附加值的能力,就是具有竞争力的人力资源。现在越来越多的外国人才来到中国,为中国的企业工作。

根据美国著名投资机构高盛集团的调查,未来十年美国将有高达 600 万工作机会外流到中国、印度、爱尔兰等劳动力成本低廉、科技人才素质较高的地区。例如,当美国的软件工程师编写好程序后,就通过互联网传给远在大洋彼岸的中国和印度工程师来进行编译和试错;保险公司将原本由本地员工负责的文件资料转移到工资更低廉的国家或地区进行处理。虽然受到各国移民和工作许可等法律法规的限制,国家之间的人力资源难以完全自由流动,但是借助通信技术的发展,其实已经实现了人力资源全球化。

2. 全球化的两个层面

(1)公司经济一体化

第二次世界大战后,跨国公司发展迅速,在公司层次上形成了纵横交错的跨国公司母公司与其遍布全球的子公司的内部化市场。在这个跨越国界的内部化市场中,跨国公司在全球范围建立了一个有效的管理网络,实行内部分工、内部资源调配、内部贸易、内部资金转移、内部人员流动、内部技术转化、内部国际管理和内部生产流动,在全公司范围内实现全部再生产过程的国际化和一体化。

(2)区域经济一体化

区域经济一体化是指在各成员国间取消所有歧视性的贸易障碍,实行自由贸易,并在成员国之间建立某种合作和协调。区域经济一体化包括自由贸易区、关税同盟、共同市场、经济同盟、完全经济一体化。这五大类型在 20 世纪五六十年代逐步形成,到 80 年代后,成为一种全球趋势,遍布欧洲、北美、拉美、非洲、大洋洲和亚洲 120 个国家或地区,贸易额占世界贸易总额的 80% 以上。

3. 三种管理的全球观

在世界经济一体化的进程中,伴随着企业经营的日益国际化,企业的管理也越来越全球化,需要管理者持有正确的管理全球观。目前,可供选择的管理全球现主要有三种:本国中心主义(ethnocentrism)、多国中心主义(polycentrism)和全球中心主义(geocentrism)。表3-3 总结了每一种全球观的主要内容。

表 3-3 三种全球观的主要内容

	本国中心主义	多国中心主义	全球中心主义
取向	母国取向	东道国取向	全球取向
优点	1. 结构比较简单 2. 控制比较严密	1. 广泛了解国外市场和工作环境 2. 东道国政府更多支持 3. 鼓舞当地管理者士气	1. 熟悉全球事务的动力 2. 当地目标和全球目标平衡 3. 选用最优秀人才和最佳工作方式,不受国籍限制
缺点	1. 管理比较无效 2. 缺乏灵活性 3. 社会政治力量的强烈反对	1. 重复性工作 2. 低效率 3. 因过于关注当地传统而难以维护全球目标	1. 很难实现 2. 管理者必须同时具备当地知识和全球知识

(1)本国中心主义

本国中心主义又称为民族中心主义。持这种观念的管理者认为母国(公司总部所在国)工作方式和惯例是最好的,海外子公司的员工不像本国国民那样具有制定最优决策所需要的技能、专业技术、知识和经验,因而不放心让外国雇员掌握关键的决策权和技术。这是一种狭隘的观念,只追求母公司的利益最大化,很容易遭到东道国社会和政治力量的反对。

(2)多国中心主义

持有这种观念的管理者认为,每一个海外子公司都有其不同的特点,东道国的管理人员熟悉当地的惯例,知道开展经营业务的最佳工作方式,因此应该给予这些国外机构独立经营的权利,并让外国雇员掌握决策权。在这种观念的指引下,跨国公司会致力于海外子公司的当地化经营,从适应东道国市场需求出发来制定公司的整体战略,并谋求海外子公司的利益最大化。

(3)全球中心主义

这种观点的核心是在全世界范围内选用最佳工作方式和最优秀的人才。持这种观点的管理者认为,在母国的组织总部和各国工作机构都具有全球观念是很重要的,应不受国籍的限制来寻找最佳工作方式和人选,从而实现用全球观考虑重大问题和决策。

4. 企业走向国际化的四种途径

当组织决定提高其国际化活动的程度时,可供选择的战略有如下几种。

(1)进口和出口

进口或出口(或两者兼备)是企业国际化的第一步。出口指的是在一个国家里制造而销售到另一个国家。产品和服务都可以出口。进口指的是从国外将产品、服务和资本带回国内。例如汽车通常是大宗出口产品。许多葡萄酒分销商从法国、意大利或加利福尼亚购买产品进口到自己的国家进行销售。

进出口模式有许多优越性。例如,这是用小额投资进入一个新市场最容易的方式。由于产品按"原样"销售,既不必根据销售地的情况进行修改,风险也非常小。当然,这种模式也有不足。比如,进出口意味着要缴纳关税和支付昂贵的运输成本。此外,由于产品没有根据当地需要进行修改,可能失去相当大的市场。最后,有的产品也许受到管制,既不能进口也不能出口。

（2）许可

一家企业也许会偏好在许可协议下让外国企业制造或营销其产品。其原因也许是运输成本太高、政府管制和本国制造成本太高。许可是一种协议,指一家企业允许另一家企业使用其品牌名称、商标、技术、专利、版权或其他资产。反过来,被许可方则要支付一定的费率,通常以销售量为基础计算。例如,日本最大的啤酒公司麒麟啤酒希望扩大国际业务但又担心从日本运输啤酒的在途时间太长,会导致啤酒失去新鲜度。因此,它同其他市场上的公司达成了许可协议。这些当地的啤酒商根据这家日本公司的严格规定酿造啤酒,然后以麒麟啤酒的名义包装和销售,再根据销售每一份啤酒的收入向麒麟公司支付费用。在加拿大,Molson 公司是麒麟啤酒的许可制造商,在英国,则是 Charles Wells 啤酒公司。

许可的两大优点是提高利润和扩大盈利能力。这一战略在企业进入欠发达国家时经常被采用,在那里,旧的技术往往仍然在使用,甚至还算是好的技术。许可模式的主要缺点是缺乏灵活性,被许可企业将在长期的时间里控制产品或专利。如果这家企业工作不得力,则许可方将面临利润上的损失。另一个问题是被许可方可能会将自己所学到的知识和技能转用于外国市场,甚至可能在许可方的本国市场上寻找机会。在这种情况下,合作伙伴就变成了竞争对手。

（3）战略联盟

战略联盟是两家或更多的企业共同经营以获得共同收益。合资公司是战略联盟的一种特殊形式,合作伙伴对一家新的企业共同拥有所有权。

战略联盟模式同样既有优点也有缺陷。在优点方面,它可以帮助企业借助合作伙伴的力量快速进入某一市场。日本汽车公司在进入美国市场时就采用了这一战略,它们利用了美国汽车制造厂既有的分销渠道。战略联盟同时也是获得技术和原料的有效方法之一。它还可以帮助企业分摊新成立企业的风险和成本。这一方法的主要缺陷之一是对合资企业的共同所有权。尽管这种形式降低了每一方的风险,但也限制了控制权和所获得的回报。

（4）直接投资

直接投资指的是总部设在某个国家的公司在外国建立或者购买运营设施或分支机构。这些外国运营部门是企业全资拥有的分支机构。例如迪士尼在香港、上海的主题公园就是一种直接投资。

许多企业选择直接投资是为了利用低成本的劳动力。换句话说,它们的目标是将制造转移到劳动力便宜的地点。

同其他模式一样,直接投资也是利弊参半。在这种模式下,管理控制更加完备,企业不必与他人共享利润。收购现有的企业还会获得人力资源和现有的组织基本架构（行政设施、工厂、仓库等）方面的利益。收购还可以获得产品品牌的知名度。对于推出新品牌成本很高的产业,这是一个显著的利益。作为对上述优点的抵消,决策复杂性的提高、经济和政治的风险等可能会超出企业所获得的收益。

当然,我们还应当注意到这些方法并不是相互排斥的。事实上,绝大多数大企业同时采用这些方法。跨国企业拥有全球视野和方案来解决海外制造和营销的问题。它们在全世界寻找机会和选择最佳战略以服务于各个市场。在某些情况下,它们进行直接投资,在另一些情况下则采取许可、战略联盟或者进出口的形式。表 3-4 总结了上述方法的优点和缺陷。

表 3-4　企业国际化各种方法的利弊

国际化方法	优　点	缺　陷
进出口	1. 现金投入少 2. 风险小 3. 不必对产品进行修改	1. 关税 2. 运输成本高 3. 政府管制
许可	1. 利润增加 2. 盈利能力提高	1. 缺乏灵活性 2. 竞争
战略联盟/合资公司	1. 快速进入市场 2. 获得技术和原材料	分享所有权（不能独占控制权和利润）
直接投资	1. 加强控制 2. 利用现有的基本架构	1. 复杂 2. 经济和政治风险较大 3. 不确定性较大

3.7.2　全球化对管理的要求与挑战

进行全球化发展，企业有多种形式可供选择：简单的产品和服务的贸易、授权和特许经营、合资以及独资子公司。任何一种选择都可能会给企业带来新的飞跃，但同时要清楚地看到全球化并非易事，很多冲突、挑战也将随着全球化而来。

1. 全球化的挑战

在金融全球化方面已经提到，过度自由的短期资本流通可能会导致严重的金融危机。全球化的挑战并不仅限于此，很多因素都可能给企业的全球化经营带来挑战。企业在进行全球化发展的时候，必须对这些有利因素与在国际环境中经营可能遇到的挑战和风险加以权衡比较。

（1）竞争更加激烈

全球化使得市场竞争更加激烈和残酷。最为典型的就是跨国企业对本土企业的冲击非常严重。对东道国的企业来说，跨国企业的进入将会使竞争更加激烈。特别是对于大多数发展中国家来说，本土企业缺乏资本、技术以及管理经验，很容易受到大型跨国企业的冲击而以失败告终。自 20 世纪 90 年代以来，由于很多大型跨国企业的进入，中国一些著名的本土企业（如孔雀、香雪海）或者走投无路而破产，或者被跨国企业收购。

（2）环境的不确定性

经营环境的不确定性主要源于东道国的政策。对实施全球化的跨国企业来说，要特别注意与东道国政府的关系，并时刻关注东道国的政策方向。与美国相比，中国的经济政策更加强调宏观调控，因此政府的作用更大，也因此可能为企业经营带来更多的不确定性。美国的跨国企业在进入发展中国家市场的过程中，就需要为政策的不确定性进行事先的准备。

（3）文化的差异

不同国家经营环境的差异主要体现在文化上。伴随企业跨国经营的比重逐渐增加，跨文化管理的重要性也与日俱增。不同的国家社会中，会有不同的文化与价值观，并随之塑造出不同的基本的处事行为和习惯,如中国的"关系"文化、美国的"标准"文化。这些个人价值观和行为的差异也要求跨国企业采取有效的跨文化管理。下一部分将对跨文化管理进行详细阐述。

2. 全球化的跨文化管理

(1)霍夫斯塔德模型——发现文化之间的差异

不同的文化背景对个体将产生不同的影响,并且作用于个体员工在工作中的具体表现,这些都值得管理人员予以高度重视,并给予相应的管理行为。荷兰学者霍夫斯塔德以自己对 40 个国家雇员的研究及以超过 70 个国家的 IBM 员工作为研究对象,对个人行为在不同的文化背景中所表现出的差异性进行了研究,鉴别出六种文化间行为差异的维度。

①社会维度[Individualism versus Collectivism (IDV)]

社会维度是关于个人与其所属的群体相对重要性的认识。社会维度的两个极端是个人主义与集体主义。个人主义是认为个人优先的文化信仰。美国、英国、澳大利亚、加拿大、新西兰和荷兰相对倾向于个人主义。集体主义同个人主义相反,是认为集体优先的文化信仰。墨西哥、希腊、秘鲁、新加坡、哥伦比亚和巴基斯坦相对倾向于集体主义。

②权力维度[Power Distance (PDI)]

不同文化中的人们对组织等级中的权力看法不同。一种是权力尊敬型,主要是指人们倾向于接受等级高的人的权力与权威,法国、西班牙、墨西哥、日本、巴西、印度尼西亚和新加坡属于相对权力尊敬型的文化。另一种是权力宽容型,这种导向的文化对于个人的等级地位相对不那么看重。他们经常会质疑高层人士所作出的决定或命令,甚至可能拒绝接受。美国、以色列、奥地利、丹麦、爱尔兰、挪威、德国和新西兰的文化更倾向于权力宽容型。

③不确定性维度[Uncertainty Avoidance (UAI)]

不确定维度测量了不同文化背景中人们对风险或者创新、变革的偏好程度。有些文化群体善于接受环境的不确定性因素,对变革和创新持积极的反应态度,如美国、丹麦、瑞典、加拿大、新加坡和澳大利亚。相反,另外一些文化群体厌恶环境的不确定性,会回避创新和变革,偏好具有持续稳定型的结构,如以色列、奥地利、日本、意大利、哥伦比亚、法国、秘鲁和德国等。

④男性化与女性化维度[Masculinity versus Femininity (MAS)]

该维度主要看某一社会代表男性的品质如竞争性、独断性更多,还是代表女性的品质如谦虚、关爱他人更多,以及对男性和女性职能的界定。男性度指数(MDI:Masculinity Dimension Index)的数值越大,说明该社会的男性化倾向越明显,男性气质越突出;反之,则说明该社会的女性气质突出。在男性化的社会,坚强价值观占主导地位,他们的文化注重收入、认可、升迁、挑战,这种类型文化鼓励人们决策的自主独立。而女性化社会注重人际关系、生活质量和服务及决策的群体性。

⑤时间维度[Long-Term Orientation (LTO)]

时间维度是指文化中成员对工作、生活和其他社会因素倾向于长期积累还是短期收获。如日本、中国和韩国,都表现出长期的视角。这些国家的人比较愿意接受在实现目标之前必须进行多年艰苦工作的观点。另外一些国家则不同,例如巴基斯坦和西非,则更多表现出短期的视角,他们的国民更愿意从事可以立刻获得报酬的工作。霍夫斯塔德的研究指出,美国人和德国人在时间维度上位居中间。这个维度是 Michael Harris Bond 于 1991 年在霍夫斯塔德的支持下,与一群中国教授依据儒家思想所做的研究,应用已广及 23 个国家;2010 年 Michael Minkov 提出两个维度:Pragmatic versus Normative(PRA)和 Indulgence versus Restraint(IND),前者与上述的 Long-Term Orientation 有很大的关联性,后者是一个全新的维度,研究范围都已扩及 93 个国家。可参考 www.geert-hofstede.com。

⑥放纵与约束维度[Indulgence versus Restraint(IVR)]

该维度指的是某一社会对人基本需求与享受生活享乐欲望的允许程度。放纵型文化倾向于容许人们相对自由地享受天性和生活乐趣;约束型文化相反,认为对人性和生活享乐要用比较严格的社会规范加以约束,不能放纵。

Indulgence(自身放纵)的数值越大,说明该社会整体对自身约束不大,社会对任自放纵的允许度越大,人们越不约束自身。

实际上,以上所述的任何一个维度所决定的文化类型都属于相对极端的文化类型,霍夫斯塔德认为每一维度都决定着一个文化连续体,例如对于社会维度,个人主义类型与集体主义类型作为两个端点,中间还存在着一系列的中间形态,只不过要看在具体形态中,哪一种文化特征表现得更为显著一些。不同的文化环境决定不同的个体行为,这对企业管理行为,包括组织结构设计、决策程序与方法、人力资源配备与考评等问题都提出了具体的要求,要求企业管理者们要有足够的智慧面对并有效地解决跨文化管理中的文化冲突问题。

(2)Z 理论——文化差异如何影响管理差异

1980 年,美籍日裔教授威廉·大内(William Ouchi)出版了《Z 理论——美国企业界怎样迎接日本的挑战》一书。在该书中,他把美国、日本企业绩效的差异归结为文化的差异,他把美国企业的文化称为 A 型文化,把日本企业的文化称为 J 型文化,而把美国少数几个企业(如 IBM 公司、P&G 公司等)自然发展起来的、与 J 型具有许多相似特点的企业文化,称为 Z 型文化。进而他认为,美国企业要提高绩效,必须将其 A 型文化转变成 Z 型文化。

①A 型文化的特点

• 短期雇佣;

• 迅速的评价和升级,即绩效考核期短,员工得到回报快;

• 专业化的经历道路,造成员工过分局限于自己的专业,但对整个企业了解并不很多;

• 明确的控制;

• 个人决策过程,不利于诱发员工的聪明才智和创造精神;

• 个人负责,任何事情都有明确的负责人;

• 局部关系。

②J 型文化的特点

• 实行长期或终身雇佣制度,使员工与企业同甘苦、共命运;

• 对员工实行长期考核和逐步提升制度;

• 非专业化的经历道路,培养适应各种工作环境的多专多能人才;

• 管理过程既要运用统计报表、数字信息等清晰鲜明的控制手段,又注重对人的经验和潜能进行细致而积极的启发诱导;

• 采取集体研究的决策过程;

• 对一件工作集体负责;

- 树立牢固的整体观念,员工之间平等相待,每个人对事物均可作出判断,并能独立工作,以自我指挥代替等级指挥。

③Z 型文化的特点

- 长期雇佣制;
- 制定一种缓慢的评价和提升制度,目的是要培育职工的长期观点与协作态度;
- 扩大职业发展道路,有计划地实行横向职务轮换,以培养人的多种才能;
- 主张在企业内部建设高度一致的文化,用自我指挥取代等级指挥,从而实现彻底内在的控制;
- 找出可以让基层雇员参与的领域,实行参与管理;
- 提倡强化共同目标,使每个人都能自觉对集体作出的决定负责,从而避免紧张状态;
- 建立员工个人和组织的全面整体关系。

3.7.3 组织文化的国际比较

文化与民族分不开,一定组织的文化总是一定民族的文化。而企业是众多组织中最具代表性的一个类型,企业文化是一个国家的微观组织文化,它是这个国家民族文化的组成部分,所以一个国家企业文化的特点实际上就代表这个国家民族文化的特点。下面将对欧、美、日以及中国的企业文化进行简单的比较。

1. 欧洲的企业文化

欧洲文化是受基督教影响的文化,信仰上帝,认为上帝是仁慈的,上帝要求人与人之间应该互爱。受这一观念的影响,欧洲文化崇尚个人的价值观,强调个人高层次的需求。欧洲人还注重理性和科学,强调逻辑推理和理性的分析。

虽然欧洲企业文化的精神基础是相同的,但由于各个国家民族文化的不同,欧洲各个国家的企业文化也存在着差别。英国人由于文化背景的原因,世袭观念强,一直把地主贵族视为社会的上层,企业经营者处于较低的社会等级。因此,英国企业家的价值观念比较讲究社会地位和等级差异,不是用优异的管理业绩来证明自己的社会价值,而是千方百计地使自己进入上层社会,因此在企业经营中墨守成规,冒险精神差。

法国最突出的特点是强调民族主义,傲慢、势利和具有优越感,因此法国人的企业管理表现出封闭守旧的观念。

意大利崇尚自由,以自我为中心,所以在企业管理上显得组织纪律差,企业组织的结构化程度低。但由于意大利绝大多数的企业属于中小企业,组织松散对企业生机影响并不突出。

德国人的官僚意识比较浓,组织纪律性强,而且勤奋刻苦。因此,德国的企业管理中,决策机构庞大,决策集体化,保证工人参加管理往往要花较多的时间论证,但决策质量高。企业执行层划分严格,各部门只有一个主管,不设副职。职工参与企业管理广泛而正规,许多法律都保障了职工参与企业管理的权利。职工参与企业管理主要是通过参加企业监事会和董事会来实现。

2. 美国的企业文化

美国企业文化的主要特点如下:

第一,以人为中心的价值追求。美国企业在 20 世纪七八十年代后摈弃了"人并非生产力中关键因素"的陈旧观念,而是认识到人是企业发展的根本,所以在企业的组织管理中突出强调对人的关怀、尊重、信任,以激发员工的责任感和使命感,克服传统的单打独斗意识,强调集团意识,即企业与员工的一体精神。

第二,管理体制的开放性。建立一种开放型的管理体制,更多运用人与人之间的默契合作来纠正僵化的行政协调措施,以创新行为代替繁杂分析。在强调管理体制开放的观念中,最富有革命性的观念是提倡企业内部竞争,以提高企业效率。

第三,强调顾客至上,树立企业形象。成功的美国公司都非常尊重顾客,和顾客建立长久的联系,克服那种"价格傲慢"和"技术傲慢"的思想;做到对顾客充分负责,否定了过去"只要卖掉就是成功"的理念;追求精益求精的产品质量,树立良好的企业形象。

3. 日本的企业文化

日本企业文化的主要特点如下:

第一,"和"的观念。"和"是被运用到日本企业管理范畴中的哲学概念和行动指南,其内涵是指爱人、仁慈、和谐、互助、团结、合作、忍让,它是日本企业成为高效能团队的精神主导和联系纽带。它源于中国的儒家理论,但又将儒家思想进行了发展。中国儒家理论强调的是"仁、礼、义",而在日本则强调"和、信、诚"。日本企业文化中包含的"和、信、诚"的成分,使人们注重在共同活动中与他人合作,追求与他人的和谐相处,并时刻约束自己,所有日本企业都信奉"和"的观念并以此行事。

第二,终身雇佣制。终身雇佣制于第二次世界大战后在日本全面推广,目前已作为一种制度沿用下来。尽管这种制度不是由国家法律规定的,但终身雇佣制是贯穿日本企业员工生活与工作的纲领。日本的年轻人一旦进入一家大公司,就把自己的一生交给了这家公司。公司成了员工的第二家庭或大家庭。既然企业成了员工的大家庭,那么情感的纽带、道义和责任的要求都使企业不会轻易辞退员工,而且社会也给辞退员工的企业一种文化的压力,使这类企业形象不佳,经营难以成功。

第三,推行企业工会制度。日本企业工会组织形式分为两种:一种是以企业为单位成立的工会,工人一进工厂就自动加入工会成为会员,而科长以上的管理者不是工会成员;另一种是按工种和行业组成的工会,这种工会占工会总数的比重很小。日本企业工会多封堵在一个企业里,力量有限,但它们容易与资方达成各种协议。因此,日本企业推行工会制度,以缓解劳资关系的紧张。

4. 中国的企业文化

中国的企业文化跟日本、美国都不同,它更多地受到了中国传统文化的影响,而且中国市场经济运作时间并不长,企业管理还处于不成熟阶段,因此,中国目前的企业文化状况还比较稚嫩。

中国引入"企业文化"是在20世纪70年代末,但目前有许多人对企业文化的认识依然比较模糊和混乱,有认为是企业形象的,有认为是思想政治工作的,甚至有认为是员工的娱乐活动的。中国特色企业文化的内容是思想政治工作,由于我国企业原来的体制问题,在很长时间内企业文化与思想政治工作基本是画等号的。但思想政治工作是国有企业特殊背景下所产生的管理文化之一,它只是中国特殊背景下企业文化的组成部分,而不是中国企业文化的全部内容。中国现阶段的企业形态除了国有企业外,还有外资企业和民营企业。对于它们而言,思想政治工作就不可能等同于企业文化了。

中国目前的企业文化类型包括：

（1）伦理型企业文化：主张德治，重视道德感化而轻视制度，以是否符合道德伦理作为一切行为的评价标准，并不关心是否体现工作能力；管理手段上要求老板通过道德修养来感化职工。

（2）关系型企业文化：强调各种关系的重要性，将人事关系作为一切活动的中心；敬重人事，而不尊重科学；重视同事关系，以关系是否融洽为衡量成绩的主要标准。

（3）政治型企业文化：企业行为受到行政干预，企业体制行政化，政企不分，致使企业管理官僚主义严重，机制不灵活，运作缓慢，缺乏独立人格，不能成为独立的商品生产者和经营者。

如今，中国的市场竞争日趋激烈，面对优胜劣汰的残酷现实，中国企业早已开始考虑生存与发展的问题，希望通过研究和培育来创建自己的企业文化，使企业在竞争中处于不败之地。中国香港、台湾由于较早融入全球化，其企业文化的形成较中国内地要早，但受整个中华文明圈的潜移默化影响，体现为一种混合的企业文化形态。

本章小结

1. 任何组织及管理活动都是在一定的环境中进行的，都要受到各种环境因素的影响。所谓管理环境，是指存在于社会组织内部与外部的影响组织运行和组织绩效的因素或力量的总和。

2. 管理环境可分为外部环境和内部环境。其中外部环境又分为两大层次：第一个层次是组织的宏观环境，又称一般环境，包括政治法律环境、经济环境、社会文化环境、技术环境以及自然环境等。第二个层次是组织的微观环境，又称任务环境，是指对组织目标的实现有直接影响的那些外部因素，包括资源供应者、服务对象（顾客）、竞争者、战略合作伙伴、政府管理部门及社会特殊利益代表组织。

3. 组织的内部环境，是指组织内部的各种影响因素的总和。它是随组织产生而产生的，在一定条件下内部环境是可以控制和调节的，包括组织文化（组织内部气氛）和组织经营条件（组织实力）两大部分。

4. 组织管理者的工作受到组织内外环境因素的制约，因此必须学会怎样管理其所处的环境，通过环境管理工作变消极因素为积极因素，保证组织更好地适应与生存。常见的环境管理方法有 PEST 分析法、波特的五力竞争模型、SWOT 分析法、环境特性识别方法等。

5. 管理上常采用的减少环境压力的具体措施有信息管理、收购兼并和联盟、舆论、广告、战略反应、组织设计、组织变革、直接影响等。

6. 当一个企业发展到一定程度，就有可能出现企业的资源转化活动超越了一国国界，即进行商品、劳务、资本、技术等形式的经济资源的跨国界传递和转化，那么这个企业就是在开展全球化经营。管理的各个方面都可以实现全球化：市场的全球化、制造的全球化、金融的全球化、研发与创新的全球化以及人力资源的全球化。文化差异是全球化发展的最大挑战。

关键概念

• 管理环境(the organization's environment)

- 外部环境(external environment)
- 内部环境(internal environment)
- 宏观环境(一般环境)(general environment)
- 微观环境(任务环境)(task environment)
- 组织文化(organization culture)
- 波特的五力竞争模型（port's five-forces model）
- SWOT 分析法(SWOT analysis)

思考习题

1. 什么是管理环境? 管理环境由哪几部分组成?
2. 对一个企业而言,一般环境和任务环境哪一个更重要? 为什么?
3. 一个组织怎样才能对自身的环境作出正确的评估?
4. 什么是组织文化? 组织文化如何影响管理实践?
5. 全球化对管理的要求与挑战有哪些?

技能实训

1. 从网上查阅你未来想从事工作的组织,仔细分析其各种环境因素,将它们分类列出,并提出具体的例证说明每一种要素对组织的影响。分析判断该组织环境的变化程度与复杂程度,确定其不确定情况。

2. 寻找两家同一行业的企业,查阅它们的网站,研究两家企业的文化异同,并加以点评。

3. 搜索一家企业,查阅该企业的概况和其竞争对手的资料。

4. 小组练习

(1)洞察外部一般环境的变化,发现本校发展的机遇和可能的威胁。

(2)和本省院校或全国同类院校进行对比,明了本校的优势和劣势。

(3)利用 SWOT 分析方法确定本校发展的方向和路径。

参考文献

[1]陈劲.管理学[M].北京:中国人民大学出版社,2010.

[2]万卉林,刘虹.管理学——原理、方法与案例(第二版)[M].武汉:武汉大学出版社,2011.

[3]王柏林.管理学[M].西安:西北大学出版社,2011.

[4]邢以群.管理学(第三版)[M].杭州:浙江大学出版社,2012.

[5]倪杰.管理学原理(第二版)[M].北京:清华大学出版社,2011.

[6]郝云宏.管理学[M].杭州:浙江工商大学出版社,2010.

[7]卢昌崇.管理学(第三版)[M].大连:东北财经大学出版社,2010.

[8]吴照云.管理学[M].北京:中国社会科学出版社,2011.

[9]孙元欣.管理学——原理·方法·案例(第二版)[M].北京:科学出版社,2011.

[10]刘汴生.管理学:理论与实务[M].北京:北京大学出版社,2012.

[11]王端,杨喜梅.管理学基础[M].北京:清华大学出版社,2011.

[12]曾旗,高金章.管理学[M].北京:高等教育出版社,2012.

[13]尤利群.管理学[M].杭州:浙江大学出版社,2009.

[14]赵伊川.管理学(第二版)[M].大连:东北财经大学出版社,2011.

可扫码获取本章课件资源:

第 4 章 决 策

本章学习重点：

- 掌握决策定义及决策制定过程；

- 理解完全理性决策的过程；

- 理解有限理性决策的过程；

- 掌握程序型和非程序型两种类型的决策问题；

- 掌握确定型、风险型和不确定型决策情况；

- 理解群体决策的优缺点；

- 了解改善群体决策的四种方法。

🌸 开篇案例

"新零售咖啡"走红 瑞幸咖啡直指星巴克涉嫌垄断存隐忧

一、事件背景

近期,瑞幸咖啡几乎在一夜之间迅速进入大众视野,尤其受到都市白领们的火热追捧,火爆程度令人侧目。其广告也布满一、二线城市写字楼的电梯间,国民女神汤唯和国民男神张震调皮地举着一个蓝杯子微笑着反问:"这一杯,谁不爱?"

瑞幸咖啡定位于"新零售咖啡",向职场人群和年轻一代消费者普及咖啡消费。更重要的是,天生自带"数字化"基因,线上线下全垒打,无现金 App 点单+外送。瑞幸咖啡试图用新零售的方式,跳脱传统咖啡店的经营模式,以互联网企业的打法,在代表消费升级的咖啡店业迅速爆发。

就在 2018 年 5 月 15 日,瑞幸咖啡发布《致星巴克的一封公开信》,表示公司在近期业务发展中,不仅遇到了星巴克对供应商频繁施压要求站队的情况,星巴克同时与很多物业签订的合同中存在排他性条款,并直指星巴克涉嫌垄断,称已委托律所将正式提起诉讼。此事件将瑞幸咖啡一度推到风口浪尖。

二、事件发酵

1. 星巴克是否涉嫌垄断行为?

根据我国《反垄断法》第三条的规定,垄断行为分为三种,经营者滥用市场支配地位是其中之一。单个企业若构成滥用市场支配地位需满足两个条件:第一,客观上要具有市场支配的地位;第二,主观上有滥用市场支配地位的行为。而一般而言,认定市场支配地位需要考量多种因素,但根据第十九条的规定,一个经营者在相关市场的市场份额达到二分之一时可以推定其具备市场支配地位。根据相关统计,在中国咖啡市场份额排名方面,前三名分布为 Starbucks、UBC coffee、Mccafé,市场占比分布为 51%、12.8% 和 6.2%。另外,根据瑞幸咖啡发布《致星巴克的一封公开信》中反映的情况,星巴克与很多物业签订的合同中存在排他性条款,涉嫌违反《反垄断法》第十七条第四款规定,即没有正当理由,限定交易相对人只能与其进行交易或者只能与其指定的经营者进行交易。综合这两个因素,我们认为,星巴克有垄断的嫌疑,当然具体还是要看相关机关的调查与认定。

2. 瑞幸咖啡此举有何风险?

瑞幸咖啡正面指控星巴克涉嫌垄断,存在以下三大风险。

第一,用户方面。星巴克作为一家在中国拥有近二十年运营经验的老牌咖啡零售商,在中国市场拥有庞大的用户基础,星巴克的"粉丝"群体大部分为"80""90"后,居住于发达城市,而且黏性比较高。瑞幸咖啡此举可以说是直接告别了这一用户群体。

第二,品牌形象方面。就瑞幸而言,向老大星巴克开战本身就已经非常冒险。一方面,瑞幸刚刚起步,知名度不高,用户对于其品牌形象尚未形成。此时挑起事端,先不论最终结果如何,单从市场竞争格局来看,向星巴克宣战只会为瑞幸积累负面形象。更为致命的是,瑞幸的引战点与产品本身无关,这会给消费者带来不务正业的负面印象。

第三,未来发展方面。经过此次事件,瑞幸咖啡的知名度有所提升是毋庸置疑的,但其所带来的影响是正面积极的还是负面消极的尚未可知。但可以肯定的是,此次事件对于平台的未来发展会有不小的影响。

瑞幸正处在初期的发展阶段,对于初创企业而言,重要的应该是如何打开市场,如何做出差异化的咖啡,如何留住用户,做好自己,而不是去诋毁竞争者。

3. 依靠补贴扩张? 瑞幸咖啡机会在哪?

爆发式的扩张手段和高额的用户补贴政策,都表明了瑞幸咖啡是一家典型的互联网公司。门店扩张的重资产模式,必须保证资金链的稳定,同时也会影响给用户的补贴,甚至会因由此产生的连锁效应而影响到教育咖啡市场这个目标能否达成。此外,星巴克可能会反击。面对互联网咖啡的强力冲击,行业老大星巴克不会坐以待毙。面临与星巴克潜在的直接对抗,还在成长中的瑞幸咖啡需多加探索。

4. 产品与用户是生存关键

高品质和性价比是目前瑞幸咖啡的两个重拳,在快速扩张过程中,在与第三方配送合作中,都很容易出现管控不到位的情况。产品品质才是一个品牌生存下去的根本。无论是经营诉求还是营销手段,全身心关注顾客比关注对手更重要。星巴克深耕中国市场多年,但仍然在外卖市场上过于迟钝了。想要喝到一杯星巴克,必须到门店甚至排一会儿队才能喝到,这对于今天的中国来说,显然不够方便。这给咖啡外卖市场留下了一线空间,也是瑞幸等品牌赶超的机会,借助社交平台的力量,在内容和福利的驱动下,触发用户身边的连接点,进而将用户的整个关系网络打通。社交关系链是任何企业、任何产品在移动互联网上最强大的护城河。低成本社交流量的获取关键就在于社交关系链的打通。当企业自有用户流量达到一定量级时,"裂变"的效果也就喷薄而出。

瑞幸咖啡使用新零售理念,全数据化运营和管理,通过场景流量超越传统门店的线下空间流量致使其管理成本低,获客成本低,流量"裂变"快,场景成本基本为零。

5. 大数据将成发展的重要驱动力

大数据将成为瑞幸咖啡发展的重要驱动力。大数据的商业价值,除了帮助了解行业和竞争品种,很重要的一条就是对顾客群体进行细分,明确目标客户。大数据能够分析处理商圈客流数据,挖掘工作区域、居住区域等数据,帮助商家更好地了解消费者,进行更好的商铺选址与定位。除此之外,大数据对消费人群的行为习惯、个性特质、影响消费购买的主要因素等的系统分析,可针对性地推出营销方案。

对于瑞幸咖啡来讲,有两方面需要借鉴思考:一是将大数据应用落实深入咖啡行业,对行业进行深度分析,二是将大数据应用还原到咖啡消费的具体场景来解决问题。

资料来源:电子商务研究中心

4.1 决策概述

4.1.1 决策的定义

决策是为了实现某一目标而从若干个行动方案中选择一个满意方案的分析判断过程。决策是管理者从事管理工作的基础,是衡量管理者水平高低的重要标志之一,在管理活动中具有重要的地位与作用,具体表现在以下几方面。

第一,决策是管理的核心内容。管理工作是多方面的,都是围绕着决策而展开的。管理活动中的每一个具体环节都有具体的决策问题。首先,计划工作的每一环节都涉及决策。如目标的制定、行动方案的选择等,都离不开决策。其次,组织、领导、人员配备、控制等管理职能的发挥也离不开决策。如采取何种组织结构形式,采用何种领导方式,如何选聘人才,如何进行控制等,都需要通过决策来解决。管理中时时处处会遇到问题,决策就是解决问题。可以说,决策贯穿于管理过程的始终,存在于一切管理领域。

第二,决策是管理者的主要职责。有组织就有管理,有管理就有决策。不论管理者在组织中的地位如何,决策都是管理者的重要职责。管理者管理水平的高低,实际上在很大程度上取决于决策水平的高低。

第三,决策事关工作目标的实现乃至组织生存与发展。决策选择的行动方案的优劣直接影响目标实现的速度、程度和质量,影响到管理的效率,决策失误,必然会导致管理与经营行为的失败。

4.1.2 决策的普遍性

决策对管理者每一方面工作的重要性是怎么强调也不过分的。决策渗透于管理的所有四个职能中,实际上,这解释了为什么管理者(当他们计划、组织、领导和控制时)常被称为决策者,管理学大师西蒙强调管理就是决策。这一理论可以称为"决策学派"的核心观点。他于 1943 年在芝加哥大学获得博士学位。自 1940 年以后,先后任教于加利福尼亚大学、伊利诺斯工业大学、卡内基·梅隆大学等,1961—1965 年任美国社会科学研究委员会主席。他在广泛吸收前人研究成果的基础上,经过数十年的潜心研究,终于创立了决策理论。由于在决策理论方面的研究有突出贡献,曾于 1978 年获得诺贝尔经济学奖。他的主要代表作有《组织》、《管理决策新科学》等。

1. 决策学派理论核心观点

(1)管理就是决策

西蒙认为,管理全过程就是一个完整的决策过程,管理的各项活动和计划、组织、指挥与控制中,无一不进行决策。因而,决策贯穿于管理的各个方面,管理就是决策。例如在管理的计划阶段,要编制计划必然要从多个方案中进行评价比较,并最终选择一个优化方案,而这一选择过程本身就是决策。

(2)决策的程序

西蒙认为,科学决策的程序主要包括以下四个阶段:选择决策问题;制定拟选方案;选择优化方案;对优化方案进行评价等。

(3)关于程序化决策与非程序化决策的划分

西蒙认为,企业管理的全部决策,总体上可分为两大类:程序化决策和非程序化决策。其中,"程序化决策"是对经常重复出现的决策问题的决策,而"非程序化决策"就是对"例外问题"的决策。

决策理论学派不仅在决策的程序、技术和类型方面有较深入的研究,而且也注意应用到企业管理的实践中去,它极大地丰富了现代管理理论的内容。

2. 管理四大职能都需要解决的问题

(1)计划

- 组织的长期目标是什么?
- 组织的短期目标应当是什么?
- 什么战略能最佳地实现这些目标?
- 个人目标的难度应当有多大?

(2)组织

- 直接向我报告的雇员应当有多少?
- 组织应当有多大程度的集权?
- 职位应当怎么设计?
- 什么时候组织应当实施不同的结构?
- 绩效偏差达到什么程度才算严重?
- 组织何时应实行改组?
- 一个具体的变化将如何影响工人的生产力?

(3)领导

- 怎么处理雇员情绪低落的问题?
- 在给定的条件下什么是最有效的领导方式?
- 某项具体的变革会怎样影响工人的生产率?
- 应当如何对待缺乏积极性的雇员?
- 什么时候是鼓励冲突的适当时机?

(4)控制

- 需要对组织中的哪些活动进行控制?
- 怎么控制这些活动?
- 绩效差异偏离到什么程度是显著的?
- 组织应当具有什么类型的管理信息系统?

除此之外,广义上的决策也表现在处理事情的决定上,一个管理者在决策制定中所做的一切都不是拖得很长、很复杂的,对外界观察者而言是显而易见的。许多管理者的决策制定活动具有例常性。每天你都得决策何时吃午饭的问题,这不是什么大不了的事情,以前你已经做了成千上万次了。这是一类你几乎不认为是决策的决策。管理者每天要制定许多例常性决策。不过,即使一个决策很容易做出,或管理者以前已经遇上过许多次,它仍然是一个决策。现代管理就是将科学性与艺术性相统一。

❋ 管理故事 4-1

偷洋葱后受的惩罚

很久以前,一个人偷了一袋洋葱,被人捉住后送到了法官面前。法官提出了三种惩罚方案让这个人自行选择:(1)一次性吃掉所有的洋葱;(2)鞭打一百下;(3)缴纳罚金。

这个人选择了一次性吃掉所有的洋葱。一开始他信心十足,可是吃下几个洋葱之后,他的眼睛像火烧一样,嘴像火烤一样,鼻涕不停地流淌。

他说:我一口洋葱也吃不下了,你们还是鞭打我吧。可是,在被鞭打了几十下之后,他再也受不了了,在地上翻滚着躲避着皮鞭。他哭喊道:不能再打了,我愿意交罚金。

后来这个人成了大家的笑柄,因为他本来只需要接受一种惩罚,结果却将三种惩罚都尝遍了。

启示:生活中我们许多人都有过这样的经历,由于我们对自己的能力缺乏足够的了解,导致决策失误,而尝到了许多不必要的苦头。所以说,面对逆境和问题时,对自己能力的了解、对外界事物的分析要尽可能准确,能权衡利弊;冲动与过激、逃避与漠视都会左右我们的思考,甚至做出让自己后悔的选择。有时当我们处在迷茫、无助时,不做选择也许就是一种好的选择,等待自己的冷静,等待事物的明朗。生活中每个人都会遭遇挫折和困境,每一次战胜它们,我们的能力和智慧随之增加,使我们更加成熟和坚定。

4.1.3 影响决策的因素

根据决策者的理想性程度将决策分为理性决策、有限理性决策和直觉。理性决策假设管理者在决策时运用理性和逻辑,决策的目标是组织利益最大化。有限理性认为决策者受到价值观、无意识反省、技能和习惯的限制,决策应当以"满意"为追求。直觉决策是一种潜意识的决策过程,基于决策者的经验和判断。

根据待解决问题的结构良好程度将决策分为程序化决策和非程序化决策。结构良好的决策指的是对简单、目标清楚、信息完全、结果确定问题的决策。结构不良问题和非程序化决策是具有唯一性和不可重复性的决策,指那些新颖、不经常发生、信息不完整、模糊的问题。

根据决策制定条件即决策时可能面对的条件或环境,决策分为确定型决策、风险型决策和不确定型决策。确定型决策指那些条件确定,决策结果已知,管理者可以制定出精确策略的决策。风险型决策指决策者能够估计出每一种备择方案的可能性结果。掌握的信息越多,越能够评估风险,从而能做出更慎重的决策。不确定型决策指制定一项决策,不能肯定它的结果,以及不能对概率做出合理的估计。

根据决策者风格可以将领导决策风格分为指导型、支持型、参与型和成就导向型。

根据决策者的数量可将决策分为个人决策和群体决策。

其他影响决策的因素还包括:

(1)环境。环境的特点影响着组织的活动选择,对环境的习惯反应模式也影响着组织的活动选择。

（2）过去的决策。一般情况下，决策不是一张白纸上的初始决策而是对初始决策的完善和调整或改变。

（3）伦理。决策者是否重视伦理以及采用何种标准会影响其对待行为或事物的态度，进而影响其决策。

（4）组织文化。组织文化影响成员对待变化的态度，进而影响一个组织对方案的选择和实施。

（5）时间。按对决策的时间要求不同，美国学者威廉把决策分为：①时间敏感型决策：那些必须立刻迅速做出的决策。②知识敏感型决策：对时间要求不高，而对质量要求较高的决策。

影响决策制定的因素如图 4-1 所示。

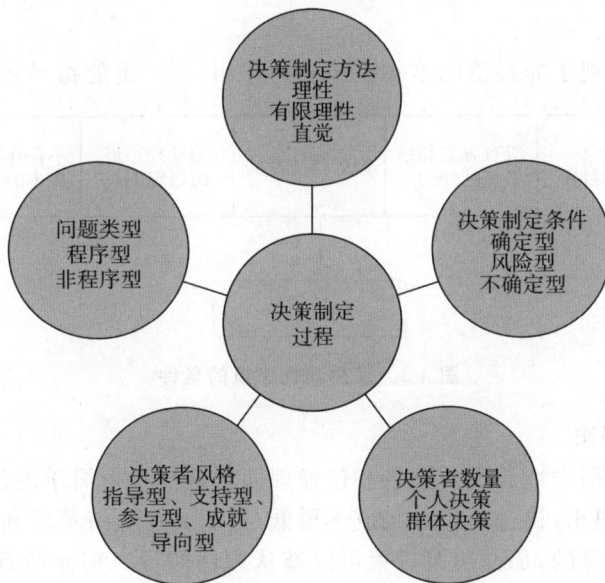

图 4-1　影响决策制定的因素

4.2　制定决策的方法

4.2.1　理性假设

理性假设又称"古典决策理论"，是基于"经济人"的假设提出的，盛行于 20 世纪 50 年代。以前观点认为应该从经济的角度来看待决策问题，即决策的目的在于为组织获取最大的经济利益。一个完美理性的决策者是完全客观的和符合逻辑性的，他会仔细地定义问题，全面掌握有关决策环境的信息情报，会清晰、具体地规定目标，充分了解有关备选方案的情况，选择那些最可能实现目标最大化的决策方案，追求组织利益的最大化。

1. 理性决策条件

条件：问题简单；目标清楚；方案数量有限；时间压力不大；寻找和评估方案的成本低；结

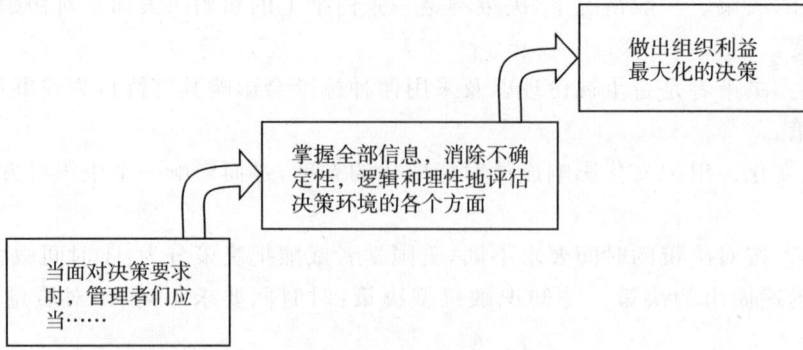

图 4-2　理性决策的步骤

果相对具体和可度量。

古典决策理论忽视了非经济因素在决策中的作用,不一定能指导实际的决策活动。

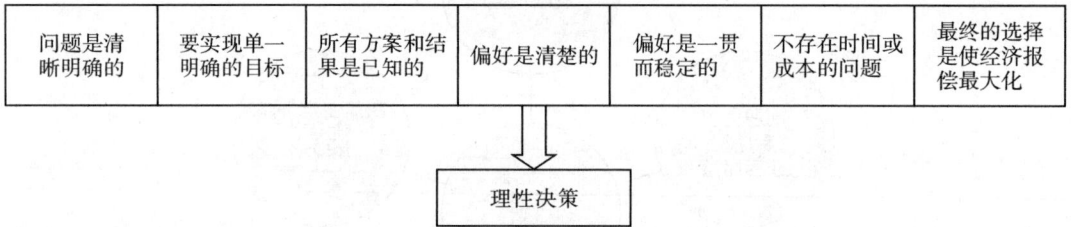

图 4-3　使用理性决策的条件

2. 理性假设的局限

管理决策可以遵循理性假设。如果一位经理面对这样一个简单的问题,它的目标明确,方案极少,时间压力很小,挑选评价方案成本很低,组织文化支持革新和承担风险,并且结果又是相当具体和可衡量的,那么决策过程可以遵从理性假设。但是管理者面临的大多数决策并不完全符合上述情况。

大量的研究增进了我们对管理决策的理解。孤立来看,这些研究常对一个或多个理性假设提出挑战。总体来看,它们指出了决策制定经常改变理性假设中隐含的逻辑性、一贯性和假定。让我们考察一下研究者已发现的与决策制定过程有关的一些重要见解:

(1)个人信息处理能力是有限的。在短时间的记忆中,大多数人仅能维持7条左右的信息。当决策变得复杂时,个人试图建立简单的模型,这样能使他们将问题简化到可以理解的程度。

(2)感性偏见可以歪曲问题本质。事实自己不会说话,它们必须加以解释。决策者的背景、在组织中的地位、利益和过去的经验,使他的注意力集中于一定的问题而忽略其他问题。组织文化同样可以歪曲一个管理者的认识,有时管理者看不到他们认为不存在的事情。

(3)许多决策者选择信息是出于其易获得性,而不是出于其质量。因此造成重要的信息比易获得的信息在决策中权重更轻。

(4)决策者倾向于过早地在决策过程中偏向某个具体的方案,从而左右着决策过程,使之趋向于某个方案。

(5)从前的决策先例制约着现在的选择。决策极少是简单的、孤立的事件,把它们描述成为选择集合中的一系列点更为贴切。大多数决策实际是许多长期分决策的积累。

（6）组织是由不同的利益群体组成的，从而使得它很难，甚至不可能建立起一种为实现单一目标的共同努力。因此，决策很少直接指向实现整个组织的目标，而是在对问题有不同看法和对方案有不同偏好的管理者之间，留有不断商讨的余地。不同利益的存在决定了目标、方案和结果的差异。讨价还价是必不可少的，以求达成妥协和支持最后方案的实施。决策很大程度上是权力和政治施加影响的结果。

（7）组织对决策者施加着时间和成本的压力，反过来，这限制了一个管理者所能寻找到的可行方案数量。从而，人们趋向于在旧方案的附近寻找新方案。

（8）尽管有着潜在不同见解，但在大多数组织的文化中都存在强烈的保守偏见。大多数组织的文化都强化维持现状，而不鼓励风险承担和创新。错误的选择对决策者生涯的影响，比发展一种新思想的影响更大。故决策者要花更多的精力避免错误，而不是发展创新的设想。

4.2.2 有限理性

有限理性也称"行为决策理论"。西蒙在《管理行为》中提出"有限理性"、"满意原则"，发现影响决策者的不仅有经济因素，还有个人的行为表现如态度、情感、经验等。决策行为只是在处理被简化了的决策变量时才表现出某种程度的理性。不可能分析所有方案的所有信息，因此只追求满意的，而不是使目标最大化的决策。

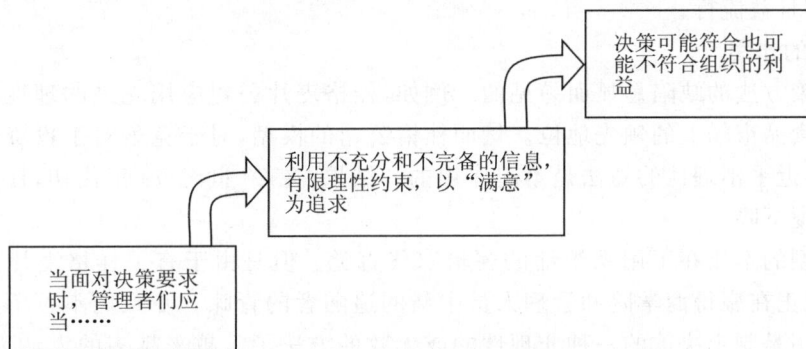

图 4-4　有限理性决策步骤

1. 有限理性适用的原因

（1）人的理性介于完全理性和非完全理性之间，即人是有限理性的。

（2）决策者在识别和发现问题中容易受知觉上偏差的影响，直觉的运用往往多于逻辑分析。

（3）由于受决策时间和资源利用的限制，决策者只能做到尽量了解各种备选方案的情况，而不能做到全部了解。

（4）在风险型决策中，与经济利益的考虑相比，决策者对待风险的态度很重要。

（5）决策者在决策中往往只求满意的结果，而不愿费力寻求最佳方案。

（6）决策制定还可能受到组织文化、内部政治、权力等的强烈影响，并呈现出我们称为承诺升级的现象。这是一种在过去决策的基础上不断增加承诺的现象，尽管有证据证明已经做出的决策是错误的。

对理性假设的这些局限并不意味着管理者可以忽略理性决策过程。因为尽管存在着对完全理性的局限,人们还是希望管理者遵循理性过程。管理者们知道,"好的"决策者必定要做的事情是:识别问题,考虑方案,搜集信息,以及果断而谨慎地行事。这样,管理者才能表现出正确的决策行为。而后,管理者向他们的上级、同事和下级表明他们是有能力的,他们的决策是智慧和理性相结合的结果。

2. 管理者在有限理性假设下的决策方式

有限理性的决策方式抽象为简单的模型,而不是直接处理全部复杂的决策行为。然而,在组织的信息处理限制和约束下,管理者努力在简单的模型参数下采取理性行动。其结果是一个满意的决策而不是一个最大化的决策,即是一个解决方案"足够好"的决策。

我们不应忽视管理者工作中有限理性的含义。在理想的理性假设不起作用的情况下(包括管理者制定的许多最重要的和远未实现的决策),决策制定过程的细节强烈地受到决策者个人利益、组织文化、内部政治及权力考虑的影响。管理者应该如何制定决策的完全理性观和管理者实际上如何制定决策的有限理性描述之间存在的差异,常常能够解释管理实践与管理理论脱节的情况。

4.2.3 直觉

直觉决策是一种潜意识的决策过程,基于决策者的经验和积累判断。变化中的管理实践,直觉决策日益流行。

1. 直觉的作用

理性决策方法的缺陷是显而易见的。例如,桂格麦片公司应用先进的理性决策模型试图取得宠物食品市场上的领先地位。然而桂格公司的模型,对于竞争对手投资侵占低利润市场的野蛮、近乎不理性的做法是不起作用的。结果,在 20 世纪 90 年代初,桂格麦片公司的利润大幅度下降。

理性模型的本质在于用系统性的逻辑取代直觉。但是由于有了桂格麦片公司的经历后,直觉决策正在赢得商学院和管理人员中新的追随者的青睐。专家们不再不加分析地假定直觉的运用是制定决策的一种非理性的或无效的方法了。越来越多的人认为,理性分析被强调得过了头,并且在某些情况下,决策制定能够通过决策者的直觉来改善。故直觉不是要被理性分析所取代,而是这两种方法是相辅相成的。

2. 直觉决策的方法

管理者何时最有可能使用直觉决策的方法呢? 有以下几种情况:(1)存在高不确定性时;(2)极少有先例存在时;(3)变化难以科学地预测时;(4)"事实"有限时;(5)"事实"不足以明确指明前进道路时;(6)分析性数据用途不大时;(7)当需要从存在的几个可行方案中选择一个,而每一个的评价都良好时;(8)时间有限,并且存在提出正确决策的压力时。

3. 四种不同的直觉决策

(1)基于经验的决策;

(2)基于认知的决策(根据技能、知识和训练制定决策);

(3)潜意识的心理过程(运用潜意识的信息帮助其制定决策);

(4)基于价值观和道德的决策。

在运用直觉时,存在一个管理者可遵循的标准模型吗? 他们似乎遵从两种方法之一:或是在决策过程之初使用直觉,或是在决策过程结尾使用直觉。在决策开始时使用直觉,决策者努力避免系统分析问题。他让直觉自由发挥,努力产生不寻常的可能性事件,以及形成从过去资料分析和传统行事方式中一般产生不出的新方案。而决策制定结尾的直觉运用,有赖于确定决策标准及其权重的理性分析,以及制定和评价方案的理性分析。但这一切做完,决策者便停止了这一过程,目的是为了筛选和消化信息。这种方法被形象地描述为"睡眠决策",即一两天后再作出最后的选择。

4.3 问题的类型

管理者在一种决策情境下所面对的问题类型,通常决定了他如何对待此问题。正像问题能分成两类一样,决策也可分为两类。这就是我们将看到的程序化的或例常性的决策,这是处理结构良好问题最有效的途径。而当问题是结构不良问题时,管理者必须依靠非程序化决策寻找到独特的解决办法。

有些问题挺直观,决策者的目标是明确的,问题是熟悉的,与问题相关的信息是易确定和完整的。例如,一位顾客想向零售店退货;一个供应商延迟了一项重要的交货;报纸不得不报道意外的、快速传播的新闻事件;或大学处理一名留级的学生。这些情况都称为结构良好问题。它们与完全理性假设接近一致。但管理者面临的许多问题都是结构不良问题,它们是新的或不同寻常的、有关问题的信息是含糊的或不完整的问题。如挑选一个建筑师设计一幢新的公司总部大楼就属此情况,决定是否投资于一种新的、未经证实的技术也属这类决策。

4.3.1 程序化决策

程序化决策涉及的是那些重复出现的,日常管理的"例行问题"。餐厅里的一位女服务员将饮料溅到了一位顾客的衣服上,而餐厅经理又遇上了一个恼火的顾客,经理该怎样做呢? 由于这种情况经常出现,故或许有一些处理这类问题的标准程序。例如,如果这是女服务员的错,而且溅得厉害,或如果顾客要求赔偿,那么经理就要从餐厅的开支中拿出一笔开销来让人洗净衣服。这就是一个程序化决策,它是能够运用例行方法解决的重复性决策。

决策可以程序化到重复和例行的程度,并在某种程度上存在解决问题的确定方法,因为问题属于结构良好问题,管理者不必陷入困境,费尽心机去建立一个复杂的决策过程。程序化决策是相对简单的,并且在很大程度上依赖以前的解决方法。故决策过程的"制定方案"阶段不存在或不起作用。在许多情况下,程序化决策变成了依据先例的决策,管理者仅需按别人在相同情况下所做的那样做。饮料溅到顾客的衣服上,并不需要餐厅经理确定决策标准及其权重,也不需要列出一系列可能的解决方案,经理只需求助于一个系统化的程序、规则或政策就可以了。我们将在第 5 章计划的持续性计划中具体区分三者之间的关系。

1. 政策
政策是规定组织对指定问题和情境的一般反应的持续性计划,它是最常见的持续性计划形式。政策使管理者沿着特定的方向考虑问题。与规则相比较,政策为决策者设立了参数,而不是具体说明应做什么,不应做什么,后者需要判断和解释,前者则不必。政策一般包含一些模糊的术语,留待决策者解释。例如,以下的每句话都是一项政策的陈述:"应始终使顾客感到满意。""只要可能的话,我们从内部提升员工。""雇员的工资应在我们工厂所处的社区中具有竞争力。"注意:"满意""只要可能的话"和"竞争力"都是需要解释的术语。付给竞争性工资这一政策并没有告诉一个特定工厂的人事经理,他应支付多少工资,但确实为他的决策指明了方向。

2. 程序

程序是管理者能用于响应结构良好问题的一系列相互关联的顺序步骤,程序或叫标准作业程序,比政策更加具体,它规定了在特定环境下的工作步骤。例如,一位采购经理收到会计的一份需求单,需要5台桌面打印计算器,这种计算器能实现多种功能。采购经理知道处理这一决定的规定程序。请领单已经填好并得到批准了吗?如果没有办好,则把请领单退回并注明还缺什么。如果所需物品齐备,就可以估计出大约的开支,假若总额超过5 000元,则必须获取三种价格投标。假若总额为5 000元或不足,就只需确定一家供货商并发出订货单。在本例中,决策过程仅仅是执行一系列简单的步骤。

3. 规则

规则或规定描述了如何完成具体活动,告诉管理者他应该做什么,不应该做什么。当管理者面对结构良好的问题时,常使用规则,因为它易于遵循而且保证了一致性。在以上的例子中,每一个步骤都是一个规则,标准在5 000元以下的规则简化了采购经理有关何时采用多个投标的决策。同样,关于迟到和旷工的规则使得监督员迅速做出相当公平的惩罚决定。

4.3.2 非程序化决策

非程序化决策涉及的是那些偶然发生的、性质和结构不明的具有重大影响的"例外问题"。决定是否与另一组织合并,如何重组以提高效率,或是否关闭一个亏损的分厂,这些都是非程序化决策的例子。这些决策是独一无二的,是不重复发生的。当管理者面临结构不良问题或新出现的问题时,是没有事先准备好的解决方法可循的。它需要一种定式的反应。

一种新产品的营销战略制定便是非程序化决策的一个例子。这一战略将与以往不同,因为产品是新的,可能的竞争者是不同的,此外现有产品几年前引入市场时的情况也已变化了。IBM于20世纪80年代初引入了个人计算机,这与公司以往所做的任何营销决策不同。当然,IBM有丰富的销售计算机的经验,它以前还通过其打字机分部向小企业和一般顾客销售产品,但它没有大规模营销低成本个人计算机的足够经验。面对着苹果公司、惠普公司及数据设备公司等强有力的竞争对手,个人计算机消费者的需要不同于那些为公司总部购买价值数百万美元的大型计算机系统的买主,IBM为个人计算机所制定的成百个营销战略决策是前所未有的,因此它们显然属于非程序化决策。

4.3.3 程序化决策和非程序化决策的综合应用

结构良好问题是与程序化决策相对应的,结构不良问题需要非程序化决策。低层管理者主要处理熟悉的、重复发生的问题,因此,他们主要依靠像标准操作程序那样的程序化决策。而越往上层的管理者,他们所面临的问题越可能是结构不良问题。为什么呢?因为低层管理者自己处理日常决策,仅把他们认为无前例可循的或困难的决策向上呈送。类似地,管理者将例行性决策授予下级,以便将自己的时间用于解决更棘手的问题。

在现实社会中,极少的管理决策是完全程序化的或完全非程序化的,这是两个极端,而绝大多数决策介于两者之间。极少有程序化决策完全排除了个人判断;另一方面,程序化的决策程序有助于做出那些毫无先例的、只有用非程序化决策方法制定的决策。我们最好将决策看作是程序化为主的或非程序化为主的决策,而不是绝对地将这两类决策看作非此即彼。

最后一点,采用程序化决策有利于提高组织效率,这可以说明为什么程序化决策得到广泛应用。只要可能,管理决策都应当程序化。显然,这对组织上层不太现实,因为高层管理所面临的许多问题不具有重复性。但对高层管理而言,强烈的经济动机促使他们制定标准作业程序、规则和指导其他管理者的政策。

程序化决策使需要管理者斟酌决定的范围减至最小的程度,这是有利的,因为扩大管理者斟酌决定的范围会增加支出,而管理者要做的非程序化决策越多,所需的判断就越多。由于合理的判断不是人人具备的,所以它要求具有此种能力的管理者提供更多的帮助。

试思考下面的情况:一家销售额达几十亿元的公司,在遍布国内的 40 多家工厂中都设有一个总会计师,每位总会计师有 3～6 个监督员向他汇报,并管理 25～50 个职员。你估计那些总会计师能挣多少钱?出乎意料的是他们每年年薪只有 10 万左右。这对那种责任的报偿似乎太低了,但公司已成功把总会计师的几乎全部决策高度程序化了。大多数的总会计师仅受过高中教育,他们并非聪明过人。然而,他们能遵从指导。公司已制定了一份4 000页的会计手册,并且不断更新。它告诉每一位总会计师他遇到的绝大多数问题应如何处理。如果问题和处理问题的程序在手册里找不到的话,总会计师就向总部请示,然后总部就会指导他该怎么做。总部在收到有关新问题的请示一个月后,原有手册就被增补,以指导其他工厂可能会遇上同样问题的总会计师,这是不足为奇的。在这家公司中,高代价的人才集中在总部制定所有的非程序化会计决策。当这些问题变为重复性问题时,他们就制定成规则并发给所有工厂的总会计师。这样,该公司在无须雇用取得过大学文凭、硕士文凭或注册会计师证书的有经验人员的情况下,就能够获得一致的、胜任的决策。该公司的其他领域(采购、人事、质量控制)也有不断更新的工厂手册,这些手册是由总部的各类专业人员制定的。

当然,有些组织试图通过雇用不熟练的管理者,不制定指导他们的决策程序而达到节省开支的目的。例如,一家小型的妇女服装连锁店,因为雇主为了支付低薪而雇用了缺乏经验、决策能力极其有限的商店经理。就其本身而言,这并不算一个问题。麻烦在于店主不提供培训,也不提供明确的规则和指导商店经理决策的程序,结果顾客不断抱怨促销折扣、赊销及退货处理等方面的问题。

4.3.4 其他决策类型

1. 长期决策和短期决策

(1)长期决策:指有关组织今后发展方向的长远性、全局性的重大决策,又称"长期战略决策",如投资方向的选择。(2)短期决策:为实现长期战略目标而采取的短期策略手段,又称"短期战术决策",如物资储备、生产中资源配置等问题。

2. 战略决策、战术决策与业务决策

(1)战略决策:涉及组织长远发展和长远目标的决策,具有长远性和方向性,如组织目标、方针的确定。(2)战术决策:又称"管理决策",是在组织内贯彻的决策,属于战略执行过程中的具体决策。(3)业务决策:日常生活中为提高生产效率、工作效率而作出的决策,只对组织产生局部影响。

4.4　决策制定的条件

管理者面临的更具挑战性的任务之一,就是分析决策方案。决策的类型不同,决策面对的条件和环境也各不相同,有时管理者对决策的环境条件十分了解,但有时则所知甚少。一般来说,按照面对的环境条件决策可以分为确定型决策、风险型决策、不确定型决策。

4.4.1 确定型决策

确定型决策是指在确定可控的条件下进行的决策。在决策中,每个方案只有一个确定的结果,最终选择哪一个方案取决于对方案结果的直接比较。制定决策的理想状态是具有确定性,即由于每一方案的结果是已知的,所以管理者能做出理想而精确的决策。正如所预料的那样,这并不是作大多数决策的情况,它比实际更理想化。例如,假设东方航空公司的决策层决定购买 5 架新的大型飞机,他们下一步的决策是从哪里购买。由于世界上只有两家公司(波音和空客)生产这种大型客机,决策层很清楚他们的选择有哪些。每家公司都拥有可靠的产品,价格及交货日期也很明确,因此,决策层对每一种决策带来的结果都很清楚。在这项决策中,模糊性程度很低,做出错误决策的机会也相对不大。

4.4.2 风险型决策

风险型决策也称"随机决策"。在这种决策中,决策的结果有多种,决策者不知道会发生哪一种结果,但每种结果发生的概率已知。一个更接近实际的情况是风险。所谓风险,是指那些决策者可以估计某一结果或方案的概率的情形。这种估计结果的概率的能力,可能来自个人经验或是对第二手资料的分析。而处于风险情况下,管理者拥有指导他估计不同方案概率的历史数据。让我们看一个例子。

假设你作为公司 CEO,正考虑是否在现有生产车间的基础上新建或改建。新建车间成本 110 万,改建车间成本 50 万,显然,你的决策将受未来可能带来的收益的影响,而这又取

决于消费者需求量。当你想起手上有比较可靠的有关这一市场需求量的历史数据时,那么
所作的决策会更明确。数据推断未来 5 年的高需求概率为 30%,中需求概率为 50%,低需
求为 20%。根据已有的需求对应的利润预测考虑两种方案,即新建车间还是改建车间。

你可以建立一个期望值公式,即通过将期望利润与其概率相乘,就可算出每种可能结
果的条件收益。如果所给概率恒定,那么结果就是一定时期的期望平均收入。如表 4-1
所示,新建车间总利润预测为 $(80×0.3+40×0.5+0×0.2)×5-110=110$,改建车间总
利润预测为 $(60×0.3+30×0.5+15×0.2)×5-50=130$,最后决定还是改建车间,因其
利润回馈高。

表 4-1 风险决策

方案 利润预测 状态	高需求 $P=0.3$	中需求 $P=0.5$	低需求 $P=0.2$
新建车间(110 万)	80	40	0
改建车间(50 万)	60	30	15

4.4.3 不确定型决策

当决策者无法确定各种方案成功的可能性时,决策者知道将面对一些自然状态,并知道
将采用的几种行动方案在各个不同的自然状态下所获得的相应收益值。但决策者不能预先
估计或计算出各种自然状态出现的概率。这样的决策就是不确定型决策。由于不确定型决
策需要决策的问题存在较大的风险,故使用的决策方法在很大程度上取决于决策者对风险
的态度。乐观的管理者会选择极大极大方案(最大化最大的可能收入,即大中取大),悲观的
管理者会追求极大极小方案(最大化最小的可能收入,即小中取大),而希望最小化其最大
"遗憾"的管理者会选择极小极大的方案。

1. 乐观准则

乐观准则又称最大最大准则(max max),或极大极大损益值法。这种方法体现了决策
者的一种乐观态度,其基本思想是:首先选择出每个方案在不同自然状态下的最大可能收益
值,再从这些最大收益值中选择一个最大值,找出其对应方案作为决策方案,所以也称为"大
中取大法",即最大化其最大的可能收入。很显然这一做法是比较冒险的,通常被一些冒进
主义者所采用。

2. 悲观准则

悲观准则又称最大最小准则,即极大极小损益值法。这种方法表现了决策者的一种悲观
态度,决策者对客观情况总是抱悲观态度,总觉得不会万事如意,所以为了保险起见,总是把事
情结果估计得很不利,因而也叫保守方法。可是在这种最坏的条件下又想从中找个好一点的
方案。其基本思想是:首先选择出每个方案在不同自然状态下的最小可能收益值,再从这些
最小收益值中选择一个最大值,找出其对应方案作为决策方案,所以也称为"小中取大法",
即最大化其最小的可能收入。这一做法显然是比较保守的,通常被一些悲观主义者所采用。

3."后悔值"决策准则

决策者在制定决策之后,若情况未能符合理想,必将有后悔的感觉。这个方法的思路是,希望能找到这样一个策略,能最小化其最大可能的"后悔值",以使在实施这策略时,能产生较少的后悔。其原因在于作出决策后,并不意味着一定有利可图,还存在着因放弃其他方案而失去赢得更多利润的可能性,这个可能性就是决策者的"后悔值"。具体步骤是:首先将每种自然状态的最高值(指收益矩阵,若是损失矩阵应取最低值)定为该指标的理想目标,并将该状态中的其他值与最高值相减,所得之差称为未达到理想的后悔值。而把后悔值排列成矩阵,称为后悔矩阵,它可以从收益矩阵中导出来;接着把每个行动方案的最大后悔值求出来,最后求出所有最大后悔值中最小的一个,取其所对应的方案作为决策方案,所以也称为"大中取小法"。

例如

自然状态

单位:百万元

方案	B_1	B_2	B_3	B_4
A_1	5	6	4	5
A_2	8	5	3	6
A_3	4	7	2	4
A_4	2	3	9	6
A_5	4	2	3	3

(1)乐观准则

	B_1	B_2	B_3	B_4	
A_1	5	6	4	5	6
A_2	8	5	3	6	8
A_3	4	7	2	4	7
A_4	2	3	9	6	9
A_5	4	2	3	3	4

①把各个方案在各种自然状态的最大收益值求出来。

$A_1:\max\{5,6,4,5\}=6$

$A_2:\max\{8,5,3,6\}=8$

$A_3:\max\{4,7,2,4\}=7$

$A_4:\max\{2,3,9,6\}=9$

$A_5:\max\{4,2,3,3\}=4$

②求各最大收益值中的最大值。

$\max\{6,8,7,9,4\}=9$,选 A_4。

（2）悲观准则

	B₁	B₂	B₃	B₄	
A₁	5	6	4	5	4
A₂	8	5	3	6	3
A₃	4	7	2	4	2
A₄	2	3	9	6	2
A₅	4	2	3	3	2

选 A₁。

（3）"后悔值"决策准则

	B₁	B₂	B₃	B₄
A₁	5	6	4	5
A₂	8	5	3	6
A₃	4	7	2	4
A₄	2	3	9	6
A₅	4	2	3	3

后悔值矩阵

	B₁	B₂	B₃	B₄
A₁	3	1	⑤	1
A₂	0	2	⑥	0
A₃	4	0	⑦	2
A₄	⑥	4	0	0
A₅	4	5	⑥	3

选 A₁。

4.5 决策者的风格

领导职能中的路径—目标理论将领导行为分为四种：指导型、支持型、参与型和成就导向型。指导型领导告诉下属他对他们的期望，提供规定和指导，具体安排工作。支持型领导表现出友好和亲和，关心下属的福利，平等对待成员。参与型领导咨询下属的意见，征求建议，让下属参与决策。成就导向型领导设定有挑战性的目标，期待下属表现出高绩效，鼓励下属，对下属的能力表现出信心。各种决策风格存在差异，无所谓哪种更好。我们将在第11章领导这一章节中结合情境因素详细讲解决策者风格与组织关系。

4.6　个人决策和群体决策

按照决策人参与数量划分,决策分为个人决策和群体决策,个人决策多采用计量决策法,群体决策多采用主观决策法。计量决策法是指依据数学工具、数学模型进行决策的决策方法。由于这种方法是建立在精确的数学模型的基础上,决策的准确性与科学化程度较高,但由于并非所有的决策问题都可以用数学工具与数学模型进行决策。因此,其适用范围有限。虽然如此,在实际进行决策时,还是要尽量采用计量决策法。主观决策法是指依据决策者的主观经验进行决策的决策方法。该方法虽然容易受到决策者的主观意志的影响,决策准确性差,但该方法简便易行,因此,得到了广泛的推广与应用。在主观决策法中,主要的方法有头脑风暴法、名义群体法、德尔菲法及电子会议。

组织中的许多决策,尤其是对组织的活动和人事有极大影响的重要决策,是由集体制定的,很少有哪个组织不采用委员会、工作队、审查组、研究小组或类似的组织作为制定决策的工具。研究表明,管理者40%或更多的时间是花费在各种会议上。毫无疑问,这些时间的大部分都用于确定问题,找到解决问题的方案以及决定如何实施方案。事实上,将决策制定过程的八步骤中的任一步分派给某个群体去完成都是可能的。

在本节中,我们将比较群体决策和个人决策的优缺点,明确什么时候应采用群体决策,以及探讨改善群体决策的普遍适用的方法。

4.6.1 群体决策的优缺点

个人决策和群体决策都各具优点,但两者都不能适用于所有情况。

1. 群体决策的优点

(1)提供更完整的信息。"三个臭皮匠顶个诸葛亮"是一句常用的格言。一个群体将带来个人单独行动所不具备的多种经验和不同的决策观点。

(2)产生更多的方案。因为群体拥有更多数量和种类的信息,他们能比个人制定出更多的方案。当群体成员来自于不同专业领域时,这一点就更为明显。例如,一个由工程、会计、生产、营销和人事代表组成的群体,将制定出反映他们不同背景的方案。故多样化的"世界观"常产生更多的方案。

(3)增加对某个解决方案的接受性。许多决策在做出最终选择后却以失败告终,这是因为人们没有接受解决方案。但是如果让受到决策的影响或实施决策的人们参与决策制定,他们将更可能接受决策,并更可能鼓励他人也接受它。群体成员不愿违背他们自己参与制定的决策。

(4)提高合法性。群体决策制定过程是与民主思想相一致的,因此人们觉得群体制定的决策比个人制定的决策更合法。拥有全权的个体决策者不与他人磋商,这会使人感到决策是出自于独裁和武断。

2. 群体决策的缺点

(1)消耗时间。组成一个群体显然要花时间。此外,一旦群体形成,其成员之间的相互影响常导致低效,结果造成群体决策总要比个人决策花更多的时间。

（2）少数人统治。一个群体的成员永远不会是完全平等的。他们可能会因组织职位、经验、有关问题的知识、易受他人影响的程度、语言技巧、自信心等因素而不同。这就为单个或少数成员创造了发挥其优势、驾驭群体中其他人的机会。支配群体的少数人经常对最终的决策有过分的影响。

（3）屈从压力。在群体中要屈从社会压力，从而导致所谓的群体思维。这是一种屈从的形式，它抑制不同观点、少数派和标新立异以取得表面的一致。群体思维削弱了群体中的批判精神，损害了最后决策的质量。

（4）责任不清。群体成员分担责任，但实际上谁对最后的结果负责却不清楚。在个人决策中，谁负责任是明确具体的；而在群体决策中，任何一个成员的责任都被冲淡了。

3. 效果和效率

群体决策是否比个人决策更有效，取决于如何定义效果。有证据表明，一般而言，群体能比个人作出更好的决策。当然这不是说所有的群体决策都优于每一个个人决策，而是群体决策优于群体中平均的个人所作的决策，但它绝不比杰出的个人所作的决策好。如果决策的效果是以速度来定义的话，那么个人决策更为优越。以反复交换意见为特点的群体决策过程也是耗费时间的过程。

效果也可以指一种方案所表明的创造性程度。如果创造性是重要的，那么群体决策比个人决策更为有效。但这要求培养群体思维的推动力必须受到限制。在下一部分，我们将探讨几种医治群体思维病的疗法。

效果的最后一个标准是最终决策的接受程度。如前所述，因为群体决策参加的人更多，所以他们有可能制定出更广为人接受的方案。

群体决策的效果还受群体大小的影响。群体越大，异质性的可能性就越大。另一方面，一个更大的群体需要更多的协调和更多的时间促使所有的成员做出贡献。因此，群体不宜过大：小到 5 人，大到 7 人即可。有证据表明，5～7 人的群体在一定程度上是最有效的。因为 5 和 7 都是奇数，可避免不愉快的僵局。这样的群体大得足以使成员变换角色和退出尴尬的状态，却又小得足以使不善辞令者积极参与讨论。

离开了效率的评价，效果就无从谈起，群体决策者与个人决策者相比，其效率几乎总是稍逊一筹，几乎毫无例外，群体决策比个人决策消耗的工作时间更多。一般来说，群体决策的效率更低。在决定是否采用群体决策时，主要的考虑是效果的提高是否足以抵消效率的损失。

✳ **管理故事** 4-2

苏格拉底的"人生选择论"

苏格拉底是古希腊最著名的哲学家之一。平时，他非常喜欢在市场、街头等各种公众场合与各方面的人士谈论各种各样的问题，如人生、友谊、政治、战争、伦理道德等。有一天，几个学生问苏格拉底：人生是什么？苏格拉底没有马上回答，而是把他们带到一片苹果林，要求大家从树林的这头走到那头，每人挑选一只自己认为最大最好的苹果，前提条件是不许走回头路，不许选择两次。

在穿过苹果林的过程中,学生们认真细致地挑选自己认为最好的苹果。等大家来到苹果林的另一端,苏格拉底已经在那里等候他们了。他笑着问学生:你们挑到了自己最满意的果子了吗?大家你看看我,我看看你,都没有回答。苏格拉底见状,又问:怎么啦,难道你们对自己的选择不满意?"老师,让我们再选择一次吧。"一个学生请求说,"我刚走进果林时,就发现了一个很大很好的苹果,但我还想找一个更大更好的。当我走到果林尽头时,才发现第一次看到的那个就是最大最好的。"另一个接着说,我和他恰好相反,我走进果林不久,就摘下一个我认为最大最好的果子。可是,后来我又发现了更好的。所以,我有点后悔。"老师,让我们再选择一次吧!"所有学生都不约而同地请求。

苏格拉底笑了笑,语重心长地说:"孩子们,这就是人生——人生就是一次! 它是无法重复的选择。"

启示:苏格拉底的"人生选择轮"给后人留下了很大启发。其实,我们每个人面对自己的人生,只能做这样三件事:

一是在人生的每一个重要关口,必须认真分析,郑重选择,争取不留下太多的遗憾。

二是一旦做出了自己的选择,哪怕是有所"遗憾",也要理智去面对,然后再努力创造条件去逐步改变。

三是假若经过努力也不能改变现实,那就要勇敢地接受,千万不要使自己时时处在"后悔"的阴影当中,而应当根据现实条件及时调整好自己,迈开大步继续朝前走。

4.6.2 民族文化对决策风格的影响

决策风格(是群体参与还是个人专断)以及决策者愿意承担的风险程度,是反映一国文化环境下决策差异的两个方面。例如,日本人就比美国人更倾向于群体决策,这可以从日本的民族文化特征得到解释。

日本人崇尚遵奉与合作,可以在他们的学校和企业组织中体会到这一点。制定决策前,日本企业的 CEO 要收集大量的信息,以便在群体决策时形成一致的舆论。由于日本组织中的雇员享有高度的工作保障,所以管理决策是从长远观点出发的,而不是只考虑短期的利润,而后者在美国企业中却十分普遍。

其他国家的高层管理者(包括法国、德国和瑞典)也使他们的决策风格适应本国的文化。例如,在法国普遍以独裁方式制定决策。德国的管理方式反映了德国文化讲究结构和秩序的特征。在德国组织中制定有大量的规则和条例,管理者有明确的责任并按规定的组织路径进行决策。瑞典管理者的决策风格与法国和德国的管理者不同,他们更富于进取性,主动提出问题,并且不怕冒风险。瑞典的高层管理者也是把决策权层层委让,他们鼓励低层管理人员和雇员参与影响他们利益的决策。

这些例子表明,管理者需要改变他们的决策风格,以反映他们所在国家的民族文化和所在公司的组织文化。

4.6.3 改善群体决策的方法

当群体成员面对面交流或相互作用时,他们就在形成潜在的群体思维,他们会自我检讨并对其他成员造成压力。有四种使群体决策更具创造性的方法：头脑风暴法、名义群体法、德尔菲法及电子会议。

1. 头脑风暴法

头脑风暴法是为了克服阻碍、产生创造性方案、遵从压力的一种相对简单也是常用的方法。它利用一种思想产生过程，鼓励提出任何种类的方案设计思想，同时禁止对各种方案的任何批评。

管理工具 4-1

头脑风暴法

在典型的头脑风暴会议中，将对解决某一问题有兴趣的人集合在一起，围桌而坐。时间 1～2 小时，参加者 5～6 人为宜。群体领导者以一种明确的方式向所有参与者阐明问题，然后成员在一定的时间内"自由"提出尽可能多的方案，在完全不受约束的条件下，敞开思路，畅所欲言，不允许任何评价，将相互讨论限制在最低限度内，建议越多越好。在此阶段，参与者不要考虑自己建议的质量，想到什么就应该说什么，鼓励每个人独立思考，广开思路，想法越新颖越好，可以补充和完善已有的建议以使得它更具有说服力。所有的方案都当场记录下来，留待稍后再讨论和分析。

但是头脑风暴法仅是一个产生思想的过程，而后面三种方法则进一步提供了取得期望决策的途径。

2. 名义群体法

名义群体在决策制定过程中限制讨论，故称为名义群体法。如参加传统委员会会议一样，群体成员必须出席，但他们是独立思考的。

管理工具 4-2

名义群体法步骤

（1）成员集合成一个群体，但在进行任何讨论之前，每个成员独立地写下他对问题的看法。

（2）经过一段沉默后，每个成员将自己的想法提交给群体。然后一个接一个地向大家说明自己的想法，直到每个人的想法都表述完并记录下来为止（通常记在一张活动挂图或黑板上）。在所有的想法都记录下来之前不进行讨论。

（3）群体现在开始讨论，以便把每个想法搞清楚，并作出评价。

（4）每一个群体成员独立地把各种想法排出次序，最后的决策是综合排序最高的想法。

这种方法的主要优点在于，使群体成员正式开会但不限制每个人独立思考，而传统的会议方式往往做不到这一点。

3. 德尔菲法

德尔菲法是依据系统的程序,采用匿名发表意见的方式,即团队成员之间不得互相讨论,不发生横向联系,只能与调查人员发生联系,反复填写问卷,以集结问卷填写人的共识及搜集各方意见,可用来构造团队沟通流程,应对复杂任务难题的管理技术。

德尔菲法在 20 世纪 40 年代由赫尔默(Helmer)和戈登(Gordon)首创,1946 年,美国兰德公司为避免集体讨论存在的屈从于权威或盲目服从多数的缺陷,首次用这种方法用来进行定性预测,后来该方法迅速地被广泛采用。德尔菲法最初产生于科技领域,后来逐渐应用于任何领域的预测,如军事预测、人口预测、医疗保健预测、经营和需求预测、教育预测等。此外,还用来进行评价、决策、管理沟通和规划工作。

德尔菲法是一种更复杂、更耗时的方法,除了并不需要群体成员列席外,它类似于名义群体法。这是因为德尔菲法从不允许群体成员面对面在一起开会。

管理工具 4-3

德尔菲法步骤

(1)确定问题。通过一系列仔细设计的问卷,要求成员提供可能的解决方案。或者向团队成员发出一份初始调查表,收集参与者对于某一话题的观点(注:德尔菲法中的调查表与通常的调查表有所不同,通常的调查表只向被调查者提出问题,要求回答,而德尔菲法的调查表不仅提出问题,还兼有向被调查者提供信息的责任,它是团队成员交流思想的工具)。

(2)每一个成员匿名地、独立地完成第一组问卷。

(3)第一组问卷的结果集中在一起编辑、誊写和复制。

(4)每个成员收到一本问卷结果的复制件(列有其他人意见)。

(5)看过结果后,再次请成员提出他们的方案。要求其根据几个具体标准对其他人的观点进行评估。第一轮的结果常常激发出新的方案或改变某些人的原有观点。

(6)重复(4)、(5)两步,不断地评价结果,直到取得大体上一致的意见。

当然,德尔菲法也有其缺点,它太耗费时间了。当需要进行一个快速决策时,这种方法通常行不通。而且,这种方法不能像头脑风暴法或名义群体那样,提出丰富的设想和方案。

使用德尔菲法进行团队沟通可以避免群体决策的一些缺点,声音最大或地位最高的人没有机会控制群体意志,因为每个人的观点都会被收集。另外,管理者可以保证在征集意见以便作出决策时,没有忽视重要观点。

4. 电子会议

最新的群体决策方法是将名义群体法与尖端的计算机技术相结合的电子会议。会议所需的技术一旦成熟,概念就简单了。多达 50 人围坐在一张马蹄形的桌子旁,这张桌子上除了一系列的计算机终端外别无他物。将问题显示给决策参与者,他们把自己的回答打在计算机屏幕上。个人评论和票数统计都投影在会议室内的屏幕上。

电子会议的主要优点是匿名、诚实和快速。决策参与者能不透露姓名地打出自己所要表达的任何信息,一敲键盘即显示在屏幕上,使所有人都能看到。它还使人们充分地表达他们的想法而不会受到惩罚。它消除了闲聊和讨论偏题，且不必担心打断别人的"讲话"。

专家们声称电子会议比传统的面对面会议快一半以上。但是电子会议也有缺点：那些打字快的人使得那些口才虽好但打字慢的人相形见绌；再有，这一过程缺乏面对面的口头交流所传递的丰富信息。不过，由于此项技术尚处于起步阶段，可以预计，未来的群体决策很可能会广泛地使用电子会议技术。

4.7　决策制定过程

步骤 1：识别决策问题。

（1）意识到问题的存在（现状与期望存在差距）；

（2）感到采取行动措施的压力；

（3）拥有采取行动的资源（职权、预算、信息或者其他的资源）。

步骤 2：确定决策标准。

即制定决策考虑的影响因素。

步骤 3：为决策标准分配权重。

对各标准的重要程度优先排序。

步骤 4：开发备择方案。

列出能够解决决策问题的可供选择的各种方案。

步骤 5：分析备择方案。

对每一种方案与决策标准进行比较。

步骤 6：选择备择方案。

步骤 7：实施备择方案。

将决策传递给有关的人员和部门，并要求他们对实施结果做出承诺。

步骤 8：评估决策结果。

结果与期望相比，问题是否解决。

决策制定是一个过程而不是简单的选择方案的行为。

图 4-5 将决策制定过程描述为八个步骤，从识别问题开始，到选择能解决问题的方案，最后结束于评价决策效果。这一过程犹如决定如何度过一个充实的假期一样，适用于决定一个公司的行动，就像娃哈哈公司决定投产一种新的水果饮料。这一过程既能用来描述个体决策，也能用来描述群体决策。

识别问题 → 确定标准 → 分配权重 → 拟定方案 → 分析方案 → 选择方案 → 实施方案 → 评估方案

图 4-5　决策的步骤

4.7.1 识别问题

在这一程序中,主要是确定企业经营活动中存在的问题及产生问题的原因与主要原因。确定问题的基本方法是偏差分析法或差异分析法。"偏差"可能是计划与实际情况的偏差,也可能是目标与现实的偏差。偏差实质上就是活动中存在的问题与主要问题。从本质上来说,决策问题确定得是否合理,直接决定和影响着目标能否实现。如果决策问题确定错了,无论怎么努力,决策的后几个程序都无法保证实现组织目标。

决策问题可能是经营中存在的问题或者是未来可能的机会等。由于问题或机会可能很多,所以必须从其中选择一个或少数几个重大的、涉及企业全局的重要问题或者机会。

另外,在确定决策问题时,应主要从各种征兆中去选择。所以,必须要注意对企业的历史与现状的研究,并在此基础上,运用科学的预测技术进行预测。一旦将问题归类为一般或是特殊问题,通常就很容易加以界定。"到底出了什么事?""重点在哪里?""问题的关键是什么?"诸如此类的问题,大家并不陌生,但是只有真正有效率的决策者才知道,在界定问题的阶段,最危险之处不是对问题定义错误,而是提出似是而非同时也不完整的定义。

决策制定过程始于一个存在的问题,或更具体一些,存在着现实与期望状态之间的差异。比如购买汽车的决策。假设一家工厂中属于公司的轿车发动机炸裂了,为了简化问题,假设修车不可能,租车不经济,并且公司总部要求工厂经理直接购买新车。故现在摆在眼前就有了一个问题,在经理需要有一辆轿车和他现有的车不能使用这一事实间存在了差异。

问题识别是主观的。并且,那些不正确地、完美地解决了错误问题的管理者,与那些不能识别正确问题而没有采取行动的管理者是一样的。问题识别在决策制定过程中并不简单,而且很重要。在某些事情被认为是问题前,管理者必须意识到差异,他们不得不承受采取行动可能会带来的阻力,同时,他们必须有采取行动所需的资源。

怎么使管理者意识到事情的差异呢?显然,他们必须将事情的现状和某些标准进行比较。标准是什么?它可以是过去的绩效、预先设置的目标,或者组织中其他一些单位的绩效,或是其他组织中类似单位的绩效。在买车的例子中,标准就是预先设定的目标——有一辆可行驶的轿车。

但差异是一个可推迟到未来某个时间出现的问题。故作为决策过程的开端,问题必须给管理者施加某种压力,以促使其行动。压力也许包括组织政策、截止期限、财政危机、上司的期望或即将来临的绩效评定等。

最后,如果管理者觉得他们没有职权、资金、信息或其他采取行动所需的资源,他们不大可能将事情当作问题。当管理者觉察到一个问题并承受着采取行动的压力,可是感到资源不足时,他常将情况描述成是因为不现实的期望造成的。

4.7.2 确定决策范围和标准

管理者一旦确定了需要注意的问题,则对于解决问题中起重要作用的决策标准也必须加以确定。就是说,管理者必须确定什么因素与决策相关。界定解决方案范围,是针对决策必须完成的事项定义清楚的范围。决策要达成什么目标?至少要达到哪些目标?希望满足什么样的条件?该范围称为"边界条件",能满足边界条件的决策,才算有效率。

无法满足边界条件的决策比将问题定义错误的决策还差,前提正确却因为结果不被看好而喊停的决策是几乎不可能挽回的。此外,如果要知道何时必须放弃某项决策,一定要对边界条件作清楚的分析。决策失败最常见的原因不在于开始作出错误的决策,而在于目标问题范围后来转变了,这种转变,使得先前所作的正确决策突然变得不合宜。除非决策者固守边界条件,以便能够马上将失败的决策换成适当的新决策,否则,决策者可能甚至察觉不到事情已经改变。在买车的例子中,工厂经理必须评价什么因素与他的决策相关。这些标准可能是价格、型号(双门还是四门)、体积(小型的还是中型的)、制造厂家(国外的还是国内的)、备选装置(自动换挡、空调等),以及维修记录。这些标准反映出工厂经理的想法,这与他的决策是相关的。

无论明确表述与否,每一位决策者都有指引他决策的标准。在决策制定过程的这一步,不确认什么和确认什么是同等重要的。假如工厂经理认为燃料经济性不是一个标准的话,那么它将不会影响他对轿车的最终选择。

4.7.3 分配权重

上一步所列的标准并非是同等重要的。因此,为了在决策中恰当地考虑它们的优先权,有必要明确步骤 2 所述标准的重要性。

决策者如何衡量标准的重要性?一个简单的方法就是给最重要的标准打 10 分,然后依次给余下的标准打分。这样,获得 10 分的标准就比获得 5 分的标准重要一倍。以个人偏好来对决策有关的标准分派优先权,同时也从各标准的得分中表明它们的重要程度。

首先列出了工厂经理更换轿车决策的标准及权重。在他的决策中,价格是最重要的标准,而性能及操纵性的重要性要小得多。

标准重要性:价格 10,车内舒适性 8,耐用性 5,维修记录 5,性能 3,操纵性 1。

此例中标准的最高分为 10 分。

4.7.4 拟定方案

步骤 4 要求决策制定者列出能成功解决问题的可行方案。对于任何一个需要解决的决策问题,都有多个可能解决问题的方案,因而必然要在诊断分析的基础上,制定出多种可能的方案,绝不能只制定一个方案。解决决策问题的方案只有一个的可能性是很少的,往往都有多个方案,只有一种选择的决策往往是失败的决策。由于决策问题往往有一定的风险,决策问题面临的内外部环境条件都有多种可能性,而且每种可能性出现的可能程度也是不同的,因而,在确定备选方案时,必须要科学地确定每种方案的可能性及其出现的可能程度。如果这些问题不能科学地确定出来,就无法对备选方案进行评价和比较。

这一步无须评价方案,仅需列出即可。假设工厂经理已经确定了 6 种车作为可行的选择。表 4-2 是按决策标准对 6 个方案的评价。

表 4-2 方案标准

	价格	舒适性	耐用性	维修记录	性能	操纵性
Hyundai Sonata GLS	7	7	5	4	7	7
Mazda 626LX	7	5	7	7	4	7
Nissan Altima	8	5	7	9	7	7

续表

	价格	舒适性	耐用性	维修记录	性能	操纵性
Toyota Camry DLX	6	7	10	10	7	7
Volkswagen Passat	4	7	5	4	10	8
Volvo 240	2	7	10	9	4	5

4.7.5 分析方案

方案一旦拟定后,决策者必须客观地分析每一方案。由于不同方案依据的条件不同,方案可能的经济效果也不同,而且需要的投资或费用也不相同,对这些方案经过与步骤 2、3 所述的标准及权重比较后,每一方案的优缺点就变得明显了。通过评价可行性以及比较不同方案的效果,为选择优化方案准备条件。

依据标准评价每一方案。表 4-2 给出了工厂经理在对每一种车的驾驶测试后,6 种车各自的评价值。

注意:在表 4-2 中,6 种轿车的得分是以工厂经理的评价为基础的。有些评价可达到相当客观的程度。例如,购买价格表明经理能从当地经销商那里得到的最低的价格。但对操纵性的评价显然是一种个人判断。问题在于大多数决策包含判断,它们反映在步骤 2 所选的标准的权重以及方案评价中。这就说明了为什么两个有同等钱数的买车人会关心两套截然不同的方案,即使是同一套方案而其权重又是如此不同。

表 4-2 仅给出了 6 个方案相对于决策标准的评价,它并没有表示出步骤 3 所述的权重。如果一个方案的各项标准都得了 10 分,就不必考虑其重要性了。同样,如果重要性都相同,只需将表 4-2 的每一行分别加总来评价方案。

4.7.6 选择方案

步骤 6 是从所列的评价方案中选择最优方案的关键步骤。既然我们已经确定了所有与决策相关的因素,恰如其分地权衡了它们的重要性,并确认了可行方案,那么我们仅需选择步骤 5 中得分最高的方案。在这里需要说明的是,所谓的"优化方案"绝不是通常所说的"效益最好"的方案或最满意的方案。优化方案只能是"合理满意的方案"。因为不同的方案各有优缺点,不存在最好的方案,因而优化方案实质上就是相对较好的合理满意的方案。在买轿车的例子中(表 4-3),决策者将选择 Toyota Camry DLX 作为最终的方案。

表 4-3　轿车方案的综合评价

	价格 10	舒适性 8	耐用性 5	维修记录 5	性能 3	操纵性 1	总分
Hyundai Sonata GLS	7	7	5	4	7	7	199
Mazda 626LX	7	5	7	7	4	7	199
Nissan Altima	8	5	7	9	7	7	228
Toyota Camry DLX	6	7	10	10	7	7	244
Volkswagen Passat	4	7	5	4	10	8	179
Volvo 240	2	7	10	9	4	5	188

1. 选择方案考虑的因素

决策的一个重要工作就是从多个备选方案中选择一个优化方案。需要说明的是,选择的方案既有可能是新的行动方案,也可能是原来的行动方案。作出正确的抉择并不是容易的。一方面只有一个正确的抉择而其他抉择是不正确的现象是罕见的。另一方面是由于决策的风险因素造成的。这是因为由于企业的内外部环境在不断发生变化,估计一个计划或行动方案的成功概率与失败概率是困难的。当然除了上述变化的因素外,资料的不完全与不适用也造成了备选方案选择的困难。在确定备选方案时,必须要注意民主决策问题,即要鼓励企业的各级专业人员与广大职工参与方案的制定,以起到"集思广益"的作用。

正是由于上述困难,必须要制定合理选择备选方案的标准。一般来说,这些标准主要包括:

(1)方案是否可行;

(2)方案是否令人满意;

(3)方案是否有助于达到既定的目标。

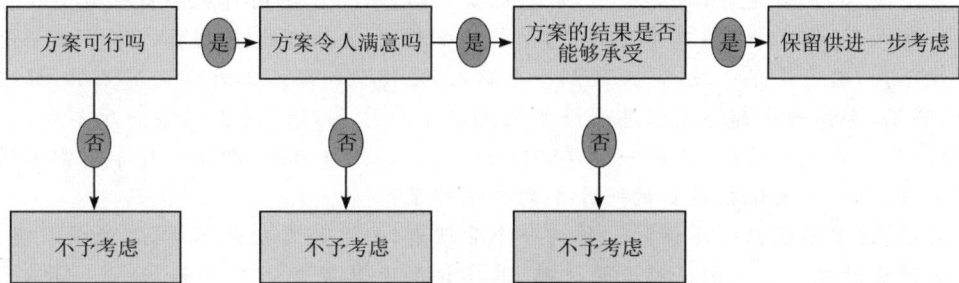

图 4-6　选择方案考虑的因素

2. 科学决策的原则

要实现科学的决策,必须坚持下述原则:

(1)创新性原则

有人称"管理就是创新"。没有创新,就无法改变传统状况。在决策时,为了解决决策问题,也应体现创新,要有"巧主意"。用创新性思维方式或"头脑风暴法"去考虑问题与设计方案。

(2)民主原则

在进行决策时,要讲求集思广益,利用广大职工的智慧,让职工参与决策,从而提高决策准确性。

(3)实事求是原则

就是说要从企业的实际出发,在充分分析产生决策问题的原因与主要原因基础上,结合企业实际来确定优化方案。

(4)效益的原则

在决策时,要充分保证决策方案有利于提高企业的利润水平。

4.7.7 实施方案

尽管步骤 6 已完成了选择的过程,但如果方案得不到恰当的实施,仍可能是失败的。所以,步骤 7 涉及将方案付诸行动。确认边界条件是决策制定过程中最困难的步骤,而将决策化为有效的行动,通常是最耗时的步骤。不过,除非决策者一开始就规划设计,将行动承诺纳入决策之中,否则决策不会变得有效率。事实上,除非"按部就班地执行特定行动"已成为某人的工作任务和职责所在,否则就难以制定决策。在此之前,一切只能算是立意良好而已。

诸多组织机构的政策声明,特别是企业界的政策声明,都有一个缺点:没有涵盖行动承诺(未指定由谁负责执行特定任务)。难怪人们多半用讥讽的角度来看这类声明,甚至将之视为高层主管其实"不"准备执行某些事项的声明。将决策化为行动,有赖决策者回答一些值得注意的问题:"哪些人必须知道这项决策?""必须采取什么行动?""谁负责什么事?""事情要做到什么程度,负责人能够胜任吗?"这些问题中,第一个和最后一个问题经常被忽略,而后果往往都很悲惨。

> ✳ **管理故事** 4-3
>
> ### 憨女婿的故事
>
> 陕北民间有许多关于憨女婿的故事,其中有一则说,有一天一个憨女婿带着三斤羊肉去看老丈人,走着走着,碰到一个路人,他就问路人,三斤羊肉作礼品看望老丈人是否够了。路人说,够了,哪怕二斤也够了,于是憨女婿就坐在路边吃掉了一斤羊肉。他吃完一斤羊肉,起身走了一段路,又碰到一个路人,他便又问路人二斤羊肉够不够,那路人就说,够了,哪怕一斤都够了。憨女婿便又吃掉了一斤羊肉。他又吃完一斤羊肉,再起身行路,又碰到一个路人,又问一斤羊肉是否够,路人就告诉他,即便一斤羊肉都不送也没有关系,所以憨女婿把最后的一斤羊肉也吃掉了。
>
> 启示:决策不能只听参谋的。作为一个管理者,如果经常犹豫不决,不能果断决策,那是会延误时机的。我们说憨女婿之憨,其实说的是其究竟送三斤好,还是一斤好,一直犹豫不决,老是要去问别人,由别人来替自己作主。因而,从管理效率来讲,憨女婿的管理效率是很低的。

4.7.8 评价决策效果

决策制定过程的最后一步就是评价决策效果,看它是否已解决了问题。步骤6选择的和步骤7实施的方案,取得理想的结果了吗?

评价的结果如发现问题依然存在会怎样呢?管理者需要仔细分析什么地方出了错。是没有正确认识问题吗?是在方案评价中出错了吗?是方案选对了但实施不当吗?对此类问题的回答将驱使管理者追溯前面的步骤,甚至可能需要重新开始整个决策过程。

决策中必须包含对决策执行情况的监督以及决策执行者的报告,以便持续测试并比对实际状况和预期目标。决策是人做的,而人难免会犯错;或者至少可以这么说:我们所作决策的适切性不可能维持很久,即使是公认的最佳决策,犯错的可能性也很高。有效的决策最终也会失效。这其实无须作特别的引证。每一位经理人制定决策时,一定都会参照系统的回馈制度(报告、数据分析、研究调查等),以监督执行进度,乃至向自己的上级报告。尽管有各式各样的回馈报告,仍然有太多的决策未能达成预期目标和实质效果。我们也不能只靠阅读书面报告,就想完整正确地评估决策。因为书面报告一定是以抽象的形式出现的。

有效率的决策者了解这个道理,因此我们遵循军队很早以前就发展出来的一套法则。作决策的指挥官及其幕僚想要了解决策执行得如何,所凭借的不是书面报告,而是亲赴现场观察。这样做不是因为有效率的决策者(或指导官)不信任部属,而是我们已经知道不能信赖"抽象式"沟通。

目前计算机日益普及，所有的决策者很有可能更远离行动现场，而这类眼见为凭的回馈也就更加重要。除非决策者视"最好亲自到现场查看"为理所当然，否则我们可能会愈来愈与现实脱节。计算机唯一能做的事，就是出现抽象的事物，而抽象的事物必须经常和事实作比较，对决策者才有意义，否则它们只会误导人。

决策者想要测试当初作决策时所根据的假设是否仍然有效，或者这些假设是否已经和事实不符，而有必要加以重新思考，这个时候，亲自查验恐怕是最好甚至是唯一的方法。决策者应该随时做好心理准备，知道先前的假设可能会失效。现实绝不可能永远静止不动。

某些行动明明已经不切实际甚至已明显不合理，决策者仍坚持既定路线不肯改变，最常见的原因就是，没有亲赴现场了解实际状况。商场决策如此，政府政策亦不例外。斯大林在欧洲实施冷战政策失败，美国未能针对欧洲迈向经济复苏及成长而及时调整政策，英国太晚才体会到加入欧洲共同市场的重要性，这些案例的失败原因如出一辙。此外，任何行业，造成决策品质低落、缺乏效率及失败，主要就在于决策者闭门造车，没有出门实地了解顾客、市场、竞争者及竞争产品。

决策者需要有系统的回馈信息，也必须阅读报告及各种数据。但是，除非决策者是在了解现实情况之后再建立回馈信息，或者规定自己一定要到现场实际了解情况，否则终究会陷入独断独行，而变得毫无创造力。

制定决策只是经理人的任务之一，经理人作决策所花费的时间也很有限。但是作重要决策却是经理人的"特定任务"，只有经理人才能够作这样的决策。有效率的经理人作决策遵循一套系统的程序，这个程序包含了明确定义的要素及井然有序的步骤。事实上，我们都期待，经理人能凭借着地位和知识的力量，作出对整个组织及其绩效和结果产生重大正面影响的决策，而这也就是有效率经理人的特质所在。

本章提要

1. 理性决策者被假定为有明确的问题，无目标冲突，了解所有的选择，有明确的偏好顺序，保持所有偏好的一贯性，不存在时间或成本的约束，最终选择一个使他的经济收益最大化的方案。

2. 理性假设在许多情况下并不适用，因为：(1)个人处理信息的能力是有限的；(2)决策者趋向于混同问题和方法；(3)感性的偏见扭曲了对问题的认识；(4)信息选取多是由于它们的易获得性而不是质量；(5)决策者常带有的偏向影响他对方案的客观评价；(6)决策者有时会增加对以前方案的承诺以证明原方案的正确性；(7)以往的决策先例限制了现在的选择；(8)很少对单一目标达成一致看法；(9)决策者必须面对时间和成本的限制；(10)大多数组织文化不鼓励承担风险和寻找创新方案。

3. 在完全理性决策过程中：(1)所确定的问题是重要的和相关的；(2)确定出所有的标准；(3)能够评价所有标准的重要性；(4)制定出大量的方案；(5)按决策标准及其重要性评价所有方案；(6)选择的是经济效果最好的方案；(7)所有组织成员接受所选的方案；(8)根据原始问题客观评价决策成果。

4. 管理者面对着结构良好的和结构不良的问题。结构良好的问题是那些直观的、熟悉的、易确定的，并可采用程序化决策来解决的问题。结构不良问题是新的、不同寻常的、包含模糊不完整信息的问题，它们适用于非程序化决策方法。

5. 在决策的理想情境下，管理者能制定出精确的决策，因为他知道每一方案的结果。而这种确定性很少遇到。一种更实际的情境是风险，在此情况下决策者可估计某一方案或结果发生的概率。如果不能做出确定性和合理的概率估计,不确定性就产生了。这时,决策者的选择会受他心理取向的影响。

6. 群体决策的优点是:信息更完整,方案更多,对方案的接受程度更大,以及更具合法性。同时,群体决策是一种耗费时间的活动,它可能被少数人所左右,产生遵从的压力并使责任不清。

7. 改善群体决策的四种方法是头脑风暴法、名义群体法、德尔菲法及电子会议。

8. 决策制定是一个包括八个步骤的过程:(1)识别问题;(2)确定决策标准;(3)给标准分配权重;(4)拟定方案;(5)分析方案;(6)选择方案;(7)实施方案;(8)评价决策效果。

关键概念

- 决策标准(decision criteria)
- 理性(rational)
- 有限理性(bounded rationality)
- 决策制定过程(decision-making process)
- 实施(implementation)
- 决策角色(decisional roles)
- 结构良好问题(well-structured problems)
- 结构不良问题(ill-structured problems)
- 程序(procedure)
- 程序化决策(programmed decision)
- 非程序化决策(nonprogrammed decisions)
- 政策(policy)
- 问题(problem)
- 问题可分析性(problem analyzability)
- 风险(risk)
- 准则(rule)
- 满意(satisfying)
- 不确定性(uncertainty)
- 群体思维(groupthink)
- 效果(effectiveness)
- 效率(efficiency)
- 头脑风暴法(brainstorming)
- 名义群体法(nominal group technique)
- 德尔菲法(Delphi technique)
- 电子会议(electronic meetings)
- 承诺升级(escalation of commitment)

思考习题

1. 在决策过程中,实施决策具有什么重要性?
2. 什么是满意决策?
3. 规则和政策的区别是什么?

4. 为什么组织的高层经理愿意为中层和基层经理制定范围广泛的程序化决策？

5. 为什么管理者倾向采用简化的决策模型？

6. 在理性还是有限理性假设下,方案的优先次序更为关键？ 为什么？

7. 什么是群体思维？ 对决策而言,它的含义是什么？

8. 群体决策有效果吗？ 有效率吗？

技能实训

1. 为什么决策被描述为"管理者工作的本质"？

2. 组织文化会如何影响管理者决策的方式？

3. 描述你在完全理性假设下作过的一个决策。将它与你选择大学相比较,两者有差别吗？ 试说明之。

4. 在过去 20 年中,组织越来越多地采用群体来决策,你认为这是为什么？ 什么情况下,你建议采用群体决策？

5. 你认为在决策制定过程中哪一步最重要？ 请说明理由。

参考文献

[1]许倬云.从历史看管理[M].北京:北京大学出版社,2005.

[2]周三多等.管理学——原理与方法(第五版)[M].上海:复旦大学出版社,2010.

[3]单凤儒.管理学基础[M].北京:高等教育出版社,2003.

[4]王利平.管理学原理[M].北京:中国人民大学出版社,2003.

[5]〔美〕斯蒂芬·P.罗宾斯.管理学(第 11 版)[M].北京:中国人民大学出版社,2012.

[6]李鹏,袁霞辉.一次读完 25 本管理学经典[M].长春:吉林人民出版社,2001.

[7]〔美〕P.F.德鲁克.有效管理者[M].北京:中国财政经济出版社,1988.

[8]〔美〕哈罗德·孔茨,海因茨·韦里克.管理学(第十三版)[M].北京:经济科学出版社,2011.

可扫码获取本章课件资源：

第 5 章 计 划

本章学习重点：

- 理解计划的重要性及计划工作的挑战性；

- 能够区分使命与愿景、战略与战术以及政策、程序与规则；

- 能够对目标的有效性进行评估；

- 掌握计划工作的步骤和正式的目标设定程序；

- 掌握目标设定和计划过程中的障碍及克服对策；

- 掌握一些基本的计划方法。

🏵 开篇案例

曹操版的《隆中对》

三国时期,董卓、袁绍和袁术这三个"乱世枭雄"在皇帝问题上的态度和做法是:董卓废立,袁绍另立,袁术自立。这三种决策,即便不能说是错误的,至少也是不高明的,因为成本高、风险大、效益低。相比之下,曹操的做法显然高明得多。他把现任皇帝迎接到自己的根据地,客客气气地供奉起来。然后,利用现任皇帝的旗号,以国家的名义号令天下,征讨四方。这就是所谓的"挟天子以令诸侯"。

曹操的胜利跟他的深谋远虑有关,而这样的深谋远虑得感谢其谋士毛玠。曹操到了兖州后,他的谋士毛玠与他有过一番谈话。这番话,奠定了相当长一段时间曹操政治战略、经济战略和军事战略的基础,堪称"曹操版"或"毛玠版"的《隆中对》。

毛玠首先为曹操分析了形势。他指出,当时的情况,是社会动乱(天下分崩),国本动摇(国主迁移),经济崩溃(生民废业),灾难流行(饥馑流亡),可谓国既不泰(公家无经岁之储),民也不安(百姓无安固之志)。这样下去,绝非长久之计(难以持久)。这个时候,确实需要一个有雄才大略的人来收拾局面。这个事业,就是所谓"霸王之业"。但是,那些有此条件的人,比如袁绍、刘表,虽然实力强大(士民众强),却目光短浅(无经远之虑),不知根本(未有树基建本者也)。根本是什么? 一是正义,二是实力。实力当中,又首先是经济实力。因为兵马未动,粮草先行。没有足够的粮饷,是打不了仗的。实际上,战争并不仅是军事力量的较量,更是经济力量的较量。当然,战争也不仅仅是实力的较量,更是人心的较量。得人心者得天下。有了正义的旗帜,就是师出有名,也就能克敌制胜,这就叫"兵义者胜"。有了经济的力量,就财大气粗,也就能进退自如,这就叫"守位以财"。总之,有了这两条,就进可攻,退可守。

因此,毛玠向曹操提出三项建议,即奉天子、修耕织、蓄军资。毛玠说:"夫兵义者胜,守位以财,宜奉天子以令不臣,修耕织,蓄军资,如此则霸王之业可成也。"

资料来源:易中天.品三国(上).上海:上海文艺出版社,2006:61~63

计划与决策通过为未来的行动指明方向而保持管理的效率。本章首先介绍了计划的重要性,并通过实践观察讨论很多管理者为什么不做计划的原因。接着简述计划的含义和类型,特别解释了战略计划与战术计划以及各种战术计划的区别。然后解释了计划的过程与方法,并重点讨论了目标管理法。最后,介绍了一些计划的工具和方法。

5.1　计划的含义和类型

5.1.1　计划的重要性

1. 计划指明了方向并建立了协调

计划工作为所有组织成员设定了统一的目标,这些目标类似于灯塔,为大海航行中的每个人指明了前进的方向,协调了每个人的力量。管理就是要创造一种集体行动,计划工作给了管理者和非管理者努力的方向,当员工认识到组织的方向以及他们如何为达到目标做出贡献时,他们会自觉地协调他们的活动,相互合作。没有统一的目标,部门和个人也许会像一盘散沙一样混乱不堪,或在相互冲突的目标下工作,这会降低组织在实现目标过程中的效率。

2. 计划降低了环境变化的冲击

计划是对未来的谋划,因此计划工作迫使管理者具有前瞻性,并在预见未来的基础上制定目标与具体行动方案,以此来降低不确定性。尽管计划不能消除变化,但管理者可以通过预测变化、考虑这些变化的冲击和制定适当的措施来响应变化。另外,计划还将阐明管理者所采取的行动的结果,即使未来变化与预期设想发生了很大的偏离,组织也会因为计划工作,而把风险降低到最低的限度。

3. 计划减少了活动的重复和资源的浪费

当工作和活动围绕已经确立的计划进行时,时间和资源的浪费就会被减小到最低的限度。进一步,具体实施方案和结果通过计划规定得很清晰时,无效的活动或者低效率的活动就会被减至最小的程度。如果没有一个严密细致的计划,人们的工作就可能会有很大的随意性,同一个人或不同的人可能会在同一个时间或不同时间内进行同一项重复的工作,由此给组织效率带来了极大的负面影响。

4. 计划设立了控制的标准

计划设定了目标与标准,这些目标和标准可以用于控制。如果我们不能确认我们试图实现什么,那怎么判断我们是否实现了它们? 在计划工作中,我们开发目标和实现目标的方案,并通过控制,将实际绩效与目标进行比较,发现存在的重大差异,并及时采取必要的纠正活动。计划是控制的基础,没有计划就不可能进行控制,没有控制就难以确保管理的效率和效果。

5.1.2　计划的含义

1. 计划的含义

"计划"一词既指计划工作,又指计划方案。前者为动词,是指设定组织目标并决定如何最有效地实现这些目标的工作过程;后者为名词,即计划工作的结果,它往往表现为实现目标的一个或多个方案。

计划职能即指计划工作,它包含目标及实现目标的方案。计划是面向未来的,而不是过去的总结,也不是现状的描述。计划也是面向行动的,而不是空泛的讨论,也不是学术的见解。面向未来和面向行动是计划的两大显著特征。计划工作既关系到结果(目标,做什么),也关系到手段(方案,怎么做),它为未来设定了目标,并为实现该目标开发了行动方案。组织目标指的是组织意图实现的一种未来的状态或目的。它提供了所有管理决策的方向,构成了衡量标准,是计划工作的基础。计划方案是一种文件,它规定了怎样实现目标,通常描述了资源的分配、时间进度以及其他实现目标的必要行动。

🔒 管理工具 5-1

计划方案的要件 5W2H

一个良好的计划方案至少应包括以下要件,若能一并考虑这七个问题,则构成 5W2H 的科学分析模型。

① 做什么(What)？即明确所要进行的活动内容及要求。

② 为什么做(Why)？即明确计划工作的原因和目的,并论证可行性。

③ 何时做(When)？即规定计划中各项工作的开始和完成时间,以便进行有效控制以及对能力和资源进行平衡。

④ 何地做(Where)？即规定计划实施地点或场所,知晓计划实施的环境条件和限制,从而合理地安排计划实施的空间。

⑤ 谁去做(Who)？即规定计划工作任务由哪些部门和人员负责,哪些部门协助,哪些部门参加鉴定和审核等。

⑥ 怎样做(How)？即制定实现计划的措施以及相应的政策和规则,对资源进行合理有效的利用,以达到计划的目标。

⑦ 做多少(How much)？即付诸实施时需完成的量和程度。

---

2. 理解计划职能

(1)计划是管理的基础

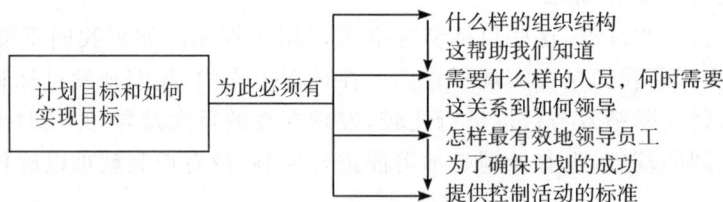

图 5-1　计划是管理的基础

计划是管理者的首要职能,具领先性与主导性,组织、领导和控制工作是围绕着计划职能而展开的。管理者要使组织有效运转,就必须设定目标,并让每个人都理解组织的总目标、一定时期的目标以及达到这些目标的方法,这就是计划工作。试想,要是组织成员不清楚自己要完成的任务,那如何进行有效的组织、领导和控制工作,也就难以有效率而又有效果地实现组织的目标。所以,计划是所有管理职能中最基础的一个,在联结其他管理职能中处于中心地位。

值得一提的是,计划与控制密切相关,不可分割,被称为"管理的双胞胎",所以经常可以看到有些论著将这两个职能合起来论述。计划是控制的基础、先决条件和根据,控制要根据计划所确定的标准来进行,没有计划的控制是毫无意义的。另一方面,控制为计划提供信息,计划执行的结果需要控制职能来纠正实际与计划的偏差,从而重新确定组织的下一个计划。对组织的高层管理者来说,他们要花费大量的精力来做计划和控制工作,这是他们不可放弃的职责。

(2)计划是一个普遍而连续的过程

任何组织和管理活动都需要计划,几乎没有一项活动不需要计划。计划工作与组织中所有层次的管理者及所有成员都有关。组织中的每一个人都从事计划工作,只是因职务不同而程度不同而已。计划工作既可以是正式的,也可以是非正式的。非正式计划一般不成文,且很少与组织其他成员讨论目标,缺乏连续性。

只要组织存在,计划过程就会一直进行下去,计划是连续而统一的。管理过程存在周期性,首先由计划工作设定目标和实现目标的方案;然后由组织成员通过组织和领导加以执行落实;最后进行控制、评估与反馈,对计划的执行结果必须有反馈,对环境中存在的风险和机会必须不断评估,然后再返回修订原有计划或重新拟定新的计划,因此计划工作必然是持续不断的。

(3)计划是对未来行动的预先安排

哈罗德·孔茨说:"计划工作是一座桥梁,它把我们所处的这岸和我们要去的对岸连接起来,以克服这一天堑。"计划之最简单的解释乃是为未来的谋划,计划工作在现在和未来之间搭起了一座桥梁。只有为未来问题而下的决策才是计划,而为现在问题而做的决策仅属于救急行为。

计划着眼于未来,具有预见性,这是计划的最大挑战,即如何应对未来及其不确定性。对未来的预测是计划的基本出发点,根据预测会有不同的假设前提,这会导致不同的计划方案,也将直接影响到计划的实施质量。未来组织环境的变化既有机会也有风险,计划的任务就是洞察未来的机会并将风险降至最低,这是一个充分利用智力和经验的困难的过程。

✳ **管理故事** 5-1

纳粹德国战胜法国只用了 15 法郎

第一次世界大战结束后,以坦克为代表的进攻性武器得到迅速发展,然而,取得这场战争胜利的法国却忽视了坦克给战争形态可能带来的革命性变化,仍执着于上一场战争胜利的经验,认为阵地战将是下一次战争的主要作战方式,发动战争者将在坚固的阵地防御面前得不偿失。于是,法军采取了实行短期兵役制,教育军官不得采取主动、冒险的作战方式,减少一切与敌军进行机动战和遭遇战的可能,修建马其诺防线等措施。这种思想还影响到了坦克的设计。法军要求坦克设计不考虑机动作战的要求,而强调其防护性能,结果法国生产的坦克都极为笨拙。

> 1934年3月，法国人戴高乐发表《建立职业军》，里面写道："英国和美国由于海洋阻隔，敌人难以进攻；德国的权力中心和工业中心十分分散，不易一举摧毁；西班牙有比利牛斯山作为屏障；意大利有阿尔卑斯山的保护。而法国四周边境几乎一马平川，缺乏天然屏障的保护，尤其是首都巴黎，对任何来犯之敌都极难防守。一旦打起现代战争，法国要想御敌于国门之外，单纯依靠修筑坚固的防线肯定无济于事。唯有由专业军人组成机械化部队，在航空兵的支援下实施机动作战，积极防御，才能有效迎击来犯之敌，确保法国的安全。"为此，他主张建立一支由10万职业军人组成的机械化部队——6个机动装甲师。
>
> 可是，这本书在法国却乏人喝彩，法军高层无动于衷，甚至对戴高乐冷眼和打压，继续以他们原有的理念建设军队。满脑子保守思想的当权者们认为，他们不惜巨资修筑的马其诺防线固若金汤，根本不用担心德军的机械化部队进攻。然而，这本书在德国却引起了纳粹将军们的极大兴趣。德军参谋总部在一本名为《论机械化战争》的机密手册中，全文引用了这本书。尤其是古德里安，这个一直跟踪研究坦克战的德国将军，得到这本书后如获至宝。最后，德国人凭借着机械化部队迅速占领法国。

"15个法郎赢得一场战争"，这评价不免有些夸张，但背后却是一段真实的历史。这历史背后的教训十分深刻。胜利者最容易保守！因为他们具有"路径依赖"心理，习惯于用已知经验和一度被证明有效的思维去认识事物，指导自己的行为。经济学中的"路径依赖"理论认为，社会中往往存在一种现象：各种事件以特定方式展开，使过程与制度变得僵化和不可改变，进而会对经济过程和经济制度产生影响，当外部条件改变时，依然难以改变那些顺应从前力量的旧制度、旧习惯、旧思想和旧技术。要想成功，就应该跳出这种"路径依赖"模式，以敏锐的思维认识事物，成为新事物的创造者。

(4)计划的核心是决策

计划是一个包括环境分析、目标确定、方案选择的过程，而这一过程充满决策的挑战。决策是计划过程中的奠基石，是驱动计划过程的催化剂。管理者不做决策、拖延决策或做了错误的决策，将导致下属无所适从或开发了错误的计划方案，并最终影响管理效率和组织成效。决策为计划的任务安排提供了依据，计划则为决策的实施提供了组织保障，计划的编制过程既是决策的组织落实过程，也是决策的更为详细的检查和修订过程。

计划和决策目前还经常让人混淆不清，有些学者甚至认为计划和决策几乎是等同的。然而两者所要解决的问题是不同的。决策是关于组织活动方向、内容以及方式的选择；计划则是对组织内部不同部门和不同成员在一定时期内行动任务、资源分配等的具体安排。计划显然是一个决策过程，但并不是所有的决策都是计划，计划与决策是两个既相互联系又相互区别的概念。在实际工作中，决策与计划是相互渗透的、不可分割的。

(5)计划并不否定创新

计划是一种具有稳定性和权威性的结果，其本身意味着不可轻易改变的承诺。但即使是这样的特性也不能否定计划的创新、灵活和对未来变化的应对。计划本身具有灵活性是为了解决计划的内在缺陷——计划对组织行为等的约束所导致的应变能力的削弱与高质量的计划所依赖的前提即预测技术内在的不精确性。

计划源于环境。在商业环境中，情况相当复杂，如果没有适当的计划，我们就无法应付和处理这种复杂性。如果不做计划,许多事情将只能放任自流。有了良好的计划,意外发生的事件就会减少;另一方面,计划中通常包含对意外事件的考虑,当意外情况发生时只需要花费最少的精力和时间就可解决。当然,计划并不是万能的,复杂的环境是多变的。常言道"计划赶不上变化",计划不能够消除变化,无论管理者如何计划未来,变化总会发生。管理者制定计划的目标是预测变化与制定最有效的应变措施。

计划虽然意味着承诺和约束,但却不能成为制约创新的枷锁,而应该是一种持续进行的活动,并保持一定的灵活性。由于正式计划是被推敲过的,它比只存在于经理脑子里的一套模糊的假设更容易修改。有些计划是可以做得更灵活的,因为它毕竟是一种运用智力的过程。它要求有意识地确定行动方针,也需要在计划执行的过程中按照实际修改计划,即改变航道、定期检查、及时改正等。管理者必须处理好计划的约束性和灵活性这一对矛盾,同时管理者也必须承认,再好的计划也不能保证一定成功,即使制定了一个优秀的计划,在实施过程中也需要调整。同时必须注意的是,不同的计划所允许的灵活程度不同,而且计划的灵活性包含一定的成本,其所需的费用和客观条件可能限制了计划的创新。

(6)计划工作的一些弊端

计划具有重要的地位和作用,但同时计划也具有不利的一面,受到人们一定程度上的批评。首先,计划如何应对动态的环境。计划的正确与否,系于预测是否正确及未来事件是否如其所预期的那般。如果未来事件未如期发生,则计划终归无用,况且未来事件如期发生的概率并不高,因此计划的价值不得不大打折扣。

其次,计划将组织活动锁定在特定的目标、方案和具体时间表上,因此计划可能造成刚性和僵化。计划隐含的假设是环境在实施计划期间是不变的,这种假设显然是错误的,如果强迫管理者遵循原有的计划可能导致灾难性的后果。再者,今天企业的环境往往存在着很大的随机性和不可预见性,而在这种动态的环境下是难以进行计划的,其管理要求灵活性,即管理不能被约束在计划上,成功的管理能使管理者立即解决其所遭遇的难题。

再次,计划会损害创造性,使人减少主动进取和创新的精神。组织的成功通常来自于某些人创造性的远见,而计划往往使组织活动或某些人的远见形式化、程序化,而且计划工作可能将管理者的注意力集中在今天的竞争而不是明天的生存上,计划使人们产生心理上的障碍,人们关心现在甚于未来,因而阻碍了创新。另一方面,计划使管理人员的执行僵化,尤其是细部的计划大大损害人们的进取精神和创新意识。

复次,计划会强化成功,而成功的经验在不确定的环境下可能导致失败。由于改变和放弃原来的成功计划是困难的,这需要放弃舒适而承受未知领域的焦虑,所以成功的计划可能带来错误的安全感,会增加对正式计划工作的盲目信任。许多管理者总是在环境迫使他们不得不这样做时面对未知的领域,然而那时可能就太迟了。

最后,其他的批评包括计划所需的费用并不小,甚至可能大于其所产生的效益;计划拖延行动,紧急突发的事件通常需要立即解决,而计划旷日费时,对于突发事件无能为力;有些计划一味纸上谈兵,为计划而计划,而不顾实际,更不顾编制计划的成本和时效,仅在如何避免风险上下工夫,而忽略了管理的目的是以合理的手段达成目标。

计划工作所面临的这些批评,并不是否定计划的必要性,而是让大家思考如何更有效地制定计划,如管理者如何在动态环境下进行有效的计划工作。为了使计划有用,计划必须是具体的,但是计划不应是被刻在石头上的。组织的未来环境存在很大的不确定性,计划必须保持一定的灵活性,这种灵活性在计划的实施阶段尤其重要。既具体又灵活,这似乎相互矛盾。无论如何,必须坚持计划,计划工作是一个持续的过程。

5.1.3 计划的类型

1. 计划的层次

组织会设定许多不同种类的目标与计划方案。从组织层次上划分,可分为战略计划、战术计划和作业计划。如图 5-2 所示,任何计划都在一定的环境背景下发生,如果管理者不理解环境变化,他们将不能制定出有效的计划。因此,理解环境是计划的第一步。接着,管理者的工作是为组织建立使命。使命的直接产物是战略目标。这些目标和使命帮助企业确定战略计划。战术目标和战略计划是制定战术计划的前提。战术目标和最初的战略计划有助于制定战术计划。战术计划同战术目标相结合制定出作业目标。这些目标和适当的战术计划决定了作业计划。最后,每个层次的目标和计划则成为未来各个层次作业的前提。在理想状态下,使命、战略、战术和作业目标的整个体系构成了从组织最高层到每位员工日常任务计划的清晰紧密的链条。

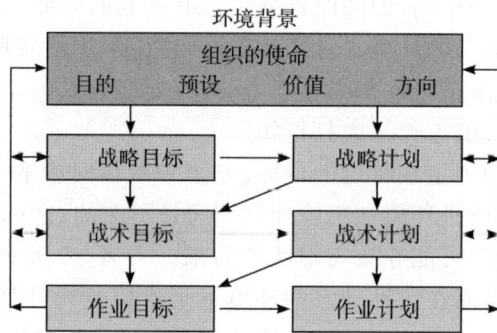

图 5-2 计划的层次

(1)组织使命

使命是关于组织基本目的的陈述,也是组织最高级的目标,为战略、战术和作业层次的计划提供背景。组织使命是"令组织同其他同类企业区别开来,用产品和市场描述的企业运营范围的基本的、独特的目标"。例如中国移动通信的使命是"创无限通信世界,做信息社会栋梁";耐克公司使命是"体验竞争、获胜和击败对手的感觉";沃尔玛公司的使命是"给普通百姓提供机会,使他们能与富人一样买到同样的东西"。

使命陈述对公司成员的行为有极大的激励作用。日本著名企业家稻盛和夫论领导人的资质时,指出如果没有"我们是为着如此崇高的目的而工作"这样的大义名分,也就是没有"使命"的话,要把众人的力量凝聚起来,将员工具备的力量最大限度发挥出来,是根本不可能的。(有关企业愿景和企业使命,第 6 章有进一步的阐述)

(2)战略、战术和作业目标

使命往往太抽象、太原则化,需要具体化为组织一定时期的目标和各部门的目标。战略目标是由组织最高层管理者制定和为最高层管理者设定的目标。它们所关注的是宽泛、普遍的问题。例如,星巴克的战略目标是将全球店面数量从 10 000 家增加到 30 000 家。

战术目标是由中层管理者制定和为中层管理者设定的目标。它们的重点是如何采取必要的作业行动实现战略目标。为了实现店面数量 3 倍增长的战略目标,星巴克经理们必须制定相应的战术目标,如是自营还是许可经营,以及海外店面在不同国家间的比例等。

作业目标是由基层管理者制定和为基层管理者设定的目标。它们关心的是同战术目标相关的短期目标。对于星巴克来说,作业目标可能是未来 5 年每年新店的数量。

（3）战略、战术和作业计划

战略计划是为实现战略目标而制定的,用于指导资源配置、优先次序和决定行动步骤的计划。这些计划是由董事会和最高层管理者制定的,通常涉及较长的时间跨度。它针对的是范围、资源配置、竞争优势和协同问题。

战术计划用于实现战术目标,它规定如何实施战略规划中的某一部分。战术计划的制定通常由高层和中层管理者进行。同战略计划相比,战术计划时间跨度较短,内容更为具体和明确,它更关心的是如何完成工作而不是完成什么工作。

作业计划关注如何实施战术计划以达成作业目标。作业计划是由中层和基层管理者制定的,时间跨度短,范围相对集中。作业计划处理活动数量较少,如某部门内部事务。

2. 计划的时间跨度

（1）长期、中期与短期目标

组织目标还可以根据不同的时间跨度来划分。有些目标有明确的时间期限,例如"未来 10 年内开设 150 家新餐馆";有些则是无期限的,例如"保持 10% 的年度增长"。在不同的层次,时间跨度的概念是不一样的,例如在战略层次上,"长期"通常意味着 10 年甚至更长,"中期"则是指 5 年左右,而"短期"是 1 年左右。而在作业层次上,两三年已经是长期的时间跨度了,短期可能指几周甚至几天的时间跨度。

（2）长期、中期与短期计划

长期的计划方案绘制了组织长期发展的蓝图,指明组织发展的方向,使组织发展保持连续性和稳定性。但长期计划的拟定难度较大,面临更多的不确定因素,比较抽象和不具体。长期计划跨越较长年份,有时甚至几十年。在不同的组织中,长期的含义各不相同。一般情况下,我们将任何期限超过 5 年的计划称为长期计划。今天,绝大多数的管理者们认识到,环境的快速变化令时间跨度太长的计划失去了意义。但很多大公司仍在不断地制定 10 年至 20 年的计划。在复杂、多变的环境中工作的经理们面临着一种特殊的两难困境,这些组织更需要较长期的计划,但环境的复杂性令长期计划变得更加困难。这些企业中的经理一方面要制定长期的计划,同时还要时刻关注环境的可能变化。

中期计划是相对稳定的计划,但又比长期计划更灵活、更具体。中期计划的时间跨度通常在 1 年到 5 年之间,它对中层和一线管理者特别重要。他们往往同时进行各种战术计划。在许多组织中,中期计划是组织计划活动的中心。例如,日立公司在盈利能力和生产率方面落后于它的国内竞争对手丰田公司和本田公司。为了扭转这一局面,公司制定了 2 年至 4 年期不等的计划以提高公司某些部门的运营。其中一项 3 年期的计划是更新所有装配厂的制造技术。另一项 4 年期的计划是将更多的制造业务转移到劳动力成本更低的外国工厂去。成功地实施这些计划的确帮助日立公司扭转了局面。

短期计划的时间期限短于 1 年。短期计划对经理的日常工作影响很大。例如长期生产计划安排了企业生产规模的扩张及实施步骤;短期生产计划则主要涉及不同车间、班组的季、月、旬、周的作业进度安排。短期计划可以分为两种：行动计划和反应计划。行动计划是计划的实施方案。当一家日立工厂准备对自己的技术进行检查更新时，它的经理考虑的是如何最快、最有效地更新技术，减少生产时间上的损失。在绝大多数情况下，这一过程要花去几个月时间，其中停工的时间可能只有几个星期。行动计划在这里的作用是协调工厂中的实际变化。反应计划是对未预见到的情况的计划。在一家日立公司的工厂里，新设备比预期时间来得更早，工厂经理们不得不更快地关闭生产线。这些经理们不得不对他们无法控制的情况做出反应，同时还要保证他们的目标能够实现。事实上，对任何一种环境变化的反应都是反应计划的一种形式。

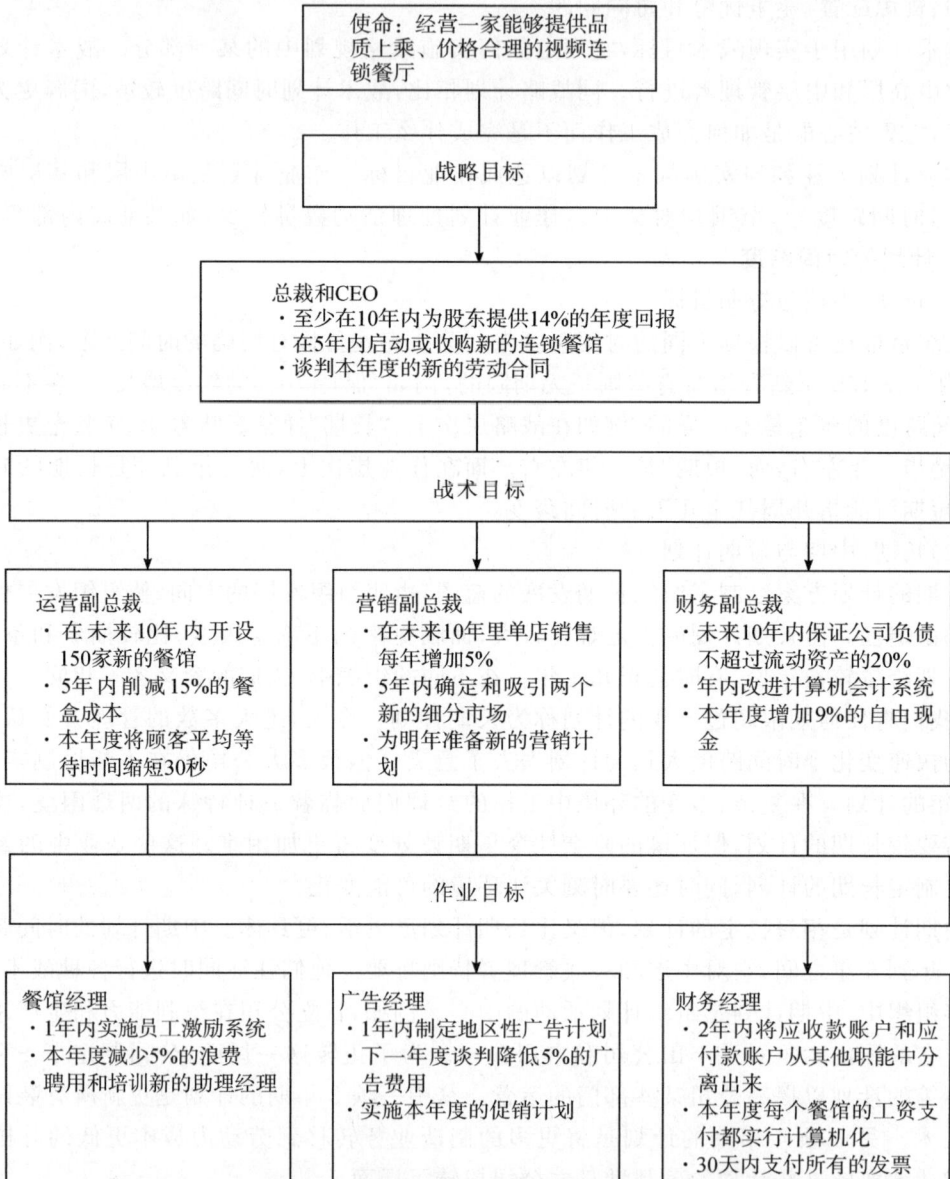

使命：经营一家能够提供品质上乘、价格合理的视频连锁餐厅

战略目标

总裁和CEO
· 至少在10年内为股东提供14%的年度回报
· 在5年内启动或收购新的连锁餐馆
· 谈判本年度的新的劳动合同

战术目标

运营副总裁
· 在未来10年内开设150家新的餐馆
· 5年内削减15%的餐盒成本
· 本年度将顾客平均等待时间缩短30秒

营销副总裁
· 在未来10年里单店销售每年增加5%
· 5年内确定和吸引两个新的细分市场
· 为明年准备新的营销计划

财务副总裁
· 未来10年内保证公司负债不超过流动资产的20%
· 年内改进计算机会计系统
· 本年度增加9%的自由现金

作业目标

餐馆经理
· 1年内实施员工激励系统
· 本年度减少5%的浪费
· 聘用和培训新的助理经理

广告经理
· 1年内制定地区性广告计划
· 下一年度谈判降低5%的广告费用
· 实施本年度的促销计划

财务经理
· 2年内将应收款账户和应付款账户从其他职能中分离出来
· 本年度每个餐馆的工资支付都实行计算机化
· 30天内支付所有的发票

图5-3 战略目标、战术目标、作业目标实例

3．其他计划类型

（1）综合性计划与专项计划

综合性计划反映了组织在计划期间内所要达到的整体目标，是组织各项专项计划编制的根据，能保证组织各项活动的整体性和协调性。如国家编制的五年发展计划包括政治、经济、社会等各个方面的发展目标与计划方案。

专项计划是综合性计划的具体化，把综合性计划的要求加以落实，能保证组织各项具体目标得以落实和实现。如业务计划、财务计划、人事计划等。

（2）应急计划和危机管理

① 应急计划

应急计划是一种重要的计划类型，它是当原定的行动计划被打乱或无法实施时采用何种替代方案的决定。人们经常混淆应急计划与反应计划，一般而言，反应计划出现在计划的实施阶段，而应急计划则出现在以下 4 个行动点。

在行动点 1，管理层制定组织的基本计划。这些计划包括战略计划、战术计划和作业计划。在制定这些计划的过程中，管理者们通常会考虑紧急事件的需要。某些管理团队甚至会指定一人担任"魔鬼支持者"的角色，对每一项行动都要问"如果……怎么办"。在这一阶段会考虑多种应急情形。

在行动点 2，管理者们实施计划，最重要的紧急事件在这一阶段得以明确。应急计划程序只处理那些有可能发生并且对组织将产生重大影响的事件。

接下来，在行动点 3，企业会具体定义预示紧急事件即将发生的指标，例如银行也许认为利率下降超过 2% 将构成紧急事件，指标也许是连续两个月利率下降 0.5%。在紧急事件指标定义完成后，相应的紧急计划就被制定出来。在这一阶段之后，管理者们将密切注意行动点 3 所定义的指标。如果情况的变化达到了指标的要求，则启动应急计划，反之则继续实施原定的计划。

最后，行动点 4 标志着原定计划或应急计划的成功实施。

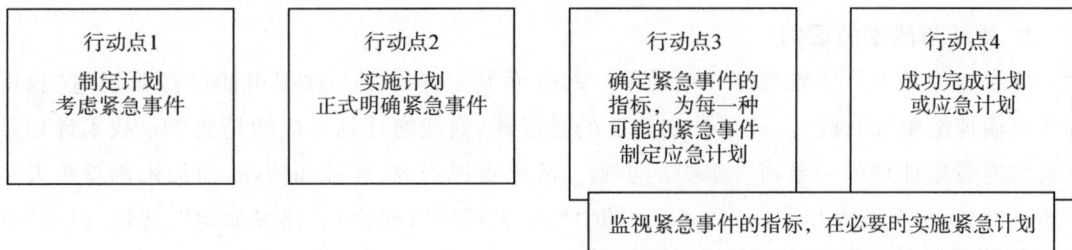

图 5-4　应急计划的 4 个行动点

近年来一个非常出色的广泛应用的应急计划的例子是 20 世纪 90 年代后期的"千年虫"。由于担心从 1999 年到 2000 年计算机内部时钟的变化可能引起的技术故障，绝大多数组织都为此制定了应急计划。许多银行和医院在时间转换期间准备了额外的人手处理可能出现的问题，有些组织创建了备用计算机系统，有些组织甚至增加了库存以防出现买不到新产品和材料的情况。

② 危机管理

危机管理是一个与应急计划有关的概念,它是在灾难或其他未预见到的不幸事件发生后组织启动的一组程序。危机管理的某些要素可能是固定的和系统的,而另一些则是事后或随着情况发生而变化的。例如,国家会制定当地震灾祸或发生大规模外敌入侵时,所启动的系统而固定的危机管理程序,但当情况真的发生后,也可能针对一些特殊情况随时制定临时性的、有针对性的危机管理程序。

2005 年袭击美国海湾地区的卡特琳娜飓风和丽塔飓风凸显了有效危机管理的重要性。美国联邦紧急事务管理局(FEMA)的反应在速度和力度方面都不令人满意,这显示了该组织在危机管理方面的弱点。而另一些组织则表现得很有效。当卡特琳娜从热带低气压转为热带风暴的当天,沃尔玛就已经将紧急状态升级。在风暴袭来的前几天,沃尔玛在当地的商店配备了大功率发电机和大量的干冰,以备在风暴过后迅速恢复营业。在临近各州,沃尔玛准备了数十辆满载紧急用品和捐赠品的卡车车队待命出动。沃尔玛送达这些物品的时间比 FEMA 提早了几天。

对于绝大多数组织来说,应急计划的重要性变得越来越大,特别是对于那些在极为复杂和动态的环境中运营的组织。管理者们不可能准确地预测未来的变化,也不可能制定出适应一切情况的计划。应急计划是一项有用的技术,它帮助经理们处理不确定性的变革。危机管理的效果从本质上来说是很难预测的。但是,一个文化强大、领导有力和具备应变能力的组织将比其他组织更有机会成功地经受住危机的考验。

5.2 战术计划与作业计划

5.2.1 战术计划

1. 战略与战术的区别

战术计划是为了实施战略计划的某一部分而制定的计划。你很可能已经听说过"赢得战斗但输掉战争"的说法。战术计划对应的是战斗,而战略计划对应的是战争。战术计划是用来实施战略计划的一系列有组织的步骤。战略重视资源、环境和使命,而战术则重视人和行动。例如,你开着车出门,首先必须根据"你要去哪里"(使命)、"路况如何"(环境)以及"车况如何"(资源),来确定方向和目的地,这就是战略。确定完战略后,你才决定由谁来开(人)以及怎么开往目的地(行动)。我们将在下一章重点介绍战略计划,这里主要介绍战术计划和作业计划。

管理故事 5-2

战斗英雄的失败

二战期间,斯大林肃反,为了排除异己,上台后杀掉了苏联高达 90% 的高级军官。之后,德国与苏联打起来,德国进军很快。这与苏联没有做好准备以及缺乏高级将领有很大关系。当时,苏联提拔了很多战斗英雄。有一个战斗英雄一年内连升五级,变成集团军司令。此英雄是攻坚一把手,当他的集团军被包围时,他做的第一件事情是砸掉电台,防止被敌人偷走;然后抱起炸药包,冲向敌人的坦克。炸药包响起,这位战斗英雄死了,他的 70 万大军也像无头苍蝇一样全部投降了。

2. 战术计划的制定

尽管有效的战术计划取决于许多因素且需要适应不同的情况,但我们仍然可以指出一些基本的原则。图 5-5 描绘了制定和实施战术计划的主要因素。

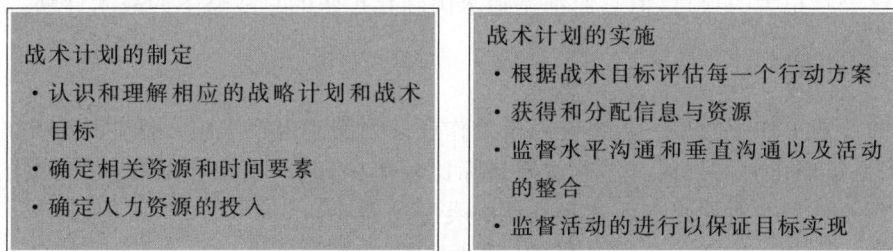

战术计划的制定	战术计划的实施
· 认识和理解相应的战略计划和战术目标 · 确定相关资源和时间要素 · 确定人力资源的投入	· 根据战术目标评估每一个行动方案 · 获得和分配信息与资源 · 监督水平沟通和垂直沟通以及活动的整合 · 监督活动的进行以保证目标实现

图 5-5 战术计划的制定与实施

首先,战术计划的起点是从更广泛的战略目标中选取一些战术性的目标。意外的情况可能需要一项独立的战术计划,但在绝大多数情况下战术计划来自战略计划并且必须同战略计划保持一致。例如,可口可乐公司的高层经理制定了一项战略计划,旨在巩固企业在软饮料市场的主导地位。在这项计划中,他们发现了一个重要的环境威胁——存在于包装和分销可口可乐产品的瓶装厂商中间的显著的不安和不确定性。为了迎击这种威胁,加强公司在市场上的地位,可口可乐公司买下了几家大型的独立装瓶厂,组成一个新的称为"可口可乐企业"的组织。然后,它将这家企业的 50% 的股份出售,获得数百万美元的利润,同时剩下的股份可以保证可口可乐对这家企业的控制权。在这里,新企业的创办就是一个对整体战略目标做出贡献的战术计划。

其次,战略计划通常使用一般性的表述,而战术计划则必须将资源和时间结构具体化。战略计划可以要求企业在某一特定市场或产业中成为第一,但战术计划必须明确指出采取哪些行动才能实现这一目标。前面讲过的可口可乐公司的故事就是一个例子。这家公司战略计划的另一个目标是增加全球市场份额。为了增加欧洲销量,经理们制定的战术计划是在法国南部建造一家生产软饮料浓缩液的工厂,在敦刻尔克再建造一个制罐厂。建造这些工厂代表着具体行动,其中包括可测量的资源(建厂的资金等)和清楚的时间表(完成的期限)。

最后,实施战略计划需要用到人力资源。经理们要花许多时间同其他人一起工作。他们必须从公司内部和外部人员那里获得信息,以最有效的方式处理这些信息,然后将信息传递给用得着它的人员。可口可乐的经理们积极参与新工厂的规划,新制罐厂的开工比预计时间提早了很多,他们还同英国的吉百利公司谈判建立合资企业。每一项活动要求多位经理投入大量的时间和努力。

3. 战术计划的实施

不论战术计划制定得多好,最终能否成功还要看实施。成功的实施取决于明智地利用资源。有效地决策,保证在正确的时间按正确的方法做正确的事情。但最出色的点子也会毁在不恰当的实施中。

成功的实施需要一系列的条件。首先,经理们要根据期望的目标评估每一个可能的行动方案。其次,要保证每一位决策者拥有完成工作所需要的信息和资源。垂直和水平的沟通与行动的整合都必须妥善组织以减少冲突和不协调。最后,经理们必须监督计划指导下的行动,以确保它们获得期望的结果。监督的活动通常在组织现有的控制系统中进行。例如,迪士尼公司的经理们制定了新的战略计划,从外国市场上获得利润,实现增长。由此产生的一项战术计划是通过在更多的外国市场上扩大有线迪士尼频道来刺激增长。另一项是在香港建立新的主题公园,在 2005 年下半年开始接待游客。尽管扩大频道和建立新的主题公园本身已经是很大的项目,但它们都是追求国际化扩张的总战略下的战术计划。

5.2.2 作业计划

有效的计划工作中的另一项关键因素是作业计划的制定和实施。作业计划来自战术计划,其目标是实现作业的目标。作业计划目标比较集中,时间期限相对较短,负责的经理级别较低。作业计划的两种基本形式和具体的类型见表 5-1。

表 5-1　作业计划的类型

作业计划	描　　述
一次性计划	用来实施在未来可能不会重复的行动的计划
·计划	为一系列大型行动制定的一次性计划
·项目	为复杂性和范围比计划简单的行动制定的一次性计划
持续性计划	为在一定时期内反复发生的活动制定的计划
·政策	规定组织对设想的问题和情境一般反应的持续性计划
·程序	规定在特定环境下工作步骤的持续性计划
·规则	描述如何完成具体活动的持续性计划

1. 一次性计划

一次性计划是用来实施一种在未来可能不会重复的行动的方案。迪士尼公司在兴建香港主题公园制定了许多涉及游客安排、吸引人流和酒店设置的一次性计划。最常见的一次性计划的形式是计划和项目。

计划(program)是为一系列大型行动制定的一次性计划。它可能包括新产品线的上市、开设新的工厂或改变组织使命。项目(project)类似于计划,但在复杂程度和范围上都比计划小。项目可能是更大的计划的一部分,或者本身就是一个独立的一次性计划。2008 年中国举办奥运会,这是一个大的计划,在这个计划之下可能包括奥运场馆的建设、志愿者的招募和培训等小的项目。

2. 持续性计划

一次性计划用于不会重复发生的情境,持续性计划用于在一定时期内反复发生的行动。持续性计划可以极大地提高例行工作的决策效率。政策、程序和规则是持续性计划的 3 种形式。

政策(policy)是规定组织对指定问题和情境的一般反应的持续性计划,它是最常见的持续性计划形式。例如,麦当劳有一项政策,规定不向已经持有另一家快餐店的个人提供连锁授权。程序(或叫标准作业程序 SOP,standard operating procedure)比政策更加具体,它规定了在特定环境下的工作步骤。例如,餐厅员工"接听电话"的程序就包括了解当天食品及饮料的供应情况,三声之内接听电话,给顾客推荐餐厅的推广,菜品准备的时间,仔细接听并记录,重复点单,感谢惠顾,立刻下入厨单,接着将点单输入电脑,打印核对账单等前后相连的工作步骤。规则或规定(rule)描述了如何完成具体活动。例如,上述接听电话的每一个步骤都是一个规则。

(1)进一步理解政策

政策是组织指导和协调组织成员各种行为的一种原则性规定,它为组织成员提供了行为准则和指导思想,但并不要求立即有所行动。如政策陈述:"顾客永远是第一位的,并且始终应当被满足","只要可能我们总是采取从内部晋升的政策"。

第一,政策一般通过文字的形式加以说明,但组织中存在潜在的政策,即政策常常只是从管理人员的活动中含蓄地反映出来。如管理人员处理某问题的习惯方式往往被下属作为处理该类问题的模式,管理人员的一些做法会被下属看作是政策而依照执行。实际上,管理人员所遇到的问题之一是,一定要使下属不要把较小的管理决策解释为政策,因为他无意把较小的管理决策作为模式。

第二,政策引导管理者沿着特定方向思考,其特点是它只对组织成员进行原则性的规定,而没有具体规定组织成员在具体的条件下应该做什么而不应该做什么。例如,"雇员的工资按照社区的标准并始终具有竞争力",它指明要支付有竞争力的工资,但却没有告诉人力资源经理确切的工资水平。

第三,政策能帮助事先决定问题处理的方法,减少某些例行事件的处理成本,又能把其他计划统一起来。如某个铁路公司有这样一项政策,购买工业用地以代替公司在沿线已经出售的全部土地,这项政策允许地产部管理人员不用不断地、重复性地请求高层管理者指定购置计划,而高层管理者只要制定一个控制标准就行了。再例如:"不管是白猫还是黑猫,能抓耗子的都是好猫。"

第四,政策支持分权,政策允许有些酌情处理的自由,其执行具有一定的灵活性。这有利于管理人员发挥主动性和创造性,但在执行过程中又容易被误解和滥用,可能会出现"政出多门"、"上有政策下有对策"的现象。政策是鼓励酌情处理和主动性的一种手段,但是要把它限制在一定范围内。自由处理权限的大小一方面取决于政策自身,另一方面则取决于管理人员的管理艺术及其在一个组织中的地位和权力。

第五,必须保持政策的一致性和整体性,但有很多理由表明,要做到这点很难。理由包括:成文形式的政策太少了,因此大家很少了解它的确切含义;政策支持分权,但这种权力下放导致参与政策制定和政策解释的范围扩大了,个人意见不一;政策总不是很明确的,不容易得到控制。

第六,如果政策不明,策略与措施就难以具体。因此,有时候政策也会说明哪些是例外的情况。例如,根据大学的招生政策说明,可以建立一个入学申请上诉委员会评估不符合最低要求但值得特别考虑的申请者。

（2）区别政策、程序和规则

程序是对处理未来活动的例行方法的规定,是行动指南。它不是指导组织成员如何思考的,而是指导组织成员如何行动的。程序是为了贯彻和辅助政策的执行所需要的一种计划形式。它详细地说明了完成某种活动的准确方式,为所要进行的行动规定时间顺序,没有给执行者留有决定行动的自由权力。例如,请假批准程序。

规则是一种最简单形式的计划,是对在某种情况下应采取或不应采取某种行动的具体规定。例如,"禁止践踏草地","禁止吸烟"。规则与程序都是指导行动的,但规则不说明时间顺序。程序可以看作是一系列的规则,但规则可能是程序的组成部分,也可能跟程序无关。

规则虽然也起指导作用,但在应用中不给执行者自由处理权。规则与程序本质上是抑制思考、照章办事的。如果将规则理解为政策,会导致组织成员在什么时候可以使用自己的判断力的问题上产生混乱。只有在不需要组织成员使用自由处理权时才使用规则和程序。另外,规则可以作为决策的替代,但不是决策的原则。过分严格地执行规则反而可能会带来问题。例如,每一家麦当劳的餐厅都有一项禁止顾客使用店内电话的规定,在一般情况下,当顾客询问是否可以使用店内电话时,餐厅所有员工都可以做出拒绝的答复,而无须申请、汇报等,但要是在火灾等紧急情况下,还执行这样的规定可能会带来更大的灾难。

总体而言,政策提供行动准则与指导思想,允许自由处理权,但程序和规则是行动指南与具体规定,不需要执行者思考,只需照章办事即可。程序与规则都指导行动,也可作为决策的替代,但规则不说明时间顺序,与程序可能互有重叠;程序通常规定了一系列的行动,而规则通常涉及一项行动。

✿ **管理故事** 5-3

程序的重要性

1. 清单时代的英雄

美国名医格万得分析了众多医疗事故后发现,出错的医生只是没有正确执行"操作清单"。他曾要求医生们完全按清单进行手术,并严格填表。20%医生表示,这太浪费时间,没必要。格万得分析,人们抗拒清单,不仅是怕麻烦,潜意识里还认为,不按规矩做事才够"英雄"。然而,看似枯燥、扼杀创造力的清单,往往是一个行业、一类产品成熟的标志。遵守清单,才能做对每件事,才是清单时代的英雄。

2. "格式化"创意

"中国好声音"电视节目的标准作业流程长达两百页,就连海报上四位评委的 V 手势、主持人 45 度倒拿麦克风……都有严格的标准化要求。因为将创意精细"格式化",一方面可以保护专利,不容易被模仿;另一方面能够不断复制,不断获得成功。

3. 十分钟的理发魔术

日本理发连锁巨头 QB-House 以"十分钟快剪"一年吸引 1 500 万顾客,凭借的是精细的 SOP(标准作业流程)。他们按头型分类,用文字和图像,将繁杂的理发流程拆分为简单步骤,甚至连梳子角度都设定。因此一般理发师剪三刀才有的效果,他们一刀就能呈现,十分便捷。而且,顾客不论遇上哪位理发师,都能有同样的剪发质量。因不再有"独门绝活",也避免了理发师换东家、客人跟着"跳槽"的现象。诚如达·芬奇所言:把最复杂的变成最简单的,才是最高明的。

5.3 计划的原则与过程

5.3.1 计划的原则

1. 综合平衡原则

一个组织需要制定很多计划,计划具有不同的层次和类型,这些计划之间必须平衡、协调以有利于组织目标的实现,如果相互矛盾必然导致混乱,阻碍组织目标的实现。从横向来看,不同组织层次和部门的计划要和组织整体计划相符合;从纵向来看,短期计划和长期计划必须协调一致。管理者必须学会管理多种目标,认识到目标之间的冲突并进行平衡和优化。

2. 承诺原则

承诺原则主要是对计划期限的规定,它用于决定组织应该编制长期还是短期计划,完成计划的期限应多久等问题。合理的计划期长度是为完成决策规定的未来任务所必需的时间,即计划所规定的期限应足以实现或可能实现今日决策所承诺的任务,编制计划不是为了将来的决策做计划,而是为今日决策的未来效果做计划。计划期限既要考虑实现计划目标的具体资源条件,又要考虑投资成本回收所需的时间长度。计划是对未来行动和支出的承诺。承诺概念意味着计划应该扩展到未来足够长的期限以满足这些承诺和投入的实现。计划工作的期限无论是比实际需要的更长还是更短,都是一种缺乏效率和效果的表现。

3. 灵活性原则

计划意味着承诺和约束,它规范了组织的发展方向、组织及其成员的行为,使组织在一定时期内失去了一定程度的适应外部环境变化的能力。但组织环境是动态变化的,即使是最精确的预测也难免出现差错。理想的计划具有灵活性,这是由计划的内在缺陷决定的,它使组织具有改变方向的能力,降低由意外事件引起危机和由此浪费的资源。当然,计划的灵活性是需要付出成本的。在制定计划时,如果过于灵活则缺乏指导意义,使用中难免出现混乱;再者,计划实施过程中的任何修改或重新编制都需要花费相应的费用。

4. 改变航道原则

这是为了弥补灵活性原则而提出的。改变航道原则是指,计划工作所承担的任务越多,管理人员定期地检查发生的情况,预计前景,以及为保证实现所要达到的目标而重新制定计划等工作也就越加重要,即定期检查以适时修正计划。

5. 限定因素原则

限定因素是指妨碍目标实现的决定性因素,又称战略因素。一个计划的编制需要考虑众多因素,起决定性作用的关键因素就是制约因素,其他的为补充因素。管理者越能清楚地了解、认识并解决这些限定因素,就越能准确和明确地选择最有利于目标实现的方案。

5.3.2 计划的步骤/过程

1. 评估环境与问题

评估环境与问题是计划工作的第一步,即使它只是确定组织要编制什么计划,并没有真正开始计划工作。估量机会就是要对组织的内外环境要素进行分析,以确定组织所存在的问题和可能存在的有利机会。有时候,企业编制一些计划是源于管理者意识到组织存在这样或那样的亟待解决的问题,为了解决这些问题需要启动一项新的计划工作。

管理工具 5-2

环境扫描与预测技术

1. 环境扫描(environmental scanning)

环境扫描即大量收集环境信息,以便预测和解释环境正在发生的变化。大范围的环境扫描可能揭示出影响组织当前正在实施的活动的趋势和问题,一个组织如果不能认识到环境的变化,将可能陷入困境。管理者必须能够意识到环境变化的潜在重要性,并能够及时获取环境变化信息并做出准确的评估。例如,中国即将迎来的老龄化社会,二胎政策放开,双职工家庭的出现,网络金融的出现,社交网络的迅速发展,携程网2.2亿元投资昔日竞争对手同程网等,这将会给哪些行业带来哪些影响?一度成功的企业如果认识不到环境正在发生的变化,终有一日将陷入发展的困境。

环境扫描的重要类型之一是竞争对手情报(competitor intelligence),即通过环境扫描收集竞争对手的信息,如谁是竞争者,他们在做什么,他们的行动对我们有什么影响。管理者需要了解的竞争对手信息有80%可以从企业的雇员、供应商和顾客哪里得到,广告、促销材料、新闻发布会、政府机构报告、年度报告、报纸、网络、产业研究报告、购买竞争者的产品等,都是基本的信息来源。竞争对手情报并非是一种企业间谍活动,但可能导致违法或不道德的行为发生,如偷窃公司内部材料,挖掘竞争者的垃圾,伪装成消费者或应聘人员等。另一重要类型是全球扫描,即对于具有全球利益的公司,其活动范围扩及全球,管理人员的视野和信息来源必须全球化,以便获得可能影响组织全球活动的重要环境信息。

2. 预测(forecasts)

预测即根据过去和现在的已知情况,用一定的方法或技术,对未来进行预先估计和推测。预测的目标是向管理者提供信息,以辅助决策的制定。

预测是组织计划工作的重要组成部分,主要解决两个方面的问题:对未来环境因素变化的预测,及对计划方案实施结果的预测。前者是计划工作的前提,预测是计划工作的先决条件;后者是预测计划工作的结果,即把计划方案转变为对未来的一种期望,而这种预测往往成为另一计划的前提条件,如预测到消费者需求变化而改变产品销售计划,预测到产品销售量变化而改变原料供应计划和资金筹措计划。

预测技术包括定量和定性两种。定量预测即运用一组数学规则,根据过去的数据序列来预测未来。如果可以收集到足够的数据,一般采用定量预测技术。定量预测技术有时间序列分析、回归分析、经济计量模型、投入产出分析、经济指标、替代效应等。定性预测即运用判断和根据熟悉情况的人员的意见来预测结果。定性预测通常用于只能收集到有限的数据的情况。定性预测技术有专家个人意见法、专家会议法、德尔菲法、头脑风暴法、销售人员意见和顾客评价等。

必须注意的是预测的有效性常常引起极大的争议。组织环境的任何部分,无论是一般的还是具体的,都是可预测的。尽管预测具有重要性和必要性,管理者在预测方面并不总是成功。一切预测都不可避免地会发生一定程度的误差,因为人类认识的局限性和滞后性、客观事物发展的突变性、预测技术本身的缺陷、预测所依据的事实要素和价值要素的干扰等原因,这种误差的存在是合理的也是可以理解的。环境越是具有动态性,管理者预测的有效性就可能越差,例如对于非季节性时间的预测等。

实践中存在很多改进预测效果的途径,例如尽量应用简单的预测方法,复杂的方法时常错误地混淆随机数据与有意义的信息,简单方法的应用效果更好;不要依靠单一的预测方法,尽量采用几种模型来预测,然后综合评估结果,特别是长期预测;缩短预测期间有助于改进预测的准确性,预测的准确性随着预测期间的延长而下降;将预测结果与不变的趋势相比较,经验表明,不变的预测通常有 50% 的准确性;不要假定你能够准确地识别趋势的转折点,通常趋势的转折点是由随机事件引起的;预测是一种管理技能,正如其他技能一样,可以通过实践不断改进。

2. 确定目标

目标是计划工作的基础。目标是个体、群体和整个组织的期望产出,它提供了所有管理决策和行动的方向,构成了绩效评价和实施结果度量的标准。如果不知道你期望的目标是什么,你怎么制定计划去实现它呢? 确定目标工作首先是确定组织在计划期内所要实现的目标及其优先次序,其次将目标分解为组织各个部门和环节的目标,形成一个统一的目标网络。

3. 确定计划的前提条件

计划的前提条件是指组织在未来计划期间所估计的各种内外环境条件,是未来实施计划的预期环境,即计划工作的假设条件,它是编制计划的基本出发点。在管理环境一章中,我们谈到组织与环境的关系,计划的前提条件来源于对组织内部与外部环境的可控与不可控因素的定量与定性分析。

选择合适的计划前提条件必须把握好以下三点。首先是选择对计划有重大影响的、关键性的、有策略意义的环境因素作为计划的前提条件。对于一个组织而言,影响计划实施的环境因素很多,针对每一个细节提出假设是不现实的也是不经济的,组织不可能把所有的环境要素都作为自己编制计划的前提条件来考虑。但在考虑这个问题时,防止出现两个错误:误取与误舍。误取会增加编制和实施计划的难度,误舍则可能会给计划的实施带来风险。

其次是选择计划的前提条件要保持前提条件的协调一致。组织的计划是一个由许多计划组成的计划体系,在编制计划中所建立的目标网络都必须保持一致才能保证组织整体计划和目标的实现。但由于组织成员的背景、经历、知识、动机、目标、所隶属的利益团体等不同,往往造成在编制自己部门的计划和目标时使用了不同的计划前提条件,导致计划工作缺乏协调,影响组织目标的实现。但计划前提条件保持一致,并不是说各个计划前提条件都要一样,而是强调它们的协调一致。

最后,每个组织应根据自身的具体情况来确定自己的前提条件。有些环境因素对某个组织或组织某个阶段而言是关键的,但对于其他组织或组织的另一个发展时期而言可能是毫无意义的。

4. 计划方案的拟定、评价和选择

在理想状态下,我们必须拟定数量尽可能多、质量尽可能高的备选方案,准确指出各个备选方案所有可能的后果,并具备一套完美无缺的评价标准体系以便从中能够选出一个最优的行动方案。但现实情况往往是由于个人知识、能力、信息等的有限性和不完备性,交易成本的约束,以及组织资源的有限性等因素的限制,在备选方案的数量以及评价标准体系的完整性等方面,存在一个"度"的把握问题,理想状态一般不可能也是不现实的。因此,如何做好决策将极大地影响管理效率。

在拟定可行的计划方案时,首先应做到既不重复又不遗漏,备选方案的数量和质量关系着方案评价与选择工作的成效。其次,拟定计划方案要注意各种计划表现形式的配套使用,并要注意目标、政策、策略、规则、程序等各种计划形式之间的衔接和协调。最后,备选方案的拟定往往需要一个循环往复的过程。拟定备选方案一般可遵循以下两个步骤:第一"轮廓设想"阶段,即尽可能设想出所有可能的备选方案,保证方案的全面性和多样性;第二是"细部设计"阶段,即充实每个备选方案的具体内容,如确定备选方案的具体实施措施和细节,估计可能的实施结果和成功实施所需要的条件。

对于各种可行方案,要根据计划目标的要求、预测的计划前提条件,按照一定的原则和标准,采用一定的方法和技术进行评价与比较,以确定能最佳地实现组织目标的未来行动方案。选择的方法有经验判断法、试验或研究与分析法。经验学派强调从成功或失败的事件中吸取经验,给予管理者最可靠的指导,但经验属于过去,不一定能适应新的问题,而且经验常让人盲目信任。多数人往往并不清楚自己在经验中所犯错误的根本原因。试验方法是费用最高的方法,往往作为最后一种方法来使用。经济领域的试验不同于科学试验,一般无法在重复的操作中验证某一方案的有效性,再者,未来不会是现在情况的简单重复。研究与分析方法是最常用和最有效的方法,研究最关键的变量、限定因素和前提条件之间的关系,把计划工作分解为各种定性和定量因素,拟定一个模拟问题的模式。这些方法各有优缺点和适用范围,应根据具体情况灵活运用。当然,备选方案的选择还受到管理者决策风格的影响,如是遵循最优原则还是满意原则,是根据完备的数据分析还是一时的直觉。

5. 编制派生计划

基本计划需要派生计划的支持。如一家公司制定了"当年销售额要比去年增长15%"的销售计划,与这一基本计划相关联的有许多派生计划,如生产计划、促销计划、资金筹措计划、人员招聘和培训计划等。

6. 预算

在做出决策和确定计划后,最后一步就是把计划转变为预算,使计划数字化。或者这样说,预算是一种数字化的计划,是用数字表示预期结果的一种报告书。预算通常为计划服务,计划都有预算支持。预算也是控制的手段之一,在很多公司预算是基本的计划工作

手段。

　　定性的计划往往在可比性、可控性和进行奖惩方面比较困难,而定量的计划则具有较硬的约束。预算能迫使计划的制定尽量精确,一方面是为了计划的指标更加明确,另一方面使企业更易于对计划执行进行控制。

　　预算是几乎所有管理者都要使用的一种计划技术,无论管理者处于组织的哪一个层次上,预算都是一种重要的管理活动。但预算也仅仅是一种工具,必须注意的是利润来自于有效的管理,而不是用预算来框住它们;再者是目标驱动预算,而不是预算驱动目标。实践中,在整个组织范围内协调预算并不是一件轻松的事情,而且往往很容易得罪人。

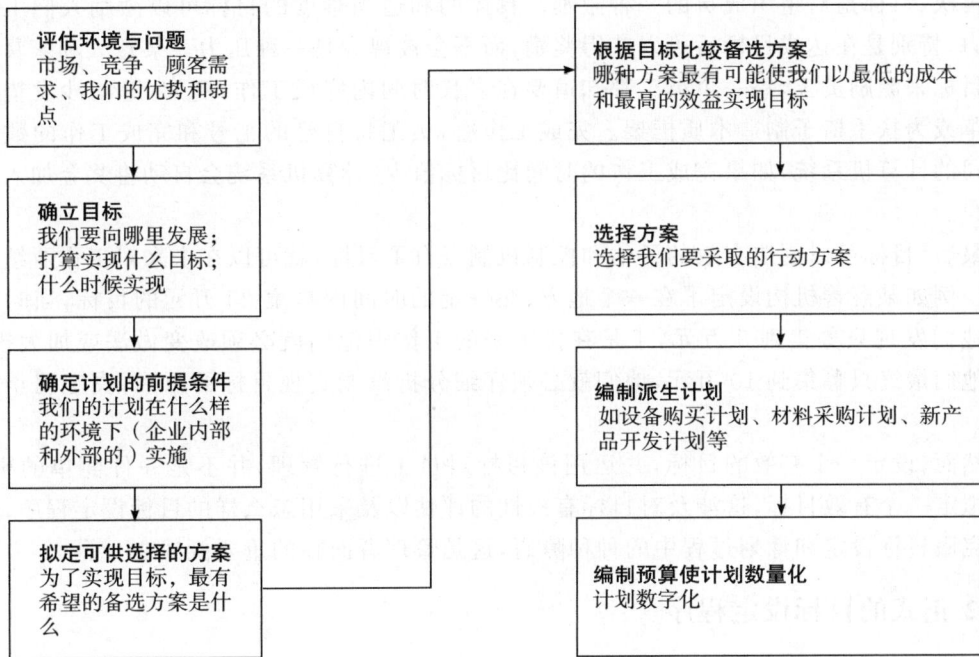

图 5-6　计划的过程

5.4　目标管理

5.4.1 目标的重要性

　　目标(goal)是组织意图实现的一种未来的状态或目的。目标提供了所有管理决策和行动的方向,以及对实施结果的度量标准。管理者必须具有很强的目标思维,任何管理过程,都必须始于目标,并终于目标达成。组织成功在很大程度上意味着建立目标并使之实现。在工商企业中,管理者必须把绩效目标放在首位,通过有效管理实现组织的目标。

　　对于组织而言,目标具有四种重要用途。首先,目标向组织成员提供指导和统一的方向。每一个组织成员都应该使其所在部门的工作朝向实现目标的方向。数年前,通用电气公司的最高层经理们设定了目标,要求公司的各个业务部门必须在所在的产业保持数一数二的地位。这一目标帮助企业经理们在同像惠而浦和伊莱克斯这样的企业竞争时做出适当的决策和行动。

其次,目标强烈地影响着计划工作的其他方面。有效目标设定更可以促进好的计划方案,好的计划方案可以协助未来的目标设定工作。例如,宝洁公司雄心勃勃的收入目标可以用来说明目标设定和制定与实现目标的计划之间的互补性关系。更强劲的增长目标鼓励经理们在计划中为扩张寻求新的市场机会。同时,他们还要警惕竞争对手的威胁,并发掘有助于未来扩张的新想法。

再次,目标是对组织成员的一种激励。具体的和适当难度的目标可以激励人们工作更加努力,特别是在达成目标后可以获得奖励,而不会被视为是一种压力。某意大利家具制造商用目标来激励员工,每一个员工都知道要在多长时间内完成工作,例如,缝制沙发垫上用的皮革或为扶手椅子制造木质框架。完成工作后,员工将自己的工号和完成工作的数量输入公司的计算机系统,如果完成工作的时间比目标值少,计算机系统会自动将奖金加入他们的账户。

最后,目标可以创造有效的评估和控制机制。有了目标,就可以在未来对工作业绩进行评估。例如某慈善机构设定了在一个地方、在一定的时间内募集25万元的目标,当时间过半后他们发现只募集到5万元,于是在接下来的工作中他们就必须改变做法或加大投入。如果他们最终只募集到10万元,他们就必须仔细分析没能实现目标的原因,决定明年如何改进。

然而,设定一个有效的目标,并运用该目标对员工进行管理,并不是一件简单的事情。如何拟定一个有效目标,这涉及对目标有效性的评估以及采用怎么样的目标设定程序,而且必须克服目标设定和计划过程中的种种障碍,这是管理者面临的重要挑战之一。

5.4.2 正式的目标设定程序

1. 传统的目标设定过程

传统的目标设立过程是首先设立组织的最高层目标,然后将其分解为每一个组织层次的子目标。由传统观点建立起来的一体化的目标网络,即目标—手段链中,目标由最高层设立并逐级下达到组织的各个层次,以指导和在某种程度上约束每个雇员的工作行为。如总经理设定年度业绩目标,然后将其分解到各个生产部门的成本目标以及营销部门销售目标。

传统的目标设立过程存在一些缺陷,例如它假定高层管理者清楚什么是最佳的目标和方式,但个人决策可能存在风险。其次,每个组织层次上的管理者在制定具体目标时,往往根据他们自己对组织目标的理解甚至是偏见来规定具体目标,结果可能导致目标失去清晰性和一致性。最后,缺乏与目标实施人员的沟通,这导致对目标的误解或理解偏差,而且激励性表现不足,因而很难被执行到位。

2. 目标管理法

目标管理法(management by objectives,MBO)是美国管理学家彼得·德鲁克在20世纪50年代提出的。我国企业于20世纪80年代初开始引进目标管理法,取得了较好的成效。在这种管理体系下,雇员与他的管理者共同确定具体的目标,然后定期评审目标实现的进展情况。奖励是基于目标的实现程度。目标管理方法不是将目标仅仅作为一种控制方

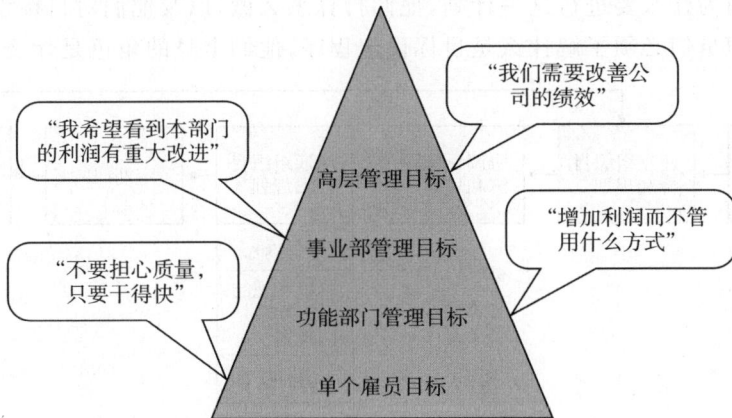

图 5-7 传统的目标设定过程的缺陷

法,而是同时把它们作为激励雇员的方法。

目标管理法的基本思想,首先是"凡是在工作成就和成果直接、严重地影响企业的生存和繁荣的每个部门中,目标都是必需的"。企业的使命和任务必须转化为具体目标,管理人员必须通过这些目标对下级进行领导并以此保证总目标的实现。管理人员往往全神贯注于眼前的事务,而忘记了他们本来的目标,在事后才明白行动之前明确自己的方向和目标。

其次,各级管理者、雇员与他的管理者共同制定具体的目标。目标的制定要求所有人参与,这改变了原来仅由几个高层管理者制定的现象。当一个计划最终敲定时,要得到所有人员的一致认可。上级管理者在制定目标时,要充分征求下级的意见;在下级管理者制定目标时,上级应给予充分的支持和帮助。通过组织成员对目标制定的参与,使组织成员能充分理解目标的内容,从而更有利于目标实现。

再次,需要一系列的监督,并定期进行绩效评估。计划需要不断完善,目标管理要求组织要有一系列的监督定期进行绩效评估,以保证组织沿着正确的方向前进,当发现有偏差时,计划就要被修正。传统方法完全采用上级对下级进行评价,这种评价工作只是为了寻找工作的毛病和不足,让员工觉得是在被挑剔。而目标管理法强调上下级共同确定目标评价的标准,并不断地将实现目标的进展情况及时反馈给个人以便他们调整自己的行动。

复次,强调自我管理、自我控制。目标管理法允许组织成员自由地分配资源,自由地采取行动,充分发挥自己的能力和经验,而不是由上级管理者进行严格的监督和控制。这样有利于发挥组织成员的积极性和创造性,获得更多的激励和满足,在实现组织目标的同时实现个人目标。

最后,依据目标进行考核和奖惩。每个员工的分目标都是组织总目标对他的要求,也是这个员工对组织目标的贡献,只有实现了自己的分目标,才有希望实现总目标。由此,管理人员对下级的考核和奖惩也是依据这些分目标。(本书第 10 章还有进一步的说明)

3. 正式的目标设定程序

图 5-8 描述了一个正式的目标设定的过程,这里所展示的可能是一个理想化的过程。在不同的组织中,这些步骤可能不一样,各个步骤的权重可能不同,设置次序也完全不同。绝大多数经理认为,正式的目标设定过程要想取得成功,首先要看组织最高层的工作。最高

层经理必须说明为什么要进行这一计划,他们打算怎么做,以及他们对目标设定工作的认识和投入程度。职员们必须了解什么是目标设定程序,他们本身的角色是什么。

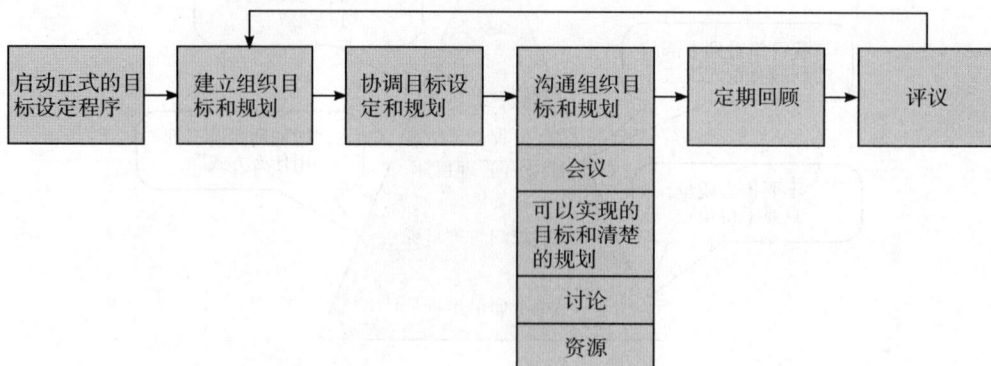

图 5-8   正式的目标设定程序

在启动正式目标设定程序之后,经理们应当保持这一工作同组织目标和计划的一致性。这里的关键是将最高层制定的目标有系统地分解到组织的各个层面。协调目标设定和计划工作是正式目标与计划过程的基础。协调包括一系列特别的步骤。首先,经理们告诉下属组织最高层所确定的组织和部门的目标。然后,经理和下属尽可能进行一对一的见面,双方达成每一个下属人员的目标和计划方案。接下来,将目标提炼为尽可能可量化的指标并明确时间期限,最后将目标与计划方案以书面形式确定下来。在这一过程中,经理们应当起到顾问的作用,他们必须保证下属的目标是可以实现的,计划方案是清晰的,并且实现这些目标与计划的过程有助于组织和部门整体目标的实现。最后,通过会议、讨论等形式弄清楚下属为实施他的目标和计划方案所需要的资源。

定期同下属进行工作总结是明智的做法。如果目标和计划是一年期的,那么每季度总结一次是好的做法。每一期末,经理再同下属举行会议总结目标完成的程度。他们需要讨论最初的计划中哪些目标实现了,哪些目标没有实现。无论是成功还是失败,都要仔细分析原因。虽然目标管理法强调员工根据目标自我管理和自我控制,但并不意味着管理者可以放弃对员工施行计划过程和结果的监控。最后,员工的奖励要以目标实现的程度为基础。在一个持续的目标设定程序中,评估会议还可以用来协调下一个时间阶段的目标设定和计划会议。

4. 正式目标设定的有效性

有效的目标设定能够提高对员工的激励。通过清楚地描述组织对员工的期望,通过员工参与决策过程,通过将奖励同业绩目标相结合,组织可以为员工创造出一个强有力的激励系统。在目标设定的过程中,成员间通过讨论和协作使沟通得以加强。正式的目标设定为绩效评估提供了客观的指标,较少受主观因素的干扰。正式的目标设定工作将管理层的注意力集中于恰当的目标与计划,有助于发现卓越的管理人员,并且在组织内创造出一种系统化的、有正面效应的管理哲学。目标设定还有助于企业的控制,定期制定员工的目标和计划并不断进行评估可以确保组织沿着通向整体目标和长期计划的方向前进。

然而,目标设定的工作也会因为糟糕的实施而陷于失败。好的目标设定可能遇到的主要问题是缺乏高层管理者的支持。某些组织在决定采用目标管理法后,将实施的工作交给底层管理者去负责,这种做法限制了计划工作的有效性,因为目标经过层层传达之后,真正实施的目标和计划可能已经不是高层经理们所期望的,而且组织中其他层次的成员也许并未获得相应的激励来接受和实现这些目标与计划。除了高层管理者的支持外,难以逾越的组织等级制度往往会是调动组织成员积极性的一大障碍。

目标设定的另一个问题是有些组织过于看重定量的目标和计划,整个组织被繁重的文件和记录工作弄得疲于奔命。过分强调数量指标使组织管理者忙于写报告、填表格和分指标,而忽视与组织成员的沟通、交流和合作。如果目标管理方法简单地被看作是一项年度的例行工作,只是填一些表格,那么显然雇员不会被激励去实现这些目标。这样的目标管理往往使雇员过分关注自己的目标,而不考虑其他人的目标,从而无法确保所有的雇员不会在相互冲突的目标下工作,况且组织中很多工作难以用数量指标来衡量,如组织形象。

还有一些经理不愿意或不会坐下来和下属一起制定目标和计划。相反,他们往往"建议"或"指定"下属的目标和计划,这样做的结果将导致埋怨和对目标与计划缺乏投入感。

5.4.3 目标设定和计划过程的障碍及其克服

1. 目标设定与计划过程的障碍

表 5-2 列出了比较常见的目标设定和计划过程的障碍及如何克服这些障碍一些策略。第一是目标不恰当。目标不恰当表现为多种形式。目标之间可能会有冲突,例如向股东支付大笔红利可能是不恰当的,特别是如果这样做牺牲了研发费用的话。如果制定的目标是无法实现,那么这也是不恰当的。例如假设要求某某社区超市明年实现超过沃尔玛的销售额,那它的员工将陷入极为尴尬的境地,因为这样的目标是不可能实现的。另一种目标不恰当的情形是偏向定量目标或定性目标的某一极端。有些目标,特别是同财务领域有关的目标,是定量的、客观的和可证明的。而另一些目标,如员工满意度和员工发展,则是很难加以定量化的。很多脑力劳动者或艺术工作者的工作也是难以定量化的。如果组织偏重于某一类型的目标而排除别的类型,它将会在实施中遇到很大的困难。

表 5-2　目标设定与计划的障碍及克服策略

障碍与克服策略	具体内容
主要障碍	·目标不恰当 ·奖励系统不恰当 ·环境复杂多变 ·抗拒设定目标 ·抗拒变革 ·约束条件
克服障碍	·理解目标和规划的用途 ·沟通和参与 ·一致性、修正和更新 ·有效的奖励系统

第二是不恰当的奖励系统。在某些情况下,不恰当的奖励系统可能会妨碍目标设定与计划。例如,人们可能会因为不恰当的目标设定而获得奖励,也可能因为不恰当的目标设定而无法获得应得的奖励甚至还受到了惩罚。在中国经济发展的某一个阶段,部分省市以企业纳税额的多少为目标设定奖励标准,但结果发现有很多高耗能企业受到了政府的奖励,这样的目标和奖励制度显然是不恰当的,因为它忽略这些企业同时也是污染的主要排放者。同样,如果组织过于关注短期绩效和结果,经理们在设定目标和制定计划时可能会竭力获取短期利益,而忽视长期的发展。

第三是动态和复杂的环境。快速的需求变化、技术创新和剧烈的竞争都会增加组织准确评估产业内未来机会与威胁的难度。例如,当一家像 IBM 公司这样的电子企业制定长期计划时,它需要考虑在此期间技术革新发生的机会有多大,但这种预测是极其困难的。在个人电脑产业发展的早期,数据主要存储在软盘中,后来厂商们开发了存储能力更强的硬盘。今天,越来越多的计算机用光盘存储信息,U 盘的出现也改变个人存储数据的习惯。在这样一个环境快速变化的产业中,目标设定和计划工作的确是一项非常困难的工作。

第四是抗拒目标的设定。妨碍有效的计划工作的另一个障碍是某些经理抗拒为他们自己和他们所负责部门制定的目标。抗拒的原因可能是缺乏信心或恐惧失败。如果设定了具体、明确的和有时效性的目标,那么将很容易看出经理是否实现了目标。有意或无意试图避免这些责任的经理会阻碍组织制定目标的工作。某制药公司就曾经遇到这类问题,因为它的经理们没有为研发设定目标,结果导致企业在研发方面总是一再落后,公司难以评估和判断研发工作的效率。

第五是抗拒变革。计划总是涉及对组织中某些地方的改变。人们总喜欢稳定和可预测的未来,或者只是简单地顺其自然,他们倾向于抗拒变化、变革或被控制。雅芳公司曾几乎陷入破产的境地,因为它坚持执行一项向股东大量发放红利的政策。当利润开始下降后,这家公司的经理们拒绝减少红利,甚至举债也要发放红利。企业的负债在 8 年间从 300 万美元上升为 11 亿美元。最后,经理们还是不得不面对现实,削减红利。

第六是约束条件。约束企业行动的条件包括资源缺乏、政府管制和剧烈的竞争。例如,某家公司为了避免被收购而背上大笔的债务,这家公司被迫削减资本性支出和研发费用,这些削减极大地限制了该公司规划未来的能力,于是在可以预见的未来是它最终可能会以更差的价格被收购或宣布破产。时间约束也是一个常见的障碍,我们经常听到经理们这样说,"今天太忙了,我明天再来做计划"。有效地计划工作需要大量的时间、精力和毫不动摇的决心,对组织和个人都一样。

2. 克服目标设定和计划过程的障碍

首先,应当做的是理解目标和计划的用途。管理者们应当认识到有效设定目标和开发计划方案的局限性。计划既不是解决组织中所有问题的万能药,也不是不计代价的一成不变的法则。即使是有效的目标和计划也未必能够保证成功,修正、调整和意外是计划实施过程的一部分。例如,数年前可口可乐公司为了夺回市场份额而做出的改变配方的决定是理性和合乎逻辑的,但是消费者拒绝新配方可乐,最终证明这个计划是错误的。但是,可口可乐公司的经理们迅速地改变了决定,用"可口可乐经典"的名称重新上市了老配方。今天,面对消费需求的变化和新的竞争形势,可口可乐公司也拥有了很多不同的口味和品牌的软饮料。尽管精心制定的计划有时候会被证明是错误的,但企业仍然通过正确的反应在长期中得以胜出。计划能力很重要,但调整能力有时候更为重要,调整是计划工作的不可或缺的一部分。正确的认知可以提高计划工作的有效性。

其次,沟通和参与。目标设定和计划过程通常由高层经理启动,但它们必须通过沟通传达到组织内的每一个人。同计划过程有关的任何一名组织成员都必须了解组织的总体战略是什么,各个部门的战略是什么,以及这些战略相互之间如何整合以及如何协同。负责达成目标和实施计划的成员必须从一开始就获得参与制定计划的权力。这些几乎总能为计划工作带来有价值的信息,更何况将来的计划实施要靠他们来完成,他们的参与是非常关键的,人们对于自己亲手制定的计划总是更加投入。即使组织在某种程度上实行集中管理或拥有专业的战略计划人员,来自组织内部各个阶层的经理们仍然应当参与到计划的制定过程中来。

再次,一致性、修正和更新。组织要保证目标在水平层面和垂直层面上的一致性。水平一致性指的是目标在组织的部门间应当保持一致。垂直一致性指的是目标在组织的各个层次间保持一致:战略、战术和作业目标必须相互间保持一致。由于目标设定和计划是动态的过程,因此还应当定期进行修正和更新。许多组织发现必须比以往更加频繁地进行修正和更新工作。例如,花旗集团一度采用三年期的开发新的金融服务的计划,但现在这一期限被缩减为两年,这家银行还经常进行一年期的计划。

最后,有效的奖励系统。一般来说,应当对有效的目标设定和成功实现目标进行奖励。有时失败是由于外部因素所导致的,应当保证有关的人员不会因此而受到处罚。联邦快递公司的创始人和 CEO 史密斯一向主张鼓励有风险的目标。因此,当这家公司推出的 zap-mail 服务失败后,没有人受到处罚。史密斯认为最初的想法是好的,失败是由于公司无法控制的因素导致的。

5.5　计划的方法

5.5.1　滚动计划法

滚动计划法是根据未来计划的执行情况和计划期内外环境因素的变化情况,定期修改计划,并将计划期往前顺推一个时期的一种计划编制和调整的方法。滚动计划法适用于年度计划的编制和调整,也适用于对产量、销售量、时间进度的安排等方面计划的调整,对于一些影响作用比较长的计划则不宜。

图 5-9 列出一个五年期的滚动计划法。从第一个滚动期开始,由细到粗地编制整个计划期的计划。第一个滚动期较细,便于实施;往后较粗,具有弹性,以便根据变化调整。这样的计划方法,首先可增强长期计划的准确性和可操作。计划期越长,不确定性就越大,实施难度也就越大。滚动计划法缩短了计划时期,避免了不确定性所带来的不良后果,使计划更加切合实际,但同时也使计划编制和实施的任务量加大了。其次,滚动计划法使短期计划、中期计划和长期计划有机地结合起来,使各时期计划保持一致。最后,滚动计划法大大加强了计划的灵活性,提高组织的应变能力。

具体计划	比较具体计划		比较粗略计划	
2000	2001	2002	2003	2004

绩效分析

环境变化

具体计划	比较具体计划		比较粗略计划	
2001	2002	2003	2004	2005

图 5-9　五年期的滚动计划法

5.5.2 标杆比较法

1. 标杆比较法的定义

标杆分析法/基准化分析法(benchmarking,BMK)又称竞标赶超、战略竞标、标杆瞄准。标杆比较就是将本企业各项活动与从事该项活动最佳者进行比较,从而提出行动方法,以弥补自身的不足。标杆比较是将本企业经营的各方面状况和环节与竞争对手或行业内外一流的企业进行对照分析的过程,是一种评价自身企业和研究其他组织的手段,是将外部企业的持久业绩作为自身企业的内部发展目标并将外界的最佳做法移植到本企业的经营环节中去的一种方法。

使用标杆比较法的公司必须不断对竞争对手或一流企业的产品、服务、经营业绩等进行评价来发现优势和不足。总的来说,标杆比较法就是对企业所有能衡量的东西给出一个参考值,它可以是一种管理体系、学习过程,更着重于流程的研究分析。

菲利普·科特勒解释说:"一个普通的公司和世界级的公司相比,在质量、速度和成本绩效上的差距高达 10 倍之多。标杆比较是寻找在公司执行任务时如何比其他公司更出色的一门艺术。"中国古代战略名著《孙子兵法》提到"知己知彼,百战不殆;不知彼而知己,一胜一负;不知彼,不知己,每战必败"。其实这是很简单的道理。

2. 标杆比较法的来源

标杆管理的思想来源于两件事。第一个事件是 20 世纪 70 年代日本企业积极地模仿其他企业的成功做法,将他们访问世界上其他公司所学到的经验应用于改进自己的产品和过程。20 世纪 80 年代,美国施乐公司注意到由于日本企业的竞争,他们的市场份额削减了很多,他们搞不清楚日本的复印机制造商怎么能够以大大低于施乐公司的成本的价格来美国市场上销售,因此施乐公司带领一个团队到日本访问,仔细研究他们竞争对手的成本和过程。研究结果令他们感到震惊,他们的竞争对手在效率方面大大领先于施乐公司,因此施乐公司开始运用标杆管理去分析和日本企业之间的差异,从而提升了自身的绩效。终于在 1989 年,施乐公司成功地夺回了失去的市场份额,并在当年获得了企业界颇负声望的美国国家质量奖。第二个事件是迈克尔·波特提出的"竞争优势"理论,迫使企业进一步去思考它的竞争对手以及在相互竞争中定位自身的位置而不是从企业自身的发展历史去定位。

3. 标杆比较法的主要作用

第一,做竞争对手的标杆比较,有助于确定和比较竞争对手经营战略的组成要素。

第二,通过对行业内外一流企业的标杆比较,可以从任何行业中最佳的企业、公司那里得到有价值的情报,用于改进本企业的内部经营,建立起相应的赶超目标。

第三,做跨行业的技术性标杆比较,有助于技术和工艺方面的跨行业渗透。

第四,通过对竞争对手的标杆比较,与对客户的需求做对比分析,可发现本公司的不足,从而将市场、竞争力和目标的设定结合在一起。

第五,通过对竞争对手的标杆比较,可进一步确定企业的竞争力、竞争情报、竞争决策及其相互关系,作为进行研究对比的三大基点。

4. 标杆比较法的类型

(1)根据所针对的企业运作不同层面将标杆比较分为三类,即战略层的标杆比较、操作层的标杆比较和管理层的标杆比较。

①战略层的标杆比较:是将本公司的战略和对照公司的战略进行比较,找出成功战略中的关键因素。

②操作层的标杆比较:主要集中在比较成本和产品的差异性,重点是功能分析,一般与竞争性成本和竞争性差异有关。

③管理层的标杆比较:涉及分析企业的支撑功能,具体指人力资源管理、营销规划、管理信息系统(MIS)等。其特点是较难用定量指标来衡量。

(2)另一种分类方法是将标杆比较分为对竞争对手的标杆比较和瞄准一流企业的标杆比较。前者一般仅限于生产同类产品或提供同类服务的企业,其目的主要是发现竞争对手的优点和不足,针对其优点,取长补短;根据其不足,选择突破口。而后者的范围就要广得多,可挑选任何业绩优良的企业。其好处是更能博采众长;另外,由于不存在竞争关系,交流信息的障碍少。

(3)可依选择的标杆对象与欲评价的作业流程的不同,分为以下三种类型。

①内部流程标杆分析:指一个组织内部不同部门、据点、分支机构的相同作业流程的相互评价比较,主要目的在采取迅速动作解决顾客问题。以图书馆为例,比较总馆与各分馆间参考服务的作业流程,可寻找出全馆内最佳参考服务典范与解决参考服务过程中所共同遭遇的问题。图书馆内部流程标杆分析较容易搜集到丰富的资料,通常可以提供 15% 改善的机会,呈现图书馆问题所在的清晰图像。内部流程标杆分析的最大优点在于所需的资料和信息易于取得,并且获得的信息不必经过费心的翻译便可以转换到本身的部门内,故不存在资料鸿沟(data gaps)的问题。另外,在分化程度过高的企业内,内部流程标杆分析还可以促进事业单位或部门间的沟通。内部流程标杆分析的缺点则是视野狭隘,不易找到最佳作业典范,并且学习的对象局限在组织内部,很难为组织带来创新性的突破。另外,若是有内部倾轧的问题存在的话,易于造成偏见,无法虚心求教。

②外部竞争性流程标杆分析:以组织同业竞争者的产品、服务、作业流程作为评价比较的标杆,试图找出自身的优势或弱点。以图书馆为例,以同性质、声誉卓著的图书馆同业为标杆,比较彼此图书采购流程的差异,进而采纳仿效对方的优点,即为竞争性流程标杆分析的做法。此种标杆分析需要充分配合的标杆伙伴(benchmarking partner),通常可以提供

20%～25%的改善机会。除了信息极具竞争价值之外,外部竞争性流程标杆分析的另一优点与内部流程标杆分析相同,即企业本身与竞争对手的做法在比较上会较为容易,并且一旦需要将对手的流程转换到自身企业时也不会有太大的困难。一般而言,作为学习对象的竞争对手即使采用的技术或作业方式与企业本身不尽相同,至少也极为类似。所以从对手那获得的信息可以很快地运用在本身的组织内。但竞争性流程标杆分析的最大缺点则是相关信息搜集困难。

③功能性流程标杆分析:功能性流程标杆分析的对象不限同业,而是选择一特定功能或作业流程,针对在这个领域内已建立卓越性的机构,进行标杆分析。这种标杆分析的主要标的不是机构,而是该组织的某一项典范作业流程。以图书馆为例,为提升馆员人力资源管理效能,应向以人力资源管理极享盛名的企业取经,即为一种功能性流程标杆分析。此种标杆分析经常可以引导突破性的思考,有助于创新服务与作业流程的提出。功能性流程标杆分析最大的优点在于协助企业去引发许多极具创意的经营点子。这种"跳脱框框"的突破性思考方式对许多观念封闭的企业来说很有益处。来自产业外界截然不同的观念与做法很容易对处于自身产业封闭环境下的企业造成莫大的刺激,进而引发许多创新性的做法,使企业内原有的运作方式产生重大的转变。功能性流程标杆分析的另外一个优点是容易寻求到真正的最佳作业典范,毕竟"人外有人,天外有天"。功能性标杆管理的缺点则是在资料的搜集上可能受限于距离遥远(对方可能在不同的国家),必须投入较多的资源来进行初级资料的搜集或是加入付费的企管顾问数据库,否则就只能透过次级资料来分析。虽然如此,由于功能性流程标杆分析可以激发组织进行创新性的突破,因此尽管实行困难,它仍然被普遍认为最具长期的报酬与效益。

5. 标杆比较法的主要步骤

比较结果能让企业了解所处的地位和差距,但却无法告诉企业如何缩小差距或超越对手。比较的过程才是最重要的,因为在过程中能学到怎样去做。实施标杆比较步骤主要有确定内容、选择目标、收集分析数据、确定行动目标、实施计划和跟踪结果,一般的标杆比较流程包括:

第一,确定要进行标杆比较的具体项目。确定要在哪些领域哪些方面进行标杆分析。

第二,选择目标。确定了进行标杆比较的环节后,就要选择具体的标杆比较对象。通常,竞争对手和行业领先企业是标杆比较的首选对象。

第三,收集分析数据,包括本企业的情况和被标杆比较企业(可以是竞争对手,也可以是非竞争对手)的情况。分析数据必须建立在充分了解本公司目前的状况以及被标杆比较的企业状况的基础之上,数据必须主要是针对企业的经营过程和活动,而不仅仅是针对经营结果。

第四,确定行动计划。找到差距后进一步要做的是确定缩短差距的行动目标和应采取的行动措施,这些目标和措施必须融合到企业的经营计划中。

第五,实施计划并跟踪结果。标杆比较是发现不足,改进经营并达到最佳效果的一种有效手段,整个过程必须包括定期衡量评估达到目标的程度。如果没有达到目标,就需修正行动措施。

最后要注意的是研究较大的流程需花费比较多的资源,且分散注意力容易失去焦点,研究较小的流程则所能获得的改善成果比较有限,两者需要平衡。

6. 标杆比较法的关键

首先是标杆的选择。以竞争对手为标杆,有助于确定和比较竞争对手经营战略的组成要素;以一流企业为标杆,可以改进企业的内部经营,建立相应的赶超目标;建立跨行业的技术标杆,有助于技术和工艺方面的跨行业渗透;以客户需求为标杆,可发现公司不足,将市场、竞争力和目标设定结合在一起。

其次是标杆分析比较的是具体的指标值,但分析改进的是相关的流程,因此确定适当的流程范围非常关键。例如在企业的物流领域,如果将"采购—生产—分销配送"作为分析范围则太大,而将"物料编码规则"作为分析范围则太小,选择"原料库存管理"或"成品库存管理"作为分析范围就相对适当。

再次,要有充分的时间做事前的规划与资料的搜集,尤其应重视与标杆分析伙伴间要有足够的时间互相沟通。标杆分析需要充足的事前计划与执行的时间,标杆分析所需时间短则 3 周,长至 1 年半,建议的适当时间为 4～6 个月。

复次,避免无意义的资料。对于工作的内容与流程要有明确的定义,量化数据与质化资料兼顾。不论是用访谈、问卷调查还是焦点团体法搜集资料,宜针对标杆分析的主要作业流程,避免扩及范围以外的资料,以方便资料的诠释与应用。

最后,管理者或者标杆化团队怎么从其他组织中搜集数据?利用与顾客、供应商和雇员的接触网络,征求他们的意见,看看谁是适合进行标杆比较的最佳公司。此外,行业协会或产业专家可能知道哪些组织是最优秀的,那些受过地方或国家部门表彰的公司也可作为潜在标杆比较的对象,竞争对手网站上也提供丰富的信息资源。

表 5-3 列出了标杆比较工作的其他建议。

表 5-3　改进标杆比较工作的建议

· 将标杆比较工作与战略目标联系在一起
· 组成合理规模的团队——6 至 8 人的团队是最有效的
· 吸收将受到标杆比较直接影响的人员加入团队
· 聚焦于具体的、针对性的问题,而不是宽泛的、一般性的问题
· 设定符合实际的时间表
· 仔细确定标杆比较的对象
· 当与适当的人员接触搜集标杆比较信息时,要遵守适当的约定
· 不要收集过量的、不必要的数据
· 分析数据背后的过程而不仅仅是数据本身
· 确定标杆比较目标并确保所采取的行动能够实现目标

5.5.3 排程的技术

如果仔细观察领班或者部门管理者,就会发现他们在定期地制定详细的资源分配计划,比如从事什么活动,哪些订单需要完成、谁来完成、什么时间完成等。这些管理者就是在做我们称为排程的工作。

1. 甘特图

甘特图(Gantt chart)是在 20 世纪初期由亨利·甘特(Henry Gantt)开发的。甘特图的概念很简单,它是一种样条图,带有横向的时间坐标和纵向的活动坐标,样条表示在整个期间上的产出,包括计划的和实际的。甘特图直观地表明什么时候任务应该开始进行,并与实际的过程进行比较。这是一种虽然简单但是非常重要的工具,它使得管理者能够很容易地搞清什么活动已经在进行,以及评估哪些活动提前完成了、可能推迟或者按进度计划在进行。

图 5-10 画出了一个简单的书籍生产过程的甘特图。时间是以月为单位,标在图的上方,主要的工作活动在左边从上到下依次列出。计划工作包括决定完成整个书籍需要从事哪些活动,这些活动的次序是什么,以及每种活动应该在什么时间开始和结束。这里样条的长度对应着时间的框架,反映出计划的顺序。甘特图可以作为一种控制工具,因为管理者可以从图中看到计划与实际的差异。在本例中,封面的设计和校样的打印都落后于进度计划,封面设计大约落后 3 周,校样的打印大约落后 2 周。给出这样的信息,管理者或许需要采取一些行动来弥补损失的时间,从而确保在未来不再发生延迟。同时管理者还可以预期,如果不采取任何措施的话,书籍至少要比计划推迟 2 周出版。

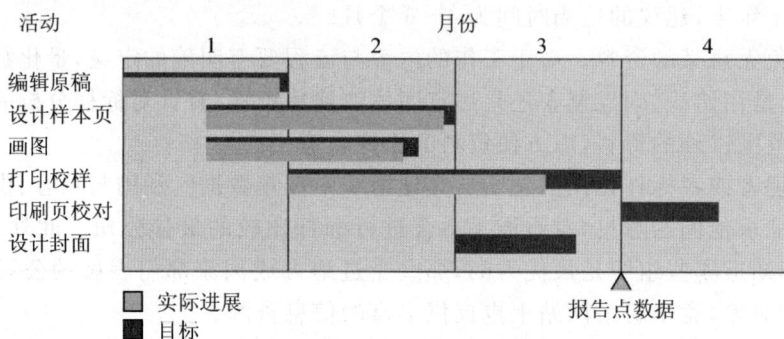

图 5-10　书籍生产的甘特图

2. 负荷图

负荷图(load chart)是一种改进的甘特图。它不是在纵轴上列出活动,而是列出全部部门或者是特定的资源。这种安排使管理者可以利用计划和控制能力,换言之,负荷图是对各个工作区的能力进行排程。

图 5-11 给出了一个包含 6 个图书编辑的负荷图,他们在同一家出版社工作,每个编辑都负责生产和设计几本书籍。通过考察负荷图,编辑部主管可以更好地管理这 6 个编辑。例如,他可以看到谁有空闲时间来从事其他书籍的编辑工作。如果每个人的日常安排都是满负荷的,那编辑部主管可能会决定不再接受新的项目,或者接受新的项目但应推迟已经在进行的某个项目,或者安排编辑加班,还可能雇用新的编辑。从图中可以看出,只有安东尼奥和莫里斯在未来 6 个月中的任务是饱满的,其他编辑都有某种程度的空闲时间,可以接受新项目或者是支援其他编辑的工作。

3. PERT 网络分析

只要活动的数量较少并相互独立,甘特图和负荷图都是很有用的。但是,如果管理者要计划一个大型项目,比如部门重整、重组,实施成本削减计划或者开发新产品,那就要求协调来自市场、制造和产品设计部门的输入,这样的计划要协调成百甚至上千的活动。其中一些活动必须同时进行,另一些活动只有在它的紧前活动完成以后才能开始。例如,我们要建造一座楼房,显然在没有打好地基之前是不能砌墙的。那么管理者怎么对复杂的项目进行排序呢? 这就要用到计划评审计划(the program evaluation and review technique,PERT),这

编辑　　　　1　　　　2　　　　3　　月份　4　　　　5　　　　6

安妮
安东尼奥
金姆
莫里斯
戴夫
彭尼

■工作进度计划

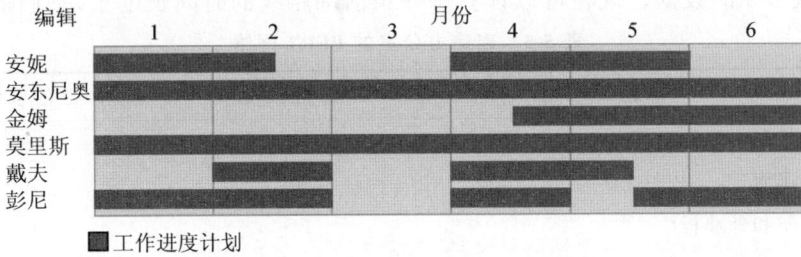

图 5-11　6 个图书编辑的负荷图

种方法非常适用于复杂项目的进度计划。

表 5-4　开发 PERT 网络的步骤

1. 识别完成项目的每一项必须从事的活动。每项活动的完成导致一系列的事件或结果

2. 决定事件完成的顺序

3. 描绘活动从开始到结束的流程图,确定每项活动及其与其他活动的关系。用圆圈表示事件,用箭线表示活动。这一步的结果就是称为 PERT 网络的流程图

4. 计算完成每项活动的时间估计。这是对下述活动时间参数的加权平均:最佳时间估计(t_0),活动在理想条件下的持续时间;最大可能时间估计(t_m),正常条件下活动的持续时间;悲观时间估计(t_p),在最坏可能的条件下活动的持续时间。然后按照下列公式计算期望的活动时间(t_e):

$$t_e = \frac{t_0 + 4t_m + t_p}{6}$$

5. 利用包含每项活动的时间估计网络图,决定每项活动和整个项目开始和结束日期的进度计划。在关键路线上的任何延迟都要引起密切关注,因为它可能导致整个项目的延迟

PERT 网络(PERT network)是一种流程型的图形,它描述了项目活动的顺序和时间,有时还加入相应的成本数据。运用 PERT 网络,管理者必须想清楚都有哪些要做的事情,决定每个事件之间的相互依赖关系以及识别潜在的问题点。PERT 还使得比较不同的活动在时间和成本方面的效果变得相对容易,因此,PERT 使得管理者能监控项目的进度,识别可能的瓶颈,以及必要时调动资源使项目按计划进行。

要理解如何构建 PERT 网络,需要掌握四个术语:事件(events),它是一个节点,代表了主要活动的完成;活动(activities),代表着从一个事件到另一个事件的进展,它需要花费时间和耗费资源;松弛时间(slack time),是单个活动在不影响整个项目完工期的前提下可能被推迟的最大时间;关键路线(critical path),是 PERT 网络图中占用时间最长的一系列相互衔接的事件,处于关键路线上的事件,其完成时间的任何延迟都将推迟整个项目的完成,换言之,关键路线上活动的松弛时间为零。

开发一个 PERT 网络,要求管理者识别完成项目所需的所有关键活动,按照发生的次序排列它们,估计每项活动的完成时间。

绝大多数 PERT 项目都是复杂的和包含大量活动的,这种复杂的计算可以利用专门的 PERT 软件来进行。让我们通过一个简单的例子来看看 PERT 网络技术的原理。假定你是一家建筑公司的主管,负责管理一座办公楼的建造,因为时间就是金钱,所以你必须决定完成这座办公楼需要多长时间。你已经确定了具体的活动和事件,并描述了建筑项目中的主要事件,以及你对每项活动期望时间的估计。图 5-12 描述了相应的 PERT 网络,图中的

数据是基于表 5-5 的数据。现在可以计算每一条活动路线的时间长度了,它们依次为:

表 5-5　建造办公室的 PERT 网络

事件	描述	期望时间(周)	之前事件
A	批准设计和得到开工许可	10	—
B	挖地下车库	6	A
C	搭脚手架和外墙板	14	B
D	砌墙	6	C
E	安装窗户	3	C
F	吊装屋顶	3	C
G	内部布线	5	D,E,F
H	安装电梯	5	G
I	铺地板	4	D
J	上门和内装修	3	I,H
K	与大楼物业管理办理移交	1	J

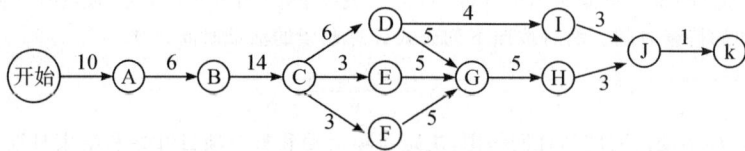

图 5-12　建造办公楼的 PERT 网络

A—B—C—D—I—J—K(44 周)

A—B—C—D—G—H—J—K(50 周)

A—B—C—E—G—H—J—K(47 周)

A—B—C—F—G—H—J—K(47 周)

PERT 网络表明,如果每项活动都按照计划进行,则整个项目的完成时间将为 50 周,这是通过沿着项目的关键路线(最长的一系列活动)A—B—C—D—G—H—J—K,把关键路线上各项活动的时间加起来得到的。你知道关键路线上任何事件完成时间的延迟都会推迟整个项目的完成时间(也就是说,关键路线上的事件没有松弛时间)。对于铺地板这项事件(事件 I),如果花费了 6 周时间而不是 4 周时间,对于最后的完工日期没有什么影响,为什么?因为这个事件不处于关键路线上。但是如果花费 7 周而不是 6 周时间挖地下车库的话(事件 B)就会使整个项目的完成时间推迟。正是这种不同的影响,使得项目管理者在项目实施过程中需要不断重新回到进度计划上。如果管理者需要缩短 50 周的项目完成时间,他就需要关注关键线路上的活动,看看它能不能完成得更快一些。管理者怎么做到这一点呢?他可以看看,能否从其他的具体松弛时间的非关键路线活动中,抽调资源来支持关键路线上的活动。

本章提要

1. 计划是组织所必需的第一项基本管理职能。管理者们根据对环境因素的理解为组织制定一系列不同的目标和计划方案。计划与决策通过为未来的行动指明方向而保持管理的效率。它为组织成员指明了方向并建立了协调,能降低环境变化的冲击,减少活动的重复和资源的浪费。计划还设立了控制的标准。

2. 计划不能够消除变化,但正是因为变化的存在管理者才需要制定计划。计划虽然意味着承诺和约束,但却不能成为制约创新的枷锁,而应该是一种持续进行的活动,并保持一定的灵活性。现在管理者面临的重大挑战在于如何在动态的环境下进行有效的计划工作。

3. 组织会设定许多不同种类的目标与计划方案。从组织层次上划分,可分为战略计划、战术计划和作业计划。计划涉及的时间跨度相差很大,分为长期计划、中期计划和短期计划。应急计划也是一种重要的计划类型,对于绝大多数组织来说,应急计划的重要性变得越来越大,特别是对于那些在极为复杂和动态的环境中运营的组织。

4. 战术计划是组织中层的计划,在时间跨度和范围上居于中间的位置。战术计划是为了实施战略计划的某一部分而制定的。它来自于战略目标,规定了具体的资源和时间表以及人力的投入。战术计划必须得到有效的实施,近年来,企业日渐重视中层的执行力。

5. 作业计划在组织中位于较低的层次,时间期限较短,涉及的范围较小。作业计划来自于战术计划,其目标是实现一个或更多的作业目标。一次性计划和持续性计划是作业计划的两种主要类型。常见的持续性计划有政策、程序和规则三种形式,它们对于提高管理的效率能起重大的作用。

6. 正式的计划工作包括理解环境、设立目标、开发计划方法并做出评估和选择、编制派生计划和预算等步骤。正式的目标设定过程要想取得成功,首先要看组织最高层的工作,然后将最高层制定的目标有系统地分解到组织的各个层面,并通过沟通、会议、讨论等手段帮助下属制定可以实现的目标和清晰的计划,以及做好协调、回顾和评议工作。

7. 目标有四项用途:向组织成员提供指导和统一的方向;影响着计划工作的其他方面;对组织成员的一种激励;创造有效的评估和控制机制。但一个有效的目标的拟定却不是一件简单的事情,可以以具体可衡量的、可达到的、目标与目标之间的相关性、明确的截止期限等指标来评估目标的有效性。

8. 有些因素会妨碍有效的目标设定和计划工作,包括:目标不恰当;奖励系统不恰当;环境复杂多变;抗拒设定目标;抗拒变革;约束条件等。克服这些障碍的方式包括:理解目标和规划的用途;沟通和参与;一致性、修正和更新;有效的奖励系统等。不管对于组织还是个人,有效的计划工作需要大量的时间、精力和毫不动摇的信心。

9. 本章还介绍了计划工作的一些工具和方法,包括计划方案的 5W2H 要件、环境扫描、管理者的目标清单、如何评价一个有效的目标、德尔菲法、目标管理法、滚动计划法、标杆比较法、甘特图、负荷图、PERT 网络分析等。

关键概念

- 计划(planning)
- 目标(goal)
- 使命与愿景(mission & vision)
- 战略、战术与作业计划(strategic plan;tactical plan;operational plan)
- 长期、中期与短期计划(long-range plan;intermediate plan;short-range plan)

- 反应计划、应急计划与危机管理(reaction plan；contingency planning；crisis management)
- 一次性计划与持续性计划(single-use plan；standing plan)
- 计划与项目(program & project)
- 政策、程序与规则(policy；standard operating procedure；rules and regulations)
- 环境扫描(environmental scanning)
- 德尔菲法(delphi method)
- 目标管理法(management by objectives)
- 滚动计划法(rolling plan method)
- 标杆比较法(benchmarking method)
- 甘特图(Gantt chart)
- 负荷图(load chart)
- PERT 网络分析(program evaluation and review technique)

思考习题

1. 举例说明以下不同形式的计划类型：计划、项目、政策、程序、规则。
2. 持续性计划是如何提高决策效率的？试举例加以说明。
3. 正式的目标设定程序包含哪些要点，这些要点的重要意义是什么？
4. 对照有效目标的标准，评价"好好学习，天天向上"是个有效的目标吗？

技能实训

1. 根据使命和愿景的概念及其特点，试对厦门"法国之光"葡萄酒公司企业文化墙上的以下陈述做出评价。

- 公司愿景：法国之光葡萄酒——成为中国消费者最喜爱的进口葡萄酒著名品牌。
- 公司使命：让中国消费者喝到货真价实的纯正法国葡萄酒；推广葡萄酒文化，创建品味生活与健康人生。
- 公司理念：品牌＝品质＋服务；全产业链品质保障＋专业体验式服务。

2. 请根据这次的期中考试需要考的科目编制一个甘特图，并按照实际执行情况作好记录，最后评估一下你是否按照计划完成了，没有完成的原因有哪些；如果完成了，你得到了哪些启发。

参考文献

[1]里奇·格里芬著,刘伟译.管理学(第九版)[M].北京:中国市场出版社,2008.

[2]斯蒂芬·P.罗宾斯,玛丽·库尔特著,孙健敏等译.管理学(第七版)[M].北京:中国人民大学出版社,2004.

[3]哈罗德·孔茨,海因茨·韦里克著,张晓君编译.管理学(第十版)[M].北京:经济科学出版社,1998.

[4]哈罗德·孔茨,海因茨·韦里克著,韦福祥等译.管理学精要(第六版)[M].北京:机械工业出版社,2005.

[5]詹姆斯·库泽斯,巴里·波斯纳著,李丽林等译.领导力(第三版).北京:电子工业出版社,2008.

[6]林志扬编著.管理学原理[M].厦门:厦门大学出版社,2000.

[7]周三多等编著.管理学:原理与方法[M].上海:复旦大学出版社,1999.

可扫码获取本章课件资源:

第 6 章　战略管理

本章学习重点：

- 了解战略计划的重要性；

- 掌握公司层、事业层和职能层的战略；

- 掌握战略管理过程的步骤；

- 掌握 SWOT 分析；

- 掌握 BCG 矩阵中的四种业务组合；

- 描述如何评价一个组织的竞争优势；

- 理解企业家的含义。

开篇案例

滴滴、美团、饿了么"三国混战"或涉嫌不正当竞争

一、事件背景

"5 毛钱点了大份海南鸡饭","1 元钱 1 杯奶茶,7 块钱三份鸭脖"……这些天在新浪微博上,只要输入"无锡外卖",类似的外卖低价晒图与文字信息会不断出现。不少网友留言:"在无锡不点外卖就是亏钱","滴滴外卖在无锡价格低得简直毫无人性"。

2018 年 4 月 9 日开始,随着滴滴外卖正式宣布在无锡上线,各种不可思议的外卖价格截图席卷了无锡人的朋友圈。美团和饿了么也先后加入这场"补贴大战"。抢用户、抢商家、抢骑手,一时间无锡的外卖市场火药味十足。诸如"干死美团,碾压滴滴,饿了么和你一起拼"等具有鼓动性的口号在网络上刷屏。

10 号中午,滴滴外卖称首日订单突破 33.4 万,在无锡的市场份额跃升第一,超出了预期。而一家外卖商店老板表示,他在滴滴外卖上注册成为商家之后,饿了么等平台将其从平台上无故下架。饿了么平台的经理曾对一家外卖商户说:"如果你要上滴滴,就把美团和饿了么都关掉。"

对此,11 日,无锡市工商局紧急约谈了滴滴外卖、美团、饿了么三家平台的相关负责人,要求平台停止恶性竞争,规范市场经营行为。

二、事件发酵

1. 平台强迫商家"二选一"早已被明令禁止

此前,电子商务研究中心主任曹磊也曾表示,电商平台强迫商家"二选一"站队的行为早已经被原工商总局 2015 年 9 月 2 日颁布的《网络商品和服务集中促销活动管理暂行规定》所明令禁止。该规定第十一条明确要求:"网络集中促销组织者不得违反《反垄断法》《反不正当竞争法》等法律、法规、规章的规定,限制、排斥平台内的网络集中促销经营者参加其他第三方交易平台组织的促销活动。"而对于违反这一规定的平台经营者,可依照《反垄断法》《反不正当竞争法》等法律、法规、规章的规定查处。尽管该规定直接针对的是集中促销期间的"二选一",但是无论是集中促销期间还是日常经营过程中的"二选一",其本质都是相同的。

《反不正当竞争法》第十二条规定:"经营者不得利用技术手段,通过影响用户选择或者其他方式,实施下列妨碍、破坏其他经营者合法提供的网络产品或者服务正常运行的行为",其中就包括"未经其他经营者同意,在其合法提供的网络产品或者服务中,插入链接、强制进行目标跳转","误导、欺骗、强迫用户修改、关闭、卸载其他经营者合法提供的网络产品或者服务","恶意对其他经营者合法提供的网络产品或者服务实施不兼容"。

2. 补贴不应成为竞争重点,打造服务成关键

外卖市场进过几年的洗礼,目前形成了美团外卖以及饿了么为主导的市场格局。纵观互联网多个领域的竞争结局,不难看出,互联网的逻辑就是只有第一,第二也很容易被人遗忘。滴滴进入外卖市场,打破了好不容易形成的格局,这是美团外卖、饿了么

这两家平台不愿意看到的,因此对其进行狙击。高额的补贴较容易导致用户的流失,但随着平台的不断发展进步,其壁垒逐渐构建成熟,会成为平台很好的一个竞争力。此外,高额补贴不符合市场公平竞争,通过补贴获取的用户其用户黏性也不会高,此类恶性市场的竞争或随着监管部门的介入逐渐平息。

对此,如上述情况查证后属实,则涉案三家平台都可能涉嫌违反《价格法》的规定。如果一旦被价格主管部门认定低价倾销的事实成立,依照价格法的规定,严重情况下可没收违法所得,并处违法所得五倍以下的罚款,责令停业整顿,甚至吊销其营业执照。我国最新修订的《反不正当竞争法》删除了低价倾销作为一种不正当竞争行为的规定,因此本案中,涉案企业可能不构成不正当竞争。

3. 低价竞争涉嫌垄断或面临高额处罚

《价格法》第十四条规定,经营者不得在依法降价处理鲜活商品、季节性商品、积压商品等商品外,为了排挤竞争对手或者独占市场,以低于成本的价格倾销。《反垄断法》第十七条规定,禁止具有市场支配地位的经营者没有正当理由,以低于成本的价格销售商品。根据前述法律规定,如非短期促销或依法降价处理前述三类产品,以排挤竞争对手或独占市场为目的的低价倾销均属违法。从市场或行业的长期发展来看,这种低价倾销长期持续,易破坏市场秩序,特别是具有市场支配地位的经营者实施低价倾销行为,易造成垄断,不利于市场和行业的规范、健康的发展,也不利于消费者权益保护,并会阻碍生产经营和技术上的创新和进步。

此外,企业以不合理低价开展竞争明显属于扰乱正常经营秩序的不正当竞争行为,具有同业竞争关系的主体可以就其不正当竞争行为导致的损害向法院提起民事诉讼以求赔偿。此外,若饿了么、滴滴与美团三家市场份额能达到《反垄断法》规定的市场支配地位的标准,则其行为还涉嫌滥用市场垄断地位,依照《反垄断法》第四十七条之规定,可处以罚没违法所得以及最高罚款销售额 10%的处罚。根据《反垄断法》第十七条规定,具有市场支配地位的企业不得以低价倾销的方式滥用其市场支配地位,如果反垄断执法机构认定一个或多个企业已经形成了市场支配地位,那么根据《反垄断法》四十七条的规定,反垄断执法机构可责令其停止违法行为,没收违法所得,并处上一年度销售额百分之一以上百分之十以下的罚款。

资料来源:电子商务研究中心

6.1 战略管理概述

企业战略最早出现于美国,大约在 20 世纪 60 年代才明确地将战略思想引入工商经营管理之中。关于什么是企业战略,在西方战略管理文献中没有一个统一说法,不同学者和实际工作者由于自身的认识角度和经历不同,赋予企业战略的含义也有差异。有的认为企业战略应包括企业的目的与目标,有的则认为企业战略不应该包括这一部分内容。

6.1.1 战略管理的定义

战略概念源于军事实践活动。"战略"一词来自军事术语,是指对战争全局的筹划谋略。

无论东方或西方,"战略"总是源于军事,意指"为将之道",其本意是指挥战争全局的计谋。克劳塞维茨在其《战争论》这部巨著中定义道:"战略是为了达到战争目的而对战斗的应用。"利德尔·哈特在他的《战略论》中定义为:战略是一种分配和运用军事工具以达到政治目的的艺术。我国古代的军事家孙武所著的《孙子兵法》实际上也是一篇杰出的内容高度概括的"战略论",把两国相争斗智斗勇阐述得极为深刻。"用兵之道,以计为首","计先定于内,而后兵出境"论述的是运筹定计、对抗谋略的原则和思想,强调计谋、战略和策略的重要性,而"知己知彼,百战不殆"和《孙子·形篇》中的"兵法:一曰度,二曰量,三曰数,四曰称,五曰胜,地生度,度生量,量生数,数生称,称生胜"又给出了用计的程序和方法。为了在战争中克敌制胜,兵法韬略中出现了独立的谋略学,专门研究保证胜利的奇谋方略。

战略广义是泛指重大的带有全局性和决定全局的计谋。在现代军事科学中,战略是相对于战术而言的。战略是指对战争全局的筹划与指导,战术是指具体作战的原则和方法,是战略的深化和细化。

随着人类社会的发展,"战略"一词后来被引申到政治、经济、社会等领域,关于战略的概念,已经从传统的狭义的军事领域有了多方面的扩延,出现了诸如国际战略、国家战略、地区战略以及政治战略、经济战略、外交战略、社会战略、能源战略、教育战略、科技战略、企业战略等用语和概念。战略也就演变为泛指在一定时期内为了实现预定目标,对组织全局的、长远的和重大的问题所做出的运筹规划。

本书将战略(strategy)定义为实现组织目标的全面规划。战略管理是迎接企业机会与挑战的方法——一个全面和持续的过程,旨在制定和实施有效的战略。战略管理有以下特征:

(1)有效的正式战略包括三个构成成分:独特的竞争力,即组织在某一方面做得特别好;战略的范围,即竞争力势力范围;组织在其中竞争的市场的区间资源配置,即如何在各个竞争领域中分配自己的资源。

(2)有效的战略是围绕着重要的战略概念与推动力而制定的。所谓战略推动力是指企业组织在产品和市场这两个主要经营领域里所采取的战略活动方式。不同的战略概念与推动力会使企业的战略产生不同的内聚力、均衡性和侧重点。

(3)战略不仅要处理不可预见的事件,也要处理不可知的事件,战略的实质是建立一种强大而又灵活的态势,为企业提供若干个可以实现自己目标的选择方案,以应付外部环境可能出现的例外情况,不管外部力量可能会发生哪些不可预见的事件。

(4)在大型组织里管理层次较多,每一个有自己职权的层次都应有自己的战略。这种分战略必须在一定程度上或多或少地实现自我完善,并与其他的分战略相互沟通相互支持。

概括来说,战略管理就是一组管理决策和行动,它决定了组织的长期绩效。

6.1.2 企业战略的特征

尽管管理学家和经理对战略的认识有分歧,但是对战略特征的认识基本一致。概括起来,企业战略具有如下特征:

1. 企业战略具有全局性

企业战略就是企业发展的蓝图,制约着企业经营管理的具体活动,它追求企业的总体效果。企业战略是对企业的未来经营方向和目标的纲领性的规划和设计,对企业经营管理的所有方面都具有全面的指导意义,只考虑局部利益的计划不能列入企业战略。

2. 企业战略具有长远性

企业战略考虑的是企业未来相当长一段时期内的总体发展问题。经验表明,企业战略通常着眼于未来 3～5 年乃至更长远的目标。企业战略反对短期化行为,战略的成效也要以长远利益来衡量。

3. 企业战略具有指导性

企业战略规定了企业在一定时期内基本的发展目标,以及实现这一目标的基本途径,指导和激励着企业全体职工努力工作。

4. 企业战略具有竞争性

战略是适应市场的需要而产生的,是为了增强企业的活力和优势而制定的。战略的作用在于通过密切注视市场竞争态势和企业自身的相对竞争地位,抓住机遇,迎接挑战,发挥优势,克服弱点,以求在"商战"中克敌制胜,保障企业的生存和发展。

5. 企业战略具有风险性

企业战略是对未来发展的规划,然而环境总是处于不确定和变化莫测的趋势中,任何企业战略都伴随有风险。

6. 企业战略具有创新性

企业战略的创新性源于企业内外部环境的发展变化,因循守旧的企业战略无法适应时代发展。

7. 企业战略具有相对稳定性

企业战略一经制定后,在较长时期内要保持稳定(不排除局部调整),以利于企业各级单位和部门努力贯彻执行。

8. 企业战略必须与企业管理模式相适应

企业战略不应脱离现实可行的管理模式,管理模式也必须调整以适应企业战略的要求。

9. 企业战略应与战术、策略、方法、手段相适应

一切好的企业战略如果缺乏实施的力量和技巧,也不会取得好的效果。

6.2　战略管理过程

战略性计划指应用于具体组织的,为组织未来较长时期设立总体目标和寻求组织在环境中的地位的计划。20 世纪 30 年代早期以前,那些制定长期计划的管理者们,通常假定未来的时代将比现在更好,因此,面向未来的计划不过是将组织的过去加以延伸。但是,30 年代和 50 年代的能源危机,旧规则的废弃,日新月异的技术革新,日益加剧的全球竞争,以及其他方面的环境冲击,使这种传统的长期计划方法失去了作用。游戏规则的变化迫使管理者们开发系统性的方法,以分析环境,评价组织的优势和劣势,识别有可能建立竞争优势的机会。战略计划的重要性开始被人们所认识,一项对企业所有者的新近调查发现,69％的企业所有者制定战略计划,并且,在他们当中,89％的人认为他们的计划是有效的,用他们自己的话来说,战略计划使他们有了具体的目标,并且使他们的职员取得了一致的认识。今天,战略计划已经超出了工商企业的领域,包括政府机构、医院、教育组织在内,都制定战略计划。

管理工具 6-1

战略管理过程

战略管理过程是战略分析、战略选择及评价与战略实施及控制三个环节相互联系、循环反复、不断完善的一个动态管理过程。

战略管理是对一个企业的未来发展方向制定决策和实施这些决策的动态管理过程。

一个规范性的、全面的战略管理过程可大体分解为三个阶段：

• 战略分析阶段；

• 战略选择及评价阶段；

• 战略实施及控制阶段。

在进行战略分析之前，首先要确立或审视企业的使命。

1. 战略分析

对企业的战略环境进行分析、评价，并预测这些环境未来发展的趋势，以及这些趋势可能对企业造成的影响及影响方向。

战略分析包括企业外部环境分析和企业内部环境或条件分析两部分。

企业外部环境一般包括下列因素或力量：政府——法律因素、经济因素、技术因素、社会因素以及企业所处行业中的竞争状况。

分析的目的是适时地寻找和发现有利于企业发展的机会，以及对企业来说所存在的威胁，做到"知彼"，以便在制定和选择战略中能够利用外部条件所提供的机会而避开对企业的威胁因素。

企业的内部环境即是企业本身所具备的条件，也就是企业所具备的素质，包括生产经营活动的各个方面，如生产、技术、市场营销、财务、研究与开发、员工情况、管理能力等。

分析的目的是发现企业所具备的优势或弱点，以便在制定和实施战略时能扬长避短，发挥优势，有效地利用企业自身的各种资源。

2. 战略选择及评价

战略选择及评价过程的实质是战略决策过程——对战略进行探索、制定及选择。

一个跨行业经营的企业的战略选择应当解决两个基本的战略问题：

一是企业的经营范围或战略经营领域，即规定企业从事生产经营活动的行业，明确企业的性质和所从事的事业，确定企业以什么样的产品或服务来满足哪一类顾客的需求。

二是企业在某一特定经营领域的竞争优势，即要确定企业提供的产品或服务要在什么基础上取得超过竞争对手的优势。

3. 战略实施及控制

企业的战略方案确定后，必须实施具体的实际行动，才能实现战略目标。一般来说可在三个方面来推进一个战略的实施：

一是制定职能策略，如生产策略、研究与开发策略、市场营销策略、财务策略等。在这些职能策略中要能够体现出策略推进步骤、采取的措施、项目以及大体的时间安排等。

> 二是对企业的组织机构进行构建,以使构造出的机构能够适应所采取的战略,为战略实施提供一个有利的环境。
>
> 三是要使领导者的素质及能力与所执行的战略相匹配,即挑选合适的高层管理者来贯彻既定的战略方案。在战略的具体化和实施过程中,需对实施进行控制。也就是将反馈回来的实际成效与预定的战略目标进行比较,如二者有显著的偏差,就应当采取有效的措施进行纠正。当原来分析不周、判断有误,或是环境发生了预想不到的变化而引起偏差时,甚至可能会重新审视环境,制定新的战略方案,进行新一轮的战略管理过程。

6.2.1 愿景和使命陈述

1. 企业愿景

企业愿景是企业家的立场和信仰,是企业最高管理者头脑中的一种概念,是这些最高管理者对企业未来的设想,是对"我们代表什么","我们希望成为怎样的企业"的持久性回答和承诺。愿景是企业从自身角度对自己未来发展的一种期许,而使命是对外部利益相关者的一种承诺。

2. 企业使命

企业使命是企业生产经营的哲学定位,也就是经营观念。企业确定的使命为企业确立了一个经营的基本指导思想、原则、方向、经营哲学等,它不是企业具体的战略目标,或者是抽象地存在,不一定表述为文字,但影响经营者的决策和思维。这中间包含了企业经营的哲学定位、价值观凸现以及企业的形象定位:经营的指导思想是什么?如何认识事业?如何看待和评价市场、顾客、员工、伙伴和对手。使命回答了"组织存在的理由是什么"的问题。

使命陈述构成要素:(1)谁是组织的顾客?(2)组织的产品和服务是什么?(3)组织在哪些地区开展竞争?(4)组织的技术状况如何?(5)组织的基本信念、价值观、追求和道德准则是什么?(6)组织的主要竞争优势和核心能力是什么(定位)?(7)组织怎样响应公众对社会和环境的关注?(8)组织怎样对待雇员?

决定组织从事事业的性质,对于非营利性组织如同工商企业一样重要。医院、政府机构和学校也必须确立自己的宗旨。比如,学院究竟是训练学生从事某项职业,训练学生从事特定的工作,还是通过周密计划的丰富的文科教育培养学生的基本素质?再比如,学院究竟是招收分数最高的 5% 的高中毕业生,招收那些学习成绩较差但才能测试分数很高的学,还是从大量的处于中间状态的学生中招生?要回答这些问题必须搞清楚组织当前的目的。

6.2.2 战略环境分析

每个组织的管理者们都需要分析它所处的环境,需要了解市场竞争的焦点是什么,拟议中的法规会对组织有什么影响,以及组织所在地的劳动供给状况等。重要的是准确把握环境的变化和发展趋势及其对组织的重要影响。

1. 外部一般环境

(1)政治法律环境:一个国家的社会制度,执政党的性质,政府的方针、政策,法律条款、条例等。(2)社会文化环境:居民的教育水平、文化水平、宗教信仰和风俗习惯。(3)经济环境:一个国家的人口数量及增长趋势、国民收入等,以及企业所在地区或所服务地区的消费者的收入水平、消费偏好、储蓄情况等。(4)技术环境:国家对科技开发的投资和支持重点,该领域技术发展动态和研究开发费用总额,技术转移和技术商品化速度,专利及保护情况。(5)自然环境:企业所处的地理位置和气候状况等。请结合第3章节管理环境学习,这里不再赘述。

2. 行业环境

(1)行业竞争结构分析(波特五力模型)

①行业内现有对手研究:竞争对手基本情况研究;主要竞争对手研究;主要竞争对手的发展动向研究。

②潜在进入者研究:影响行业进入的障碍因素主要有规模经济、产品差别化、转移成本、资本需求、在位优势、政府投资。

③替代品生产商研究:判断哪些产品是替代品,判断哪些替代品可能对企业经营构成威胁。

④买方讨价还价的能力研究。

⑤供应商的讨价还价能力研究。

(2)竞争对手分析

①竞争对手研究的第一步——识别竞争对手:可以克服进入壁垒,进入本行业的企业;进入本行业可以产生明显的协同效应的企业;通过向后向前一体化进入本行业的买方或卖方。

②竞争对手分析的目的——识别在行业竞争可能成功的战略的性质,竞争对手对各不同战略可能做出的反应,以及竞争对手对行业变迁及其更广泛的环境变化可能做出的反应。"未来目标"研究主要考察竞争对手的远景和使命陈述;"假设"研究主要是考察竞争对手在本行业中经营的历史、在其他行业经营的历史,及对本行业经营传统的认识;"现行战略"研究主要考察竞争对手现行的基本战略姿态、各职能战略及发展战略;"能力"研究主要考察竞争对手强弱之所在。

6.2.3 发现机会和威胁

分析了环境之后,管理当局需要评估有哪些机会可以发掘,以及组织可能面临哪些威胁。记住,即使处于同样的环境中,由于组织控制的资源不同,可能对某个组织来说是机会,而对另一些组织却是威胁。1992年,长期的萧条使美国经济不景气,企业破产数量达到战后的最高峰,家具零售业便是受到严重损害的行业之一。但是,几家大型的、管理得很好的家具零售连锁店公司却把这种情况看作机会。他们以极其便宜的价格大量购买竞争对手的存货,并有选择地收购竞争对手有利的经营场所。结果是,更大的家具零售商通过收购和兼并进一步扩展了自己的规模。可见,环境变化对一个组织来说,究竟是机会还是威胁,取决于该组织所控制的资源。

6.2.4 分析组织的资源

现在我们的视角从组织外部转向组织内部。组织的雇员拥有什么样的技巧和能力?组织的现金状况怎么样?在开发新产品方面一贯很成功吗?公众对组织及其产品或服务的质量怎么看?

这一步的分析促使管理当局认识到,无论多么强大的组织,都在资源和技能方面受到某些限制。一家较小的汽车制造商,像阿尔法—罗米欧公司,不能仅仅因为管理当局看到了微型客车市场的机会就贸然制造微型客车,它没有足够的资源成功地进入微型客车市场,去和像克莱斯勒、福特、丰田和尼桑这样的大汽车公司竞争。

6.2.5 识别优势和劣势

上面第 4 步的分析应当引出对组织的优势和劣势的明确的评价,从而,管理者能够识别出什么是组织的与众不同的能力,即决定作为组织的竞争的独特技能和资源。例如,布莱克·德克尔公司买下了通用电气公司的小型家电事业部,该事业部主要制造咖啡机、烤面包机、电熨斗等。然后,布莱克·德克尔公司更换了商标,投资于这些产品使之达到公司的质量和耐用性标准,从而使这些产品的盈利远远超过在通用电气公司的时候。

理解组织的文化和力量及它们赋予管理当局的责任是第 5 步分析的关键部分,这些只是最近才得到应有的重视。特别是管理当局应该认识到,文化的强弱对战略起着不同的作用,而文化的内容对战略的内容也有很大的影响。

文化在鼓励冒风险、开拓创新和奖赏绩效的程度上存在很大差异。由于战略选择包含这些因素,因此对于某些战略,文化的价值观影响管理当局的倾向性。比如,对于厌恶风险的文化,管理当局更愿意采取那些防御性的和财务风险最小的战略,更倾向于对环境的变化作出反应,而不是试图预测变化事先采取行动。凡是在回避风险的公司中,不必对管理当局一味强调削减成本和改进现有产品感到奇怪。相反,在创新受到高度重视的公司中,管理当局更倾向于开发新技术和新产品,而不是开辟更多的服务场所或加强销售力量。

6.2.6 重新评价组织的宗旨和目标

将步骤 3 和步骤 5 合并在一起,导致对组织的机会的再评价,通常称为 SWOT 分析,它把对组织的优势(strengths)、劣势(weaknesses)、机会(opportunities)和威胁(threats)的分析结合在一起,以便发现组织可能发掘的细分市场。按照 SWOT 分析和识别组织机会的要求,管理当局需要重新评价公司的宗旨和目标。它们是实事求是的吗? 它们需要修正吗? 如果需要改变组织的整体方向,则战略管理过程可能要从头开始;如果不需要改变组织的大方向,管理当局则应着手制定战略。

6.2.7 制定战略

战略需要分别在公司层、事业层和职能层设立。制定这些战略应遵循我们在第 4 章中阐述的决策程序。特别是管理者需要开发和评价不同的战略选择,然后选定一组符合三个层次要求的战略,这些战略能够最佳地利用组织的资源并充分利用环境的机会。

企业战略本质上是一种行动方案,这种行动方案是根据企业内外环境条件来制定的,也就是说企业战略是将企业内部的资源、能力与外部因素带来的机会、威胁相匹配而产生的。这种匹配的依据是战略分析,包括企业宏观环境分析、企业行业环境及竞争对手分析和企业内部资源能力分析。

在这一步上,管理者们将寻求组织的恰当定位,以获得领先于竞争对手的相对优势。正如将在本章后面的部分中看到的,这要求仔细评价控制产业竞争规则的各种竞争力量。

成功的管理者所选择的战略将使组织获得最有利的竞争优势,并使这种优势能够长期地保持下去。

6.2.8 实施战略

无论战略计划制定得多么有效,如果不能恰当地实施仍不会成功。最高管理当局的领导能力是成功的战略的一个必要因素,而中层和基层管理者执行高层管理当局的计划的主动性也同样关键。在激励这一章中将讨论激励人们的方式,并提出一些改善领导有效性的建议。

战略实施就是将战略转化为行动。在战略实施过程中,各种原因会导致战略实施的结果偏离预定的战略目标,这些原因主要有:制定企业战略的外部环境、内部条件发生了变化;战略本身存在缺陷或比较笼统,需要在实施过程中进行修正、补充和完善;在战略实施过程中,受企业内部某些主观因素变化的影响,偏离了战略的预期目标。因此,战略实施过程中需要控制。

6.2.9 评价结果

战略管理过程的最后一个步骤是评价结果。战略的效果怎么样?需要做哪些调整?

在本书控制这一章中,我们将讨论控制过程。我们将评价战略实施效果和纠正严重偏差的方法和技术。

6.3　战略管理层次

6.3.1 战略管理层次概述

如果所有的组织都生产单一产品或提供单一服务,则任何组织的管理者只需开发单一的战略计划,就可囊括所有的事情。但是许多组织的业务都是多元化的,通用电气公司就是一家经营多种事业的企业——从飞机发动机和电灯泡到拥有 NBC 电视网,几乎无所不包。美国商标公司(American Brands)经营烟草、烈性酒、人寿保险、办公室产品、五金产品、高尔夫设备,以及光学产品。并且,这些多元化公司还拥有多种职能部门,如财务和市场营销,这些部门为公司的每一种业务提供支援。因此,我们需要区分公司层、事业层和职能层战略。

公司层战略决定公司应当从事什么事业,以及计划从事什么事业;事业层战略决定组织应当如何在每一项事业上展开竞争;职能层战略寻求如何支持事业层战略。

1. 公司层战略

如果一个组织拥有一种以上的事业,那么它将需要一种公司层战略。这种战略寻求回答这样的问题:我们应当拥有什么样的事业组合?公司层战略应当决定每一种事业在组织中的地位。像在三星公司中,最高管理当局的公司层战略综合了电子、物产、航空、保险、机械以及其他经营单位的事业层战略。

战略事业单位(SBU)是代表一种单一的事业或相关的事业组合,每一个战略事业单位应有自己独特的使命和竞争对手,这使得每一个战略事业单位有自己独立组织的战略。每一个事业单位服务于一种明确定义的产品细分市场,并具有明确定义的战略。事业组合中的每一个事业单位按照自身的能力和竞争需要开发自己的战略。事业单位必须与整体组织的能力和需要保持一致。组织的经营可以看作是一种事业组合,全部事业组合应当管理得符合作为一个整体组织的利益——在可接受的和受控制的风险水平下,使销售、收益和资产结构获得均衡的成长。像在通用电气这样的公司中,因为经营多种多样的事业,故管理层可能建立十几个或更多的战略事业单位。

2. 事业层战略

事业层战略回答这样的问题:在我们的每一项事业领域里应当如何进行竞争?对于只经营一种事业的小企业,或是不从事多元化经营的大型组织,事业层战略与公司层战略是一回事。对于拥有多种事业的组织,每一个经营部门会有自己的战略,这种战略规定该经营单位提供的产品或服务,以及向哪些顾客提供产品或服务,等等。例如,派拉蒙传播公司拥有和经营众多的娱乐业企业,如派拉蒙影片公司和麦迪逊广场花园公司,以及出版界巨头西蒙与舒斯特公司等,派拉蒙出版事业部有自己独特的事业战略,包括贸易、教育和其他出版物产品。

3. 职能层战略

职能层战略回答这样的问题:我们怎么支撑事业层战略?职能部门如研究与开发、制造、市场营销、人力资源和财务部门,应当与事业层战略保持一致。如果坎贝尔羹汤公司的饼干与面包事业部的开发小组创造出一种新产品,那么该事业部的市场营销部门就需要开发职能层战略,以确保有适当的促销活动配合这种新产品的投放。

在本章余下的部分,我们将专注于公司层和事业层战略,这倒不是贬低职能层战略的重要性,而是反映出研究者和实践者们对开发战略性框架的重视。首先进行公司层战略分析,也就是要回答:我们应当从事一组什么样的事业?回答这个问题有两种普遍的方法,它们是总战略框架和公司业务组合矩阵。

6.3.2 公司层战略框架

判断总战略可以通过 SWOT 分析法来选择既能适应外在环境的变化,企业本身也有资源和能力发挥的战略方向。

		企业内部资源	
		优势(strength)	劣势(weakness)
		列出:优势	列出:劣势
企业外部环境	机会(opportunity)	SO 战略	WO 战略
	列出:机会	利用优势去抓住机会	利用机会去克服劣势
	威胁(threat)	ST 战略	WT 战略
	列出:威胁	利用优势避免威胁	将劣势和威胁最小化

图 6-1　SWOT 战略选择分析

1. 优势—劣势—机会—威胁矩阵

优势—弱点—机会—威胁矩阵(SWOT)是帮助战略管理者制定如下四类战略的重要匹

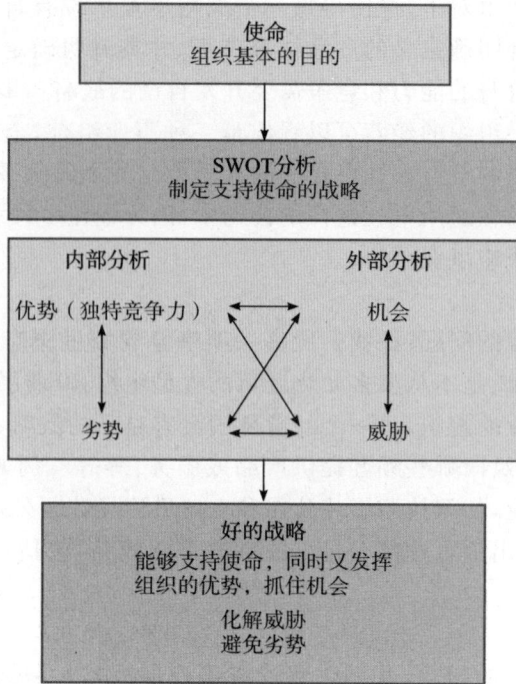

图 6-2　SWOT 战略过程分析

配工具:SO 战略、WO 战略、ST 战略和 WT 战略,是一种广泛使用的战略分析和制定方法。在用该方法制定战略时,要对企业内部的优劣势和外部环境的机会威胁进行综合分析,尤其需要将这些因素与竞争对手加以比较,只有这样,才能制定出有价值的企业战略方案。

(1)优势—机会(SO)战略是一种发挥企业内部优势并利用企业外部机会的战略。所有的企业都希望处于这样一种状况,即可以利用自己的内部优势去抓住和利用外部事件变化中所提供的机会。企业通常首先采用 WO、ST 或 WT 战略而达到能够采用此战略的状况。当企业存在重大弱点时,它将努力克服这一弱点而将其变为优势。当企业面临巨大威胁时,它将努力回避这些威胁以便集中精力利用机会。

(2)劣势—机会(WO)战略的目标是通过利用外部机会来弥补内部弱点。适用于这一战略的基本情况是:存在一些外部机会,但企业有一些内部的弱点妨碍着它利用这些外部机会。

(3)优势—威胁(OT)战略是利用本企业的优势回避或减轻外部威胁的影响。这并不意味着一个很有优势的企业在前进中总要遇到威胁。

(4)劣势—威胁(WT)战略是一种旨在减少内部弱点,同时回避外部环境威胁的防御性技术。一个面对大量外部威胁和具有众多内部弱点的企业的确处于不安全和不确定的境地。

2. 总战略框架

(1)稳定性战略

很少发生重大的变化,这种战略包括持续地提供同样的产品和服务,维持市场份额,并保持组织一贯的投资回报率。

具体方法可以通过提供同样的产品和服务持续不断地服务于同样的客户,保持市场份额,维持公司的投资回报率。追求稳定性的时机是对组织的绩效感到满意,同时环境是稳定和安全的,可以安于现状,不必进行重大变革。什么时候应当追求稳定性? 即当组织的绩效令人满意而环境看上去将保持稳定的战略。

判定一个组织是否在实行稳定性战略不是件容易的事。如果找不到其他理由,而只是几位最高经理口头上这样说就更难判断。在北美,增长具有广泛的诱惑力,而紧缩常被看作是一种必然发生的不幸。进而,主动地追求稳定性可能使管理者被人看作自满或固步自封。

WD-40 公司就是一个采取稳定性战略的例子。公司通过从石油中提炼润滑油这种单一产品获取高额的利润,并且自 20 世纪 50 年代以来一直保持着自己独特的细分市场,很少遇到强有力的竞争。因此,管理者很少有兴趣改变这种状况,看来他们很乐意维持现状。

(2)增长战略

扩大组织的经营规模,提高组织经营的层次。增长可通过直接扩展,合并同业企业或多方面经营的方式实现。增长方式有直接扩张、纵向一体化、横向一体化、多元化。

①直接扩张方式是从内部提高企业的销售额,扩大产能或扩大员工队伍,不是通过收购和兼并,而是通过扩大原有业务来增长。

②纵向一体化是试图对输入(后向一体化)、输出(前向一体化)或同时对二者进行控制。

③横向一体化是通过合并同一产业的其他组织的方式实现增长,即合并竞争对手的业务。

④相关多元化指公司通过合并或收购相关产业不同业务的公司而实现增长。

⑤非相关多元化指公司通过收购和兼并不同产业、不同业务的公司而实现增长。

追求增长向来对美国人具有奇妙的吸引力,人们普遍认为越大越好,而最大就最好。增长战略这个术语意味着提高组织经营的层次,它包括一些通行的衡量标准,如更高的销售额、更多的雇员和更大的市场份额。增长可以通过直接扩张、合并同类企业或多元化经营的方式实现。

WD-40 公司、沃尔玛(Wal-Mart)公司和通用动力公司(General Dynamics)都是成功的和获利丰厚的公司,但是近年来,这几家公司似乎在向不同的方向发展。WD-40 公司的管理者看来基本上满足于维持现状,沃尔玛公司迅速地扩大经营范围和开发新公司,而通用动力公司却在削减和出售它的一些业务项目。这种不同的方向可以用总战略来解释。沃尔玛公司和麦当劳公司以直接扩张的方式追求增长,而化学银行吸收了制造商汉诺威信托公司,则以合并的方式增长。

(3)紧缩战略

紧缩战略要减小经营规模或多元化经营范围,用于处理组织的劣势,这种劣势导致组织绩效的下降。当组织面临绩效困境时,紧缩战略有助于使之稳定经营,激活组织的资源,重新恢复竞争力。

现在有不少企业实行收缩战略,其中包括一些美国著名的大公司——通用动力公司、美孚石油公司、大通曼哈顿银行,以及联合碳化公司等。

6.3.3 构建公司层战略

绝大多数大型组织涉及多个业务、产业和市场,其中每一个业务或业务组通常称为战略业务单位(Strategic Business Unit,SBU)。像通用电气这样的组织经营着数百种不同的业务,如制造和销售从飞机引擎、核能发电到灯泡。

组织进入哪个业务、产业和市场,如何管理这些不同的业务,取决于组织的公司层战略。公司层最重要的战略问题是组织多元化的程度和性质。多元化描述的是组织涉及的不同业务的种类以及这些业务类别间的相关程度。存在着三种公司层战略:单一产品战略、相关多元化战略和不相关多元化战略。

1. 单一产品战略

追求单一产品战略的组织只制造一种产品或只提供一种服务并且只在单一的地理市场上进行销售。例如,汇源公司只生产一种产品,即汇源果汁,尽管汇源现在开始研发果汁加牛奶式乳饮料,但它所有制造、销售和营销工作仍然集中于果汁饮料一种产品。

单一产品战略是一些中小企业或新建企业采用最广泛的一种,因为它能给企业带来立竿见影的效果,这种效果得益于它的优点:有利于降低新产品的市场导入费用,降低产品成本;有利于强化品牌效应,增加品牌的价值;管理费相对低廉,操作简单。

单一产品战略也具有弊端,而且一旦发挥作用将给企业带来巨大的影响,比如增加产品的市场风险。如果在市场竞争中一旦单一产品经营失败,遭到消费者的拒绝,企业利润将受到严重冲击。消费者的好恶心理转移传递原则也会导致消费者对企业的否定。同时,采用单一产品战略无法满足不同消费群体的需要。

2. 相关多元化战略

考虑到单一产品战略的劣势,企业开始进行多元化战略发展。多元化又称多角化战略,是指企业同时经营两种以上基本经济用途不同的产品或服务的一种发展战略。如果这些业务之间存在某种关系,则称这个组织实施的是相关多元化战略。

组织可以通过不同的方式将其业务、产业或市场连接起来。表 6-1 描述了一些典型相关性。

表 6-1　一些典型的相关性

相关性的基础	案　例
相似的技术	飞利浦,波音
共同的分销和营销技能	宝洁,百丽
共同的品牌名称和商誉	迪士尼,海尔
共同的顾客	默克,IBM

相关多元化战略优势在于:首先,它可以准确地针对某一细分市场,满足该市场的特殊需要,塑造产品个性,获得这一市场的信赖和品牌忠诚。随着商品市场的发展,消费者的需求日益多样化、差异化和个性化,大众消费逐渐转化为细分群体消费。其次,减少产品间相互不利影响,使用多元化战略可以避免因某一种产品市场推进失败或质量发生问题所带来的企业危机的风险。如果企业对生产、经营的同一类产品使用了不同的品牌名称,在对外宣传上也都属独立宣传,即使其中的一种出现了问题,也不会株连到其他产品,大大降低了企业的经营风险。再次,可以占领不同细分市场,提高市场占有率。最后,可以促进企业内部开展竞争,提高整体效益。但多元化产品战略具有耗费高、管理难等弊端。

3. 不相关多元化战略

实施不相关多元化的企业经营着相互之间没有逻辑关系的多元化业务,即企业所开拓的新业务与原有的产品、市场都没有相关之处,所需要的生产技术、经营方法、销售渠道等必须重新取得。例如,冰箱与生物产品是两个完全不相关的产品,因此既从事冰箱又从事生物产品生产的企业属于非相关多元化经营。又如,美国通用电气公司 20 世纪 80 年代收购了美国再保险公司和美国无线电公司,从而从单纯的工业生产行业进入金融服务业和电视广播行业,这就属于不相关多元化战略。

不相关多元化战略的优势包括:

(1)分散经营风险。即"不把所有的鸡蛋放在同一个篮子里"。企业可以通过向不同的行业渗透和向不同的市场提供产品与服务,来分散企业的经营风险。与相关多元化相比,这是更好的分散经营风险的方法,因为公司的投资可以分散在有着完全不同的技术、竞争力量、市场特征和顾客群体的业务之中。

(2)能够使企业迅速地利用各种市场机会,向着更有效的行业转移,以改善企业的整体盈利能力和灵活性。

(3)拓展企业成长发展空间。技术进步的影响,导致一批以新材料、新能源、新技术、新工艺为特征的新兴产业的出现,这既为企业向新的产业领域发展提供了机会,也为企业实行多样化经营提供了丰富的物质基础。企业可以通过多样化发展战略,进入高增长、高效益、高附加值的新型行业,以减轻在现有产品市场上的竞争压力。

不相关多元化竞争战略的劣势包括:

(1)企业资源分散。任何一个企业哪怕是像海尔这样的巨型企业所拥有的资源也总是有限的。多元化发展必定导致企业将有限的资源分散于每一个发展的业务领域,从而使每一个欲发展的领域都难以得到充足的资源支持,有时甚至无法维持在某一领域中的最低投资规模要求和最低维持要求,结果在相关的专业化经营的对手竞争中失去优势。从这个意义上来说,多样化战略有时不仅不能规避还有可能加大企业失败的风险。

(2)管理难度加大。由于企业在不同的业务领域经营,不可避免地要面对多种多样的产品与市场,这些产品在生产工艺、技术开发、营销手段上可能不尽相同,这些市场在开发、渗透、扩张等方面也可能有明显的区别,要管理好它们难度显著增加。此外,多元化经营企业内部管理的复杂化还表现在对不同业务单位的业绩评价、集权与分权的界定以及不同业务单位间的合作等。

(3)营运费用增加。当一个原先在单一产业领域运营的企业准备进入另一个或多个产业领域时,必然要增加运营费用,主要包括学习费用、设备与技术的购置费用,以及市场营销方面的费用等。在这种情况下,就会产生一个问题:企业是否有足够的资金来维持费用的增加,特别是当这些经营领域暂时还无法提供净现金流量时,是否会对企业的正常经营造成巨大的冲击?很显然,这是一种很严重的风险根源。

因此,企业在选择不相关多元化战略时,要谨慎行事,切忌盲目。许多事实说明,如果多元化战略决策不当或实施不力,不仅会导致新业务的失败,还可能影响已有业务的发展,甚至殃及整个企业的前途。

6.3.4 管理多元化的工具——BCG 矩阵

制定公司层战略最流行的方法之一是公司业务组合矩阵。该方法是由波士顿咨询集团（BCG）于 20 世纪 70 年代初期开发的。这种方法将组织的每一个战略事业单位标在一个二维的矩阵图上，从而显示出哪个 SBUs 提供高额的潜在收益，以及哪个 SBUs 是组织资源的"漏斗"。BCG 矩阵的示意图如图 6-3 所示。其中，横轴代表市场份额，纵轴表示预计的市场增长。说得更明确一些，高市场份额意味着该项业务是所在行业的领导者，高市场增长定义为销售额至少达到 10%的年增长率（扣除通货膨胀因素）。

波士顿咨询公司认为所有业务都是在几个经济上互不相同的产业部门中运行的。一个企业内部的这些业务的集合称为"业务包"。"业务包"理论主张，对一个企业业务包内的每一种业务，都应该建立一个独立的战略。一个企业的相对竞争地位（市场份额）和业务增长率是决定这个企业整个业务包内某一特定业务单位应当采取战略的两个基本参数。相对竞争地位（市场份额）决定一项业务产生现金流量的速率。一个与其竞争对手相比占有相对较高的市场份额的企业一般拥有较高的利润幅度，并因而提供较高的现金流量。业务增长率对一个企业的战略选择具有双重影响。首先，业务增长率影响获得市场份额的难易程度。在一个增长缓慢的业务领域，一个企业市场份额的增加通常来自于它的竞争对手市场份额的下降。其次，业务增长率决定了一个企业进行投资的机会水平。增长着的业务领域为一个企业把现金投资于该领域并获得较好的利润回报提供了机会。当然，这一机会同时也给企业带来一些问题，某项业务领域增长越快，为支撑这一增长所需要的现金量就越多。

在利用 BCG 矩阵进行战略方案评价时，大多数企业的业务部门或单位都散布在该模型矩阵的四个象限中。

🔒 管理工具 6-2

BCG 矩阵构建方法

1.核算企业各种产品的销售增长率和市场占有率

销售增长率是指企业本年销售增长额与上年销售额的比率，反映销售的增减变动情况，是评价企业成长状况和发展能力的重要指标。销售增长率可以用本企业的产品销售额或销售量的增长率。时间可以是一年或是三年以至更长时间。其计算公式为：

$$A:销售增长率＝本年销售增长额÷上年销售额$$
$$＝（本年销售额－上年销售额）÷上年销售额$$
$$B:销售增长率＝本年销售额/上年销售额－1$$

市场占有率可以用相对市场占有率或绝对市场占有率。基本计算公式为：

某种产品本企业绝对市场占有率＝该产品本企业销售量/该产品市场销售总量

某种产品本企业相对市场占有率＝该产品本企业市场占有率/该产品市场占有份额最大者（或特定的竞争对手）的市场占有率

2. 绘制四象限图

通过以上两个因素相互作用,会出现四种不同性质的产品类型,形成不同的产品发展前景:(1)销售增长率和市场占有率"双高"的产品群(明星类产品);(2)销售增长率和市场占有率"双低"的产品群(瘦狗类产品);(3)销售增长率高、市场占有率低的产品群(问号类产品);(4)销售增长率低、市场占有率高的产品群(现金牛类产品)。

3. 确定战略对策

波士顿矩阵对于企业产品所处的四个象限具有不同的定义和相应的战略对策。

1. BCG 战略分析

BCG 把企业内部的业务单位划分为以下四种战略类型,如图 6-3 所示。

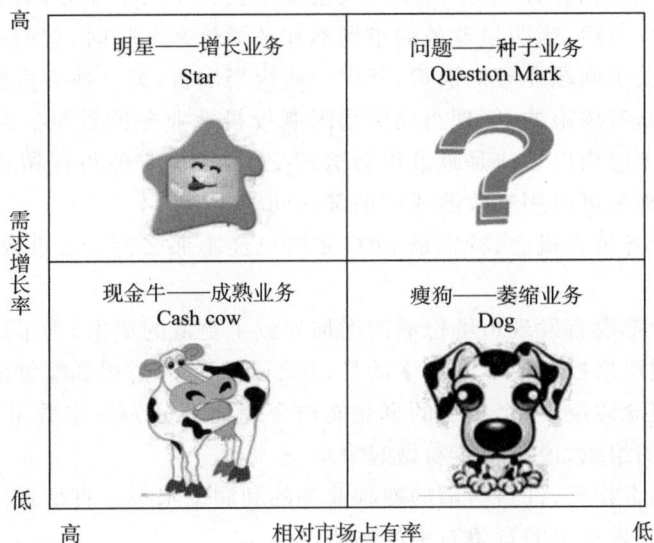

图 6-3　BCG 矩阵

(1)"现金牛"型

该业务单位具有低业务增长率和高市场份额。由于市场份额高,利润和现金产生量应当较高。而较低的业务增长率则意味着对现金的需求量也较低。于是,大量的现金余额通常会由"现金牛"创造出来。它们为全公司的现金需求提供来源,因而成为公司的主要基础。

(2)"瘦狗"型

指那种具有低市场份额和低业务增长率的业务部门或单位。低市场份额通常暗示着较低的利润。而由于其业务的增长率也较低,故为提高其市场份额而进行投资通常是不允许的。但该部门为维持其现有竞争地位所需要的现金往往大于它所创造的现金量,因此"瘦狗"型单位常常成为现金陷阱。适用于它的最合乎逻辑的战略方案是清算,或者"收割"。

(3)"问题"型

这类业务部门或单位具有低市场份额和高业务增长率。由于其增长,它们的现金需求量较高,而由于其市场份额所限,它们的现金产量又较低。由于其较高的业务增长率,对"问题"采取的战略之一应当是进行必要的投资以获取增长的市场份额,并促使其成为一颗"明星"。当其业务增长率慢下来之后,该单位于是就会成为一头"现金牛"。另一种战略是对那些管理部门认为不可能发展成为"明星"的"问题"实施紧缩战略。

（4）"明星"型

这种类型的业务部门或单位具有高增长率和高市场份额。由于高增长率和高市场份额,"明星"运用和创造的现金数量都很巨大。"明星"一般为企业提供最好的利润增长和投资机会。很明显,对于"明星",最好的战略是进行必需的投资以保持其竞争地位。

2. BCG 战略意义

现在让我们转向 BCG 矩阵的战略意义。对于每一类业务组合,管理者应当采取什么战略?

波士顿咨询集团的研究表明,牺牲短期利润以获取市场份额的组织,将产生最高的长期利润。因此,管理当局应当从现金牛身上挤出尽可能多的"奶"来,把现金牛业务的新投资限制在最必要的水平上,而利用现金牛产生的大量现金投资于明星业务,对明星业务的大量投资将获得高额红利。当然,当明星业务的市场饱和及增长率下降时,它们最终会转变为现金牛。最难做出的是关于问题业务的决策,其中一些应当出售,另一些有可能转成明星业务。

但是问题业务是有风险的,管理当局应当限制投机性业务的数量。对于瘦狗不存在战略问题——这些业务应当出售或是瞅准机会清理变现,很少有值得保留或追加投资的。出售瘦狗业务所得的现金可以用来收购或资助某些问题业务。

近年来,公司业务组合概念,特别是 BCG 矩阵已经不那么为人所重视,为什么? 至少有4 种原因:

（1）每一个组织都没有发现市场份额的增加导致了更低的成本,为了成功地使学习曲线下降,管理当局必须严格控制成本。不幸的是,并不是所有的公司都能够做到这一点。

（2）业务组合概念假定,一个组织的事业能被合理地划分为一定数量的独立经营单位,然而对于大型复杂的组织,说起来容易做起来难。

（3）与理论的预言相反,许多所谓的瘦狗业务的利润率水平一直呈现出高于它们的占有较大市场份额且处于增长中的竞争对手的态势。

（4）对于近年来经济一直处于低速增长和事实上市场只可能有一位领导者的现实,绝大多数公司半数以上的业务落在瘦狗领域中,只有少数业务属于明星型或问题型,需要继续追加投资。那么,这么多瘦狗业务都要卖掉? 卖给谁?

尽管存在这些问题,公司业务组合矩阵仍不失为一种有用的理论,它提供了一种框架,帮助人们理解性质各异的业务以及确定战略资源分配的优先次序。只是,作为一种指导管理当局制定公司层战略的工具,它还存在一些明显的局限性。

6.3.5 事业层战略

事业层战略:决定组织应该如何在每项事业上展开竞争。对于有多项事业的组织,每一个分部都应该有它自己的战略,这些战略定义了该分部服务的顾客以及应该提供的产品和服务,即设计怎么在每一种事业领域内竞争。当一个组织有多种不同的业务,每一种业务又相对独立且有自己的战略时,通常称这样的部门为战略事业单位。

竞争优势使组织别具一格,具有与众不同的特色,这种与众不同的特色来体现组织的核心能力。一个组织仅仅能够创造竞争优势是不够的,还应该能够保持它,也就是说建立可持续的竞争优势;正是可持续的竞争优势,才使得组织能够保持它的特色,无论竞争对手采取什么行动,或者产业可能发生什么变化。

1. 五力模型

每一个企业总是归属于一个或几个产业部门或行业。在某一行业中的企业,盈利与否以及盈利大小,一般取决于两个基本因素:一是身处行业的盈利潜力,又称行业吸引力;二是其在行业中的地位。一个行业的盈利潜力一般说来并非由其产品外观或该产品技术含量高低所决定,而是由其内在的经济结构或竞争格局所决定。美国哈佛大学商学院教授波特指出,一个行业的竞争远不止现有竞争对手之间的竞争,而是存在着五种基本的竞争力量:新加入者的威胁、替代品的威胁、购买者讨价还价的能力、供应商讨价还价的能力以及行业内企业的竞争。如图 6-4。

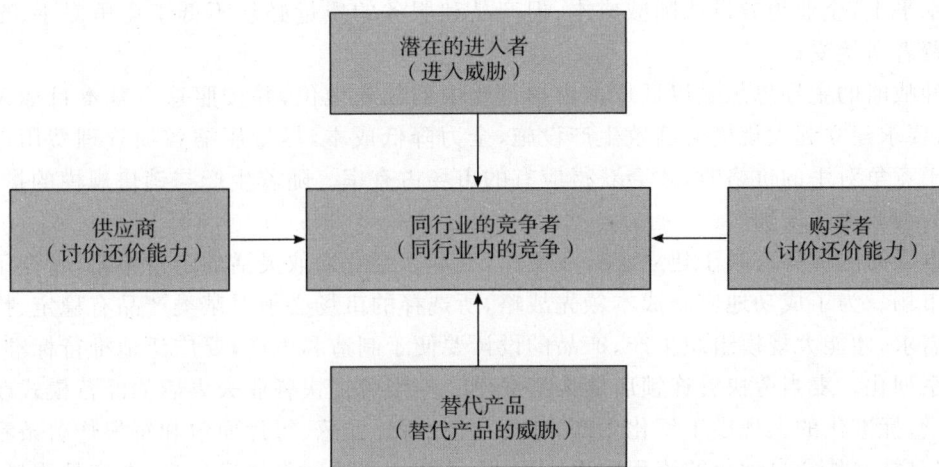

图 6-4 五力模型

在任何产业中,都有五种竞争力量控制着产业的竞争规则:

(1)进入障碍。像规模经济、品牌忠诚度,以及资本需求这样一些因素,决定着新竞争者进入产业的难易程度。

(2)替代威胁。像转换成本和购买者忠诚这样一些因素,决定着顾客转向其他竞争者的可能性和程度。

(3)购买者的讨价还价能力。像购买者的购买量、购买者掌握的情报,以及可供选择的替代产品这样一些因素,决定着购买者的影响力。

(4)供应商的讨价还价能力。像供应商的集中程度和可供选择的替代输入这样一些因素,决定着供应商左右产业中企业的能力。

(5)现有竞争者之间的竞争。像产业的增长率、增长或下降的需求及产品差异这样一些因素,决定着产业中企业之间竞争的激烈程度。

这五种力量(图 6-4)从整体上决定了产业的盈利性,因为它们直接影响企业的产品价格水平、成本结构和投资需求,管理者应当通过评估这五种力量来评价某个产业的吸引力。当然,产业动态总处在变化中,今天某个产业是顺利的,也许明天就变成无利可图。因此,管理者需要定期地对其所处的产业状态进行重估,制定战略计划。

2. 一般竞争战略

近年来,战略计划方面最重要的思想是哈佛大学工商管理学院迈克尔·波特提出的。

他的竞争战略框架表明,管理者能够从三种一般战略中进行选择,成功取决于选择正确的战略,即所选择的战略类型应与组织和产业的形势相适应。波特的主要贡献是详细地阐明了管理当局怎样才能够建立和保持高于产业平均生产率水平的竞争优势。

按照波特的观点,没有一家企业能够成功地通过为所有人做所有的事达到超过平均水平的绩效。他认为,管理者必须选择一种能给他的组织带来竞争优势的战略,可以从三种基本的战略中进行选择:成本领先战略、差异化战略和聚焦战略。究竟选择哪一种战略,取决于组织的长处和竞争对手的短处。应当避免不得不与产业中所有竞争者拼杀的局面,而应当将企业置于竞争对手所不具备的强有力地位。

(1)成本领先战略:寻求在生产、营销和其他运营领域中的高效率,制造费用保持在尽可能低的水平上,企业想方设法削减成本;但产品和服务的质量必须不低于竞争对手,至少能够为消费者所接受。

这种战略的主导思想是以低成本占据行业中的领先地位,并按照这一基本目标采取有效措施,要求建立起大规模的高效生产设施,全力降低成本,尽量压缩各项管理费用。只有创造低于竞争对手的价格时,才会获得应有的市场占有率。随着生产与销售规模的扩大,企业获得的利润逐步增加。

成本领先的优势有利于建立起行业壁垒,有利于企业采取灵活的定价策略,将竞争对手排挤出市场。为了成功地实施成本领先战略,所选择的市场必须对某类产品有稳定、持久和大量的需求,才能大规模组织生产,产品的设计要便于制造和生产,要广泛地推行标准化、通用化和系列化。麦当劳快餐连锁店属典型案例。麦当劳把快餐业夫妻店的经营模式改造成为大批量、标准化的大规模工厂化生产,使每片肉、每片洋葱、每片面包和每根炸薯条看起来都一模一样,并从全自动化的流程中生产出来。同时,为适应大规模生产,在产品质量、服务速度、清洁卫生、服务态度等方面建立了一系列严格的标准,树立了极高的信誉,使麦当劳快餐业发展迅速扩张。

(2)差异化战略:差异化战略是企业提供与众不同的产品或服务,在行业中别具一格,建立起差别竞争优势,以独特的优越性来巩固自身在同行业中的地位,致使竞争者不易模仿,避免造成恶性竞争。关键在于产品和服务的属性必须使公司有别于它的竞争对手,并且足以创造价格的溢价,这种溢价超过了差异化所增加的成本,最终使企业获取更大的利润。

如果一个企业寻求产业中与众不同的特色,则它是在实行差异化战略。这种战略强调高超的质量、非凡的服务、创新的设计、技术性专长或不同凡响的商标形象,关键是特色的选择必须有别于竞争对手,至少在某一方面超过了竞争对手。英特尔公司的技术、思科公司的可靠性、玫琳凯化妆品公司的分销,以及希尔顿酒店的服务都是差异化的代表。

(3)聚焦战略:聚焦战略是企业主攻某个顾客群或某个特殊的细分市场。这一战略依据的前提是:企业业务的专一化能够以高效率、更好的效果为某一狭窄的战略对象服务,从而超过在较广阔范围内竞争的对手们,企业通过满足特殊对象的需要而实现了差异化,或者在为这一对象服务时实现了低成本,或者二者兼得。尽管聚焦战略未能像上述两类战略那样在整个市场范围内取得优势,但它在其狭窄的市场目标中获得了集中化优势。消费者在不同的时间和地点,就会有不同的需求。这就是为什么大型超市和零售商店同时存在的原因,卖的都是同样的东西,虽是在竞争,却都能赚钱。超市在白天提供多种产品和服务,有诸多品牌可选择；而零售店只有少数商品，在深夜或清晨营业，同样满足了不同顾客群的需求和愿望。

波特还用"徘徊其间"这个词表示那些不能够明确地凭借某一种基本战略获取竞争优势的组织。这样的组织发现它们难以获得长期的成功，它们之所以还能生存，往往是因为它们处于非常有利的产业中，或是因为竞争对手也像它们一样徘徊其间。保持竞争优势不管采取三种基本战略中的哪一种，要获得长期的成功必须能够保持住竞争优势，即必须阻挡住来自竞争对手的侵蚀，或跟上产业演变的趋势。技术变革、顾客需求变化，特别是某些竞争优势可能被竞争对手模仿，使得保持竞争优势绝非易事。管理者需要建立某些障碍使仿制难以得手，或减少竞争对手的可乘之机。可以利用专利和版权减少仿制的机会；当存在规模经济时，通过降低价格以扩大销量和提高市场占有率是一种有用的策略；与供应商签订专供合同限制其向竞争对手的供应能力；鼓励政府对进口商品征税以限制来自国外的竞争，都是一些可供选择的策略。当然，无论采取何种行动保持竞争优势，管理者都不能因一时的成功而自鸣得意。保持竞争优势要求管理者持续地做出努力，使自己始终领先于竞争对手一步。

3. 米尔斯和斯诺模型

米尔斯和斯诺模型是雷蒙德·米尔斯和查尔斯·斯诺在研究经营战略的过程中提出的。首先，米尔斯和斯诺辨认出四种战略类型：探索者、防御者、分析者和反应者。然后，他们论证了采用前3种战略中的任何一种都能够取得成功，只要所采取的战略与经营单位所处的环境内部结构和管理过程相吻合，而反应者战略常常导致失败。下面，我们概述一下每一种战略类型，并且探讨一下组织如何利用它们获取竞争优势，持续改进产品或服务的质量和可靠性，可以使组织确立竞争优势令竞争对手难以模仿。

（1）探索者

运用在动态的环境中，追求创新和灵活性。

联邦捷运公司采用探索者战略发展出它的隔夜包裹递送业务。与防御者战略形成对照，探索者战略追求创新，其实力在于发现和发掘新产品和新市场机会。探索者战略取决于开发和俯瞰大范围环境条件、变化趋势和实践的能力，灵活性对于探索者战略的成功来说是非常关键的。

（2）防御者

运用在稳定的环境中，为狭窄的细分市场生产有限的一组产品。麦当劳公司就是在快餐业中奉行防御者战略的典型。防御者战略寻求向整体市场中的一个狭窄的细分市场稳定地提供有限的一组产品。在这个有限的细分市场中，防御者拼命奋斗以防止竞争者进入自己的地盘。这种战略倾向于采用标准的经济行为，如以竞争性价格和高质量的产品或服务作为竞争手段。防御者倾向于不受其细分市场以外的发展和变化趋势的诱惑，而是通过市场渗透和有限的产品开发获得成长。经过长期的努力，真正的防御者能够开拓和保持小范围的细分市场，使竞争者难于渗透。

（3）分析者

同时寻求活性与稳定性，使风险最小化和利润机会最大化。雅虎公司实行的是分析者战略，它试图使风险最小化和利润机会最大化。分析者战略靠模仿生存，它复制探索者的成功思想。雅虎公司基本上是紧跟比它规模更小但更具创新精神的竞争对手，而且是在竞争对手已经证实了市场的存在之后才投入战斗,但雅虎公司推出的同类产品具有更优越的性能。分析者必须具有快速响应那些领先一步的竞争者的能力,与此同时,还要保持其稳定产品和细分市场的经营效率。而探索者必须有很高的边际利润率以平衡风险和补偿它生产上的低效率。一般来说,分析者的边际利润低于探索者,但分析者有更高的效率。

(4)反应者

反应者不能在任何特定情况下做出前后一致的果断的承诺。反应者战略是当其他三种战略实施不当时所采取的一种不一致和不稳定的战略模式。一般地,反应者总是对环境变化和竞争做出不适应的反应,绩效不佳,并且在承诺某种特定战略时表现得犹豫不决。

4. 基于产品生命周期战略

产品生命周期是一种说明产品生命过程中销售量变化的模式。理解产品生命周期中的四个阶段可以帮助管理者们随时间的变化把握战略。如图 6-5 所示,产品生命周期始于新产品和新技术进入市场。

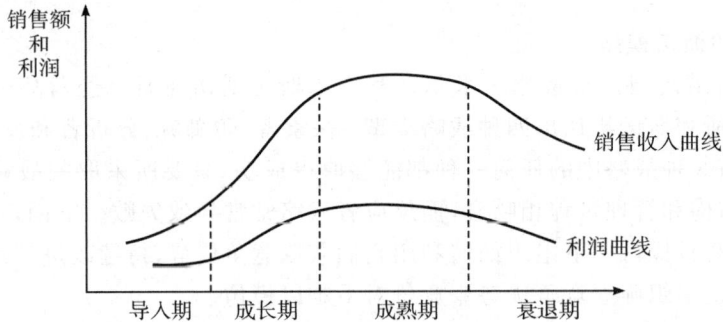

图 6-5　产品生命周期

(1)导入期

在导入期阶段,需求可能很高,有时甚至超过企业的供应能力。在这一阶段,管理者们首要的工作是在不牺牲品质的条件下将产品卖出去。战略方向上尽可能拓展市场,通过投入高成本宣传费用迅速使消费者接受产品,聘用员工、管理库存和现金流也是这一阶段管理者应当关心的问题。

(2)成长期

在成长阶段,市场上制造同类产品的企业多了起来,销售持续增长。这一阶段中重要的管理问题包括保证品质和供货,企业开始实行差异化的方法。在成长阶段进入这一产业的企业可能会威胁现有组织的竞争优势,因此如何阻止竞争对手的进入是这一阶段中重要的管理问题。

(3)成熟期

成熟期市场增长率不高,需求增长不高,技术上已经成熟,行业特点、行业竞争状况及用户特点非常清楚而稳定,买方市场形成,行业盈利能力下降,新产品和产品的新用途开发更为困难,企业进入壁垒很高。行业的成熟阶段是一个相对较长的时期。在这一时期里,在竞争中生存下来的少数大厂商垄断了整个行业的市场,每个厂商都占有一定比例的市场份额。由于彼此势均力敌,市场份额比例发生变化的程度较小。厂商与产品之间的竞争手段逐渐从价格手段转向各种非价格手段,如提高质量、改善性能和加强售后维修服务等。行业的利润由于一定程度的垄断达到了很高的水平,而风险却因市场比例比较稳定,新企业难以打入成熟期市场而较低,其原因是市场已被原有大企业比例分割,产品的价格比较低。因而,新企业往往会由于创业投资无法很快得到补偿或产品的销路不畅,资金周转困难而倒闭或转产。

在行业成熟阶段,行业利润稳定但增长率不高,整体风险也会维持在一个较低的水平。但在某些情况下,整个行业的增长可能会完全停止,其产出甚至下降。由于丧失其资本的增长,致使行业的发展很难较好地保持与国民生产总值同步增长,当国民生产总值减少时,行业甚至蒙受更大的损失。

(4)衰退期

在衰退阶段,市场增长率下降,需求下降,产品品种及竞争者数目减少。这一时期出现在较长的稳定阶段后。由于新产品和大量替代品的出现,原行业的市场需求开始逐渐减少,产品的销售量也开始下降,某些厂商开始向其他更有利可图的行业转移资金,因而原行业出现了厂商数目减少,利润下降的萧条景象。至此,整个行业便进入了生命周期的最后阶段。在衰退阶段里,厂商的数目逐步减少,市场逐渐萎缩,利润率停滞或不断下降。当正常利润无法维持或现有投资折旧完毕后,整个行业便逐渐解体了。

6.4　企业内部条件分析

6.4.1　企业资源

资源有着各种不同的定义。某些人将资源定义为:能被视作既定公司的一种优势或劣势的一切事物。另一些人认为资源是公司所控制或拥有的有效因素的总和。这里把资源看作是服务于企业生产经营过程中的各种投入品。根据投入品的形态,一般可分为三大类:一是有形资源,包括财务资源和实物资源;二是无形资源,包括技术资源、声誉和品牌等;三是人力资源。

1. 有形资源

有形资源是比较容易确认和评估的一类资产,一般可以从企业的财务报表上查到。但从战略的角度看,资产负债表上所反映的资产价值是模糊的,有时甚至是一种错误的指示,这是因为过去所做的成本报价并不能真实地反映某项资产的市场价值。考虑某项有形资产的战略价值时,不仅要看到会计科目上的数目,而且要注意评价其产生竞争优势的潜力。换句话说,一项账面价值很高的实物资源,其战略价值可能并不大。实物资源的战略价值不仅与其账面价值有关,而且取决于公司的地理位置和能力,设备的先进程度和类型,以及它们能否适应产品和输入要素的变化。

在评估有形资产的战略价值时,必须注意以下两个关键问题。第一,是否有机会更经济地利用财务资源、库存和固定资产,即能否用较少的有形资产获得同样的产品或用同样的资源获得更大的产出。第二,怎样才能使现有资源更有效地发挥作用。事实上,企业可以通过多种方法增加有形资产的回报率,如采用先进的技术和工艺,以增加资源的利用率;通过与其他企业的联合,尤其是与供应商和客户的联合,以充分地利用资源。如我国的数据通信行业可以通过与集成商和企业的联合,来充分地利用光纤电缆和网络资源。当然,企业也可以把有形资产卖给能利用这些资产获利的公司。实际上,由于不同的公司掌握的技术不同,人员构成和素质也有很大差异,因此它们对一定有形资产的利用能力也是不同的。同样的有形资产在不同能力的公司中表现出不同的战略价值。

2. 无形资源

资产负债表上标明的有形资源一般可以从市场上直接获得,可以用货币直接度量,并可以直接转化为货币。相反,无形资源是企业不可能从市场上直接获得,不能用货币直接度量,也不能直接转化为货币的那一类经营资产,如企业的经营能力、技术诀窍和企业形象等。无形资产往往是企业在长期的经营实践中逐步积累起来的,虽然不能直接转化为货币,但却同样能给企业带来效益,因此同样具有价值。由于无形资源的不可见性及其隐蔽性,所以人们往往忽略其战略价值。在产品质量和服务对潜在的顾客利益的影响并不明显的行业,企业信誉和知名度往往是最重要的资源。一般来说,信誉和知名度往往与公司联系在一起,有时也与特定的品牌有关。第二类重要的无形资源是技术,包括其先进性、独创性和独占性。一旦公司拥有了某种专利、版权和商业秘密,它就可以凭借这些无形资产去建立自己的竞争优势。

3. 人力资源

一个组织最重要的资源是人力资源。大量研究发现,那些能够有效地利用其人力资源的组织总是比那些忽视人力资源的组织发展得更快。是人的进取心和掌握的技术创造了企业和组织的繁荣,而不是实物资源和财务资源。在技术飞速发展和信息化加快的知识经济时代,人力资源在组织中的作用也越来越突出。

6.4.2 企业核心能力

当今社会,越来越多的企业把拥有核心能力作为影响企业长期竞争优势的关键因素,并且越来越多的人认为,如果企业有意在未来的市场上获取巨大的利润份额,就必须建立一种能对未来顾客所重视的价值起巨大作用的核心能力,然而在某一重要的核心能力方面要建立起世界领先地位,绝不是一朝一夕可以做到的。如果企业想在未来竞争中获得成功,现在就必须着手建立企业的核心能力。许多大型的多元化经营的企业目前更注重突出优势和明确主要业务,更加重视企业的核心力量。在产品和市场战略被看作是企业相对短暂的现象的同时,企业核心能力则被认为是企业竞争优势持久的源泉。

1. 企业核心能力的概念

近些年来,越来越多的企业注重战略的研究,以保持其竞争优势。企业的战略可以分为市场战略、产品战略、技术战略等,这些职能战略是企业外在和显性化的战略。在信息日渐爆炸的时代,任何企业单是依靠某一项或某几项职能战略,最多只能获取短暂的一时的优势,唯有追求核心能力才是使企业永久立于不败之地的根本战略。因此,具有活的动态性质的核心能力是企业追求的长期战略目标,是企业持续竞争优势的源泉。

核心能力又称核心专长、核心竞争力,根据普拉哈德和哈默尔的定义,核心能力是"组织中的积累性学识,特别是关于如何协调不同的生产技能和有机结合多种技术流派的学识"。其要点是:

(1)核心能力的载体是企业整体,而不是企业的某个业务部门、某个行业领域;

(2)核心能力是企业过去成长过程中积累而产生的,而不是通过市场交易可获得的;

(3)关键在于"协调"和"有机结合",而不是某种可分散的技术和技能;

(4)存在形态基本上是结构性的、隐性的,而非要素性的、显性的。

综合地说,核心能力是指企业依据自己独特的资源(资本资源、技术资源或其他方面的资源以及各种资源的综合),培育创造本企业不同于其他企业的最关键的竞争能力与优势。这种竞争能力与优势是本企业独创的,也是企业最根本、最关键的经营能力。换言之,也只有在本企业中,这种竞争能力与优势才能得到最充分的发挥。凭借这种最根本、最关键的经营能力,企业才拥有自己的市场和效益。核心能力是以知识、技术为基础的综合能力,是支持企业赖以生存和稳定发展的根基。

2. 核心能力的构成要素

企业核心能力是一个复杂和多元的系统,它包括企业如下能力:

(1)研究开发能力(R&D)

研究与开发是指为增加知识总量,以及用这些知识去创造新的应用而进行的系统性创造活动。它包括基础研究、应用研究和技术开发三项。基础研究主要是为获得关于现象和可观察事实的基本原理而进行的实验性或理论性工作。其作用是既能扩大人们的科学知识领域,又能为新技术的创造和发明提供理论前提。从长远发展来看,基础研究是技术开发的基础工作,同时也是科研实力的重要标志和创新的基础。应用研究是为获取新知识而进行的创造性研究,较之基础研究有明确的目的性,是连接基础研究和技术开发的桥梁。技术开发是指利用从研究和实际经验中获得的现有知识,或从外部引进的技术、知识,为生产新的材料、产品、装置,建立新的工艺和系统,以及对已生产和建立的上述工作进行实质性改进而进行的系统性工作。

目前,越来越多的企业重视自身的研发能力,国外一些大公司都有自己专门的研发机构,这是因为:企业所需要的一些关键的、先进的技术很难从市场上买到,特别是在企业竞争异常激烈的今天,具有最先进技术的企业不会在别人具有模仿能力之前轻易放弃丰厚利润的回报。其次就是一些常用的技术能买到,其交易的费用也是很高的。尤其是随着科技的发展和企业竞争的需要,企业所需的技术也越来越先进和复杂,其价格也高,企业要获得技术就要付出更大的代价。再说,有的技术引进来也不是马上就能用得上,需要企业通过内部消化吸收,与本企业生产、管理融合之后,才能取得实效。企业还需要从企业外部不断获取所需要的信息和知识,在理解和消化的基础上创新。技术知识是企业核心能力的重要组成部分,只有通过研究与开发,形成自己与众不同的技术和知识的积累,特别是形成自己的人才积累,才能使别人难以模仿和超越。

(2)不断创新能力

发展、竞争和变化是绝对和永恒的,一个企业要保持发展和竞争优势,就必须善于总结和提高,永远地追求卓越,不断超越自我,不断进取和创新。所谓的创新就是根据市场和社会变化,在原来的基础上,重新整合人才、资本等资源,进行新产品研发和有效组织生产,不断创造和适应市场,实现企业既定目标的过程。包括技术创新、产品及工艺创新和管理创新。企业创新的主体是决策层、技术层、中间管理层和生产一线管理层。创新能力表现为创新主体在所从事的领域中善于敏锐地观察原有事物的缺陷,准确地捕捉新事物的萌芽,提出大胆新颖的推测和设想,并进行认真周密的论证,拿出切实可行的方案付诸实施。

企业要取得核心能力,必须准确地把握世界科技和市场发展动态,制定相应创新战略,使技术创新、管理创新、产品创新等协调展开。在以技术变化迅速和产品周期不断缩短为特征的商业竞争中,创新是保持长久竞争优势的动力源泉,创新能力是一个企业核心能力和旺盛生命力的体现。

(3)将科技成果转化为生产力的能力

只有将创新意识或技术成果转化为可行的工作方案或产品,提高效率和效益,创新和研究开发才是有价值和有意义的。转化能力与企业的技术能力、管理能力有很大的关系。转化的过程即创新的过程,转化不仅需要进一步的创新,还需要切实可行的方法和步骤。创新只有转化为实际效益,才是真正意义上的创新。

转化能力在实际应用中表现为其综合、移植、改造和重组的一些技巧和技能,即把各种技术、方法等综合起来系统化,形成一个可实施的综合方案,将其他领域中的一些可行的方法移植到本企业的管理和技术创新中来,对现有的技术、设备和管理方法等进行改造,并根据企业实际和时代发展进行重新组合,形成新的方法和新的途径,达到更优的效果。

(4)组织协调能力

面对激烈变化的市场,企业要有优势,必须始终保持生产、经营管理各个环节、各个部门运转协调、统一、高效,特别是在改革创新方案、新产品新工艺以及生产目标形成之后,要及时调动、组织企业所有资源,进行有效、有序的运作。

这种组织协调能力涉及企业的组织结构、企业战略目标、运行机制、企业文化等多方面。突出表现在企业有坚强的团队精神和强大的凝聚力,即个人服从组织,局部服从全局,齐心协力,积极主动,密切配合争取成功的精神;表现在能根据生产的不同阶段要求,有效组织资源,并使其在各自的位置上正常运转。

(5)应变能力

应变是一种快速反应能力,它包含对客观变化的敏锐感应和对客观变化做出的应对策略。客观环境时刻都在发生变化,企业决策者必须具有对客观环境敏锐的感应能力,保持经营战略随着客观环境的变化而变化。特别是今天的竞争环境会经常出现无法预料的事件,如某一国家或地区金融危机的发生,某项技术的发明,政府政策的调整等,为把这种变化的条件对企业自身的影响减少到最低限度,企业就必须迅速、准确地拿出应变的措施和办法。应变能力表现为能审时度势,随机应变,在变化中产生应对的策略。

6.4.3 企业战略选择影响因素

企业在战略选择过程中会受到多方面的影响。拟定和评价可供选择的战略方案,是进行这个战略决策过程必不可少的先决条件,假若战略评价过程已经筛选出显然优化的战略方案,则决策过程就很简单。然而,在大多数情况下,战略评价过程提供给战略决策者的是若干种可行方案。在这种情况下,决策者就要考虑多种因素,进行多方面的权衡。因此,选择战略并非一个例行公事化的或很容易的决策。正像有人指出这种决策实际上是一种智力活动过程,它比想象中更曲折、更复杂、更微妙和更具有特性。决策者通常游弋于有意识和无意识之中,在具体与抽象之间反复,在机会和系统中试验,而且决策过程完全是动态的,没有真正的起点或终点,战略决策者经常进行这种智力活动过程。通常,影响战略决策者选择某一特定战略的因素有五点:企业对外界环境的依赖程度;管理者对待风险的态度;企业过去的战略;企业中的权力关系;中层管理人员和职能人员的影响。

1. 企业对外部环境的依赖性影响

任何企业都存在于它的外部环境中,而环境受股东、竞争对手、顾客、政府和社区的影响,企业的生存对这些因素的依赖程度影响着战略选择过程。企业对外部依赖程度越高,企业选样战略的灵活性就越小。

(1)业务依赖于少数几个股东的程度越高,战略选择的灵活性就越小;

(2)企业依赖于其竞争对手的程度越高,它就越不可能选择进攻性的战略(此处的依赖性指处于较弱的竞争地位);

(3)企业的成功和生存越依赖于少数几个顾客,则企业对他们的期望应该做出较快的反应;

(4)企业越是依赖于政府和社区,则它对市场状况和股东的要求越不具有灵敏的反应。

企业经营面对的市场在不断变化,这也影响着战略选择。如果企业面对的市场变化程度较大,则相应的企业的战略需要具有较大的灵活性。

以上对环境的度量基于"客观的"衡量基础之上,但事实自己并不会说话,客观的现象需要决策者主观的理解。因此,决策者对外部环境依赖性的主观认识影响着战略的选择。也因此,处于同一环境中的同一公司,如果由两个决策人来进行战略选择,可能会有两种不同的战略方案。

2. 管理者对待风险的态度

管理者对待风险的态度影响着战略选择的决策。有些企业管理者极不愿承担风险,而另外一些管理者却乐于承担风险。不同的风险态度会导致不同的战略选择。

(1)如果管理者认为,风险对于成功是必不可少的,并乐于承担风险,则企业通常采用进攻性战略,接受或寄希望于高风险的项目,在它们被迫对环境变化做出反应之前就已经做出了反应。这类管理者考虑的战略方案范围较广泛。

(2)如果管理者认为风险是实际存在的,并敢于承担某些风险的话,则管理者就会试图在高风险战略和低风险战略之间寻求某种程度的平衡,以分散风险。

(3)若管理者认为冒较高的风险将毁灭整个企业,则他考虑的战略选择方案需要减低或回避风险。他们可能采取防御性的或稳定发展的战略,而拒绝那些承担高风险的项目,倾向于在稳定的产业环境中经营。

归纳起来,管理者和股东对待风险的态度会增加或减少他们所考虑的战略方案的数目,并增加或降低采用某一特定战略方案的可能性。

3. 企业过去战略的影响

对于大多数企业来说,过去的战略是战略选择过程的起点,这就使得新考虑的多数战略方案受到企业过去战略的限制。明茨伯格曾对德国大众汽车公司 1934—1969 年和美国1950—1568 年在越南的战略选择变化进行过详细的研究,他认为:

(1)现在的战略从过去某一有影响的领导者所制定的战略演化而来。这一独特的、紧密一体化的战略对以后的战略选择是个主要的影响因素。

(2)从此,这一战略被格式化。官僚化的管理组织使战略得以贯彻和实施,即原决策者推出这个战略并向下属说明,而后低层管理人员将这个战略得以实施,这一现象称为"推拉现象"。

(3)当这一战略由于条件变化而开始失效时,企业总是将新的战略嫁接到这个旧战略上来,直到以后这一战略行不通时,才探索一种全新的战略。

(4)当外部环境变化更大时,企业才开始认真地考虑采取防御战略、组合战略或发展战略,也许以前曾有人建议过这些战略,但都被决策者忽视了。

明茨伯格对战略选择过程的研究结论具有概括性的意义。它说明过去的战略对以后的战略选择有影响,战略选择过程更多的是一种战略演变过程。其他研究也表明,当人们要对过去选择的执行方案的不良后果负个人责任时,他们总是将最大数量的资源投入过去选择的执行方案之中。这可以部分地说明为什么在改变过去的战略时,往往需要更换高层管理人员,这是因为新的管理者较少地受到过去战略的约束。

4. 企业中的权力关系

所谓权力是人们之间的一种关系,指的是某个人影响另一个人或群体去做某些事情的能力。经验表明,在企业中权力关系的存在是个关键的事实,在大多数企业中,如果一个权力很大的高层管理者支持某一战略方案,它往往就成为企业所选择的战略,并且会得到一致的拥护。从某种意义上说,人品也会涉入到战略选择之中。主要管理者喜欢什么以及尊重什么等,都与选择什么样的战略有关。总之,权力关系或企业政治对战略选择有重大影响。

5. 中层管理人员和职能人员的影响

企业高层在制定综合计划时需要具有战略眼光,中层经理在制定计划时也需要具备战略性思考的能力,因为除了战略决策一般由企业高层独立完成之外,战略的制定、执行、评估等主要由中层经理来实现。中层经理应该像 CEO 一样地思考,包括思考的深度与广度。假定一家公司实施"成本领先战略",很显然,研究开发部门从产品规格、功能定制上必须遵守成本优先的原则,制造与采购部门是成本中心,财务部门必须提供大量的经营与财务分析数据提供支持,人力资源部门必须协助业务将成本节制细分为业绩目标,并进行必要的考核。这些业务部门的负责人必须站在公司层来思考并推动该战略的执行与实施。中层经理还应该参与到战略制定和决策的过程中来,例如主办一些战略研讨会,这样可以让公司中层经理获得足够的公司内部经营信息,同时参与制定与决策的过程有利于执行,统一认识,协同作战,内部的分工与配合才会更有效率。中层经理,包括营销、研究开发、制造、财务与人力资源等部门都应该参与公司战略的制定与决策,这样,相关的企业战略才能够客观和合理,并且由于吸收广泛的意见而具有极大的包容性。

6.5 企业家

6.5.1 企业家的定义

关于企业家有不少的定义,例如,有些人将企业家看作任何创建新企业的人;另一些人强调的则是目的,主张企业家寻求的是创造财富,而不是把开办企业仅仅作为挣钱的一种手段(即为自己工作而不是为别人工作)。大多数人提到企业家时,往往使用像大胆、创新、投机、冒险等诸如此类的形容词,并且趋向于把企业家与小企业联系在一起。我们把企业家定义为个人追求机会,通过创新满足需要,而不顾手中现有资源的活动过程。

重要的是不要把管理小企业与企业家行为混为一谈。因为并非所有的小企业管理者都是企业家,许多小企业管理者并不进行创新,相当多的小企业管理者,不过是许多大型组织和公共机构中保守的、循规蹈矩的职员的缩影。

企业家有没有可能存在于已经建立起来的大型组织中？这个问题的答案取决于如何定义企业家。著名的管理学权威彼得·德鲁克(Peter Drucker)认为这是可能的。他把企业家型的管理者描述为对自己的能力充满信心,不放过创新的机会,不仅追求新奇而且要使创新资本化的管理者。他把这样的管理者与那些受托人类型的管理者加以区分,后者把变革看作威胁,被不确定性所困扰,宁愿稳定,倾向于维持现状。

但是,德鲁克使用的企业家型管理者的术语容易产生误解,似乎只要不是受托人类型的管理者,就属于企业家型的管理者。目前,更普遍使用的术语是内企业家,它用来描述那些试图在大型组织中激发企业家精神的管理者。不过,内企业家不可能像企业家那样自主决策和承担风险,这是因为内企业家发生在大型组织内部,所有的财务风险都由企业承担,内企业家的行动受到企业的规则、政策和其他因素的限制,内企业家要向老板或上司报告,而成功的报偿不是真正的利润而是职业生涯的提升。

6.5.2 企业家的特征

对企业家研究得最多的题目之一,是试图确定企业家共同的心理特征。迄今为止已经提出了许多特征,包括勤奋工作、自信、乐观、果断,以及精力充沛。而有三种要素经常处于企业家个性一览表的顶端,它们是:对成就的高度欲望,对把握自己命运的强烈的自信,以及对冒风险的适度节制。

研究结果使我们得出对企业家的一般性认识:他们趋向于独自担当解决问题、设定目标和依靠努力实现目标的责任;他们崇尚独立,特别不喜欢被别人控制;虽然他们不怕承担风险,但他们决不盲目地冒险,他们更愿意冒那些他们认为能够控制结局的风险。

企业家的这些鲜明的个性特征,可使我们得出两个结论:第一,在典型的大公司或政府机构中,具有这种性格的人不大可能是那些富于生产性的、满足于现状的雇员,这类组织的规则、制度和控制阻碍了企业家的涌现。第二,创办自己的企业的内在挑战和状况与企业家的个性十分吻合,尤其对愿意冒风险和掌握自己命运的人有很大的吸引力。由于企业家相信他们的未来完全掌握在自己手中,因此他们认为的适度的风险,在不具备企业家素质的人看来通常是高风险的。

6.5.3 企业家的原动力

什么力量促使一个人成为企业家？让我们来看看一些研究的发现。企业家在崇尚创新和创业的环境中更容易繁盛。比如,美国的文化高度评价自主和争取个人的成功。相反,在其他一些国家里,包括爱尔兰和挪威,生意上的失败常被看作一种耻辱,这就是为什么在美国,企业家活动如此普遍的原因。此外,一个国家的某些地区常常成为企业家亚文化的温床。在美国,波士顿地区 128 大道周围地带、硅谷(Silicon Valley)和加利福尼亚州的圣迭戈县北部地区,以及北卡罗来纳州的研究三角地区,就是鼓励和支持企业家的社区的例子。父母的支持对后代的企业家倾向有重要影响作用,企业家们的父母一般都鼓励子女有所成就,保持独立性和对自己的言行负责。

企业家们通常都有自己崇拜和试图仿效的偶像。当你看到有的人做某件前所未有的事情并且取得了成功,它会使创新和成功对你来说不再是难以企及的。因此毫不奇怪,许多企业家都有一位自由职业或企业家的父亲。

与企业家活动有关的最后一个变量是先前的创业经历,过去的行为是未来行为最好的预报器。由于开办第 2 家、第 3 家或第 4 家新企业要比开办第 1 家新企业容易得多,因此,创办第 1 家企业的人趋向于将这种创业活动不断地继续下去。

6.5.4 企业家与传统管理者的比较

企业家通过开发机会积极地寻求变革,而后者更趋于保守;一旦发现了机会,企业家通常将他的个人金融财产投在事业上,甘冒风险,而大型组织的等级结构将传统的管理者与风险相隔绝,并对他们的风险最小化和避免失败行为给予奖赏。

企业家的战略重点是由对机会的感觉驱动的,而不是由现有的资源驱动的。企业家的倾向是密切监视环境的变化以从中发现机会,重要的是产生投资的主意,至于手中掌握多少资源则是次要的。一旦发现了机会,企业家就开始寻求利用机会的方式,他们的性格决定了他们总是相信机会一定能被开发出来。不仅如此,企业家不惜冒财务风险,不惜冒职业生涯的风险和家庭关系的风险,或是不惜承受心理压力,也要将新企业办起来。企业家倾向于不顾新企业成功率的严峻的统计数字:拥有少于 10 名雇员的新企业,开办第 1 年的生存率仅略超过 75%;仅有大约 15% 的企业能够维持 4 年或更长的时间。但是,凡是那些发现了机会的企业家,都坚定地相信自己属于统计数字中成功的那一部分。

只是在企业家发现了机会和开发机会的途径后,他才开始考虑所需的资源。企业家思考的优先次序是:首先搞清需要什么资源,然后再决定怎么得到它们。与此形成鲜明对照的是,典型的官僚型管理者是根据自己掌握的资源决定能够开发哪些机会。此外,企业家通常能够富于想象力地和富于高效率地利用非常有限的资源,而且,当企业家的创业活动越来越普遍时,支持新风险企业的金融资源也随之增加。风险投资公司使这一切成为事实,即只要一个新设想被充分地承诺,则使之变为现实的资本总能够找到。

最后,当资源障碍被克服以后,企业家将把组织结构、人员、营销计划和其他各种必需的要素组合在一起去实现整体战略。

✳ **管理故事** 6-1

猴子和老虎的故事

有一天,猴子发现老虎不慌不忙地向山上走去,心想山上一定有一片诱人的果林,不然老虎是不会轻易离开老巢的。于是猴子抄近路抢在了老虎前面,翻过一座山,果然发现一片茂盛的果林。猴子迅速爬到树上,把果子全部摇落下来,并堆好藏在草丛中。猴子爬上了树观察老虎的行动,而老虎却不紧不慢,一步一个脚印地走过这片果林,甚至都没有正眼看一下。猴子心想前面一定有一片更诱人的果林,否则老虎怎么会继续前行,而对这片果林一点兴趣也没有呢。于是猴子又抄近路,在前面果然又发现了一片更诱人的果林,于是它又摇落果子,藏在草丛中。可老虎仍然是一步一步地走自己的路,从容地经过果林,没有半点驻足的意思。在一座开阔的山头上,老虎终于停了下来。它四下张望,山上所有动物的活动情况尽收眼底,于是它选准目标、角度、时机,风一般地扑了上去。这时候猴子才明白:老虎所要寻找的并非果子。因此,猴子赶快沿原路往回跑,然而为时已晚,草丛中的果子大部分已经被别的动物搬走,剩余的也被蚂蚁、虫子糟蹋得不成样子了。

　　启示:(1)要充分认识自己,明确自己的实力,准确地自我定位;(2)首先应经营好自己的果林,在此之前,不要想着去虎口分食。

本章提要

1. 在动态的和不确定的环境下,战略计划是重要的。这是因为它能使管理者以系统的和综合的方式分析环境,评价组织的优势和劣势,以及发现组织有可能具有竞争优势的机会。

2. 公司层战略寻求确定组织应当从事的事业组合;事业层战略设计怎么在每一种事业领域内竞争;职能层战略设计职能部门怎么支持事业层战略。

3. 战略管理过程由 9 个步骤组成:(1)明确组织当前的宗旨、目标和战略;(2)分析环境;(3)发现环境中的机会和威胁;(4)分析组织的资源;(5)认清组织的优势和劣势;(6)根据组织的优势和劣势、机会和威胁重新评价组织的宗旨、目标和战略;(7)制定战略;(8)实施战略;(9)评价结果。

4. SWOT 分析是指分析组织的优势和劣势以及外部机会和威胁,以便发现组织能够开发的细分市场。

5. 单一产品战略指制造一种产品或只提供一种服务并且只在单一的地理市场上进行销售。

6. 多元化战略是指企业同时经营两种以上基本经济用途不同的产品或服务的一种发展战略。

7. BCG 矩阵区分出四种业务组合:明星、现金牛、问题和瘦狗。

8. 在事业层上,存在四种适应战略:防御者运作在稳定的环境中,为狭窄的细分市场生产有限的一组产品;探索者运作在动态的环境中,追求创新和灵活性;分析者通过同时寻求灵活性和稳定性,使风险最小化和利润机会最大化;反应者不能在任何特定情况下作出前后一致的和果断的承诺。

9. 管理当局通过分析产业中支配竞争规则的力量(进入障碍、替代、购买者和供应者的讨价还价能力,以及竞争者之间的竞争),对组织的竞争优势进行评价,然后选择能够最有利地利用竞争态势的战略。

关键概念

- 战略管理过程(strategic management process)
- 事业层战略(business-level strategy)
- 公司层战略(corporate-level strategy)
- 战略事业单位[strategic business unit(SBU)]

- 组合战略（combination strategy）
- SWOT 分析（SWOT analysis）
- 成本领先战略（cost-leadership strategy）
- 聚焦战略（focus strategy）
- 增长战略（growth strategy）
- 波士顿咨询集团矩阵（BCG matrix）
- 现金牛（cash cow）
- 瘦狗（dog）
- 竞争者情报（competitor intelligence）
- 防御者（defender）
- 分析者（analyzer）
- 反应者（reactor）
- 收缩战略（retrenchment strategy）
- 稳定战略（stability strategy）

思考习题

1. 与只生产单一产品的大型企业相联系的是什么层次的战略？
2. 定义 SBU。
3. 比较组织的宗旨和目标。
4. 组织的文化与战略之间有什么联系？
5. 增长始终是一个组织追求的最佳战略吗？请说明之。
6. 管理者应当怎样在 BCG 矩阵的四种业务组合间分配资源？
7. 一个产业中什么力量支配着竞争规则？
8. 所有的小企业经理都是企业家吗？说明你的观点。

技能实训

1. 麦当劳在其产业中具有何种竞争优势？
2. 将 SWOT 分析应用于一家你所熟悉的当地企业，这家企业追求何种竞争优势？
3. 对比 BCG 矩阵和总战略框架，你认为哪种工具更有用？为什么？
4. 如今有 200 多所学院教授企业家课程，你认为企业家能教出来吗？说明你的理由。

参考文献

[1]蔡树堂.企业战略管理[M].北京:石油工业出版社,2001.

[2]〔美〕迈克尔·波特.竞争优势[M].北京:华夏出版社,2003.

[3]〔美〕斯蒂芬·P.罗宾斯.管理学(第11版)[M].北京:中国人民大学出版社,2012.

[4]〔美〕迈克尔·波特.竞争战略[M].北京:华夏出版社,2005.

[5]李鹏,袁霞辉.一次读完25本管理学经典[M].长春:吉林人民出版社,2001.

[6]陈忠卫、王晶晶.企业战略管理[M].北京:中国统计出版社,2001.

[7]杨锡怀.企业战略管理(理论与案例)[M].北京:高等教育出版社,1999.

[8]〔美〕哈罗德·孔茨,海因茨·韦里克.管理学(第十三版)[M].北京:经济科学出版社,2011.

[9]〔美〕H.明茨伯格等著,刘瑞红等译.战略历程:纵览战略管理学派[M].北京:机械工业出版社,2002.

[10]〔美〕J.C.柯林斯著.基业长青[M].北京:中信出版社,2002.

[11]〔日〕大前研一著.企业家的战略头脑[M].上海:三联书店,1986.

[12]周三多等.管理学——原理与方法(第五版)[M].上海:复旦大学出版社,2010.

可扫码获取本章课件资源:

第 7 章　组织结构与设计

本章学习重点：

- 了解组织的含义与目的；

- 理解组织设计的概念；

- 掌握组织设计的通用理论；

- 熟悉组织结构设计的关键要素；

- 认识组织结构的类型；

- 理解新形态的组织设计概念。

开篇案例

戴姆勒公司结构洗牌

2006年戴姆勒-克莱斯勒公司的首席执行官迪特尔.泽金（Dieter Zetsche）走进了一家问题重重、矛盾不休的公司。管理者之间互相混战，旗舰事业部梅塞德斯受到忽视，大量成本高昂的全球性收购活动无法达到事先承诺的效果，这些都导致了令人烦恼的质量问题和销售量不断下滑，这家价值1 730亿美元的老公司遭受了巨大的财务损失。成本不断上升，竞争对手宝马和奥迪在欧洲的销售额都超过了梅塞德斯。最后，公司在2005年报告的营业亏损超过了6亿美元。

所以泽金——这名曾经担任过梅塞德斯产品开发主管和克莱斯勒事业部负责人的工程师在2006年几乎立即承担起首席执行官的职责，对公司进行了重组，并开始扭转局面。他削减了公司在斯图加特（德国）总部的6 000个职位，也就是其行政管理员工总数的20％，并且采用了戏剧性的手法，把公司的高级管理者从他们豪华的办公室中转移到了位于城市另一侧的一个老旧的发动机工厂，他把那里称作"戴姆勒组织的摇篮"。

一位与公司关系密切的咨询顾问十分赞同这一举动，他说，这次行动并非只是象征性的，它将迫使高层管理者与工程师重新在一起紧密协作："泽金正回归到实际工作所发生的地方——汽车工厂。""这是一个非常强烈的信号，"戴姆勒的一名管理者说，"它远非削减成本那么简单。"

当然，新任的首席执行官并没有忽略成本削减问题。为了尽快改变公司的亏损局面，泽金计划使德国汽车制造商的成本每年削减10亿美元，并可能在未来几年中，在全球范围内一共削减3万个职位，涉及财务、人力资源和战略规划等领域。"我们的收益并不是来自理想的途径，"他说，"我们必须开始努力了。"

泽金还决定让梅塞德斯再次成为高品质的象征。为了实现这一目标，他开展了大规模的结构改革，旨在精简小组的运作，加快解决问题的速度，削减多余的职能。行动的目标是让梅塞德斯和克莱斯勒发展得更快，反应更灵敏，更关注开发、生产和销售等基本的业务流程。从现在起，将有一名高级管理者全面负责所有事业部的财务、人力资源、沟通和战略等行政职能。梅塞德斯的研究与技术单位被合并到开发单位，以减少新技术投放市场的时间，更有效地在梅塞德斯和克莱斯勒之间共享技术，并为梅塞德斯的客户提供他们想要的创新产品。改革并不仅限于汽车方面。泽金将商用车事业部一分为二，其中一个新部门负责货车与公共汽车，另一个负责卡车。

新任的首席执行官甚至把公司的董事会成员从12名削减到9名，而他和其他最高管理者承担了很多额外的工作。一位分析家说："泽金把企业中所有重叠的部分都熨平了。"梅塞德斯和克莱斯勒现在不仅共享着科技与一小部分生产，还共享着汽车的电子构造，以及采购等行政事务。

泽金曾在 2001 年改变了克莱斯勒的命运,使它避免了破产。现在,他带领着整个公司,并监督着它的旗舰事业部。他的结构改革能否再次成功?

资料来源：Gail Edmondson. On the Hot Seat at Daimler. Business Week Online, www. businessweek. com, February 17, 2006; Carter Dougherty. Cost-Cutting at Daimler to Eliminate 6 000 Jobs. New York Times, www. nytimes. com, January 25, 2006; Gail Edmondson, Daimler Shakeup. Realignment in the Auto Industry. Business Week Online, www. businessweek. com, January 25, 2006

前面的开篇案例阐述了为使索尼获得成功,CEO 斯特林格必须应对各种组织工作方面的挑战。组织为了实现高效率的运行,需要拥有合适、有序的结构。有效的组织结构能够使组织中的成员之间有序地协作,使资源得以共享、机制得以完善,从而产生协同效应,实现组织目标。有效的组织结构通过一系列的组织设计活动来实现。本章主要介绍组织的含义与目的、组织设计的概念,以及组织设计的通用理论,并介绍组织结构设计的关键要素和组织结构的类型,最后对于一些新形态的组织设计概念加以介绍。

7.1　组织的含义与目的

7.1.1　组织的含义

组织(organization)是由分工明确,为实现既定目标而协同工作的人构成的。组织并不一定就是公司。学校、学院、政府和红十字会等非营利性单位同样也是组织。总之,它们都具有组织结构的特征,即为了实现组织目标而协同工作。

组织结构(organizational structure)是指组织中正式确定的使工作任务得以分解、组合和协调的框架体系。它是一个正式的关系系统,决定了权力线[①]和分配给个人与部门的工作任务。组织结构定义的三个关键要素如下:

1. 组织结构决定了正式的报告关系,包括管理幅度和管理层次。

2. 组织结构确定了如何由个体组成部门,再由部门组合成整个组织。

3. 组织结构决定着如何设计一些系统,这些系统用来保证部门间的有效沟通、合作与整合。

组织结构的三个要素包含于组织过程的横向及纵向两个方面,前两个要素是结构性框架,属于纵向科层内容;第三个要素则是关于组织成员之间的相互作用类型。一个理想的组织结构应该鼓励其成员在组织需要的时候提供横向信息,进行横向协调。

人们一般采用组织结构图来描述一个组织的组织结构。组织结构图是对一个组织一整套基本活动和流程的可视化描述,表明每位管理者的具体职位,通过连线的方式说明谁应该对谁负责,每个领域的负责人以及哪些人之间应该保持工作联系。图7-1是一个组织结构的例子。

---

① 权力线:谁向谁汇报。

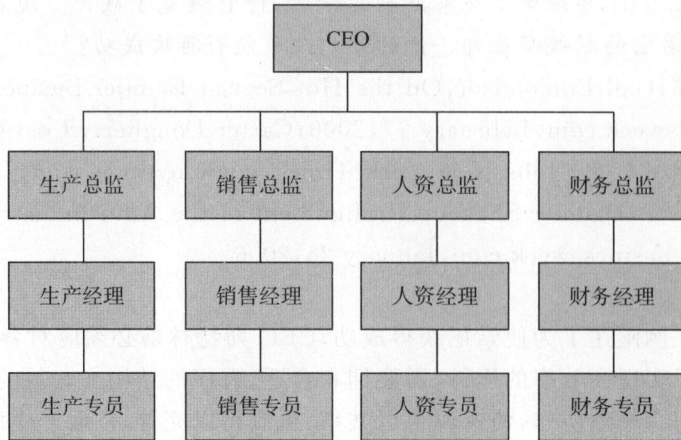

图 7-1　组织结构图示例

在理解组织的运作中,组织结构图是十分有用的,它标示出了组织的各个不同部分,说明这些部分之间是何种关系,以及每个职位和部门是如何来适应整个组织的。

7.1.2 组织的目的

一般来说,组织的设立,必须要能够很好地满足以下七种目的:

1. 能够将工作适切地分配到具体的职能部门。例如,企业内部关于股利转投资用途的初步决策,交由财会部门较为妥当,而非其他部门。

2. 每个职位都能被赋予一定的工作与职责。根据合理地分配工作的原则,每一个职务都必须有其承担的工作职责,以明确个别责任的归属与绩效的评估,并且避免劳逸不均现象的发生。

3. 便于组织内部各项运营流程的协调。除了明确各个职位的职责与权限,组织的设计还必须能够使其成员相互进行协调工作,使企业的运营流程能够顺畅无碍。

4. 将不同的人整合在同一部门。每个人的性格是不同的,对待事物的看法与视角也各不相同,组织的设立即是将这一群具有不同性格、思考模式与工作能力的成员,依据其专业背景进行分类,以使其能够按照组织的要求完成工作任务。

5. 能明确并建立起成员对组织的凝聚力。组织内又分别设置各子部门,人员通过协调与整合的机制发展出个人之间、部门之间甚至个人与组织之间的关系。这种交流的关系一经建立,将对于培养成员对组织的认同感与归属感有正面的帮助,同时亦能增进凝聚力。

6. 构筑出具有权威性的指挥体系。当明确了组织整体目标、员工的职责及相互之间协调与整合的关系以后,一个正式的、具备权威性的指挥体系就诞生了,这种体系的构筑必须能起到"上情下达"的信息畅通作用,以使整个指挥体系得以健全并能够有效地做出实时反馈,以适应经营环境的瞬息万变。

7. 使资源能够进行分配和利用。就企业而言,其掌握的经营资源可以简单区分为技术、资金、物质、人力以及经营结构,组织设立重要的目的之一便在于能够通过组织构建出一个机制,在此机制的运作下,能使资源得到合理的分配并可以有效利用。

7.1.3 指挥链与管理幅度

指挥链（chain of command）和管理幅度（span of management）也就是组织的管理者要建立组织成员工作之间的报告关系。假设一个组织的管理者刚刚雇用了两名新员工——张三和李四，张三负责营销工作，李四负责生产工作。他们之间的工作报告关系是如何的？是张三向李四报告，还是李四向张三报告？这些问题反映了管理者在建立工作报告关系时所面临的挑战：必须明确指挥链和管理幅度。

1. 指挥链

指挥链是指从组织高层延伸到基层的一条持续的职权线，是组织内各职位间清楚而明确的命令关系。它界定了谁该向谁报告工作。它帮助员工回答"我遇到问题时需向谁请示"或"我需对谁负责"等问题。组织中的指挥链需符合两个原则：一是指挥统一原则（unity of command），即组织内的每一个人都必须明确地向一位上级并且只向一位上级报告。二是阶梯原则（scalar principle），组织必须建立一条清晰的、不可破坏的从最基层直至最高层的命令链，也就是说必须要有人对每一项决策负最终的责任。

2. 管理幅度

管理幅度是指一位管理者所能有效地直接领导和控制的实际人员数，即有多少位下属向一位管理者报告。管理层次（management level）是指组织内纵向管理的等级数。一般而言，对一个特定组织来说，管理层次与管理幅度成反比，即管理幅度越宽，对应的管理层次则越少；管理幅度越窄，对应的管理层次就越多。

管理层次与管理幅度决定了两种基本的组织结构形态：扁平式结构（flat structure）与高塔式结构（tall structure）。扁平式结构是指管理层次较少而管理幅度较大的一种组织结构形态，而高塔式结构则是指管理层次较多而管理幅度较小的一种组织结构形态。图 7-2 的组织结构属于高塔式结构，而图 7-3 的组织结构则属于扁平式结构。

向管理者汇报工作的平均人数决定了公司应该设立的管理人员人数。例如，如果一家公司有 64 名需要管理的员工，平均管理幅度是 8，那么这家公司需要 8 名指导员工工作的主管和一名管理这 8 位主管的管理人员，这种组织属于扁平式结构。然而，如果管理幅度只是 4，那么就需要 16 位主管监督控制这 64 名员工的工作。同时，因为每 4 位主管都需要有自己的管理者，那么公司需要为这 16 位主管配备 4 名管理人员。依此类推，这 4 位管理人员需要在 1 名更高层管理人员的指导下开展工作，这种组织属于高塔式结构。

3. 宽管理幅度与窄管理幅度的优缺点比较

如果单从管理成本的角度看，宽管理幅度无疑是值得推崇的。但是，扁平式结构也存在着一些弊端。例如，如果管理幅度过大，管理者会因下属过多而没有足够时间对其进行指导，会影响到员工乃至组织的整体绩效。因此，扁平式结构与高塔式结构各有其优缺点，哈罗德·孔茨（Harold Koontz）与海因茨·韦里克（Heinz Weihrich）对二者的优缺点进行了比较，整理如表 7-1 所示。

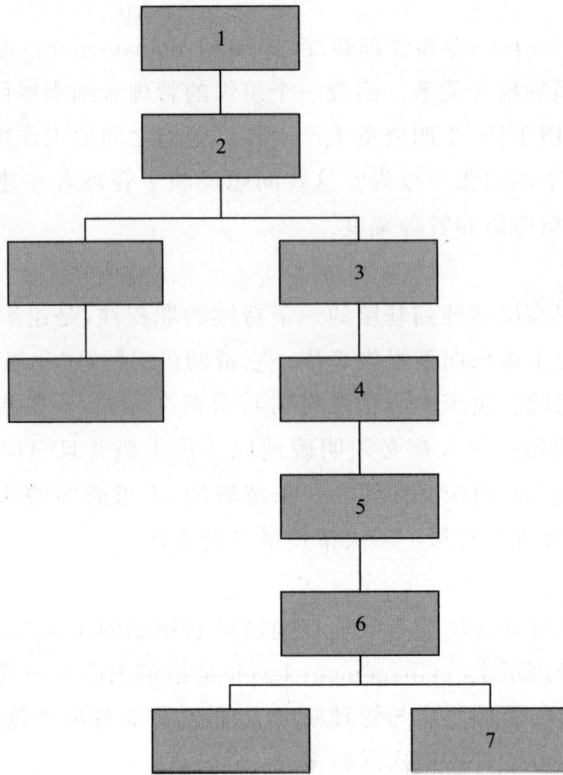

图 7-2　高塔式结构

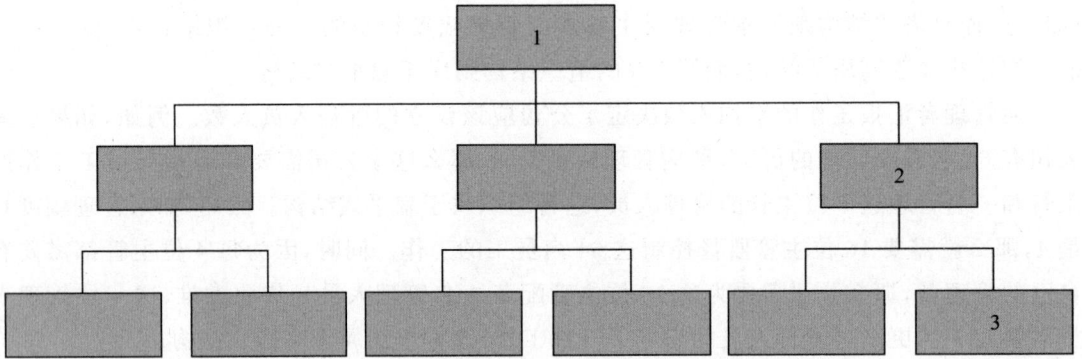

图 7-3　扁平式结构

4. 影响管理幅度的因素

现代管理的观点认为,多种因素影响着管理者既有效率又有效果地管理下属人员的合适数量。一般而言,管理幅度取决于管理者的时间、偏好、管理者及下属人员的素质和能力,以及所要完成的工作的特性等。我们可将影响管理幅度的主要因素区分为以下四类:

表 7-1　宽管理幅度与窄管理幅度的优缺点比较

管理幅度	优点	缺点
宽管理幅度 （扁平式结构）	• 迫使上级授权 • 必须制定明确的政策 • 必须谨慎地选择下级人员	• 上级负担过重,容易成为决策的瓶颈 • 上级有失控的危险 • 要求管理人员具备特殊的素质
窄管理幅度 （高塔式结构）	• 严密的控制 • 上下级之间联络迅速 • 管理职位增加,对员工较有激励效果	• 上级往往过多地参与下级的工作 • 管理的多层次,决策较缓慢 • 多层次引起高的管理成本 • 最低层次与最高层次之间沟通距离过长

资料来源:〔美〕哈罗德·孔茨(Harold Koontz),海因茨·韦里克(Heinz Weihrich)著.管理学.第 10 版.北京:经济科学出版社,1998:160

（1）管理者及下属人员的素质

如果管理者的综合能力、理解能力和表达能力很强,能够抓住关键,迅速解析问题,明确指示,并保证下属人员能够理解及迅速有效地执行,那么管理幅度就可宽些。而如果下属人员的工作能力强,受过系统培训,经验丰富,可以很好地理解和执行上级的命令,管理跨度也可以宽些。

（2）管理工作的性质

管理工作性质的不同,会导致管理幅度也有所不同。对于高层管理者来说,他们往往面对的是对组织有重大影响的复杂问题,因此,他们直接领导的人数应该较少,以便集中精力处理最复杂、最重要的问题,而基层管理者则主要是处理一些重复性或相似性较高的例行性工作,其下属在职能上有很高的类似程度,管理的人数可以多些。

（3）管理条件

管理条件包括管理的标准化程度、信息处理的效率,以及助手的配备状况等。首先,就管理的标准化程度而言,如果作业方法及作业程序标准化程度较高,管理幅度就可宽些;如果标准化程度较低,事事都要重新研究及分析,管理幅度就要窄些。其次,如果信息传递的方式和渠道恰当,信息处理设备先进且功能发挥充分,则上下左右沟通便捷,协调充分,管理者可将主要精力用于决策,从而可以扩大管理幅度,反之则要适当缩小管理幅度。最后,如果管理者有一个好的助手,可以不必亲自处理很多事务,从而节省了时间和精力,其管理幅度则可以宽些。

（4）管理环境

管理环境的变化速度和组织的经营情况等无疑对管理幅度也有着一定的影响。如果管理环境变化速度快,管理者则需要花费较多的时间及精力来应对和处理环境的变化,因此,管理幅度就不能太宽。而从组织的经营情况来看,当组织经营发生困难时,为了集中力量渡过难关,则需要集权,在管理幅度上自然也要做出相应的调整,此时,管理幅度应该窄些。

随着环境的变化和信息技术的发展,现代组织越来越倾向于实行扁平式的组织结构,这种组织结构具有成本低、决策快、组织灵活性高、更加接近顾客等多种优点,相比高塔式的组织结构而言,这种方式更能适应当今竞争环境的需要。与此同时,许多组织也在尽可能地克服扁平化带来的不足,如管理者负担过重等问题。

※ **管理故事** 7-1

美国贝迪公司的扁平式组织

生产高性能标签和安全设备产品的贝迪公司(Brady Corp)斥资 5 000 万美元安装了新系统,该系统利用互联网在贝迪公司的供应商、客户和分销商之间建立了联系。然而,在投入的 5 000 万美元中,只有 113 万美元的资金用在了技术方面。高层管理人员将剩余资金用在了再造公司组织和以团队为基础的扁平化流程方面。

例如,在以前,贝迪公司的客服人员在获得订单后,将会转交给公司的生产部门。然后,生产部门将订单按先后顺序排列,再将其转交给运输部门。整个工作流程就好比是一场接力赛。在贝迪公司的新组织形式中,没有特殊订购要求的客户将通过互联网直接将订单发送给生产部门。在产品生产方面,贝迪公司拥有一套扁平化流程。每位工厂工人能够监督每笔订单的整个生产和运输过程。管理人员希望新的扁平式组织能够将目前的 15 个销售—生产—运输流程裁减 5 个。贝迪公司的新型扁平式组织有助于公司充分利用新安装的网络系统和直接联系客户的信息技术系统。如果不进行企业流程再造,贝迪公司仍然可以安装新型网上订购系统,但是订单的处理仍然只能靠以前那种方式进行,要在不同部门之间既耗时又费力地进行传递。

资料来源:Gary Dessler,Jean Phillips 著,丰俊功,李庚,马学亮译.现代管理学.北京:清华大学出版社,2010:333

7.1.4 职权分配:集权与分权

1. 职权与职责

职权(authority)是指管理职位所固有的发布命令和希望命令得以执行的一种权力,是组织合法授予的一种权力。职权是基于组织中的职位,与任职者没有任何关系。职责(responsibility)与职权具有对等的重要性,是指对应职权应承担的相应责任。

一般来说,职权可以分为直线职权(line authority)和参谋职权(staff authority)两种类型。

(1)直线职权

直线职权是指给予一位管理者指挥其直接下属工作的权力。这一种权力产生了上下级关系,这种上下级的职权关系从组织的最高层贯穿到组织的最低层,进而形成一条指挥链。在指挥链的每个链环处,拥有直线职权的管理者均有权指挥下一层次人员的工作,无须征得他人意见而做出某些决策。同样,每一位管理者也都要接受其上级主管的指挥。

（2）参谋职权

参谋职权是指为直线职权服务的顾问性质的职权，也就是向其他管理者或员工提出建议的权力。一般来说，在没有得到授权的情况下，拥有参谋职权的人是不能直接发布命令的，但在实际操作中，参谋人员有时可能有意或无意地变参谋职权为直线职权，对下属甚至不是下属的人员行使直接指挥权，这样会导致组织管理混乱和缺乏效率。

在组织中，职责可分成"最终职责"与"执行职责"两类。最终职责是指管理者应对他授予执行职责的下属人员的行动作最终负责，所以最终的责任永远不能下授；执行职责则是指管理者应当下授与所授职权相等的执行责任，不过职责的另一方面（它最终的要素）应当保留。由此可见，执行职责可以向下授予，但最终职责是不可下授的。也就是说，管理者应对其授权负最终责任而不管具体执行人是谁。

对组织来说，一定的职权应该与一定的职责相一致，也就是要权责对等。职权大于职责会导致滥用职权而忽视职权的运作绩效，职权小于职责则会导致指挥失灵而难以发挥作用。

2. 集权与分权

集权与分权所要确定的是决策权应该放在组织的哪一层级上。集权（centralization）指决策权在组织系统中较高层级上一定程度的集中，即组织内部较高层的管理者将职权集中进行管理。分权（decentralization）是指决策权在组织系统中较低层级上一定程度的分散，即整个组织都获有一部分权力得以支配。集权与分权是一个相对的概念。实际上在一般的企业组织中并不存在绝对的集权和分权。组织既不可能是绝对集权的，即所有的决策权都集中于某一高层领导者团体，也不可能是绝对分权的，即把所有的决策权都授予最低层的员工。

集权与分权的程度是随着情境条件变化而变化的。对其有影响的因素主要有以下几个：

（1）决策的代价

决策付出代价的大小，是决定分权程度的主要因素之一。如果决策错误所付出的代价很大，对营收利润、企业信誉、成员士气等无形影响较大，那么这种决策就不适宜交给下属处理。因此，重要的决策应由高层管理者做出，不太重要的决策才可授权给下属做出。

（2）组织的规模

组织规模扩大以后，集权管理不如分权管理有效而经济。组织规模越大，组织的层次和部门会因管理幅度的限制而不断增加。管理层次增多会使上下沟通的速度减缓，造成信息的延误和失真，并意味着今后彼此间的配合工作也会迅速增加。因此，为了加快决策速度，减少错误，使管理者能够集中精力处理重要决策，建议向下属分权。反之，则建议采取集权。

（3）组织的生命周期

从组织的生命周期来看，组织总是处于不同的生长阶段。通常在组织的成立初期，需要采取和维持高度集权的管理方式。随着组织的逐渐壮大，管理方式将会由集权逐渐转变为分权。此外，处于迅速发展中的组织，往往面临增长带来的许多复杂问题，要求分权的程度会较高，而一些老的、相对完善或比较稳定的组织，一般趋向于集权。

（4）组织中人员的数量和素质

组织中管理人员的数量少，素质不高，应趋向集权。反之，如果管理人员数量充足，经验丰富,训练有素,管理能力较强,则可以有较多的分权。

(5)政策的一致性要求

组织内部执行政策的一致性越强,集权的程度就应越高。这是因为,集权是达到组织一致性最直接、最容易的方法。政策一致有利于企业组织的作业标准化、绩效可比化以及员工待遇的公平,不过应注意,这同时也会在一定程度上限制组织的灵活性、创新性。

(6)管理技术与手段是否完善

如果上级没有有效的控制方法,即没有办法保证某项职权能够得到恰当运用的情况下,就不能授权。通信技术的发展,计算机的应用和统计方法、会计控制以及其他技术的改进,都有助于企业组织向分权化迈进。

(7)外部环境因素的影响

影响分权程度的还有一些外部环境因素,包括经济、政治、文化等因素。如果外部环境变化较快,职权可以分散些,便于企业更好地适应变化的需要;反之,则宜于集权。此外,外部环境恶化,如竞争加剧、经济萧条,常常促使企业集权,以便于加强领导、渡过难关。

近年来,分权化的趋势比较明显,这与使组织更加灵活和主动地做出反应的管理思想是一致的。在企业中,基层管理人员更贴近生产实际,对有关问题的了解比高层管理人员更翔实。因此,他们对自己管辖范围内的问题的反应远远快于公司总部的高层管理人员,处理方式也会更得当。

7.1.5 正规化

正规化(formalization)是指组织中各项工作标准化以及员工行为受规则和程序约束的程度。如果一项工作的正规化程度较高,就意味着从事该项工作的员工对工作内容、工作时间、工作方法没有多大的选择自主权,员工被要求以完全相同的方式处理同样的投入,因而能够产生一致的、统一的产出。

在高度正规化的组织中,各项工作有明确的职务说明,有明确的工作程序和繁杂的规章制度,而正规化程度较低的工作,工作行为具有非结构化的特点,各项规定没有那么僵硬,员工对工作的处理有较多的自主权。

在不同的组织中,正规化的程度有很大的差别。有些组织仅以很少的规范准则运作,另一些组织,即使规模不大,却具有各种规定指示员工可以做什么和不可以做什么。即便在同一组织中,由于部门工作性质的不同,正规化的程度也可能不同。

7.2　组织结构的类型

根据组织的复杂化程度、正规化程度和集权化程度,可以将企业的组织结构简单地划分为机械式组织(mechanistic organization)和有机式组织(organic organization)两种类型,这两种组织形式是组织设计中的两种理想而又极端化的组织结构模式。所谓机械式组织,也称官僚式组织,是综合使用传统组织设计原则的产物,其特点是高度复杂化、高度正规化和高度集权化。有机式组织,也称适应性组织,与机械式组织形成鲜明的对照。它是低复杂化、低正规化和分权化的,是一种松散的结构,能根据需要迅速做出调整。二者的比较整理如表 7-2 所示。

表 7-2　机械式组织与有机式组织的比较

机械式组织	有机式组织
1. 任务被分解成专门化的、独立的各个部分	1. 员工对部门的共同任务做出贡献
2. 任务被严格地界定	2. 任务通过员工团队重新调整和界定
3. 存在着严格的权力和控制层级,管理幅度较窄,有许多规章	3. 权力和控制的层级较少,管理幅度较宽,规章较少
4. 知识和任务的控制集中于组织的高层管理部门,偏向集权	4. 知识和任务的控制分散在组织的各个地方,偏向分权
5. 沟通是纵向的	5. 沟通是横向的
6. 适用于相对稳定的公司环境	6. 适用于相对多变的公司环境

资料来源:方振邦著.管理学基础.第 2 版.北京:中国人民大学出版社,2011:113

　　在现实的组织中,很少有纯粹的机械式组织或有机式组织。相反,有许多企业的组织结构设计既可以是机械式的,也可以是有机式的。本着更为实际的组织设计思想和现实选择,大致有以下几种典型而实际的组织结构类型:直线结构、职能结构、事业部结构、矩阵结构。

7.2.1 直线结构

　　直线结构(line structure)是最早使用也是最为简单的一种结构,是一种低部门化、宽管理幅度、集权式的组织结构形式。其特点是:组织中各职位按照垂直系统直线排列,各级行政管理者执行统一指挥和管理职能,不设专门的机构。其结构如图 7-4 所示。

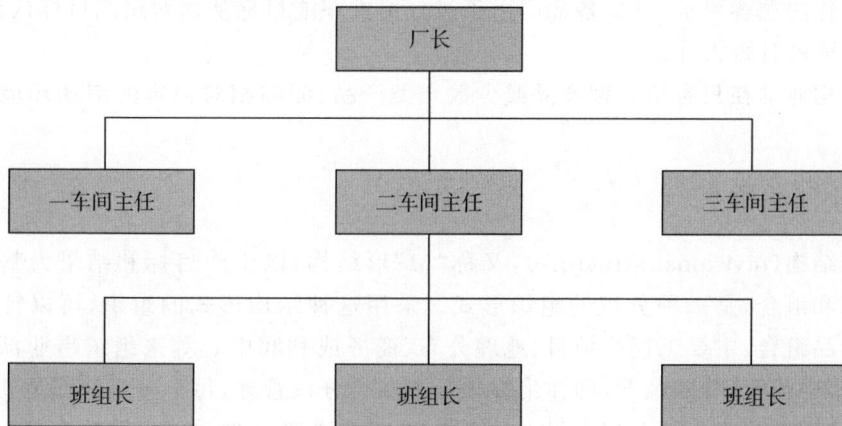

图 7-4　直线结构

　　这种组织结构设置简单,职责分明,沟通方便,反应敏捷,便于统一指挥和集中管理。它的主要缺点是缺乏横向的协调关系,高度集权导致信息积滞在高层,难以适应组织的扩展需要。另外,依靠个人决策具有风险性,领导者决策失误可能会对组织造成非常严重的伤害。

　　因此,这种组织结构只有在企业规模不大、员工人数不多、生产和管理工作都比较简单情况下才适用。一般在组织规模扩大以后,组织结构会做出改变,倾向于更具专门化和正规化的特征。

7.2.2 职能结构

职能结构(functional structure),又称"U"形结构,是一种以工作为中心进行组织分解的结构,组织从上至下按照相同的工作方法和技能将各种人员与活动组织起来。职能制组织结构的特点是:通过工作专门化,制定非常正规的制度和规则;以职能部门划分工作任务;实行集权式决策,管理跨度狭窄;通过指挥链进行决策,来维持组织经营活动的顺利运转。其结构如图7-5所示。

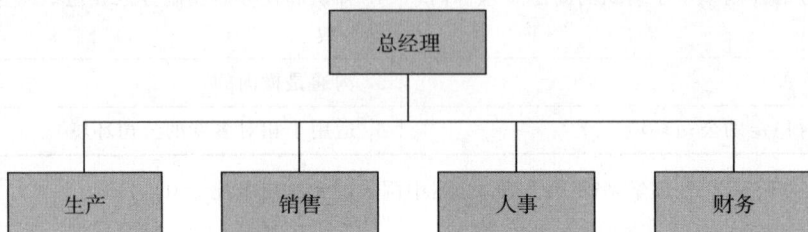

图 7-5　职能结构

职能结构的优点在于:(1)它使得相同专业的员工一起工作,并共享设施,有利于促进部门内部规模经济,避免人力资源和物质资源的重复配置。(2)通过职能制结构,员工被安排从事一系列部门内部的职能活动,从而使其知识和技能得到巩固和提高,有利于为组织提供更有价值和深度的知识。(3)该结构有利于员工发挥自己的职能专长,对员工具有一定的激励作用。

职能结构的不足在于:(1)这种结构使得决策堆积于高层,高层管理者不能快速做出反应,部门间的横向协调也比较困难,从而导致企业对外界环境的变化反应太慢,不利于企业满足迅速变化的顾客要求。(2)各部门由于过分追求职能目标从而对组织目标认识有限,不利于培养全面的管理人才。

这种结构通常在只有单一型产品或少数几类产品、面临相对稳定的市场环境的企业中采用。

7.2.3 事业部结构

事业部结构(divisional structure),又称"M"形结构,以生产目标和结果为基准来进行部门的划分和组合,是一种分权的组织形式。采用这种结构形式的组织,可以针对单个产品、服务、产品组合、主要工程或项目、地理分布、商务或利润中心等来组织事业部。它的主要特点是:集中政策,分散经营,即在集权领导下实行分权管理,每个事业部都是独立核算单位,在经营管理和战略决策上拥有很大的自主权,各事业部经理对部门绩效全面负责。总公司只保留预算、人事任免和重大问题的决策等权力,并运用利润等指标对事业部进行控制。其结构如图7-6所示。

事业部结构的优点在于:(1)能够适应不稳定的、快速变化的外部环境,通过清晰的产品责任和联系环节及时满足顾客的需求。(2)各部门因具有统一的目标而便于协调和统一指挥,又因为具有经营上的自主权从而能调动各部门的积极性和主动性。(3)各部门分权决策有利于总部高层管理人员摆脱日常行政事务的负担,集中力量来研究和制定公司的长远战略规划,也有利于培养具有整体观的高层经理人员。

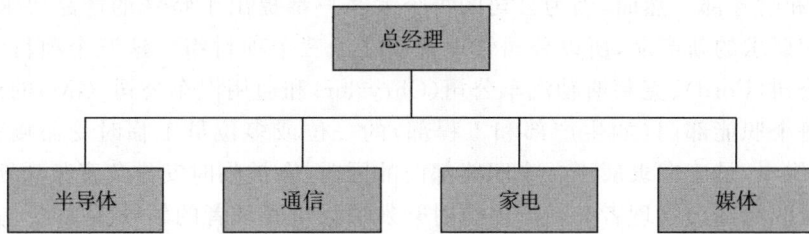

图 7-6　事业部结构

事业部结构的缺点在于:(1)事业部制组织结构中的活动和资源配置重复,容易失去职能部门内规模经济效益,导致组织总成本的上升和效率的下降。(2)各事业部之间人员调动和技术交流不够顺畅,各部门常常从本部门利益出发,容易滋长本位主义和分散主义。(3)由于这种结构不是按职能专业来分配,因此失去了技术专门化带来的深度竞争力。

这种结构不适于规模较小的组织,只有当组织规模较大并且其下属单位够得上成为一个"完整的单位"时才能够应用。

7.2.4 矩阵结构

矩阵结构(matrix structure)是把一个以项目或者产品为中心构成的组织叠加到传统的、以职能来构成的纵向组织之上。该结构中有两套管理系统,一套是为完成某一任务的横向项目系统,另一套是纵向的职能领导系统。矩阵式组织结构最主要的特点是能使产品事业部结构和职能制结构同时得到实现,创造了双重指挥链。因此,组织中的人员也具有双重性:其一,他们仍然需要对其原属的职能部门负责,职能部门的主管仍是他们的上级,这是和纵向的职能领导系统相吻合的;其二,他们又必须对项目经理负责,项目经理对他们拥有项目职权,这又是由横向的项目系统决定的。其结构如图 7-7 所示。

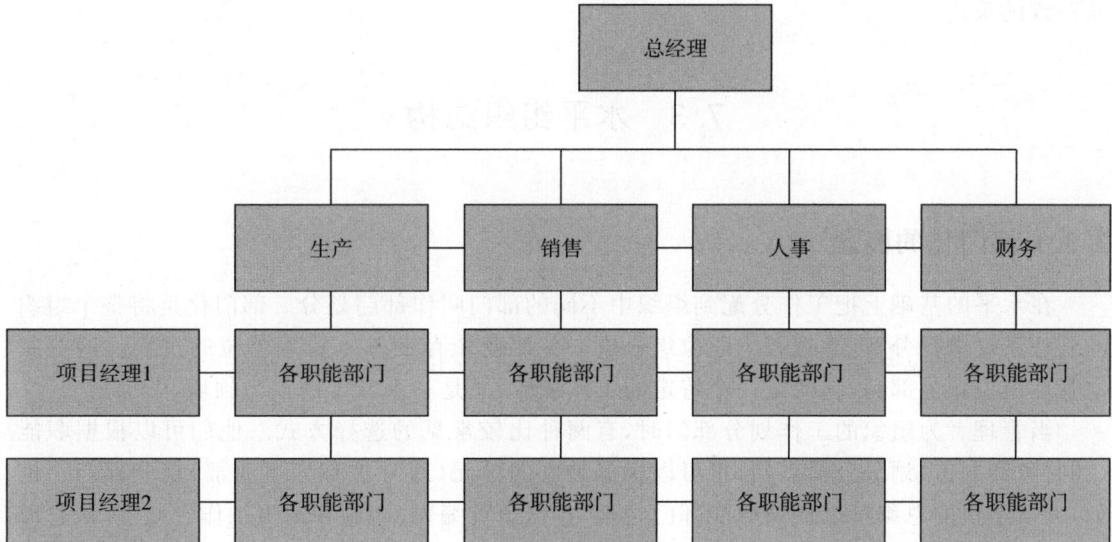

图 7-7　矩阵结构

美国通用产品公司原是依据职能组织公司的汽车配件部,设有生产部、工程部、材料采购部、人事部和财务部。然而,因为公司的每个大客户都提出了特殊的产品要求,要求生产能够满足他们要求的新产品,所以公司管理者成立了三个项目组。这三个项目组分别以满足福特汽车公司(Ford)、克莱斯勒汽车公司(Chrysler)和通用汽车公司(GM)的产品要求为己任。来自每个职能部门(如生产部和工程部)的一位或多位员工临时受命接手项目。因此,在矩阵组织中,员工在隶属于一个职能部门的同时,会被临时安排负责某项新产品开发,员工同时接受职能部门管理者和新产品临时开发项目组管理者的领导。

矩阵结构的优点在于:(1)双重的权力结构便于沟通与协调,可在短期内迅速完成重要任务,可以适应不确定环境下复杂的决策和经常性的变革。(2)它既保持各部门职能的独立,为职能和生产的改进提供机会,又能有效地将来自各个部门的人员组织起来,实现部门间人力资源的共享。(3)这种结构给员工提供了获得职能技能和一般管理技能两方面技能的机会。

矩阵结构的缺点在于:(1)在双重权力系统之中,权力的平衡很难维持,容易造成争议和冲突,甚至争权夺利。从员工的角度来看,理解和适应这种模式很困难,在双重领导下可能会感到无所适从。(2)员工需要具备良好的人际关系技能和全面的培训。(3)矩阵式组织结构想要使横向团队和纵向科层一样正式化,但在实际中实现很困难。(4)资源管理存在复杂性。

矩阵结构适合在下述条件下使用:(1)产品线之间存在着共享稀缺资源的压力。该类组织通常是中等规模,拥有中等数量的产品线。在不同产品之间共享和灵活使用人员与设备方面,组织有很大压力。(2)存在着对两种或更多的重要产出的环境压力,如对深层次技术知识(职能式结构)和经常性的新产品(事业部结构)的压力。这种双重压力意味着在组织的职能和产品之间需要一种权力的平衡,为了保持这种平衡就需要一种双重职权的结构。(3)组织的环境条件是复杂且不确定的。频繁的外部变化和部门之间的高度依存,要求无论在纵向还是横向方面都要有大量的协调和信息处理,对环境做出迅速而一致的反应。

7.3　水平组织结构

7.3.1　部门化的概念

在水平的基础上把工作分配到组织中不同的部门叫作部门划分。部门化是将整个组织的管理系统进行分解,并把若干职位组合成一些相互依存的基本管理单位的过程。这些基本管理单位即是部门,它既是一个特定的工作领域,又是一个特定的权力领域。

当管理者为组织的工作划分部门时,有两种比较常见的选择方式。他们可以根据职能(如财务和制造)划分公司部门,也可以根据独立的单元(通常被称为事业部)划分部门。例如,大学学报的总编可以任命职能部门经理,各自负责编辑、印刷和销售工作。此外,该总编也可以任命专门负责秋季版、冬季版、春季版和夏季版的编辑。这里,每个版都是一个独立的工作单位,每个版的编辑独自负责该版的编辑、印刷和销售工作。

图 7-8 是一家假设的本土制造和销售计算机与软件的 LEN 计算机公司的组织结构图。从图中可以看出，LEN 公司运用了四项最基本的部门化方法：职能部门化、产品部门化、顾客部门化和地区部门化。

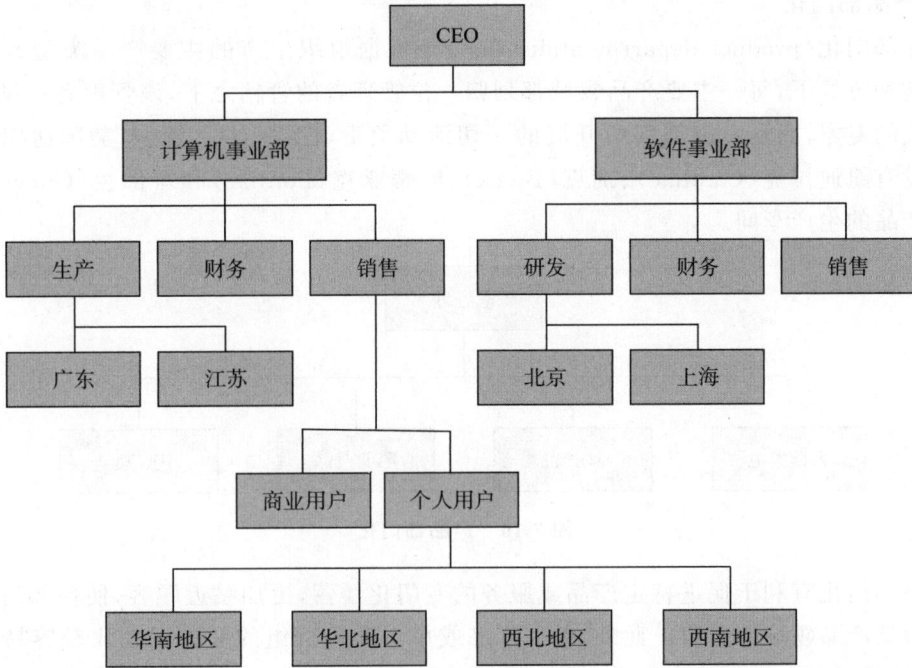

图 7-8　部门化的示例

7.3.2　部门化的方式

每一个组织都有其划分部门的独特方式，常见的有以下几种：

1. 职能部门化

职能部门化（functional departmentalization）是根据业务活动的相似性来划定部门。判断某些业务活动是否相似的标准是活动的业务性质是否相近，从事活动所需的业务技能是否相同，活动的进行对同一目标的实现是否有密切相关的作用。例如，财务、销售、生产等都是企业的基本职能（见图 7-9）。

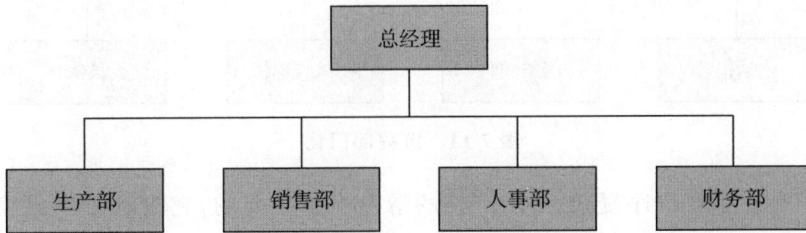

图 7-9　职能部门化

职能部门化将相同专业的专家和拥有相同技能、知识与观念的人员组合在一起，有利于本专业领域内部的协调,从而增加管理的专精化程度,提高效率。但是,由于各部门长期只从事本专业的业务,可能会造成与其他职能部门的沟通不良;另外,这种方式也会促使管理者只关注本专业领域,不利于高级管理人才的培养。

2. 产品部门化

产品部门化(product departmentalization)是根据组织生产的主要产品类型来划分部门。在这种方式下,每一主要产品领域都划归一位管理者的管辖之下,该管理者不仅是所划定产品线的专家,而且对该部门所开展的一切活动负责(图 7-10)。例如,美国通用汽车公司分别设有凯迪拉克(Cadillac)、别克(Buick)、庞蒂亚克(Pontiac)和雪佛兰(Chevrolet)四种不同产品的生产车间。

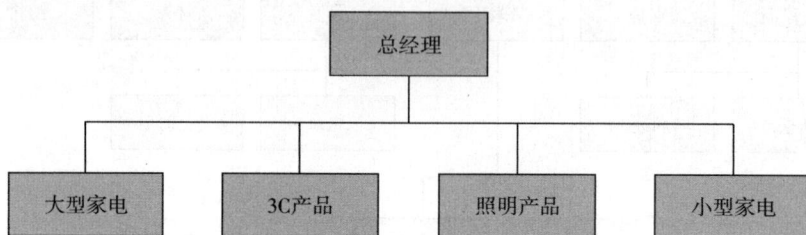

图 7-10 产品部门化

产品部门化有利于促进特定产品或服务的专门化经营,更加贴近顾客,使各部门的负责人员成为某产品领域的专家。此外,单一产品或单一产品群组的业务活动比较容易整合和协调,决策的速度和效率得到提高。但是,这种方式可能会造成职能的重复配置(如两个制造部门),造成资源配置的浪费,管理成本上升,而且由于各部门只关注本产品领域的活动,导致缺乏对组织整体目标的认识。

3. 流程部门化

流程部门化(process departmentalization)是按照提供产品或服务的流程来划分部门,使各项业务活动沿着处理产品或提供服务的流程来组织(图 7-11)。例如,好丽友食品公司依据公司的每一种销售渠道如便利店、食品杂货店、超市设置不同的公司部门。

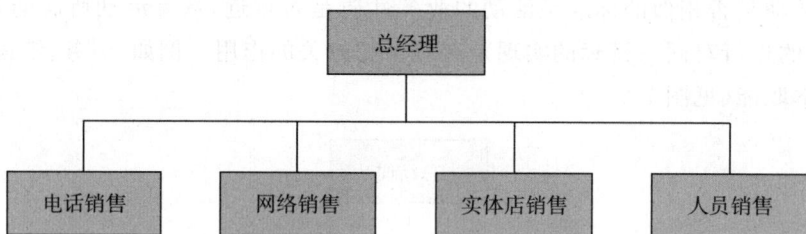

图 7-11 流程部门化

流程部门化在生产程序复杂、要求严格的情况下是必要的,它有利于加强流程管理,提高管理水平。该方式同样适用于针对某些顾客的服务,其局限性是仅限于某些类别的产品和服务。

4. 地区部门化

地区部门化（geographic departmentalization）是根据地理因素来设立部门，把不同区域的业务和职责划归不同的部门负责（图 7-12）。例如，雅博（Apex）公司的产品制造部门共有两个工厂，一家在达拉斯，另一家在凤凰城。与此相似，其软件设计部门也有两个实验室，一家在芝加哥，另一家在圣路易斯。

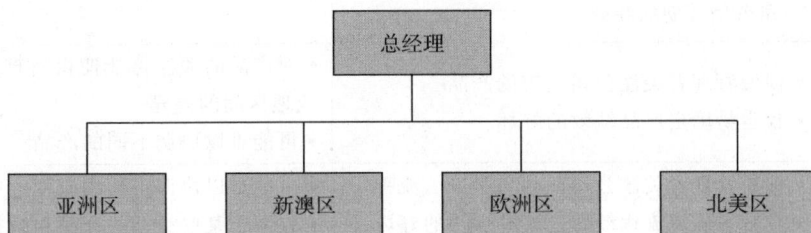

图 7-12　地区部门化

地区部门化对于一个地域分布较广或业务涉及区域较广的组织来说是十分必要的，这种划分方式适应了不同地区的政治经济形势、文化、科学技术水平以及对业务的不同需求，可以更有效地处理特定区域产生的问题。但是，这种方式与产品部门化一样，会导致职能的重复配置，同时会使区域部门感到与其他领域相隔离，高层管理者对各区域部门的协调难度会较大。

5. 顾客部门化

顾客部门化（customer departmentalization）是根据顾客的类型来划定部门。根据顾客划分部门的依据是每个部门的顾客存在着共同的问题和要求，因此为他们分别配置相关专家以满足其需要（图 7-13）。例如，福州钢铁公司主要的事业部门便是根据服务对象——客户划分的，如五金化工客户、包装系统客户、航空航天和工业客户以及国际集团客户等。雅博（Apex）公司的计算机营销部门包括两个独立的部门——商业用户销售和个人用户销售，前者负责企业客户，后者负责将电脑批发给服务于个人采购的零售商。

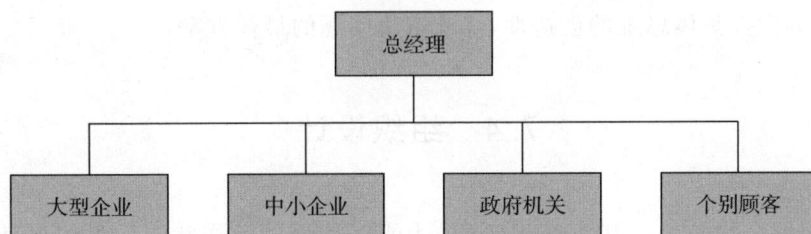

图 7-13　顾客部门化

顾客部门化可以及时满足顾客的需求，处理顾客的问题。但是该方式使得高层管理者对顾客部门的协调难度加大，各部门也容易对组织整体的目标缺乏认识。

一个组织究竟采用何种方式划分部门，应视其具体情况而定，尤其是对于大型组织而言，这些部门化方式往往是综合使用的。如企业职能或参谋机构一般按职能划分，生产部门可按流程或产品划分，销售部门则根据实际需要按地区或顾客划分。表 7-3 总结了每种部门化方式的优点和缺点。

表 7-3　各种部门化方式的优点和缺点

部门化	优点	缺点
职能部门化	• 职能部门主管的权力有利于保持一致性（如一致的营销信息） • 较容易确定某个职能部门绩效的好坏（如公司营销计划的绩效）	• 可能难以协调各职能部门 • 难以确保产品绩效的好坏
产品部门化	• 促使管理者关注公司销售的产品 • 较容易确定产品绩效的好坏	• 对产品的关注可能使得管理者忽视顾客或地区间的差异 • 可能难以协调不同的产品
流程部门化	• 促使管理者关注公司产品和服务的流程 • 较容易确定流程绩效（服务质量）的好坏	• 可能难以协调不同的流程 • 仅限于某些类别的产品和服务
地区部门化	• 管理者可能关注公司服务的各个地区（以及它们之间的差异） • 公司可以通过让管理者在不同地区轮岗而培养人力资源	• 可能难以协调各个地区 • 可能难以确定某个特定产品绩效的好坏
顾客部门化	• 促使管理者关注和满足最重要的顾客 • 较容易确定顾客关系方面的绩效	• 可能难以协调各个顾客 • 当顾客跨不同的产品和地区时,情况可能变得很复杂

资料来源:Samuel C.Certo,S.Trevis Certo 著,冷元红,苏静,郑新德译.现代管理学:概念与技能.第 11 版.北京:清华大学出版社,2010:234

　　进入 20 世纪 90 年代以来,组织部门化出现了两个比较普遍的趋势:一是顾客部门化越来越受到重视,这种划分部门方式被认为能够更好地了解顾客的需求,并对顾客需求的变化做出更快、更好的反应。二是越来越多僵化的职能部门被跨职能团队(cross-function teams)取代,跨职能团队是一种将各专业领域的专家组合在一起协同工作的方式。跨职能团队对外能快速响应客户与市场的需求,对内能凝聚智慧,通过团队成员的信息交流与知识经验共享,充分发挥集体思维的创造性,寻求解决问题的最佳方案。

7.4　组织设计

　　一家公司的结构必须与其战略相匹配,才能保持最佳运作状态。组织设计(organizational design)就是选择最适合公司战略的组织结构,是以组织结构为核心的组织系统设计活动,是组织能够有效实施管理职能的重要前提。组织设计也可视为组织为了响应外在与内在环境的需要,进行组织结构的建立及调整,以达成目标的一个动态过程。由于企业规模大小不一,或是产业特性使然,每个企业在进行组织设计时依照其面临的经营环境不同,组织设计是经常改变的,以便能够实时有效地顺应外界局势的变化。

7.4.1 组织设计理论概述

　　组织设计理论是指有关组织结构的系统设想。在管理思想的发展和演进中,最有代表性的组织设计理论有两个:古典组织设计理论和行为组织设计理论。

古典组织设计理论以亨利·法约尔(Henry Fayol)的一般管理理论和马克斯·韦伯(Max Weber)的行政组织理论为代表。法约尔根据自己长期的管理经验,归纳出了包括劳动分工、权力与责任、统一指挥、统一领导在内的十四项一般管理原则。韦伯则提出了一种理想的组织模式——官僚组织,这种组织模式具有正式的规章、明确的分工、权力分层、非个人的人员关系、正规化的人员任用、职业管理人员等特征。古典组织设计理论侧重于强调组织的刚性设计,其组织结构具有明晰的劳动分工、正式的规则和法规,按等级组织职位,并具有明确的命令指挥链。20 世纪中叶以前,这种组织模式一直是组织设计的主导模式。

行为组织设计理论则产生于 20 世纪 30 年代,与古典组织设计理论不同,这一时期的组织设计理论引入行为主义的研究方法,把人的行为和人际关系作为研究组织的基点,来揭示组织的社会心理特征及其本质。美国行为科学家伦西斯·利克特(Rensis Likert)通过对群体与个体行为的研究,提出了"参与型"组织模式。这种模式打破了过去组织理论中一人一个职位、各部门界限严格的观念,强调管理者不能只完成本职的工作,还要在各部门之间、个人与个人之间发挥连接作用,特别是企业的中层管理人员,不但需要与同层次的部门或单位保持联系,还要在上下层次之间发挥连接作用。

古典组织设计理论从静态的视角出发,以效率为目标来构建组织内部结构,而行为组织设计理论则从动态的视角出发,以建立良好的人际关系为目标来构建符合人际关系原则的组织。二者最大的区别在于对组织中人的地位的不同看法。前者认为,组织设计最重要的是要建立一个分工明确、非人格化的组织结构;后者则是强调组织设计必须考虑人的因素,即人与人之间的关系以及人的能力的发挥,以期实现共同的目标。在 20 世纪 60 年代以前,组织设计基本上是在上述两种理论模式中进行选择。

7.4.2 组织设计的原则

组织设计原则是指从长期实践中概括出来的、进行组织设计必须遵循的一些基本原则。在管理思想发展的进程中,很多管理学者对组织设计的原则提出了自己的看法,其中以林德尔·厄威克(Lyndall F.Urwick)和哈罗德·孔茨(Harold Koontz)的观点比较具有代表性。厄威克在其早年的著作中曾提出过适用于所有组织的八项管理原则:(1)目标原则;(2)相符原则;(3)职责原则;(4)组织阶层原则;(5)管理幅度原则;(6)专精化原则;(7)协调原则;(8)明确性原则。

孔茨则整理了十五条通用的组织设计原则:(1)目标一致原则;(2)效率原则;(3)管理幅度原则;(4)分级原则;(5)授权原则;(6)职责的绝对性原则;(7)职权和职责对等原则;(8)统一指挥原则;(9)职权等级原则;(10)分工原则;(11)职能明确原则;(12)检查职务与业务部门分设的原则;(13)平衡原则;(14)灵活性原则;(15)便于领导原则。

随着时代的演进和环境的变化,有些组织设计原则已不再那么重要,有些则依然被奉为组织设计的圭臬。综合各种理论观点,并结合现代管理背景,我们归纳出了组织设计的七项原则:

1. 目标一致性原则

组织结构的设计和组织形式的选择必须有利于组织目标的实现。任何组织都有其特定的目标,组织及其每一部分都应该与其特定的组织目标相联系,组织的设计与调整都应以其是否对实现组织目标有利为衡量标准。

2. 统一指挥原则

该原则的基础是法约尔的14条管理原则之一：一个下级应该只有一个直接上级。多头领导可能使下级收到相互矛盾的指令或目标。在统一指挥下，可从下级追溯到做决策的管理者。

3. 分工与协作原则

组织结构应能充分反映为实现组织目标所必需的各项任务和工作分工，以及相互之间的协调机制。因此，进行组织设计时，要根据需要和可能合理确定分工。组织设计中管理层次的分工、部门的分工和职权的分工，以及各种分工之间的协调，都是分工与协作原则的具体体现。

4. 有效管理幅度原则

一位领导者能够有效领导的下属人数是有限的。在进行组织设计时，领导者的管理幅度应控制在一定水平，以保证管理工作的有效性。对于一个组织而言，管理幅度大小与管理层次多少成反比例关系。

5. 权责对等原则

职权与职责必须对称或相等。在进行组织设计时，既要明确每个部门的职责范围，又要赋予完成其职责所必需的权力，二者必须协调一致。

6. 集权与分权相结合原则

集权有利于保证组织的统一指挥，及人力、物力、财力的合理分配使用。分权有利于基层迅速、正确做出决策，让上层领导摆脱日常事务，集中精力分析问题。集权分权相辅相成，是矛盾的统一，没有绝对的集权和绝对的分权。

7. 精干高效原则

组织的结构应该是精干的、有力的、高效的。组织要在满足正常运行需要的前提下，力求减少管理层次，精简管理部门并精减管理人员，充分调动各级各类人员的积极性，更好地为提升组织绩效服务。

8. 稳定性和适应性相结合原则

该原则要求在组织设计中既要保证组织在外部环境和任务发生变化时，能够继续有序地正常运行，又要保证组织在运转过程中，能根据变化了的情况做出相应调整，使之具有一定的弹性和适应性。

7.4.3 组织设计的关键要素

1. 工作特征模式

工作设计(job design)是组织设计的首要步骤。工作设计是与个人有关的工作职责的确定，其目的在于明确将任务以什么样的方式来进行分配，在决定了之后，便开始依照分配的方式律定出各个工作的职责。例如，对于福州钢铁公司的机械操作工来说，工作设计规定了他要操纵的机械设备、如何操纵以及要求达到的绩效标准。而对于这家公司的一位厂长来说，工作设计则包括决策责任的定义、确定目标和期望值、建立适当的成功指标。

一般来说，管理者在进行工作设计时，必须先考虑一项完整的工作所具备的特性。学者理查德·哈克曼(Richard Hackman)和雷格·奥尔德姆(Greg Oldham)提出了"工作特征模

式"(job characteristics model,JCM),认为一项完整的工作具备了以下五种特征,分别是:

（1）技术的多样化（skill identity）

技术的多样化指工作之中需要运用到的不同种类知识、技术与能力的程度。组织在明确了某一项工作技术含量的高低以后,继而决定该工作所需要的学历条件或技术的熟练度等。一般来说,工作中技术多样化与否,在很大的程度上取决于组织规模的大小以及职责范围,而非千篇一律。

（2）任务的识别性（task identity）

任务的识别性指员工工作的完整性或是否构成全部工作中一个可明确的部分。因工作的特性以及所需技能的复杂程度不同,每一项任务的执行标准与程序并不同。在工作设计当中,必须明确个别任务的识别性与完整性,如此一来才可以使组织成员得以充分理解其工作职责的全面性流程。

（3）任务的显著性（task identity）

任务的显著性指工作任务的重要程度,即工作本身对于整体运营流程的重要程度。例如企业要开发新产品时,采购部门为了购买新种类的零部件,除了需要与产品开发部门、营销部门以及生产制造部门等一再磋商之外,还必须肩负起寻找合适供应商的任务。对于"开发新产品"的整体任务而言,采购职能的努力极为显著而重要,只要一项环节处置失当,如选择了错误的零部件品项,将有可能为企业带来巨大的损失。

（4）工作本身的自主性（job autonomy）

工作本身的自主性指员工对自己工作的控制程度,即组织内的成员可以安排其工作完成的自由程度。例如,销售人员必须依据每一位客户的偏好与习惯不同,或所在市场的特性不一致时,决定其对应销售方式或态度,其工作自主性较大;然而,生产制造部门的工程人员则必须严格依照标准作业程序的规范来处理工作,其所能掌握的自由程度较小。因此,工作自主性的高低对员工在工作中能否发挥主动性有很大的影响。

（5）工作本身的信息反馈性（job feedback）

工作本身的信息反馈性指员工在多大程度上了解对自己工作的评价。有的工作,由于其职责与目的极为明确,完成以后的结果与绩效比较明显,反之则否。例如,销售部门的当月销售额可以马上在月底结算时呈现,人资部门统计的员工出缺勤记录状况甚至可以每日呈现。可是产品开发部门关于新产品开发出来能否受到市场的好评,则需要通过公司总体的营销战略和市场接受程度进行检验,并非一蹴而就。工作本身的信息反馈性同时体现了员工工作对于外界的影响程度。

2. 工作专精化

工作专精化（job specialization）是组织设计的第一个关键要素。工作专精化指将组织的工作任务分解为较小的构成成分的程度。工作专精化来自 18 世纪经济学家亚当·斯密（Adam Smith）"劳动分工"的概念,他描述了一家制造大头针的工厂如何通过劳动分工提高生产率。在这家工厂里,一个人负责搬运铁丝,另一位负责拉直,第三人负责切断,第四人负责做圆头,等等。亚当·斯密指出,如果 10 名工人按这样的方式进行加工,则每天可以生产48 000 枚大头针,而如果每人都负责从头到尾的所有工序,则一天一人只能生产 20 枚大头针。

工作专精化是组织成长的必然结果。当沃尔特·迪士尼（Walt Disney）刚开始创办公司时,他自己完成所有的事情——撰写卡通剧本、绘制和营销。随着业务的增加,他不得不雇用其他人员来完成上述工作。随着企业的成长,专精化的程度也在提高。今天在迪士尼电影公司工作的动画师可能只负责绘制一部电影中的一个人物角色或者只负责某个背景的绘制。迪士尼公司里面有数千个专精化程度不同的职位,没有人可以包揽全部。

工作一旦专精化,可以为组织带来以下四个方面的好处:

(1)提高员工的工作效率

完成小型、简单工作的员工,其各自的工作效率会非常高。由于员工掌握的是本身所熟悉的工作任务,就算是好几项任务同时进行,也不会因为专业差距过大而使得处理效率降低,反之,在同时进行时,甚至会提高工作效率,提高产出绩效。

(2)降低工作任务的转换时间

如果员工需要完成几项不同的工作任务,他们在停止前一项工作任务、开始后面工作任务时可能会浪费时间。由于工作性质的雷同性,工作专精化所带来的好处将使员工在进行多项工作时,可以有条理有序地做好,并避免过多的转换时间造成工作延宕与无谓的成本浪费。

(3)增进优化该工作任务软硬件条件的容易度

工作任务定义越详细,越容易开发出支持这一工作任务的专业化设备。经历了一段时期的工作专精化,对于具有主动积极性的员工而言,将可以促使其对个人所掌管业务中的硬件设备或软件流程进行优化,让该职能更具备成熟性与发展性。

(4)节省工作培训的成本

如果负责高度专精化的某位员工旷工或离职,管理者培训新人的成本会相对较低。尽管专业化一般被认为是用于运营方面,但许多企业已经将专精化延伸到管理和专精工作中。由于员工的职能范围较小或较为专业,所引进的员工多半本身便具有相关的经历背景,通过工作流程的规范化,能够促使新进员工快速上手,达到节约内部培训成本的目的。

尽管如此,工作专精化也可能产生负面的作用。过度的专精化使得员工长期仅专注在某一职能范围,其长期的专业发展较为狭窄。此外,由于缺乏激励和挑战,员工容易出现倦怠感和单调感,旷工率增加,工作的质量将会受影响。

7.4.4 组织设计的方法

为了避免工作专精化的负面作用,组织的管理者努力寻找其他工作设计方法,以求在组织效率、生产力和个人对创造与自主的需求之间取得平衡,这些工作设计的方法包括工作轮换、工作扩大化、工作丰富化和工作团队。

1. 工作轮换(job rotation)

工作轮换是有计划地调换员工的工作。例如,在仓库工作的工人可能在周一负责卸货,周二负责将到货送入仓库,周三确认发票,周四负责发货,周五负责装车。就这样,工作没有改变,工人的工作内容却在不断变化。适用工作轮换的工作通常是相对标准化和例行的工作。

2. 工作扩大化(job enlargement)

工作扩大化是一种增加员工横向工作任务的工作设计方法。通过工作扩大化,员工将需要完成广泛的工作任务。例如,海尔公司的空调机制造装配线以前由8名工人顺序负责,现在公司将生产线进行了流程改造,由4名工人负责整个制造工序,无疑增加了工人的工作量。

3. 工作丰富化(job enrichment)

一种更为全面的方法是工作丰富化。工作丰富化在增加员工工作数量的同时提高员工对工作本身的控制。在工作丰富化的过程中,组织的管理者将某些控制授权给员工,以更加完整和自然的方式设计工作的结构。这些改变可以提高下属对职责的感受。工作丰富化的另一方面是不断赋予员工新的和富于挑战性的工作,从而为员工创造提高和进步的机会。例如,中国电信公司某营业点中共有 6 名打字员负责完成客户服务单据的处理。面对工作效率低和员工流失率高的问题,管理层认识到打字员们对顾客缺乏责任感,难以获得反馈。公司决定重组打字团队。他们将客户服务代表与打字员进行配对,将工作任务从 10 个步骤改成 3 个更一般的步骤,并且将他们的职位予以提高。经过这一改变,单据处理的速度提高了,不再需要反复传话了,准确率也提高了,员工流失也几乎消失了。

4. 工作团队(work team)

工作专精化的另一个替代选择是工作团队。组织赋予工作团队设计一组内部相关工作体系的职责。在典型的装配线工作体系中,工作从一个工人转移到下一个工人,每个工人的工作都是高度专精化的。而在工作团队中,则是由该团队自行决定工作任务分配。例如,工作团队决定如何将特定的任务分配给每个成员,掌管并且自行控制工作的绩效,他们还拥有制定工作进程的自主权。

7.4.5 新形态的组织设计概念

1. 团队组织

基于团队的组织(team-based organization)是指一种为了实现某一目标而由相互协作的个体组成的正式群体。当管理人员使用团队作为协调组织活动的主要方式时,其活动结构即为基于团队的结构。这种结构形式的主要特点是打破了部门界限,能够实现迅速组合、重组和解散,促进员工之间的合作,提高决策速度和工作绩效,使管理层有时间进行战略性思考。

这种结构具有明显的优点:团队内部每个成员始终都了解团队的工作并为之负责;团队还有很大的适应性,能接受新的思想和新的工作方法。但该结构也具有明显的缺陷:如果小组的领导人不提出明确要求,团队就缺乏明确性。它的稳定性不好,经济性也差。团队必须持续不断地注意管理。团队成员虽然了解共同任务,但不一定对自己的具体任务非常了解,甚至可能因为对别人的工作过于感兴趣,而忽略了自己的工作。此外,该结构在培养高级管理者或检验工作成绩方面也存在劣势。

基于团队的结构一般作为典型的官僚结构的补充,在一些大型组织中,基于团队的结构通常会与职能制结构或事业部制结构相结合,这促使组织在获得行政式机构的效率性的同时,又具有了团队结构形式的灵活性。

2. 虚拟组织

虚拟组织(virtual organization)是一种只有很小规模的核心组织,以合同为基础,依靠其他商业职能组织进行制造、分销、营销或其他关键业务经营活动的结构。虚拟组织虽然规模较小,但这种组织的决策高度集中,部门化程度很低,甚至没有下属部门,发挥主要职能。

虚拟组织与传统的组织结构有着根本的区别,传统的组织结构具有多层次的垂直管理体系,有各自划分的职能部门,研究开发在自己的实验室内进行,产品制造在本企业所属的制造工厂里实施,有自己的销售网络。传统组织为保证企业的有效运作,必须雇用大批财务、销售、采购、人力资源管理等人员。虚拟组织则不同,它要到组织外部去寻找这些资源,把各种日常业务部门推到组织外部去,把制造部门、销售网点、广告宣传等交给其他企业,跟这些企业建立伙伴关系,自己则集中精力于自己擅长的业务上。这种组织往往只负责产品设计、营销战略、产品质量和标准等重大问题,因此它有很大的灵活性和反应的敏捷性。

图 7-14 是虚拟组织示例,从图中可见,管理者把企业的基本职能都已交给了外部力量,组织的核心是一个小规模的经理小组,他们的工作是直接监督企业内部的经营活动,并协调为本企业进行生产、销售及其他重要职能活动的各组织之间的关系。图中的箭头表示与这些企业之间的契约关系,核心组织的主管人员大部分时间都通过计算机网络协调和控制与外部企业的关系。

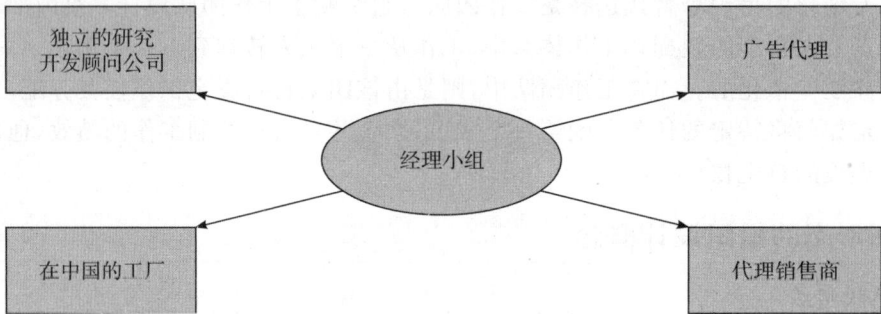

图 7-14　虚拟组织

一般来说,虚拟组织具有以下几个特点:

(1)通过计算机网络与中间商、承包商以及合作伙伴保持联络。

(2)可以把每个伙伴的优势集中起来,设计、制造和销售最好的产品。

(3)各企业为了应付市场的竞争可紧密捆绑在一起,一旦市场发生变化又可松绑,重新组合,具有很大的灵活性、机动性和反应的灵敏性。

(4)要求各企业之间彼此信任,这种信任是建立在共同利益基础上的。

(5)各企业之间很难确定边界,组织的边界不是隔离的、封闭的,而是互相渗透的,合作的伙伴可以通过计算机网络互相沟通,共享信息,交流经验。

3. 无边界组织

无边界组织(boundaryless organization)是指其横向的、纵向的或外部的边界不由某种预先设定的结构所限定或定义的一种组织设计。组织中存在着横向、纵向和外部的边界。其中,横向边界是工作专门化和部门化形成的,纵向边界是将员工划归不同组织层级的结果,而外部边界则是将组织与其顾客、供应商及其他利益相关者分离开来的隔墙。在现今这个竞争日趋激烈的环境中,组织要想成功,就必须保持灵活性和非结构化,保持合适的管理幅度,减弱组织壁垒。

完全取消边界可能永远不会实现,但现代的管理者可以通过运用诸如跨职能团队和提高员工参与决策等结构手段,削弱组织的纵向垂直边界;通过跨职能团队以及围绕工作流程而非职能部门组织相关的工作活动等方式,削弱组织的横向边界。另外,可通过与供应商建立战略联盟、建立体现价值链管理思想的顾客与企业的固定联系,来削弱或取消组织的外部边界。计算机网络化是人们超越组织界限进行交流和交易的重要技术原因。

4. 学习型组织

学习型组织(learning organization)是近年来发展起来的一种组织设计形式。这样的组织通过雇员的持续学习和开发实现持续的改进。学习型组织是协助员工终身学习和个人发展,同时持续对变化的需求做出反应的组织。

尽管存在着各种关于学习型组织的理论,但学习型组织常见的目标是品质提高、持续改善和绩效提高。其中的观点在于,最符合逻辑和一致性的实现持续改进的战略是持续提升员工的能力、技能和知识。例如,如果组织中的每个员工每天学习一样新事物并且能够将知识转化为与工作相关的活动,持续的改进将会成为顺理成章的结果。事实上,全心全意实行这一方法的组织相信,只有成员持续学习,组织才能持续改进。

近年来,许多不同的组织已经实行了这一方法。例如,壳牌石油公司最近在位于休斯敦总部的北面买下了一处经理会议中心,中心拥有精心布置的教室和高级的教学设备、住房、餐厅以及附属的休闲设施,如高尔夫课程、游泳池和台球场。一线的经理们在这里轮流担任教学讲师。这样的教学任务可能持续几天或几个月,所有的壳牌公司员工都要定期参加培训项目、讲座和类似的活动,在此期间的学习有助于他们为公司做出更大贡献,获得最新的信息。

本章提要

1. 组织结构是指组织中正式确定的使工作任务得以分解、组合和协调的框架体系。人们一般采用组织结构图来描述组织结构。组织结构图是对一个组织的一整套基本活动和流程的可视化描述,其表明了每位管理者的具体职位,通过连线的方式说明了谁应该对谁负责、每个领域的负责人以及哪些人之间应该保持工作联系。

2. 组织的设立具有七种目的:(1)能够将工作适切地分配到具体的职能部门;(2)每个职位都能被赋予一定的工作与职责;(3)便于组织内部各项运营流程的协调;(4)将不同的人们整合在同一部门;(5)能明确并建立起成员对组织的凝聚力;(6)构筑出具有权威性的指挥体系;(7)使资源能够进行分配和利用。

3. 组织设计是以组织结构为核心的组织系统设计活动,是组织能够有效实施管理职能的重要前提。组织设计具有七项原则:(1)目标一致性原则;(2)统一指挥原则;(3)分工与协作原则;(4)有效管理幅度原则;(5)权责对等原则;(6)集权与分权相结合原则;(7)精干高效原则;(8)稳定性和适应性相结合原则。

4. 工作设计是与个人有关的工作职责的确定,其目的在于明确将任务以什么样的方式来进行分配,在决定了之后,便开始依照分配的方式律定出各个工作的职责。一项完整的工作具备了五种特征:(1)技术的多样化;(2)任务的识别性;(3)任务的显著性;(4)工作本身的自主性;(5)工作本身的信息反馈性。

5. 工作专精化是将组织的工作任务分解为较小的构成成分的程度,可以为组织带来四个方面的好处:(1)提高员工的工作效率;(2)减少工作任务的转换时间;(3)增加优化该工作任务软硬件条件的容易度;(4)节省工作培训的成本。

6. 部门化是将整个组织的管理系统进行分解,并把若干职位组合成一些相互依存的基本管理单位的过程。组织划分部门的方式常见的有：(1)职能部门化；(2)产品部门化；(3)流程部门化；(4)地区部门化；(5)顾客部门化。

7. 指挥链是指从组织高层延伸到基层的一条持续的职权线，是组织内各职位间清楚而明确的命令关系。管理幅度是指一位管理者所能有效地直接领导和控制的实际人员数，即有多少位下属向一位管理者报告。管理层次是指组织内纵向管理的等级数。扁平式结构是指管理层次较少而管理幅度较大的一种组织结构形态，而高塔式结构则是指管理层次较多而管理幅度较窄的一种组织结构形态。

8. 职权是指管理职位所固有的发布命令和希望命令得以执行的一种权力。职责是指对应职权应承担的相应责任。一般来说，职权可以分为直线职权和参谋职权两种类型。

9. 集权与分权所要确定的是决策权应该放在组织的哪一层级上。集权是指决策权在组织系统中较高层级上一定程度的集中，即组织内部较高层的管理者将职权集中进行管理。分权是指决策权在组织系统中较低层级上一定程度的分散，即整个组织都获有一部分权力得以支配。

10. 机械式组织，也称官僚式组织，是综合使用传统组织设计原则的产物，其特点是高度复杂化、高度正规化和高度集权化。有机式组织，也称适应性组织，与机械式组织形成鲜明的对照。它是低复杂化、低正规化和分权化的，是一种松散的结构，能根据需要迅速做出调整。

关键概念

- 组织（organization）
- 组织设计（organizational design）
- 工作设计（job design）
- 工作专精化（job specialization）
- 工作轮换（job rotation）
- 工作扩大化（job enlargement）
- 工作丰富化（job enrichment）
- 指挥链（chain of command）
- 管理幅度（span of management）
- 扁平式结构（flat structure）
- 高塔式结构（tower structure）
- 部门化（departmentalization）
- 职权（delegation）
- 职责（responsibility）
- 直线职权（line authority）
- 参谋职权（staff authority）
- 授权（delegation）
- 集权（centralization）
- 分权（decentralization）
- 正规化（formalization）

- 团队组织（team organization）
- 虚拟组织（virtual organization）
- 无边界组织（boundaryless organization）
- 学习型组织（learning organization）

思考习题

1. 何谓工作设计？工作具备哪五种特性？

2. 何谓工作专精化？其优缺点是什么？

3. 常见的促进与活化工作氛围的方式有哪些？

4. 何谓指挥链？何谓管理幅度？

5. 何谓职权？何谓职责？

6. 何谓集权？何谓分权？集权或分权考虑的影响因素有哪些？

7. 何谓部门化？常见的有哪五种类型？

8. 组织设计的基本形态有哪几种？每一种又有哪些优缺点？

9. 何谓高塔式组织？何谓扁平式组织？

技能实训

1. 根据下列组织的工作特性，你认为其管理幅度应当规划多大才合适？为什么？
(1)私人开业的事务所律师；
(2)汽车生产厂的厂长；
(3)跨国公司的高层管理者；
(4)学校学生会组织的部长。

2. 请用另一种部门化的方法组织你所在的学生组织、专业、学校、制造型企业、服务型企业或其他组织。你提出的方案优点是什么？

3. 请将 4 名或 5 名学生分为一组，在互联网上或在图书馆里查找相关资料，找到任意两个公司的组织结构图。然后共同回答下列问题：你能在图上分辨出公司实行的部门化组织形式吗？你认为哪家公司的分权程度更为深入？你为什么认为公司是以这种方式组织运营的？

4. 假设你要为学校对面的丰顺超市设计组织结构，请问你将如何建立部门，如何规划每位管理者的管理幅度，以及业务职位与后勤职位的差异性？

5. 以你所在的组织为例，描述组织中的哪些结构因素属于官僚组织模式，哪些属于行为模式。按照你的看法，你认为这一组织结构更偏向官僚组织模式还是行为模式？为什么？

6. 请从互联网上查找出 5 个不同类型组织的组织结构图，并比较其相似性与差异性。

参考文献

[1]颜明健主编.管理学原理[M].厦门:厦门大学出版社,2014.

[2]Ricky W.Griffin 著,刘伟译.管理学[M].第 9 版.北京:中国市场出版社,2008.

[3]Samuel C. Certo,S. Trevis Certo 著,冷元红,苏静,郑新德译.现代管理学:概念与技能[M].第 11 版.北京:清华大学出版社,2010.

　　[4]Gary Dessler,Jean Phillips 著,丰俊功,李庚,马学亮译.现代管理学[M].北京:清华大学出版社,2010.

　　[5]方振邦著.管理学基础[M].第 2 版.北京:中国人民大学出版社,2011.

　　[6]Stephen P. Robbins,Mary Coulter 著,李原,孙健敏,黄小勇译.管理学[M].第 11版.北京:中国人民大学出版社,2012.

可扫码获取本章课件资源:

第 8 章 组织变革

本章学习重点：

- 理解组织变革的概念；

- 掌握组织中变革的管理；

- 熟悉组织变革的领域。

🌸 开篇案例

通用汽车还能做出变革吗

　　美国通用汽车公司是世界上第5大企业,现在它深陷困境。几十年来,通用汽车公司一直是世界上最大的汽车企业。但2006年以后不再是了。通用汽车2006年的产量是880万辆,而丰田的产量达到900万辆。这是74年来通用汽车第一次丢掉冠军的宝座。困境的背后是缺乏变革的能力。公司目前的困难包括:

　　未能开发出创新的产品。通用汽车的战略是在多个品牌复制一项成功的设计,也称"反复贴牌"。这种做法可以降低成本,但也会压制创新。购买者会在通用自己的品牌间流动,造成自相残杀。

　　未能开发出具有全球性吸引力的产品。通用汽车的设计战略是专注于美国消费者,而其他地区的消费可能有不同的要求。通用汽车通常会购买一家本地的汽车企业作为跳板进入外国市场。但是,新的品牌很快进入了复制模式,变得标准化。

　　未能保持独特的品牌。汽车购买者反复购买同一品牌是希望降低购买大件时的风险。而通用的"反复贴牌"战略导致品牌间的相似,失去了独有的特性。2004年,因为销量太少,通用汽车不得不放弃奥尔兹莫比尔的生产,这是美国最老的汽车品牌。

　　未能预见消费者的偏好。通用汽车在20世纪70年代开发省油车时动作缓慢。到了80年代,通用汽车的质量比不过日本车。今天,通用汽车在小型、便宜的车型开发方面落后。它的设计陈旧,而且在省油的混合动力车开发上同样落后。一位产业观察家说,他们需要强有力的和脑筋能够转弯的人才,但他们没有。

　　未能建立良好的劳工关系。通用汽车的工人在汽车工人联合会的组织下反对关闭工厂、减少福利和增加自动化。罢工经常发生,从1993年到1998年间共发生了16次。过去为了满足工人而提供的高工资和高福利今天成为沉重的负担。通用汽车现在每年在医疗保健方面的开支是57亿美元,平均每辆车要分摊1 300美元。

　　这些问题总是要解决的,但是,利益相关者对变革的抵制也是很明显的。消费者购买外国汽车,他们认为通用汽车的产品外形过时,性能不佳,品质低劣。通用汽车近来改善了品质,而消费者已经形成了对进口品牌的忠诚。通用汽车为了促进销售而向购买产品的顾客提供的奖励在2005年高达每辆车4 000美元,而丰田只有1 000美元。奖励的代价高,效果却并不好。2005年,通用汽车的销售下降75%,而丰田却上升了10%。

　　通用汽车公司的工人拒绝变革。到2008年,通用汽车将削减3万个工人岗位,关闭十几家工厂。留下来的工人必须接受低工资和福利降低。2006年5月,通用汽车的工人再次罢工。管理者也感受到变革的痛苦。CEO瓦格纳的报酬降低了一半,为510万美元。2005年所有的高层管理者都没有得到奖金。

　　经销商抵制变革。通用汽车销售的汽车数量是丰田的两倍,但经销商的数目却是丰田的5倍。公司希望关闭一些经销店以减少成本,但是许多由家庭经营的经销店拒绝出售。连董事也开始退出,2005年宝洁公司CEO雷富礼辞去通用汽车公司董事职务。

　　股东们抵制通用汽车的变革。通用汽车公司提出将股利减少50%。这一举措能够满足汽车工人联合会的愿望,因为这表明所有的利益相关人都在做出牺牲。但是,这样做所节省的只有区区 5 亿美元,与通用汽车的费用相比只占很小一部分。

所有这些抵制的结果导致了士气低落、顾客不满和高昂的成本。各方面的变革进展迟缓,外部人士担心通用汽车公司根本没有意识到问题的严重性。通用汽车的首席财务官和成本削减方面的负责人亨德森不同意这样的看法,他说“我在这些年里一直处于危机状态”。

2005 年,通用汽车公司亏损 86 亿美元。它必须做出变革,而且速度要快。小的变革拯救不了通用汽车。至今为止,通用汽车还未能满足工会、经销商、顾客和其他利益相关者的要求。一名经销商认为通用汽车当前的领导者不能胜任变革,他说“我不相信那些将通用汽车弄到今天这个地步的人能够带领我们走出去”。

资料来源:Ricky Griffin 著,刘伟译.管理学.第 9 版.北京:中国市场出版社,2008:320～322

现代组织面临着充满不确定性的外部环境,组织若将大部分的时间与资源都花在维持现状上,则很难在当今这种不确定环境中获得成功。为了获得更高的运营绩效,组织需要持续不断地提高自身的管理效能,对产品、技术、组织结构以及组织文化等多项内容实施变革。本章将介绍组织变革的概念、组织变革的管理模式,最后对于组织变革的领域加以介绍。

8.1　组织变革的概念

8.1.1 组织变革的含义

一家公司比较固定的特征之一就是文化,员工往往会依赖长期存在的符号、惯例、语言和价值观获得持续、稳定的感觉。不幸的是,组织周围的世界,甚至是组织内部的世界,没有一处是恒定不变的。面对激烈的竞争,组织中的管理者必须做出快速回应,他们必须制定变革计划,并付诸实施。组织变革(organizational change)是指组织根据外部环境变化和内部情况变化,及时调整和改善自身的结构与功能,以提高其适应环境、求得生存的应变能力。然而,任何一种变革都不是单独进行的,变革的内容可能涉及组织中的每个方面,比如工作排程、部门化原则、管理幅度、机器设备、组织设计和人员本身等。例如,当福州钢铁公司引进一条新的自动化生产线后,公司可能需要对生产工人进行新机器设备操作的培训,薪酬系统也要进行调整以反映新的技能水平,管理者的管理幅度也要进行相应的调整,还有一些有关的职位需要重新设计,质量控制系统也会换成了新的。在组织中同时进行多项变革的情形是很常见的。

组织变革对于现代组织来说是必要的。组织变革是这样的一个过程:改进现有组织从而提高组织的有效性,也就是组织实现其目标的程度。这些改进实际上可能涉及组织的任何部分,但是通常会影响到组织的职权链、各个组织成员承担的职责水平以及已有的组织沟通渠道。受到新技术的开发、不断增加的机会和威胁以及组织精简趋势的驱动,几乎所有的现代组织都在以某种方式进行变革。

8.1.2 组织变革的力量

为什么组织必须实行变革呢？最基本的原因在于同组织相关的某些因素发生了变化或可能在未来发生变化。为此，组织别无选择，必须进行变革。要制定具科学性的组织变革策略，组织的管理者首先需要知晓导致变革的基本力量。组织变革是多种因素共同作用的结果，导致组织变革的基本力量可以分为外部力量和内部力量两大方面。见图8-1。

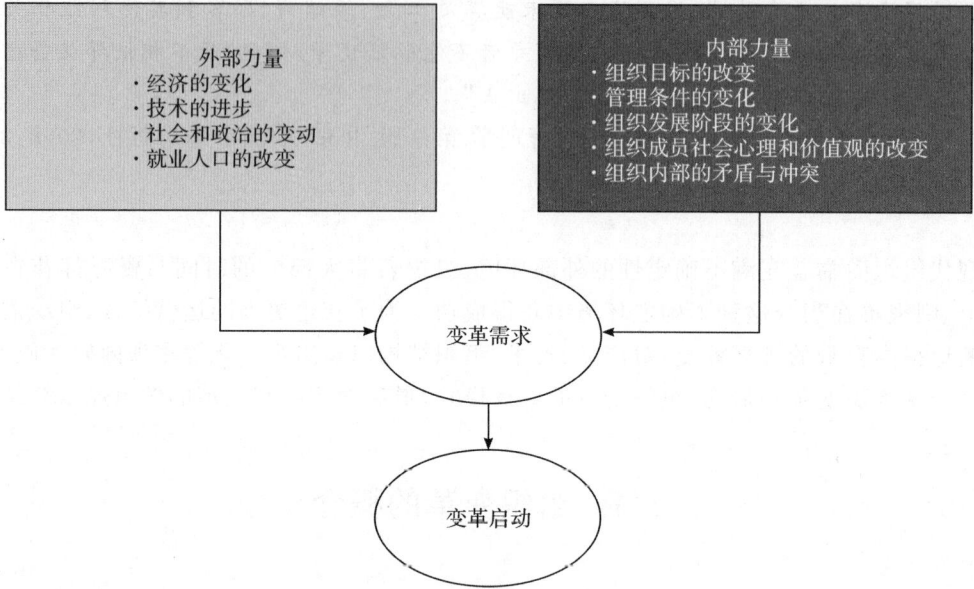

图 8-1　导致组织变革的内外部力量

1. 外部力量

（1）经济的变化

当今的市场竞争日趋激烈，组织一方面面临传统竞争对手的威胁，另一方面又受到新进入者的挑战。另外，由于经济全球化的影响，组织所面对的竞争领域也随之增大，这种变化为组织发展带来机会的同时，风险也进一步增大，如果组织不能有效地实施组织变革，就无法应付竞争的压力。与此同时，消费者的需求水平、需求结构、价值观和生活方式、审美观和闲暇时间等也都发生了一系列的新变化，为了能够及时满足消费者的需求，迅速占领市场，组织需要进行变革。

（2）技术的进步

现代科学技术的进步影响和改变着人们生产及生活的各个方面，它对组织的结构、组织的管理幅度和管理层次、组织的信息沟通方式等都带来了巨大变化。一方面，随着科学技术的进步，产品的技术含量越来越高，产品从研发到投入市场的周期日益缩短，产品更新的速度也越来越快，这就要求组织必须有针对性地进行变革，使组织更具灵活性，能够迅速做出反应；另一方面，信息技术的进步使组织内部的沟通方式大为改变，组织中部门之间、上下级之间的沟通更为快速、便捷，而计算机控制也取代了直接监督，使管理者的管理幅度更为广泛，组织结构日渐扁平化，管理层次大大减少。

（3）社会和政治的变动

变革力量的第三个来源是社会和政治变动，其影响力量包括政权轮换、政治体制的改革、国内政治局势的动荡和稳定、民主法制的健全与破坏、方针政策的正确与偏差、社会风气的好坏、国际政治的变化等，这些因素的改变都会为组织带来变革的需求。

（4）就业人口的改变

近年来，由于高等教育的普及，高学历员工比例增加，员工被取代的速度加快，劳工权利意识有所提升；女性受教育的机会增多，大量的妇女成为就业人口，改变了旧有社会的就业结构；新一代员工与老一辈员工相比，其工作态度、工作伦理观、工作价值观也发生了很大的改变。因此，组织内的人力资源结构发生了较大的变化，这就要求组织随之进行相应的调整，以适应新形势下管理人力资源的需求。

2. 内部力量

（1）组织目标的改变

随着组织的发展，组织目标必然会做出相应的改变和调整。要么组织既定的目标已经实现或即将实现，需要寻求新的发展、新的目标；要么组织既定目标无法实现，需要及时转轨变型；要么组织目标在实施过程中与环境不相适应，出现偏差，需要进行及时修正与调整。这些原因引起的组织目标的改变均会促使组织调整结构，重新组织人员和财力，有针对性地做出变革。

（2）管理条件的变化

现代化管理要求组织对其行为做出有效的预测和决策，对组织要素和组织运行过程的各环节进行合理规划，以充分调动员工的积极性，最大限度地发挥组织人力、物力、财力等资源的作用，取得最佳效益。而推行各种现代化管理方法，运用计算机辅助管理，转化企业经营机制，深化企业改革，改革用工制度，优化劳动组合等，都要求组织做出相应的变革，以适应管理条件的变化。

（3）组织发展阶段的变化

和任何有机体一样，组织也有其生命周期。处于不同发展阶段的组织，其运营模式也就不同。一个组织的生命周期大致可以分为创业、聚合、成熟、衰退几个阶段。在每个阶段的最后都面临某种危机和管理问题，这就要求组织适时做出变革，采用一定的管理策略解决这些危机和管理问题，达到成长的目的。

（4）组织成员社会心理及价值观的改变

在组织中，成员的动机、态度、行为、需求等方面的改变，对整个组织的变革具有重要影响。组织的成长会带来员工的需求层次提高，参与意识、自主意识的增强，以及个性化趋势增加，要求组织改变激励措施，改善工作环境和工作条件，改变工作设计，以适应组织成员社会心理变化的需要。同时，员工的价值观、对组织的期望和劳动态度的变化也都要求组织做出相应的改变。

（5）组织内部的矛盾与冲突

组织内部的矛盾与冲突也是组织变革的重要动力。部门扩大、人员增多、业务量增加、目标不一致等情形，会引起组织内部矛盾增加，人际关系复杂，群体冲突不断，这些均会对组织的运行产生不利影响，也会促使组织调整其结构，改变沟通方式，以缓解矛盾和冲突，从而实现组织有效运行。

8.1.3 组织变革的类型

一般来说,组织有两种主要的变革形式:一是计划式变革(planned change),指对预期的未来事件所做的按部就班的规划和实施的变革,是一种逐步、渐进且重点式的变革形式;而另一种是革命式变革(reactive change),是指对环境变化随机应变的一次性变革,是一种需要及时应对、快速且激烈的变革形式。革命式变革往往比较仓促,失败的机会大,因此,人们比较偏好计划式的变革。

在管理实践上,管理者可以采用革命式、由上而下的方法来实施变革,或是采用计划式、由下而上的方法来实施变革。一般来说,若是为了克服组织的惯性,管理者通常采用革命式的变革方法,但当组织已习惯于变革,则采用计划式的变革方法会更为实用。

美国乔治太平洋公司是一家大型的森林产品企业,它为我们提供了一个规划和实施良好变革过程的范例。柯瑞尔(Currier)出任这家公司的 CEO 之后不久,就发现公司的事故率高得惊人,每年每百名员工中有 9 人重伤,过去 5 年里共有 26 人死亡。尽管这一行业本身就是具危险性的,但柯瑞尔认为事故率还是太高了,于是他推动一个大型的变革计划来进行改善。他和其他高层管理者设计了一个包含多个程序的变革项目,向生产工人讲解安全知识,改善工厂里的安全设备,改变工厂里长期以来将受伤视为勇敢的传统文化。今天,乔治太平洋公司已经成为行业内安全记录最好的企业。

8.2　组织变革的管理模式

组织变革多半涉及组织中的各种复杂现象,管理者的角色在组织进行变革之时,显得更加重要。然而,如果不采用正确的步骤和方法,或是一意孤行的话,很容易导致变革的失败,所以管理者必须充分理解有效进行变革的步骤,以便在变革所带来的冲击中,能够应对员工的抗拒。

8.2.1 组织变革的步骤

1. 列文的"三步模型"

关于组织变革的阶段模式,最具影响力的是组织理论学者——库尔特·列文(Kurt Lewin)所提出的三步模型(three-step model)。他认为组织中的所有行动都不外乎是两种力量的结果:一种是竭尽所能维持现状的力量,一种是推动变革的力量。因此,实施变革意味着,要么削弱旨在维持现状的这部分人的力量,要么增强拥护变革的这部分人的力量。他提出了一个包含解冻(unfreezing)、变革(changing)和再冻结(refreezing)三个步骤的有计划的组织变革模型,用以说明和指导如何发动、管理和强化组织变革过程。见图 8-2。

| 解冻 | → | 变革 | → | 再冻结 |

图 8-2　列文的三阶段变革模型

（1）解冻

解冻是变革前的心理准备和思想发动阶段。通过妥善处理人们的恐惧和焦虑情绪来缓解他们对变革的抵制，引导所有可能在变革中受到影响的人（即利害相关者）认识到变革的必要性，刺激组织成员去改变他们原有的态度，改变旧有的习惯和传统，并鼓励人们接受新的观念，刺激人们变革的动机。

（2）实施变革

是变革的实施阶段。该步骤是要向组织成员指明变革的方向和方法，形成新的态度，接受新的行为方式，实现行为转化，以及通过认同和内在化加速变革的进程。它可能涉及新技术、人员、产品、服务、新的管理政策、行政。

（3）再冻结

这是变革后的行为强化阶段。该步骤是通过连续强化（指在被改变的人每次接受新的行为方式时予以强化）和断续强化（指在预定的反应次数间隔时间内给予强化），使已经实现的变革（如态度和行为方式等）趋于稳定化、持久化，形成固定模式行为，使其真正成为组织系统的一部分。

美国福特汽车公司是一家大型的汽车生产企业，它为我们提供了一个采用列文模型实施变革过程的范例。2008 年金融海啸时，福特汽车因车市萎靡不振，销售量大幅下滑，而必须裁减大量员工，以降低成本，遂进行了组织变革。公司管理阶层的第一步（解冻）是与工会代表进行协商，说服工会支持裁员方案以提高公司的长期效益。解冻过程完成之后，则是开始施行职位缩减方案，共缩减了 30 000 个职位（实施变革）。最后，公司着手修补与员工的关系（再冻结），保证将增加他们的工资和不再继续裁员，使劳资双方携手前进。

2. 科特的"计划变革模型"

列文的模型虽然有趣，但它仅仅描述了一个形象化的组织变革的实施过程，并没有提供实际运作的细节，就全面性而言仍是不足的，因此还需要复杂一些的理论。为了改善列文模型的盲点，管理大师约翰·科特（John P. Kotter）提出了"计划变革模型"，他将列文模型的解冻、变革及重新冻结三个阶段进一步扩展为八个有明确定义的步骤（图 8-3）。尽管在实践上这八个步骤常有重叠，但这种细分可以使管理者注意成功实施变革运作所需的每一因素。

（1）营造紧迫感

在变革实施之前，变革领导者应该在相关人员的心里制造一种紧迫感。紧迫感有时是通过一系列富有创造的方法形成的，可以使人们立即意识到进行改革的重要性，并准备随时为之采取行动。

营造紧迫感具有两层意义。一是这种紧迫感可使那些抵制变革的员工认识到变革的必要性。二是这种紧迫感可消除那些保持中立态度的员工（对变革毫不关心）持有的自我满足感。管理者可以通过以下一些方式来创造这种紧迫感。

①通过强调财物损失或向管理人员表明本公司相对于竞争对手的弱势，创造出一种危机感。

②取消不必要的开支，比如取消公司专为员工开设的健身房或专为管理人员提供的公务车。

③设定高的的财务、收入、生产率和客户满意度指标，目的是使员工感受到根据往常的

```
┌─────────────────────────┐
│        营造紧迫感         │
└─────────────────────────┘
            │
            ▼
┌─────────────────────────┐
│      建立强有力的变革团队    │
└─────────────────────────┘
            │
            ▼
┌─────────────────────────┐
│       制定并传达共同愿景    │
└─────────────────────────┘
            │
            ▼
┌─────────────────────────┐
│       授予成员变革的权力    │
└─────────────────────────┘
            │
            ▼
┌─────────────────────────┐
│         实施变革          │
└─────────────────────────┘
            │
            ▼
┌─────────────────────────┐
│        创造短期成效        │
└─────────────────────────┘
            │
            ▼
┌─────────────────────────┐
│      巩固成果并深化变革    │
└─────────────────────────┘
            │
            ▼
┌─────────────────────────┐
│       使新的方法制度化     │
└─────────────────────────┘
```

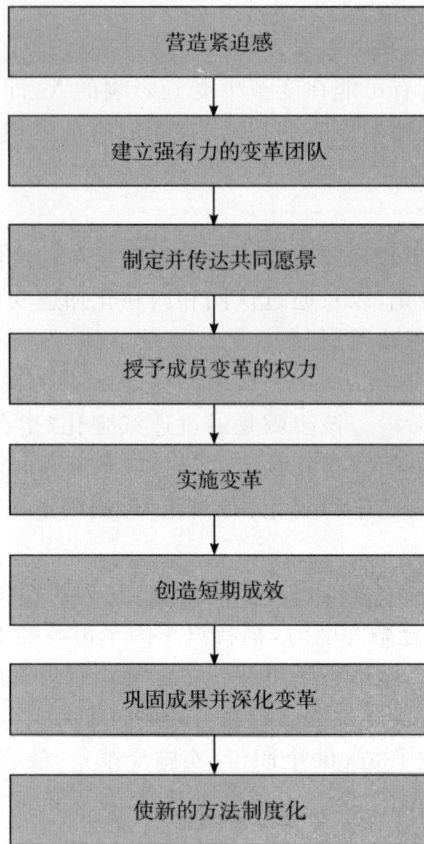

图 8-3　计划变革的八大步骤

运作方式无法实现公司设定的目标。

④将更多关于客户满意度、财务绩效的数据发给员工,特别是能够明显表明落后于竞争对手的数据。

(2)建立强有力的变革团队

有了紧迫感之后,变革领导者应该召集些有一定的可信度、技能、关系、声誉和权威的人员,组成一个专门的变革指导团队来担任变革过程中的领导工作。这个团队应该有着很强的责任心,并能够得到很多人的信任。

(3)制定并传达共同愿景

变革指导团队会为组织的变革确立合理、明确、简单而振奋人心的愿景和相关战略,帮助指明改革的方向。

变革的愿景和战略确定之后,需要利用所能获得的传播媒介向组织成员进行传播。这一步骤的目标是在所有的相关人员内部形成变革共识和责任心,从而准备变革,变革领导者还应以实际行动让人们更好地理解愿景,并不厌其烦地做好沟通工作。

变革领导者传达公司愿景的关键步骤包括:

①保持简洁。如"成为最受尊敬的互联网企业"。

②运用多种途径。利用每一个可能的渠道,比如大型会议、公司网站、报纸杂志以及其

他正式和非正式地的途径,传达公司的愿景。

③不断重复。人们对于多次重复听到的理念印象会更加深刻。

④以身作则。身体力行,说到做到,这样你的行为和制定的决策才可以与你提倡的愿景保持一致。

(4)授予成员变革的权力

要想在组织变革中取得成功,变革领导者还必须对参与变革的有关管理者和员工进行有效的授权,通过授权,可以使组织成员有能力克服阻力,消除障碍,将变革向前推进。例如,员工可能并不具备从事新工作所需的技能,因此他们无法从事新工作。霍妮伟尔公司(Honeywell)公司的 CEO 想要创建一个组织结构更为精简、效率更高的公司,他采取的第一步措施就是为公司所有的员工提供质量培训。此后,他们就可以将学到的新知识用于提高公司产品质量了。

(5)实施变革

在这一步骤,变革领导者将执行变革的主要部分。例如,在中铁快运公司,公司的技术顾问普及了员工在工作时需要使用的新技术。在阿里巴巴公司,公司的 CEO 构建了一个全新的部门结构。

(6)创造短期成效

在进行授权之后,这些在组织变革中取得成功的领导者会设法帮助组织取得一些短期成效。这是非常关键的。因为他们可以为整个变革的必要性和正确性提供强有力的证明,并为随后的变革工作提供必要的资源和动力。

(7)巩固成果并深化变革

在取得一些短期成效后,变革领导者应该利用日益提高的信誉,改变与愿景规划不相适应的制度、结构和政策,对那些能够执行愿景规划的员工进行聘用、晋升和开发,利用新项目、新论点和变革推动者再次深化整个变革过程。

(8)使新的方法制度化

最后一个步骤,变革领导者需要加强领导,建立有效的机制和文化,通过更有效的管理和改进,明确新方法同企业获得成功之间的关系,把所有变革成果固定下来,并通过各种方法,使新方法融入企业文化中。

8.2.2 抗拒变革的原因

进行有效变革管理时要考虑的另一个因素是成员对变革的抗拒。人们绝大多数都是趋于稳定性的,害怕改变会影响到既有的生存与生活方式,所以在组织进行变革时,许多成员会排斥配合,甚至抗拒。管理者必须先理解这一点,理解员工抗拒变革的主要原因,这样才能够很好地处理那些不理解的情况。

1. 不确定性

员工之所以抗拒变革,最常见的原因是产生了不确定感。变革使得已知的情况变成不确定的情况,而我们都不喜欢不确定性。无论你有多么不喜欢学校的某些制度(或某些课程),但至少知道你被期望表现出什么样子,当你离开学校进入职场时,将从已知转变到未知,充满不确定性。在组织中的员工也面临相似的不确定性。例如,当基于科学方法的质量控制方法被导入生产车间时,许多质量检查员必须学习这个新方法。有些人也许会害怕他们无法做到这些事,而在被要求使用那些方法时,对这个变革就会产生负面态度或表现得很差。

2. 习惯

人们大都会按照习惯来做事。每天当你到学校或上班,你很可能走同样的路,我们都是习惯的奴隶。然而,生活是相当复杂的,我们不会考虑人每天所要做的数以百计决策的所有可能替代方案。为了解决这个复杂性,我们依赖习惯或程式化的反应方式。但当面对变革时,我们以习惯的方式来反应的倾向就会变成是一种抗拒的来源。

3. 关心个人的损失

人们会害怕失去某些原来已拥有的事物。变革可能会带来组织内某些职权的更动,而这些变动可能会威胁组织内某些管理者的自我利益。变革会威胁到对现存状态的投资,人们投资于目前组织系统愈多,他们对变革的抗拒就会愈大。他们害怕会失去地位、金钱、职权、友情、个人便利性或其他他们所重视的经济利益。这也有助于解释为什么资深员工往往比资历浅的员工更抗拒改变,因为他们通常在目前的组织系统上投资较多,而且变革时产生的损失也会较多。

4. 立场与想法不同

管理者对变革的推动和决策可能是站在自己立场上的结果,但组织中的其他成员可能会出于不同于管理者的评估或感受而反对变革。例如,全家便利店近年来在中国的展店战略,从早期的快速扩展店铺家数转变为主要以增加店铺面积为主,希望达成销售品项增多的目的,但是许多加盟店对此表示反对,因为如此一来,可能会增加他们的运营成本。

8.2.3 处理变革的抗拒

管理者理解到组织成员对变革抗拒的原因之后,可以采取何种行动呢?管理学者约翰·科特(John P. Kotter)和施莱辛格(L. A. Schlesinger)提出了"六变革法"(six change approaches)模型,旨在帮助管理者预防、减少和弱化这些变革阻力。他们指出,应对变革的抗拒主要有以下几种途径(表 8-1):

表 8-1　处理变革抗拒的方法

方法	适用时机	优点	缺点
教育和沟通	信息缺乏、信息不准确或对变革缺少讨论和分析时	劝服员工接受变革后,他们通常会帮助管理者推动变革	耗费时间
参与和融合	发动变革的领导团队缺乏设计变革的必要信息,以及员工阻力相当大的时候	当员工被融入变革活动,他们更可能去顺应变革,参与变革,而不是阻挠变革	耗费时间;如果员工的建议没有被接纳会产生相反效果
引导和支持	变革过程中的各项调整引发员工阻挠的时候	如果无法消除员工的恐惧心理,那么任何方法都于事无补	耗费时间;如果失败将会付出很大的代价
谈判和协商	部分员工或部门利益受损,以及阻挠力量较大的时候	是一种避免出现主要阻挠的相对简单的方式	如果这将促使其他团队与管理者进行谈判,那么组织将付出巨大代价

续表

方法	适用时机	优点	缺点
控制和合作	以上方法发挥不了作用或成本太高的时候	是一种相对较为快捷、成本相对低廉的方式	如果这些阻力派领导人物产生被耍弄的感觉,他们有可能会产生更大的抵触心理,阻挠变革
正面施压	变革刻不容缓的时候,其他方法均无效果时可以作为最后一招	更为迅速,可以克服任何阻力	如果抗拒变革的发起人感到气愤不已,那么这将引发严重后果

资料来源:Gary Dessler,Jean Phillips 著,丰俊功,李庚,马学亮译.现代管理学.北京:清华大学出版社,2010:356

1. 教育和沟通

适用于信息缺乏、信息不清楚或对变革缺少讨论和分析的时候。在实施变革之前,对员工进行宣传教育是一个最有效的方法。变革前的沟通教育,有助于员工理解变革的逻辑性和合理性,认识到变革之举势在必行,从而减少关于变革的各种不实谣言。

2. 参与和融合

适用于发动变革的领导团队缺乏设计变革的必要信息,以及员工阻力相当大的时候。当员工融入变革活动中时,他们就更可能去顺应变革、参与变革,而不是阻挡变革。这一方法通常用于消除来自对变革持沉默态度的员工的阻力。

3. 引导和支持

适用于变革过程中的各项调整引发员工阻挠的时候。在这一困难时期,管理者如果采取支持员工的态度,能够有效防止潜在的阻力。在变革转型的过程中,管理者应该帮助员工梳理他们的担忧和焦虑。员工之所以害怕变革、阻挠变革,原因主要在于,他们认为变革会给他们个人带来负面影响。运用这一手段的典型方法是提供员工正常工作外的专门训练和服务。

4. 谈判和协商

适用于部分员工或部门利益受损,以及员工阻力较大的时候。管理者可以通过提供各种形式的激励措施,使员工放弃抵抗。例如,可以给员工一定的权利,否决那些对他们来说有风险的变革部分,或者给予员工特殊的政策,允许那些反对变革的人以买断工龄或提前退休等形式离开公司,以避免遭遇变革风险。这一方法用在那些阻力较大的员工身上也比较合适。

5. 控制和合作

适用于以上途径都发挥不了作用或是成本太高时。选举阻挠力量的员工代表加入变革领导团队,是一个较为有效控制员工阻力的方法。把阻挠变革的人员引入变革领导团队,并非指望他们对变革做出什么贡献,只是增加一个虚席而已。具体做法就是从那些阻挠变革的员工中选举部分代表作为变个团队的领导成员,给予他们象征性的决策角色,同时却无碍大计。需要注意的是,如果这些阻力派的领导人物产生被耍弄的感觉,他们会产生更大抵触情绪,抗拒变革。

6. 正面施压

适用于变革刻不容缓的时候,且最好作为其他途径均无效果的最后一招。管理者可以明确或含蓄地向员工施加压力,告诉他们必须接受变革,否则会导致负面的后果,如失业、下岗、流动或失去晋升机会等。

❋ 管理故事 8-1

耶路运输公司的变革

为了重新振兴耶路运输公司，CEO 比尔·佐拉斯(Bill Zollars)知道，他必须使公司和公司员工掌握最先进的技术。他还清楚，将要引进的技术将会极大地改变员工的工作方式，因此说服他们接受变革是顺利实施变革最为重要的一个环节。新技术可以使员工获得他们快速解决客户问题所需的信息。但是这同时也意味着，公司需要赋予员工制定决策的权力，并为他们提供有关新设备运用的培训项目。

美国耶路运输公司拥有25 000名员工，分布在世界各地的上百个办事处，佐拉斯花费了一年多的时间走遍了公司设在各地的办事处，他经常站在装货码头上向员工解释变革的内容及变革的意义。让员工掌握新技术，并授予他们在现场快速制定决策的职权，这些措施可以使他们全心全意地投入到工作中去，对公司发展做出更大的贡献。

佐拉斯领导的这场变革大获全胜。例如，他的团队为所有码头工人配备了无线移动数据终端。现在，甚至在卡车尚未到达之前，工人们就已经对卡车上的货物以及卡车驶入码头的时间一清二楚了。总部的管理人员也可以监督工作进展情况，如有必要将派遣更多的员工。

很快地，佐拉斯领导的这场变革力挽狂澜，挽救了公司。2002 年，耶路货运公司改名为耶路运输公司，表明公司已经转型为提供全方位综合运输服务的全球供应商。2006 年，耶路集团更名为耶路全球公司，这更好地反映了公司作为一个全球实体具有的能力。现在，佐拉斯任耶路全球公司的董事会主席、总裁兼 CEO。

资料来源：Gary Dessler，Jean Phillips 著，丰俊功，李庚，马学亮译.现代管理学.北京：清华大学出版社，2010：356～357

8.3 组织变革的领域

在实践上，管理者可以致力于组织内部的四种变革领域，以获得竞争优势。这四种变革的领域分别是技术变革、产品与服务变革、战略与结构变革、人员与文化变革，见图 8-4。

8.3.1 技术的变革

技术是组织将投入品转变为产出品的转化过程。由于技术创新的速度很快，技术变革对组织越来越重要。技术变革主要是指组织生产过程的改革，包括有关知识和技能基础，它使组织具有独特的竞争力。技术变革涉及产品或服务的制造技术，包括生产方式、设备和流程等各个方面。为了跟上竞争对手，企业需要周期性地更新现有的机器和设备并采用新的模式。除了产品技术，技术变革还包括管理技术的改变，包括采用现代化的信息收集和处理

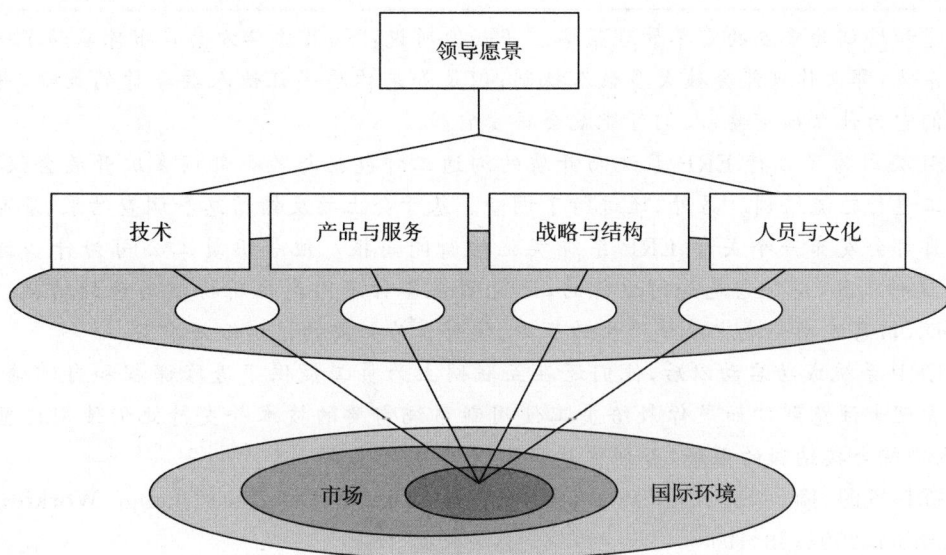

图 8-4　组织变革的领域

系统、现代化的管理控制系统、现代化的办公系统等。进行管理技术的变革常常面临着一个两难境地：一方面，在灵活、对员工授权和低度正规化的条件下有利于创新；另一方面，为了例行生产及实施这些构思，组织必须保证一定的机械化特征。因此，在实施技术变革时，组织应保持有机式，而实现这些创新的构思则需要以机械式的方式行动。

✳ **管理故事** 8-2

ERP：组织变革的一个典型案例

做一个变革执行者，或者叫变革代理人并不总是很容易的事情。企业资源计划（enterprise resource planning，ERP）是一种整合了会计、制造、分销和人力资源部门信息的软件，可以让管理者对组织中这些流程有一个统一的观点。遗憾的是，ERP 软件最初在公司推行时通常难以实施而且经常失败。大多数失败都被员工归咎于软件的性能问题，但实际上，在大多数情况下，失败都是由于未充分注意变革引起的。换句话说，技术通常不是问题；问题在于管理层没有认识到，实施 ERP 计划是一种组织变革的过程。ERP 系统可能增加一些看上去不必要的管理任务，但如果没有对系统的全面理解，员工就不可能完成这些任务。而且，实施 ERP 系统可能要求角色的转换和专业技术的提高。

SI 公司是工业纺织行业中的一家小公司，它是成功快速实施 ERP 系统的一个例子。SI 公司希望 ERP 系统的实施给组织文化带来重大影响。在决定实施 ERP 系统后，SI 公司的管理层设立了"变革管理领导人"这一职位，负责管理变革实施过程中的人事因素。就任这个新职位的帕特里克.基布勒首先评估了潜在问题所在领域的环境。他考察了员工的计算机水平，以及该领域是否有抵制变革的前科。基布勒制定了一个以沟通和培训为重点的变革管理策略。正如他所说："如果你单方面宣布你启动了一个新的系统,那么你可能会被大多数人抵制;但是如果你尽早让他人共享你的策略,并告诉他们它为什么很重要,人们可能就会接受它。"

SI 公司为了推行 ERP 系统而开展的沟通工作包括与各个部门多次开展会议,并对员工进行轮流培训。另外,还进行了调查。基于会上的反馈信息和调查结果,基布勒每个月都会发布一个关于 ERP 系统实施的新闻简报。他告诉员工公司为什么选择 ERP 这种工具,以及它是如何运行的,还说明在各种不同岗位所扮演角色的转换。基布勒说,信息流动会减少变革产生的压力,使员工为必要的培训做好准备。

ERP 系统成功启动以后,他们还在互联网上为员工提供了进修课程和自学辅导。变革管理者注意到,"如果你教给员工使用新系统需要的技术并支持他们使用这些技术,他们就会接纳新的系统,否则你就只能听天由命"。

资料资源:摘自 S.F.Cale.For ERP Success,Create a Culture Change.Workforce,September,2002,88~94

8.3.2 产品与服务的变革

产品与服务变革是指一个组织输出的产品或服务的变化。新产品包括对现有产品的小调整或构建全新的产品线。开发新产品的目标通常是为了提高市场份额或开发新市场、新顾客。由于产品和服务是为组织外部消费者所使用的,因此一项创新能否适应外部需求并取得成功,其不确定性很高。所以,在进行此方面的变革时,应针对顾客需求,有效利用现有技术,并需要得到高层管理者的大力支持。

8.3.3 战略与结构的变革

战略与结构变革是指组织管理领域的变革,具体包括组织结构、战略管理、经营决策、薪酬体系、劳资关系、管理与控制系统、会计与预算系统等方面。组织可能改变职位设计的方法或部门化的原则。例如,成长性企业可能决定放弃职能结构设计而采用事业部结构设计。组织也可能改变其报告关系或权力分配,调整成扁平化组织的形式。例如,美国通用电气公司的 CEO 杰弗里·伊梅尔特(Jeffrey Immelt)重组了公司的资本部,将其划分为四个事业部,各个部门的管理者直接向他而不是先前的资本部负责人汇报工作。组织也可能改变其人力资源管理系统,例如,改变人员招聘的标准、绩效评估方法或薪酬制度。

战略与结构变革不如技术变革发生的频率高,并且与基于技术的变革相比,变革的进行是为了适应不同的环境并遵循不同的内部流程。另外,这类变革一般是由高层管理者负责,由上而下地进行,属于革命式变革的一种。

8.3.4 人员与文化的变革

人员与文化变革是指员工价值观、态度、期望、信念、能力、行为的改变。人员变革的目标是员工的价值观、技能以及态度的形塑。而文化变革则涉及员工思考方式的改变,是一种头脑的变革。值得注意的是,一种文化的形成需要很长的时间,而且一旦形成,常常变得异常牢固和难以改变,因此在此项变革中遇到的巨大阻力也是不容忽视的。例如,福特汽车公司的新任 CEO 艾伦·穆拉里(Alan Mulally)在 2006 年年末上任。很多人认为,福特汽车公司遭遇的事业低谷在很大程度上归罪于员工的自满情绪、官僚主义作风以及诽谤行为。穆拉里认识到,他必须大刀阔斧地进行企业文化变革,扭转目前局势,重新振兴福特汽车公司。在现今的许多组织中,管理者正努力消除员工间的敌意关系,建立一种更加协作的关系。不过,从许多方面来看,态度和价值观的改变可能是极为困难的。

组织是由互相联系、互相影响的系统所组成的,某个部分的改变必然会引起其他部分的变革。图 8-4 中的四种变革领域并不是相互孤立的,一种变革往往会引起另一种变革。比如一个新产品可能会引起生产技术的变革,而组织结构的变化可能需要员工学习新的技能。

本章提要

1. 组织变革是指组织根据外部环境变化和内部情况变化,及时调整和改善自身的结构与功能,以提高其适应环境、求得生存的应变能力。任何一种变革都不是单独进行的,变革的内容可能涉及组织中的每个方面。

2. 组织变革是多种因素共同作用的结果,导致组织变革的基本力量可以分为外部力量和内部力量两大方面。其中,外部力量包括:(1)经济的变化;(2)技术的进步;(3)社会和政治的变动;(4)就业人口的改变。内部力量包括:(1)组织目标的改变;(2)管理条件的变化;(3)组织发展阶段的变化;(4)组织成员社会心理及价值观的改变;(5)组织内部的矛盾与冲突。

3. 在实践上,组织有两种主要的变革形式,一是计划式变革,是指对预期的未来事件所做的按部就班的规划和实施的变革,是一种逐步、渐进且重点式的变革形式;另一种是革命式变革,是指对环境变化随机应变的一次性变革,是一种需要及时应对、快速且激烈的变革形式。

4. 库尔特·列文提出了一个包含解冻、实施变革和再冻结三个步骤的有计划的"组织变革模型",用以说明和指导如何发动、管理和强化组织变革过程。

5. 约翰·科特提出了"计划变革模型",有效变革包含八个主要步骤,包括:(1)营造紧迫感;(2)建立强有力的变革团队;(3)制定并传达共同愿景;(4)授予成员变革的权力;(5)实施变革;(6)创造短期成效;(7)巩固成果并深化变革;(8)使新的方法制度化。

6. 在实践上,员工抗拒变革的主要原因包括:(1)不确定性;(2)习惯;(3)关心个人的损失;(4)立场与想法不同。

7. 约翰·科特和施莱辛格提出了"六变革法模型",指出应对变革的抗拒主要有以下几种途径:(1)教育和沟通;(2)参与和融合;(3)引导和支持;(4)谈判和协商;(5)控制和合作;(6)正面施压。

8. 在实践上,管理者可以致力于组织内部的技术变革、产品与服务变革、战略与结构变革、人员与文化变革四个领域,以获得竞争优势。

关键概念

- 组织变革(organization reform)
- 计划式变革(planned reform)
- 革命式变革(reactive reform)

思考习题

1. 何谓组织变革？
2. 推动组织变革的力量有哪些？
3. 简述组织变革的形式。
4. 简述列文提出的组织变革模型。
5. 组织变革的成功步骤包括哪些？
6. 变革阻力产生的原因是什么？如何消除这些阻力？
7. 在组织中进行的变革包含哪些领域？

技能实训

1. 以四到五人为一组，请分析，在下面所述环境中，你将如何运用列文提出的变革流程的三个步骤克服变革中遇到的阻力：

（1）你弟弟超重 40 斤，你将采取什么措施促使他开始减肥？

（2）你的教授给出的成绩是 A－，而不是 A，因为你只完成了 91.9％而不是所要求的 92％的任务，你希望能得 A。

（3）今年你希望去法国度假，但是你生命中至关重要的那个人担心飞行安全问题。你将如何使他改变决定？

（4）你刚刚上任成为当地一家百货商店的营销经理。人力资源部经理说，你不具备相关的营销经验。你将如何克服来自人力资源部经理的这种阻力？

2. 回忆过去学校（或老师）宣布一项变革而学生不愿意的例子。学生为什么抗拒变革？学校（或老师）后来是否克服了学生的抗拒？如果是，请问他是如何做到的？如果不是，请说明他应当怎样做？

参考文献

［1］颜明健主编.管理学原理［M］.厦门：厦门大学出版社，2014.

［2］Ricky W.Griffin 著，刘伟译.管理学［M］.第 9 版.北京：中国市场出版社，2008.

［3］Samuel C. Certo，S. TrevisCerto 著，冷元红，苏静，郑新德译.现代管理学：概念与技能［M］.第 11 版.北京：清华大学出版社，2010.

［4］Gary Dessler，Jean Phillips 著，丰俊功，李庚，马学亮译.现代管理学［M］.北京：清华大学出版社，2010.

［5］方振邦著.管理学基础［M］.第 2 版.北京：中国人民大学出版社，2011.

［6］Stephen P.Robbins，Mary Coulter 著，李原，孙健敏，黄小勇译.管理学［M］.第 11 版.北京：中国人民大学出版社，2012.

可扫码获取本章课件资源：

第 9 章　人力资源管理

本章学习重点：

- 掌握人力资源管理的含义、功能、作用及职能；

- 熟悉人力资源规划的含义及制定流程；

- 掌握招募与甄选的流程与方法；

- 掌握培训的意义与方法；

- 理解绩效管理的系统构成；

- 熟悉薪酬的含义及薪酬管理的过程；

- 了解劳动关系的含义。

🌸 开篇案例

华为如何将新员工打造成铁军

任正非在一次新员工培训座谈会上说:"华为以前的传统就是'喜群居、吃杂食',一群人互相交流,互相提高,少一点埋怨。如果我们把埋怨的能量用来'刨地',相信收获成果时就不会有埋怨,工资涨了,机会也来了。"

任正非要求内部在管理变革过程中,既不能抛弃老员工,也不能让新员工再摸索前进。因此,华为定义的四个核心能力建设(管理能力系、专业能力系、项目管理系、新员工培训系)就有一个是有关新员工的。同时,"人生的伟大在业余",任正非希望华为的新员工要充分利用业余时间自我学习。

那么,新员工入职后,如何尽快完成从学生角色到职业人角色的转变? 如何统一新员工思想,将学生兵打造成一个能征善战的铁军团队? 老干部如何完成一对一、传帮带工作,帮助新人尽快上岗任职? 以下是华为前无线产品线部部长唐继跃给出的答案。

一、新员工引导培训的核心要点在于统一价值观

1997年10月份,华为对新招来的600位新人进行了培训。总结新员工培训工作时,任正非提出,华为现在的培训比较初级,培训出来的新员工还不足以完成华为"未来通信行业三分天下有其一"的使命,华为要打造的是一支可以打胜仗的铁军。

任正非是军人出身,对军队情有独钟,他认为任何一个有战斗的组织都应该向军队学习,而任何一支铁军背后都有一个军校存在。华为董事长孙亚芳也曾考察了西点军校,西点军校的校训是"责任、荣誉、国家"。如何让每个人都去把国家利益放在最前面,为国家争荣誉? 西点军校的做法是打破自我、重塑自我,通过训练体系让这些天之骄子觉得自己什么都不是,学会服从,然后再接受西点的价值观。

学生是知识分子,要想将他们训练成战士,打造成铁军,就要从培训抓起。华为便参照西点军校的训练思路形成了自己统一价值观的方法论。第一,设计培训内容。第二,安排团队活动,除了上课,还要培养新员工的团队意识。第三,打破自我,重塑自我,让新员工学会服从,团结合作,承担责任,自我批判。

二、做好新员工的岗前实践学习

完成了思想上的转变,统一了价值观后,新员工还不能直接上岗。毕竟参战意愿很足,但还不知道战场是怎么回事,所以必须要到中队去再进行一次更专业的培训。

专业培训分为一营、二营和三营。一营主要面对安装机器部分工作所涉及的场景,二营是营销岗位涉及的培训,三营是研发岗位涉及的培训,每个营都按照华为要求的训战结合的方式进行培训。

新员工进入一营、二营、三营以后,有三个月的时间学习,学习量非常大,产品线上的产品技术、服务规范、工程安装、设备维护等方面都要去学习,要求他们亲自动手去做,甚至还要到下面去实实在在地装机实习。三个月结束后,新员工要参加考试,一营考试合格者大部分直接进入部门工作,市场方面的新员工则进入二营,研发方面的则直接进入三营。

华为公司的岗前培训强调"实践出真知",强调实践对新员工未来成长的重要性,也给新员工明确了一个信号,就是要想有所作为,就必须扑下身子实干。

三、推行新员工导师制度

1997 年,华为招聘了大量的新员工,任正非开始担心文化融合的问题,究竟是华为的老员工同化新员工,还是新员工会把老员工同化了?当时想出了两方面的解决方案。第一,分批次报到。每个月报到一批,不要一下子全来,撒上一层"夯实"一层,把这一层"夯实"了再撒一层。第二,实行思想导师制。华为给每一位新来的员工都配备一名思想导师,思想导师要深入了解新员工的情况,帮助新员工解决思想、工作和生活中产生的问题。

导师具体要做哪些工作呢?

第一天,要了解新员工的个人情况。比如要知道新员工是哪个学校毕业的,关注他的思想,关注他想什么、担心什么、害怕什么,解决他的问题,让他在公司里安下心来;要给新员工介绍所有办公区域的人,比如部门秘书、周边同事、项目主管等。

第一周,跟新员工进行一次深入的沟通。导师要给新员工介绍部门的组织架构、开发环境、项目进度等。给新员工制定三个月的培养计划,告知他每天都要填写工作日志,每个月需要提交工作总结以及三个月转正答辩的相关事项,让他清楚这三个月要干什么。

第二个月,帮助新员工进入工作角色。让新员工参与开发或测试工作,逐步熟悉开发流程工具模板。组织新员工中期预答辩,了解技术掌控情况,为转正答辩提供演练机会。

第三个月,督促完成月度总结。对新员工学到的技能知识进行小测试,进行一次正式沟通,鼓励提出问题,刷新新员工培养计划。

华为强调,没有当好思想导师的人,是不能成为带团队的干部的。连一个新员工都带不好,公司又怎么放心让你去带一个团队呢?思想导师是一个学习、培养和提高与人沟通能力、对人领导能力的"试验局",是一次锻炼人的好机会。

四、做好新员工的转正考核答辩

很多新员工来到公司之后,为什么两三年就走掉了?是因为学不到东西,成长太慢。不管哪个公司,一味地对新员工好,不给他们压力,他自己也会提出问题来,在公司没有成就感。所以,对新员工就应该给他压力,让他在最佳的年龄学到最好的东西,创造最佳的战绩,尽快脱颖而出,这才是王道。

早期华为的转正考核分为应知的和应会的两部分。应知的部分在第一个月就要完成,给新员工发几本书,一个月之内,所有的七门课全部要考过,考不过的有一次机会重考。应会的部分包括做市场营销的要会讲 PPT,介绍公司产品;做国际市场的要会讲英文,会请客吃饭等。

现在,华为的新员工转正答辩是分环节进行的。第一,答辩组成员首先熟悉新员工转正的背景材料。转正新员工要做汇报,不能空谈,要从文化、技术两个方面结合实际的案例具体谈自己领悟到了什么。要会讲故事,没有的话说明你没有悟到。学到的技术也是一样的,怎么学到的,在哪个问题上走了弯路,最后是如何找到解决方案的。第二,新员工介绍自己对下一阶段学习、发展的一些想法。第三,思想导师基于事实介绍文化融入和技术方面的特点,并进行点评。第四,答辩小组根据事实,重点讨论并做整理,最后把答辩结果告诉思想导师和新员工。第五,主管再跟新员工做一次沟通。

资料来源:唐继跃.华为如何将新员工打造成铁军?蓝血研究,2019 年 3 月,https://mp.weixin.qq.com/s/Yrktf1EZQ8NNZbs60_U7eg

9.1　人力资源管理概述

9.1.1　人力资源管理的含义

1. 人力资源的概念及特征

(1)人力资源的概念

第 1 章,我们提到,企业活动中的基本资源有四种,即人、财、物、信息。若把这四种资源按其本质加以归类,又可以分为两种,即人力资源和物力资源。其中物力资源包括各种物质资源,如土地、水力、矿产以及进行加工的各种生产资料和原材料;还包括生产过程中派生出来的各种信息,以及作为经济活动媒介的货币和占用的时间(或投入)等。可见,物力资源是经济活动的前提条件和物质基础,没有物力资源,经济活动就无法进行。因此,物力资源的特点表现为被动的、物理性的和硬性的,是服从于纯理性规律的。彼得·德鲁克(Peter Drucker)在其《管理的实践》(1954)一书中首先引入了"人力资源"这一概念,之后,人力资源的概念逐步被人们广泛接受。他指出,和其他所有资源相比较,唯一的区别就在于,人力资源是关于人的资源,并且是经理们必须考虑的具有特殊资产的资源。与物力资源相比,它的特点又表现为能动的、感情的和软性的,或者可以说是"活"的。

人力资源(human resource)是指能够推动整个经济和社会发展的、具有智力劳动和体力劳动能力的劳动者的总和,即处在劳动年龄的已直接投入生产建设和尚未投入生产建设的人口的能力的总和。"人力资源"含义并不完全等于劳动力,人力资源不仅强调人的现实劳动力,更强调人的能力的可开发性,强调其蕴含着的潜在力量。

(2)人力资源的特征

①人力资源具有生物性。它存在人体之中,是有生命的"活"的资源,与人的自然生理特征相联系,具有生物性。

②人力资源具有能动性。人不同于自然界的其他生物的根本标志之一是他具有主观能动性。人具有思想、感情,有主观能动性,能够有目的、有意识地认识和改造客观世界。在改造世界的过程中,人能通过意识对所采取的行为、手段及结果进行分析、判断和预测。人具有社会意识和在社会生产过程中所处的主体地位,使得人力资源具有了能动作用。如自我强化、选择职业以及积极劳动等。

③人力资源具有时效性。它的形成、开发和利用都受到时间方面的限制。从个体角度看,作为生物有机体的人,有其生命的周期,如幼年期、青壮年期、老年期,其各阶段的劳动能力各不相同;从社会角度看,人才的培养和使用也有培训期、成长期、成熟期和老

化期。

④人力资源具有社会性。人处在一定的社会之中，人力资源的形成、配置、利用、开发是通过社会分工来完成的，是以社会的存在为前提条件的。人力资源的社会性，主要表现为人与人之间的交往及由此产生的千丝万缕的联系。这就给人力资源管理提出了要求：既要注重人与人、人与团体、人与社会的关系协调，又要注重组织中团队建设的重要性。

⑤人力资源具有两重性。人是生产者，同时又是消费者。人的两重性要求我们既要重视对人口数量的控制，又要重视人力资源的开发和人才的培养。充分地利用、开发现有的人力，将会产生很大的经济效益和社会效益。

⑥人力资源具有可再生性。人口再生产是人口不断更新，人类自身得以延续和发展的过程。人力资源的再生性不同于一般生物资源的再生性。除了遵循一般生物学规律之外，还受到人类意识的支配和人类活动的影响。

✳ 管理故事 9-1

人对了，世界就对了

一天早晨，一个牧师正在准备明天的讲道词。太太出去买东西了，小儿子约翰哭着嚷着要去迪士尼乐园。为了转移儿子的注意力，牧师将一幅彩色缤纷的世界地图撕成许多小碎片，对儿子说："小约翰，你如果能把这张世界地图拼起来，我就带你去迪士尼乐园。"

牧师以为这件事会使约翰花费大半个上午时间，但不到十分钟，小约翰便拼好了。每一片碎纸片都整整齐齐地排列在一起，整张世界地图又恢复了原状。

牧师很吃惊，问道："孩子，你怎么拼得这么快？"

小约翰回答："很简单呀！地图的另一面是一个人的照片，我先把这个人的照片拼到一块，然后把它翻过来。我想，如果这个人拼对了，那么，这张世界地图也该是对的。"

牧师忍不住笑了起来，决定马上带儿子去迪士尼乐园，因为儿子给了他明天讲道的题目：人对了，世界就对了。

---

2. 人力资源管理的概念

人力资源管理（human resources management，HRM）作为企业的一种职能性管理活动，最早是社会学家怀特·巴克（E. Wight Bakke）在 1958 年出版的《人力资源功能》一书中提出的。该书首次将人力资源管理作为管理的普遍职能来加以讨论。巴克主要从七个方面说明为什么人力资源管理职能超出了人事或工业关系经理的工作范围。具体包括：

（1）人力资源管理职能必须适应一定的标准，即"理解、保持、开发、雇用或有效地利用以及使这些资源成为整个工作的一个整体"；

（2）人力资源管理必须在任何组织活动开始前要加以实施；

（3）人力资源管理职能的目标是使企业所有员工有效地工作和取得最大的发展机会，从而使工作达到最高的效率；

（4）人力资源管理职能和组织中各个层次的人员都息息相关，甚至包括 CEO；

（5）人力资源管理职能必须通过组织中负责监督他人的每一个成员来实现；

（6）直线管理者在期望、控制和协调等活动方面承担着基本的人力资源职能；

（7）所有人力资源管理的结果所关注的一定是企业和员工根本利益的同时实现。

随着人力资源管理理论和实践的不断发展，众多学者基于各自研究和分析的角度提出了人力资源管理的概念，如雷蒙德·A.诺伊（Raymond A. Noe）、舒勒（R. S. Schuler）、加里·德斯勒（Gary Dessler）、迈克·比尔（Michael Beer）、黄忠英、赵曙明、彭剑锋、张德。

人力资源管理是指组织为了吸纳、维持、开发和激励在企业经营过程中所必不可少的人力资源，通过运用科学、系统的技术和方法所进行的计划、组织、领导和控制活动，以实现组织既定目标的管理过程。简单地说，人力资源管理就是在合适的时间把合适的人放在合适的位置上。人力资源管理既包括战略性的管理职能，如人力资源规划、控制、培训、开发等；又有技术性的具体管理，如人员招募、绩效管理、薪酬管理、员工关系管理等。

9.1.2 人力资源管理的任务与功能

1. 人力资源管理的任务

人力资源管理的任务要考虑两个方面：首先是使组织能创造卓越的成绩，实现组织的目标。其次是要实现人的发展，也就是组织的工作安排要尽可能符合个人的特点、爱好和需要，满足个人的合理需求，以调动人的积极性。

2. 人力资源管理的功能

人力资源管理的功能主要有四个方面：吸纳功能、维持功能、开发功能和激励功能。吸纳功能是指吸引并让优秀的人才加入到本企业，维持功能是指让已经加入的员工继续留在本企业，开发功能是指让员工拥有能够满足当前及未来工作需要的知识和技能，激励功能是指让员工在现有的工作岗位上创造出优良的绩效。人力资源管理的这四项功能通常被概括为"选、用、育、留"，即选人、用人、育人和留人。但这四个方面不是相互孤立的，而是互相交叉、相互影响的。选人是起点，育人是手段，留人是基础，用人是核心。选人、育人、留人、用人是组织玉树常青的根本。这四者之间的关系如图9-1所示。

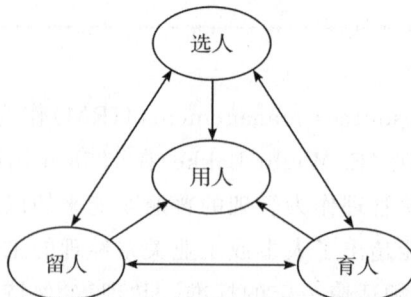

图9-1 人力资源管理的功能

（1）选人

选人要注意以下几点：

①选人者本身要具有较高的素质和相应人力资源管理的专业知识,否则人才的选拔与鉴别将无从谈起。因此选人者要避免以下不足。

武大郎开店——高的一概不要。这是在人力资源管理过程中经常遇到的现象,妒能往往会造成极大的人才浪费。

瞎子摸象——盲目地选人。选人者本身由于受到自身素质的限制,对人才缺乏认识,选人盲目、被动,选非所需。

②被选者越多越有挑选余地。但应注意,信息过多不仅会造成时间的浪费,也经常会产生疏漏,或干扰正确决策。

③被选者的层次结构要适当,避免某一方面的人才过于集中,而其他方面却无人才可选。要充分考虑队伍的知识结构、专业结构、年龄结构,根据企业自身特点,确定合理的人才策略,确保队伍结构的合理性,使人才配置达到最优。

（2）用人

用人要注意以下几点:

①要量才使用,避免"大材小用"或"小材大用"。做到将合适的人、在合适的时候,安置到合适的位置,调动人才的积极性,充分发挥出每个人的最大潜能。

②工作丰富化。重新设计工作,避免工作的单调重复,在提倡精益生产（Lean Production）的同时,要鼓励精益思维。如传统的"一"字形生产线往往使员工只关心工艺,不关心整个产品,改成"U"字形生产线后增加了员工间的交流,有利于发挥人才的潜能及创新能力。

③多劳多得,优质优价。要促使员工不仅对过程负责更应对结果负责,鼓励员工积极劳动,根据劳动质量确定劳动报酬。

（3）育人

育人工作相当复杂,一般可采用在职培训、脱产培训、仿真培训等方式。在育人过程中,应注意以下几点:

①区分不同的培训对象,坚持因材施教;

②突出实用性,联系实际工作,学以致用;

③避免用人不当,造成浪费。

（4）留人

留人要注意以下两点。

①合理的工资报酬是衡量一个人劳动价值的标准,也是展示一个人事业成功与否的标志之一。人是"经济人",对自己的付出往往估计过高,而对自己所得报酬估计偏少,如何确定一个合理报酬的标准,是管理者所面对的一个十分复杂的问题。

②要有好的环境,要创造一个适合于人才成长和最大程度发挥作用的企业环境。环境的力量将对人力资源管理活动产生很大的影响,要千方百计创造出一种能留住人才的环境,包括工作上重视、生活上关心、待遇上优厚。

企业如何发现人才? 如何培育人才? 如何使用人才? 如何留住人才? 确实值得深思。不仅要能够发现人才,善于培育人才,而且更要"用得好、留得住"。

什么都会的鼯鼠

森林里要举行比武大会,比赛的项目有飞行、赛跑、游泳、爬树和打洞。动物们纷纷报名参加自己拿手的项目,鼯鼠也来了,它要求参加所有的项目。负责报名的乌龟把老花镜摘下又戴上,上下打量着问它:"五种本领你都会?"

"都会!"鼯鼠自豪地回答。

几只叽叽喳喳的小麻雀都闭了嘴,佩服地看着它,然后又叽叽喳喳地飞走了,逢人就说:"鼯鼠可厉害了,它什么都会!"比赛开始了,最先比的是飞行。一声哨响,老鹰、燕子、鸽子一下子就飞得没影了,鼯鼠扑腾着飞了几丈远就落了下来,着地时还没站稳,摔了个嘴啃泥;赛跑比赛,兔子得了第一后,躺在树下睡了一觉醒来,鼯鼠才跌跌撞撞地跑到终点;游泳比赛,鼯鼠游到一半就游不动了,大声喊起救命来,多亏了好心的乌龟把它驮回岸上;比赛爬树时,鼯鼠还没爬到树顶就抱着树枝不敢再爬,顽皮的猴子爬到树顶后摘了果子往它头上扔,明知道它不敢用手去接,还故意说请它吃水果;和穿山甲比赛打洞,穿山甲一会儿就钻进土里不见了,鼯鼠吃力地刨啊刨,半天才钻进半个身,观众见它撅着屁股怎么也进不去,都哄笑起来。

3. 人力资源管理的职能

(1)人力资源规划

把企业人力资源战略转化为中长期目标、计划和政策措施,包括对人力资源现状分析、未来人员供需预测与平衡,确保企业在需要时能获得所要的人力资源。

(2)员工招募与甄选

根据人力资源规划要求,为企业招募与甄选所需要人力资源并录用、安排到合适的工作岗位上。

(3)培训

通过培训提高员工个人、群体和整个企业的知识、能力、工作态度和工作绩效,进一步开发员工的智力潜能,以提高人力资源的贡献率。

(4)绩效管理

对员工在一定时间内对企业的贡献和工作中取得的绩效进行考核和评价,及时做出反馈,以便提高和改善员工的工作绩效,并为员工培训、晋升、计酬等人事决策提供依据。

(5)薪酬管理

包括对基本薪酬、绩效薪酬以及福利等薪酬结构的设计与管理,以激励员工更加努力地为企业工作。

(6)劳资关系管理

协调和改善企业与员工之间的劳资关系,进行企业文化建设,营造和谐的劳动关系和良好的工作氛围,保障企业经营活动的正常开展。

9.1.3 影响企业人力资源管理的因素

影响企业人力资源管理的因素很多,但主要有两个方面:一是外部环境的影响。如社会经济状况、政府法令法规、人力资源现状、本行业的竞争状况以及所处地理位置等。二是内部环境的影响,如企业战略目标、企业文化、工作性质以及领导者的风格等。影响企业人力资源管理的主要因素如图 9-2 所示:

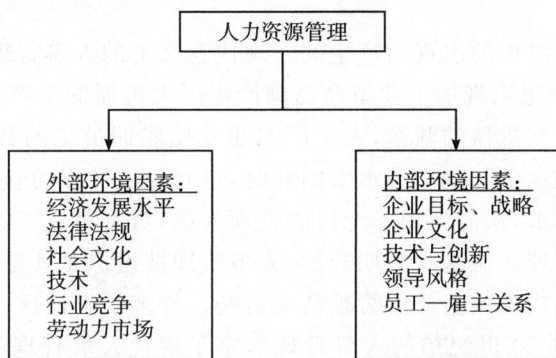

图 9-2　影响企业人力资源管理的因素

影响人力资源管理的外部环境通常是企业不能控制的。那些从外部影响公司人力资源的因素组成了人力资源的外部环境。外部因素包括劳动力、合法报酬、社会、竞争、顾客、技术以及经济等。每个因素,无论是单独地还是相互联系在一起,均能对人力资源管理者的工作造成压力。因此,人力资源管理者必须经常尽力地识别和考虑这些因素带来的影响。影响人力资源管理的内部环境因素包括公司的目标、政策、公司文化、高层经理的管理方式、员工等。这些因素对决定人力资源管理和组织内部其他部门间的相互作用有重要的影响。这种相互作用对组织的整体生产效率有很大的影响,因此使这种相互作用成为实现公司目标的积极有利因素对公司来说是至关重要的。

❋ **管理故事** 9-3

所长无用

有个鲁国人擅长编草鞋,他妻子擅长织白绢。他想迁到越国去。友人对他说:"你到越国去,一定会贫穷的。""为什么?""草鞋,是用来穿着走路的,但越国人习惯于赤足走路;白绢,是用来做帽子的,但越国人习惯于披头散发。凭着你的长处,到用不到你的地方去,这样,要使自己富有,可能吗?"

9.1.4 人力资源管理理念的变革

1. 人力资源管理理念的变革

人力资源管理理念经历了三个不同阶段:人事管理阶段、人力资源管理阶段以及战略人力资源管理阶段。现代人力资源管理由传统人事管理演变而来。20 世纪 70 年代后,人力资源在组织中所起的作用越来越大,传统的人事管理已明显不能适应环境的变化,它从管理的观念、模式、内容、方法等方面全方位地向人力资源管理转变,变革的目标是为了确保人才和机制维持在最佳状态。因此,现代人力资源与传统人事管理之间的区别,已不再仅仅是名词的转变,而是理念上的本质差异。

人力资源管理又被人们划分为传统的人力资源管理和战略性人力资源管理两个小阶段。实际上这两者同时运行于不同的企业,很难用时间划分阶段,更适于作为人力资源管理的不同层次。

人事管理是伴随着组织的出现而产生的。现代意义上的人事管理是随着工业革命的产生而发展起来的。19世纪出现的工业革命高潮产生了大机器的生产方式,规模化大生产和装配线的出现加强了人与机器的联系,大工厂的建立使雇佣员工的数量急剧增加。工业革命在提高了劳动专业化水平和生产力水平的同时,也对生产过程的管理,尤其是生产中员工的管理提出了更高的要求,从而出现了专门的管理人员,负责对员工的生产进行监督和对与员工有关的事务进行管理。从这一时期开始,人事管理被组织尤其是企业所接受,人事管理作为一种管理活动也正式进入企业的管理活动范畴。许多学者把这一时期看作现代人事管理的开端。19世纪末到20世纪初的人事管理奠定了现代人事管理的基本职能,如人员招聘、工资和福利等事务性管理。

20世纪50年代以后,随着人力资源与人力资源管理概念的提出,以及人事管理理论和实践与后工业时代中员工管理的不相适应,人事管理开始向人力资源管理转变。彼得·德鲁克在其著作中对这种转变加以描述:"传统的人事管理正在成为过去,一场新的以人力资源开发为主的人事革命正在到来。"在此期间,虽然"人力资源管理"一词已广为人知,但并没有将人力资源管理的定义与人事管理所做的工作完全区分开来。直到20世纪70年代中期,人力资源管理理论才真正成熟起来,在管理的理念、模式、内容、方法等各方面都发生了很大的转变。

战略人力资源管理(Strategic Human Resources Management)产生于20世纪80年代中后期,近年来这个领域的发展令人瞩目,对这一思想的研究与讨论日趋深入,并被欧、美、日企业的管理实践证明为是获得长期可持续竞争优势的战略途径。战略人力资源管理理念的出现很大程度上归功于战略管理领域以资源为基础的观点被采纳和引入到人力资源管理领域。蒂奇(Tichy)、弗布鲁姆(Fombrum)和德瓦纳(Devanna)等人所写的《人力资源管理:一个战略观》是战略人力资源管理产生的标志性文章,文章深刻分析了企业战略与人力资源的关系。其后,许多学者都对战略性人力资源管理的研究做出了重要的贡献。战略性人力资源管理定位于支持企业的战略中人力资源的作用和角色,它和人事管理、人力资源管理的根本区别在于人力资源管理活动计划的制定必须和组织的总体战略计划相联系。战略性人力资源管理的提出,为组织中关于"人"的管理提供了一种新视野。

这三个阶段是既有联系又有区别的。表9-1概括了三者之间的一些不同,从中我们可以看出人力资源管理经历了一个不断发展和完善的过程。

表 9-1　人事管理、人力资源管理、战略性人力资源管理间的区别

关于"人"的 管理维度	人事管理	人力资源管理	战略性人力资源管理
理念	"人"是一种工具性资源，服务于其他资源	人力资源是组织的一种重要资源	人力资源是组织中最重要的资源，是一种战略资产
与战略的关系	很少涉及组织战略决策，与战略规划的联系是一种行政联系或单向执行联系，即扮演执行者单一角色	是组织战略决策的重要辅助者、信息提供者，与战略规划的联系是一种双向联系，即扮演辅助者和战略执行者双重角色	是组织战略决策的关键参与者、制定者，与战略规划的联系是一体化的，即扮演决策制定者、变革推动者和战略执行者多重角色
职能	参谋职能，行政事务性工作，被动的工作模式	直线职能、辅助决策、战略执行、行政事务性工作，灵活的工作方式	直线职能、决策制定、战略规划，几乎没有行政事务性工作，主动式的工作方式
绩效	· 部门绩效导向 · 短期绩效导向	· 部门绩效与组织绩效兼顾导向 · 较长期绩效导向	· 部门绩效与组织绩效一体化导向 · 长期绩效导向 · 竞争优势导向

2. 人力资源管理者的角色

（1）直线经理和人力资源管理人员的角色

企业所有的管理者都是人力资源管理者。人力资源管理者一般分为一般人力资源管理者与专业人力资源管理者。两者在人力资源管理活动上的职责分工存在差异。一般人力资源管理者指直线管理人员（直线经理），他们是人力资源管理实践活动的主要承担者。而专业人力资源管理者往往指人力资源部管理人员（人力资源经理），他们是人力资源管理程序、方法、政策的制定者。在人力资源管理活动中，直线经理与人力资源经理相互作用，一方面人力资源经理要求直线经理提供信息，给予更多的支持；另一方面直线经理更要求人力资源经理在人力资源管理实务上，不仅扮演监控和评价的角色，更多的希望是能起到服务与咨询的作用。人力资源经理应是懂得沟通，具有亲和力，善于处理投诉，帮助解决问题的形象。

（2）人力资源管理者的角色

在企业中，常听到有的经理说，我们企业小，不需要人力资源部与人力资源管理专业人员。但是人力资源管理的职能万万不能没有。一般来说，企业中，人力资源管理职能常常由其他职能部门来兼任，高层管理者本身就是人事工作具体实践者与指导者。在中型企业中，人力资源管理职能被独立出来了，但仍未达到专业的分工，人力资源管理者实际上就是整个部门。而在较大型企业中，便需要设置专门人力资源管理职能部门了。这些部门将完成涉及人力资源开发、薪酬和福利、安全与健康、劳资关系等任务。

人力资源管理在西方发达国家经历了由功能性到战略性的转变，促使其在企业经营当中扮演了四种角色，分别为企业战略伙伴、职能管理专家、领导者和变革推动者。作为企业战略伙伴，人力资源管理完全参与到战略制定和战略执行当中。人力资源管理人员必须首先作为公司整体战略的制定者而存在,其次作为整体战略所涵盖的人力资源管理战略的专家来为战略制定和执行中的所有有关人力资本的问题提供解决方案。人力资源管理通过经营人才,来提高企业的利润。作为职能管理专家,人力资源管理部门不断设计开发高效率的人力资源操作系统及优化人力资源服务过程。比如提供更加有效招聘选拔工具,配合企业战略设计培训和发展系统,建立新的绩效考核评价体系。作为领导者,人力资源管理人员要充分地了解员工的各种需求,提高员工对企业的忠诚度,并不断激发员工的潜能。在战略实践的过程中将员工的个人职业成长和企业成长结合起来。作为变革推动者,人力资源管理者能够在不断变化的企业经营的内外部环境中预测问题、诊断问题、分析问题并解决问题。组织发展战略的变化必然会对人力资源要求带来变化,人力资源管理者不仅需要对新问题提出新的解决办法,同时还要在最大程度上确保员工在变革过程中对企业战略变化的认同和对企业的忠诚,提高员工满意度。

9.2　人力资源规划

9.2.1　人力资源规划的定义

正如我们从案例中看到的,当一个企业或组织的经营目标、经营战略或经营活动发生变化时,可能会使它的人力资源管理面临一系列的问题:企业的组织结构和人员结构是否会发生变化? 企业需要多少员工? 这些员工应该具备哪些知识、技能和能力? 企业现有人员能否满足这种需要? 是否需要对现有人员进行进一步培训? 是否需要从企业外部招募人员? 能否招募到企业需要的人员? 何时招募? 企业应该制定怎样的薪酬政策以吸引外部人员和稳定内部员工? 当企业人力资源过剩时,有什么好的解决办法? 等等。

当今任何一个企业或组织都处在一个迅速变化的环境中,全球经济一体化进程正在加快,科学技术日新月异,竞争日益激烈。企业要想在竞争中取得优势,就必须不断地调整其经营目标和经营战略。企业的人力资源管理如何应对这种变化? 如何做到未雨绸缪? 人力资源规划提供了一个有效的工具。

人力资源规划(human resource planning)是根据组织的战略目标,科学地预测组织在未来环境变化中人力资源的供给与需求状况,制定必要的人力资源获取、利用、保持和开发策略,确保组织对人力资源在数量和质量上需求的长期计划。

企业要想利用劳动力市场来获取竞争优势,应对三个方面的因素给予关注:

(1)企业必须对自己现有的人力资源状况有一个清楚的认识,尤其是应当清楚自己目前已有的雇员的优势和劣势分别是什么;

(2)公司必须制定一个关于自己未来发展方向的规划,并且认识到自己目前的人力资源状况与未来所要求达到的人力资源状况之间是一种怎样的关系;

(3)如有人力资源差距,制定规划满足需求。

9.2.2 人力资源规划的内容与作用

1. 人力资源规划的内容

人力资源规划主要可分为总体规划和业务规划两大类。人力资源总体规划是指在某一计划期内人力资源管理的总目标、总政策、实施步骤和总预算的安排。人力资源业务规划则包括人员补充规划、培训开发规划、分配规划、晋升规划、工资奖励规划、劳动关系规划、退休解聘规划等。人力资源规划内容如表 9-2 所示。

表 9-2　人力资源规划内容

规划项目	具体内容
总体规划	依据企业发展战略目标,通过建立人力资源信息系统,预测人力资源需求和供给状况,采取措施平衡人力资源的需求和供给
人员补充规划	制定需补充人员的数量、类型、层次,拟定人员任职资格,拟定招募地区、形式以及甄选方法
培训开发规划	拟定重点培训项目,有关培训时间、培训对象、培训教师、培训方式、培训效果保证以及与工资、奖励、晋升制度的联系
人员分配规划	规划部门编制,拟定各职位人员任职资格,做到人适其位,并规定工作轮换的时间、范围及人选等
人员晋升规划	建立后备人员管理梯队,规划员工职业发展方向,确定晋升比例和标准,以及未提升人员的安置
工资奖励规划	进行薪资调查和内部工作评价,拟定工资制度、奖励政策以及绩效考核标准
劳动关系规划	为了提高员工满意度,增进沟通,实行全员参与管理,建立合理化建议制度等
退休解聘规划	退休政策及解聘程序,制定退休解聘规定,拟定退休解聘人选

2. 人力资源规划的作用

企业竞争战略的成功与否在很大程度上取决于人力资源的参与程度。制定科学的人力资源规划,可以合理利用人力资源,提高企业劳动效率,降低人工成本,增加企业经济效益,其重要意义体现在以下四个方面。

(1)人力资源规划是企业发展战略总计划的核心要件

人力资源规划是一种战略计划,主要着眼于为企业未来的生产经营活动预先准备人力资源,持续和系统地分析企业在不断变化的条件下对人力资源的需求,并开发制定出与企业组织长期效益相适应的人事政策。因此,人力资源规划是企业整体计划和财政预算的有机组成部分,是企业发展战略总计划的核心内容。

(2)人力资源规划是组织管理的重要依据

随着组织规模的扩大和结构的复杂化,管理的工作量和难度均迅速提高,无论是确定人员的需求量、供给量还是职务、人数及任务的调整,不通过一定的周密计划显然是难以实现的。例如,何时需要补充人员,补充哪些层次人员,如何补充,如何组织多种需求的培训,对不同层次和部门的人员如何考评和激励等。这些管理工作在没有人力资源规划的情况下,必然会陷入相互割裂和混乱的状况。因此,人力资源规划是组织管理的重要依据,它可为组织的录用、晋升、培训、考评、激励、人员调整以及人工成本的控制等活动提供准确的信息和依据。

(3)能够提高企业劳动效率，降低人工成本，增加企业经济效益

人工成本中最大的支出是工资，而工资总额在很大程度上取决于组织中的人员分布情况。当一个企业规模小的时候，问题不大；而随着时间推移，人员数量增加和职务等级水平上升后，人工成本可能就会超过企业所能承受的能力。人力资源规划可以调整人力配置不平衡状况，进而谋求人力资源的合理化使用，使人工成本控制在合理的支付范围内，从而提高企业的劳动效率。人力资源规划还可通过对现有的人力资源结构分析检查找出影响人力资源有效运用的主要矛盾，充分发挥人力效能，降低人工成本在总成本中的比重，提高企业的经济效益。

(4)有助于发挥员工能力，满足员工发展需要，调动员工积极性

人力资源规划不仅是面向企业的计划，也是面向员工的计划。一个企业在人事政策上如果出现了较严重的问题，往往是因为没有制定一个科学合理的人力资源规划。许多企业面临着源源不断的员工跳槽，表面上看来是因为企业无法给员工提供优厚的待遇或者晋升渠道，其实是企业人力资源规划的空白或不足。这是因为，并不是每个企业都能提供有诱惑力的薪金和福利来吸引人才，许多缺乏资金、处于发展初期的中小企业照样可以吸引优秀人才并迅速成长。他们的成功之处不外乎立足企业自身情况，营造企业与员工共同成长的组织氛围，充分发挥团队精神，规划企业的宏伟前景，使员工对未来充满信心和希望，同企业共同发展，为有远大志向的优秀人才提供其施展才华、实现自我超越的广阔空间。因此，人力资源规划应着力考虑员工的发展。在人力资源规划的基础上，引导员工进行职业生涯设计和发展，使员工清晰了解未来的职位空缺，看到自己的发展前景，从而积极地努力争取，这对于调动员工积极性和保持忠诚度是非常有益的。

9.2.3 人力资源规划的程序

企业人力资源规划工作不可能一蹴而就，它是一个从收集信息到分析问题，再到找出问题并着手解决问题的过程。这一过程大致包括如下环节，如图 9-3 所示。

1. 企业外部环境和企业内部环境分析

制定人力资源规划必须以企业的内外部环境为依据，不同的企业环境有不同的人力资源管理策略。大体说来，外部环境主要指企业所处的外部大环境，如工资水平、竞争对手状况、国家法律政策等；内部环境主要指企业内部一些状况，如企业现有的人力资源状况、企业的战略目标等。企业内外部环境是企业制定规划的硬约束，任何企业的人力资源规划都必须予以考虑。

2. 人力资源需求预测

在考虑内外部环境和企业的战略目标的基础上，根据企业的优势和劣势、机会和威胁，制定人力资源战略，确定企业的组织结构和工作设计。在此基础上，运用科学的预测方法，对企业发展中所需要的人力资源数量、质量和结构进行预测，这包括对各类专业人才数量、技术级别以及各种不同人才的搭配比例进行预测。这些工作可以结合人力资源供给预测同时进行。人力资源需求预测受多种因素影响，包括市场需求、技术与组织结构、预期活动的变化、工作时间、教育和培训以及劳动力的稳定性等。这些复杂的内外环境的影响，使人力

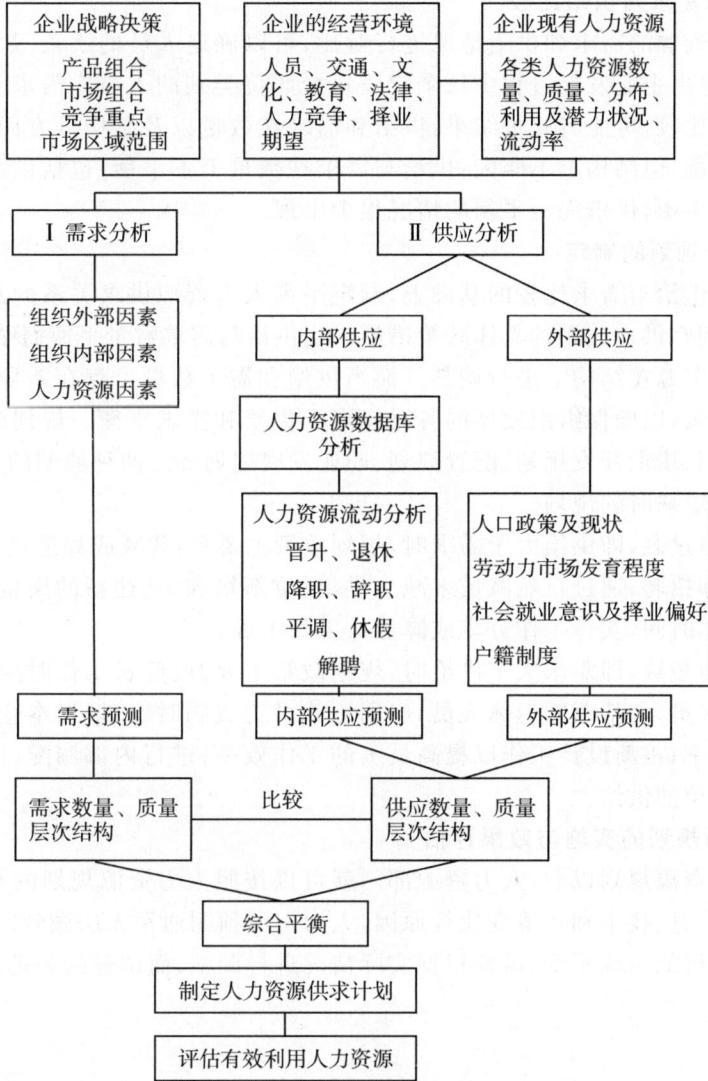

图 9-3　人力资源规划程序

资源需求预测变得十分复杂和困难,因此在进行需求分析时必须结合定性和定量方法。常用的人力资源需求预测方法有主观判断法、德尔菲法、趋势预测法、回归预测法、比率预测法等。

3. 人力资源供给预测

人力资源供给预测是企业在现有的人员供给基础上,根据企业经营环境、生产技术、市场规模等因素的变化,确定出各时间点上企业的职工人数以及各时间点上各类人员的可供给量。供给预测主要研究组织内部和组织外部供给两个方面,内部供给预测要考虑组织内部的有关条件,包括企业现有人力资源、人员流动等,而外部供给预测要考虑的是劳动力市场状况、劳动者的就业意识以及企业的吸引力等。常用的人力资源供给预测方法有技能清单法、人员替换图、马尔科夫模型等。

4. 人力资源需求与供给比较

通过对人力资源的需求和供给情况进行对比，可以确定人员的质量、数量、结构和分布均衡情况，从而得出企业发展过程中每个阶段每个职位类别的人员净需求量。人力资源的供给和需求预测比较，可能有几种结果：供给和需求在数量以及结构等方面都平衡；供给与需求在数量上平衡，但结构上不匹配；供给与需求在数量上不平衡，包括供大于求和供小于求两种情况。现实中，供求完全平衡的情况很少出现。

5. 人力资源规划的制定

在人力资源供给与需求比较的基础上，制定平衡人力资源供求关系的总计划和各项业务计划，并提出调整供求关系的具体政策措施。当供给与需求数量平衡而结构不匹配时，需要对现有的人力资源在结构上进行调整。而当供给和需求数量上存在差异时，则需要制定出相应的规划政策，以确保组织发展的各时间点上供给和需求平衡。规划政策主要包括晋升规划、补充规划、培训开发规划、配置规划、职业发展规划等。两种典型的平衡规划是劳动力过剩和劳动力短缺时的规划。

(1)当劳动力过剩，即供给大于需求时，规划政策主要有：裁减或辞退员工；鼓励员工提前退休；冻结外部招聘，通过自然减员来减少供给；重新培训，调往新的岗位，或适当储备一些人员；减少工作时间，实行工作分享或降低员工的工资。

(2)当劳动力短缺，即需求大于供给时，规划政策主要有：延长工作时间，让员工加班加点；从外部雇用人员，包括返聘退休人员，雇用正式员工或临时工；培训本企业员工，提高现有员工的工作效率；重新设计工作以提高员工的工作效率；进行内部调配，以增加内部的流动来提高某些职位的供给。

6. 人力资源规划的实施与效果评估

制定了人力资源规划以后，人力资源部门就可以按照人力资源规划的具体要求展开工作。但是，由于信息、技术和环境变化等原因，人力资源预测通常无法做到完全准确，因此人力资源规划也不可能一成不变，需要根据实际情况进行调整，而调整的关键就是对其进行反馈与评估。

9.3　招募与甄选

9.3.1 招募与甄选的概念

1. 招募与甄选的概念

现代人力资源管理中的招募与甄选是指组织为了实现目标和完成任务，由人力资源管理部门及有关部门运用科学的方法和手段，选拔岗位所需要的人力资源的过程。整个招募与甄选的任务就是依据科学的方法，按照一定的程序，根据企业组织当前和未来的需要进行选拔人才和调整人才。招募(recruitment)是企业及时吸引足够数量的具备资格的人员并鼓励他们申请加入到本组织工作的过程。招募是组织与潜在从业人员接触的第一步，而人们也是通过招募环节了解组织，并最终决定是否愿意为它服务。从组织角度看，只有对招募环节进行有效的计划和良好的管理才有可能招到优秀合适的员工。有效人员招募的目标是使个人的特点能力、经验等与工作要求相匹配。如果人员选择不当,员工的工作绩效和满意度都会受到不利影响。甄选(selection)是指从某一职位的所有候选人中挑选出最合适人选的活动。这项活动涉及组织具体如何选择其组成人员,从而影响到组织的生存能力、适应能力和发展能力。任何组织都应对员工的甄选工作予以高度重视。

2. 原则

人员招聘是确保组织生存与发展的一项重要的人力资源管理活动。在招聘过程中,应遵循以下原则:

(1)公开原则

指把招考单位、种类、数量,报考的资格、条件,考试的方法、科目和时间,均面向社会公告周知,公开进行。一方面给予社会上的人才以公平竞争的机会,达到广招人才的目的;另一方面使招聘工作置于社会的公开监督之下,防止不正之风。

(2)竞争原则

指通过考试竞争和考核鉴别确定人员的优劣和人选的取舍。为了达到竞争的目的,一要动员、吸引较多的人报考;二要严格考核程序和手段,科学地录取人选,防止拉关系、走后门、裙带风、贪污受贿和徇私舞弊等现象的发生,通过激烈而公平的竞争,选择优秀人才。

(3)平等原则

指对所有报考者一视同仁,不得人为地制造各种不平等的限制或条件(如性别歧视)和各种不平等的优先优惠政策,努力为社会上的有志之士提供平等竞争的机会,不拘一格地选拔、录用各方面的优秀人才。

(4)能级原则

人的能量有大小,本领有高低,工作有难易,要求有区别。招聘工作,不一定要最优秀的,而应量才录用,做到人尽其才、用其所长、职得其人,这样才能持久、高效地发挥人力资源的作用。

(5)全面原则

指对报考人员从品德、知识、能力、智力、心理、过去工作的经验和业绩进行全面考试、考核和考察。因为一个人能否胜任某项工作或者发展前途如何,是由其多方面因素决定的,特别是非智力因素起着决定性作用。

(6)择优原则

择优是招聘的根本目的和要求。只有坚持这个原则,才能广揽人才,选贤任能,为单位引进或为各个岗位选择最合适的人员。为此,应采取科学的考试考核方法,精心比较,谨慎筛选。特别是要依法办事,杜绝不正之风。

(7)效率原则

效率原则指根据不同的招聘要求,灵活选用适当的招聘形式,用尽可能低的招聘成本录用高质量的员工。

(8)守法原则

人员招募与选拔必须遵守国家法令、法规、政策。在聘用过程中不能有歧视行为。

9.3.2 人力资源招募与甄选的流程

人员招聘大致可以分为招募、甄选、录用和评估四个阶段,如图9-4。

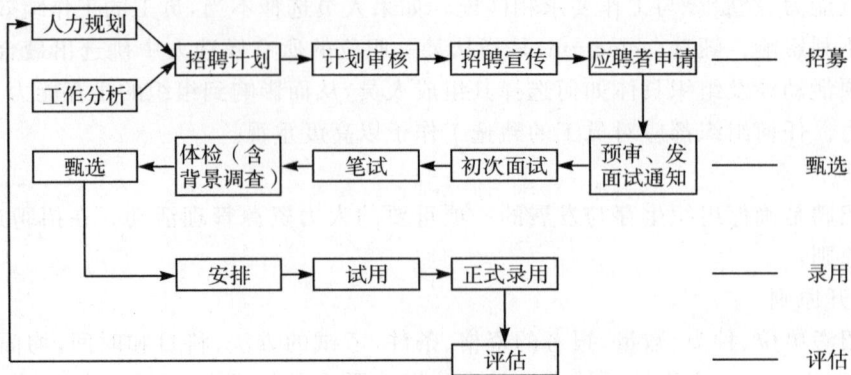

图 9-4　人力资源招募与甄选的流程

1. 招募

（1）制定招募、甄选及录用计划

主要任务是进行人员需求与供给预测。员工招募与甄选工作开始于组织中各工作岗位的职位空缺，由此而提出人员增补需求。也就是说，在工作分析的基础上，预测本组织不同岗位的员工需求与合格员工获得的可能性。通常，人员的增补需求与组织的人力资源规划是直接相关的。通过对组织的人力资源规划，能够准确地把握有关组织对各类人员的需求信息，确定招募人员类型、数量及时间。主要包括四方面内容：组织现有员工情况，组织目标和发展规划，劳动力市场状况及职位空缺情况。

（2）招募前的准备

首先，要确定招募、甄选与录用的负责部门和招聘的工作人员，由人力资源部门具体安排并进行统一规划、组织、招募、甄选和录用。同时，对于业务性特别强的招聘，业务部门也需配合，甚至具体负责某些专业人员的招募、甄选与录用。

其次，加强宣传，完善报名管理。一方面，可以通过各种媒介（如报纸和计算机网络）提供招聘信息来扩大招聘范围和知晓度；另一方面，制定并完善报名管理制度，当应聘者前来申请时，能迅速认定是否合格，以便使甄选与录用工作尽快地展开。

最后，人力资源部还要注意对整个招募、甄选和录用的参与人员进行培训，明确招募、甄选和录用中的技术责任及决策责任，充分贯彻其中的原则、宗旨，掌握政策及必要的技巧。

（3）招募的实施

根据招募计划确定的策略，开始正式的招募工作，这一工作又分为以下几个步骤：

①确定招募对象.

②选定招募渠道；

③准备企业的介绍材料及招募要求；

④与求职者直接或间接联系，分发企业介绍材料及求职申请表，并告之进一步联系方式；

⑤回收求职申请表。

2. 甄选

这一阶段由人力资源部门和用人部门共同完成。依据具体职位的工作规范对应聘人员进行各种形式的知识、技能和能力考试以及心理测验,从应聘者的基础素质、心理特征、能力特长上进行甄选,合格者才能参加面试,面试是最直观、真实、准确反映应试者信息的最重要的甄选环节。面试通过后,对入围的应聘者进行进一步的考核,具体方法就是同应聘者的推荐人、原学校或工作单位的同学或领导、同事进行座谈,通过访谈作为面试环节的有力补充。

3. 录用

(1)试用前的任职培训

经过考试、测验、面试和考核合格者,在试用前还应该进行任职培训。内容包括让试用者充分了解组织和工作职位的状况,进行必要的心理调适并进一步了解在该职位上所需要具备的特定的知识与能力。同时,进行有关知识、技能的传授与训练。

(2)上岗试用

试用的目的是为了通过工作实践进一步考察试用人员的工作适应能力,以便决定是否接纳试用者为正式员工。同时,也是为了给试用人员一个更深入了解组织及职位的机会,以便决定去留。因为在试用期间,组织与试用者仍可以双向选择,双方不受劳动契约的影响。

(3)录用决策

试用期满后,组织要及时对试用者的工作绩效和适应性进行考核与评价。内容主要有业务能力水平、品质修养和沟通协调能力。若考核合格就可以正式签订任用合同或其他契约;若不然,就应该立即解除现有的试用关系,以免发生劳动纠纷。

4. 对招募、甄选与录用工作的评估

在完成整个招募、甄选和录用过程后,要对本次招聘录用活动进行审核与评价,以便为下次招聘提供完备的参考资料。具体内容包括评估计算招聘的成本,录用人员的统计与评估,撰写招聘小结等。到此,整个招聘与过程才算完成。

9.3.3 招募的方法

1. 企业内部招募的方法

企业内部招募是指企业的岗位空缺由企业内那些已经被确认为接近提升线的人员或平级调动的人员来补充,用于吸引和确定将担任更高职务或有更高技能水平的现有人员的方法。主要有主管推荐法、工作公告法、档案记录法的信息等。

(1)主管推荐法

主管推荐是由本组织主管根据组织的需要推荐其熟悉的、可以胜任某项工作的员工供人力资源管理部门考核。这种方法的有效性在于推荐者本人对组织比较熟悉,对空缺职位的要求比较了解,对申请者的能力也有相当的考虑,因此成功的可能性较大。

(2)工作公告法

工作公告法需要将岗位空缺信息张贴在公司的公告牌上、公司时事通讯上或张贴在公司的互联网上等,以此在公司内部招聘到合适的人选。工作公告应包括空缺职位的各种信息,如工作内容、资格要求、上级职位、工作时间以及薪资等级等。

(3)档案记录法

企业的人力资源部门一般都有员工的个人档案资料,从中可以了解到员工在教育、培训、经验、技能以及绩效等方面的信息,通过这些信息企业的高层和人力资源部门就可以确定符合空缺职位要求的人员。使用这种方法进行内部招聘,要注意两个问题:一是档案资料的信息必须真实可靠,全面详细,此外还要及时更新,这样才能保证挑选人员的质量;二是确定出人选后,应当征求本人的意见,看其是否愿意调整。

2. 企业外部招募的方法

(1)员工推荐

员工推荐是指员工从他们的朋友或相关的人中引荐求职者。这种方法在缺乏技术人员的企业中特别有效。这种方法建立在组织员工对空缺职位说明以及对被推荐人均有深入了解的基础之上。由于员工对本组织的情况较为熟悉,因而他就会了解组织需要什么样的人才,什么样的人才更适合在组织担任该职位,同时,员工对被推荐人情况掌握得也比较全面,在推荐时就比较有把握。这种做法有利于节约人才招聘成本,有利于保证举荐人才质量。

(2)广告招聘

广告招聘是指通过广播、报纸、杂志、电视等新闻媒体面向社会大众传播招聘信息,通过详细的工作介绍和任职资格要求吸引潜在的应聘者。广告招聘对任何职务都适用,它是现代社会非常普遍的一种招聘方式。一般情况下,招聘广告应包括组织的基本情况、政府与劳动部门的审批情况、招聘的职位与基本条件、薪资待遇、报名的时间及地点及其他有关事项等内容。

管理工具 9-1

"AIDA"原则

美国学者 E. S. Lewis(路易斯)对广告设计提出了"AIDA"原则,此原则同样适用招聘广告:(1)引起注意(attention);(2)发生兴趣(interest);(3)产生欲望(desire);(4)付诸行动(action)。这个原则描述的就是一个广告受众接触广告后的大致心理过程,这也是衡量一则广告成功与否的标准。

---

(3)校园招聘

对于现代企业来说,面向校园招聘正式或临时人员是非常普遍的一种方式。现代企业在校园进行招聘的方式越来越多,每年我国都有大量的应届毕业生通过校园招聘的方式走向工作岗位。企业为了能吸引到更多的优秀毕业生,往往会在第一时间内到学校进行宣传、举办招聘会。有些企业为了扩大企业影响,常常会通过赞助学校文艺、学术等活动的方式来扩大知名度;有些企业还通过设立奖学金的办法与学校建立长期的稳定关系,使学校成为组织中新员工的主要来源。

(4)中介机构

人才中介机构是指那些为用人单位寻找合适的职业候选人,也为求职者寻找工作机会的服务性机构。人才中介机构的具体形式有两种:其一,各级劳务市场。职业介绍所这些机构提供的一般是非技术性或技术性不强的劳动力服务,所涉及的职业如保姆、钟点工、营业员和服务员等,还可以为企业提供临时雇用的员工。其二,各级各类人才市场。随着现代人才需求量的增加,各种人才市场越来越成为供职者和求职者满足各自需要不可缺少的中间环节。就我国目前情况来看,人才和劳动力市场一般是由政府人事、劳动部门主办的事业性服务机构;人才市场还定期或不定期地举办招聘会,或举办专门人才专场。其中,人才招聘会是一种比较传统的招聘方式,也是目前企业采用比较多的一种方式。

(5)猎头公司

猎头公司是英文单词 head hunter 的中文翻译,它是适应组织对高层次人才的需求和高级人才对满意职位的渴望而发展起来的。这种性质的组织机构与中介机构之间的区别在于:中介机构是"为人寻找工作",而猎头公司则是"为工作物色人"。可见,在工作内容、工作性质和工作目的方面,猎头公司确实与中介机构有所不同,它不是为求职者牵线搭桥,而是促使成功人士获取更好的事业平台。在猎头公司工作的人被称为"猎头"。在国外,通过猎头公司的服务为公司选拔高层次人才已经非常普遍。近年来在我国,猎头公司亦如雨后春笋般发展起来,同时也有越来越多的组织接受了这种方式来为自己选择急需的高级人才。

(6)网络招聘

这是近年来随着计算机通信技术的发展和劳动力市场发展的需要而产生的通过信息网络进行招聘、求职的方法。它是通过在互联网上发布招聘信息,征集应聘者,在网上对应聘者进行筛选、评估、测试等,并经过必要的面试,最终确定组织的招聘对象。由于这种方法信息传播范围广、速度快、成本低,供需双方选择余地大,且不受时间、地域限制,因而被广泛采用。招聘单位、求职者都可以通过信息网络来达成目的。

(7)海外招聘

海外招聘是向世界进军的企业不可忽视的获得境外人力资源的重要途径。在组织跨出国门向海外扩大经营时,海外招聘就成为组织补充人员的一种重要方式。进行海外招聘的优点是可以在世界范围内进行人才的选择,候选人的数量与质量都与局限于国内的招聘不可同日而语。但是,在海外进行招聘也存在困难,要证明和核查外国人的各种证书是更为复杂的,对其背景进行调查也是一项很难进行的工作,而且雇用外国人在手续上也较为烦琐。当然,这些问题可以通过选择合理的招聘渠道和筛选手段得到一定程度的解决。

3. 内外部招募比较

企业在考虑为空缺职位填补人员时通常首先考虑内部人员的提升或调动,但有时也会直接到企业外部寻找合格的候选人。总的来说,内部招聘有利于提高员工的士气,令员工感到有一定的发展前途,同时企业也因此省去外部寻找人选的麻烦和产生的相关费用。但是,不断提升和任用企业现有人员的做法给企业带来的弊端也显而易见,习惯于组织各种做法的员工很难在进一步的工作中有所突破,尤其是企业旧有的一些不良做法将会被视而不见,使企业的未来发展受到阻碍。而由外部聘任来的人员,尤其是竞争者原来的员工,能为企业带来很多新思维、新的做法,不断为企业输入新鲜的血液。所以,企业在权衡两种招聘途径时,往往必须在吸引外部优秀人才和为此付出的招聘费用及新员工适应组织所需代价间取得平衡,并力求保持内部人员的士气不致受到损伤。关于两种招聘途径的利弊分析如表9-3所示。

表 9-3　两种招聘途径的利弊分析

内　部　招　聘	
利	弊
提高士气	内部繁殖,不利于创新
更准确地进行能力评估	未被提升人员的士气可能受损
对某些工作而言可能成本较低	可能因提升过度竞争而产生内部不和
激励佳绩出现	需要较强的管理制度约束
外　部　招　聘	
利	弊
新知识、新观念的补充	可能很难找到合适的人选
有时较培训企业内部人员费用低	可能使企业内部人员士气受损
避免企业内部派系纷争	需要较长的适应过程
可能带来竞争者的秘密	固守原企业的老做法
平等用工,遵纪守法	

　　西方有些著名企业很早就形成了内部选拔、培养与任用的用人策略与机制。例如,通用电气、摩托罗拉、宝洁公司、福特汽车公司、波音公司、3M 公司等著名公司,在它们合计高达1 700 年的岁月中,只有 4 个 CEO 是外聘的,而且只在两家公司中出现过。美国通用电气公司的领导人选拔过程于 19 世纪早期形成,选拔继任者成为通用领导者的一种习惯与责任。杰克·韦尔奇提前 9 年开始选择接班人,他的前任琼斯提前 7 年开始选拔候选人。琼斯和他的高层人力资源小组密切配合,花了两年时间把 96 个可能人选减少到 6 人,其中包括韦尔奇。为了测验这 6 个人的能力,琼斯任命他们担任"部门经理",使之直接接受 CEO 办公室的领导。随后的三年里让每个候选人都经历各种严格的挑战,韦尔奇最终赢得了这场严酷的耐力竞赛。这种严格的、马拉松式的领导人选拔制度是保证通用电气长盛不衰的法宝,也是任何外部选拔机制不可比拟的。与通用电气等公司的用人模式不同的是,IBM、HP 等公司的 CEO 更多的是来自外部。

　　那么在企业招聘中如何选择合适的招聘渠道呢？由于内外部招聘各有优缺点,所以大多数企业都实行内外部招聘并举的方针。具体是偏向于内部还是外部,取决于组织战略、职位类别和组织在劳动力市场上的相对地位、招聘目的、成本等因素的影响。这在实践过程中并不存在标准答案。如果组织想维持现有的强势组织文化,不妨从内部选拔;如果想改善或重塑现有的组织文化,可以尝试从外部招募。例如,20 世纪 90 年代初,在飞利浦公司处于危难之际走马上任的迪默,尽管他本人是通过内部晋升走上 CEO 位置的,但为了改变当时的组织文化,形成创新、参与的组织气氛,他对高级管理层进行了大幅度的人事改革,直接从外部进行招募,到 1994 年中期原来的高层管理者只留下 4 名,而且14 名高层管理者中只有 5 名是荷兰人。到 1995 年底飞利浦公司的财务状况得到了根本性好转。

9.3.4 甄选的过程与方法

在确定了甄选方法之后,招聘人员或招聘小组要根据甄选计划中所确定的甄选标准一步一步地进行筛选,对应聘者的素质与职务的要求加以认真比较,不合格的应聘者被淘汰,合格的将被录用。关于甄选过程和步骤问题,其顺序安排可视具体情况而定,也要参照所设立的甄选标准和选聘方法。一般来说,甄选的步骤是按初次面试→审查申请表→录用面试→各种测验→身体检查这一程序来进行的。对于不同的招聘目的和情况,其过程也有所不同,如对身体状况有特殊要求的职务来说,身体检查应放在前面;如应聘者人员太多,可采用笔试的方法进行初选,再通过面试来进行选拔。

1. 初次面试

初次面试多半是根据招募的一些标准与条件来进行筛选,决定对哪些人进行进一步考核,淘汰掉明显不符合职务要求的应聘者。在这一阶段,招聘者所提的问题大多直截了当。比如,受过什么教育,接受过哪些培训等。初次面试可大大减少进一步选拔的工作量和费用,使选聘工作得以顺利进行。

2. 审查申请表

申请表是企业普遍使用的选拔手段,目的是为了帮助招聘人员对应聘者有具体了解,并根据其条件,决定是否有必要对其进行进一步考核。申请表的内容依不同企业、不同招聘职务而定。一般来说,申请表的内容包括姓名、年龄、性别、家庭情况、受教育情况、特长、简历等。在申请表的具体编排上,应依据企业及职务的要求而定,尽量做到与职务密切相关。同时,在用词上也要做到清晰明了,使招聘者通过申请人所填的具体内容做出有效的初步判断。

3. 录用面试

录用面试是最常用的一个选拔步骤,有些企业可能不对应聘者进行选择测验,但几乎任何一个企业在录用某人之前,都要经过面试这一程序。面试的目的是进一步获取应聘者的情况,在初次面试和审查申请表的基础上,加深对应聘者的认识,有助于对应聘者合格与否做出判断。同时,计划得当的面试还可以达到使应聘者了解企业和宣传企业形象的目的。

4. 测验

测验是运用系统的同一标准及科学的规范化的工具,对不同人员的各种素质加以公正而客观的评价。它是选聘过程重要的辅助手段,特别是对于那些其他手段无法确定的个人品质,如能力、个性特征、实际技能等,测验法是不可或缺的补充手段,因而逐渐被企业关注和应用。最常用的测验可分为以下几类:

智力测验。一般包括分析问题、解决问题的能力;掌握某种技能的潜力,如智商、知觉准确性、敏感性、空间感、动作感等。据此,可以了解应聘者在经过相应的训练后,能否胜任某项工作。

知识测验。其目的是了解应聘者是否已掌握了顺利完成某项任务所必备的基础及专业知识。

个性测验。了解应聘者各方面的个性特征,例如,是否善于与他人合作;是否善于组织、协调;有无应变能力;在解决问题时果断性如何等。

兴趣测验。了解应聘者喜欢做什么,不喜欢做什么,以判断其是否适合某项工作。

管理工具 9-2

人才评价中心

"人才评价中心"不是一个场所,而是一种选拔、提升管理人员的方法。这种方法可与培训和绩效考评结合起来进行。人才评价中心是美国电报电话公司受"第二次世界大战"中美军战略勤务局用情景模拟法测评和选拔派赴敌后工作的情报人员的成功实践启发,在1956年开始用于企业中,对422名新提拔的基层和中层年轻管理人员进行考试和培训,此后逐渐成为考评、选聘和培训管理人员的手段。

人才评价中心是让候选人参加一系列管理情景模拟活动,让评价人员观察和分析受试者在一个典型的管理环境中如何工作的表现来发现潜在的管理者。这些活动除了上面介绍的常规的笔试、面试和心理测试之外,主要的典型活动都是些工作情景模拟测试,例如"公文处理模拟测试"、"无领导小组讨论"和"企业决策模拟竞赛"等。

参加评估的人员通常是经过系统训练的评估专家和经过培训的企业高层领导者,通常可由待选聘或提拔岗位的顶头上司参加。评估的最后结论,由评估小组集体讨论做出,报上级审批。

评估过程的一般程序是:首先,明确评估目的、对象,考评对象是哪一级,什么岗位;第二,考评维度的选定,根据考评对象要求具有的能力来选定,如沟通能力、分析与决策能力、领导技巧、独立自主能力、组织计划能力、人际协调能力、灵活性等等;第三,考评形式的选择、设计和安排,根据待聘岗位需要决定。

主要的工作情景模拟练习测评技术有以下几种。

公文处理模拟练习。将按照考评对象应测试的要求而设计的一组待处理的公文,约15～25份,包括下级呈来的报告、请示、计划,同级部门的备忘录,上级的指示、批复、规定,以及外界用户、供应商、银行等的函电、传真、电话记录等,交由被测者来处理,测评组按既定的测评维度与标准进行考评。

无领导小组讨论练习。在不指定谁担任主持讨论的组长,不设置议程,更不提要求的情况下,让一组被测者(4～6人)就一个主题进行讨论。测评组(通过同步视频或录像)根据每人在讨论中的表现及起的作用评分。

企业决策模拟竞赛练习。被测者每4～5人组成一个"微型企业",每个人在"企业"中担任一个职务(大多自行协商,不予指定),来对该"企业"的生产经营活动进行决策,测评组根据"企业"的经营效果进行评定。这种模拟练习已计算机化。其他类似的测评技术还有案例分析与答辩、即席命题演讲、起草书面报告等。这种测评技术已在我国高等院校和企业中逐步得到应用。

9.4 培训与开发

9.4.1 培训的概念与作用

在不断变化发展和竞争激烈的市场环境中,企业要谋求生存和发展,需要有计划地对员工进行培训,提高他们的工作能力,以增强企业的竞争力。据数据显示,美国 90% 的公司有正式的培训预算。在全美范围内,每年花费 300 亿美元用于正式的培训方案;1800 亿美元用于非正式培训。而对员工培训投资 1 美元,可以创造 50 美元的收益,投入产出比为1∶50。

企业员工培训与发展是企业人力资源开发的重要内容。对员工个人来讲,培训和发展可以帮助员工充分发挥和利用其人力资源潜能,更大程度地实现员工个人的自身价值和提高工作满意度,增强员工对企业的组织归属感和责任感;从企业来看,培训的目的有六个:培育良好的职业道德,树立与组织一致的价值观,减少事故发生率,降低成本,提高工作效率,提高经济效益。

培训(training)是指公司为了有计划地帮助员工学习与工作有关的综合能力而实施的教育活动,是通过教授员工掌握具体的技能以使公司获得可持续性竞争优势的过程。

全球最大的饮料提供商之一百事可乐认为,大量充足的培训是留住员工、提升组织综合水平的关键。百事可乐中国合资企业的职员定期会被送往香港参加由香港管理协会组织的培训课程。市场部 2/3 的职员会被派往香港,参加香港管理协会组织的培训课程,一周两次,一共将近 5 个月。这种培训不仅提高了各部门员工的技能,而且提高了员工对企业文化的觉醒和对他们自身价值的认识,对工作目标有了更好的理解。

9.4.2 培训工作流程

目前在管理实践中,能够强化企业竞争力的培训系统能否成功运作的关键在于组织是否拥有一个以组织战略目标为导向的、完善的培训工作系统及工作流程(图 9-5)。培训工作流程包括组织战略、培训需求分析、培训目标确定、培训计划、培训实施、培训评估和培训结果运用。

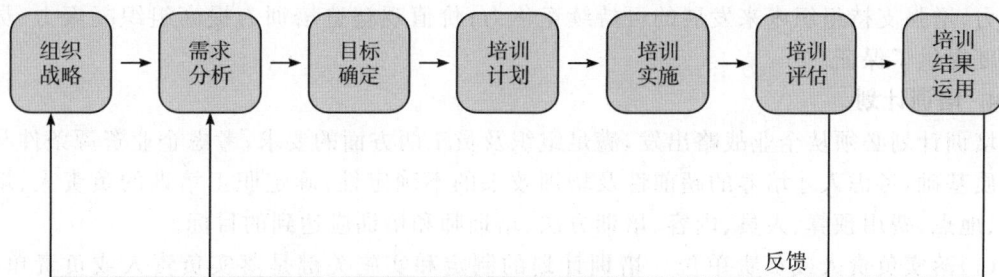

图 9-5 培训工作流程

1. 制定组织战略

培训的主要目的是为了使员工的知识、素质和技能与组织战略目标相适应,为组织战略目标的实现提供有效的支持。因此,在组织开展培训之初,应当首先明确组织战略发展目标。

2. 培训需求分析

由于培训活动将耗费一定的费用、时间与精力,所以必须认真分析其必要性。培训需求分析的目的就是为了解决是否需要培训以及进行何种内容培训的问题。培训需求通常产生于组织、工作和个人三个层面行为主体的需求,所以培训需求分析通常包括组织分析、工作分析和个人分析。

管理工具 9-3

培训需求分析三层次

1. 组织分析。着重确定组织范围内的培训需求,包括对组织战略目标、资源和环境的适应,对人力资源的重要或关键方面进行分析,从企业组织内外的对比分析中,从生产经营过程的现状和问题的对比分析中,确定企业组织的人才需求结构,进而确定培训的目标与计划大纲。

2. 工作分析。按照企业职务工作标准和相当职务所需的能力标准(职能标准),对各部门、各职务工作(岗位)状况,主要是对担当工作的职工及职工的工作能力、工作态度和工作成绩等进行比较分析,以确定企业组织成员在各自的工作岗位上的实际绩效与期望绩效的差距在哪里,进而确定企业培训的需求结构。

3. 个人分析。包括三个方面的内容,一是对员工的绩效做出评价,找出存在的问题并分析问题产生的原因,以确定解决当前问题的培训需求;二是根据员工的岗位变动计划,确定发展问题的培训需求;三是针对员工工作态度问题进行的需求分析。

---

3. 目标确定

设置培训目标将为培训计划提供明确的方向和可依循的框架。培训目标主要分为三大类:一是技能培养目标,二是知识更新培训目标,三是价值观塑造培训目标。技能培训能够帮助员工个人和组织迅速提高解决问题的能力;知识更新培训能够帮助员工和组织挖掘潜在能力,增强支持组织未来发展的可持续竞争力;价值观塑造培训为提高组织凝聚力、员工忠诚度提供了保证。

4. 培训计划

培训计划必须从企业战略出发,满足组织及员工两方面的要求,考虑企业资源条件与员工素质基础,考虑人才培养的超前性及培训效果的不确定性,确定职工培训的负责人、培训时间、地点、费用预算、人员、内容、培训方法、培训师和培训应达到的目标。

(1)落实负责人或负责单位。培训计划的制定和实施关键是落实负责人或负责单位。要建立责任制,明确分工。培训工作的负责人要有一定工作经验和工作热情,要善于协调与生产部门和其他职能部门的关系,以确保培训计划的实施。

(2)确定培训的目标和内容。根据培训需求分析的结果,确定处于不同管理层级员工的培训目的、培训内容和培训应达到的目标。

（3）培训预算。根据费用支出项目，测算培训费用，按照年初培训费用目标，严格控制费用总额。

（4）选择适当的培训方法。必须根据培训目的、培训对象、培训内容的不同进行选择。方法的选择除了要考虑人员特点外，还要考虑企业客观条件的可能性。

（5）选择学员和教师。除普遍轮训之外，参加培训的学员必须经过适当的挑选。培训需要成本，且每个部门、每个员工的培训需求各不相同。选择教员对于培训的顺利进行也非常重要。国外一些企业的经验表明，聘请各级管理人员当培训教师是一种有效办法。因为管理人员掌握了培训方法，就会更加关心职工，与他们共同工作，帮助他们进步，从而获得他们的信任和拥护。当然也可以聘请专职教员。

（6）制定培训计划表。制表的目的是明确培训的内容、时间、地点、方式、要求等，使人一目了然，同时也便于安排企业其他工作。

5. 培训实施

培训实施是培训目标和计划达成以及根据目标和计划对培训过程中出现的问题及时做出调整、控制的关键阶段。培训实施阶段两个重要工作内容是教学工作和教务工作。如何开展教学和教务工作，按既定的培训目标与计划展开培训，是培训成败的关键。

6. 培训评估

所谓人员培训结果，是指培训过程中受训者所获得的知识、技能及其他特性应用于工作的程度。培训评估时必须追踪调查的问题包括职工的行为有没有发生变化，这些变化是不是培训引起的，这些变化是否有助于组织目标的实现以及下一批受训者完成了同样的培训之后，是否还能发生类似的变化等。培训评估要基于培训计划和实施阶段所建立的培训目标。

管理工具 9-4

柯氏四级培训评估模式

柯氏模式（Kirkpatrick Model），又叫柯氏四级培训评估模式，由国际著名学者威斯康星大学（Wisconsin University）教授唐纳德·L.柯克帕特里克（Donald L. Kirkpatrick）于 1959 年提出，因此这种评估模式就被称为"柯氏模式"。是世界上应用最广泛的培训评估工具，在培训评估领域具有难以撼动的地位。他认为，评估培训效果有四种方式，包括受训者的反应、学习、行为和结果。

第一级反应评估，即在课程刚结束的时候，了解学员对培训项目的主观感觉和满意程度。

第二级学习评估，主要是评价参加者通过培训对所学知识深度与广度的掌握程度，方式有书面测评、口头测试及实际操作测试等。

第三级行为评估，是评估学员在工作中的行为方式有多大程度的改变。有观察、主管的评价、客户的评价、同事的评价等方式。

第四级结果评估，其目标着眼于由培训项目引起的业务结果的变化情况。最为重要的评估内容是对投资净收益的确定。

7. 结果运用

培训结果对于组织在工作设计、工作改进、流程改造、技术革新、企业文化塑造和强化、学习能力提高以及员工晋升等方面提供了强有力的支持。组织应充分利用培训带来的效益,将培训结果与提高员工满意度、员工职业发展、员工激励等目标紧密联系在一起。此外,负责培训的工作人员还应当及时将培训结果与组织战略目标要求进行比较,一方面确认、评估培训工作的效果,另一方面能够根据组织战略的变动对培训工作的相关内容进行及时修正,使组织培训与组织战略保持一致。

✳ **管理故事** 9-4

小和尚撞钟

某天,寺院来了一位新和尚,寺院住持安排其担任撞钟之职。按照寺院的规定,他的职责是每天必须在早上和黄昏各撞钟一次。数月,小和尚觉得撞钟的工作极其简单,渐感无聊。不久,干脆"做一天和尚撞一天钟"了。

一日,寺院住持忽然宣布要将他调到后院劈柴挑水,原因是他不能胜任撞钟之职。

小和尚觉得奇怪,就问住持:"难道我撞的钟不准时、不响亮?"

住持告诉他:"你的钟撞得很响,但钟声空泛、疲软,因为你心中没有理解撞钟的意义。钟声不仅仅是寺里作息的准绳,更为重要的是唤醒沉迷众生。因此,钟声不仅要洪亮,还要圆润、浑厚、深沉、悠远。一个人心中无钟,即是无佛;如果不虔诚,怎能担当撞钟之职?"

9.4.3 培训的分类与方法

1. 培训的分类

在实践中,员工培训具有各种不同的形式。依据不同的标准,员工培训有以下几种常用分类。

(1)按培训形式不同可将员工培训划分为在职培训和脱产培训两大类。

在职培训,是指员工不离开工作岗位,在实际工作过程中接受培训。脱产培训,则是指员工离开工作岗位专门接受培训。

(2)按培训内容不同可把员工培训划分为知识性培训、技能性培训和态度性培训三大类。

知识性培训,是指以学习业务知识为主要内容的培训。技能性培训,是指以培养工作技术和工作能力为主要内容的培训。态度性培训,则是指以端正工作态度为主要内容的培训。

(3)按培训对象不同可把员工培训划分为新员工培训和在职员工培训两大类。

新员工培训,是指对新进入企业的员工进行的培训。在职员工培训,是指对已经在企业工作的员工所进行的培训。按员工所处层次不同,在职员工培训又可划分为基层员工培训、中层员工培训和高层员工培训三类。

(4)按培训性质不同可把员工培训划分为传授性培训和改变性培训。

　　传授性培训，是指使员工掌握自己本来所不具备技能的培训，如员工本来不知道如何操作复印机，通过培训使他能够操作复印机。改变性培训，则是指改变员工本来已具备技能的培训，例如员工可能知道如何操作复印机，但操作的方法有误，通过改变性培训可使其掌握正确的操作方法。

✳ 管理故事 9-5

别具一格的杜邦培训

　　作为化工界老大的杜邦公司在很多方面都独具特色。其中，公司为每一位员工提供独特的培训尤为突出。因而杜邦的"人员流动率"一直保持在很低的水平，在杜邦总部连续工作 30 年以上的员工随处可见，这在"人才流动成灾"的美国是十分难得的。

　　杜邦公司拥有一套系统的培训体系。虽然公司的培训协调员只有几个人，但他们却把培训工作开展得有声有色。每年，他们会根据杜邦公司员工的素质、各部门的业务发展需求等拟出一份培训大纲。上面清楚地列出该年度培训课程的题目、培训内容、培训教员、授课时间及地点等，并在年底前将大纲分发给杜邦各业务主管。根据员工的工作范围，结合员工的需求，参照培训大纲为每个员工制定一份培训计划，员工会按此计划参加培训。

　　杜邦公司还给员工提供平等的、多元化的培训机会。每位员工都有机会接受像公司概况、商务英语写作、有效的办公室工作等内容的基本培训。公司还一直很重视对员工的潜能开发，会根据员工不同的教育背景、工作经验、职位需求提供不同的培训。培训范围从前台接待员的"电话英语"到高级管理人员的"危机处理"。此外，如果员工认为社会上的某些课程会对自己的工作有所帮助，就可以向主管提出，公司就会合理地安排人员进行培训。

　　为了保证员工的整体素质，提高员工参加培训的积极性，杜邦公司实行了特殊教员制。公司的培训教员一部分是公司从社会上聘请的专业培训公司的教师或大学的教授、技术专家等，而更多的则是杜邦公司内部的资深员工。在杜邦公司，任何一位有业务或技术专长的员工，小到普通职员，大到资深经理都可作为知识教师给员工们讲授相关的专业和知识。

---

2. 培训的方法

　　在这里我们主要是根据是否离开工作岗位对培训分类，主要介绍在职培训和脱产培训的具体方法。

　　(1)在职培训

　　在职培训是指员工不离开工作岗位，在实际工作过程中接受培训。在职培训的方法主要有以下几种。

　　①工作轮换

　　工作轮换就是让受训者在多个部门之间轮流工作，使他们有机会接触和了解到组织其他部门或岗位工作的情况。工作轮换主要用于对管理人员的培训，让其在晋升到更高职位前了解各个部门的运作情况；同时，也有组织将其用于培训新员工，让其在培训的过程中找到适合自己能力和兴趣的岗位。对于管理人员而言,工作轮换是一次可贵的全面了解组织的机会,通过在各个部门的工作,熟悉各部门的情况,一旦上任,能很快地上手。同时,各个部门一般都是相对独立的,工作轮换有利于今后各部门能更好地协调,促进部门间的合作。工作轮换也是对受训者的考验,各部门的主管从不同角度来观察受训者,从而综合评价候选人各方面的能力,为晋升决策做出重要参考。工作轮换对于管理人员和新员工还有一个重要作用,就是让受训人员找到最适合自己的岗位和发展方向。

虽然工作轮换有诸多优点,但也容易走入培养"通才"的误区。员工被鼓励到各个岗位工作,他们将花费不少时间熟悉和学习新的技能。过度轮换,虽让员工掌握更多的技能,却不能专于某一方面。

②学徒培训

学徒培训在国内外都已有很长的历史,是一种传统的培训方法,主要用于个人技巧的传授,如木匠、泥水匠、电工、机械维修工和裁缝。学徒的培训时间一般是2~5年。在这段时间里,被培训者跟随师傅学习特定的技能。在现代社会,这种培训方法已日渐减少,但是某些专业技术领域这种方式仍然有效,例如我国博士生、硕士生培养中的部分工作比较接近这种学徒培训模式。

③辅导培训

辅导培训是受训者以一对一的方式向经验丰富的组织成员进行学习的培训方法,辅导者通常是年长或有经验的员工,可以是企业中任何职位的人。这种方法有些类似学徒培训,但辅导者的身份不一定是师傅,可以是朋友或者同事等。为了保证辅导的效果,辅导者与受训者的兴趣必须一致,必须相互了解。比如大学毕业生的在职业务培训就是一种辅导培训。

(2)脱产培训

脱产培训是指员工离开自己的工作岗位专门参加培训,这种培训方法主要有以下几种。

①讲授法

讲授法是人们最熟悉、最传统的培训方法,是通过培训者讲授或演讲的方式来对受训者传递知识。讲授法最大的优点是只要教材选用恰当,讲授主次分明,就可以清晰、系统地将大量的知识在短时间内传授给受训者,培训成本比较低,同时培训者能够对培训过程进行有效的控制。但它的缺点也是很明显的,由于讲课的内容比较笼统,针对性不强,因此需要受训者同质程度比较高。另外这种方法较多使用单向沟通的方式,对话、提问、讨论等互动的机会较少,缺乏反馈、练习,受训者比较被动。这种方法多用于一般性的知识培训。

②讨论法

讨论法按照费用与操作的复杂程度又可分成研讨会与一般小组讨论两种方式。研讨会多以专题演讲为主,中途或会后允许受训者与演讲者进行交流沟通。优点是信息可以多向传递,与讲授法相比反馈效果较好,但费用较高。而小组讨论法的特点是信息交流的方式是多向传递,受训者的参与性高,费用较低。多用于巩固知识,训练受训者分析、解决问题的能力与人际交往的能力,但运用时对培训教师的要求较高。

③案例分析法

案例分析法是国内外管理学院十分盛行的学习方式,首先是由哈佛大学提倡的。在案例方法中,培训者向受训者提供关于某个问题的书面描述,这个问题可以是现实的,也可以是虚拟的,受训者根据资料,分析问题,并且提出解决方案。受训者可以通过讨论得出方案,也可以自己独立思考。案例方法并不是要教给受训者一个"正确"的解决方法,而是培养受训者分析问题、解决问题的能力,并且提供一些有益的思路。

事实上,案例终究比管理人员面临的实际情况简单。案例讨论中缺乏实际经营管理中客观存在的情感因素,因而对于改变学生的态度、行为等较难奏效。此外,案例讨论是否成功很大程度上取决于授课者的能力和水平。

④角色扮演法

角色扮演法是在设计的一个接近真实情况的场景中,指定受训者扮演特定的角色,借助角色的演练来体验该角色,并完成相应的任务,从而提高解决该类问题的能力。通常这种培训的主要目的是提高受训者处理日常管理事务的能力。例如,接听一个重要顾客的投诉电话,给一个要求捐赠的俱乐部回函等。角色扮演法能否成功取决于受训者对角色真实性的感受能力。这种方法不仅可用于管理人员的发展,而且也可以用于管理人员的聘用过程,以检验其管理能力。

在角色扮演中,最突出的特点就是人与人的直接交流,这非常有利于培养人际关系方面的技能,因此在培训公关人员、销售人员时常常采用这种方法。采用这种方法,培训者的指导非常重要,如果没有事先准备好关于学习者可学到什么内容,及概括性说明,参与者在完成表演后很难有进一步提高。另外,角色扮演需要的时间较长,每轮表演只能让较少的人参与。

⑤工作模拟法

工作模拟法就是利用受训者在工作过程中实际使用的设备或者模拟设备以及实际面临的场景来对他们进行培训的一种方法。这种方式的主要优点是指导人员能深入地讲解工作的基本原理和技巧,而不强调实际的产出,受训者同样能够学到实际工作中所需要的技能,培训效果比较好。缺点是这种培训方法成本较高,不可能做到和实际工作完全一样,也存在培训的转化问题。这种培训特别适合风险比较高和责任重大的工作,比如飞行员的培训、决策人员的培训。

⑥网络培训法

网络培训法是一种新型的计算机网络信息培训方式,该方法使用灵活,符合分散式学习的新趋势,节省学员集中培训的时间与费用。这种方式信息量大,传递新知识、新观念优势明显,更适合成人学习。

✻ **管理故事** 9-6

猴子的故事

美国加利福尼亚大学的学者做了这样一个实验:把六只猴子分别关在三间空房子里,每间两只,房子里分别放着一定数量的食物,但放的位置高度不一样。第一间房子的食物就放在地上,第二间房子的食物分别从易到难悬挂在不同高度的适当位置上,第三间房子的食物悬挂在房顶。数日后,他们发现第一间房子的猴子一死一伤,伤的缺了耳朵断了腿,奄奄一息。第三间房子的猴子也死了。只有第二间房子的猴子活得好好的。

> 究其原因，第一间房子的两只猴子一进房间就看到了地上的食物，于是，为了争夺唾手可得的食物而大动干戈，结果伤的伤，死的死。第三间房子的猴子虽做了努力，但因食物太高，难度过大，够不着，被活活饿死了。只有第二间房子的两只猴子先是各自凭着自己的本能蹦跳取食，而后，随着悬挂食物高度的增加，难度增大，两只猴子只有协作才能取得食物，于是，一只猴子托起另一只猴子跳起取食。这样，每天都能取得够吃的食物，很好地活了下来。

9.5 绩效管理

9.5.1 绩效管理的概念与意义

1. 绩效

绩效有两个层面的含义，一是组织绩效，二是个人绩效，本节绩效指的主要是个人绩效。所谓绩效，就是指员工在工作过程中所表现出来的与组织目标相关的并且能够被评价的工作结果、工作行为和工作方式。

理解绩效的含义，应当把握以下几点：

(1)绩效是基于工作而产生的，与员工的工作过程直接联系在一起，工作之外的行为和结果不属于绩效的范围。

(2)绩效要与组织的目标有关，对组织的目标应当有直接的影响作用。

(3)绩效应当是能够被评价的，那些不能被评价的工作结果、工作行为和工作方式不属于绩效的范畴。

(4)绩效还应当是表现出来的，没有表现出来的工作结果、工作行为和工作方式就不是绩效。

一般来说，绩效具有以下三个主要的特点。

(1)多因性

多因性就是指员工的绩效是受多种因素共同影响而产生的。

管理工具 9-5

绩效影响因素

绩效和影响绩效的因素之间的关系可以用一个公式加以表示：$P = f(K, A, M, E)$。

在这个关系式中，f 表示一种函数关系：

- P（performance），就是绩效；
- K（knowledge），就是知识，指与工作相关的知识；
- A（ability），就是能力，指员工自身所具备的能力；
- M（motivation），就是激励，指员工在工作过程中所受的激励；
- E（environment），就是环境，指工作的设备、工作的场所等。

(2)多维性

多维性就是指员工的绩效往往体现在多个方面,因此,我们要绩效评价时应综合考虑这些表现。

(3)动态性

动态性就是指员工的绩效会随着时间的推移而变化,并不是固定不变的。这也就说明了为什么绩效考评存在一个周期性的问题。

2. 绩效管理

绩效管理(performance management)指的是管理者用来确保员工的工作行动和工作产出与组织的目标保持一致的方法及过程。

绩效管理的具体目的有三个:第一是战略目的。绩效管理系统将员工的工作活动与组织的战略目标联系在一起。第二是管理目的。组织在多项管理决策中都要使用绩效管理信息,尤其是绩效评价的信息。第三是开发目的。绩效管理的过程能够让组织发现员工存在的不足之处,以便对他们进行针对性培训,从而使他们能够更加有效地完成工作。总的来讲,通过有效的绩效管理,既可以实现员工个人价值,又可以提升管理的水平,体现组织的价值,还可以促进企业的效益。

3. 绩效管理与绩效考核的区别

对于绩效管理,人们往往把它视同绩效考核,认为两者并没有什么区别。其实,绩效考核只是绩效管理的一个组成部分,最多只是一个核心的组成部分而已,代表不了绩效管理的全部内容。完整意义上的绩效管理一般是由绩效计划、绩效辅导、绩效考核和绩效反馈这四个部分组成的一个系统,如图 9-6 所示。

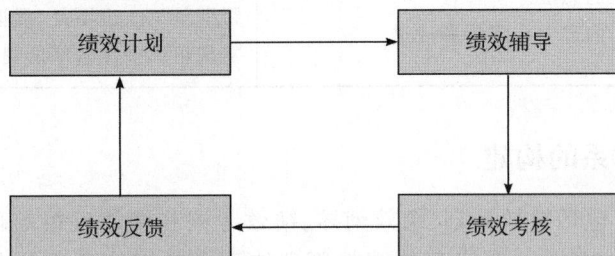

图 9-6 绩效管理系统

(1)绩效计划

绩效计划是整个绩效管理系统的起点,它是指在绩效周期开始时,由上级和员工进行讨论并达成一致。

(2)绩效辅导

绩效辅导是指在整个绩效期间通过上级和员工之间持续的沟通辅导来预防或解决员工实现绩效时可能发生的各种问题的过程。

(3)绩效考核

绩效考核是指确定一定的考核主体,借助一定的考核方法,对员工的工作绩效做出评价。

（4）绩效反馈

绩效反馈指绩效周期结束时上级对员工进行绩效考核，由上级将考核结果告诉员工，说明员工在工作中存在的优点和不足，并和员工一起制定绩效改进的计划。

传统的绩效考核与现代的人力资源绩效管理二者的区别见表9-4。

表 9-4　传统的绩效考核与现代的人力资源绩效管理的特点比较

项目	传统的绩效考核	现代的人力资源绩效管理
参与人员	上级主管控制考评过程 员工处于被动状态	员工和上级主管共同进行考评过程 员工与主管互相交流、沟通
目的	总结工作经验教训，但并不着重未来的改进 更多流于形式 仅为完成过程	在总结经验教训的基础上更着重于改进未来的工作方法和效果 更注重实质 在完成考评的基础上，达到更多有管理意义的目标
方法	主观概括 单头考评 孤立考评	按一定的客观标准进行全方位考评，周期性、连续地实施考评
结果应用	不与员工一起讨论考评结果 直接下达工作任务 不了解员工的想法 无助于员工的进一步发展和改进	与员工一起讨论考评结果 共同制定下一步的工作目标 了解员工的想法，注重他们的建议 帮助员工改进不足，促进其发展 实现组织整体效率的提高

9.5.2 绩效管理体系的构建

绩效管理是一个包括绩效计划、绩效辅导、绩效考核和绩效反馈等环节的闭环系统，绩效管理系统模型见图9-7。一个完善的绩效管理体系必须以这四个环节为基础，结合企业的组织架构和业务流程，建立企业的绩效管理体系。因此，绩效管理是将绩效考核作为一个系统来认识的。在这个系统中，绩效考核不仅包含应用某种方法考核员工工作绩效这一核心过程，而且将企业文化、企业战略以及人力资源政策对绩效考核的影响作用纳入其中，同时把考核结果反馈这一较孤立的环节与员工培训甚至人力资源开发紧密地联系起来。

1. 绩效计划

（1）绩效管理中的战略

企业为了实现远景目标制定了一系列的战略和规划，这些战略和规划的实现必须依赖于特定的过程和活动，组织对这些过程和活动的测量和评价就是绩效管理系统的重要内容。因此，一个有效的绩效管理系统首先要根据公司的目标制定各部门和员工的目标，促使每位员工都为企业战略目标的实现承担责任。然而，现实中不少企业的问题，是每年年底各部门的绩效目标都完成得非常好，而公司整体的绩效却不是很好。究其原因，最主要的还是绩效目标的分解存在问题，即各部门的绩效目标不是从企业的战略目标逐层分解得到的，而是根

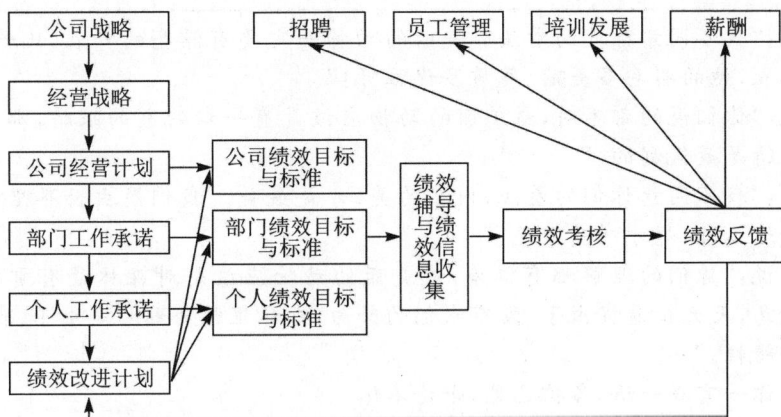

图 9-7　绩效管理体系模型

据各自的工作内容提出的,即是自下而上的申报,而不是自上而下的分解。这样,绩效管理与战略实施发生了脱节现象,就难以引导所有员工趋向组织的目标。绩效管理作为企业战略实施的有效工具,能否将战略目标层层分解落实到每位员工身上,促使每位员工都为企业战略目标的实现承担责任是关键。

另外,企业文化和企业的人力资源政策也影响定义绩效。比如当一个企业有从内部提升的惯例或政策时,对于各层次管理者而言,工作绩效的考评中必然有一项重要的内容是培养开发下属的能力。

(2)绩效计划

绩效管理体系的实施通常会对整个企业产生影响,因此必须有一个健全合理的绩效计划并按计划实施绩效考核。绩效计划主要包括考核的内容、考核的方法、考核程序、考核的组织者、考核人与被考核人以及考核结果的统计处理等。其中,选择合适的考核方法、设计出可行的考核指标是最关键也是最困难的。员工绩效计划阶段,管理者和员工应该经过充分沟通,明确为了实现组织的经营计划与管理目标,员工在考核期内应该做什么事情以及应该将事情做到什么程度。制定绩效计划可以从设定绩效目标以及确定评价绩效目标达成的标准两个方面进行。

❋ 管理故事 9-7

动物界的考核标准

森林里的动物们准备进行选美大赛,很多动物都报名参赛,吵吵嚷嚷好不热闹。由猫头鹰、麻雀、老鹰、蚂蚁、棕熊组成的评委会开始安排赛前的准备工作。这时,森林之王——狮子召集动物评委们讨论如何组织这次选美比赛。

狮子说:"要选美了,咱们首先要制定出选美的标准——什么是美。棕熊,先谈谈你的看法。"

棕熊说:"这个问题我已经想了很久了,选美是一件重要的事情,必须慎重。我们评选的标准首先应该是身体健壮。身体健壮才是美,就像我们熊的家族,个个都是动物界的大力士,我们有一种力量美。"

麻雀说:"我不同意棕熊的看法。美丽的动物一定要有漂亮的外表,比如我们鸟类家族中的孔雀,她的羽毛多美丽,气质多优雅呀!"

老鹰说:"你们说的都不对,最美丽的动物应该是有一双锐利的眼睛,那才叫迷人。我们鹰的眼睛是最锐利的。"

蚂蚁说:"我不同意你们的看法,内在的美,才是最美。我们昆虫世界里的蜜蜂,天天不辞辛劳地工作,那才叫美丽呢。"

猫头鹰说:"你们的理解都有偏差,最美丽的动物应该是对森林最有贡献的动物。比如说啄木鸟,天天忙着捉虫子,没有它们的努力,森林里就会到处是虫子,我们生活的环境就会很糟糕。"

评委们你一言我一语,各执己见,争论不休。

狮子看大家争了半天也没有个统一的意见,就说道:"我看大家对美的认识各有看法。咱们能不能综合一下,把选美的标准定为:要有熊一样的力量、孔雀般漂亮的外表、鹰一样锐利的眼睛、像蜜蜂那样勤勤恳恳,还要有啄木鸟的奉献精神。按照这样的标准来评选,一定能选出最美的动物。"

狮子说完后,动物们面面相觑,不知道说什么好。

2. 绩效辅导

绩效计划一旦形成,下级人员的任务就是努力达到绩效要求,而上级人员的任务则是跟进业务,进行监控,并对员工的工作状况进行激励、辅导和反馈。它贯穿于整个的管理过程,不是仅仅在开始,也不是仅仅在结束,而是贯穿于绩效管理的始终。绩效辅导在绩效管理系统中的作用在于能够前瞻性地发现问题并在问题出现之前解决,还在于能把管理者与员工紧密联系在一起,管理者与员工经常性就存在和可能存在的问题进行讨论,共同解决问题,排除障碍,达到共同进步和共同提高,实现高绩效的目的。绩效辅导还有利于建立管理者与员工良好的工作关系。通常来说,绩效辅导的作用如下:

(1)了解员工工作的进展情况,以便于及时进行协调调整。

(2)了解员工工作时碰到的障碍,以便发挥自己的作用,帮助员工解决困难,提高绩效。

(3)可以通过沟通避免一些考核时意外的发生。

(4)掌握一些考核时必须用到的信息,使考核有目的性和说服力。

(5)帮助员工协调工作,使之更加有信心地做好本职工作。

(6)提供员工需要的信息,让员工及时了解自己的想法和工作以外的改变,以便管理者和员工步调一致。

绩效辅导的根本目的就在于对员工实施绩效计划的过程进行有效的管理,因为只要过程都是在可控范围之内的话,结果就不会出太大的意外。

3. 绩效考核

绩效考核是绩效管理的关键环节,绩效考核的成功与否直接影响到整个绩效管理过程的有效性。绩效考核是指考评主体对照工作目标或绩效标准,采用科学的方法,评定员工的工作任务完成情况、员工的工作职责履行程度和员工的发展情况的过程。

不准确或不符合实际的绩效考核不会起到积极的激励效果,反而会给组织人力资源管理带来重重障碍,使员工关系紧张、团队精神遭到损害。因此,不论是管理者还是员工,都应看到绩效考核的意义所在。在绩效考察周期内依据预先制定好的计划,管理者对下属的绩效目标完成情况进行考核。绩效考核的依据就是在绩效考察期开始时,双方达成一致意见的关键绩效指标。同时,在绩效实施与管理过程中,所收集到的能够说明被考评者绩效的数据和事实,可以作为判断被考评者是否达到关键绩效指标要求的依据。

绩效考核的类型可分为以下三种:

(1)特征导向型。考核的重点是员工的个人特质,如诚实度、合作性、沟通能力等,即考量员工是一个怎样的人。

(2)行为导向型。考核的重点是员工的工作方式和工作行为,如服务员的微笑和态度,待人接物的方法等,即对工作过程的考量。

(3)结果导向型。考核的重点是工作内容和工作质量,如产品的产量和质量、劳动效率等,侧重点是员工完成的工作任务和生产的产品。

4. 绩效反馈

(1)绩效反馈

向员工本人反馈对其工作绩效的考评结果,是为了让员工了解自己的工作情况。但在绩效管理系统中,反馈的意义并不仅限于此。客观、合理的考评结果可以真实地说明员工达到组织所期望的标准的程度,而不足之处经过分析,即可成为有针对性的培训需求。同样,员工绩效的考评结果可以使上级了解该员工的优缺点和个人特点等,管理者根据考评中获得的信息与员工进行面谈,并对员工进行适当、明确的指导,可以使员工的个人发展与实现组织目标结合起来,从而达到提高绩效的目的。另外,一个企业的企业文化对反馈绩效的方式、重视程度都有很大影响。

(2)绩效结果的应用

绩效结果的应用可大概划分为以下三个方面:

①将考核结果与加薪、晋升结合在一起;

②发现下一阶段的改进点并制定改进计划,纳入下一期绩效计划;

③制定个人发展计划并与培训计划结合起来。

✳ 管理故事 9-8

该考评谁呢?

在一次企业的季度会议上,营销部门的经理 A 说:"最近销售不好,我们有一定责任,但是最主要的责任不在我们,竞争对手纷纷推出新产品,比我们的产品好,所以我们很不好做,研发部门要认真总结。"

研发部门经理 B 说:"我们最近推出的新产品是少,但是我们也有困难呀,我们的预算很少,就是这少得可怜的预算,还被财务削减了!"

财务经理 C 说:"是,我是削减了你的预算,但是你要知道,公司的成本在上升,我们当然没有多少钱。"

这时,采购经理 D 跳起来:"我们的采购成本是上升了10%。为什么,你们知道吗?俄罗斯的一个生产铬的矿山爆炸了,导致不锈钢价格上升。"

A、B、C:"哦,原来如此呀,这样说,我们大家都没有多少责任了,哈哈哈哈!"

人力资源经理 F 说:"这样说来,我只好去考评俄罗斯的矿山了!"

管理工具 9-6

绩效考核的方法

1. 对比法

对比法,就是由评估者就某一评估因素把某一位被评估者与其他被评估者做一一对比,"好于"记为"＋","不如"记为"－",最后比较出每个被评估者的优劣,如表1。对比法由于需将每一位被评估者与其他人相比较,评估的误差较小,但工作量较大,所以对比法亦适合于少量人员的考核。

表1　对比法示例

员工姓名	A	B	C	D	E
A		＋	＋	－	－
B					
C	－	＋		＋	＋
D	＋	＋			＋
E	＋	＋		－	
评估结果	中	优秀	差	差	中

2. 强制分类法

强制分类法是为减少评价者的主观偏见而设计的一种绩效评估方法。强制分类法一般是把员工绩效分成若干个等级,每一个等级强制规定一个百分比,根据员工的总体工作绩效将他们分别分类。强制分类法可用于评估对象较多的评估工作。

3. 量表评估法

量表评估法是根据设计的等级评估量表对被评估者进行评估的方法。无论被评估者的人数是多还是少,这种方法都适用。而且这种方法评估的定性定量考核较全面,故多为各类企事业单位选用。其具体方法是,先设计等级评估量表,列出有关绩效因素,再把每一绩效因素分为若干等级并给出分数,说明每一级分数的具体含义。评估者对被评估者进行打分或评级,最后加总得出总的评估结果。

4. 关键事件法

将良好行为或不良行为记录下来,然后每半年或一年主管和下属根据所记录的特殊事件共同讨论下属的工作绩效,举例如表2所示。

表2　关键事件法示例

好的关键事件	某年某月某日,小李主动加班到晚上12点,协助同事完成一份计划书,使公司第二天能顺利与客户签订合同
坏的关键事件	某年某月某日,小李在休息时间过后迟到半小时回到车间生产线,造成流水线上其他工人工作中断,影响整个车间的生产进度

关键事件法建立在实际、真实的关键事件上，与员工进行对话的基础是保存最有利和最不利的工作行为的书面记录，因此是一种比较客观、公正的方法。当某种行为对部门的效益产生积极或是消极的重大影响时，管理者都应把它记录下来并把这些资料提供给评价者，用于评价员工的工作绩效。虽然它在认定员工良好表现和不良表现方面是十分有效的，而且对于制定改善不良绩效的规划也是十分方便的，但其缺点在于若考察期较长则基层主管的工作量比较大。此外，由于每一关键事件可能都会对绩效评估结果产生重大影响，因而要求管理者在记录过程中不能带有主观色彩，必须始终如一地坚持客观、全面、精确的原则。这在实际操作过程中往往很难做到。

5. 目标管理法

目标管理法即 MBO，是美国管理学者彼得·德鲁克于 20 世纪 50 年代提出的，因其在组织绩效管理工作上的有效性，因而在全世界企业中得到迅速推广。这一理念特别重视利用员工对组织的贡献，因此它也是一种潜在有效的评价员工绩效的方法。在目标管理法中，员工同部门经理共同参与目标建立，在如何实现目标方面经理给予员工一定的自由度。参与目标建立，使得员工成为该过程的一部分。作为一种有效的反馈工具，目标管理是通过员工知道期望的是什么，从而把时间和精力投入到最大限度地实现组织目标的行动中去。从公平角度来看，目标管理较为公平，因为绩效标准是按相对客观的条件设定的，因而评分相对没有偏见。但目标管理也有缺点并存在若干潜在问题。尽管目标管理使员工的注意力集中在目标上，但它并没有具体指出达到目标所要求的行为；绩效标准因员工不同而不同，因此 MBO 没有为相互比较提供共同基础，而这些目标又会给员工带来绩效压力和紧张感。（可对照第 5、10 章描述的 MBO 帮助理解）

6. 关键绩效指标

关键绩效指标（Key Performance Index，KPI），是指用于沟通和评估被评价者主要绩效的定量化或行为化的标准体系。通俗地说，是指对组织的生存与发展起关键作用的一些员工行为和表现进行考核。它体现了对组织目标有增值作用的绩效评估标准。基于对关键绩效进行评估，就可以保证对组织有贡献的行为受到鼓励，使绩效评估公平、公正，有据可依，真正实现组织业绩的提高。组织中的关键绩效指标主要由以下三个层次构成：组织关键绩效指标、部门关键绩效指标、岗位关键绩效指标。

KPI 是一种目标式量化管理指标，是把组织的战略目标分解为可操作的工作目标的工具，是组织绩效管理的基础。KPI 可以使部门主管明确本部门的主要责任，并以此为基础，明确本部门人员的业绩衡量指标。建立明确的切实可行的 KPI 体系，是做好绩效管理的关键。善用 KPI 考评组织，将有助于组织结构的集成化，提高组织的效率，精简不必要的机构、不必要的流程和不必要的系统。但组织绩效评估经常遇到一个很实际的问题，就是很难确定客观、量化的绩效指标。其实，对所有的绩效指标进行量化并不现实，也没有必要这么做。通过行为性的指标体系，也同样可以衡量组织绩效。

关键绩效指标考评法的优点是考核重点突出，将注意力集中于与组织目标的实现密切关联的关键指标，有助于保证战略的实施和目标的实现；强调抓住组织运营中能够有效量化的指标进行考核，提高了绩效考核的可操作性与客观性。缺点是关键指标的选取和定量受到组织原有管理基础的很大制约,若组织的管理基础薄弱,就很难量化关键指标,从而影响关键绩效指标考核的运用。

7. 360 度考核法

360 度考核法又称为全方位考核法,它是一种从不同角度获取组织成员工作行为表现的观察资料,然后对获得的资料进行分析评估的方法。它包括来自被考核者本身的自评,以及上级、同事、下属、客户和供应商的评价。将所有考核意见综合起来再反馈给考核对象,可以使其从不同方面了解自己的工作及他人对自己的评价,以促使其改进工作。

360 度考核的优点是评价者来自不同层面的群体,他们可以从多角度给予被考核者全方位的信息反馈,可以减少由于个人偏见所带来的评分误差,易于做出比较公正的评价。同时,此方法可以增进组织中上下级之间以及平级之间的信息沟通,有利于建立和谐的团队协作关系。360 度考核法的最大缺点是信息的收集成本较高,组织需要耗费大量的时间、人力和财力去收集、汇总和处理信息。此外,360 度考核法对参与考核的评价者的素质要求较高,这是因为考核的公正性主要取决于评价者所提供信息的真实性和客观性,如上下级之间或同事之间由于利益关系冲突而借考核之名进行报复,则此法将难以进行。因此,使用 360 度考核法的关键在于建立评价者和被考核者相互之间的信任。

8. 平衡计分卡

平衡记分卡(The Balanced Score Card,BSC)是由哈佛大学的罗伯特·卡普兰(Robert Kaplan)教授和来自波士顿的顾问大卫·诺顿(David Norton)在 1990 年共同开发的一种新的绩效评价方法。曾被《哈佛商业评论》列为 20 世纪最有影响力的 75 个理念之一。平衡记分卡将企业绩效评价有序地分为财务、顾客、企业内部流程和企业学习成长四个方面,使之成为一种超越财务或会计的财务指标与非财务指标相融合的战略绩效评价方法。平衡记分卡以信息为基础,通过分析哪些是完成企业使命和目标的关键成功因素和评价这些关键成功因素的项目,并不断检查审核这一过程,以把握绩效评价,促使目标实现。其优点是建立了一个系统的过程来实施战略和获得相关反馈,从企业战略出发,不仅考核现在,还考核未来;不仅考核结果,还考核过程,适应了企业战略与长远发展的要求,便于阐明企业战略和传播企业战略,同时将个人、部门间和组织的计划加以衔接以实现共同目标。其缺点是事先必须具有明确的发展战略,并需要花费较多的精力于指标选择和层层分解上。这对于那些战略不明、管理基础薄弱、成本承受能力较弱的组织和初创公司而言,往往是可望而不可及的。(平衡计分卡控制详见第 14 章)

9.6　薪酬管理

9.6.1 薪酬的含义

薪酬是指公司对员工给公司所做的贡献,包括他们实现的绩效,付出的努力、时间、学识、技能、经验与创造所付给的回报或答谢。对于薪酬可以从狭义和广义两个方面来理解。

从狭义的角度讲,薪酬可以分成直接货币薪酬和间接货币薪酬。所谓直接货币薪酬就是公司以工资、薪水、佣金、奖金和红利等形式支付给员工的薪酬;间接薪酬就是以各种间接货币形式支付的福利、保险计划、员工休假计划等。

从广义上讲,薪酬还包括非经济因素,称为非经济报偿,是指个人对工作本身或者对工作在心理与物质环境上的满足感。这种非经济报偿涉及员工的心理与物质环境。例如,工作上的成就感、挑战性、合适的工作环境等。对于某些员工,特别是知识型的员工来讲,在其认知中,这部分薪酬的重要性更高。随着管理的发展,对于人文管理的日益重视,薪酬管理在人力资源激励中的地位越来越被人们所重视。

工资、薪水、佣金、奖金和红利、福利、保险等,不仅代表总薪酬中金额不等的组成部分,更重要的是对员工起不同的作用。例如,有的体现公平和保障,有的用以吸收和保留重要人才,还有的实现长期激励和约束。它们的有机结合体就构成了总薪酬。在相同薪酬水平下,薪酬结构设计对员工的努力程度和积极性有很大的影响。

9.6.2 薪酬的构成

员工从企业获取的薪酬,包括基本薪酬、激励薪酬和福利三大部分,如表 9-5。

表 9-5　薪酬的构成、功能及特征

薪酬构成	功能	决定因素	变动性	特点
基本薪酬	·保障 ·体现职位的相对价值	职位价值、资历、能力	较小	·稳定性 ·保障性
激励薪酬	·对员工良好绩效回报	个人、团队和组织的绩效	较大	·激励性 ·持续性
福利	·保障 ·提高员工满意度	组织成员身份、法律因素、组织地位	较小	·强制性 ·保障性

1. 基本薪酬

基本薪酬是指一个组织根据员工所承担或完成的工作本身或者是员工所具备的完成工作的技能或能力而向员工支付的相对稳定的报酬。

(1)职位薪酬。即员工的薪酬或工资,是按照员工在组织中所占据的特定职位来发放的。员工薪酬的高低取决于职位的价值。职位薪酬的确定是在工作分析和工作评价的基础上,根据外部市场同质劳动力的薪酬水平来决定的。

(2)能力薪酬。是以个人为基础的薪酬支付方案。它大体包括三种类型:

第一,技能薪酬,即以员工所拥有的专业技能作为组织支付薪酬依据的薪酬方案。技能薪酬主要针对蓝领技术工人及专业技术人员,用以鼓励他们在技能的专业化上不断深化,并在技能的广泛性上不断拓展,以具备更多的技能。技能薪酬是通过对技能模块的界定和定价来确定的。

第二,知识薪酬,即以员工个人所拥有的专业知识作为组织支付薪酬依据的薪酬方案。

知识薪酬用于各种专业性的管理、服务和研究人员,鼓励他们提高和拓展知识水平。它通过课程模块方法来确定薪酬。

第三,胜任力薪酬,是随着知识的更新和技术的进步新涌现的一种薪酬支付形式,即以员工所具备的基本素质作为组织支付薪酬依据的薪酬方案。它往往被应用于企业中的中高级管理者、技术专家等层次相对高端的各种知识性、专业性人才,以关注对他们深层素质、内在特质与动机的开发与引导。20 世纪七八十年代以来逐步得到运用的素质模型技术为这种能力工资计划提供了方法基础,但在管理实务中这种能力工资的开发方法尚未形成相对稳定的主流方法体系。

2. 激励薪酬

激励工资是工资中随着员工工作努力程度和劳动成果的变化而变化的部分。激励工资通常被用来激发、引导或控制员工的工作行为,使员工增加个人努力,并做出有利于企业长短期经营绩效的工作行为。以员工的劳动产出和劳动成果为对象的激励工资多种多样,如个人奖金、销售提成、利润分享、绩效工资等,都是能将员工的劳动成果与收入相联系的形式。

3. 福利

福利是员工总薪酬的重要组成部分,被用于给员工提供长期保障津贴。福利通常具有以下特点:

(1)福利是一种普惠制的员工报酬形式,福利数额与工作时间、工作绩效关联度较小,个体差异不大。

(2)福利通常采用非货币性支付方式(如服务或实物),也可能采用延期支付形式。福利对于多项人力资源目标的实现存在正面影响:协助吸引员工;协助保持员工;提高企业在员工心目中及劳动力市场中的形象;提高员工对工作的满意度。由于福利一般不需要纳税,相对于等量的现金支付,它对员工具有更大的价值。从这个意义上说,合理的福利设计有助于企业节约劳动力成本,吸引和留住高素质人才。

9.6.3 薪酬设计的原则

1. 合法性原则

无论是对一个国家、一个地区、一个行业还是对一个企业组织,制定薪酬政策的基本依据就是国家及各级政府的有关政策和法律规定。为了协调企业在薪酬与福利运作中的劳动关系,保护劳动者的合法权益,各国政府都制定了诸如最低工资标准、工作小时数等一系列的法律、法规,企业的薪酬方案都应服从法律的约束和规定。在我国改革开放以后,劳动法律制度已逐步建立、健全起来。1994 年 7 月 5 日《中华人民共和国劳动法》正式通过实施,之后,有关部门制定了《工资支付暂行规定》、《关于实施最低工资保障制度的通知》、《国有企业工资收入监督检查实施办法》、《企业职工患病或因工负伤医疗期规定》、《企业职工生育保险试行办法》等一系列与《劳动法》配套的规定。

2. 公平性原则

公平性原则是薪酬分配的首要原则,也是设计薪酬方案以及实施薪酬管理的首要原则。薪酬的公平性就是指薪酬政策付诸实践后,所体现出来的薪酬水平能与工作性质、工作数量与质量以及人们的主观判断标准等因素结合起来,既反映了客观公正性,又体现了主观公平感。按照公平性原则,在薪酬分配过程中员工薪酬决定的过程和程序的公平性必须受到普遍的认同,基本薪酬、工资增长以及工作表现衡量标准的确定过程,都应使人们感到合情合理,薪酬分配的结果要使大多数员工有公平合理的感觉。

3. 有效性原则

古典管理理论的奠基人之一、法国的法约尔曾说过,薪酬应能激起工人的热情,但不能超过合理的限度。薪酬是企业在人力资源上的花费,鉴于企业所面对的各种竞争压力,企业必须使薪酬成为有效的并且是企业有能力承担的花费。所谓有效是指薪酬的投入可以为企业带来预期的大于薪酬的收益。在大多数情况下,提供过高薪酬的企业将难以与付酬相对比较低但却更有效的企业进行竞争。

4. 激励性原则

激励性是制定薪酬政策的一个重要目的,即通过公正合理的薪酬政策,来激励员工的工作行为,取得最佳的工作绩效。人力资源管理部门要在坚持"按劳分配"原则和公平性原则的基础上,使薪酬分配能根据员工的工作表现和工作贡献来适当拉开差距,起到奖勤罚懒、激励士气的作用,把工作做得更好。在新的历史条件下,缺乏挑战性、激励性的工作性质和管理行为,是难以满足员工的进取心理需要的,最终也必然会影响到对人力资源的有效配置。

9.6.4 薪酬管理

1. 薪酬管理概念

所谓薪酬管理(salary management)是指根据组织战略目标和发展规划,综合考虑内外部各种因素的影响,确定自身的薪酬水平、薪酬结构和薪酬形式,并进行薪酬调整和薪酬控制的过程。所以,薪酬管理必须以实现组织战略和长期发展为指导思想,不仅使薪酬成为员工生存的保障,更重要的是使薪酬成为员工工作行为引导,使工作热情激发,工作效率提高。

在薪酬管理过程中,组织必须就薪酬水平、薪酬体系、薪酬结构、薪酬形式以及特殊群体薪酬做出决策。薪酬水平指组织中各岗位、各部门以及整个企业的平均薪酬水平,薪酬水平决定了企业薪酬的外部竞争性;薪酬体系指企业的基本薪酬依据,如岗位薪酬体系、技能薪酬体系、绩效薪酬体系等;薪酬结构指同一组织内部的不同岗位所得到的薪酬之间的相互关系;薪酬形式指员工得到的总薪酬的组成成分,薪酬形式一般分为基本薪酬、可变薪酬和间接薪酬;特殊群体薪酬指针对不同部门、不同类型的员工加以薪酬方面的适当区别,以实现不同群体的薪酬激励,这是提高薪酬激励有效性的重要途径。

2. 薪酬管理流程

管理实践中,许多组织采取岗位薪酬制的薪酬管理体系,即基本薪酬由岗位在组织中的价值而确定。由图 9-8 不难看出,组织的薪酬管理立足于组织的战略和人力资源战略,以外部人力资源为依据,在考虑员工所从事的工作本身的价值及其所要求的资格条件的基础上,再加上团队对于个人的绩效考评,最后才形成组织薪酬管理系统。这种薪酬管理系统必须达到外部竞争性、内部一致性、成本有效性以及合理认可员工的贡献、遵守相关法律规定等有效性标准。

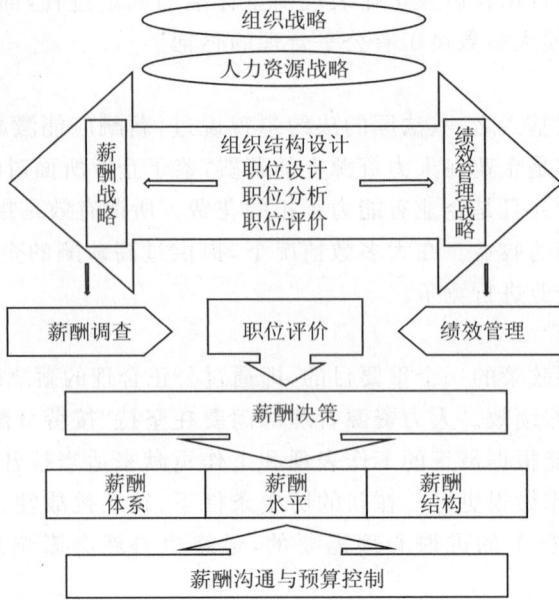

图 9-8　薪酬管理流程图

9.7　劳资关系

9.7.1 劳资关系的概念

　　劳资关系(industrial relations)是管理者为确保他们与代表员工利益的工会之间的有效劳动关系所从事的活动。尽管政府通过立法和实施法律的手段管理雇佣行为,有能力对那些不公平对待员工的不道德组织和管理者做出反应,但是相当数量的工人相信,工会和集体谈判有助于确保他们的利益在组织中得到公平的体现。这种现象在西方国家普遍存在。

9.7.2 工会

　　工会存在的目的,是代表组织机构中工人的利益。假设管理者比基层工人的权力更大,以及组织拥有众多的利益相关者,那么始终存在管理者采取有利于某些利益相关者(如股东),而损坏另一些利益相关者(如工人)行动的潜在可能性。例如,管理者为了增加股东回报,决定加快生产线速度,以降低成本和增加产出。然而,这个行动可能损害了员工的利益:员工被迫以更快速度工作;生产线提速增加了他们受伤的风险;他们没有因额外工作而获得附加工资。在这个例子的情况下,工会将维护员工的利益。

　　在美国,国会于 1935 年就通过了《国家劳工关系法》,承认工会在确保安全和公平的工作场所上所起的作用。这项法律使工人组织——工会变得合法起来,以保护他们的权利。它还规定某些不公平或不道德的企业行为是非法的。

　　员工可以出于任何理由,投票组织工会代表他们的利益。他们可能觉得自己的工资和工作条件需要改善;管理者对他们不尊敬;工作时间不公平;或者需要更高的工作保障,一个更安全的工作环境;或者他们对管理不满意,发现在与老板沟通自己所关心的事情上存在着困难。

不论具体理由是什么,最重要的理由是权力:联合起来的团体,肯定比个人获得更大的权力,而且在某些组织中,这种权力对员工特别有用处。

尽管存在这些加入工会的潜在动力,但是,有些工人还是不愿意加入工会。有时,不愿加入工会的原因是他们认为工会领导人腐败。有些工人可能认为,加入工会不会给他们带来太多的好处,或者实际带来的坏处超过了好处,因为他们要掏钱缴纳会费。员工还可能不愿意去做那些自己不主张做的事情(例如罢工),因为工会认为它符合工人的最大利益。此外,尽管工会可能是组织内的积极力量,但他们有时是消极力量,削弱了组织的有效性。例如,当工会领导人反对必要的组织改革或腐败时,组织业绩会受到影响。

目前,我国民营或私营企业,以及一些外资企业的发展非常迅猛,但是其工会组织并没有得到协调发展,员工利益被侵害的事例频频发生。因此,尽快建立工会组织,有效发挥工会作用,已成为我国民营或私营企业,以及一些外资企业迫切需要解决的问题。

✳ 管理故事 9-9

福特的劳资关系

福特的劳资关系一度十分紧张,员工曾以对管理层强硬而闻名,对管理层极为不信任。而管理层对员工的各种要求也很少关注,双方关系可以用"水火不容"来形容,由此导致生产效率低下,并产生巨额亏损。

福特二世上任后,首先从拙劣的企业人力资源管理入手,努力改善管理者与员工(工会)的关系。经过数年努力,将工会由对立面转为联手人,化敌为友,福特公司的转机由此开始。

在福特(中国),每位员工都有充分的空间表达其想法。公司有面向全体员工意见的"脉动调查",通过这份包括 55 个核心问题的详尽调查,员工能够毫无保留地表达个人观点,不必担心身份被泄露;管理层则可从中掌握并仔细研究和探讨更多工作中的信息,包括问题、机会和障碍等,从而更好地与员工互动。

目前,福特公司内部已形成了一个"员工参与计划"。员工投入感、合作性不断提高,福特现在一辆车的生产成本减少了 195 美元,大大缩短了与日本的差距,而这一切的改变就在于公司上下能够相互沟通。领导者关心职工,也因此引发了职工对企业的"知遇之恩",从而努力工作促进企业发展。

9.7.3 集体谈判

集体谈判是工会和资方为了解决在重要问题上的冲突和争议而举行的谈判,这些重要问题包括劳动时间、工资、福利、工作条件和工作保障等。在与资方坐下来谈判以前,工会成员有时举行罢工,使资方理解他们关心的事情。一旦达成了工会会员支持的协议(有时需要充当调解人的中立第三方提供帮助),工会领导人就和资方签署一个合同,清楚说明集体谈判协议所达成的条款。

有时签署合同并不能使集体谈判终止,对合同的解释可能会引起争论和冲突。当这些情况出现时,往往需要充当仲裁人的中立第三方出面解决冲突。集体谈判协议的一个重要的组成部分是申诉程序,通过这个程序,那些认为自己被不公平对待的员工可以说出他们关心的事情,要求工会代表他们的利益。例如,那些认为自己是在违反工会合同的情况下被不公平解雇的员工,可提出一份申诉书,让工会代表他们申诉。如果仲裁人站在他们这一边,他们可能恢复工作。

当员工认为管理者做出的决策损害了他们的利益,以及不符合他们的最大利益时,工会成员有时会举行罢工。这正是 1996 年通用汽车公司北美装配工厂 177 000 名员工举行 18 天罢工的原因。这次罢工由位于俄亥俄州的通用汽车公司代顿刹车总装工厂发起,原因是公司管理层决定从其他公司购买某些零部件,而不是在通用公司自己的工厂里采购。联合汽车工人工会要求罢工,因为外部的采购威胁到工会会员的工作。工会和资方通过集体谈判达成的协议,允许公司继续外部采购,但同时带有创造数百个新的工作机会和改善工作条件的条款。

本章提要

1. 人力资源管理是指组织为了吸纳、维持、开发和激励在企业经营过程中所必不可少的人力资源,通过运用科学、系统的技术和方法所进行的计划、组织、领导和控制活动,以实现组织既定目标的管理过程。人力资源管理的任务要考虑两个方面:首先是使组织能创造卓越的成绩,其次是要实现人的发展。为了实现这一任务目标,人力资源管理主要有吸纳、维持、开发和激励四个功能,具体包括人力资源规划、招募与甄选、培训、绩效管理、薪酬管理及劳资关系管理等职能。

2. 人力资源管理理念经历了三个不同阶段:人事管理阶段、人力资源管理阶段以及战略人力资源管理阶段。企业所有的管理者都是人力资源管理者,包括直线经理和人力资源管理人员。人力资源管理者承载着战略伙伴、职能管理专家、领导者以及变革推动者四种角色。

3. 人力资源规划是根据组织的战略目标,科学地预测组织在未来环境变化中人力资源的供给与需求状况,制定必要的人力资源获取、利用、保持和开发策略,确保组织对人力资源在数量和质量上需求的长期计划。

4. 人员招聘大致可以分为招募、甄选、录用和评估四个阶段。招募是企业及时吸引足够数量的具备资格的人员并鼓励他们申请加入到本组织工作的过程。招募有内外部招募两种途径,均有其各自的优缺点。甄选是指从某一职位的所有候选人中挑选出最合适人选的活动。

5. 员工培训是指公司为了有计划地帮助员工学习与工作有关的综合能力而实施的教育活动。培训工作流程包括组织战略、培训需求分析、培训目标确定、培训计划、培训实施、培训评估和培训结果运用。培训的常用方法有工作轮换、学徒培训、辅导培训、讲授法、讨论法、案例分析法、角色扮演法、工作模拟法和网络培训法。

6. 绩效管理指的是管理者用来确保员工的工作行动和工作产出与组织的目标保持一致的方法及过程。绩效管理是一个包括绩效计划、绩效沟通、绩效考核和绩效反馈等环节的闭环系统。绩效考核的类型可分为特征导向型、行为导向型和结果导向型,常用的绩效考核的方法有对比法、强制分类法、量表评估法、关键事件法、目标管理法、关键绩效指标、360度、平衡计分卡等。

7. 薪酬是指公司对员工给公司所做的贡献，包括他们实现的绩效，付出的努力、时间、学识、技能、经验与创造所付给的回报或答谢。薪酬包括基本工资、激励工资和福利三大部分。薪酬设计应符合合法性原则、公平性原则、有效性原则、激励性原则。薪酬管理是指根据组织战略目标和发展规划，综合考虑内外部各种因素的影响，确定自身的薪酬水平、薪酬结构和薪酬形式，并进行薪酬调整和薪酬控制的过程。

8. 劳资关系是管理者为确保他们与代表员工利益的工会之间的有效劳动关系所从事的活动。工会存在的目的，是代表组织机构中工人的利益。集体谈判是工会和资方为了解决在重要问题上的冲突和争议而举行的谈判，这些重要问题包括劳动时间、工资、福利、工作条件和工作保障等。

关键概念

- 人力资源（human resource）
- 人力资源管理（human resource management）
- 人力资源规划（human resource plan）
- 招募（recruitment）
- 甄选（selection）
- 培训（training）
- 绩效管理（performance management）
- 薪酬管理（salary management）
- 劳资关系（industrial relations）

思考习题

1. 什么是人力资源？说明人力资源的特点。
2. 什么是人力资源管理？
3. 阐述人力资源管理的任务及功能。
4. 人力资源管理的职能包括哪些？
5. 人力资源规划在组织中有何作用？
6. 说明人力资源规划的程序。
7. 说明招募与甄选的原则。
8. 说明招募与甄选的程序。
9. 内外部招募的优缺点是什么？
10. 培训应该由哪些步骤构成？
11. 说明绩效和绩效管理的概念。
12. 阐述绩效管理系统构成。
13. 薪酬包括哪些形式？
14. 什么是薪酬管理？
15. 企业工会对员工有何意义？

技能实训

1. 选择校内某一学生组织的 1 个岗位,为其设计一则招聘广告,并组织一场面试。

2. 选择一家你感兴趣的公司,上网查找该公司的人力资源管理相关信息,并简要谈谈你的评价。

参考文献

[1]徐光华,暴丽艳.管理学:原理与应用[M].北京:清华大学出版社;北京交通大学出版社,2004.

[2]郑晓明.人力资源管理导论(第 2 版)[M].北京:机械工业出版社,2005.

[3]杨文健.人力资源管理[M].北京:科学出版社,2007.

[4]刘亚臣.管理学[M].北京:中国电力出版社,2008.

[5]娄成武,魏淑艳.现代管理学原理(第三版)[M].北京:中国人民大学出版社,2011.

[6]汪洁.管理学基础[M].北京:清华大学出版社,2009.

[7]赵涛,齐二石.管理学[M].天津:天津大学出版社,2004.

[8]单宝玲,辛枫冬.管理学原理(第 2 版)[M].天津:天津大学出版社,2010.

[9]方振邦.管理学基础(第二版)[M],北京:中国人民大学出版社,2011.

[10]刘汴生.管理学:理论与实务[M].北京:北京大学出版社,2012.

[11]刘友金,张卫东.管理学[M].徐州:中国矿业大学出版社,2012.

[12]谢赤,袁凌.管理学[M].长沙:湖南大学出版社,2007.

[13]宋晶,郭凤侠.管理学(第三版)[M].大连:东北财经大学出版社,2011.

[14]汪克夷,易学东,刘荣.管理学(第五版)[M].大连:大连理工大学出版社,2011.

[15]汤石章.管理学原理[M].上海:上海交通大学出版社,2012.

[16]吴照云.管理学(第五版)[M].北京:中国社会科学出版社,2006.

[17]韩瑞.管理学原理[M].北京:中国市场出版社,2013.

[18]邢以群.管理学(第三版)[M].杭州:浙江大学出版社,2012.

[19]朱雪芹.管理学原理[M].北京:清华大学出版社,2011.

[20]曾坤生.管理学(第 2 版)[M].北京:清华大学出版社,2012.

[21]〔美〕卢西尔著,高俊山,戴淑芬译.管理学基础:概念、应用与技能提高(第 4 版)[M].北京:北京大学出版社,2011.

可扫码获取本章课件资源:

第 10 章　激　励

本章学习重点：

- 描述什么是激励,激励的本质及一般过程模式;

- 掌握内容型激励理论的研究重点以及它们对管理的意义;

- 掌握过程型激励理论及其优缺点;

- 理解并能应用强化理论来管理绩效;

- 了解基本的激励方法和技巧。

🌸 开篇案例

海底捞的激励哲学

2018 年 9 月 26 日,海底捞正式在港交所上市。从 1994 年到 2018 年,海底捞从川渝小镇走向一线城市,甚至还走出了海外。那么,你知道海底捞是怎么做到的吗?难道,海底捞你真的学不会吗?创始人张勇曾说:"海底捞所有的东西都可以去动,都可以去改变,但是有一样东西不能改变,就是'双手改变命运的价值观'。"

1. 张勇非常重视和尊重人性

张勇把马斯洛模型运用得很充分。对一些不好的社会现象,张勇往往会总结成——都是因为太贫穷了。张勇认为,要想让好人不变坏,首先就要满足他的最基本的生存需求。在这个层面激励人,就是要让他比别人过得更好一些。

海底捞比同行的餐饮企业都要辛苦,但是张勇舍得给钱,在员工的福利待遇方面也舍得投入。比如说,其他企业员工都住地下室,海底捞给员工租的是居民小区,四人一间,有热水,有电脑,有网络。每个月发员工的奖金,直接寄给他们老家的父母。父母通过钱多钱少就知道自己的孩子在海底捞干得怎么样,如果有的员工从海底捞辞职了,那这笔奖金就没了。张勇笑着说:"那就都不用我管,他父母就给他打电话了,说这么好的企业你不好好干,你想干什么!"

海底捞还在张勇老家简阳开办了员工子弟学校,这样员工在老家的孩子都有地方上学……有了这样一些好的待遇,即使海底捞再辛苦,员工也不愿意离开了。

2. 好的待遇和保障外,员工"有发展"

在海底捞有明确的三条发展线:一条是管理线,一条是技术线,还有一条是后勤线。走管理线,会从二级员工、一级员工、主管、小区经理、大区经理这样一层层发展上去;如果不走管理线的话,哪怕只是做一名服务员,也会有一级服务员、二级服务员、标兵服务员、模范服务员、功勋服务员,这样一层层走上去,工资和待遇都会发生变化。

3. 海底捞员工"有权"——有决策权,有自主权

在海底捞,一线员工有免单权,中层员工有开店权,高层员工有决策权。海底捞还特别鼓励员工创新,有专门的部门对创新进行管理,搜集、处理并进行反馈。创新有分级标准,对应一定的创新奖金,同时也与晋升挂钩。

4. 顾客满意的前提是员工满意

张勇的逻辑很清楚,做餐饮行业必须让顾客满意。但是怎样顾客才能满意呢?首先就是你的员工要满意。所以在对店长的考核上,不考核利润,只看客户和员工。在客户满意度这个考核方面,他们看的不是客户投诉数量,而是看是否敢于暴露客户投诉所反映的问题,是否仔细分析了客户投诉的问题,是否采取真正有效的措施,让投诉客户最终满意。

在员工方面,对店长的一个重要考核指标是人才成长。海底捞从 2011 年的 50 多家店,发展到 2016 年的 100 多家,5 年间门店数量翻了一番,其中一个核心关键要素就是他们的管理和员工团队的快速成长。

5. 最高层次的激励其实是通过信仰来进行的

首先,是双手改变命运的价值观。在海底捞,通过双手改变命运的例子比比皆是,最具榜样力量的一个就是海底捞的副总裁袁华强。袁华强是 1980 年生人,中专毕业之后来到海底捞,从传菜员到门童,再到会计、领班、大堂经理、片区经理,一步步做到副总裁,成为海底捞众多员工心中一个榜样。

其次,海底捞选人的标准是"态度比能力更重要",做人做事的原则是"敬天爱人,正确做事"。所以在海底捞,员工做事不需要看上级在想什么,不需要去猜老板希望我做什么,他只要按照"做人何为正确",勤勤恳恳地把本职工作做好就会有发展。这其实是对人最大的激励。

6. 绝非只有正向激励,没有负向激励

在海底捞就有非常明确的红线和制度管控。张勇曾经说过,我们非常需要制度,"制度是防止好人做坏事"。一位朋友出于业务往来和一位海底捞的采购人员吃饭,吃完饭之后海底捞的采购人员直接把账单要过来,算过之后把他的那一份钱交了上去。这位朋友很纳闷——你这不是不给面子吗?这位海底捞的采购人员很客气地回答说:"你千万不要误会,我们海底捞有规定,可以出来跟客户吃饭,但是必须 AA 制,不然我回去没法交代,你一定要理解啊。"

当然,海底捞通过他的价值观和各种激励手段所形成的奇异能量绝对不是靠几个口号,一两天就形成的,而是海底捞长期的文化积淀和历史渊源,一件件事做出来的。

资料来源:http://www.sohu.com/a/159983943_460374

人力资源是企业最宝贵的资源之一,如何保证人力资源的活力,是企业管理者的一项重要工作。有效的管理者能够使员工竭尽全力工作,知道怎样激励员工和员工为什么会被激励,从而选择适当的激励方法来满足员工的需要和期望。激励贯穿于管理过程的始终,是企业形成可持续发展活力的重要力量源泉。因此,研究和掌握激励理论的核心内容,对于提高管理者的方法与艺术水平具有重要的意义。本章主要阐述有关激励的本质、重要激励理论及其管理意义,最后介绍了几种典型的目前企业激励的实践方式和激励技巧。

10.1　激励原理和行为理论

小学生写作文,一个小男孩写道:长大以后我的理想是当马戏团的小丑。甲老师的评语是:胸无大志。而乙老师的评语是:愿你把笑声带给全世界。一个组织不同的管理风格,就如同上述故事中,会达到完全不同的激励效果。激励对于管理的重要性在于,它可以解释人们在组织中的行为和绩效。为什么有些员工做得比其他人更出色?为什么有些员工消极怠工?我们能够采取哪些措施来促使每一位员工都能取得优秀的工作绩效?

10.1.1 激励的本质

梅霞作为地产公司的策划助理,她的工作主要是辅助策划师撰写软文和组织营销活动,在工作中她不仅承担了分内的事情,还主动承担与开发商的沟通任务,在她的上司为其他项目忙碌的时候,她还成功地担当项目负责人的工作。是什么促使她如此乐于承担额外的任务呢?是被金钱所吸引,还是喜爱与人打交道?是因为特别崇拜她所服务的策划师,还是该地产公司为她提供了良好的职业前景?这是管理者每天都在思考的问题。有效的管理者既要了解员工的才干,又要认识到他们的需求特点。针对员工的需求设立相应的激励制度,才可能使企业取得良好的绩效。那么什么是激励?

1. 激励的内涵

激励(motivation)就其词义来看,是指激发鼓励的意思。激发是对人的动机而言,使其产生一种内在的动力,朝着所期望的目标不断努力的过程。鼓励是指对人的行为趋势加以控制。通过激励,在某种内部或外部的刺激下,给人以行为的动力。因此,激励对不同的人具有不同的含义,激励可以是一种动力,也可以是一种心理上的支持,或者是为自己树立一个榜样。

管理学把激励看作是满足人的某种需要和实现组织目标的过程,即组织通过设计适当的外部奖惩形式和工作环境,激发、引导、保持和强化组织成员的行为,以有效地实现组织及其成员个人目标的系统活动。

这个定义具有三个关键因素:激发、导向和坚持。激励是一种过程,通过这种过程激发人的活力,导致一定努力的某种行为出现,但是这种努力并不一定会产生令人满意的工作绩效,除非这种努力指向有利于组织的方向,指向组织目标并与其保持一致的努力才是管理者所追求的。最后,激励包括一个持续的维度。管理者希望激发出的行为得到保持与强化,直到组织目标实现。

2. 激励的类型

从来源上看,激励可以分为内在激励和外在激励。内在激励源于员工完成工作任务本身所带来的满足感。完成一个复杂的任务可以使人体验到一种愉悦的成就感,解决某个有益于他人的问题也会使人有一种完成个人使命之感。例如梅霞选择从事地产策划工作,是因为她觉得工作内容有趣,策划的过程和结果富有挑战性,那么她的行为就是内在激励行为,这种激励将促使她愿意积极主动地承担更多的工作任务。外在激励来自于与工作绩效相联系的物质或社会奖励。对于这类行为,激励来自于行为的结果,而不是行为本身。如果梅霞对自己的工作并不感兴趣,仅仅是因为收入高来从事地产策划这一行业,那么她的行为就是外在激励行为。有资料显示,仅仅通过金钱和福利待遇,甚至包括表扬和荣誉这些手段,很难激励那些最有才干的创新型员工。因此,优秀的管理者应该努力帮助员工实现内在激励。

从作用上看,激励可以分为正向激励和负向激励。正向激励是一种通过强化积极意义的动机而进行的激励,负向激励是通过采取措施抑制或改变某种动机。正向激励通常是加薪、晋升、荣誉、肯定等,促使员工保持组织希望的行为;负向激励也是一种激励,通过各种形式的惩罚、批评,使人们从想做某种事转变为不想做某种事。以和尚喝水为例,正常的情况下"三个和尚没水喝",但是通过正向激励和负向激励我们可以来改变这一现状。正向激励:三个和尚开会讨论决定给挑水的和尚以报酬,或选举他当寺院的住持,或派他出席全国和尚代表大会。这时,为了取得这些报酬或者荣誉,就会有人愿意担当积极分子。负向激励:其中一人主动给大家安排任务,并对不愿挑水的和尚进行禁水惩罚或赶出寺庙,为了免受处罚,和尚们就会轮流挑水,这就是负向激励。

3. 激励的功能

激励的根本目的是实现组织的目标。通过设定有效的激励措施,引导员工的行为朝向组织期望的方向发展,通过达成组织期望的目标从而获得组织的奖励来达成个人的目标,实现个人目标与组织目标的统一。

（1）激发人的潜能

美国哈佛大学的威廉·詹姆斯（W. James）教授在对员工激励的研究中发现，按时计酬的分配制度仅能让员工发挥 20%～30%的能力，如果受到充分激励的话，员工的能力可以发挥出 80%～90%，两种情况之间 60%的差距就是有效激励的结果。可见，人的潜能是一个储量巨大的资源库，通过激励，可以激发员工的创造性和主观能动性，释放出巨大的能量。

（2）提高工作绩效

组织行为学研究结果表明，员工的工作绩效是员工能力、受激励程度和工作环境的函数，即绩效＝F（能力×激励×环境）。组织成员要有效地工作，首先是要明确自己如何去做，能否胜任；其次，要有做好这项工作的动力；再次，要有从事这项工作所需要的资源。上式表明，在一个人能力不变的情况下，工作绩效的大小，取决于特定环境下被激励的程度。如果管理者不对员工进行有效的激励，即使拥有工作能力强的员工，并为他们提供最好的工具和设备，也无法取得好的工作绩效。

（3）提升人力资源的质量

提高人力资源质量的途径主要是教育和培训，其方式多种多样，激励是效果最佳的备选方案之一。激励能起到一种示范作用，组织可以采取措施，对才能优异、坚持学习的人才给予大张旗鼓的表扬，对不思进取、安于现状的员工给予适当的批评，并在物质待遇上加以区别，在福利、晋升方面分别考虑。这些措施将有助于形成良好的学习风气，促使员工提高自身的知识素养，从而提升人力资源的质量。

（4）增强组织成员的凝聚力

行为学家通过调查和研究发现，对一种个体行为的激励，会导致或消除某种群体行为的产生。也就是说，激励不仅仅直接作用于个人，而且还间接影响其周围的人。在管理实践中，对组织成员的有效激励，会使组织成员的行为方向一致，从而形成一种合力，对整个组织协同发展产生至关重要的影响。有效的激励机制在其他管理机制的配合下，将有助于组织成员形成强大的凝聚力，驱动组织整体朝着实现组织目标的轨道运行。

✺ **管理故事** 10-1

遗漏的信件

这是发生在美国速递公司里的一件事。一次，公司的一名职员在把一批邮件送上飞机之后忽然发现了一封遗漏的信件。按照速递公司所作的规定，邮件必须在发出后 24 小时之内送到收件人手中，可这时飞机已经起飞，怎么办？在这种情况下，来不及进行更多的考虑，为确保公司的声誉不受损害，这个职员毅然用自己腰包里的钱购买了第二班飞机的机票，根据信上的地址，亲自把这封信送到了收信人手中。后来，公司了解了这件事的经过后，对这位职员给予了优厚的奖赏，以表彰他这种认真负责的主人翁态度。这件事被永远地载入了公司的史册，它对形成良好的企业文化起了非常巨大的作用。由此，美国速递公司职工以工作为己任、视公司声誉为生命的行为蔚然成风，使整个公司的凝聚力得到了充分体现。

资料来源：http://oxford.icxo.com/htmlnews/2006/09/25/949610_2.htm

虽然激励是管理者们必用的管理手段,但真正做好激励工作却是不容易的,主要有三个方面的因素会起到阻碍作用:

第一,员工工作动机的多样性。成功的管理者知道对自己具有激励作用的东西对于他人可能收效甚微甚至毫无作用。就像开篇提到的谷歌公司,员工能够得到免费的食物、免费的按摩和免费的洗衣,但并不意味着这些额外的福利足以使他们不去其他地方寻找工作机会。

第二,员工文化背景的差异性。不同文化背景可能导致人们对于相同的激励手段有不同的反应。例如,美国经理可能公开表扬一位日本员工的出色工作,这一行为在美国主导的文化信仰中被认为是重要的激励,但是,由于日本文化更强调群体忠诚和群体认同而不是个人成就,该员工可能会因此而十分尴尬。

第三,员工行为原因的不确定性。组织中每个人的行为可能与某种激励有关也可能无关,即人们在不同时间、不同阶段做出同种行为的原因不尽相同。

因此,对于人们行为的认识是管理者为什么要对员工进行激励和怎样进行激励的前提。

10.1.2 行为理论及激励过程

对人们行为的研究可以帮助管理者们理解,是什么因素促使员工主动采取行动,影响行动选择的因素有哪些,以及员工为什么会坚持采取某种行动。

1. 行为理论

行为是人类有意识的活动,既是人对外界刺激做出的反应,又是人通过一连串动作实现其预定目标的过程。根据心理学所揭示的规律,人的一切行为都是由某种动机引起的,它对人的行为起激发、推动和加强的作用。而动机源自于未被满足的需要,需要是人对某种目标的渴求和欲望,是产生行为的原动力。当人们有了某种需要而又未能满足时,心理上会产生一种紧张和不安,这种紧张和不安就会演变成为一种内在的驱动力即动机,有了动机就会促使个体去寻求、选择目标,进而采取某种行为来实现目标、满足需要。行为结束时,需要得到满足,人的紧张心理得以消除,动机在需要不断得到满足的过程中逐渐削弱了。随后,由于人的欲望所起的作用,又会产生新的需要,再引起新的动机与行为。这样,周而复始,循环往复,使人不断向新的目标前进。这就是人的动机与行为的一般客观规律。需要、动机、行为和目标的关系可以由图表示(图 10-1)。

图 10-1　动机激发的心理过程

(1)需要

需要是指客观刺激作用于人的大脑所引起的个体缺乏某种东西的状态。这里所说的客观刺激既包括身体内部的刺激如饥饿,也包括身体外部的刺激,如食物香味、餐饮广告等;从内容上来讲,可能是物质因素,也可能是心理因素。例如,饥饿会使人去寻找食物,孤独会使人去寻找关心。未满足的需要是形成行为动机的根本原因,但并不是所有需要都会如此。需要转化成动机必须满足两个条件:第一,需要必须有一定的强度。就是说,某种需要必须成为个体的强烈愿望,迫切要求得到满足。如果需要不迫切,则不足以促使人去行动以满足这个需要。第二,需要转化为动机还要有适当的客观条件,即诱因的刺激,它既包括物质的刺激也包括社会性的刺激。有了客观的诱因才能促使人去追求它、得到它,以满足某种需要;相反,就无法转化为动机。例如,人处荒岛,很想与人交往,但荒岛缺乏交往的对象(诱因),这种需要就无法转化为动机。

（2）动机

动机是个体和环境相互作用的结果,是人们产生行为的直接原因,它引起、维持个人行为并促使该行为朝向某一目标进行。一个人往往同时存在着各种各样的动机,这些动机之间不仅有强弱之分,而且会有矛盾和斗争,在多种动机下,只有优势动机才会引发行为。例如,人们感到饥饿时并不一定马上去吃饭,往往在忙于工作等其他事务的情况下,会出现忍饥挨饿的情况。因为此时完成工作任务相比填饱肚子来说是优势动机。同时,动机与行为之间的关系也很复杂。同一动机会引发几种行为表现,如在成就动机驱使下,个体可能表现出一系列的行为,如刻苦学习、锻炼身体、参与竞赛活动等。同一行为受多种动机的驱使,如努力学习可能受取得成就,得到奖赏、赞扬,以及增长知识等多种动机的驱使。

（3）行为

人的一切行为都是由当时的优势动机引发,朝着满足这种优势动机的目标努力。这种努力的结果又作为新的刺激反馈回来调整人的需要结构,指导下一个新的行为,这就是所谓的激励过程。管理者实施激励,即是想方设法做好需要引导和目标引导,强化员工动机,刺激员工的行为,从而实现组织目标。

2. 激励过程

如图 10-2 所示,激励的过程主要有四个部分,即需要、动机、行为、绩效。首先是需要的产生,需要是激励的起点和基础,要使激励更有针对性,一定要了解人们的心理活动规律和过程。例如,对重视物质方面需求的员工,可以在物质上给予更多的奖励;对物质条件充裕的员工,可以在精神上给予奖励。需要在个人内心引起不平衡的状态,产生了行为的动机。员工在组织中所采取的各种行为都是由动机驱使的,有什么样的动机,就会产生什么样的行为。行为是在激励状态下,员工为动机驱使所采取的实现目标的一系列动作。例如,当一个员工有升职的动机,他就会提前完成工作,主动加班,利用业余时间进修等。

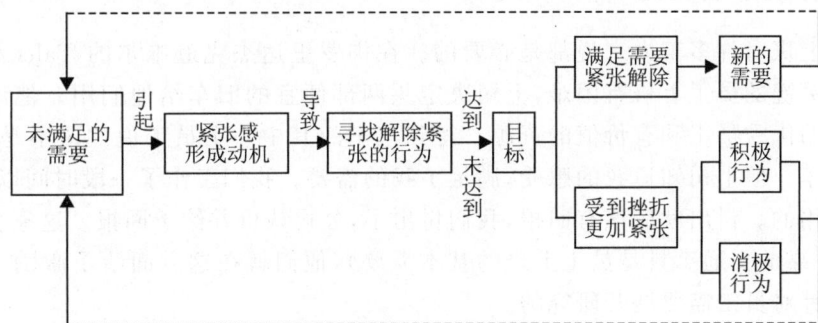

图 10-2　激励的过程模型

当员工在采取某种行为来实现目标、满足需要时,可能发生两种情况:(1)行为产生的绩效实现了组织目标,进而满足了个人需要,这会产生一个反馈,告诉员工原有的需要已得到满足,于是在新的刺激下,又会产生新的需要;(2)行为产生的绩效没有实现目标,此时员工就会受到挫折。挫折是指人们在通向目标的道路上遇到障碍。对待挫折的反应也因人而异。员工可能采取积极行为,以继续实现目标;也可能采取消极行为,放弃原有目标,以此来缓解或减轻这种紧张状态。显然,管理者要不断采取有效的激励措施,一方面,持续稳定地调动员工的积极性,通过行为实现目标;另一方面,激励可以培养员工受挫后的容忍力,化消极行为为积极行为。

针对需要、动机、行为之间的关系,管理者在对员工进行激励时,首先要通过提供诱因或刺激,在一定程度上影响个人的需要和动机,从而使其产生所期望的行为。为了确保所提供的诱因对员工有真正的吸引力,管理者就必须对员工的各种需要和性质进行研究;同时,管理者要切实有效地激励员工,还必须了解员工在组织工作的动机是如何形成和得到激发的,更需要了解其动机向特定的行为转化过程中,各方面心理因素及相应的激励措施和对策。对于这些问题的研究,形成了激励理论。

10.2 激励的主要理论和方法

自 20 世纪二三十年代以来,国外许多管理学家、心理学家和社会学家从不同的角度对激励问题进行了大量的研究,并提出了许多激励理论。根据激励理论研究的侧重点不同,可将激励理论分为三类:内容型激励理论、过程型激励理论和行为改造型激励理论。

内容型激励理论着重研究激发动机的诱因,由于该理论的内容都围绕着如何满足需要进行研究,故又称为需要理论。主要包括马斯洛的需要层次论、赫茨伯格的双因素理论、阿尔德弗的 ERG 理论以及麦克利兰的成就需要激励理论等。

过程型激励理论研究激励如何发生,即人们为什么会选择特定的行为方式来满足需要,以及在实现目标之后如何评估自己的需要。代表理论包括期望理论、公平理论和目标设定理论。

行为改造型激励理论着重研究人的行为结果的反馈对下一次行为动机的影响。代表理论主要包括强化理论、挫折理论和归因理论。

10.2.1 内容型激励理论

开车去上班对许多工人来说都是必要的。在佛罗里达杰克逊维尔的 Taleo/Vurv 技术公司有两个关键的员工上班有困难,上司决定买两部便宜的旧车给他们用。他说:"我感到他们是公司的优秀员工和有价值的资源。"得到汽车的其中一个员工说:"这不是好车,也不是最漂亮的车。但上司知道我的感受,满足了我的需要。我们工作了一段时间以后,觉得这车还是挺管用的。付出就应该有回报,我们付出了,公司认可并给予回报。"这家公司理解员工的需要(可靠的交通工具是员工上班的基本需要),他们就在这方面给予激励。内容型激励理论就是针对员工需要展开研究的。

1. 马斯洛的需要层次理论

美国心理学家亚伯拉罕·马斯洛于 1943 年在《人类激励理论》一文中提出了著名的"需要层次理论",他提出每个人都有五个层次的需要:生理、安全、社交、尊重和自我实现(图10-3)。这五类需要依照重要性和产生的先后顺序呈现由下至上的金字塔排列形式。

(1)生理需要(physiological needs):指食物、水、住所、性以及其他生理方面的需要。这些需要居于最底层,当它们受到威胁时,人类的生存就成为问题,其他层次的需要也就无从

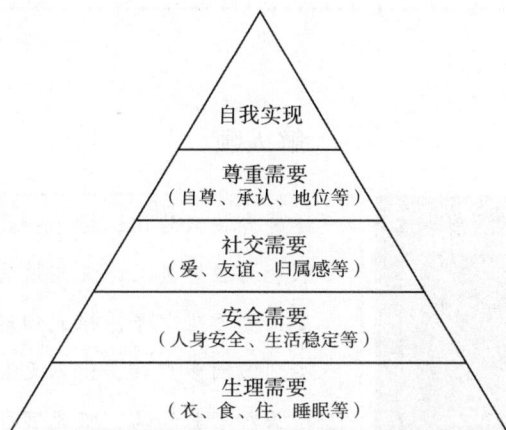

图 10-3　马斯洛需要层次理论

谈起。例如,长期处于极端饥饿状态的人,他的追求目标首先是食物,为此,生活的目标被看成是为了填饱肚子。对于生理需要占主导地位的员工,管理者需要明确人的经济本性,明确人对于行为的经济回报、身体机能舒适性的关注。

(2)安全需要(safety needs):指保护自己免受身体和情感伤害方面的需要,既包括经济和环境的安全,如工作持续性(不会下岗)、保险和退休福利(保障疾病和晚年生活来源)、不遭受天灾人祸的影响等,也包括心理的安全,如希望胜任工作,免除严酷的监督和威胁等。安全需要直接影响员工工作时的态度和情绪。即使在社会保险相对完备的今天,产业变迁和经济衰退仍然可能导致人们失业,从而使得安全需要成为优先的需要。

(3)社交需要(social needs):当生理需要和安全需要得到相当的满足后,爱和归属的社交需要就占据了主导地位。马斯洛认为,组织成员的生活和工作都不是孤立的,而是在一定的社会环境中进行的。因此,组织成员希望在被他人接纳的情况下工作和生活,如友谊、爱情、归属、信任等。这种社会交往的需要程度也因每个组织成员的性格、经历、受教育程度不同而异。

(4)尊重需要(esteem needs):尊重包括自尊和受他人尊重。自尊是指组织成员取得成功时产生自豪感、成就感;受他人尊重是指当组织成员做出贡献时,能得到组织荣誉、认可、地位、表扬等。尊重的需要更多的是一种心理状态,也就是说一个人的尊重感主要取决于他自己的认识。如果一位领导赞扬下属工作出色,这个赞扬能否起到激励作用,取决于下属是否接受这种赞扬。也许他认为领导只是讲一些客套话,并不是真正赏识自己,那么这种赞扬就起不了激励作用。

(5)自我实现需要(self-actualization needs):包括成长与发展、发挥自身潜能、实现理想的需要。即人希望能够充分发挥自己的潜能,做他最适宜的工作,这是人类最高一级的需要。马斯洛写道:“除非一个人已经找到他最适合做的事,否则他会产生新的不满足。假如要得到内心的平静,音乐家一定要作曲,画家一定要画画,诗人一定要写诗。每个人都必须充分发挥潜能,我们可以称这种需求为自我实现。”自我实现需要是管理者最难满足的需要。事实上,也可以说这种满足只能通过个体的内在体验来获得。但是管理者可以通过促进一种自我实现的文化来帮助员工。例如,给予员工参与工作决策和学习新知识的机会。

✳ **管理故事** 10-2

解人颐

终日奔波只为饥，方才一饱便思衣。
衣食两般皆具足，又想娇容美貌妻。
娶得美妻生下子，恨无田地少根基。
买到田园多广阔，出入无船少马骑。
槽头扣了骡和马，叹无官职被人欺。
县丞主薄还嫌小，又要朝中挂紫衣。
作了皇帝求仙术，更想登天跨鹤飞。
若要世人心里足，除是南柯一梦西。

马斯洛认为，一般情况下，人们按照上述五个层次逐级追求自身需要的满足，只有低层次的需要得到满足之后，才会产生较高层次的需要，已得到满足的需要不能成为行为激励的因素，直到个体达到自我实现的层次。在同一时期内，可以同时存在几种需要，但每一时期内只有一种是主导型需要，人的行为是由主导型需要决定的。同时，一个国家的人民对各个层次的需要与该国经济发展水平直接相关。不发达国家的人民对生理和安全需要比重较大，对社交需要、尊重需要和自我实现需要比重较小，发达国家则正好相反。同一国家的各个地区、各个时期人们的需要层次结构因生产力水平的变化而变化。因此，应用马斯洛的需要层次理论对员工进行激励的一个重要前提是——了解员工的真实需要。

表 10-1 马斯洛需要层次理论在企业中的运用

需要层次	激励因素	管理措施
生理需要	工资、福利待遇、工作环境	工资、基本福利待遇保证和落实，住房设施等
安全需要	职位保障、劳动保护、社会保障、保险	雇佣保证、退休养老制度、意外保险制度、健康保险
社交需要	友谊、舒心的人际关系、组织关怀	宽松的沟通氛围、工会文体活动
尊重需要	地位、名利、权利、责任、荣誉	考核、晋升、表彰、尊重员工
自我实现需要	挑战性工作、个人发展目标	决策参与、授权、工作事业机会

需要层次理论问世以来，一直有很大的争议，如人的需要层次并不是一个绝对的从低到高的满足过程，受到客观条件的限制，人的需要层次满足有很大的差异性。中国古代流传至今的名句，如"贫贱不能移，富贵不能淫，威武不能屈"，"不为五斗米折腰"等，都是递进规律所无法解释的；再如，有的人生理需要和社会需要都得到满足，也没有出现自我实现的需要，

而其经济需要可能仍很强烈。尽管存在不足,马斯洛的需要层次论仍然得到了管理学界和心理学家的普遍认可,它使人们看到了人类需要的多样性和层次性,并因其易于被人理解而得到了广泛的传播。

2. 赫茨伯格的双因素理论

双因素理论(Two Factor Theory)又叫激励保健理论(Motivator-Hygiene Theory),是美国的行为科学家弗雷德里克·赫茨伯格(Fredrick Herzberg)提出来的。20世纪50年代末期,赫茨伯格和他的助手们在美国匹兹堡地区对二百多名工程师、会计师进行了调查访问。当问到什么使他们"积极"时,人们趋向于将其归结为工作自身的性质;当问到什么使他们"消极"时,人们趋向于将其归结为工作环境。这项研究使赫茨伯格获得了双因素理论的基本思想。

(1)修正了传统的"满意—不满意"的观点

传统的"满意—不满意"观点认为,"满意"的对立面是"不满意",即人们得到满意的因素增加了,不满意自然就减少了;而使人们不满的因素减少了,满意自然就增加了。赫茨伯格在调查过程中发现,某人可能将"低收入"作为不满意的原因,但不一定将"高收入"作为满意的理由。基于此,赫茨伯格认为传统的观念是不确切的,认为"满意"的对立面应该是"没有满意","不满意"的对立面应该是"没有不满意"。这两种因素的差别,就好像视觉和听觉的差别,降低光线强度不会影响听觉,增大声音也不会改善视觉。

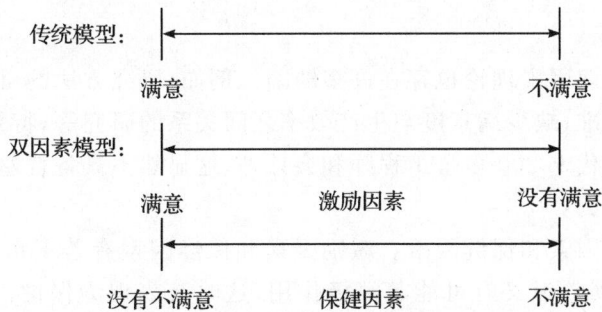

图 10-4 传统模型与双因素模型的区别

(2)双因素的划分

根据赫茨伯格的观点,带来工作满意的因素和导致工作不满意的因素是不相关的,认为有两种完全不同的因素影响着人们的工作行为。

第一类是保健因素(Hygiene Factor),这些因素与工作环境或工作条件有关,它没有激励人的作用,却带有预防的作用,包括工作环境、收入与保障、公司政策、管理监督、人际关系等。当保健因素不健全时,人们就会产生不满意感,甚至严重挫伤员工的积极性。但当保健因素得到满足时,也只是消除了不满,却不会调动人们的工作积极性。

第二类是激励因素(Motivator Factor),这些因素与工作本身或工作内容有关,能促使员工产生满意感,激发员工的积极性和热情,包括成就、认可、工作本身、责任、发展机会等。当激励因素得到满足时,往往能激发员工的责任感、荣誉感和自信心,有助于充分、有效、持久地调动他们的积极性,提高工作效率。当激励因素缺乏时,人们就会缺乏进取心,对工作无所谓,但不会导致较大的不满情绪。

例如,一个工资虽然很低、对上司也极为不满、人际关系紧张、工作条件很差的员工,很有可能在工作中抱怨连连,怨气冲天,但是,如果他所从事的工作具有极大的创造性,他就有可能沉湎在工作中废寝忘食,感受到工作本身给自己带来的乐趣,并且做出卓越的绩效。相反,一个工资很高、上司又特别和蔼、人际关系十分融洽、工作条件也相当优越的员工,他可能会对自己的处境很满意,但也可能安于现状,不思进取,没有挑战性的工作如鸡肋一般,他可能根本没有多少兴趣,也就不会有超常的绩效水平。

赫茨伯格的双因素理论与马斯洛的需要层次论有相似之处。他提出的保健因素相当于马斯洛提出的生理需要、安全需要、社交需要等较低层次的需要;激励因素则相当于尊重需要、自我实现需要等较高层次的需要。

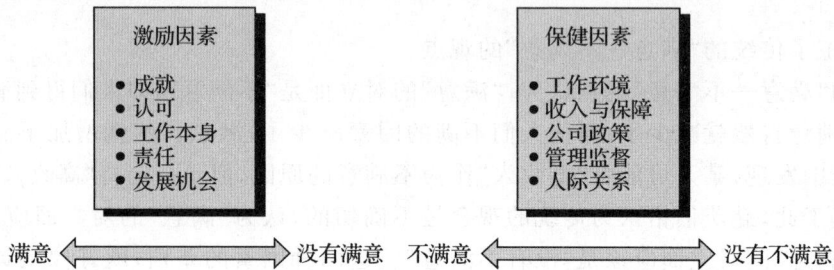

```
┌─────────────────┐              ┌─────────────────┐
│  激励因素       │              │  保健因素       │
│                 │              │                 │
│  ● 成就         │              │  ● 工作环境     │
│  ● 认可         │              │  ● 收入与保障   │
│  ● 工作本身     │              │  ● 公司政策     │
│  ● 责任         │              │  ● 管理监督     │
│  ● 发展机会     │              │  ● 人际关系     │
└─────────────────┘              └─────────────────┘

满意 ◄──────────► 没有满意    不满意 ◄──────────► 没有不满意
```

图 10-5　赫茨伯格双因素理论

(3)对管理的启示

虽然赫茨伯格的双因素理论也存在许多缺陷。例如,研究方法的可靠性问题;缺乏普遍使用的满意度评价标准;缺少满意度与生产效率之间关系的研究等,特别是他的研究样本只是美国 20 世纪 50 年代末 200 多个工程师和会计师,这显然不具备普遍性。但是,其对管理者的启示是非常重要的:

①正确区分激励因素和保健因素。激励因素和保健因素有若干重叠现象,如赏识属于激励因素,但没有受到赏识又有可能起消极作用,这时又表现为保健因素。工资是保健因素,但在发展中国家有时也能产生使员工满意的结果。二者的区分要结合社会制度、国情等,因时因地进行考虑。

②要善于把保健因素转化为激励因素。保健因素与激励因素是可以转化的,不是一成不变的。例如员工的工资、奖金同个人的工作绩效挂钩,就会产生一定程度的激励作用。如果二者没有联系,奖金发得再多,也构不成激励,一旦减少或停发,还会造成员工的不满。因此,有效的管理者,善于把保健因素转化为激励因素,同时要防止激励因素向保健因素转化。

③要调动人的积极性,应在保健因素具备的条件下,重视激励因素所代表的内在激励的力量。管理者的首要任务是保证保健因素是充足的,如报酬和工作保障必须适当,工作条件应该安全等,消除员工的不满意因素,通过保健因素来"满意"的员工通常只付出最低限度的努力;然后进入第二阶段,让员工有机会体验激励因素,如成就和认可,最大限度地调动和保持员工的工作积极性。

3. 阿尔德弗的 ERG 理论

美国耶鲁大学的克雷顿·阿尔德弗(Clayton. Alderfer)在马斯洛提出的需要层次理论

的基础上,进行了更接近实际经验的研究,提出了一种新的人本主义需要理论。阿尔德弗认为,人们共存在 3 种核心的需要,即生存(existence)需要、关系(relatedness)需要和成长(growth)需要,因而这一理论被称为 ERG 理论。

(1)生存需要:全部的生理和物质上的欲望,如吃、住、睡等。组织中的报酬、对工作环境和条件的基本要求等也可包括在生存需要中。它和马斯洛需要层次论中的生理及安全需要相对应。

(2)关系需要:强调人们对于保持重要的人际关系的要求,与马斯洛的社交需要和尊重需要分类中受他人尊重的外在部分是相对应的。

(3)成长需要:要求得到提高和发展的内在欲望,如充分发挥个人潜能、有所作为和取得成就。这与马斯洛理论中尊重需要分类中的自尊及自我实现需要相对应。

ERG 理论除了用三种需要替代了五种需要外,与马斯洛需要层次理论的关键区别在于:

第一,需要并存原则。与马斯洛刚性阶梯式上升结构不同,ERG 理论并不强调需要层次的顺序,认为某种需要在一定时间内对行为起作用,而当这种需要得到满足后,可能去追求更高层次的需要,也可能没有这种上升趋势。比如说,即使一个人的生存和关系需要尚未得到完全满足,他仍然可以为成长发展的需要工作,而且这三种需要可以同时起作用。

第二,需要降级原则。需要层次论是基于"满足—上升"的逻辑,即个体较低层次的需要相对满足后,会向更高层次需要前进。而 ERG 理论认为不仅有"满足—上升"的逻辑,还包括"挫折—后退"的逻辑。"挫折—后退"表示在高层次需要没有得到相应满足或受到挫折时,需要的重点可能会转向较低层次。例如,以前由金钱(生存需要)激励的员工可能获得了一次加薪,从而满足了这方面的需要。假设他接下来试图建立友情来满足关系需要,但出于某些原因他发现自己不可能和其他同事成为好朋友,他可能受到挫折并且退缩,只得继续争取更多的金钱来实现激励。

表 10-2　需要层次理论与 ERG 理论的区别

需要层次理论	ERG 理论
需要分五个层次	需要分三个层次
需要层次刚性的阶梯式上升结构 建立在"满足—上升"的基础上	需要层次不是刚性结构 建立在"满足—上升"和"挫折—倒退"两方面
每个阶段只有一个主导需要	可能有几个主导需要

ERG 理论缺乏充分的研究予以验证。近年来,也有一些研究对 ERG 理论的适用范围提出疑义,认为在有些组织中它的作用明显,但在另外一些组织中则没什么效果。造成这种结果的原因,可能是与所研究的组织对象的基本工作性质有关。但跨文化的研究证实,阿尔德弗这种更为灵活的需要理论比马斯洛的观点更为实际。例如,西班牙和日本的员工可能会把社会需要摆在生理需要之前。

4. 麦克利兰的成就需要理论

成就需要理论是哈佛大学的心理学家麦克利兰教授于 20 世纪 50 年代所提出的。麦克利兰认为,人的生存需要基本得到满足后,还会产生三种需要,即成就需要、亲和需要和权力需要,它们反映了人的不同偏好。

(1)成就需要(need for achievement):争取成功希望做得最好的需要。麦克利兰认为,具有强烈成就需要的人渴望将事情做得更为完美,提高工作效率,获得更大的成功。他们追求的是在争取成功的过程中克服困难的乐趣,以及成功后的个人成就感,而不是物质奖励。成就动机高的管理者独立性很强,愿意承担个人责任,倾向设立较难的目标,要求得到具体的、快速的反馈并且急于完成任务,非常关心工作环境的改善,力求做得最好。

(2)亲和需要(need for affiliation):建立友好亲密的人际关系的需要。高亲和需要的人更倾向于与他人进行交往,至少是为他人着想,这种交往会给他带来愉悦之感。他们喜欢合作而不是竞争的工作环境,希望彼此之间的沟通与理解,对环境中的人际关系更为敏感。亲和需要强的管理者,非常关心团体的接纳和认可,并担心被团体所疏远,只要有被团体疏远的可能性,其决策就会变得消极而犹豫不决。

(3)权力需要(need for power):影响或控制他人且不受他人控制的需要。权力需要较高的人注重争取地位和影响力,喜欢对别人"发号施令",更善于行使制度所赋予的权力影响,因此更可能创造卓越的绩效。他们也会追求出色的成绩,但他们这样做并不像高成就需要的人那样是为了个人的成就感,而是为了获得地位和权力或与自己已具有的权力和地位相称。

麦克利兰的动机理论在企业管理中很有应用价值:

首先,高成就需要者并不一定就是一名优秀的管理者,尤其在规模较大的组织中。例如,海尔公司的一名高成就需要的销售员,并不一定就会成为优秀的销售部经理,原因在于高成就需要者往往只对自己的工作绩效感兴趣,并不关心如何影响他人去做好工作。

其次,对权力强烈需要总是与在组织中获得较高地位联系在一起的。麦克利兰对AT&T 的经理们进行了长达 16 年的持续研究,发现他们对权力强烈需要随时间的推移不断提升,一半以上的高级职员有着强烈的权力需要。最优秀的管理者往往伴随较高的权力需要和较低的亲和需要。

最后,麦克利兰认为动机是可以训练和激发的,因此可以训练和提高员工的成就动机,以提高生产率。

总的来说,麦克利兰的需要理论对各种需要的相互关系并不关心,注重的是各种需要同组织行为的联系,关心的是何种需要能促成事业的成功,因而具有浓厚的实用主义色彩。管理者可通过区分不同员工的主导需要采取不同的措施,来达到有效激励的目的。例如,有高亲和需要的人,适合与别人合作;有高成就需要的人,则应给予其极大的自由发挥空间和提供获取成就的机会;有高权力需要的人,则可以培养其成为管理者。

5. 内容型激励理论的评价

总的来说,需要层次论、双因素理论、ERG 理论和成就需要理论都在研究人们根本上的心理需要,帮助管理者理解是什么在激励员工,其相同点是认为更高层次的需要对激励更为重要。但仅仅用需要的满足并不能解释人类的全部行为。比如,有些人可以受到某一因素的激励而其他人不行。因此,管理者还必须了解员工在实际工作中是如何基于他们的个人偏好,选择不同的行为满足需要,以及如何评估通过这些行为获得奖励的公平性等,这些是激励的过程理论需要研究的内容。

马斯洛的需要层次理论 | 阿尔德弗的ERG理论 | 赫茨伯格的双因素理论 | 麦克利兰的成就需要理论

马斯洛的需要层次理论	阿尔德弗的ERG理论	赫茨伯格的双因素理论	麦克利兰的成就需要理论
自我实现需要	成长需要	激励因素	成就需要
尊重需要			权力需要
社交需要	关系需要		亲和需要
安全需要		保健因素	
生理需要	生存需要		

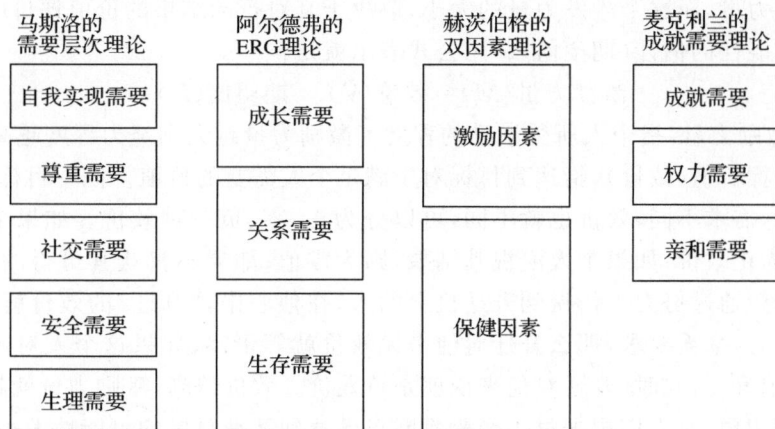

图 10-6　内容型激励理论的关注重点

10.2.2 过程型激励理论

与内容型激励理论不同的是,过程型激励理论主要研究激励是如何发生的,即一定外部环境下人的行为动机产生的心理过程,以及预期行为结果的影响。代表理论有期望理论、公平理论和目标设定理论。

1. 期望理论

1960 年,哈佛大学的罗森塔尔博士曾在加州一所学校做过一个著名的实验。新学期开始,罗森塔尔博士让校长把两位教师叫进办公室,对他们说:"根据过去三四年来的教学表现,你们是本校最好的教师。为了奖励你们,今年学校特地挑选了一些最聪明的学生给你们教。记住,这些学生的智商比同龄的孩子都要高。"校长再三叮咛:要像平常一样教他们,不要让孩子或家长知道他们是被特意挑选出来的。这两位教师非常高兴,更加努力教学了。结果一年之后,这两个班级的学生成绩是全校中最优秀的,甚至比其他班级的分数值高出好几倍。知道结果后,校长告诉了这两位教师真相:他们所教的这些学生智商并不比别的学生高。这两位教师哪里会料到事情是这样的,只得庆幸是自己教得好了。随后,校长又告诉他们另一个真相:他们两个也不是本校最好的教师,而是在教师中随机抽出来的。正是学校对教师的期待,教师对学生的期待,才使教师和学生都产生了一种努力改变自我、完善自我的进步动力。这种企盼将美好的愿望变成现实的心理,在心理学上称为"期待效应"。罗森塔尔期待效应表明,要得到预期的激励效果,不仅要保证激励手段给激励对象带来的满足感足够高,而且要使激励对象有足够的信心去获得这种满足。从这个意义上来说,罗森塔尔效应是期望理论在激励教学进步过程中的具体应用。

(1)弗鲁姆的期望公式和期望模式

到目前为止有许多学者都对期望理论的发展做出了贡献,其中最具代表的是著名的心理学家和行为科学家维克托·弗鲁姆(Victor H. Vroom),他于 1964 年在其著作《工作与激励》中首先提出该观点。期望理论关注的不是人们需要的类型,而是人们用来获取报酬的思维方式。弗鲁姆认为,人之所以能够从事某项工作并达成组织目标,是因为这些工作和组织目标会帮助他们达成自己的目标,满足自己某方面的需要。这个目标在尚未实现时产生激发个人动机的力量,而这个激发力量的大小,取决于其对行动结果的价值评价(效价)和预期达成该结果可能性的估计(期望值)。用公式表示就是:

$$激励力量(M) = 效价(V) \times 期望值(E)$$

M 表示激励力量,指个人所受激励的程度。激励力量越大则努力程度越高。

V 表示目标价值(效价),指达到目标对于满足个人需要的价值。同一目标,由于各人所处的环境不同,需求不同,效价也就不同,可以分为正、零、负三种效价。如果个人喜欢其可得的结果,则为正效价;如果个人漠视其结果,则为零值;如果不喜欢其可得的结果,则为负效价。一个希望通过努力工作得到升迁机会的人,在他心中,"升迁"的效价就很高;如果他对升迁漠不关心,毫无要求,那么升迁对他来说效价就等于零;如果这个人对升迁不仅毫无要求,而且害怕升迁,此时,升迁对他来说就是负效价。效价越高,激励力量就越大。

E 表示期望值,是人们根据过去经验判断自己达到某种目标的可能性大小,即能够达到目标的主观概率。期望概率反映人实现需要和动机的信心强弱。如果个体相信通过努力肯定会取得优秀成绩,期望值就高,反之则低。

根据效价和期望值的大小不一,共有五种不同的结合方式,产生的激励力量大小也是不同的。

$$V 高 \times E 高 = M 高$$
$$V 中 \times E 中 = M 中$$
$$V 低 \times E 低 = M 低$$
$$V 高 \times E 低 = M 低$$
$$V 低 \times E 高 = M 低$$

上述排列组合说明,要提高激励效果就必须同时提高效价和期望值的强度。将上述公式结合企业实际来看,期望理论反映的是,当员工认为努力会带来良好的绩效评价,且良好的绩效评价会带来组织奖励(如奖金、加薪和晋升),而这些组织奖励会满足员工的个人目标时,员工就会受到激励进而付出更大的努力。那么怎样使激励力量达到最大值?弗鲁姆辩证地提出了在进行激励时要处理好三方面的关系,也就是调动员工工作积极性的三个条件。

第一,努力和绩效的关系。如果我付出了最大努力,能否达到组织要求的工作绩效水平,该绩效水平是否会在绩效评估中体现出来?答案是不确定的。首先,工作绩效主要取决于个人的努力程度,但同时还受到工作技能及对该工作了解程度的影响。其次,组织的绩效评估体系的设计可能是为了评估一些非绩效因素,如忠诚度、创造性等,这就意味着,更多的努力并不一定带来更高的绩效评估结果。还有一种简单的可能就是员工认为他的上司不喜欢他,那么无论他多努力都无法获得应有的绩效评估水平。

第二,绩效与奖励关系。如果我获得了好的绩效评估,是否会得到组织奖励?人们总是期望在达到预期绩效后,能够得到合理的奖励,如奖金、晋升、表扬等。许多员工认为在他们的工作中"绩效—奖励"的关系并不明确。原因在于,员工工资的分配有可能是基于资历、巴结上司等因素,因而会降低激励水平。时间一长,工作积极性就会消失。

第三,奖励和个人需要关系。如果我得到奖励,这些奖励是否对我具有吸引力?员工努力工作,以期获得晋升,但得到的却是加薪。或者员工希望得到一份具有挑战性的工作,但得到的仅仅是几句口头表扬。或者员工投入额外的努力以期望能够留在总部,然而因绩效突出却被外派……这些例子表明,根据每个员工的个人需要来设置奖励是十分重要的。遗憾的是,一些管理者错误地认为,所有员工都想得到同样的奖励。而且在实际工作中,许多管理者受到奖励分配的限制,使得奖励个人化操作起来困难重重。

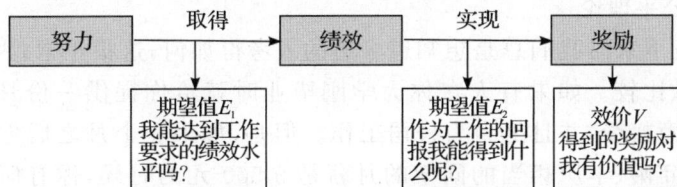

图 10-7 弗鲁姆的期望模式

综上,期望理论的关键是了解个人目标以及努力与绩效、绩效与奖励、奖励与个人目标满足之间的关系。作为一个权变模型,期望理论认识到,不存在一种普遍的原则能够解释所有人的激励机制。根据该理论,林肯公司决定吸引和雇用那些看重公司所提供的报酬如工作稳定性、工作灵活性和丰厚福利的人。

总的来看,期望理论较前述理论都有所发展。它提出的效价、期望值等概念有助于分析员工个人的激励过程,通过这样的分析可以帮助管理者有针对性地采取措施,根据员工的不同需要和实现目标的不同能力设立不同的激励诱因,使之对员工的激励更有效。

(2)波特和劳勒模型

在期望理论的基础上,波特和劳勒于 1968 年在《管理态度与工作绩效》一书中提出了著名的波特—劳勒激励模式,对期望理论进行了扩展。

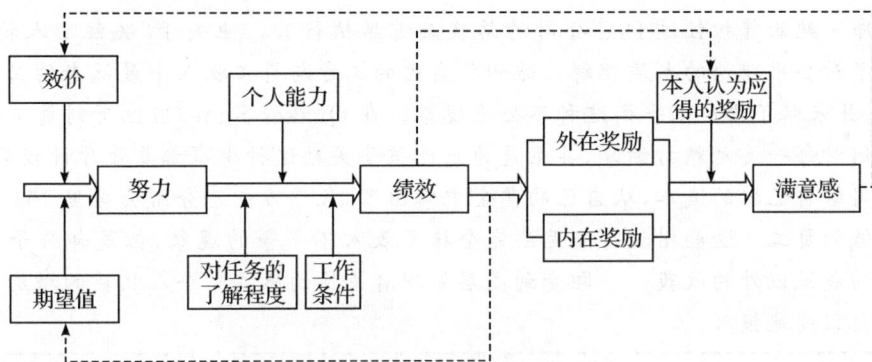

图 10-8 波特—劳勒的激励模式

该模式的前半部分逻辑与弗鲁姆的研究结论相同,区别在于获得奖励之后,个体对于奖励的评价方式。奖励或报酬是由绩效得来的,包括内在奖励和外在奖励。前者指工作本身产生的报酬,即尊重、自我实现等需要的满足,后者指工作之外的如工资、职业保障等方面需要的满足。个体通过将所得奖励和付出的努力进行比较,获得个人对于公平性的认识,这种认识决定了最终的满意程度,进而影响到下一轮工作中对效价的认识。满意则会导致进一步的努力,而不满意则会导致努力程度的降低甚至离开工作岗位。

波特和劳勒的激励模型较之先前的激励理论更为全面、合理,管理者在应用该模型时,应该注意到激励并不仅仅是简单的因果关系,而是多种因素综合作用的结果。因此,管理者在实施激励时必须考虑奖励内容、组织制度、组织分工、目标设置、公平考核和公平奖励等一系列因素,并注意个人满意程度在激励过程中的反馈,将整个管理系统与努力—绩效、绩效—满意系统进行协调与整合。

2. 亚当斯的公平理论

当学校试卷发下来时我们总是想知道旁边的人考得如何,这很正常,因为我们总是习惯了拿自己和别人做比较。如果有人在你大学刚毕业时就给你提供一份月薪 4 000 元的工作,你可能会很乐意接受,并且努力为公司工作。但是,如果一个月之后你发现另一个和你同时毕业、与你的年龄、学历相当的同学的月薪是 5 500 元的时候,你有何反应?你可能会很失望,工作起来也不那么有干劲了。虽然对于一个大学毕业生来说,4 000 元的收入已经挺高的了,你自己也知道这一点,但是问题的关键在于你觉得不公平。

那么什么是公平呢?公平就是与其他同等状况的人相比较而言的平等待遇。许多事实表明,员工对自己是否受到公平合理的对待十分敏感。当一个人获得报酬后,他更加注重的不是报酬的绝对值,而是与他人对比的相对值。大多数人都会自觉或不自觉地将自己付出的劳动代价及其所得到的报酬与他人进行比较,并对公平与否做出判断,比较和判断的结果直接影响今后的工作动机和行为。因此,从某种意义来讲,动机的激发过程实际上是人与人进行比较,做出公平与否的判断,并据以指导行为的过程。

> ※ **管理故事** 10-3
>
> ### 关注小人物
>
> 赫布·鲍姆曾担任过 Dial 公司的总裁兼首席执行官。他关于"关注小人物"的建议反映了对公平理论的本质理解。鲍姆将自己的工资与员工收入中最低者的工资进行了对比,并采取了措施来平衡这种不公平现象。在 Quaker State,当他听到员工描述他们是如何对每一美元精打细算,甚至是为自己孩子买鞋这种小事都要斤斤计较后,他放弃了公司给自己配的汽车,从自己的奖金中拿出了 15.5 万美元分给公司里 155 名工资收入最低的员工。这些措施可能无法完全抹平收入不平等的现象,但是却给予了员工个人劳动成果以外的收获——即受到高层管理者关注的感觉。个人收获的增加又促使员工更大程度地投入。

公平理论又称社会比较理论,它是美国行为科学家斯塔西·亚当斯在《社会交换中的不公平》(1965)等著作中提出来的一种激励理论。亚当斯认为,人们用投入产出比衡量是否公平。工作投入包括教育、经验、努力以及能力。工作产出包括工资、赏识、福利和晋升。一般人们会通过横向比较和纵向比较来判断其所获报酬的公平性。

(1)横向比较

所谓横向比较,就是将自己与他人进行比较,来判断自己所获报酬的公平,从而据此做出相应的反应。我们以图 10-9 来说明。

如果 $\dfrac{O_a}{I_a} = \dfrac{O_b}{I_b}$,员工感觉是公平的,即感觉自己获得的报酬与他人的类似努力所获取的报酬是相等的,那么他就会认为自己受到了公平的对待,可能会因此而保持工作的积极性和努力程度。

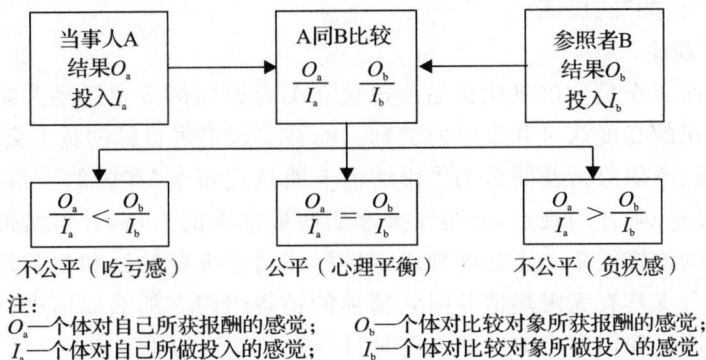

注:
O_a—个体对自己所获报酬的感觉;　　O_b—个体对比较对象所获报酬的感觉;
I_a—个体对自己所做投入的感觉;　　I_b—个体对比较对象所做投入的感觉

图 10-9　公平理论

如果 $\dfrac{O_a}{I_a} < \dfrac{O_b}{I_b}$,员工感觉吃亏了,对组织的激励措施感到不公平,那么他将会采取一系列措施来减轻不公平感:可能要求加薪来增加报酬,也可能通过减少努力来降低投入,如出废品、怠工、缺勤、浪费原材料或降低设备保养质量等;也可能要求组织减少比较对象的收入或者促使其今后加大努力程度;还可能从心理上改变对这些变量的认识,如设想自己获得某种较虚的额外奖励(如领导的看重),或贬低对方所获价值;最后还可以改变参照对象,以"比上不足,比下有余"来安慰自己,或者退出比较,辞职另谋高就。

如果 $\dfrac{O_a}{I_a} > \dfrac{O_b}{I_b}$,员工感到自己所得远远超过其付出,他可能要求减少自己的报酬或在开始时主动多做些工作,但久而久之,员工会重新估计自己的技术水平和工作状况,直到他觉得确实理所应当得到那么高的待遇,于是产出便又回到过去的水平了。

(2)纵向比较

除了横向比较外,人们也经常做纵向比较,即把自己目前投入的努力与目前所获得报酬的比值,同自己过去投入的努力与过去所获报酬的比值进行比较。比较的结果也有三种:

若二者等值,人们认为激励措施基本公平,积极性和努力程度可能保持不变。

若目前的比值较高,一般情况下,人们不会觉得所获报酬过高,因为他可能会认为自己的经验和能力有了提高,其工作积极性不会提高多少。

若过去的比值较高,则此人会觉得很不公平,工作积极性会大幅下降,除非管理者增加报酬。

应当指出,公平比例的计算和对比过程都是非常主观的和基于个人知觉的。投入中人们往往会着眼于少数认为超过对方的项目,回报中只找自以为吃了亏的那部分;感到公平时,多归为内因,其中归于具体的个人因素(如勤奋、能力等)多于抽象的个人因素(如运气好);感到不公平时,则多归于外因,其中归于具体因素(如领导品德、能力等)多于抽象因素(如机遇差)。员工感到不公平时,哪怕是升职或加薪也不会产生任何激励作用。因此,管理者要力图为员工创造一种公平感,使等式在客观上成立,如奖酬制度要有民主性与透明性,以使其下属持续受到激励。其次,为员工创造机会均等、公平竞争的条件,并引导员工把注意力从结果均等转移到机会均等上来。最后,加强教育培训,让员工正确客观地评价自己与他人的"投入"与"报酬"的比例。

3. 目标设定理论

为实现目标而工作是玫琳凯化妆品公司独立美容顾问的重要激励源泉,她们因为自己的成就而获得公司的高度认可和丰厚的奖励。能够实现销售目标的员工会获得包括黄金珠宝首饰、貂皮大衣、豪华旅行及闻名的"粉红色卡迪拉克轿车"在内的一系列璀璨夺目的奖品。按照玛丽·凯·阿什的观点,公司要挑选那些最优秀的人员,并付给他们最高的报酬,以巩固所有积极的销售成果。正是这种设定目标并给予大肆鼓励和奖赏员工的企业文化,为玫琳凯打造了一支具有无限热情及团队精神的销售组织。那么如何进行目标设置,目标对员工的激励机制是如何发生的? 这些正是目标设定理论的研究内容。

目标设定理论(Goal Setting Theory)认为目标本身就具有激励作用,困难的目标比相对容易的目标更可能带来好的工作绩效。一旦员工接受了一个具有挑战性的目标,员工就会向着目标努力,获得工作绩效;组织根据绩效给员工相应的内在和外在奖励,从而最终决定了员工的满意度,满意度作为一种结果反过来影响员工新的目标设置。

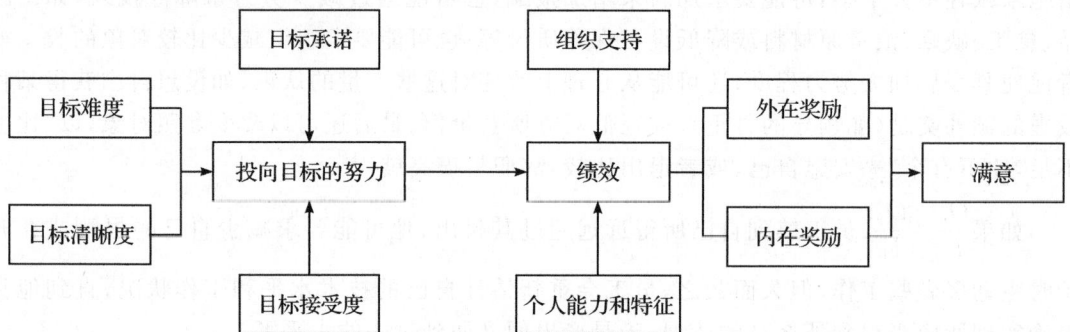

图 10-10　目标设定理论

在这个模型中,有以下几点需要注意。

(1)目标难度

目标应当是既具有挑战性又能达到的。研究表明,有一定难度的目标比唾手可得的目标更能激发人的工作行为,达到更好的工作绩效。但目标的难度必须适中,过于困难、无法达到的目标会使人受到挫折,丧失信心。在这种情况下,工作绩效甚至会低于容易目标下的工作绩效。苏宁集团宣布 2012 年其旗下电子商务部门苏宁易购的销售目标是300 亿元,而 2011 年的基数还只有 80 亿元,公司内外对这一销售目标的可行性都不免有所怀疑。

(2)目标清晰度

明确清晰度是工作目标的另一个重要属性,体现在工作任务的内容和方向、最后完成期限和应达到的绩效标准等方面。目标内容可以是模糊的,如"获得很高的利润";目标也可以是明确的,如"实现 15％的利润"。明确而具有挑战性的目标比模糊的目标能导致更高的绩效水平。

(3)目标承诺

个体本身对目标的兴趣程度。发誓采取一切必要措施将成本削减 10％的经理对实现目标做出了承诺。当个体具有较高的目标承诺时,设置了较高目标的个体,其绩效也会达到较高水平。有助于提高目标承诺的因素包括个人参与目标的设定过程,设定有挑战性的目标等。

（4）目标接受度

个体接受目标的程度。个人必须接受目标,目标才会对个人行为起到激励作用。影响个人接受目标的因素是多方面的,例如,提出目标的管理者的威信,员工是否参与目标设置,奖励制度是否具有吸引力以及个人达到目标的信心等。

（5）绩效与奖励

投向目标的努力、组织支持、个人能力和特征之间的相互作用决定了实际的绩效水平。而绩效取得后,个体可以获得内在或外在的奖励,这些奖励反过来又会影响满意程度,进而引起反馈。由于反馈的作用,个体就能够把实际得到的奖赏与期望得到的奖赏联系起来。这种对比会影响到目标承诺水平的变化。个体的满意感和对目标的承诺使他们愿意接受新的挑战,这样就能导致新一轮高绩效的产生。反过来,如果没有满足这个高绩效循环的要求,如低挑战性,缺少回报,就会导致低绩效循环。

> ## 管理工具 10-1
>
> ## 制定目标的 SMART 原则
>
> 制定目标看似一件简单的事情,每个人都有过制定目标的经历,但是如果上升到技术的层面,经理必须学习并掌握 SMART 原则。
>
> S＝specific(明确性),绩效目标必须是具体的,不能笼统;
>
> M＝measurable(可衡量性),绩效目标是数量化或者行为化的;
>
> A＝attainable(可达成性),付出努力的情况下可以实现,避免设立过高或过低的目标;
>
> R＝relevant(相关性),与本职工作相关联的;
>
> T＝time-bound(时限性),注重完成绩效目标的特定期限。
>
> 无论是制定团队的工作目标还是员工的绩效目标都必须符合上述原则,五个原则缺一不可。制定的过程也是自身能力不断增长的过程,经理必须和员工一起在不断制定高绩效目标的过程中共同提高绩效能力。

实践目标设定理论的一个著名方法是目标管理(MBO)。我们在第 5 章已提及,在目标管理系统中,员工和上级共同设定要在一定时间内完成的一系列可衡量的目标。目标管理法使企业可以把组织目标分解为具体的子目标,并分配给企业中不同的个人和部门,从而推动组织整体目标的实现。

目标管理法有几个优点:第一,目标的逐级分解意味着组织每个层次的目标都与组织的目标联系在一起。第二,每个人都清楚组织对自己的期望是什么。通过与既定目标比较,就很容易评价和奖励员工的贡献。第三,由于员工与管理者共同参与了目标制定过程,工作信息"自上而下"和"自下而上"双向流动,有利于提高效率。最后,员工参与了决策过程,充分调动工作的主动性和创造性,将个人利益和组织利益紧密联系起来,因而提高了士气。

但在实际操作中,目标管理也存在许多明显的缺点:例如组织内的许多目标难以定量

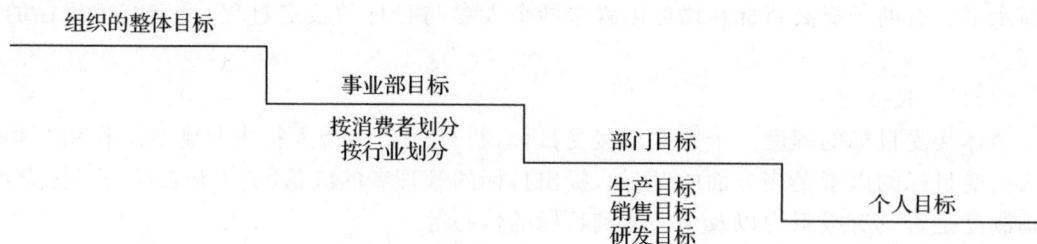

图 10-11　组织目标分解

化、具体化；目标制定过程需要上下沟通可能增加管理成本；在每个部门、个人关注自身目标的过程中，很可能忽略了相互协作和组织目标的实现等。鉴于上述分析，在推行目标管理时，除了掌握具体的方法外，还要特别注意把握工作的性质，分析其分解和量化的可能性；培养员工的合作精神，改进领导作风和工作方法，使目标管理建立在一定的思想基础和科学管理基础上；逐步推行，长期坚持，不断完善，从而使目标管理发挥预期的作用。

4. 过程型激励理论的评价

过程型激励理论侧重于从行为科学的角度研究人的行为受到哪些因素的影响，如何引导与改变人的行为方向等问题，注重动机与行为之间的心理过程。这类理论表明，要使员工出现企业期望的行为，必须在员工的行为与员工需要的满足之间建立起必要的联系。

10.2.3 行为矫正型激励理论

行为矫正型激励理论应用的一个经典案例是 20 世纪 70 年代艾默瑞(Emery)空运公司进行的关于包裹搬运工工作方式的研究。艾默瑞的管理层从节约经费的角度考虑，要求搬运工尽可能使用集装箱。当要求搬运工回答集装箱的利用率时，标准回答为 90%，但艾默瑞的分析发现实际利用率只有 45%。为鼓励员工使用集装箱，管理层建立了一项反馈和积极强化的方案。每个搬运工接受指导并记录他每天的装运量，无论是使用集装箱的，还是没使用集装箱的，每天结束，搬运工计算自己的集装箱利用率。几乎不敢相信，集装箱的使用率在方案实施的第一天就猛升到 90% 以上并且一直保持在这个水平。艾默瑞称这个简单的反馈和积极强化方案在 3 年内为公司节省了至少 200 万美元。

行为矫正型激励理论研究的是行为与其结果之间的关系，为什么某些行为可以长期保持，而另一些行为却发生了改变。该理论强调通过适当运用及时奖励和惩罚来改变或修正人们的行为方式和状态，使其朝向组织所希望的方向发展，故又称为结果反馈型激励理论，主要包括强化理论、归因理论、挫折理论等。

1. 强化理论

强化理论是由美国哈佛大学的心理学家斯金纳(B. F. Skinner)等人提出的。斯金纳在巴甫洛夫经典条件反射基础上提出了操作性条件反射，他自制了一个"斯金纳箱"，在箱内装一特殊装置，压一次杠杆就会出现食物。他将一只饿鼠放入箱内，它会在里面乱跑乱碰，自由探索，偶然一次压杠杆就得到食物，此后老鼠压杠杆的频率越来越多，即学会了通过压杠杆来得到食物的方法。斯金纳将其命名为操作性条件反射或工具性条件作用，食物即是强化物，运用强化物来增加某种反应（即行为）频率的过程叫作强化。斯金纳认为强化训练是解释机体学习过程的主要机制。例如，当小鼠按压杠杆后伴随电刺激，使小鼠感到疼痛，几次后小鼠就习得了不去按压杠杆的条件反射。积极强化是获得强化物以加强某个反应。消极强化是去掉可厌的刺激物,是由于刺激的退出而加强了那个行为。故此,该理论认为人的行为是对其所获刺激的函数。如果这种刺激对他有利,则这种行为就会重复出现;若对他不利,这种行为就会减弱直至消失。因此管理者要采取各种强化方式,以使员工的行为符合组织的目标。

(1)强化的方式

①正强化

正强化就是奖励那些符合组织目标或为达到组织目标做出贡献的行为,以使这些行为得到进一步的加强。例如,企业用某种具有吸引力的奖励(如奖金、休假、晋级、认可、表扬等)以表示对员工努力进行安全生产行为的肯定,从而增强员工进一步遵守安全规范进行安全生产的行为。

②负强化

负强化也称规避性学习,是通过避免令人不快的结果来增加符合组织目标的行为,从而保证组织目标的实现不受干扰。例如员工平时总是因为迟到而受到批评,一旦某天准时上班,管理者就应停止对他的批评。

③忽略

忽略是指对某种行为取消正强化,以表示对该种行为的某种程度的否定。一种行为如果长期得不到正强化,就会逐渐自然消退。例如,上述总是迟到的员工,在年终的时候,既没有得到表扬也没有获得加薪,那么他就会开始认为该行为并不能为自己带来合意的结果。需要注意的是,忽略虽然可以有效减少不合乎需要的员工行为,但却不能鼓励合乎需要行为的发生。

④惩罚

惩罚是指以某种强制性和威胁性的后果来表示对某种行为的否定,借此减少不合意行为的发生频率。惩罚的方式也是多种多样的,如批评、降职、减薪、解雇等。例如,经理对难以容忍的员工行为,提出口头批评,或做出非语言表情,如皱眉、进攻性身体语言等,从而告诫员工这种行为是不良的,应该予以避免。实施惩罚的方式应以连续惩罚为主,即对每一次不符合组织的行为都应及时予以惩罚,消除人们的侥幸心理,减少这种行为重复出现的可能性。

对于所有的管理者来说在运用强化理论时都应该注意以下四方面的问题:

第一,必须针对行为的结果给予及时的强化,不管是表扬、奖励,还是批评、惩罚,都不能时隔太久进行。

第二,必须针对行为给予明确的强化信息。对事不对人,不管谁这样做都会得到奖励或惩罚。

第三,强化的频率不能太高,经常表扬和总是批评都会降低强化的力度和效果,简短强化会更加有效。

第四,要尽量运用正强化,而尽量避免

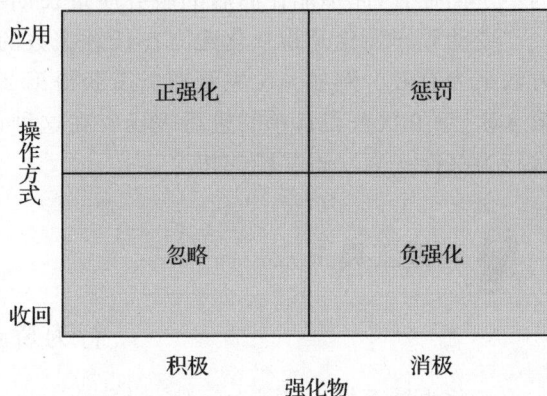

图 10-12　四种强化方式

惩罚。过多运用惩罚,往往会造成员工心理上的创伤,容易引起对抗情绪,甚至采取欺骗、隐瞒等手段来逃避惩罚,管理者在运用惩罚时要特别注意技巧。

(2)强化的时机

强化的内容很重要,同样重要的还有强化的频率和时间间隔。因此,管理者应该选择那些能对员工工作行为产生最大影响的强化时间表。

表 10-3　强化的时间表及其影响

强化时间表	强化的性质	使用时对行为的影响	取消时对行为的影响	应用范例
连续强化	每一次良好行为出现后给予奖励	快速学会新行为	迅速消失	表演
固定间隔强化	按固定时间间隔给予奖励	中等程度不稳定绩效	迅速消失	月工资
固定频率强化	在固定产出后给予奖励	迅速带来高且稳定绩效	迅速消失	计件工资制
变动间隔强化	不定时给予奖励	中等程度稳定绩效	缓慢消失	随机绩效考评
变动频率强化	不定产出给予奖励	高绩效	缓慢消失	奖励与销售额挂钩,不定期检查

①连续强化。当某一行为一经出现就会得到强化。这种方法在学习某些新行为的初始阶段很有效,因为每一次努力都能得到相应的回报,但行为很容易消失,且采用这种强化方式的成本也很高。

②间隔强化。当在某一行为出现多次后才会得到强化。间隔强化的时间表有四种:固定间隔强化、固定频率强化、变动间隔强化和变动频率强化。

固定间隔强化是指按照某一特定的时间间隔对员工进行奖励,如每月支付工资。但这种激励的力度不强,因为不论员工表现如何,他总是能领到工资。

固定频率强化是指在特定的良好行为出现一定的次数后进行奖励,如银行业务员办理信用卡时,完成一定的指标就可以获得相应额度的奖励。

变动间隔强化指在员工无法预测的任意时间对员工的行为进行强化,如星级酒店内部的不定期抽查,此举能让酒店的服务质量长期保持在一个较高的水平。

变动频率强化是指强化建立在任意次数的良好行为而不是变化的时间段的基础上,该方法最为有效。例如一位主管在员工获得第 2 次订单的时候给予表扬,此后分别在第 5 次、第 8 次、第 9 次获得订单时进行表扬。在这种情况下,员工的良好行为会持续出现,因为每次行为都能提高获得奖励的机会。

管理工具 10-2

行为矫正技术

行为矫正技术(behavior modification),也称 OB Mod。组织行为矫正具体分为五个步骤:

1. 识别与绩效有关的行为事件。行为矫正法首先要确认哪些行为对工作绩效有显著影响。往往出现的情况是,关键行为虽然只占所有行为的 5%～10%,但对绩效的贡献可能高达 70%～80%。

2. 测量有关行为。管理者要确定绩效的基线水平。

3. 识别行为的绩效结果。采用功能分析法鉴别工作行为的各种情境因素,以便管理者了解出现各种行为的原因。

4. 拟定并执行干预措施。为了强化必要的绩效和削弱不必要的行为,适当改变某些绩效—报酬的关联因素,使得绩效与奖励高度正相关。

5. 评估绩效的情况。

2. 归因理论

归因理论最早是美国心理学家海德(F. Heider)发展起来的。归因就是对某种行为的结果找出原因。海德认为事件的原因无外乎有两种:一是内因,比如情绪、态度、人格、能力等;二是外因,比如外界压力、天气、情境等。一般人在解释别人的行为时,倾向于内因归因;在解释自己的行为时,倾向于外因归因。在管理过程中,管理者可以利用归因理论来改变人的认识,达到改变人的行为的激励效果。

美国心理学家伯纳德·韦纳(B. Weiner,1974)继承并发展了海德的观点,认为人们的行为获得成功或遭到失败,主要归因于四个方面的因素:努力、能力、任务难度和机遇。这四个因素可以按内外原因、稳定性和可控性三个维度来划分。从内外原因看,努力和能力属于内部因素,而任务难度和机遇属于外部因素;从稳定性来看,能力和任务难度属于稳定因素,努力和机遇属于不稳定因素;从可控制性来看,努力是可控制的因素,能力在一定条件下是不可控因素,但人们可以提高自己的能力,这种意义上的能力是可控的,任务难度和机遇则不以人的意志为转移。

韦纳的归因理论认为,人对前次成就的归因将会影响到他对下一次成就行为的期望、情绪和努力程度等。也就是说,人们把成功和失败归因于何种因素,对以后工作的积极性有很大影响。如果把失败的原因归结为相对稳定的、可控的或者内部的因素,就会容易使人动摇信心,而不再保持努力行为;相反,如果把失败的原因归结为相对不稳定的、不可控的或者外部因素,则人们比较容易继续保持努力行为。因此,归因理论可以给管理者很好的启示:当员工在工作中遭到失败时,如何帮助他寻找正确的原因,引导他保持信心继续努力,以争取下一次行动的成功。

3. 挫折理论

深圳富士康集团 2010 年 5 月 25 日发生该集团 2010 年以来第 11 宗员工跳楼事件,共造成 9 死 2 重伤。富士康的等级制度森严,员工特别是一线技工长期处于一种高度紧张的高强度工作状态,还要忍受管理人员的辱骂甚至体罚。人几乎已经变成机器,自尊心几乎完全被忽视,富士康也被境内外媒体称作"精神血汗工厂"。可见,当员工的动机行为受阻而未能满足需要时,由此而导致的行为表现将极大影响工作效率,甚至是更为严重的后果。如何将消极性行为转化为积极性、建设性行为,这些都是挫折理论的研究范畴。

挫折理论是由美国的亚当斯提出的。挫折是指人类个体在从事有目的的活动过程中,指向目标的行为受到阻碍或干扰,致使其动机不能实现,需要无法满足时所产生的情绪状态。从积极的角度看,挫折可以帮助人们总结经验教训,增强人们解决问题的能力,引导人们用更好的方法去满足需要;从消极的角度看,挫折过大将会引起心理痛苦、情绪波动、行为偏差,甚至会引起种种疾病,这无疑将大大挫伤员工的积极性,影响工作效率。

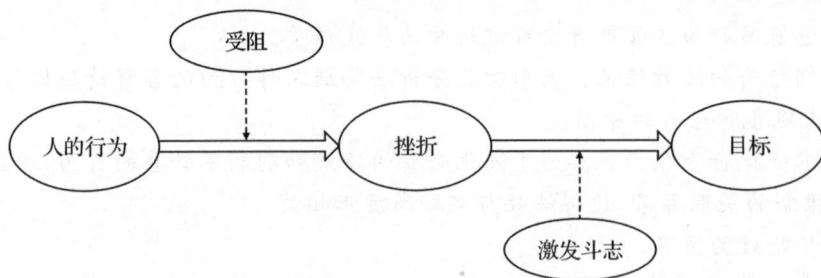

图 10-13　挫折理论

（1）产生挫折的原因

挫折是人的一种主观心理感受,一个人是否体验到挫折,与他自己的抱负水平密切相关。同样两个销售员,甲的指标是销售额 100 万元,乙的指标是销售额 60 万元,结果两人都完成 80 万元的销售额,这对乙来说会感到成功和满足,而对甲来说则会感到是一种挫折。引起挫折的原因既有主观的,也有客观的。主观原因主要是个人因素,如身体素质不佳,个人能力有限,认识事物有偏差,性格缺陷,个人动机冲突等;客观原因主要是社会因素,如企业组织管理方式引起的冲突,人际关系不协调,工作条件不良,工作安排不当等。

（2）受挫后的行为表现

相同的情境,由于人们的心理状态、需要动机以及思想认识的不同,在遇到挫折时的表现也会不大一样,大致可分为三种行为。

①坚持行为:遭受挫折后其行为并不改变。这种反应常出现于自信心或个性较强的人身上,所谓的屡败屡战就是这种状态。

②放弃行为:因遭受挫折而丧失了实现目标的信心并停止了原来的行为。例如,某些工作热情高但性格较弱的员工,在他们提出合理化建议被管理层否定或遭到讽刺挖苦时,便产生多一事不如少一事的消极放弃行为。

③对抗行为:遭到挫折后的强烈反抗行为。对抗行为按其表现方式可分为直接对抗和转向对抗两种。直接对抗是指一个人遭到挫折后,产生强烈的愤怒情绪,对构成挫折的人或物进行面对面的直接攻击。这种对抗多以动作、表情、语言、文字等方式表现出来,如一个人无端受到侮辱,他可能会怒目而视、以牙还牙来给以反击。通常对自己的能力和其他方面有较大自信的人容易产生对抗行为。当个人察觉到阻碍自己达到目标的对象因某种原因（如对象为自己的顶头上司或重要任务）而不敢直接对抗时就出现了转向对抗,结果是把愤怒的情绪发泄到毫不相干的人或物上。

（3）对受挫员工的管理措施

员工受挫后产生的不良情绪及其伴随的消极性行为,不仅对其自身的身心健康不利,同时还会影响组织气氛和绩效,甚至导致事故的发生。因此,管理者应该重视员工的挫折问题,采取措施防止挫折心理给员工本人和组织带来的不利影响。首先,管理者要及时了解、分析、预防和排除产生挫折的根源,帮助员工用积极的行为适应挫折,如合理调整无法实现的目标;其次,通过培训提高员工工作能力和技术水平,增加个人目标实现的可能性,减少挫折的主观因素;再次,改变或消除容易引起员工挫折的工作环境,如改进工作中的人际关系,实行民主管理,合理安排工作岗位,改善劳动条件等,以减少挫折的客观因素;最后,与下属保持积极沟通,消除或减弱员工受挫的心理压力等。

✳ **管理故事** 10-4

鞋带松了

有一位表演大师上场前,他的弟子告诉他鞋带松了。大师点头致谢,蹲下身来仔细系好。等弟子转身后,又蹲下来将鞋带解松。

有人不解地问:"大师你为什么又将鞋带解松?"大师回答:"因为我饰演的是一位劳累的旅者,长途跋涉让他的鞋带松开,可以通过这个细节表现他的劳累憔悴。"

"那你为什么不直接告诉你的弟子呢?"

"他能细心的发现我的鞋带松了,并且热心地告诉我,我一定要保护好他的这种热情的积极性,及时给他鼓励。至于为什么要将鞋带解开,将来会有更多的机会教他表演,可以下一次再说啊。"

来源:http://club.offcn.com/thread-202146-1-1.html

---

4. 行为矫正型激励理论评价

行为矫正型激励理论强调行为是其结果的函数,管理者通过适当运用奖惩手段,集中改变或修正员工的工作行为。为了真正实现它的作用,这种矫正必须是及时的,并且要注意保持一致性。不足之处在于该理论忽视了诸如目标、期望、需要等个体要素,而仅仅注重当人们采取某种行动时会带来什么样的后果。

10.3 人员激励的方法和技巧

激励是管理工作中不可缺失的一环。建立合理有效的激励制度,是管理者的本职工作之一。虽然近年来一些企业越来越重视激励管理,并尝试着进行了激励机制改革,也取得了一定的成效,但在对激励的认识上还存在着一些误区。

10.3.1 激励的误区

1. 激励等同于奖励

近年来,在"以人为本"、"人性化管理"大行其道的影响下,很多管理者简单地认为激励就是奖励,因此在设计激励制度时,往往十分重视运用奖励制度,轻视或忽略约束和惩罚措施。相对于正向激励,负向激励在数量、形式和力度上都相形见绌,有的企业虽然也制定了一些惩罚措施,但碍于各种原因没有坚决执行从而变成一纸空文,结果难以达到预期目的。

管理者应该看到的是,组织目标可能会引发员工的多种行为方式,其中的部分行为并不是组织所期望的。对于期望出现的行为,组织应该用正向奖励进行强化;对不符合期望的行为,要利用惩罚措施来进行约束;双管齐下,将员工行为引导到组织所希望的方向上来。

2. 同样的激励可以适用于任何人

许多管理者在实施激励的过程中,并没有对员工的需求进行认真的分析,"一刀切"地对所有人采取同样的激励手段,结果往往收效甚微。在管理实践中,要提高激励的有效性,首先必须建立在对个人需要认识的基础之上。对于一位职场单亲妈妈而言,最好的激励方式是帮助其寻找工作与生活的平衡,例如,提早下班时间以便接孩子放学。而对于其他人而言,则有着不同的激励方式。

3. 只要建立起激励制度就能实现激励效果

一些企业发现,在建立起激励制度后,员工不但没有受到激励,工作积极性反而降低了。某企业推出年终奖励计划,本意是借此调动员工的工作积极性,但是在实施过程中没有辅以系统科学的评估标准,最终导致"平均主义",极大地打击了员工的积极性。可见,一套科学有效的激励机制不是孤立的,应当与企业的一系列相关体制相配合才能发挥作用。其中,绩效评估是激励的基础。有了准确的评估才能保证相对的公平,提高员工的满意度,使激励起到应有的作用。

面对千变万化的企业环境,管理者首先要正视激励的内涵和作用,在理解各类激励理论的基础上,采取一定的激励方式和方法,因地制宜,因人而异地作用于被管理者的需求,有效地提高激励的效能。

10.3.2 激励的方法

3M 公司鼓励员工用 15%的时间来进行自己的研究,员工们可以完全按照自己的兴趣进行研究,这样做不仅使得 3M 公司成为世界上最具创新能力的公司之一,而且员工在这15%的时间内所发明出来的许多产品给公司带来了源源不断的利润。甲骨文公司让销售或技术上有突出贡献的员工到自己选定的任何国家度假一周,公司提供相关费用,并鼓励员工把度假过程中的照片和有趣经历发到公司内部网上,跟大家一道分享。硅谷的 Netbridge公司,员工的婚嫁长达两个星期,在员工婚礼当天,公司管理者还会亲自参加员工的婚礼,并向员工提供 500 美元的礼金……企业在实践过程中,不断探索各种可能的途径对员工进行激励,如何综合利用激励理论找到适当的激励方法是现代管理者思考的重要问题。目前可供管理者选择的激励技术和方法主要有以下四大类:工作激励、薪酬激励、发展激励和情感激励。

1. 工作激励

日本著名企业家道山嘉宽在回答"工作的报酬是什么"时指出:"工作的报酬就是工作本身。"这句话正说明了工作本身就是最好的激励,如果工作本身都不能激发起员工的激情与热情,那么其他再好的激励形式都是徒劳的。尤其在今天,当企业解决了员工基本的温饱问题之后,员工就更加关注工作本身是否具有乐趣和吸引力,工作内容是否丰富多彩,工作是否具有挑战性和创新性等。要满足员工这些较高层次的需要,主要通过以下三方面来实现。

(1)工作设计

本书组织一章谈到的工作设计的重点是为达到分工与协作的目的,在员工间对工作任务进行分配,此外还必须考虑到工作本身对员工的激励作用。其主要形式有工作轮换、工作扩大化、工作丰富化等。

①工作轮换

工作轮换是一种短期的工作调动,通过使员工定期地承担不同的任务来增加工作的多样性。摩托罗拉公司普遍实行工作轮换制度。公司给员工提供各种机会,这样做不仅有助于减轻员工因工作单一带来的烦躁感,使更多的人得到了锻炼,也便于每个人发现自己最适合的岗位。

②工作扩大化

工作扩大化将几种工作综合成一种涉及面更广泛的工作,从而给员工增加了工作种类和工作强度。IBM 公司的机器作业员通过参与设定机器的技能培训,新增了机器设定的工作项目。没多久,又增加了一项检查零件的工作,因为管理层发现作业员只要稍加训练,就懂得如何检验成品。出乎意料的是,像这样扩大员工的工作内容后,IBM 的生产数量和品质都大幅改善。

③工作丰富化

工作丰富化的核心是体现激励因素的作用,而不是单纯得对员工的工作进行变换。在工作丰富化的环境中,员工被赋予更多的责任、参与权和控制权。员工可以有更大的自主权和更高程度的自我管理,还有对工作绩效的反馈。

(2)多样化地安排工作时间

①可变工时制

传统的工作时间朝九晚五,每天工作 8 小时,每周工作 5 天。但这样的工时安排让员工很难处理日常的个人事务,遇到看医生、参加家长会、修车等事务时,就必须动用病假或年假,缺乏灵活性。为了解决这些问题,有些企业选择压缩每周工作时间,也就是用少于一周工作 5 天的时间完成 40 小时的工作,最普遍的形式是"4-40",也就是一周工作 4 天,每天工作 10 小时。对员工来说,这样做可以有更多的集中休闲时间,可以灵活安排,但是一天工作时间太长可能会增加个人疲劳而导致后段时间中工作效率降低。还有一些企业采用"9-80"的方法,员工按传统工时工作一周,压缩工时工作一周,这样每两周多一天休息。通过让一半的员工交替实行"9-80"工时制,组织任何时候都有员工在上班,但员工每周却可以增加两个休息日。

②弹性工作时间

在完成规定的工作任务或固定的工作时间长度的前提下,员工可以灵活地、自主地选择工作的具体时间安排,以代替统一、固定的上下班时间的制度。目前,弹性工作制主要有三种形式:

一是核心时间与弹性时间结合制,一天的工作时间由核心工作时间和环绕两头的弹性工作时间所组成。核心工作时间是指每天某几个小时所有员工必须到岗的时间,弹性时间是指员工可以在这部分时间内自由选定上下班的时间。例如某公司规定每天工作时间为 8 小时,不算 1 小时的午餐休息时间,核心工作时间可以由上午 9 时到下午 3 时,而办公室实际开放时间为上午 6 时到下午 6 时,在核心工作时间内,所有员工都要求来到工作岗位,但在这个核心区段前后的弹性时间内,员工可以任选其中的 3 个小时工作。

二是成果中心制。公司对职工的劳动只考核其成果,不规定具体时间,只要在所要求的期限内按质量完成任务就照付薪酬。如美国技标互运媒体公司就允许其 200 多名员工在完成当天任务的情况下自由选择上班时间。

三是紧缩工作时间制。员工可以将一个星期内的工作压缩在两三天完成,剩余时间由自己处理。如微软公司要求的是完成工作,而非工作时间的长短,员工可自由选择一天中上班时间和一周的上班天数。

实行弹性工作制,让员工自行管理上班时间的好处是显而易见的。一方面适度的工作弹性,可以使员工灵活地处理个人生活和工作间的关系,同时可以按照自己的方式和节奏进行工作;另一方面,由于员工感到个人的权益得到了尊重,满足了社交和尊重等高层次的需要,因而产生责任感,提高了工作满意度和士气。比如微软公司虽然实行弹性工作制度,但大多数人为了完成工作,反而比一般人的工作时间来得更长。

③工作分担

两个及以上的组织成员共同分担某一全职岗位的职责与工作时间,包括薪水与待遇,是长期非全日制工作方式中的一种。在英国,麦当劳正在试验一项非比寻常的计划——家庭合同(family contract),来降低一些餐厅的员工缺勤率和离职率。根据这种家庭合同,来自同一个直系家庭的员工可以代替彼此的任何工作轮班,而且并不需要向他们的经理事先申报。

④远程办公

通过现代互联网技术,实现非本地办公——在家办公、异地办公、移动办公等远程办公模式。远程办公有许多优点,如节省了时间和交通费用,跨越了区域的限制,全面提升员工的幸福感(更多的珍贵的家庭时间,更少的旅行相关的压力)等。在经济全球化的背景下,越来越多的企业开始呈现远程办公、办公家庭化、分散化的趋势。但远程办公的障碍也会持续增长,包括来自雇主的不信任和员工的个人无条理性。

(3)授权和参与

授权(empowerment)是通过与员工共享相关信息,并让其控制影响工作绩效的因素,给予员工更多自主权的过程。参与(participation)是让员工在涉及自己工作的决策中发挥作用。当管理者运用这些方法时,员工们逐渐相信他们有能力、受重视,自己的工作有意义、有效果,自己的才能有机会发挥。实际上,当员工被合法地授权后,多数情况下他们会在组织所看重的绩效中尽力回报。同时,员工主动参与管理能够在不同程度上使员工产生主人翁意识,使他们在决策过程的不同阶段提出建议,尤其重要的是,让员工感到可以在工作环境中做出选择。美国东方航空公司曾经实行这样的计划:允许作业人员对直接影响他们工作的决策有更多的发言权。在实施这项决定之后,仅仅机械技工的生产力就大有提高,价值合计 5 000 万美元。

管理工具 10-3

财务资讯共享管理

在斯普林菲尔德再制造公司(SRC)重型部的管理者集中讨论了厚厚的财务文件之后,24 小时内,工厂的每一个员工都能看到同样的信息。规模不同的许多公司都通过公开财务报表让员工知道企业的决策。信息共享使员工受到激励,使他们在自己的工作中做出更好的选择,更加能够理解他们的工作任务和工作方式的重要性,以及最终的影响。这种方法叫作 Open-Book Management,即财务资讯共享管理。财务资讯共享管理源自于约翰·斯坦克(John P. Stack)在"春天再制公司"(Spring Field Remanufacturing)的经验,他强调公司的成员都能很容易地取得并分享公司的财务资讯。

　　主要理念是,如果公司每一位成员都能够了解财务报表数字所代表的意义,将更能改善管理者与部属之间的关系,员工将更能理解公司的获利与否和加减薪的关系。另外,员工将因为了解公司的成本支出状况,更为节省。财务资料的知悉,将会使公司成员在从事生产或提供服务时,做出更适当的行动,更专心从事生产或服务,以便产生更好的资产负债表。

　　为此,在管理技术上,财务资讯共享管理强调实施"企业与财务教育",训练员工阅读财务报表的数字的能力。此外,运用三种会议,使员工得知公司的财务现况,这三种会议分别是:前期汇报、主要汇报、后期汇报。

　　资料来源:http://baike. baidu. com/link? url ＝ 1s3EEm-AQRUmPjBn87kzHJabkg W2NGkykFf1 FeXBnGfLnzdQU0MgviIH_A-cnR75vrnZL1jCl-BuVKL2l7FnSq

2. 薪酬激励

薪酬是组织成员通过完成组织所安排的工作目标而获得的一种劳动报酬,它是企业对员工提供劳务和所做贡献的回报,可界定为直接薪酬和间接薪酬两种形式。直接薪酬包括工资、奖金、年薪,间接报酬包括福利、红利和股权等。其中福利是对工资或奖金等难以包含、准确反映情况的一种补充性报酬,可以不以货币形式直接支付,如带薪节假日、医疗、安全保护、保险等。薪酬不仅是员工的一种谋生手段,而且在很大程度上决定了员工的满意度,在激励员工的措施中占有相当重要的位置。所谓的薪酬激励就是要通过合理设计薪酬体系对员工进行激励,一般有以下两种形式。

(1)直接增加薪酬额度

虽然金钱不是万能的,但对于企业管理而言,工资、津贴、货币性福利等金钱激励永远是一个不可或缺的手段。显然,如果能将金钱激励与员工的工作绩效紧密联系起来,充分体现按劳分配这一理念,能有效促进高绩效员工获得高期望薪酬,以此激励员工继续保持高绩效行为。

管理者可以把薪酬建立在个人绩效、团队绩效或者组织绩效的基础上。当个人绩效(如销售人员销售商品的价值等)能够准确确定时,以个人绩效为基础支付薪酬对其激励作用最大。当组织成员以团队形式工作,个人绩效难以准确衡量时(如设计小组共同开发了一个游戏软件),就必须使用以团队绩效为基础的薪酬计划。当组织目标的实现与团队成员的团结合作和共同努力密切相关时(如一家小型装修公司),基于组织绩效的薪酬计划显然更加合适。在海尔集团,已经形成点数工资、岗位工资、计件工资、承包工资、年薪制等十余种工资形式。无论哪一种工资形式,海尔都采取了将工资与员工的工作绩效相挂钩的形式,实现了"多劳多得,少劳少得,不劳不得"的目标。海尔完善的绩效工资制度充分发挥了员工的工作积极性,员工的每一分努力都会换来相应的物质回报。

(2)间接增加薪酬额度

有很多薪酬激励方式并没有直接增加员工的薪酬额度,但是却通过各种方式间接地增加了薪酬收益,这些薪酬激励方法在实践中受到了员工的普遍欢迎。

①带薪休假

带薪休假制度对于员工来说具有相当大的吸引力,特别是对于新时代追求丰富业余生活的员工来说,更是情有独钟。美国有线电视新闻网(CNN)发布了一份各国"带薪假期"时间长短的排行榜。巴西和立陶宛以41天位居榜首,中国以21天排名最后一位。不仅如此,一些劳动力结构性过剩比较突出的行业,多数无法享受带薪休假待遇。

②员工持股计划

员工持股计划(Employee Stock Option Plan,简称ESOP)是指通过让员工持有本公司股票和期权而使其获得激励的一种长期绩效奖励计划。企业内部员工出资认购本企业部分股权,委托专门机构(一般为员工持股会)进行管理运作,并参与持股分红,使员工分享改进工作的利润绩效,这实际上是公司以放弃股权为代价来提高生产效率水平。员工持股计划使得员工们更加努力工作,因为他们是企业的所有者,要分担企业的盈亏。在华为深圳总部的一间密室里,有一个玻璃橱柜,里面放了10本蓝色的册子。这些册子有助于回答一个困扰美国政府的问题:谁是这家中国大型电信设备企业的真正所有者。据外媒金融时报报道,这些厚达数厘米的册子里记录着约80 000名员工的姓名、身份证号码以及其他个人信息。华为表示,册中的员工持有公司约99%的股份。

③股票期权激励计划

该计划是企业资产所有者对高层次经营和技术人才实行的一种长期激励的报酬制度。公司董事会在股东大会的授权下,代表股东与以经营者为首的激励对象签订协议,经营者享有在约定期限内以预先确定的价格购买本公司股票的权利,如该股票价格届时上涨,经营者可以在他认为合适的价位上抛出股票,赚得买进和卖出股票的差价。但在合同期内期权不可转让,也不能得到股息。通过将企业高层经营管理者年薪中利润分享报酬的全部或部分转化为股票期权的形式,可以达到长期激励的效果,使其不但关心企业的现在,更关心企业的未来。2011年3月23日,地产龙头万科公布了其调整后的股权激励计划。与2010年10月25日公布的第一份草案相比,修改后的股权激励计划在激励对象、行权期限等方面均做出了调整,但在期权授予总量与考核条件上并无变化。10月25日的草案显示,本次股权激励对象的总人数为851人,占公司当时在册员工总数的3.94%。而修改后的股权激励计划则将激励对象的总人数下调为838人,占公司目前在册员工总数的3.88%。而在这减少的13人中,便包括年初辞职的公司前执行副总裁徐洪舸与副总裁肖楠两人。其中公司前执行副总裁徐洪舸在第一份草案中拟被授予220万股票期权。

④特殊福利

福利是薪酬体系的重要组成部分,大多表现为非现金收入,它以其多样的形式和丰富的内容满足了员工的需要,提升员工对企业的忠诚度。这种特殊福利包括无偿使用组织的车辆、带家属旅行、补充性保险福利、专项无息贷款等。有时候,企业在创新福利上的金钱投入并不需要太多。有一家美资公司,为每位员工申办了一张信用额度5万元的公司信用卡,员工加班超时来不及回家时,可以自由选择入住公司签约的任何一家五星级酒店,用公司的信用卡结账。表面上看,这家公司对员工福利的投入相当高,实际上,几乎很少有员工会滥用此项资源。但这项福利却让员工感受到了公司的关心和信任,这是企业花小钱笼络人心的典型案例。

越来越多的企业希望通过创新福利对员工进行感情投资。例如新加坡企业注重员工的家庭关系,企业会通过办婚前讲座、亲子讲座等拉近与员工及其家庭的距离。日企的文化鼓励员工下班后喝酒聚会,一家日资房产公司为员工提供了几千美元的"促进交流"活动费。企业想通过感情投资唤醒员工的感恩情结,培养员工的忠诚度。

3. 发展激励

企业为员工提供了一定的岗位,但员工不仅仅是为了每天的生活而工作,他们更追求未来的发展空间。就像球队一样,可以高薪聘请大腕球星,但是如果这些球星以后只能和乙级队打比赛,过不久就会离开球队。因为他们看不到未来的奋斗目标,自己的成长空间被缩小了。对于企业来说,最大限度挖掘员工的潜能,帮助员工做好职业生涯规划,为每一位员工提供一个不断成长、建立职业成功的机会,就是最具长期效应的激励。

首先,企业要帮助员工做好自我评价。通过帮助员工确定兴趣、价值观、资质以及行为取向,指导员工思考当前所处职业生涯的位置,制定出未来的发展计划,评估个人的职业发展规划与当前所处的环境以及可获得的资源是否匹配。华为总裁任正非认为,所有的员工都需要导师的指导,这项"全员导师制"不仅可以帮助员工迅速适应工作岗位,还可以促使员工获得发展,满足员工职业生涯发展的需要,对激发员工的主观能动性无疑有着积极的作用。

其次,企业要帮助员工制定职业规划。确保员工制定的目标是具体的、富有挑战性的、可以实现的;确定员工在达成目标时所需要的资源,通过安排员工参加培训课程和研讨会、获得新的工作经验、获得更多的评价等方式,承诺并帮助员工达成目标。强生威尔食品公司有个"个人发展小组",由整个小组协助员工设定他们的职业目标,在目标设定之后,公司还会出资帮助他们达成目标。

再次,通过绩效考核确保员工的职业生涯规划落到实处。绩效考核成绩与薪酬福利等直接挂钩,通过职业生涯管理工作的实际效果,即员工的职业生涯发展情况等相关指标,进行绩效考核,借助绩效考核指标的引导可以达到督促管理者将职业生涯管理工作落到实处。在深圳世联行地产顾问股份有限公司,每位刚入职的新人都会有一个指导人,被指导人的工作表现情况、能力提升速度将会影响到指导人的绩效考核。

最后,完善培训体系。完善培训体系是一个企业自身不断成长,内部人才储备的重要保障,同时也是员工职业生涯发展过程中,提升职业能力的重要渠道。因此有人说,培训是企业送给员工的最佳礼物。微软会给每位员工提供许多充电的机会:其一,表现优异的员工可以去参加美国一年一度的技术大会;其二,每月都有高级专家讲课。公司每星期都会安排内部技术交流会。在这里,除了技术培训,微软还提供诸如如何做演讲、如何管理时间、沟通技巧等各种职业培训。企业应把培训作为改善管理水平的机会和途径,围绕企业任务和目标来实施培训,通过培训提高内部沟通水平,达成相互理解与支持,以提高整体工作绩效。

🔒 **管理工具** 10-4

职业锚

职业锚的概念是由在职业生涯规划领域具有"教父"级地位的美国 E.H.施恩教授提出的。职业锚是指个人进入早期工作情境后,由习得的实际工作经验所决定,与在经验中自省的动机、价值观、才干相符合,达到自我满足和补偿的一种稳定的职业定位。

经过近 30 年的发展,职业锚已成为许多人职业生涯规划的必选工具和公司人力资源管理的重要工具。施恩教授将职业锚理论分为八种类型:自主型、创业型、管理能力型、技术职能型、安全型、安全稳定型,生活型、服务型职业锚,并推出了职业锚测试量表。

个人在进行职业规划和定位时,可以运用职业锚思考自己的具有的能力,确定自己的发展方向,审视自己的价值观是否与当前的工作相匹配。只有个人的定位和要从事的职业相匹配,才能在工作中发挥自己的长处,实现自己的价值。尝试各种具有挑战性的工作,在不同的专业和领域中进行工作轮换,对自己的资质、能力、偏好进行客观的评价,是使个人的职业锚具体化的有效途径。对于企业而言,通过雇员在不同的工作岗位之间的轮换,了解雇员的职业兴趣爱好、技能和价值观,将他们放到最合适的职业轨道上去,可以实现企业和个人发展的双赢。

日本丰田公司在运用员工的"职业锚"方面给了我们有益的借鉴。丰田对于岗位一线工人采用工作轮调的方式来培养和训练多功能作业员,这样既提高了工人的全面操作能力,又使一些生产骨干的经验得以传授。员工还能在此过程中发现了自己的优势在哪里,从而进行准确定位,找到真正适合自己的岗位。一旦员工确立了自己的职业锚,工作起来将会更具积极性和主动性,效率将会有很大提高。

4. 精神激励

一家化妆品公司的美容顾问在展销会上一直不停地在为消费者推介公司产品,但由于缺乏相应的销售技巧,展会结束时没能完成公司的销售目标。她已经做好了挨批的准备,但是没有想到,主管并没有指责她,反而对她说道:"作为一个新员工,能取得这样的成绩已经不错了,我相信你以后会表现得更好!另外,在销售技巧方面,你似乎还有待加强,让我们一起努力吧!"这无疑极大地增强了这位美容顾问的自信心,在接下来的一段时间里,公司还为其安排了相应的培训,最终她取得了可喜的销售业绩。

企业员工既是"经济人"又是"社会人",既有物质方面的需要,也有社会方面的需求。因此,除了薪酬激励外,管理者还应善用精神激励的方式。

(1)荣誉激励

荣誉是组织对个人或群体的崇高评价,任何形式的荣誉都会使获得者经常以这种荣誉鞭策自己,同时又可以为他人树立学习的榜样和奋斗的目标,促使他人去追求这种荣誉。荣誉激励具有巨大的感召力和影响力,成本不高,但效果很好。在山东青岛,海尔员工的工资并不是最高的,海尔在员工管理上最具特色的方式,是直接以员工的名字命名他们不断改进了的工作方式,如"王德工作法"、"麦克冰柜"等。这一措施有效地利用了员工的荣誉需求,取得了良好的激励效果。

（2）关怀激励

关怀激励法被管理学家称为"爱的经济学"，即无须投入大量的资本，只要注入关心、爱护等情感因素，就能获得产出。爱护员工是伊利的一大特色。全国各地伊利公司均设有孕妇专座，准妈妈们每日就餐时还会得到公司免费送上一份金典有机奶或者营养舒化奶和一份水果，还能得到关于优生优育方面的知识滋养。

（3）尊重激励

尊重激励法就是通过尊重下级的意见、需要及尊重有功之臣的做法，使员工意识到自己对于组织的重要性，并促使他们向先进者学习的一种激励方法。松下幸之助相信，许多员工每天注意如何在工作中进步，其成效胜过总公司所有的生产工程师和策划人员。他喜欢带来访客人参观工厂，然后指着一位员工说"这是我最好的主管之一"，从而使被指者倍感自豪。

（4）企业文化激励

企业文化的核心是确立共同的价值观，优秀的企业文化能营造人人奋发向上的企业氛围，每个员工都希望在企业中最大限度地发挥自己的才能，由此而产生强烈的使命感，这将大大激发企业员工的积极性和创造性。凤凰卫视从 1996 年在香港开播，从无到有，从边缘到主流，逐渐占据了华语媒体的主战场，为什么凤凰卫视能取得如此大的成就呢？前任行政总裁刘长乐先生认为："独特的企业文化是凤凰成功的保证，这种企业文化熏陶着每一个凤凰人，激发出一种叫作'精神'的东西，这绝非什么背景，什么上层公关，什么股票炒作所能奏效的。"他曾给凤凰卫视各部门的负责人上过一堂"凤凰考"的课，收集了古今中外有关凤凰的传说、考证和诗赋，最后总结出：凤凰——一个志在云天的信念，一对翱翔天际的翅膀，一对目光高远的眼睛，一个出类拔萃的象征，拼搏进取、永不言败的榜样，一只浴火重生的不死鸟……以此激励所有凤凰卫视的员工。

5. 动态环境下的激励新趋势

现代企业的经营环境变得越来越复杂，对人才的竞争也越来越激烈。越来越多的组织采取与员工共享工作成果、允许员工以自己的方式进行工作等个性化的激励方式。有些企业现在向全体员工而不仅仅是高管提供股票期权。阿里巴巴为避开我国证券法第 10 条 200 股东的限制，创作出来一种新型激励方式——Share Economic Interest Rights（SERs），把阿里金融的 30% 股份分发给了 2013 年 10 月前入职的所有阿里员工，并预留了部分给未来的阿里员工。这次股份按照入职年限、层级高低进行分配，但不能对外也不能内部买卖，只能让公司回购。此外，微软、通用电气等公司尝试更为个人化的奖励系统，例如，企业向员工提供两年一度的为期 3 个月的休假，而员工则自愿减薪 20%。另一位员工则自愿减少 5% 的退休金储蓄而换取 10% 的加薪。不论采用何种方法，管理者都要有效说明奖励的性质和分配原则。

10.3.3 激励技巧

企业综合运用各种激励方法的实践过程中，很多管理者发出"现在的年轻员工真不知道他们到底需要什么"，"相比其他企业我们已经做得够多的了，但员工一点也不领情"，"我们帮助员工提升了能力，他们却要跳槽了"诸如此类的感慨，可见要做好激励，不仅要知道方法,还需要掌握一定的激励技巧。

1. 激励的时机

激励在不同时间进行,其作用和效果有很大差别。比如厨师炒菜时,不同的时间放调料,菜肴的味道和质量是不一样的。超前激励可能会使员工感到完成工作绩效与否无足轻重,延迟激励可能会让员工觉得画蛇添足,起不到最佳效果。

美国一家名为福克斯波罗的公司,专门生产精密仪器等高技术产品,在创业初期遇到了影响企业生存的技术难题。一天晚上,正当公司总裁为此冥思苦想时,一位技术人员闯进办公室阐述他的解决办法。总裁听罢,觉得其构思确实非同一般,便想立即给予嘉奖。他在抽屉中翻找了好一阵,最后拿着一件东西躬身递给员工说:"这个给你!"这东西非金非银,而仅仅是一根香蕉。这是总裁当时所能找到的唯一奖品了,而该员工也大受感动,因为这表示他所取得的成果已得到了总裁的认可。从此以后,该公司授予攻克重大技术难题的技术人员一只金制香蕉形别针。

香蕉虽轻,胜在及时。"赏不逾时"的及时激励有两个好处:一是当员工的行为受到肯定后,有利于他继续重复所希望出现的行为。二是建立管理层的信誉度,给其他员工发出信号,只要达成目标,就可以立刻受奖,因而员工会争相努力,以获得肯定性的奖赏。

2. 激励的频率

激励的频率是指在一定时间里进行激励的次数,它一般以一个工作周期为时间单位。激励频率的高低是由一个工作周期里激励次数的多少所决定的。激励频率与激励效果之间并不完全是简单的正比关系。

激励频率的选择受多种客观因素的制约,这些客观因素包括工作的内容和性质、任务目标的明确程度、激励对象的素质情况、工作条件和工作环境等。一般来说有以下几种情形:对于工作复杂性强,比较难以完成的任务,激励频率应当高,反之激励频率就应该低。对于任务目标明确、短期可见成果的工作,激励频率应该高,反之激励频率应该低。对于各方面素质较差的工作人员,激励频率应该高,反之激励频率应该低。在工作条件和工作环境较差的部门,激励频率应该高,反之激励频率应该低。

当然,上述几种情况,并不能理解成绝对机械地划分,管理者应该针对具体情况进行综合分析,才能确定恰当的激励频率。宝马在中国的销量居豪华车市场前列。其中,宝马厂商设计的销售激励机制起到了重要作用。如销售人员每出售一台车,即可获得单车提成奖励;每年还可参加全国性的销售冠军竞赛,获得高额奖金或赴德国进修的机会;通过考试还可获得宝马护照,持有护照的销售顾问可以在全国宝马经销商网内自由转岗。宝马通过多重激励周期(在销售达成后、年度评选后、不定期考试通过后)的设计,对销售人员起到了良好的激励效果。

3. 激励的程度

激励的程度是指激励量的大小,即奖赏或惩罚标准的高低。它与激励效果有着极为密切的联系,能否恰当地掌握激励程度,直接影响激励作用的发挥。超量激励和不足量激励不但起不到激励的真正作用,有时甚至还会起反作用,造成对工作热情的严重挫伤。比如,过分优厚的奖赏,会使员工因回报来得太容易而丧失了发挥潜力的积极性;过分严厉的惩罚,可能会导致员工的破罐破摔心理,挫伤其改进工作的信心;过于吝啬的奖赏,会使员工感到忙碌半天结果徒劳一场,从此消沉下去,提不起工作干劲;过于轻微的惩罚,可能导致员工的无所谓心理,不但不思悔改,反而变本加厉。

因此,从量上把握激励,一定要做到恰如其分,过于严厉的惩罚和过于泛滥的奖赏并不能有效发挥出激励的效用。如果管理者在奖惩员工的时候不加以节制,就会导致过犹不及。

4. 激励的方向

激励的方向是指激励的针对性,即针对什么样的内容来实施激励,它对激励效果也有显著影响。马斯洛的需要层次理论表明,激励方向的选择与激励作用的发挥有着非常密切的关系。当某一层次的优势需要基本上得到满足时,激励的作用就难以持续,只有把激励方向转移到满足更高层次的优势需要,才能更有效地达到激励的目的。

上海贝尔公司考虑到员工队伍的大部分人正值成家立业之年,购房置业成为生活中的首选事项。贝尔及时推出了无息购房贷款的福利项目,既解决了年轻员工的燃眉之急,也使为企业服务多年的资深员工得到回报。当公司了解到部分员工通过其他手段已经解决了住房,有意于消费升级,购置私家轿车时,贝尔又为这部分员工提供购车的无息专项贷款,贴心的激励措施无疑为贝尔建立了一支一流的人才队伍,从而也为贝尔创造出一流的业绩。

本章提要

1. 激励就是组织通过设计适当的外部奖惩形式和工作环境,激发、引导、保持和强化组织成员的行为,以有效地实现组织及其成员个人目标的系统活动。激励过程的基本组成因素是需要、动机、行为、绩效。需要是激励的起点和基础,未满足的需要在个人内心引起不平衡的状态,产生了动机。有什么样的动机,就会产生什么样的行为。行为是在激励状态下,人们为动机驱使所采取的实现目标的一系列动作。如果行为产生的绩效实现了组织目标,满足了个人需要,该动机会减弱,于是在新的刺激下,又会产生新的需要;如果行为产生的绩效没有实现目标,此时员工就会受到挫折,可能采取积极行为实现目标,也可能采取消极行为,放弃原有目标。

2. 内容型激励理论主要强调被激励对象的需要,包括马斯洛的需要层次理论、赫茨伯格的双因素理论、阿尔德弗的 ERG 理论和麦克利兰的成就需要理论。

3. 过程型激励理论关注从组织目标与个人目标一致性的角度,来研究激励实现的过程和机制,主要包括期望理论、公平理论和目标设定理论。期望理论认为激励力量的大小,取决于员工对行动结果的价值评价(效价)和预期达成该结果可能性的估计(期望值)。公平理论认为奖励员工,必须是公平和平等的。目标设定理论认为目标本身就具有激励作用,通过为员工设置合理的目标,可以激发期望的行为。

4. 行为矫正型激励理论研究的是如何保持激励,代表理论有强化理论、归因理论和挫折理论。强化的类型分为正强化、负强化、忽略和惩罚。强化的时机可以分为连续强化、固定间隔、固定频率、变动间隔和变动频率。

5. 激励思想的运用主要体现在激励方法的选择中。激励方法主要有工作激励、薪酬激励、发展激励和精神激励。工作激励主要是通过对工作进行再设计、多样化地安排工作时间、授权和参与三方面来激励员工;薪酬激励分为直接增加薪酬额度和间接增加薪酬额度两种,其中,员工持股计划和股票期权激励计划是目前较为流行的两种方式,创新福利是未来企业探索的主要方向;发展激励主要是通过帮助员工进行职业生涯规划,通过完善培训体系帮助员工获得成长来实现的;精神激励的具体形式有荣誉激励、尊重激励、企业文化激励。

6. 激励技巧主要体现在激励时机、激励频率、激励程度和激励方向四个方面。

关键概念

- 激励（motivation）
- 需要（need）
- 动机（intention）
- 行为（behavior）
- 期望（expectation）
- 效价（value）
- 公平（equity）
- 目标（goal）
- 需要层次理论（hierarchy of needs）
- 双因素理论（two-factor theory）
- 期望理论（expectancy theory）
- 公平理论（equity theory）
- 强化理论（reinforcement theory）

思考习题

1. 什么是激励？激励的过程是怎样的？

2. 需要层次理论、双因素理论、ERG 理论三者之间的联系和区别是什么？

3. 根据目标设定理论，要确定合理的目标应从哪几方面考虑？这和简单地告诉员工"好好干"有什么不同？

4. 公平理论给管理实践带来哪些启示？在实际工作中，如何才能做到公平？

5. 简述强化理论中的主要强化方式，谈谈对实际工作的启发。

6. 运用期望理论在进行激励时要处理好哪些关系？

7. 联系实际谈谈管理者如何运用激励理论对员工进行激励。

技能实训

1. 在班级展开一次调查，了解激励自己努力学习的因素有哪些。首先将学生进行分组，要求学生描述出促使自己努力学习并保持良好状态的因素以及导致自己无心学习的因素，并在纸上写下答案，鼓励同学之间互相交流分享经验。最后根据赫茨伯格的双因素理论进行归纳分类，并指出这些分析的不足之处。

2. 访问联想、微软、苹果等 IT 企业的网站，查看这些公司给员工提供的福利，对比并讨论 IT 企业常采用的激励方法有哪些，并用内容型激励理论分析这些激励方法的实践效果。

3. 以你曾经参加过的一堂课为例，说明教师在课堂上是如何应用正强化、负强化、忽略和惩罚来管理学生行为的。

参考文献

[1]孙科柳,李艳.微管理——激励的学问[M].北京:电子工业出版社,2013.

［2］杨东.员工激励［M］.北京：中国轻工业出版社，2010.

［3］冯国珍.管理学（第二版）［M］.上海：复旦大学出版社，2011.

［4］韩瑞.管理学原理［M］.北京：中国市场出版社，2013.

［5］李杰，张秋来，盛丽等.管理学原理［M］.北京：清华大学出版社，2011.

［6］孔繁玲.管理学原理与案例分析 ［M］.广州：华南理工大学出版社，2008.

［7］范逢春.管理学［M］.北京：清华大学出版社，2013.

［8］熊勇清.管理学（原理、方法与案例）［M］.北京：北京交通大学出版社，2010.

［9］陈晔.管理学（第二版）［M］.北京：科学出版社，2012.

［10］张满林.管理学（理论与技能）［M］.北京：中国经济出版社，2010.

［11］孙元欣.管理学——原理·方法·案例（第二版）［M］.北京：科学出版社，2011.

［12］史蒂芬·P.罗宾斯.管理学原理与实践（原书第 8 版）［M］.北京：机械工业出版社，2013.

［13］路易斯·戈麦斯-梅西亚，戴维·鲍尔金，罗伯特·卡迪.管理学——原理、案例与实践（第 3 版）［M］.北京：人民邮电出版社，2009.

可扫码获取本章课件资源：

第 11 章 领 导

本章学习重点：

- 理解领导是一种追随关系的特点；

- 能够解释领导与管理的差异和联系；

- 掌握领导者如何运用五种权力类型；

- 能对领导特质理论做出正确评价；

- 理解和评价不同的领导行为理论；

- 能分析情境因素与领导行为的匹配性；

- 理解新环境下的一些新的领导概念；

- 理解领导者的政治行为。

🌸 开篇案例

可口可乐公司 CEO 穆泰康：打破增长的桎梏

自 2008 年 7 月成为可口可乐公司的掌舵人后，穆泰康就制定了一条雄心勃勃的长期增长路线。他给闭关自守、傲慢自大的公司文化重新注入了活力，并将削减成本省下的资金重新投资于品牌开发。

穆泰康说，上任伊始，他的首要任务有两项：一是制定长期愿景，二是恢复在北美地区的增长。他们把可口可乐公司及其瓶装合作伙伴的共同目标称为"2020 愿景"，要求他们在 10 年内实现业务翻番。到目前为止，他们的工作进展顺利。最值得称道的是，可口可乐在自己的最大市场，即美国市场，恢复了增长。而在他们最初讨论在美国实现业务增长时，人们认为他们是妄想乘着滑翔机上月球，因为人们认为美国市场已经饱和，要实现增长简直是荒谬可笑。

多年来，可口可乐的广告几乎定义了各个时代。不过，穆泰康认为，传播领域正在快速演变。一流的广告依然需要，但广告只是与消费者对话的一部分。过去，可口可乐需要用高质量的广告给消费者留下深刻印象，而今天，消费者的权力要大得多，你需要和他们进行交流沟通。在 Facebook 上，可口可乐拥有 3 300 万名粉丝，超过了 Facebook 上的任何一个品牌。那么，这些粉丝到底有什么价值呢？穆泰康解释说，价值就在于你可以和他们交谈，他们会告诉你一些信息，而这些信息对你的业务和品牌来说非常重要。

对于可持续发展，可口可乐公司有一个简单的信念，那就是如果他们不能帮助所在社区可持续发展，他们自己就不会拥有可持续发展的业务。他们把这种信念融入公司业务中，而不是塞到企业社会责任报告中。

可口可乐公司是第一家宣布以"水平衡"（water neutrality）为目标的公司。在过去几年中，一直有人批评可口可乐公司用水量太大，这就是他们致力于到 2020 年实现水平衡的原因。水平衡指的是，公司每消耗一升，就归还一升。如何做到这一点呢？可口可乐采取的举措包括：减少工厂的用水量；把不需要的水进行再循环，归还给当地的城市；在全球范围内建立集流项目。

可口可乐公司还在着手处理包装和回收的问题，努力在实现业务增长的同时不增加碳排放。它是第一家攻克植物饮料瓶这一难题的饮料公司。随着油价上涨，混合植物原料制造的瓶子实际上给可口可乐带来了成本优势。

在谈及自己的领导力类型时，穆泰康说，他喜欢从低处关注细节，同时也喜欢从高处去制定公司的战略、愿景以及方向。作为在全球 260 个市场中雇用 14 万名员工公司的首席执行官，他只能去施加影响。他喜欢保持低调，尽可能少用"我"这个字眼，并且珍视最广泛意义上的团队——不仅包括他们的员工，还包括他们的合作伙伴、客户，以及其他利益相关者。他特别喜欢到超市去，和顾客们在一起。在他看来，作为一名 CEO，把时间花在销售可口可乐的商店里还是值得的，因为这样做能学到很多东西。

最后，穆泰康还分享了他从自己职业生涯中获得的教益：你要不断地建立并维护人际关系,永远不要单独用餐。

资料来源:阿迪·伊格内修斯.打破增长的桎梏——专访可口可乐公司 CEO 穆康泰.商业评论,2011(11):42

领导是管理职能中最具艺术性的一个。有效领导不但能使组织产生不同的结果,而且能给位于组织中不同层次的员工带来不同于以往的满意度。本章首先介绍了领导的含义,并解释了领导与管理、领导与权力的关系。接着介绍了三类领导理论,即领导特质理论、领导行为理论和领导的权变方法。最后,探讨了其他一些不同或更新的领导理论。

11.1　领导的含义

11.1.1 领导

领导既是过程又是特性,也就是说领导一词作为动词,指的是领导行为及过程;领导也可作为名词,指的是领导者及其特质。

作为过程(领导行为),领导是运用非强迫性影响力塑造群体或组织目标,激励导向目标实现,并且协助群体和组织文化的形成的行为。作为特性(领导者),领导是一组被感知为领导的个人特征。领导者是不依赖强制力影响他人行为的人,或者是被接受为领导者的人。

❋ 管理故事 11-1

关于什么是领导,我们知道的很少

领导是一种影响力,是一种非强迫性的影响力,影响着人们心甘情愿和满怀热情地为完成组织的目标而努力的艺术或过程。换另一种说法,领导的实质是追随关系,是被领导者的追随和服从。也就是说,领导是人们将某人视为领导并愿意追随他的一种意愿表现,而人们之所以愿意追随此人,也是认为他能帮助人们达成愿望,满足需求。企业中很多人坐在领导的位子上,他们口口声声自称"我是领导"或被"尊称"为领导,但其实并没有人认可他们的领导,因为他们更多的是依靠权威或其他强制性手段来指挥下属,如果排除一些利益的刺激,他的团队可能并不会追随他。

这些所谓的领导必须首先在沟通和激励方面做出改善。领导并不是简单地贯彻领导方式和激励内容而已,有效的领导还取决于组织成员对组织目标及其实现方式的理解,并在多大程度上达成一致,这需要领导具备卓越的沟通能力。另一方面,领导和激励之间存在一种密切的互动关系。通过激励工作,可以更好地了解人们的需求,以及他们为什么要那样做的原因。人们最希望看到的情形是,领导通过发挥其职能不仅能够鼓励员工工作,而且能够使他们带着对组织、对工作极大的热忱和信心来工作。领导者的作用即在于帮助整个团队最大限度地发挥潜能以达成目标,而不应只是站在后面对员工施加任务和压力。沟通和激励是领导职能得以发挥的前提,是实现领导职能的基本途径。

✳ **管理故事** 11-2

老板与领袖的区别

李嘉诚说,我常常问自己,你是想当一个团队的老板还是领袖?做老板简单得多,你的权力主要来自你的地位;做领袖就比较复杂,你的力量源自人性的魅力和号召力。做一个领袖,态度与能力一样重要。领袖领导众人,促动别人自觉甘心卖力;老板只懂得支配众人,让别人感到渺小。

11.1.2 领导与管理

管理和领导是互相关联的,但二者之间并不是等同的关系。管理与领导,从行为方式来看,两者都是组织内部影响他人的协调活动,都是实现组织目标的过程;从权力构成来看,两者都是组织层级岗位设置的结果。但管理工作较为广泛,领导仅是管理者的一项基本职能;管理者是上级任命的,而领导者可以是上级任命的,也可以是群体中自发产生的。有时候,我们会形象地说,管理者是"低头拉车"的人,他强调控制和理性,确保组织平稳、有序发展;领导者是"抬头望路"的人,他强调激情与鼓舞、创新与变革。两者的区别详见表 11-1。

表 11-1 管理与领导的区别

活　动	管　理	领　导
制定计划	管理和预算。制定实现目标的详细步骤和时间表,分配必要的资源	建立方向。建立一种对未来(通常是较远的未来)的愿景以及为实现这种愿景而引领变革
建立人力网络或实现计划	组织和人员配置。建立完成计划所需要的结构,根据结构配置人员,分配责任和权力,制定政策和程序,拟定监督的方法和系统	步调一致。为了培养理解上述愿景和战略并接受其有效性的团队,通过言语和行为,向任何有帮助的人传达方向
执行计划	控制和问题解决。将结果同计划进行细节上的比较,发现偏离计划的情况,然后计划和组织解决问题	激励和鼓舞。通过满足人们基本的但往往未得到满足的需要来鼓励人们克服重大的政治、官僚和资源障碍
成果	建立某种程度上的可预见性和秩序,并且有可能为不同的利益相关者创造一致的和重大的成果(例如,对于顾客可能是准时,而对于股东是完成预算)	往往带来戏剧性的变革,有能力制造极端有用的变革(例如顾客需要的新产品,令企业更有竞争力的新方法)

一个人可以既是管理者又是领导者,也可能只是管理者或领导者。所有的管理者都应该是领导者,因为有效地进行领导的本领是作为一名有效的管理者的必要条件之一。但未

必所有的领导者都是管理者,因为一个人能影响他人这一事实,并不表明他具有组织运行及管理岗位所要求的技能。组织既需要管理也需要领导。领导可以创造变革,而实现有秩序的结果则需要管理。结合领导的管理将可以创造出有秩序的变革,而结合管理的领导则可以令组织同环境协调一致。

✱ **管理故事** 11-3

领导者的长子性格

蒂森克虏伯集团为德国工业巨头,曾为欧洲钢铁工业和机器制造业做出杰出的贡献,是德国重工业的缩影。该公司董事长蒂森克虏伯说:"我是长子,有六个兄弟姐妹。如有事,父亲总安排我带领他们。"这是蒂森克虏伯领导力经验的起源,影响着他的职业生涯:"必须知道自我的重要性,保持方向感",而且,"要勤于思考"。否则,不可能成为领导者,最多只是管理者。

11.1.3 领导与权力

1. 五种权力类型

为了充分理解领导,首先要理解影响力。权力是影响他人行为的能力。一个人可以拥有权力但不使用它。例如,球队的教练有权力决定让谁坐冷板凳,但是他很少用到这项权力。因为队员都知道他拥有这一权力,因此会努力表现争取首发。相反地,一旦他主动地使用了这一权力,往往反映了教练与球员关系的恶化,反而达不到预期的效果,特别是对一些明星球员而言。在组织内部存在着 5 种类型的权力:合法权力、奖励权力、强制权力、参考权力、专家权力。

(1)合法权力

合法权力(legitimate power)是来自组织层级的权力,由组织根据具体的职位定义。管理者有权向下属安排工作,拒绝安排的下属可能受到惩罚,甚至被解雇。这样的后果就是源于组织向管理者授予的合法权力。合法的权力就是权威,所有的管理者对自己的下属都拥有合法权力。不过,仅仅拥有合法权力并不意味着就是领导者。有的下属只遵从严格符合组织规定和政策字面的命令。如果要求他们做工作描述以外的事情,他们会拒绝或不好好做。这类员工的管理者就是在运用权威而不是领导。

(2)奖励权力

奖励权力(reward power)是给予和撤销奖励的权力。管理者控制的奖励包括加薪、推荐升职、表扬、认可和灵活的工作安排。一般来说,管理者控制的奖励数额越大、越重要,其奖励权力就越大。如果下属认为只有正式的组织奖励才有价值,则这名管理者就不算是领导者;如果下属还希望得到并且重视管理者的非正式奖励,如表扬、赞赏和认可,则这名管理者才是在运用领导的艺术。

(3)强制权力

强制权力(coercive power)是通过心理、情绪或身体威胁来要求服从的权力。过去,组织曾用过身体强制的方法,例如棍棒式管理。今天,组织通常用口头申斥、书面申斥、纪律性停职、罚款、降级和停止合同的方式进行强制。有些管理者甚至会使用谩骂、侮辱和心理强制的方法来操纵下属,但大多数人认为这种操纵行为是不恰当的。管理者所拥有的惩罚性权力越大、越重要,其强制权力就越大。另一方面,越倚重强制权力的管理者,就越容易引起不满和敌意,越不太可能被视为领导。

（4）参考权力

参考权力(referent power)又称为感召权力,源于管理者的性格、品行或个人魅力等。合法权力、奖励权力和强制权力都是相对具体的并且同组织生活中的客观方面相结合,而参考权力则是抽象的。它是以身份、模仿、忠诚或魅力为基础的,追随者可能做出友好的反应,因为他们在某种程度上认同领导者,也许是因为个性、背景或态度相仿。有时,追随者会模仿拥有参考权力的领导,例如着装、工作时间或支持同样的管理哲学。参考权力还可能是呈现领导魅力的形式,这是一种能够激发忠诚和热情的无形的领导特性。拥有参考权力的人通常被视为领导者。

（5）专家权力

专家权力(expert power)是以信息与专长为基础的权力。知道如何同一位偏执而重要的顾客打交道的经理,能够做出别的公司想象不到的重大突破的科学家,知道如何绕过官僚主义程序的秘书,这些都是拥有专家权力的例子。信息越重要,掌握的人越少,专家权力越大。一般来说,身兼管理者和领导者的人通常拥有大量的专家权力。

2. 权力的运用

管理者和领导者如何运用上述 5 种权力? 第一是合法要求,这是以合法权力为基础的。管理者要求下属服从,因为下属认识到组织授予管理者提出要求的权力。管理者和下属间绝大多数日常接触属于这一类型。

第二是工具性服从(功利性服从),它是以激励的强化理论为基础的。下属服从是为了换取管理者所控制的奖励。假设管理者要求下属做本职以外的工作,例如在周末加班、停止同一个有长期合作关系的供应商业务或发布坏消息,如果下属服从,则管理者以表扬或奖金作为交换。下一次下属被要求做此类事情时,他就会知道服从可以换取更多的奖金。因此,工具性服从的基础是明确重要的绩效奖励机制。

第三是强制,当管理者说明或暗示拒绝接受指令的下属将会受到惩罚、解雇或申斥时,他运用权力的方式就是强制。

第四是理性说服,即管理者向下属证明服从是符合下属最佳利益的一种方式。例如,经理可能会告诉下属工作变动对其职业发展有利。在某种程度上,理性说服类似于奖励权力,只不过经理实际并不控制这样的权力。

第五是个人认同和鼓舞性要求。管理者可能认识到他对某一个下属拥有参考权力,他通过自己的示范来影响下属,也就是说,管理者有意识地成为下属的模范,这是在利用个人认同的力量进行领导。鼓舞性要求则是管理者要求员工实现一组更高的目标或价值。例如,对忠诚的要求就是一种鼓舞性要求。参考权力在很大程度上决定了鼓舞性要求能否成功,因为它的效果至少部分地取决于领导的说服能力。

第六是信息扭曲。这是一种有争议的运用权力的方法,即管理者通过隐瞒或干扰信息影响下属的行为。例如,如果经理同意根据大家的意见挑选团队成员,但他在心中已经偏向某一候选人,于是他有意隐瞒其他候选人的某些优点以促成他所中意的候选人入选。这种做法是危险的,是不合乎伦理的。一旦下属发现这种行为,管理者将失去下属的信任。

※ 管理故事 11-4

愿景是最好的动力

美国心理学家曾试验:将某公司营业部分成两组,完成同样的半年目标。A 组被下了"必须完成"的死命令,而 B 组被告知"如果完成,可以去佛罗里达的海滩度假"。结果,A 组只完成 60%,而 B 组却达成了 100%。因为 A 组人的心灵,只被辛苦的工作支配着。而 B 组人则心想"佛罗里达正在等着自己"。因为对未来抱着期待,所以能够跨越艰辛。著名作家埃克苏佩里说:"如果你想建一艘船,不要告诉手下人如何锯木头,如何缝船帆,如何准备工具……而是让他们渴盼远方,迫不及待地要扬帆出发。"

※ 管理故事 11-5

领导力的四个境界

境界一:员工因为你的职位而服从你;境界二:员工因为你的能力而服从你;境界三:员工因为你的培养而服从你,他们感恩于你对他们的尊重、培养和付出;境界四:员工因为你的为人、魅力、风范而拥戴你。一般管理者做到境界三已属难得,境界四则需要拥有深厚的领导技能。

11.2 领导的一般方法

11.2.1 领导特质理论

1. 关于领导特质的研究

20 世纪二三十年代至 40 年代末,关于领导的研究大都集中于对领导者所应具备的特质的讨论。古埃及和古罗马时代的"伟人"论(领导者是天生的而非后天造就的)开辟了这方面研究的先河,自此以后学者们开始尝试从身体、精神及个性特质方面分析不同的领导者。

领导特质理论假定某些基本的人格特质令领导者与非领导者区别开来,只要能够定义出这些特质,我们就可以挑出潜在的领导者。不少学者已经做过很多这类研究,这些研究旨在分离出一种或几种领导者具备而非领导者不具备的特质。拉尔夫·斯托格迪尔发现,不同学派的学者已经总结出了领导者所应具备的特质:5 种生理(physical)特质

（如精力、外表、身高等）、4 种智能（intelligence and ability）特质、16 种个性（personality）特质（如适应能力、进取心、热忱、自信等）、6 种与工作内容相关（task-related）的特质（如对成就的渴望程度、毅力、创新精神等）、9 种社交（social）能力（合作精神、人际交往能力、管理能力）。

2. 对领导特质理论的批评

尽管研究者付出了相当大的努力，但研究结果表明不可能有这样一套特质总能把领导者与非领导区分开来。研究得出的领导特质越来越多，缺乏一致性，甚至有些是相反的。并非所有的领导者都拥有这些特质，而很多非领导者却拥有部分或全部这些特质。具备了这些特质，也并不一定就能保证有效的领导；不具备这些特质，也不一定就会导致领导失败。因此，在绝大多数情况下，研究结果是令人失望的，因为总是可以举出一长串的例外情况。有些领导特质对领导成效的影响仍不是很清晰，而且这种方法也没有说明个人应该具备的某些特质应达到何种程度。即使一些一开始看上去有效的领导特质也存在着多种不同的解释。例如，许多领导者都表现出良好的沟通技能和自持力。但是，这些特质与其说是原因，不如说是他们在获得领导地位之后的表现。

3. 对领导特质理论的肯定

而后的研究者纷纷认为，仅仅依靠特质并不能充分解释有效的领导。不过，也有一些研究试图找出与领导力高度相关的特质，这些研究是较为成功的。研究者发现六项特质与有效的领导有关，它们是：内在驱动力、领导愿望、正直与诚实、自信、智慧、工作相关知识。表11-2 列出了这些特质并进行了简要描述。

表 11-2　与领导力有关的六项特质

领导特质	简要描述
内在驱动力	领导者非常努力，有着较高的成就愿望。他们进取心强，精力充沛，对自己所从事的活动坚持不懈，永不放弃，并有高度的主动性
领导愿望	领导者有强烈的愿望去影响和统帅别人，他们乐于承担责任
正直与诚实	领导者通过真诚无欺和言行一致在他们与下属之间建立相互信赖的关系
自信	下属觉得领导者从没有怀疑过自己。为了让下属相信自己的目标和决策的正确性，管理者必须表现出高度的自信
智慧	领导者需要具备足够的智慧来收集、整理和解释大量信息，并能够确立目标、解决问题和做出正确决策
工作相关知识	有效的领导者对有关企业、行业和技术的知识十分熟悉，广博的知识能够使他们做出睿智的决策，并能认识到这些决策的意义

另一方面，尽管绝大多数研究者已经放弃了将特质作为领导能力指标的做法，但许多人仍然认同具备恰当的特质的确能使个体更有可能成为有效的领导者，他们会公开或不公开地应用特质作为标准。例如，在选择政治家时往往注重个人外表、演说能力或是否自信。像诚实和正直之类的特质很可能是基本的领导特质，值得重视。也有学者认为，智力水平也在领导能力中扮演着一个有意义的角色。

11.2.2 领导行为理论

1. 领导者是天生的还是可以后天培养

究竟有没有所谓的"理想经理人",他能够有效地处理任何企业的任何问题?是否存在类型化的经理人,即身上具备某些典型的领导特质?领导能力是与生俱来的,还是可以后天培养的?现实中,有许多企业强烈地执着于寻找类型化的经理人,他们认为领导是天生的,以至于他们只盯住某些特定的性格特质或素质,致力于选择"正确"的人来担任领导。

实际上,我们在寻找有用的领导特质方面并不大成功。我们忽视了真正应当关心的问题——一个人究竟能做成什么事情,是要根据他天生的性格特征来判断,还是根据他的行为结果来判断?根据行为结果来评判一个管理者,比根据他表面上的性格加以评判更加有效。因为技能和行为比性格特质更容易辨认:技能和行为是展现在外部的,可以观察和评估;而内在的性格特质则不易辨识,且常常被曲解。因此研究者很快转而调查其他变量,特别是领导的行为或者风格。领导行为理论发生于 20 世纪 40 年代末到 60 年代中叶,认为有效的领导表现出不同的行为特点,我们可以把人们培养成领导者。

2. 密执安大学的研究

密执安大学的研究者在利克特的领导下于 20 世纪 40 年代末开始研究领导行为。根据对大量领导(经理)与追随者(下属)的研究,这项研究发现了两种基本的领导行为:以工作为中心和以员工为中心。以工作为中心的领导行为(job-centered leader behavior)注意下属的工作,解释工作程序,对结果表现出极大的兴趣。以员工为中心的领导行为(employee-centered leader behavior)关注建立和谐的工作群体,保持员工对工作的满意,他们的首要关注点是员工的福利。

这两种领导行为的风格被认为是处于一个连续统的两端。利克特只研究了两端的情况,他认为以员工为中心的领导行为更加有效。我们应当注意利克特的领导研究和组织设计之间的关系。以工作为中心的领导行为同"僵化和官僚"的组织设计一致,而以员工为中心的领导与"有机的和灵活的"组织设计一致。

3. 俄亥俄州大学的研究

大约在利克特研究的同时,俄亥俄州大学的一群研究者也开始了对领导的研究。俄亥俄州大学采用密集问卷的方法同时得到两种基本的领导行为或风格:创建结构行为和关怀行为。创建结构行为(initiating-structure behavior)是领导清楚地规定领导—下属关系,人人都知道自己应当做什么,建立正式的沟通机制,并且决定如何完成任务。关怀行为(consideration behavior)是领导表现出对下属的关心,试图建立温暖、友好和支持的气氛。

俄亥俄州大学的研究结果同密执安大学类似,但两者存在着一个重要的区别。俄亥俄州大学的研究者并不将行为解释为单一向度,这两种行为是相互独立的。也就是说,领导者可以同时表现出不同的创建结构行为和关怀行为。具体而言,密执安大学的研究识别了两种领导行为:以工作为中心的领导者和以员工为中心的领导者,而俄亥俄州大学的研究识别了四种领导行为:高定规(创建结构行为)、高关怀型领导者;高定规、低关怀型领导者;低定规、高关怀型领导者;低定规、低关怀型领导者。

起初,俄亥俄州大学的研究者认为在这两种行为方面均表现出高水平的领导是更有效的领导。但实证研究并不支持这一结论。研究者发明,创建结构水平较高的主管所领导的下属绩效高但满意度低,缺勤率高。相反,关怀水平较高的主管所领导的下属绩效不高但满意度高,缺勤率低。

4. 管理方格理论

由罗伯特·布莱克(Robert Blake)和简·默顿(Jane Mouton)创立的管理方格图(managerial grid)受到了人们的普遍关注。管理方格提供了评估领导风格以及培训领导者转向理想行为风格的方法,目前已被众多公司和培训机构用来进行管理人员培训和对不同领导风格进行识别。

图 11-1 描述了管理方格。水平轴代表"关心生产"(类似于以工作为中心和创建结构的行为),是指管理人员对各类事情所抱有的态度,例如决策的质量、程序与进程,研发人员创造力,员工服务的质量,工作效率以及产出的数量等。纵轴代表关心人(类似于以员工为中心和关怀行为),其所包含的范围则更加广泛,例如个人对实现目标的承诺程度、员工对自尊的维护、将责任建于信任而非服从的基础上、提供良好的工作条件和保持令人满意的人际关系等。

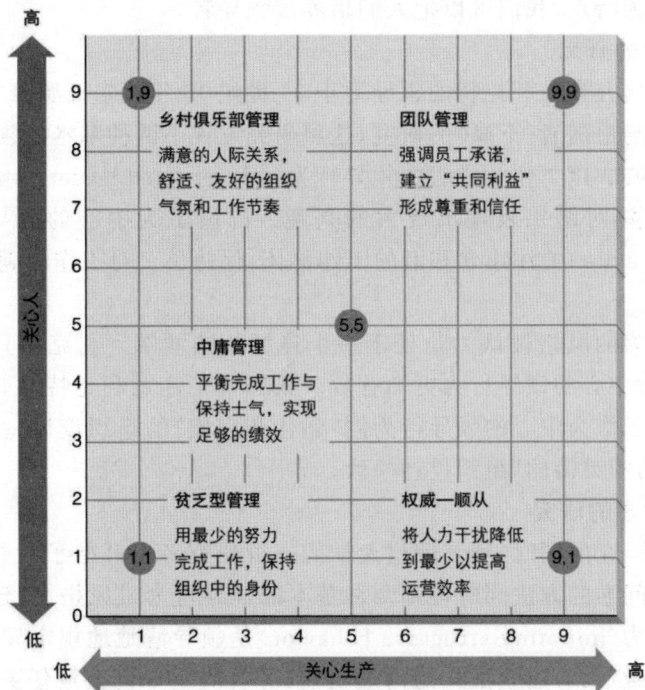

图 11-1 管理方格图

管理方格图识别了 4 种极端的管理行为:"1,1"型管理者(贫乏型管理),对工作和人都缺乏关心;"9,1"型管理者(权威—顺从型),高度关心工作但很少关心人;"1,9"型管理者(乡村俱乐部管理),同"9,1"型刚好相反;"9,9"型管理者(团队管理),对人的关心和对工作的关心最大化。以这 4 种管理风格为基准,每个管理者都可以在图中找到适合自己的位置。显而易见,"5,5"型管理者(中庸管理),平衡关心人和关心工作,他们追求适当的而不是卓越的士气和产量,他们不会设定过高的目标,对人则采取相当开明的态度。

根据这一理论,理想的管理行为类型是"9,9"型,可以对管理者进行培训使其达到这一行为风格。许多企业运用管理方格获得了适度的成功,但是,它的真正效力缺乏科学证据的支持。遗憾的是,管理方格只是对领导风格这一概念提供了框架,并未回答如何使管理者成为有效的领导者这一问题。并且,也没有充足的证据支持"9,9"型在所有情境下都是最有效的。

⁕ **管理故事** 11-6

西南航空公司的领导

　　让我们来看看西南航空公司主席哈尔伯特·凯莱赫的领导风格。他尝试以记住每个员工的名字并以个人名义寄送生日卡片的方式,在公司里营造一种家庭的氛围。为了设法保持公司在非常规航运业务中的竞争力,他对于公司及工会的要求做出了很大的让步,并最终得到了支持。亲力亲为的领导风格为他赢得了员工们的尊敬和追随。在公司里,他要求自己做到对管理层和员工的要求一视同仁。而他也将自己的办公室设在一座军营式的大楼内。他以身作则,对工作和员工给予同样的关注。这种领导风格也正是西南航空公司提供优质服务和低廉价格的公司策略的体现。

11.3　领导的情境方法

11.3.1 领导情境方法的提出

　　领导行为理论在当代领导理论的发展中起到了重要的作用。它告诉我们不要对领导是什么有先入之见(领导特质),而是应该关注领导做什么(行为)。但是,这些理论同时对有效领导的构成做出了普遍的规定,即存在着在任何情境下都是最有效的领导行为。

　　然而,在对复杂的社会系统进行分析时,几乎没有哪种关系是持续有效的,因此不可能出现公式化的结论。行为理论家试图发现在领导行为和员工之间存在一致性的关系,但他们总是失败。很多时候,我们真的很难判断哪种领导行为或风格更为有效,或者说在很多实证研究中,有效地领导行为或风格难以有统一的定论。现实当中的领导者也常常陷入了一个两难的困境:测量"有效"的指标是工作业绩还是员工的满意度? 他们应该关注于取得更高的工作业绩呢,还是应该关心员工更高的满意度?

　　尽管人际维度和任务导向维度有助于描述领导的行为,但是却无法用于预测或者指导领导行为。由于领导特质理论和领导行为理论的研究缺乏一致性的结果,因此,人们开始关注情境因素的影响。领导的情境方法假定适当的领导行为随情境不同而改变,该方法通过考察领导方式与环境要素之间的关系,试图回答什么样的环境应该采用什么样的领导方式或应对领导方式做出什么样的调整。人们围绕这一假设做了大量的研究,实践证明这些研究是具有说服力的,20 世纪 30 年代美国经济大萧条时期的罗斯福和二战时期中国毛泽东的崛起都是很好的例证。这一研究方法认为在领导和其所领导的团队之间存在着互动关系,而这也证明了追随者理论,即人们会趋向于追随那些他们认为能帮助他们达到自身目的的人。而领导者是能够发现这些需求、能够满足这些需求,或者创造条件和办法满足这些需求的人。

领导风格与领导的有效性之间的关系表明,X 风格在 a 条件下恰当可行,Y 风格则更适合于条件 b,Z 风格适合于条件 c。但是,这些情境到底是什么呢?知道领导的有效性取决于情境因素只是问题的一个方面,问题的另一方面是,我们还要分离出这些情境条件或权变变量。在下面的内容里,我们将首先介绍早期的一个重要模式,即领导行为连续统,接着描述 4 种最重要的、被广泛接受的领导情境理论:LPC 理论、路径—目标理论、费洛姆的决策树理论和领导—成员交换理论。

✳ 管理故事 11-7

两个风格迥异 CEO 的不同结局

有两家公司的 CEO 性格迥异(用 A 和 B 代替他们的姓名)。A 有着近乎完美的资深职业经理人形象,他热忱外向,和蔼可亲,从没见过他和任何人发生争执,认识他的人都喜欢他。每次董事会之前,他都会请董事们吃一顿可口的晚餐;他访问我上海的办公室时会给我的助理小姐带旧金山特产巧克力。

B 则恰恰相反,他穿着随意,初次和他接触的人往往会觉得他内向而冷淡,说话极少寒暄,总是直入主题,有些人很不喜欢 B。和 B 聊天是很累的,因为常找不到共同的话题,间或被难堪的沉默所打断。B 有时显得固执,常和董事会发生争论。在 B 的公司开董事会总是吃盒饭工作餐,他也从不送任何人小礼物。

A 和 B 的业绩也是天壤之别的。在 A 领导公司的三年时间里,该公司总计亏损一亿多美元,市值跌掉约 96%,A 最终被董事会炒鱿鱼。而 B 则在四年时间里将其公司扭亏为盈,创造了一亿多美元的价值,最终成功卖掉。怎么会出现这种奇怪的现象?难道不是大家都更喜欢 A?难道 A 的缺点错误不是比 B 更少?难道 A 不是个比 B 更接近完美的职业经理人?

11.3.2 坦南鲍姆和施米特的领导行为连续统

在 1958 年对决策过程的研究中,坦南鲍姆(Roert Tannenbaum)和施米特(Warren H. Schmidt)提出了一个领导行为的连续统。他们的模型有些类似于密执安大学的研究和理论,见图 11-2。这个连续统的一端是由经理单独做出决策,而在另一端则是由员工做出决策。连续统上的每一点都受到了经理、下属和情境特征的影响。经理的特征包括价值观、对下属的信心、个人倾向的安全感。下属的特征包括独立性、责任感、忍耐不确定、对问题的兴趣、对目标的理解、知识、经验和预期。情境特征包括组织的类型、团队的能力、问题的性质和时间的压力。尽管这一理论提出了情境的重要性,但它的分析主要是思辨性的。更复杂和一致的理论还有待其他的研究来开发。

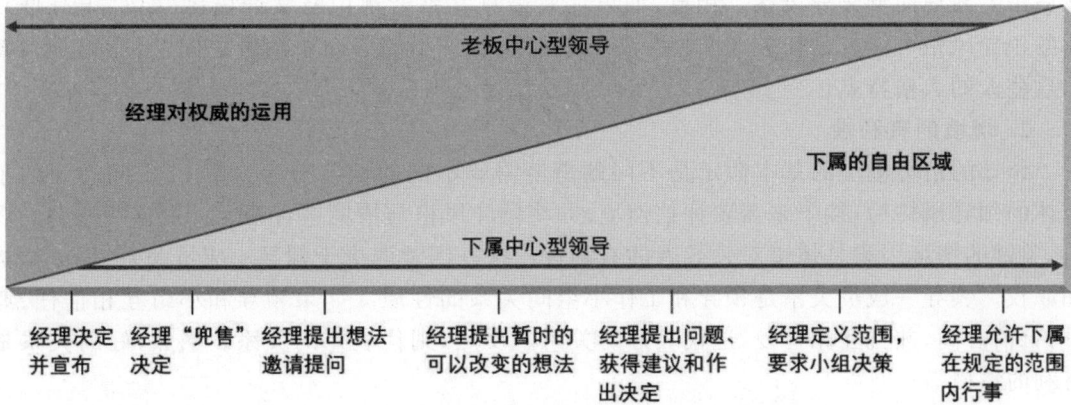

图 11-2 坦南鲍姆和施米特地领导行为连续统

11.3.3 费德勒的 LPC 理论

LPC 理论由费德勒(Fred Fiedler)提出,是第一个真正的领导情境理论。LPC 理论认为领导风格随情境有利性而变化,其基本假设前提是:在不同类型的情境中,总有某种领导风格是最为有效的。因此,首先需要界定领导风格以及不同的情境类型,然后建立领导风格与情境的恰当组合。

1. 领导风格

为了理解费德勒的 LPC 理论,我们先来看看第一个变量——领导风格。费德勒认为,影响领导成功与否的关键因素之一是个体的领导风格。费德勒的方法是特质和行为理论的结合,他发现了两种领导风格:任务导向(类似以工作为中心和创建结构行为)和关系导向(类似以员工为中心和关怀行为)。他对早期行为理论的超越在于他主张行为风格是领导人格的反映,而绝大多数人格属于他所说的两个类别——任务导向或关系导向。

费德勒用一种有争议的量表——LPC 量表测量领导风格。LPC 代表最不情愿共事者(least-preferred coworker)。LPC 问卷包括 16 组对照形容词,例如快乐—不快乐、冷漠—热心、枯燥—有趣、友爱—不友爱。这一方法要求经理或者领导根据 16 项指标(两端分别为一对积极的和消极的形容词)描述他最不情愿与之共事的人(LPC)。下面列出了其中的三项:

有帮助的 ————————————— 添乱的
　　　　　 8 7 6 5 4 3 2 1

紧张的 ————————————— 放松的
　　　　 1 2 3 4 5 6 7 8

厌烦的 ————————————— 有趣的
　　　　 1 2 3 4 5 6 7 8

费德勒让作答者回想一下自己共事过的所有同事,并找出一个最难共事者,在 16 组形容词中按 1~8 级(8 代表积极一端,1 指向消极一端)对其进行评估。费德勒相信如果领导者能以相对积极的词汇来描述最难共事者(LPC 得分高),说明回答者乐于与同事形成友好的人际关系。也就是说,如果你对最难共事的同事用一些较为接纳和喜欢的词来描述,那么你属于关系导向型领导风格。相反,如果你对最难共事者都用贬义词描述(LPC 得分低),你的领导风格可能就是任务导向型。费德勒承认有一小部分介于两者之间,因而很难勾勒出这些人的人格特点。

2. 情境的有利性

领导的情境模型的基本假定是不同的情境需要不同的领导行为。用 LPC 问卷评估了个体的领导风格后,接下来需要评估情境,并将领导风格与情境进行匹配。根据费德勒的观点,关键的情境因素是情境对领导者的有利性。这一因素取决于领导—成员关系、任务结构和职权。领导—成员关系是领导和工作小组间关系的性质。如果领导和小组互相信任、尊重,自信心高,并且互相喜爱,这代表好的关系。反之,则代表差的关系。当然,好的关系是有利的情境。

任务结构是任务清楚定义的程度。如果任务是例行的、容易理解的和不存在模糊之处的,并且可以依照标准程序或步骤来进行,则称之为结构化任务。非结构化的任务是缺乏先例、不够明确的和复杂的,没有标准化的程序和步骤。显然,高结构化的任务是对领导者有利的情境,而低结构化的任务则不利。例如,如果任务是非结构化的,群体不知道如何完成,领导必须起到引导和指导的作用。如果任务是结构化的,则领导不必过多介入,而可以将时间用于非监管性的活动上。

职权是领导地位所掌握的权力。如果领导有权分配工作、实施奖励和惩罚员工,则职权较强。反之,如果工作分配的权力属于他人,并且领导没有奖励和处罚的权力,则职权较弱,难以完成任务。从领导的角度看,职权强是有利的情境。不过,职权的作用不像任务结构和领导—成员关系那样重要。

费德勒根据这三项权变变量对每一种领导情境进行评估,汇总这三项变量得到八种可能的情境类型,每一个领导者都可以从中找到自己所在情境,如图 11-3 所示。首先看图上部的情境因素,好或差的领导—成员关系、高或低的任务结构、强或弱的职权结合起来形成 8 种独特的情境。其中,好的领导—成员关系、高任务结构和强职权(最左端)是最有利的情境,而最右端是最不利的情境。最左端三类属于最有利的情境,最右端两类属于最不利的情境,中间三类属于中等有利的情境。

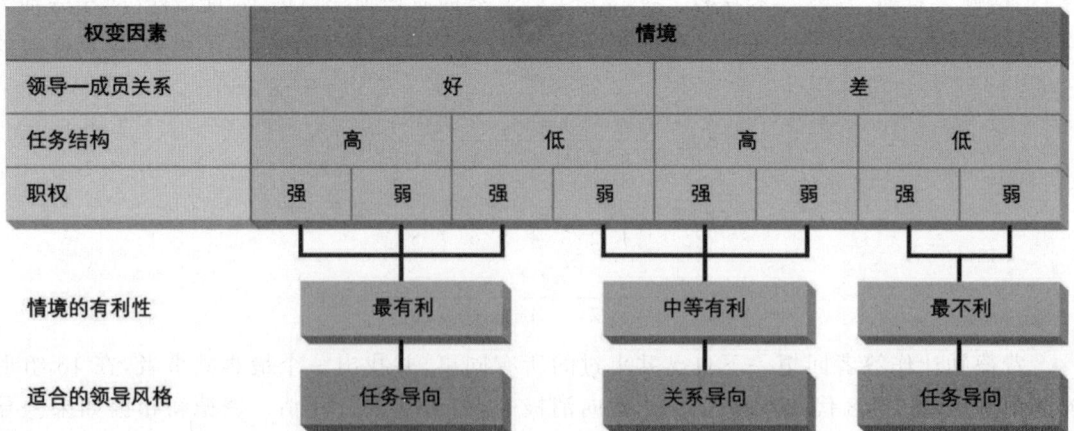

权变因素	情境							
领导—成员关系	好				差			
任务结构	高		低		高		低	
职权	强	弱	强	弱	强	弱	强	弱

情境的有利性	最有利	中等有利	最不利

适合的领导风格	任务导向	关系导向	任务导向

图 11-3　LPC 理论

3. 领导风格与情境有利性

费德勒与他的同事进行了大量的研究,将各种情境有利性同领导风格和群体的效能建立起联系。图 11-3 是费德勒研究成果的高度概括。如图 11-3 所示,在情境描述下方的则是有利性程度以及与最有效的领导风格的匹配。费德勒发现,当情境最有利和最不利时,任务导向的领导是最有效的。而当情境有利性中等时,则关系领导是最有效的。

从图 11-3 中我们可以看出,无论在"有利"或"不利"的环境下,任务导向型领导都是最有效率的。换句话说,当领导者的职位权力较弱,任务结构不清晰,而且领导与成员关系相对较差的情况下,这样的环境对领导者来说是"不利"的,而这样的环境下最有效的领导者也必定是任务导向型领导者。与上述情况相反,当职位权力相对较强,任务结构明晰,领导与成员关系融洽,这就形成了一个对领导者较为"有利"的环境。费德勒发现在这种环境下,任务导向型的领导者同样有很高的效率。但是,如果情况介于"有利"与"不利"条件的中间位置,这时以关系为导向的管理者则表现出较高的效率。

在某种结构高度明确的组织中(例如战争时期的军队中),领导者拥有强有力的职位权力,任务结构明晰,与下属关系紧密,在这种有利情况下强调以任务为导向最为恰当。而在与上述情况相反的不利情况下,费德勒仍主张以任务为导向,这样可以有助于减少由于环境松散所带来的焦虑不安和疑惑感。而在这两种极端情况之间,则建议采取以关系为导向的领导风格,保持良好的团队内人际关系。

另外,从费德勒模型我们也可以得出一个有趣的结论。领导的绩效取决于组织,而且也同等程度地受到领导者个人特质的影响。除了一些特殊情况,仅仅简单地评价一个领导者效率高或低,是完全没有意义的。我们只能说作为领导者,在某种情况下他是高效的,而在其他情况下,则完全相反。因此,如果我们希望提高组织效率,不但要学习如何培养领导者们使其更为有效,同时也要为他们建立能充分发挥其潜能的工作环境。

4. 领导风格的灵活性

费德勒认为,个体的领导风格基本上是定型的和无法改变的,他们不可能改变行为以适应特定情境的要求,因为领导风格是同特定的人格特质联系在一起的。因此,如果领导风格与情境不能匹配,费德勒的建议是改变情境来适应领导风格。如果领导—成员关系好、任务结构低并且职权弱,则最有效的领导风格应当是关系导向的。但是,如果领导是任务导向的,则会出现不匹配的情形。按照费德勒的观点,此时领导可以通过对任务进行结构化(制定规定和程序)或增加职权(要求更大的职权),将要素改变以更适合自己。

换句话说,提高领导者的有效性实际上只有两条途径。第一种途径,可以选择领导者以适应情境。例如,如果群体所处的情境被评估为十分不利,而目前的领导是一个关系导向型的人,那么替换成一个任务导向型的领导者则能提高群体绩效。第二种方法是改变情境以适应领导者。这可以通过重新建构任务或提高/降低领导者可控制的权力(如加薪、晋升和处分)等方法来实现。

5. 对费德勒模型的评价

已有大量研究对费德勒的 LPC 理论的总体效度进行考察,得到了十分积极的结果。不过该理论同样受到了批评,因为它并不总是受到研究的支持。LPC 方法是有争议的,用 LPC 问卷识别领导风格缺乏有效性,很多研究者们不承认它的有效性。另外,关于领导风格没有灵活性的假设也是不真实的。不管如何,费德勒的理论是第一个领导的情境理论,它帮助许多经理认识到自己必须面对的重要情境因素。它还推动了关于领导的情境本质的大量思考。

11.3.4 路径—目标理论

路径—目标理论(path-goal theory)主要来自马丁·埃文斯(Martin Evans)和罗伯特·豪斯(Robert House)的贡献,它是对前面介绍过的激励的期望理论的直接扩展。我们回忆一下,期望理论的主要构成包括成果的可得性和成果的价值。领导的路径—目标理论认为,领导的主要职能就是在工作场所中报告有价值的和符合期望的奖励,向员工表明哪些行为可以导向目标实现和奖励,也就是说,明确通向实现目标的路径。

1. 领导行为

路径—目标理论将领导行为分为 4 种:指导型、支持型、参与型和成就导向型。指导型领导告诉下属对他们的期望,提供规定和指导,具体安排工作。支持型领导表现出友好和亲和,关心下属的福利,平等对待成员。参与型领导行为包括咨询下属的意见,征求建议和让下属参与决策。成就导向型领导设定有挑战性的目标,期待下属表现出高绩效,鼓励下属,对下属的能力表现出信心。

同费德勒的理论相反,路径—目标理论认为领导可以改变自己的风格和行为以适应特定的情境需要,即同一领导者可以根据不同的情境表现出任何一种领导风格。例如,在接受新项目和新下属时,领导可能会采用指导型行为,建立工作程序和规定工作事项。然后,领导会开始采用支持型行为促进成员间的协调,创造积极的气氛。随着群体对任务的熟悉和新问题的出现,领导会表现出参与型行为以增强群体成员的激励。最后,成就导向的行为可以用来鼓励持续的高绩效。

2. 情境因素

路径—目标理论专注于下属个人特征和工作环境特征的情境因素。重要的个人特征包括下属对自身能力的看法和控制点。如果人们认为自己缺乏能力,他们可能需要指导型领导帮助他们更好地理解路径—目标关系。如果他们认为自己能力很强,则会讨厌指导型领导。控制点是一种人格特质,是个体对环境影响自身行为的认识程度。根据程度大小,可分为内部控制点和外部控制点。拥有内部控制点的人相信结果是本身努力和行为所产生的,而拥有外部控制点的人则将结果归于命运、运气或"系统"因素;拥有内部控制点的人可能偏好参与型领导,而拥有外部控制点的人则偏好指导型领导。管理者不可能影响下属的个人特征,但可以通过改造环境(提供奖励、任务结构化)利用这些个人特征。

环境特征包括下属控制不了的外部因素。任务结构就是一种这样的因素。当任务结构高时,指导型领导效能低。下属不需要领导告诉他们如何完成例行工作。正式的权威系统是另一种重要的环境特征。正式化程度越高,指导型领导的效能越低。工作群体的性质也是影响因素之一。如果工作群体向成员提供社会支持和满意,则支持型领导的行为就不那么重要了。如果从群体那里无法获得社会支持和满意,则员工需要领导的支持。

3. 领导行为与情境因素的互补性

图 11-4 总结了基本的路径—目标理论,表明不同领导行为如何影响员工受激励的程

度。个人特征和环境特征则决定了什么行为导致什么结果。这一理论指出,当环境因素与领导者行为彼此重复时,领导效果不佳。当领导方式可以弥补员工或环境的不足时,会对员工的工作绩效和满意度产生积极影响。

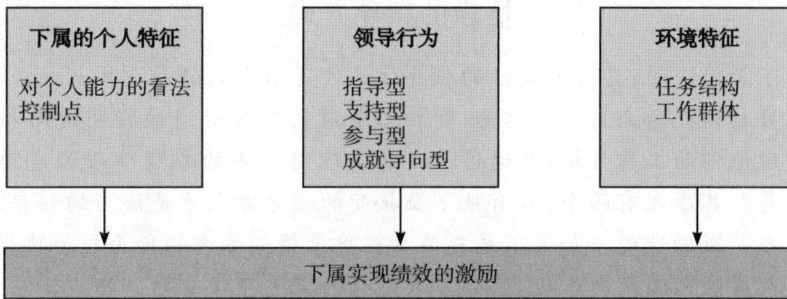

图 11-4 路径—目标理论

混乱而不确定的环境会使员工感到慌乱与迷茫,任务导向型的领导风格能够帮助员工消除这种挫折感。换句话说,当下属们产生迷惑时,领导者就需要告诉他们该做些什么,并为他们清楚地指出达到目标的路径。但是,如果任务本身已经十分明确或员工已经具备能力和经验处理它们时,若领导者还要花时间进行解释和说明,则下属会把这种指示性行为视为累赘多余甚至是侵犯。

在路经—目标理论基础上,可以引申出以下一些假设:

• 与高结构化和设计规范的任务相比,当任务不明或压力过大时,指导型领导会带来更高的满意度。

• 当下属从事结构化任务时,支持型领导会导致高工作绩效和满意度。

• 对高智力或经验丰富的下属来说,指导型领导可能被视为累赘多余。

• 组织中的正式职权关系越明确、越官僚化,领导者越应展现支持型行为,降低指导型行为。

• 当工作群体内部存在着实质的冲突时,指导型领导会带来更高的员工满意度。

• 内控型下属对参与型风格更为满意。

• 外控型下属对指导型风格更为满意。

• 当任务结构不明时,成就导向型领导风格将会提高下属的预期水平,使他们相信通过努力可以提高绩效水平。

4. 对路径—目标理论的评价

对路径—目标理论的检验研究总体来说得到了令人振奋的结果,尽管不是每一项研究均得到支持性结果,但大多数研究证据支持该理论背后的逻辑基础。也就是说,当领导者可以弥补员工或工作环境方面的不足时,会对员工的工作绩效和满意度产生积极的影响。该理论并非意在找到一条最好的领导之路,而是告诉我们要根据不同的情境选择最为恰当的领导风格。它对管理者的工作实践具有重大的指导意义。另外,路径—目标理论是一个动态的和未完成的模型。最初的意图是用一般述评描述理论,来帮助未来的研究者探索各种关系并修正理论。研究表明,路径—目标理论是对领导过程合理的、良好的描述,继续下去的研究将帮助我们更好地理解领导与激励的关系。

⸙ **管理故事** 11-8

恰当的领导方式

只有被下属接受的、具有激励性的领导方式才是恰当的领导方式。

路径—目标的概念来自这种信念,即相信有效的领导者通过指明道路与途径可以帮助下属实现他们的工作目标,并通过为下属清理路程中的各项障碍和危险使下属的旅程更为容易。其原理有两个:只有被下属接受的领导方式才是恰当的领导方式;好的领导方式应当是激励性的。如果下属在某种程度上将领导者的行为视为获得当前满足的源泉或是获得未来满足的手段,则领导者的行为就是可接受的。在以下条件下,领导者的行为具有激励作用:它使得下属需要的满足取决于有效的工作绩效;它提供了获得有效业绩所必需的辅助、指导、支持和奖励。现实中的很多领导者只考虑自身需求和任务要求,并没有考虑下属需求的满足以及下属对自己领导行为的接受程度。

11.3.5 弗鲁姆的决策树理论

第三种主要的当代领导理论是弗鲁姆的决策树理论(Vroom's decision tree approach)。同路径—目标理论一样,它也试图描述适合于给定情境的领导风格。它还假设同一领导可能表现出不同的领导风格。但是弗鲁姆的理论仅限于研究一项领导行为:决策中的下属参与。

1. 基本前提

弗鲁姆的决策树理论假定对下属参与的鼓励取决于环境的特征。换句话说,不存在适合于所有情境的决策程序。经过对各种问题特性(问题或决策的特征)的评估,领导决定采用何种员工参与程度的决策风格。

首先,管理者根据一些因素对情境进行评估。例如,第一项因素就是决策的重要性。如果决策极端重要,对组织将产生重大影响(例如厂址的决定),其重要性就很高。反之,如果决策是例行的,结果并非很重要(选择企业球队衣服),其重要性就低。承诺重要性指的是下属对决策的接受程度。承诺可能性指的是领导自行决策被下属接受的可能性。

接下来,我们需要对这7个变量的进行评估。这些权变因素在具体情境中可能表现出来(H代表高),也可能没有表现出来(L代表低)。评估的结果将引导管理者沿决策树通向一定的行动。弗鲁姆认为,管理者应采用两种决策树形式。决策树之一适用于需要尽快做出决策的管理者,另一种则适用于帮助下属提高和发展自己的决策技能。前者为时间驱动模型,该模型为短时取向,强调在最低成本基础上做出有效的决策。后者为下属发展驱动模型,该模型强调在最大化员工发展的基础上做出有效决策,而不考虑时间因素。

图11-5和图11-6描述了这两种决策树。问题的特性(情境因素)沿决策树顶端展开。决策者在使用时从左侧开始评估第一项问题属性(决策的重要性)。对这个问题的回答决定了通向下一个结点的路径,而在下一个结点处则开始对另一个属性(承诺的重要性)进行评估。这一过程将持续下去,直到达到最后一个结点。管理者由此得出最佳情境下的决策风格。

问题描述	决策重要性	承诺重要性	领导专长	承诺可能性	群体支持	群体专长	团队能力	
	H	H	H	H	—	—	—	决定
				L	H	H	H	授权
							L	咨询（群体）
						L	—	
					L	—	—	
			L	H	H	H	H	推动
							L	咨询（逐个地）
						L	—	
					L	—	—	
				L	H	H	H	推动
							L	咨询（群体）
						L	—	
					L	—	—	
		L	H	—	—	—	—	决定
			L	—	H	H	H	推动
							L	咨询（逐个地）
						L	—	
					L	—	—	
	L	H	—	H	—	—	—	决策
				L	—	—	H	授权
							L	推动
		L	—	—	—	—	—	决策

图 11-5 弗鲁姆时间驱动的决策树

问题描述	决策重要性	承诺重要性	领导专长	承诺可能性	群体支持	群体专长	团队能力	
	H	H	—	H	H	H	H	决定
							L	推动
						L	—	咨询（群体）
					L	—	—	
				L	H	H	H	授权
							L	推动
						L	—	
					L	—	—	咨询（群体）
		L	—		H	H	H	授权
							L	推动
						L	—	咨询（群体）
					L	—	—	
	L	H	—	H	—	—	—	决策
				L	—	—	—	授权
		L	—	—	—	—	—	决策

图 11-6 弗鲁姆下属发展驱动的决策树

2. 决策风格

决策树的末端反映了在不同情境下管理者应当采取的下属参与水平。决策风格共分为5种：

- 决定。管理者独自制定决定，然后向群体宣布或"兜售"。
- 咨询（逐个地）。管理者向群体成员逐个地介绍项目，获得他们的建议，然后制定决策。
- 咨询（群体）。管理者在会议上向群体成员介绍项目，获得他们的建议，然后制定决策。
- 推动。管理者在会议上向群体提出问题，界定问题及其边界，然后推动群体成员在制定决策时进行讨论。
- 授权。经理让群体自己定义问题的性质和参数，然后得出解答。

决定和咨询（逐个地）属于独裁专制型决策风格；咨询（群体）和推动是协商型决策风格；授权则是群体决策的决策风格。弗鲁姆的决策树理论代表了一种具体和复杂的领导理论。为了减少使用中的困难，弗鲁姆开发了一种精致的专家系统软件帮助经理们精确和快捷地评估情境，再根据下属的参与做出适当的决策。

3. 对弗鲁姆的决策树理论的评价

弗鲁姆的理论目前还比较新，缺乏充分的科学检验。它最初的模型和后续的修改引起了大量的注意，大致上得到了研究的支持。例如，有些研究支持这一理论，坚持采用这一方法的个体比不采用这一方法的个体效能更高。因此，管理者可以在一定程度上用这一模型决定下属在决策中的参与程度。

11.3.6 领导—成员交换理论

由于领导的重要性，新的思想、理论和方法不断地被提出来。领导—成员交换模型（leader-member exchange model，LMX）是由 George Graeb 和 Fred Dansereau 提出的，它强调了领导和各个下属间不同关系的重要性。同早先的理论不同，它注意到领导与不同下属间的关系是不一样的。

这一模型认为主管同少数信任的下属建立起特殊关系，称为"圈子"。圈内人往往被委以特殊的责任和自主权，当然，他们也享有特殊的待遇。不在这个圈子里的下属称为圈外人，主管较少注意他们。图 11-7 显示领导同每一位员工间的关系都是一对一的。

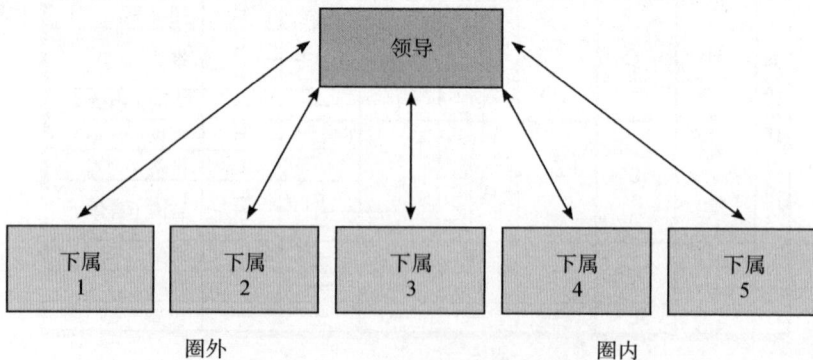

图 11-7　领导—成员交换模型

在同下属进行互动的过程中,领导制定了圈内和圈外的关系。现在还不清楚领导如何选择圈内人,可能是基于个人性格的相容性和下属能力。研究已经证实了圈子的存在。研究还发现,圈内人通常绩效和满意度较高。

11.4 其他领导理论

11.4.1 领导替代

领导替代(substitutes for leadership)概念的提出是因为现有的领导理论未能说明不需要领导时的情景,它们只是说明哪种领导行为是适当的。而领导替代概念则指出了在一些情景中领导行为被压制或被下属、任务或组织的特性所取代。例如,当病人被送到急救室时,值班的专家们不需要任何领导指示就知道该做什么。

导致领导行为被压制的下属的特征包括下属的能力、经验、独立需要、专业性和不在意组织奖励。例如,能力与经验水平较高的下属不需要领导的指示。与此相似,独立性要求较强的下属可能不需要领导行为。可能替代领导的任务特征是工作的规律性、反馈的可得性以及内在满足。例如,工作本身可以让下属获得满足感,那下属就不需要或不在意领导的激励与奖励。可能代替领导的组织特征包括组织形式化、群体协调、缺乏弹性和僵化的奖励结构。例如,组织制定了详细的规章制度和政策,下属在认真学习后就可以掌握,或者有明确的目标、计划和职责范围,组织高度规范化,这时候如果领导过多的指导就显得没有必要了。初步的研究支持了领导替代的概念。

11.4.2 魅力型领导

魅力型领导概念类似于领导特质理论,它假定魅力是领导的个体特征。魅力(charisma)是能够激发支持和接受的一种人际吸引力。在其他条件相同的情况下,拥有魅力的人更有影响力。影响力是这一理论的基本要素。

1977 年,Robert Hous 基于各种社会科学的发现首次提出了魅力型领导的理论。他认为,魅力型领导拥有自信,对自己的信仰和理想坚信不疑,对影响他人有强烈的愿望。他们还倾向于向追随者提出高的预期并表现出对他们的信心。房产大亨特朗普(Donald Trump)是魅力型领导的典型。尽管他犯了许多错误并且业绩不过中等,但许多人还是把他看成比实际上更优秀的领导。Home Depot 的首席销售专员帕特·法拉(Pat Farrach)是一个古怪的天才,在竞争激烈的建材供应和家庭装修产业中,他的热情领导重新点燃了企业精神,并激发了公司业绩。法拉是一个热情而自信的领导者,他的人格魅力和活动能力影响着人们以某种特定方式活动。

今天,绝大多数专家承认组织中的魅力型领导有三种要素。首先,领导要能够制定愿景,设立高的预期,其行为同这些预期保持一致。其次,魅力型领导必须能够用个人的兴奋、个人的信心和成功的模式激发他人。最后,魅力型领导通过支持、同情和表达信心来帮助他人实现目标。特别需要指出的是具有领袖魅力的领导者都有一个愿景目标。他们能够清晰生动地描述这个目标,他们愿意为实现这个目标而勇于前进不惧失败,他们对环境限制及下属需要十分敏感,他们的行为表现常常超乎常规。这些特点把领袖魅力的领导者从无领袖气质的领导者区别开来。越来越多的研究证据表明,有领袖气质的领导与下属的高绩效和高满意度之间有着十分显著的关系。

魅力型领导在管理者中间受到欢迎,有很多图书和文章都以它为主题。不过,具体测试魅力型领导含义和影响的研究很少。对魅力型领导的伦理性始终存在疑问。例如,美国克林顿总统是一位魅力型领导人,但批评者也指出,正是这种魅力导致他的支持者对他的缺点视而不见。

还有一点需要说明:对于员工的高绩效水平来说,领袖魅力的领导方式并不总是必需的。当下属的工作任务中包含意识形态方面的转化时,或当下属处于高压与不确定环境中时,这种领导方式最有效。这一点可以解释为什么具有领袖魅力的领导者更多在以下环境中存在:政治、宗教活动中,战争时期,在企业处于创业阶段或生死存亡之时。富兰克林·罗斯福运用他的领袖魅力在经济大萧条时期为这个国家指出了光明的前景;马丁·路德·金有着不屈不挠的愿望,那就是通过和平手段建立社会平等;斯蒂夫·乔布斯在 20 世纪 70 年代末提出了个人电脑必将极大改变人们日常生活的宏伟蓝图,从而赢得了苹果公司技术人员坚定的忠诚和承诺。

11.4.3 转换型领导

另一种新的领导理论拥有很多种名称:鼓舞型领导、符号型领导、变革型领导和转换型领导。我们在这里使用转换型领导(transformational leadership)一词,它指的是超越一般期望的领导方法,向下属传达使命感,刺激学习经验,激发新的思维方式。由于环境的快速变化,转换型领导越来越成为组织成功的关键。

有研究指出成功领导的 7 大关键特点:相信下属、制定愿景、保持趣味、鼓励冒险、成为专家、欢迎分歧和力求简化。尽管这些项目只是来自领导文献的调查,但它同转换型领导的特点是一致的。近来被称道的有效领导者也表现出类似特点。以 3M 公司为例,这家公司的 CEO 致力于将公司变得更有效率和更赚钱,同时保持其在新产品创新方面的领导地位。他还改变了奖励系统,检查了程序,对公司进行了重组。

传统领导被人称为交易型领导。他们以资源奖励换取下属的服从,其追随者内心并未产生热情,下属工作的内在动力是有限的。而转换型领导是一种引领变革的领导者,他们具有以下特征:理想的影响力,能让人产生信任、崇拜与追随;鼓舞性的影响力,对下属表现出高期望,强调团队精神和情感诉求;智力激发,鼓舞下属创新和迎接挑战;个性化关怀,重视员工个人需要、能力和愿望,像教练和顾问,帮助下属成长。因此,转换型领导能够激发下属工作的热情。

11.4.4 团队领导

存在于工作团队情境中的领导活动越来越多了。由于更多的组织使用工作团队,因此带领团队工作的领导者其作用也显得越来越重要了。布拉恩特是德州仪器公司的一名主管,他发现,团队领导角色与传统的领导者角色十分不同。他前一天还在做对 15 名操作工进行监督的工作,第二天就被告知公司要采取工作团队方式,他则成为起助推作用的"后盾"。他说,"我觉得就是让我教给团队我所知道的一切,然后让他们自己拿主意"。不过,他坦言对这个新角色还不太明白:"对于我该做什么缺乏清晰的计划。"那么,作为一名团队领导者应该做些什么呢?

很多领导者并没接受过培训来应对员工团队的变化。正如一名咨询顾问指出的:"即使对于最有能力的管理者也会在变迁过程中遇到一些麻烦。因为他们过去受到鼓励去做的有关命令与控制的工作,如今都不再适用了。拥有这些技能或知识都变得陈旧过时而且没有意义了。"这位顾问估计:"大约15%的管理者天生就是团队管理者;另外15%永远也不可能领导团队,因为这与他们的人格特点相悖(也就是说,他们无法为了团队的利益而调整自己的主导领导风格);相当多的一部分处于中间地带,对他们来说,团队领导力不是与生俱来的,但他们可以学会。"

大多数管理者面对的挑战是学会如何成为有效的团队领导者。他们不得不学习一些技能,如耐心地分享信息,信任他人并放弃自己的职权,明白在什么时候对员工进行干预。有效的团队领导者需要精通的是一门艰难的平衡之道:他们要了解什么时候让团队自己做事,什么时候参与进来和团队一起干。一名领导团队的新手,可能会在团队需要更多自主权时,却试图维持过度的控制。

一项研究考察了那些实施结构调整、重组为员工团队模式的组织,发现所有团队领导者都需要承担一些共同的责任,包括辅导、推动、处理处分问题、评估团队和个体绩效、培训、沟通。其实,这些责任中的大部分适用于任何管理者,我们用一种更有意义的方式来描述团队领导者的工作,它重点关注两个方面:(1)对团队外部事物的管理;(2)对团队进程的推动。这两个方面可以进一步分解为四种具体的领导角色。

第一,团队领导者是对外联络官。对外联络的对象包括上级管理层、组织中的其他工作团队、客户、供应商。领导者对外代表着工作团队,他们保护必要的资源,澄清其他人对团队的期望,对外界搜集信息,并与团队成员分享这些信息。

第二,团队领导者是困难处理专家。当团队遇到困难并寻求帮助时,领导者会帮助他们解决问题。团队领导者处理的难题很少针对技术或操作层面,因为团队成员一般都比领导者更了解如何完成具体任务。问题越尖锐领导者的作用可能越大,他们帮助员工针对困难进行交流,并获得解决困难所必需的资源。

第三,团队领导者是冲突管理者。当出现不一致意见时,他们帮助解决冲突。他们帮助人们明确问题所在,例如:冲突的来源是什么?谁卷入了冲突?冲突问题的本质是什么?可能的解决方案有哪些?每种方案的优势和劣势是什么?通过这些方式使团队成员针对问题本身进行处理,从而把团队内部冲突的破坏性降到最低程度。

第四,团队领导者是教练。他们明确期望和角色,提供教育与支持,为成员的成功喝彩。他们尽一切努力帮助团队成员保持高水平的工作业绩。

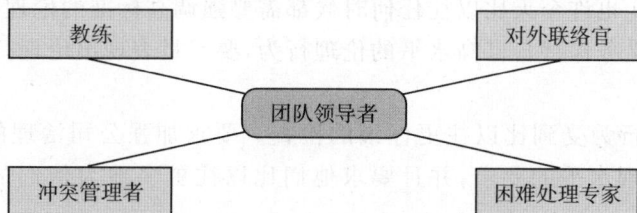

图 11-8 团队领导者的具体角色

11.4.5 战略领导

战略领导是将领导同高级管理者的角色直接联系起来的新概念。战略领导是理解组织与环境复杂性以及领导组织中变革以实现组织与环境同步发展的能力。这一定义反映了本章的领导概念和第6章中所讨论的战略管理的整合。

为了发挥有效的战略领导,管理者必须对组织有充分的了解,包括组织的历史、文化、优势和劣势。领导还要对组织的环境有高度的把握。这一理解必须包含当前的情况与环境,还有即将出现的重大趋势。战略领导还必须理解组织目前如何适应环境——不论是有效的还是低效的。关注环境趋势与问题的战略领导者致力于提高组织与环境当前的和未来的适应性。

通用电气公司的杰夫·伊梅尔特、AMD芯片公司的鲁毅智(Hector Ruiz)、施乐公司的安妮·穆卡伊(Anne Mulcahy)、戴尔公司的CEO迈克尔·戴尔和宝洁公司的雷富礼(A.G. Lafley)都被认为是优秀的战略领导者。雷富礼在回忆他对宝洁公司的改造时说:"我进行了许多符号化、可见的变革,人们由此认识到我们在领导变革。"另一方面,默克制药公司的吉尔马丁(Raymond Gilmartin)、凯龙制药公司的霍华德·佩恩(Howard Pien)和脆奶油多纳圈公司(Krispy Kreme)的斯各特·利文古德(Scott Livengood)则是不那么有效的战略领导者。在利文古德上任后脆奶油多纳圈公司的股价下跌了80%,公司正接受美国证券交易委员会的调查。此外,大多数批评人士认为这家连锁店扩张速度太快。

11.4.6 跨文化领导

跨文化问题是另一个重要的领导理论的基础。在这里,文化具有广泛的含义,包括国际差异和同一个文化的内部差异。例如,日本企业派员到设在美国的企业中任负责人,他必须适应两国间的文化差异,适时地改变自己的领导风格。日本的一般特征是集体主义,而美国则更多表现出个人主义。被派驻到美国的日本经理必须理解个人贡献和奖励的重要性,以及两国之间个人和群体角色的区别。

与此相似,跨文化因素在组织中扮演着越来越重要的角色,这是因为组织成员变得越来越多元化。例如,大多数研究都是基于白人男性领导者的案例进行的。但是,随着女性和其他族裔的领导者担负起领导职位,可能有必要重新评估如何将当前的理论和模型应用于多元化的领导者。

11.4.7 伦理领导

绝大多数人理所当然地相信高层经理的行为是合乎伦理的。但是,近来的公司丑闻却破坏了人们的信任。也许今天比以往任何时候都需要强调高标准的伦理行为是有效领导的前提。高层经理有义务保持自己高水平的伦理行为,要一贯表现出伦理行为,还要约束下属达到同样的标准。

高层领导者的行为受到比以往更仔细的检查。要求加强公司治理的压力可能进一步提高了对领导者伦理水平的要求,并且要求他们比以往更多地为他们的行为和行为后果负责。

✳ **管理故事** 11-9

在数字世界中进行领导

涉足数字化世界的组织十分灵活,其变化的脚步相当之快。在这种组织中的领导意味着什么? 远创科技公司(Vitria Technology)的张若玫(Jomei Chang)这样描述:"在这里简直无处藏身。互联网迫使你分分秒秒都必须保持警觉。"电子商务世界的领导真的与传统组织中的领导那么不同吗? 在两个领域都工作过的管理者认为"是的"。哪些地方不同呢? 似乎主要有三种差异最为明显:做出快速的决策;灵活的重要性;涉及未来愿景的需要。

决策迅速。任何组织中的管理者在作出决策时,都不可能掌握他们想得到的所有信息。不过这一问题在电子商务领域中其严峻程度翻了几番。由于它们所处的情境变化如此迅速,因而面对的压力也异常巨大。例如,电子港湾公司的总裁兼首席执行官梅格·惠特曼说:"我们每个季度都会增长 40%~50%。这种幅度绝对改变了领导面对的挑战。每三个月我们就会成为一个全然不同的公司。在一年之内,我们的员工从 30 人增加到 140 人,注册用户从 10 万人增加到 220 万人。而在我之前的公司,我们制定为期一年的战略,此后的工作仅仅是实施它而已。但在电子港湾公司,我们总是要不断地修改与调整战略及战术。"电子商务世界的领导者把自己视为短跑运动员,而把传统企业的竞争对手视为长跑选手。他们常常使用的一个术语是互联网时间,代表了一个在运行中不断提速的工作环境。"今天,电子商务世界的每个领导者不得不抛弃一个已在头脑中根深蒂固的思想:要收集充分的信息以作出周全的决策。在互联网时代这根本行不通。"

保持灵活性。除了速度外,这里的领导者需要高度的灵活性。他们不得不经得起大起大落。当他们发现某种方式行不通时,就要改变群体和组织的发展方式。他们不得不鼓励尝试。这就是为什么电视网络公司(Broadcast.com)的总裁及创建者之一马克·库班不得不强调灵活的重要性。"刚开始时,我们以为广告业务会成为企业的核心力量。但我们错了。后来,我们以为对网络的界定是遍布全国的分销商,我们又错了。我们不得不一遍又一遍地重新梳理工作流程,而且未来也不得不继续这样做。"

关注愿景。尽管每个组织都十分需要愿景规划的领导方式,不过在一个超速发展的环境中,人们更需要从领导者那里获得愿景。规则、政策、制度更多的是传统组织的特点,它们给人们提供了行动指南并减少了员工的不确定性。然而,这种规范化的指导原则根本无法在电子商务世界中存在,因此,领导者有责任通过展示愿景给员工提供前进方向。例如,嘉信理财公司(Charles Schwab)的联合首席执行官戴维·波特拉克在金门桥的南端召开了公司近百名高层经理,给他们发的每一件夹克上都印有"跨越鸿沟"的字,并让他们做一次象征性的穿越大桥的长征,以期把他的企业建成一个羽翼丰满的互联网经纪人公司。让人们接纳愿景可能更需要坚决果断的行动。

11.5 组织中的政治行为

11.5.1 什么是政治行为

另一种常见的影响行为的力量是政治和政治行为。政治行为是获得、发展、使用权力和其他资源以取得自己所偏好的结果的活动,政治行为可以在管理者和下属之间发生,也可以在下属和管理者之间以及管理者、下属和同级同事之间发生。换句话说,政治行为的指向可以是向上的、向下的或水平的。从制造工厂的选址到将咖啡机放在哪里,各种决策都会受到政治行为的影响。在任何情况下,个体都可能会为了扩大自己的利益、保护自己、实现他们认为最符合组织利益的目标或仅仅为了获得和操纵权力而卷入政治行为。追求权力的行为可以是个人的、群体的或更大的集团性的。

由于政治行为的敏感性,研究政治行为比较困难。早期的调查发现,许多经理认为政治影响着自己所在企业的工资和聘用决策。许多人认为上层更容易出现政治行为。超过一半的受访者认为组织政治是不好、不公正、不健康和不理性的,但是绝大多数人认为成功的高层经理必须是优秀的政治家,并且在工作中需要运用政治技巧。

11.5.2 常见的政治行为

研究指出,组织中常见的政治行为有 4 种基本形式。首先是引诱(inducement),一位管理者许诺给予他人某物以换取此人的支持。例如,产品经理向另一位产品经理建议如果对方支持他的新营销方案,则他可以在对方的老板面前替对方说好话。世通公司的前 CEO 埃伯斯(Bernard Ebbers)就经常用这一手段以保持他在公司的领导地位。例如,他经常让其他董事使用公司的专机,并且对他们看好的项目不惜投入巨资。

第二种策略是说服,这要靠运用逻辑和情感。一位运营经理想要再某地建一个新厂,他可以站在客观和逻辑的立场上说服他人(成本低、税负低),也可以诉诸主观和个人的情感。埃伯斯同样利用这一方法。每当一位董事打算撤换他时,他就在幕后鼓动其他董事挽留自己。

第三种政治行为是创造一种义务。例如,某位经理可能支持另一位经理的广告方案,尽管他实际上对广告方案没有意见。但他认为自己这样做是在向其他经理提出一种义务,在他自己需要支持的时候他可以"提取"这种义务。埃伯斯向董事们提供贷款,然后豁免贷款以换取他们的支持。

第四种政治行为是强制。强制是用强迫的方式实现自己的目的。例如,经理可能威胁撤回支持、奖励或其他资源来影响他人。这也是埃伯斯的手段之一。他对敢于提出疑问的董事表现出藐视的态度。一位董事说:"他待你就像王子,但你可别忘了谁是国王。"

11.5.3 形象管理

形象管理是一种微妙的政治行为,应当给予特别的重视。形象管理(impression management)是有意识地和直接地强化自己在他人眼中的形象。人们出于许多理由进行形象管理。例如,他们可能为了自己未来的职业前途而这样做。通过改善自己的形象,他们认为更有可能获得奖励、更好的工作安排和提升。人们也可能是为了自尊而进行形象管理。如果在组织内拥有巩固的形象,其他人会通过顺从、尊敬等形式表达他们对这种形象的意识。形象管理的另一种原因是获得更多的权力和控制能力。

人们试图通过各种方式管理他人对自己的看法。外表是人们想到的第一件事。因此,受到形象管理激励的人可能花很多时间选择服装、语言、礼仪和身体姿态。对形象管理感兴趣的人会倾向于只同成功的项目建立联系。因为加入由高度成功的经理所领导的高级别的项目可以在他人心目中将个人同项目联系在一起。

过度由形象管理所激励可能会导致不诚实与不伦理的行为。例如,有些人将他人的工作据为己有以使自己面子上好看。他们有时会夸大或误导他们的个人成就以加强自己的形象。

11.5.4 政治行为的管理

从本质上说,政治行为很难从理性和系统的角度进行分析,但是管理者可以对政治行为进行管理,限制其危害。第一,管理者应当认识到,即使他们的行为不受政治激励,其他人仍然会这样认为。第二,通过向下属授予自主权、责任、挑战和反馈,管理者可以减少下属的政治行为。第三,如果不想被别人说成是政治激励的,管理者应当避免使用权力。第四,管理者应当公开分歧,从而避免下属为了自己的目的而利用冲突的政治行为。第五,经理应当避免背后的动作。幕后活动总是给人政治性的感觉,即使本来并非如此。其他的原则还包括清楚地说明绩效评估的基础和过程,将奖励与绩效直接挂钩以及减少经理们对资源的竞争。

当然,这些原则知易行难。有见识的管理者不应当假定政治行为是不存在的,或者更糟糕,试图用命令取消它。相反,管理者必须认识到,政治行为在任何组织内都存在,不能假装视而不见或企图取消它。但是,可以通过管理令其不致对组织造成严重的损害。在某些情况下,政治甚至是有用的。例如,经理可能会利用其政治影响力唤起人们对社会责任的意识或提高对决策伦理性的意识。

本章提要

1. 作为过程,领导是运用非强迫性影响力塑造群体或组织目标,激励导向目标实现,并且协助群体和组织文化的形成的行为。作为特性,领导是一组被感知为领导的个人特征。领导和管理经常联系在一起,但两者是有区别的。管理者和领导者使用合法权力、奖励权力、强制权力、参考权力和专家权力。

2. 领导的特质理论假定某些基本的人格特质令领导与非领导区分开来。尽管研究者付出了相当大的努力,但研究结果表明不可能有这样一套特质总能把领导者与非领导区分开来。但许多人仍然认同具备恰当的特质的确能使个体更有可能成为有效的领导者,他们会公开或不公开地应用特质作为标准。

3. 领导的行为理论假定有效的领导的行为表现出不同的行为特点。密执安大学的研究和俄亥俄州立大学的研究发现了两种基本的领导行为——一种专注于工作或绩效,另一种专注于员工福利和员工支持,管理方格试图培训管理者同时在上述两方面表现出高水平。

4. 领导的情境理论认为不存在普适的领导行为,试图区分适用于不同领导行为的情境。LPC 理论认为领导的行为要么是任务导向的,要么是关系导向,具体取决于情境的有利性。路径—目标理论认为指导型、支持型、参与型或成就导向型领导行为都可能是适合的,具体则取决于下属的人格特征和环境。弗鲁姆的决策树理论认为,领导允许下属在决策中的参与程度是问题特征的函数,而领导的行为应当根据参与程度而改变。领导—成员交换模型专注于领导者与追随者之间的个人关系,以及圈内和圈外的区别。

5. 其他新的领导理论包括领导替代、魅力型领导、转换型领导、团队领导、战略领导、跨文化领导和伦理领导。

6. 政治行为是组织中经常使用的一种影响过程。形象管理是政治行为的一种特别重要的形式,它是指有意识地和直接地强化自己在他人眼中的形象。管理者可以采取一系列的步骤限制政治行为的影响。

关键概念

- 领导(leadership)
- 合法权力(legitimate power)
- 奖励权力(reward power)
- 强制权力(coercive power)
- 参考权力(referent power)
- 专家权力(expert power)
- 领导特质(leadership trait theory)
- 领导行为(leadership behavior theory)
- 管理方格(managerial grid)
- 决策风格(decision-making style)
- 领导替代(substitutes for leadership)
- 魅力型领导(charismatic leadership)
- 转换型领导(transformational leadership)
- 团队领导(team leadership)
- 战略领导(strategic leadership)
- 跨文化领导(cross cultural leadership)
- 伦理领导(ethical leadership)
- 政治行为(political behavior)
- 形象管理(impression management)

思考习题

1. 如何理解领导是一种非强迫性的影响力以及领导的实质是一种追随关系?

2. 解释什么样的人可能是管理者而不是领导者?什么样的人是领导者而不是管理者?什么样的人既是管理者又是领导者?

3. 影视明星、老师、辅导员,这些人对你而言各自拥有什么权力?

4. 领导者的工作中心是去支配员工还是去激励员工,为什么?

5. 你的父母更关注你的成绩好坏还是你学得是否开心,试用利克特的领导行为理论对你父母的领导行为进行分析。

6. 根据费德勒的模型:(1)什么时候任务取向的领导者更有效?(2)什么时候关系取向的领导者更有效?

7. 如何运用路径—目标理论解释领导?

8. 用你自己的话给政治行为下一个定义,并举例说明政治行为的四种形式。

技能实训

1. 你认为以下哪个团队会胜出,为什么?

A.一只狼领着一群羊

B.一只羊领着一群狼

2. 老板对你的一名同事完成项目的方式不满意,因此他把这个项目重新分给你来做。他让你和这位同事共同工作以了解他已经做了哪些工作,掌握了哪些必要的信息。同时,他希望你在本月末写出项目报告。这位同事显然对于项目的重新安排十分沮丧和愤怒。由于他不会给你所需要的信息,使你很难开展工作,更不用说完成项目了。如果你得不到这些信息,则你很难在规定期限里完成它。你的同事使用了哪些类型的权力?你可以使用哪些影响力以赢得他的合作?如果你处在这个情境中,你怎么做可以既成功又符合道义地解决这个问题?

参考文献

[1]里奇·格里芬著,刘伟译.管理学(第九版)[M].北京:中国市场出版社,2008.

[2]斯蒂芬·P.罗宾斯,玛丽·库尔特著,孙健敏等译.管理学(第七版)[M].北京:中国人民大学出版社,2004.

[3]哈罗德·孔茨,海因茨·韦里克著,张晓君编译.管理学(第十版)[M].北京:经济科学出版社,1998.

[4]哈罗德·孔茨,海因茨·韦里克著,韦福祥等译.管理学精要(第六版)[M].北京:机械工业出版社,2005.

[5]詹姆斯·库泽斯,巴里·波斯纳著.李丽林等译[M].领导力(第三版).北京:电子工业出版社,2008.

[6]林志扬编著.管理学原理[M].厦门:厦门大学出版社,2000.

[7]周三多等编著.管理学:原理与方法[M].上海:复旦大学出版社,1999.

可扫码获取本章课件资源:

第 12 章　群体与团队

本章学习重点：

- 熟悉群体的特征，群体的分类，群体的属性；

- 理解群体发展的五阶段模型，间断—平衡模型；

- 掌握群体行为特征，群体凝聚力的影响因素；

- 理解团队与群体的区别，团队的构成要素，团队的作用；

- 掌握团队的发展阶段及团队的类型；

- 掌握团队效能影响因素，塑造高效团队。

开篇案例

和阿里学团队管理,培养成一支"铁军"

（支付宝航旅事业部前总经理、飞来客创始人朱磊的分享）

"中供铁军"——是阿里最神秘的部队,也是最光荣的一支部队。

中供到底是什么?"中供"是中国供应商的简称,"中国供应商"是阿里 B2B 电子商务平台,成立于 1999 年,是阿里最早的业务模块。简单地说,"中供铁军"指的是阿里巴巴销售和推广"中国供应商"的地推团队。

从 B2B 起家的阿里巴巴,依靠着挨家挨户的地推团队,培育了中国第一批触网商家,而这个地推团队也塑造了一大批阿里高管和创业 CEO。

阿里铁军如何铸成? 主要为三块:铁的目标、铁的纪律、铁的意志。

1. 铁的目标

第一是铁的目标,阿里在贯彻"忠于目标"的时候是怎么做的?

每个月底的时候,各个部门都会把下个月的目标写出来,并且细化到每一个小团队、每一个人,也就代表着层层绑定。目标不是一个部门领导的责任,也不是一个区域经理的责任,而是所有人的责任。目标分进公司到区域,区域分给下面的经理、主管,主管再分给每一个人。一旦目标敲定之后,从下个月的 1 号开始,这个目标就时时刻刻跟在每一个人的身边,用各种各样的方式。

办公室里会贴上专门的板子,列出目标是什么,每过一天目标完成了多少,还剩多少。不同的组织,列的是不一样的。在区域就列下面各个主管组、各个团队;而在团队里面,就列团队每一个人。

每天早上有启动会,去看这个目标,今天还离目标多远,还差多少,要做出多少努力。每天晚上回到公司之后,再开会讨论一下目标有没有可能实现,风险点在哪里。目标是时时刻刻印在脑子里的。

另外,短信和邮件也是每天跟踪的。谁完成了目标,或者谁离目标是最接近的,都会有战报。公司有专门的区域销售协调来搜集信息,做战报并发送邮件。每一个在外面奔波的销售,他的手机每天要收到 N 条短信,短信有一些是鼓励的信息,有一些是安抚的信息,也及时播报谁又成功了,目标提前完成了,谁的目标还差多少,今天你完成多少,等等。

如果目标完不成会怎样? 目标完不成,公司没有任何处罚,但是所有人的目标之前已经公布了,和个人荣誉、团队荣誉挂钩了。一个人完不成,整个团队都将面对失败。个人压力会非常大,心理紧张程度也会非常高。

因此,团队的领导,包括队友都会在月底的时候全力以赴去帮助还未完成的队员,无形之中将团队的凝聚力提得非常高。这时候不仅仅是一个目标的问题了,更多的是一个团队建设的问题,是一个团队凝聚力、团队战略的问题了。

2. 铁的纪律

一个团队要有战斗力,管理绝对不是松散的,纪律一定是非常严格的。

马云说他最欣赏阿里的干部调动,从来不会出现任何问题。一个分公司经理在广州,比如说下午接到总部的调令,要调到苏州分公司去。下午通知,明天早上就到,绝对没有任何问题。哪怕有家庭在广州(老婆孩子在广州),第二天上午一定会准时出现在苏州分公司,绝对没有任何问题。

阿里早期期权奖励还是蛮可观的,在 2003 年,当年的业绩做到一百万,期权奖励是两万股票,也就是今天上市的八万股,价值八百多万美金。很多人的这笔股票都损失掉了,为什么?

因为 2003 年公司成长很快,很多销售员在业绩超过 90 万的时候,公司突然将他提升为主管了,直接就告诉他,你的能力不错,去承担这方面责任吧,做主管,明天赶到杭州参加培训。当天下午通知,第二天要赶到杭州去参加培训,很多员工坚定地执行了。其实再半个月时间,他的百万目标就完成了,两万股票就实现了,但是那时候提升的很多主管都损失了期权,无怨无悔地执行铁的纪律。

3. 铁的意志

最磨炼意志的应该是一件简单的事情重复做。攀登一座高峰,人的意志所经受的考验,不会超过十年如一日在同一生产线上拧一颗螺丝的工人。

销售员也如此,年复一年、日复一日在外面奔波,拜访无数的客户,一天拜访五家客户、十家客户,一年要拜访上千家客户,每天重复着同样的说词,每天做着同样的事情,每天面对的各个老板同样的眼光,日日如此,意志是毋庸置疑的。

阿里员工一般是 8 点钟到公司或者到办事处,把客户资料打印出来,路线排好。到 9 点钟,就在别人刚刚到公司上班,泡一杯茶的时候,阿里员工已经把所有的东西都准备好,出发拜访客户。

每个人包里就背着矿泉水,带着面包,以防中午在偏远的工厂企业没有吃饭的地方。有时候可能在饭馆里面稍微坐一会儿,趴在那眯一会儿,下午继续拜访。

到晚上 6 点钟,回到公司,团队到一起分享。白天遇到一些什么类型的客户?有怎样的反馈意见?怎么样处理比较好?大家交流学习,再一起团建,比如一起吃晚饭。

完了再去写日报,录进系统里。然后开始收集第二天要用的客户资料,基本上到 10 点才结束。10 点结束之后,很多员工带着电脑回到家,洗完澡躺在床上,电脑又打开,再收集一点资料,明天尽可能多拜访几家。这就是地推铁军的一天。

资料来源:根据 http://www.cnbm.net.cn/article/ar871017623.html 等网络资料综合整理

群体是一种社会现象,任何个人都离不开社会和群体而孤立地生活,总是生活在一定的社会组织中,隶属于一定的群体。个体构成群体,群体构成组织。只有针对群体的各种心理现象,处理好群体内的矛盾和冲突,搞好群体内的沟通,改善协调好群体内的人际关系,才能建立起高效的工作群体,提高工作效率。

12.1 群体及其形成原因

社会生活本质上是群体生活,社会群体是个人与社会联系的桥梁。人是社会的个体,总是生活在一定的群体中。群体是人们在社会互动过程中形成的,家庭、社区、学校、单位、团体、朋友圈等都是群体。人在群体中,通过依靠他人来满足自身的物质需要和大部分的心理需要,因而群体在人们的生活中有着举足轻重的作用,人们无时无刻不生活在群体中,人们所属的群体塑造了其个性和行为,人们一生中的大部分日常活动是在群体中与他人一起度过的。

12.1.1 群体概述

1.群体的含义

群体是指两个以上的人组成有共同目的、相互依存、相互作用的集合体。一般说来,小至两个人以上组成的家庭,大至一个民族,都可以称为群体。

群体是人们通过相互交往形成的,由某种相互关系联结在一起的社会共同体。

群体是一定成员的人群集合体,但并不是任意集中在一起的人群都可以称作群体。公共汽车上的乘客,影剧院里的观众,商场、超市里的顾客,只是一般意义的聚集体,他们之间的关系只是临时性的,目的地一到或演出一结束,就各奔东西,所以不能称之为群体。

2.群体的特征

群体具有不同于一般人群的特征,具体如下:

(1)群体有明确的成员关系。群体中的成员关系是稳定而具体的,如家庭中的父子、母子关系等。特定社会群体有区别于其他群体的标志,他们自己称他们为该群体中的成员,并且,其他人也承认这一点,如某社区的住户,某公司的员工。

(2)群体成员间有持续的相互交往。群体成员间的交往不是临时的,而是保持比较长久的、持续的、反复的社会交往。这种持续交往可以是面对面的直接交往,也可以是间接的交往。

(3)群体有共同的群体意识和规范。群体成员在交往过程中,通过心理和行为的相互影响,会产生或遵守一些共同的观念、信仰和价值。群体成员间根据共同的兴趣或利害关系,会遵循一些模糊的或者明确规定的行为规范。群体在面临外部压力或内部冲突时,群体意识会表现得更加突出,会一致对外。

(4)有共同的目标导向。每一个群体都有其特定的目标。在特定目标的引导下,群体成员就具有了共同的行动方向,群体成员的一切努力都应该紧紧围绕群体目标展开。在目标实现的过程当中,每个群体成员都承担一定的工作任务,扮演一定的工作角色并通过彼此的合作,使群体的行为不断朝着群体目标前进。

3.群体的作用

群体的作用可分为三大方面。

(1)把个体力量汇合成新的力量。群体的功能之一是使个体有机地组合成为一种新的力量。例如,在同一工种、同一研究领域中结成的群体,其成员在群体内,由于彼此相互影响,相互促进,从而提高群体成员的工作水平。同时,群体还由于能把不同工种、不同行业、不同学科的人组合起来,可以完成个人力量或单一工种、单一学科的力量所无法完成的任务。

(2)完成组织所赋予的任务。群体的功能主要是完成组织分配下来的任务和执行所规定的职责。一个庞大的组织要想有效地达到其目标,必须通过群体成员间合理分工和密切合作,把任务逐层分配给较小的单位、部门去执行。群体对组织来说,主要就是承担、执行和完成组织所分配的任务,以保证组织目标的实现。

(3)满足个人的心理需求

个人有多种需要,有的可以通过工作来满足,有的则通过群体的组成来满足。概括地说,群体满足个人的下列需求:

① 获得安全感。个体只有属于群体时,才能免于孤独的恐惧,获得心理上的安全感。

② 满足亲和的需求(或友爱与归属需要)。群体中的个体可以与别人保持联系,获得关心、认同与支持等。

③满足自我确认的需求。个人参加到群体之中,不但可以体会到自己是社会的一分子,而且能够确认自己在社会中的地位。

④ 满足自尊的需求。个体在群体中的地位,无论是职位上的地位还是心理上的地位(如受人欢迎、受人敬重)皆可满足其自尊的需求。

⑤ 增加自信。在群体中,经过大家交换意见,得出一致的结论,可以使个体对社会情境中某些不明确、无把握的看法获得支持,增加自信。

⑥增加力量感。在对付社会的敌人以及自然的敌人威胁时,群体可增加个人的安全感和力量感。

组织行为学家认为,任何一个群体作用大小,都可从两个方面加以衡量,即群体的生产性(创造成就的多少)和该群体对其成员心理需求的满足程度。实际上,这二者相互制约、相互促进,缺一不可。

✳ **管理故事** 12-1

蚂蚁的故事

英国科学家把一盘点燃的蚊香放进一个蚁巢。刚开始,巢中的蚂蚁惊恐万状,约20秒钟后,许多蚂蚁见难而上,纷纷向火冲去,并喷射出蚁酸。可一只蚂蚁喷射的蚁酸量毕竟有限。因此,一些"勇士"葬身火海。但它们前仆后继,不到一分钟,终于将火扑灭。存活者立即将"战友"的尸体移送到附近的一块"墓地",盖上一层薄土,以示安葬。

一个月后,这位动物学家又把一支点燃的蜡烛放到原来的那个蚁巢进行观察。尽管这次"火灾"更大,但蚂蚁这次有了经验,调兵遣将迅速,协同作战有条不紊。不到一分钟,烛火即被扑灭,而蚂蚁无一遇难。科学家认为蚂蚁创造了灭火的奇迹。蚂蚁面临灭顶之灾的非凡表现,尤其令人震惊。

在野火烧起的时候,为了逃生,众多蚂蚁迅速聚拢,抱成一团,然后像滚雪球一样飞速滚动,逃离火海。那噼里啪啦的烧焦声,是最外层的蚂蚁用自己的躯体开拓求生之路时的呐喊,是奋不顾身、无怨无悔的呐喊。

在洪水暴虐的时候,聚在堤坝上的人们凝望着凶猛的波涛,突然有人惊呼:"看,那是什么?"一个好像人头的黑点顺着波浪漂过来,大家准备再靠近些展开营救。"那是蚁球。"一位老者说。"蚂蚁这东西,很有灵性。有一年发大水,我也见过一个蚁球,有篮球那么大。"洪水到来时,蚂蚁迅速抱成团,随波漂流。蚁球外层的蚂蚁,有些会被波浪打入水中。

但只要蚁球能上岸,或能碰到一个大的漂流物,蚂蚁就得救了。不长时间,蚁球靠岸了,蚁群像靠岸登陆艇上的战士,一层一层地打开,迅速而井然地一排排冲上堤岸。岸边的水中留下了一团不小的蚁球,那是蚁球里层的英勇牺牲者。它们再也爬不上岸了,但它们的尸体仍然紧紧地抱在一起,那么平静,那么悲壮。

12.1.2 群体的分类

依据不同的分类标准,可以把群体划分为不同的类型

1. 假设群体和实际群体

从群体是否实际存在的角度可以把群体分为假设群体和实际群体。假设群体又可称为名义群体或统计群体,它是指那些名义上存在只是为了研究和分析的需要而人为地划分出来的群体。比如按职业划分,可以分为工人群体、农民群体、教师群体、士兵群体、商人群体等;按年龄划分,可分为儿童群体、少年群体、青年群体、中年群体、老年群体等。根据群体的定义,这些人群并不能称为严格意义上的群体,只是为了进行调查需要或统计上的方便而人为归类的。而实际群体则是指现实生活中实际存在的群体,这类群体的成员之间直接或间接地相互作用、相互影响,有着实际联系。

2. 大群体和小群体

按照群体规模的大小可以把群体划分成大群体和小群体。大群体中成员较多,组织结构复杂,成员与成员之间缺乏直接的联系和依赖关系,而是以共同的活动任务间接地发生联系,所以相对来说,大群体中的社会因素比心理因素的影响作用要大。小群体中成员彼此之间存在着直接的联系,从而建立起情感和情绪上的相互作用关系,因此在小群体中心理因素的影响作用要大些。

3. 共同作用群体、协作群体和协调群体

根据群体成员彼此的依靠程度可以把群体分成共同作用群体、协作群体和协调群体三类。共同作用群体是指群体中每个成员工作任务的完成都依赖于群体的共同努力。协作群体是指群体中每个成员的工作任务是由成员个人独立完成,群体成员的关系是建立在分工基础上的协作关系,群体的工作目标通过分工来完成。协调群体是指为了调节群体成员在观念、思想上存在的冲突或为了提供某种解决问题的机会和条件而形成的群体。

4. 正式群体和非正式群体

正式群体与非正式群体是依据构成群体的原则和方式的不同而划分的群体种类。正式群体又可称为工作群体,是由正式文件明文规定的群体。正式群体有既定的目标、明确的责

任分工、固定的编制、规定的权利和义务。非正式群体又称自然群体,它一般是由于某种原因而自发地形成的。非正式群体中也存在着一定相互关系的结构和规范,它虽然不是组织正式建立的群体,在组织中也不占据主导地位,但有时非正式群体对群体成员的作用和影响比正式群体还要大。因此,管理者要对组织中的非正式群体有足够的重视。

5. 友谊群体和任务群体

友谊群体是为了满足其成员的个人安全感、自尊和归属需求而非正式形成的。任务群体则是为了实现一定的组织目标而通过组织方式形成的。

任务群体根据群体或团队成员之间的关系可以分为三类:抵制性群体(counteracting group)、共同行动群体(coacting group)、交互群体(interacting group)。

(1)抵制性群体。当群体成员相互作用以解决某些类型的冲突时,就产生了抵制性群体。例如,劳工和管理层协商群体就是一个典型的例子。管理层和工会代表总是认为他们之间至少有一些目标是相对冲突的。

(2)共同行动群体。当群体成员暂时性相对独立地完成他们的工作时会形成共同行动群体,在这里,"相对独立"和"暂时性"表明没有长期意义上的相互依赖就不会有任务型群体。共同行动群体当个人努力不需要太多的合作和协调时可能更有效。例如,一个地区销售经理可能需要将销售代理召集在一起以回顾一些共同的问题、难题。但是,每位销售代理人的日常工作无须相互交流和合作。另外,地区总销售和盈利是基于每位销售人员的业绩的。

(3)交互群体。当一个群体的目标只有在每个成员完成各自的项目相关工作后才能实现时,这样的群体就叫交互群体。

6. 实属群体和参照群体

实属群体(membership group)是个体实际归属的群体,参照群体(reference group)是个体在心理上"向往"的群体。个体把参照群体的规范、标准、价值观作为自己行动的参照和学习的榜样。参照群体不是个体实际归属的群体,它甚至可能是想象中的群体。

研究参照群体有重要的实际意义。在中国的企业管理中,树立先进典型是管理工作的一条重要经验。但是,要使这条经验收到更好的效果,必须进一步研究如何使先进集体成为全体职工或多数职工的参照群体,即真正成为职工心目中努力达到的标准。有时会看到这样的情况,树典型、树标兵的活动虽然表面上搞得轰轰烈烈,但实际效果不大。其中一个重要原因就是这些典型、标兵没有真正成为人们心目中的参照群体。

12.1.3 群体形成的原因

群体是人类社会的一种普遍现象,自人类社会产生以来,人们就在相互交往中形成了众多的群体。而群体活动并非人类所特有的,其他动物也有这种生活特征。群体活动是整个动物界的一个较为普遍的现象。但是人类的群体与一般动物的群体有所不同,动物群体生活是遗传的结果;而人类群体生活主要是社会交往的结果,更具有社会性。从一定的意义上讲,人们通过一定的社会交往结成了固定的社会关系,而具有社会关系的人们进行共同活动的社会共同体就是群体。

任何一个群体的形成,都存在着相互联系的三个要素:活动、相互作用、感情。①活动。一个群体能够持续存在,必然有各种各样的活动。群体只有通过一定的活动才能表明自己现实的存在。②相互作用。群体成员在活动中,彼此交往,通过语言和非语言相互之间的信息沟通,使彼此的行为发生相互影响、相互作用。③感情。在相互作用的过程中,群体内的成员之间以及成员与群体之间,会形成一定的思想情绪和情感反应,而且这种情绪和情感又会反过来影响群体的活动和群体成员之间的相互作用。形成群体的三个要素之间是相互依赖、相互制约的,如图 12-1 所示。

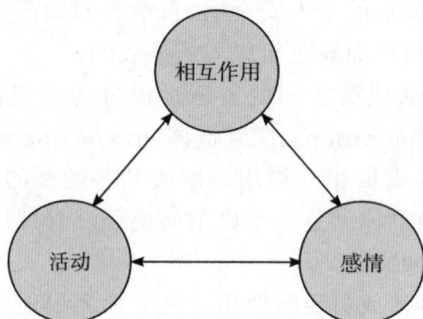

图 12-1 群体的组成要素

群体之所以形成,并得以存在的原因是:

(1)群体是每个人进行社会化和生存的必要条件。换句话说,个体只有在群体中进行相互作用,才能形成社会化的人。个体在很小的时候,社会就期望他参与群体,学习群体规范;等到个体产生了明确的自主意识,他就开始自觉地参与社会群体。个体在社会文化的影响下所产生的对群体生活的倾向是群体形成的原因之一。

(2)群体能够满足人类的众多需要。群体能使人们完成单个人所难以完成的事情。群体比个人能更有效地实现某种目的。此外,人是一种有丰富感情的特殊动物,他们需要得到情感上的满足,这种情感上的满足与互慰也只有在群体中才能得以实现。由于这种原因,群体才得以产生。

由此看来,群体是人们为了需要的满足而形成并得以存在的。

12.1.4 群体属性

所有的工作群体都有其群体属性,群体属性对群体内部的个体间的关系进行调节,从而进一步地影响和塑造群体成员的行为。群体属性变量主要包括角色、规范、地位、群体规模和群体成员结构。

1. 角色

戏剧大师莎士比亚曾经说过,世界就是一个大舞台,所有男人和女人都是舞台上的演员。每个人在其所处的群体当中都扮演着一定的角色。所谓角色是指人们用以界定群体成员在群体内部各个岗位上所被期待的一系列行为模式的规范。由于每个人都同时扮演着多种角色,所以要理解一个人的行为,关键是弄清他现在扮演着什么角色。比如一个人在公司的下级面前扮演的是经理的角色,而他回到家在孩子面前扮演的就转变成父亲的角色。因此,也可以说,不同的群体对个体的角色要求往往是不同的。

一般而言,在一个特定的群体中,我们可以观察到成员有三种比较典型的角色表现,这些不同的角色对群体的绩效会产生不同的影响。

（1）自我中心角色

自我中心角色是指个体成员处处为自己着想，只关心自己，这类人包括：

①阻碍者，指那些总是在群体通往目标的道路上设置障碍的人；

②寻求认可者，指那些努力表现个人的成绩，以引起群体注意的人；

③支配者，这类人试图驾驭别人，操纵所有事务，也不顾对群体有什么影响；

④逃避者，这类人对群体漠不关心，似乎自己与群体毫无关系，不做贡献。

（2）任务角色

任务角色包括：

①建议者，指那些给群体提建议、出谋划策的人；

②信息加工者，指那些为群体搜集有用信息的人；

③总结者，指为群体整理、综合有关信息，为群体目标服务的人；

④评价者，指帮助群体检验有关方案、筛选最佳决策的人。

（3）维护角色

维护角色包括：

①鼓励者，指那些热心赞赏他人对群体贡献的人；

②协调者，解决群体内冲突的人；

③折中者，协调不同意见，帮助群体成员制定大家都能接受的中庸决策的人；

④监督者，这类人所起的作用是保证每人都有发表意见的机会，鼓动寡言的人，而压制支配者。

任务角色和维护角色都起积极作用。每个群体不仅要完成任务，而且要始终维持自己的整体，而个体成员的任务角色和维护角色的作用正是为了达到这两个目的。研究发现，在任务角色、维护角色和群体绩效之间有正相关关系。

人们对某一种角色的期待或个体对这一角色的态度与个体实际扮演这一角色的行为的一致性称为角色同一性。人们清楚地认识到环境条件需要他们做出重大变化时，他们就能够迅速地变换自己所扮演的角色。这种角色同一性的现象源于角色知觉：一个人对于自己在某种环境中应该做出什么样的行为反应的认识。当角色发生变化时，角色知觉也同时发生变化，从而使得人们按照发生变化后的角色知觉做出相应的行为，因此表现出角色同一性。那么角色知觉是如何产生的呢？

角色知觉源于对角色行为的认知，这种认知过程既可能是一种亲身经历，也可能是一种习得，即通过书本、电视、电影等渠道获得某一角色的认知。此外，角色知觉还受到角色期待的影响。角色期待是指其他人认为你在一个特定的情境中所应该做出的行为反应，也就是说，我们做出某种行为反应，是以别人希望我们怎样做的解释为基础的。比如说警察巡逻时碰见抢劫，那么警察的行为就应该是奋不顾身地抓歹徒，而不是逃跑。当角色期待集中于一般的角色类别上时，就容易形成角色定式或角色刻板印象。心理契约是一个有助于我们更好地理解角色期待的概念。由于书面雇佣契约的不完全性，在雇主和雇员之间，必然存在着一种不成文的约定。这种心理契约规定了双方的期待，即每个角色的行为期待。如果心理契约中蕴涵的雇员对雇主的角色期待没有得到满足，雇员的绩效和工作满意度就会受到负面影响。如果是雇主对雇员的角色期待没能满足，结果可能是雇员被施以某种形式的纪律处罚，甚至被解雇。

当个体面临多种不同的角色期待时，就可能产生角色冲突。所有的人都经历过，而且一定还要继续经历角色冲突。而关键问题是，组织内部不同的角色期待所带来的角色冲突是如何影响组织行为的。毫无疑问，角色冲突会增强个人内心的紧张感和挫折感。当面对角色冲突时，个体可以采取多种行为策略。比如，个体可以做出一种正规的、官僚式的反应。这样，角色冲突就可以依靠规章制度来解决。此外，个体还可以采取其他行为策略，比如退却、拖延、谈判等，也可以通过重新定义事实或情况，使多种角色期待趋于一致。

2. 规范

(1)规范的含义

规范(norm)是由群体成员制定并共同遵守的行为准则。所谓群体规范是指群体为达到共同活动目标而确立的被群体成员共同接受并共同遵守的行为准则。群体规范是一种具有约束力的标准化观念，它对群体成员的行为起着制约的作用，每个成员都必须遵守这些标准，但它并不是对成员的行为进行限制，而是规定出一个范围界限，即什么可以做，什么不可以做。如果某一成员的行为超出了群体规范的范围，就会被群体认为是越轨行为，遭到群体的指责，并运用各种纠正方法，使其回到规范的轨道上来；如果某一成员的态度和行为符合群体规范的范围，群体就会加以肯定。

美国心理学家马扎菲尔·谢里夫所做的视错觉实验，说明了群体规范的形成过程。谢里夫让几个被试者坐在一间暗室里，要求被试者注视前方某一距离内出现的光点，几分钟后光点消失，然后让被试者判断光点移动的方向(实际上光点并没有移动)。有人觉得光点向右上方移动，有人觉得光点向左下方移动。第二阶段，让被试者一起进入暗室中观察出现的光点，几分钟后组织大家讨论，让他们充分交换意见。通过讨论，大家对光点的移动方向、距离得出了一致的结论，即群体规范代替了个体反应模式。显然，这种规范是在模仿、暗示、顺从等心理机制作用下形成的。第三阶段，让被试者重新分开单独在暗室里观察光点，尽管这光点实际上是静止不动的，但他们对光点移动方向的判断却出奇地一致，既没有恢复原来建立的反应模式，也没有建立起新的反应模式，仍是一致地保持群体形成的规范。这说明，群体规范形成一种无形的压力约束着人们的行为，甚至被约束者一点也觉察不到这种约束。

(2)群体规范的类型

在组织中存在着各种各样的规章制度、公约、行为守则、合约、习俗等规范。群体规范有两种形式：一是成文的，群体正式规定的规范。二是不成文的，没有通过群体加以系统地规定和确认，只是群体成员的一种默契和约定俗成。这种规范在非正式群体中更多，是一种道德和舆论的约束。具体而言，群体规范的一般类型主要包括以下四种：.

①群体绩效规范。包括成员应该怎样去完成自己的工作任务，应该达到什么样的产出水平，应该怎样与别人沟通等。群体中不同的工作类别和岗位都有各自不同的绩效规范。这些绩效规范直接影响着组织的绩效考核制度。

②群体成员的形象规范。包括员工工作时如何着装、打扮、仪表、仪态等形态方面的要求。有些组织制定了详细的着装制度，要求员工上班时必须穿着统一的工作服，有良好的工作风貌。

③非正式的社交约定。这类规范来自于非正式群体，主要用来约束非正式群体内部成员的相互作用。

④资源分配的规范。主要包括员工报酬的分配、困难任务的安排以及办公设备的分发

和管理等制度。

群体规范的影响因素是多方面的,主要涉及两个方面:(1)群体本身的因素:群体的构成、任务、绩效、群体规范与组织规范的关系。(2)个体的特征:群体成员在互动过程中价值观、态度、动机等心理行为上的一致性。

(3)群体规范的功能

规范是群体得以维持、巩固和发展的支柱。群体规范越能被群体成员所认同,则群体成员的行为则越一致。在组织中,群体规范对成员的行为发挥着重要的功能。

①评价的功能。群体规范是群体成员行为的参照标准。在群体中,往往以群体规范为尺度对个体的言行进行衡量,判断是非。由于不同群体的规范不同,因此,对同一种行为,不同群体所做出的评价不同。

②约束的功能。群体规范限定了群体成员活动的方向和程度,约束着成员的行为,使之符合群体的要求。这主要体现在群体规范通过评价和奖惩来协调每个成员的言行,凡是符合群体规范的言行都会得到肯定,凡是违背群体规范的行为会得到否定,迫使各成员调整自己的行为符合规范。

③价值体现的功能。群体规范表达了群体的核心价值观,令某群体区别于其他群体。例如,某群体在服装、习惯或特定场合下的行为可能是群体成员的行为准则,向他人传递出群体的性质和价值观。可见,规范能够鼓励群体价值观和群体身份的表现,将有助于强化和维持群体的存在。

3. 地位

地位(status)是指群体成员在群体中的位置、等级或层次的一种社会性的界定。在一个群体中,地位高的成员往往会担任重要的角色,获得更多的特权和发展机会。

(1)地位符号

一个人地位的高低通常可以运用一些地位符号来加以判断。典型的地位符号(status symbols)包括:

①办公家具,如红木办公桌、沙发、书柜。

②室内装饰,如地毯、地板、艺术品。

③工作地点,如具有观景台窗的办公室。

④办公便利性,如有无计算机、传真等。

⑤设备的质量与新旧,如使用新工具、仪器。

⑥工作服的类别,如白领、蓝领。

⑦特权,如使用组织汽车,有专门司机。

⑧工作头衔,如副总、处长、科长、主任等。

⑨员工分派,如有私人秘书。

⑩财务自主程度,如可自由支配 1 万元。

(2)地位分类

①正式地位(formal status),是组织给予个体某种职位、职称或头衔而获得某种正式地位。例如,"区域经理"或"副总裁"等称号都是正式地位。在组织中,这些高级地位的成员就拥有相应的地位符号,如宽敞明亮的大型办公室、丰厚的薪水、新的仪器设备、灵活的工作安排等。

②非正式地位(informal status),通过个体的教育程度、年龄、性别、能力、资历、经验等特征而获得的非正式地位。非正式地位不一定不如正式地位重要。

在群体内部,通常有一致的地位标准,但在群体之间地位衡量标准就不同。例如,企业主管人员可能用个人收入或公司的发展速度作为衡量个人地位的决定因素;专业人员的标准可能是执行工作任务的效率;蓝领工人的标准可能是资历年限;学术研究人员可能用获得课题资助的数量或发表论文的数量作为标准。这些地位的标准取决于组织内部的人力资源管理的制度。地位的标准是否公平合理与群体的绩效有密切的关系。

4. 规模

群体的规模影响群体的整体行为。群体的规模可以从 2 至 16 人不等,一般认为 12 人可能是成员能直接交流和影响的上限。如果成员过少则难以发挥群体的优势,相反,成员过多则难以协调与沟通,容易形成小派系或亚群体。事实表明,小群体完成任务的速度比大群体快。但是,如果群体参与解决问题的过程,则大群体比小群体表现得好。表 12-1 描述了群体不同规模对群体行为的各种影响。

表 12-1　群体规模对群体行为的影响

衡量标准	群体规模		
	2～7 人	8～12 人	13～16 人
领导			
对领导人的要求	低	中等	高
领导与成员的区别	低	低到中等	中等至高
领导的指挥作用	低	低到中等	中等至高
成员对领导指挥的容忍	低至高	中等至高	高
个别成员对群体相互作用的支配	低	中等至高	高
一般成员参与决策的限制	低	中等	高
群体过程			
规章和程序的正规化	低	低到中等	中等至高
作出决策判断需要的时间	低到中等	中等	中等至高
群体形成小派系的可能性	低	中等至高	高

资料来源:时巨涛等编著.组织行为学(第 2 版).北京:北京师范大学出版社,2008:134

5. 群体成员结构

群体成员结构是指群体成员的组成部分。群体成员结构可以分为年龄结构、能力结构、知识结构、专业结构、个性结构、价值观结构等。这些结构有机地结合起来对于群体绩效有很大的影响。

对于群体成员结构的研究主要集中在同质性群体结构和异质性群体结构方面。如果一个群体由具有共同特征的个体所组成,则为同质性群体;如果一个群体是由不同特征的个体所构成,则为异质性群体。哪个群体的运行效率更高呢?大量研究指出,凡是不需要用多方面知识、信息和技能等才能完成的简单任务,同质性群体的效率更高。然而,随着群体活动目标的复杂程度的提高,群体任务的完成更需要群体成员能够具备多种技术和知识,此时,异质性群体更可能拥有多种能力和信息,运行效率相对于同质群体来说会更高一些。与此同时,多样性也激发了创造性,并提高了决策水平。许多事实证明,在执行任务时,那些经过一段时间相处能够磨合得比较好的异质性群体比同质性群体更有效。

群体的构成成分是预测群体成员的离职率的重要变量。人口统计学理论认为,像年龄和某个人加入某个特定群体或组织的时间这样一些特征能够帮助人们预测员工的离职率。需要注意的是,在那些经历不同、背景不同的人组成的群体中,由于群体成员之间的沟通往往会产生困难,因此这种群体中的员工离职率会比其他群体更高,也就是说,异质性群体比同质性群体的离职率要高。

最后,对于同质和异质的讨论必须注意以下两点:①无论是完成简单任务,还是复杂任务,在对待重大问题的基本观点、基本信念方面,一个群体的全体成员必须一致或者基本一致,这是群体顺利完成任务的前提条件;②同质和异质都是对一个群体的静止分析,而实际上,人们在群体中的相互作用是一个动态的过程。成员之间的沟通交流会改变成员原有的个性、思维模式、知识面等,从而促使群体结构向更有利于群体绩效的方向转变。

12.2 群体的发展过程

12.2.1 五阶段模型

有效群体的形成并不是自发的。在群体发展过程中将出现各种导致失败或成功的情况。五阶段模型认为,一个群体的形成与发展要经历五个阶段的标准程序才能完成。这五个阶段依次为形成阶段、震荡阶段、稳定阶段、运行阶段、终止阶段。如图 12-2 所示,横坐标代表 5 个发展阶段,纵坐标代表群体成熟度。它同时显示了群体在任何一个阶段的过渡期都有失败的可能。在任何特定时间点上精确测定一个群体的发展阶段都是困难的,但管理者和群体成员需要理解这些发展阶段,因为它们都能影响群体的有效性。

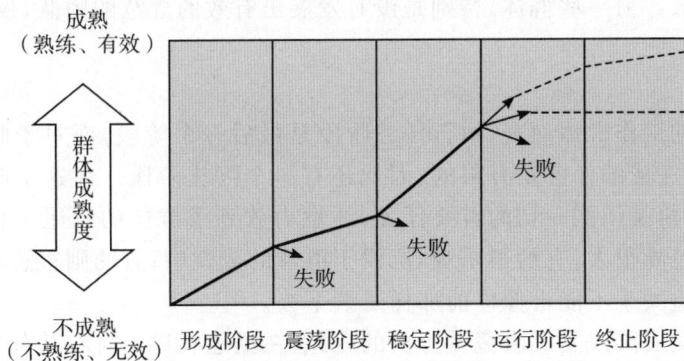

图 12-2 群体发展阶段

1. 形成阶段

群体形成阶段的一般特点是群体的目的、结构、领导都不确定,群体成员各自摸索群体可以接受的行为规范。当群体成员开始把自己看作是群体的一员时,这个阶段就结束了。群体在该阶段的发展包括彼此熟悉及理解领导和其他成员的角色,在社交行为方面,应当处理好大多数成员的情感和过分依赖于某几个成员的倾向问题。

2. 震荡阶段

这一阶段是内部冲突阶段,群体成员虽然接受了群体的存在,但对群体强加给他们的约束仍然予以抵制。因此,在这个阶段,冲突逐渐显现,反映在工作行为目标的相对优先次序、责任分配、领导关于任务的引导和指示等方面。社会行为是敌意表达和强烈情感的混合。本阶段的主要矛盾是竞争领导角色和目标冲突。一些成员会退缩,努力使自己远离这种紧张情绪。本阶段的关键是控制冲突而不是压制或退缩。群体成员如果走向这两个极端,那群体将不能有效地成长到第三阶段。在团队成员试图表达自己的不同情绪之后,压制冲突将可能产生痛苦和憎恨,并持续较长时间;退缩则导致群体失败。如果成员从一开始就使用一种团队建设程序,这个震荡阶段可能会缩短或避免。这个程序包括决策发展、人际发展和技术能力的发展。群体建设的促进者能够帮助群体成员克服在每一阶段出现的冲突。这个阶段结束时,群体的领导层次就相对明确了。

3. 稳定阶段

在这个阶段中,群体内部成员之间开始形成亲密关系,群体表现出一定的凝聚力。这时群体成员会产生强烈的群体身份感和友谊关系。在这一阶段,工作行为发展为信息分享,接受不同选择,积极地进行一些需要妥协的决策,群体成员制定群体的操作规则。社会行为集中于移情、关心以及情感的积极表达,从而产生一种凝聚力。合作与责任分担在群体成员中日渐普遍。当群体结构稳定下来,群体对于什么是正确的成员行为达成共识时,这个阶段就结束了。

4. 运行阶段

这一阶段又被称为执行任务阶段。在这个阶段中,群体结构已经开始充分地发挥作用,并已被群体成员完全接受。群体成员的注意力已经从试图相互认识和理解转移到完成手头的任务。每个成员都接受和理解自身的角色。成员也已学会独立工作和相互帮助。图12-2中的两条虚线表示群体在这一阶段过后会分化。一些群体继续从经验中学习和发展,变得更加成熟和有效。另一些群体,特别是没有发展出有效的规范的团队,仅仅在维持生存面上运行。

5. 终止阶段

对于长期性的工作群体而言,执行任务阶段是最后一个阶段,而对于临时性的群体,如任务小组等,因其完成的任务是有限的,因此还有一个终止阶段。在这个阶段,群体开始准备解散,高绩效不再是压倒一切的首要任务,注意力放到了群体的收尾工作。在这个阶段,群体成员的反应差异很大,有的很乐观,沉浸于群体的成就中;有的则很悲观,惋惜在工作群体中建立起的友谊关系不能再像以前那样继续下去。

然而群体的发展阶段是无法截然分离的,虽然在描述和讨论时将其分开,但在发展序列的任何一点上失败都有可能发生。

12.2.2 间断—平衡模型

有的研究者认为,群体的发展过程不一定像五阶段模型中所描述的那样,一定要经历统一的一系列阶段,而是在群体如何形成和变化的方式上有一些明显一致的地方。这种模型认为,群体发展的过程中基本上以接近中间的某个时间为分水岭,将群体发展分为两个阶段,第一个阶段群体运行的方式与第二个阶段有着明显的不同。但在群体的形成和变革运作方式的时间阶段上是高度一致的。研究发现,群体成员的第一次会议决定群体的发展方向;第一阶段的群体活动依惯性进行;在第一阶段结束时,群体发生一次转变,这个转变正好发生在群体寿命周期的中间阶段,这个转变会激起群体的重大变革;以后,群体的活动又会依惯性进行;第二阶段的特点是群体活动速度明显加快(图 12-3)。

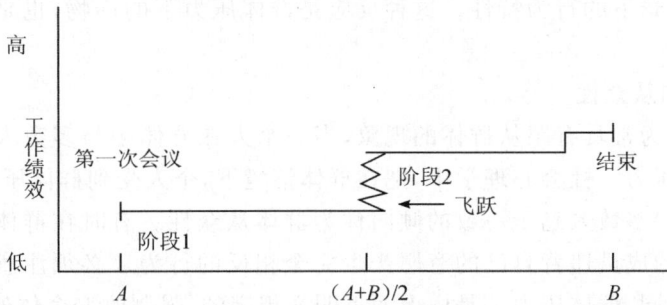

图 12-3　平衡—间断模型

在第一阶段中,群体成员的第一次会议决定群体的发展方向。在第一次会议上,群体成员完成其项目所要求的行为模式,假设的基本框架得以形成,而后界定任务、确定目标,并且这些任务和目标在此阶段中不太容易发生变化。即使有的群体成员提出新的想法,大多也不会付诸行动。这一阶段是依照惯性进行群体活动的阶段,换言之,群体倾向于静止,被锁定在一种固定的活动上。即使获得对初始模式和假设形成挑战的新创意,群体也不可能在第一阶段就实施这些创意。因此,这个阶段的群体在运行时处于一个平衡阶段。

当群体的寿命发展到寿命周期的中间阶段时,将面临一场危机。群体成员感到时间的压力与完成任务和目标的紧迫性,他们认识到必须迅速采取行动,必须对原有的运行方式作出某些改变。其特征是集中于迅速的变革,放弃旧的思维方式,采纳新的见解,进入到效率更高的第二阶段。群体的运行进入了新的平衡阶段,或者说又是一个依照惯性运行的阶段。在这个阶段中,群体开始实施在其转变时期创造出来的新计划。第二阶段发展到最后,群体以冲刺的速度完成任务而宣告结束。

群体的间断—平衡模型的特点是,群体在其长期的依惯性运行的存在过程中,会有一个短暂的变革时期。这一时期的到来主要是由于群体成员意识到他们完成任务的时间期限和紧迫感而引发的。研究者发现,无论是寿命周期很短的如只有几个小时的群体,还是寿命周期很长的群体,其发展历程都会遵循这样的规律。因此,对群体领导者来说,如何抓住和利用这个短暂的变革期,使群体发生一次质的飞跃是非常重要的。

12.3 群体行为特征与群体凝聚力

12.3.1 群体行为特征

个体各有个性,在群体中由于受群体规范,尤其群体中其他成员的影响,往往会表现出不同于个体单独情景下的行为特性。这种反应是群体压力下的产物,也是个体借以适应环境的方式。

1. 群体压力和从众性

群体成员的行为常具有跟从群体的现象,当一个人在群体中与多数人的意见出现分歧时,会感觉到群体压力。社会心理学中,把在群体情境下,个人受到群体压力,而在知觉判断与行为上,和群体中多数人趋于一致的倾向称为群体从众性。有时在群体压力非常大的情况下,会迫使群体的成员违背自己的意愿产生完全相反的行为。必须注意区别群体压力与权威命令作用的不同,群体压力不是由上而下明文规定的,强制改变个体的行为反应。群体压力没有强制执行的性质,但个体在心理上往往难以违抗,因此它的改变个体行为的效果有时反而强于权威命令。

群体压力与从众性的问题,由美国心理学家阿希(Solomon Asch)首次以实验的方式予以证实,他指出,当人们面临群体压力时,对于高度真实的事实,群体压力将会改变他们的意见。他让七八个人组成群体,坐在教室中,要他们比较实验者手中所持的卡片。其中一张卡片上有一根线段,另一张卡片上有三根长短不同的线段,如图12-4所示。在有三根线段的卡片上的其中一根线段,和一根线段的卡片上的线段是完全相同的。卡片上的线段长短差别是很明显的。在正常情况下,被实验者很少有百分之一的错误。阿希的实验就是要被实验者确定三根线段卡片上的哪一根线段和一根线段卡片上的线段长度完全相同。在实验的群体中,只有一个是真正的被实验者,其余的人实际上都是实验者的同谋。实验者事先已和同谋者们串通,叫他们在一连串的视觉判断中,故意选择错误的答案,去欺骗那一位真正的被实验者。结果百分之三十五的真实被实验者在"错误的群体一致性"引导下,做出了相同的判断。因此选择错误的"B"线的答案,而否定正确的"C"线和"X"线长度相等。这个实验结果证明,群体成员明知是错的,还是要找出似是而非的解释,遵从群体规范,迫使自己趋向于从众行为。

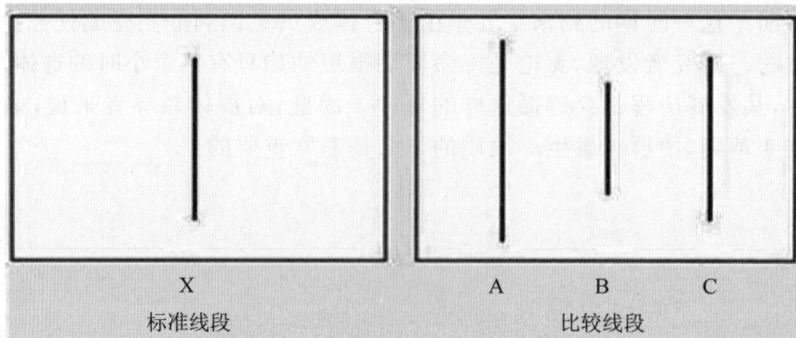

X
标准线段

A B C
比较线段

图12-4 阿希研究所用卡片举例

在阿希实验之后,一些心理学家又进一步分析了导致顺从现象产生的因素。这些因素包括环境因素和个性因素。从环境因素来看,如果该群体是一个人的参照群体,群体的意见一贯比较一致,群体比较团结,那么,这个人就容易在群体压力之下产生顺从行为。从个性因素看,如果一个人的智力较差,情绪不稳定,缺乏自信心,则在群体中经常要依赖别人,比较容易产生从众行为。

心理学家对于从众现象的真相也进行了分析,指出从众现象的表现行为和内心反应并不一定是一致的。大致有以下四种情况:

内心顺从,表面也顺从,即"心服口服";

内心顺从,表面不顺从,即"心服口不服";

表面顺从,内心不顺从,即"口服心不服";

内心和表面都不顺从,即"心口皆不服"。

苏联心理学家彼得罗夫斯基对群体压力和从众行为提出了不同的看法。他认为,把任何遵从群体意见的情况都看成是顺从行为是不正确的。一部分人接受意见可能是屈服于压力,怕被孤立,但另一部分人也许是为了实现群体的理想和信念而与群体保持一致。他把后一种情况称为"集体主义的自决"。彼得罗夫斯基也设计了实验。实验表明,具有"集体主义自决"品质的人只在非原则问题上表现出从众,目的是为了保持集体的团结一致。

2. 去个性化

群体中还有一种经常出现的现象是去个性化。去个性化(deindividuation)是指个人在群体压力或群体意识影响下,会导致自我导向功能的削弱或责任感的丧失,产生一些个人单独活动时不会出现的行为。如集体起哄,相互打闹追逐,甚至成群结伙地故意破坏公物,打架斗殴等,都属于去个性化现象。

1969 年,心理学家津巴多通过实验试图研究,摆脱正常社会约束和从事极端负面行为的去个性化是如何产生的。为什么一些平时很老实的人,在一群疯狂的人当中也会变得疯狂。他做了一个有趣的电击实验。津巴多召集了一些女大学生作为被测试者,对她们说:"实验要求对隔壁一个女大学生进行电击,不需要负任何道义上的责任,完全是为了科学实验的需要。"透过玻璃被测试者们可以看到那个被自己电击的女大学生。实际上这个女大学生是津巴多的助手,她并没有真正受到电击。但当被测试者按下电钮时,她假装大喊大叫,流泪求饶,以使那些作为被测试者们相信,她真的非常痛苦。被测试者们分为两组。第一组被测试者都穿上了带头罩的白大褂,每个人只露出两只眼睛,因而彼此间谁也不认识。主持人请她们实施电击时也不叫她们的名字,整个实验在昏暗中进行。这种情景被津巴多称为"去个性化的条件"。第二组被测试者穿着平常的衣服,每个人胸前都挂着一张名片。在实验时,主持人很有礼貌地叫着每个人的名字。房间里的照明很好,每个人彼此都能看得很清楚。这一情景称为"个性化条件"。津巴多预言说:"去个性化条件下的被试比个性化条件下的被试在按电钮时将表现出较少的约束。"实验结果证实了他的预言。去个性化小组比个性化小组按电钮的次数多达两倍,并且每一次按下电钮的持续时间也较长。

此外,津巴多在一次实验前安排被测试者听一段录音,内容是津巴多与两位将被"电击"的女大学生的谈话。这个谈话表明两者具有不同的人格特点,其中一个十分可爱,乐于助人,而另一个则很自私自利,让人厌恶。同样在去个性化条件和个性化条件两种情景下让被试实施电击,结果非常有趣。在去个性化条件下,不管面对的是可爱的人还是令人讨厌的人,被测试者都去按电钮。津巴多在实验报告中写道:"这些可爱的、在正常情况下态度温柔的女学生,几乎在每一次有机会时,都会按一下电钮,而根本不管被电击的是一位可爱的或者可恶的人,而且她们一点也不为之感到紧张或内疚。相反,在个性化条件下,被测试者非常有鉴别力,他们根据被电击者的人格决定自己按电钮的次数和时间长短。"

根据实验结果,津巴多认为,去个性化产生的环境具有两个特点:一是匿名性,即个体意识到自己的所作所为是匿名的,没有人认识自己,所以个体毫无顾忌地违反社会规范与道德习俗,甚至法律,做出一些平时自己一个人绝不会做出的行为。

二是责任模糊。当一个人成为某个集体的成员时,他就会发现,自己对于集体行动的责任是模糊的或分散的。参加者人人有份,任何一个个体都不必为集体行为承担罪责,由于感到压力减少,觉得没有受惩罚的可能,没有内疚感,从而使行为更加粗野、放肆。有的成员甚至觉得他们的行动是允许的或在道德上是正确的,因为集体作为一个统一体参加了这一行动。

我们应该注意,首先,去个性化既可能导致反常的或消极的行为,也可能导致建设性或创造性行为,而不能仅把去个性化当作消极的现象对待;其次,去个性化的原因除了个体对道德责任的回避外,还有大量的因素也影响去个性化,如群体规模、情绪的激发水平、情境不明确时的新奇感、群体中独特刺激如毒品或酒精等、参与群体活动的程度等。

3. 群体士气

正如《左传》所记载的曹刿论战的故事那样,所谓"一鼓作气,再而衰,三而竭。彼竭我盈,故克之"。群体士气是指群体中存在的一种齐心协力、高效率地进行活动的精神状态。群体士气对于群体绩效水平的高低具有非常重要的影响。

心理学家克瑞奇(D. Krech)等人于1962年在《群体中的成员》一书中提出,士气高的群体应该具有以下7个特征:

(1)群体的团结来自内部的凝聚力,而不是来自外部的压力。

(2)群体成员中没有分裂为互相敌对的小团体的倾向。

(3)群体本身具有适应外部变化的能力和处理内部冲突的能力。

(4)各成员间具有强烈的认同感与归属感。

(5)每一个成员都明确掌握群体的共同目标。

(6)各成员对群体的目标及领导者持肯定、支持的态度。

(7)各成员承认群体的存在价值,并具有维护此群体继续存在的倾向。

从理论上讲,一个群体如果完全符合士气高昂的7个特征,那么这个群体的工作效率必然会很高。心理学家戴维斯(K. Davis)研究了生产效率与职工士气之间的关系,并提出了三种情况:一是士气高,效率低;二是士气和效率都高;三是士气低而效率高。

"士气高,效率低"反映出这样一个特点,即士气不是用在工作上,士气指向之处与群体目标不一致,"南辕北辙"这个成语反映的就是这样一种状态。"士气高,效率高"是一种理想的群体状态,是群体努力的方向。"士气低,效率高"的状态极有可能是因为群体在严格的管理和控制之下所获得的短时间的高生产效率,这种短期状态难以持久,不利于群体长期目标的实现。

12.3.2 群体凝聚力

群体凝聚力是指群体与成员及成员之间彼此的吸引,以及成员与群体目标的一致程度。群体对成员的吸引力和成员对群体的向心力共同构成了群体的凝聚力。群体凝聚力主要表现在成员对群体的忠诚、对工作的责任感等方面。

1. 凝聚力与生产效率

群体凝聚力的加强对于提高群体内部的沟通质量,降低群体内部的冲突水平,改善群体成员间的人际关系具有非常积极的意义。那么群体凝聚力与群体绩效之间存在着什么样的关系呢? 社会心理学家沙赫特(Schachter)等人就群体凝聚力和生产效率的关系问题进行了相关的实验。他们以凝聚力和诱导作为实验的自变量,以生产效率作为因变量,选择了两个凝聚力强的实验组 A、B,两个凝聚力弱的实验组 C、D,以及一个对照组 E,同时制作棋盘。工作的前 16 分钟 5 个组的工作效率相差无几,然后对 A、C 两组提出"提高生产量"的要求作为正诱导,对 B、D 两组提出"不要工作太快"的要求作为负诱导,对 E 组不作任何要求。结果如图 12-5 所示。

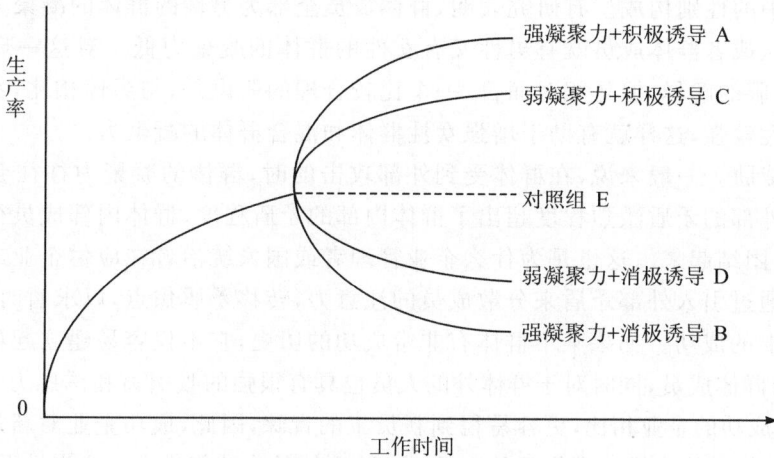

图 12-5　凝聚力与生产效率的关系

由图 12-5 可知:

(1) A 组高凝聚力,在积极诱导下,诱导效果明显,生产效率明显提高。

(2) C 组低凝聚力,在积极诱导下,有较低的诱导效果,生产效率有所提高。

(3) E 组由于没有诱导,所以生产效率不变。

(4) D 组低凝聚力,在消极诱导下,有较低的诱导效果,生产效率有所抑制。

(5) B 组高凝聚力,在消极诱导下,诱导效果明显,生产效率明显抑制。

这一结论说明,低凝聚力的群体较难引导,高凝聚力的群体较容易引导。对于高凝聚力的群体,如果作正面引导,生产效率将有明显提高;如果做负面引导,生产效率将有明显抑制。

2. 群体凝聚力的影响因素

群体成员相处时间、进入群体的难度、群体规模、群体中的性别构成、外部威胁以及历史上的成功是影响群体凝聚力的主要因素。

　　(1)群体成员相处时间。群体成员在一起的时间长短将会影响相互之间的凝聚力。如果他们在一起的时间比较长,他们就会比较容易地形成较为亲密的关系,他们会相互了解,增进友谊,并进行其他交往活动。通过这些相互作用,他们往往比较容易地发现大家的共同兴趣所在,从而增强相互之间的吸引力。此外,群体成员之间的物理距离对他们相处的时间也有重要影响。

　　(2)进入群体的难度。获得某一个群体的成员身份越困难,这个群体的凝聚力就可能越强。这主要是因为群体成员在加入群体之前具有一些共同的经历,这一过程越困难,这种经历的印象就越深刻。由于这种共同的经历增强了群体成员之间的相似性,也就能够为他们彼此之间的沟通提供最好的话题,从而为他们建立良好的对话平台,所以进入群体的难度将有助于增强群体凝聚力。

　　(3)群体规模。群体规模越大,群体内部的关系网络越趋复杂,群体成员之间进行相互作用就越难。此外,随着群体规模的扩大,小集团从群体内部滋生的可能性也相应增大。由于小集团的目标往往与群体目标不一致,从而会影响其成员偏离群体目标,使得群体成员保持共同目标的能力减弱,所以小集团的产生通常会降低群体内部的凝聚力。

　　(4)群体中的性别构成。有研究表明,群体成员全部为男性的群体的凝聚力要比群体成员全部为女性,或者群体成员既有男性又有女性的群体的凝聚力低。对这一现象目前还很难作出令人信服的解释,但是相对而言,一个比较合理的假设是,与男性相比,女性的竞争性较弱,而合作性较强,这样就有助于增强女性群体和混合群体的凝聚力。

　　(5)外部威胁。一般来说,在群体受到外部攻击的时,群体的凝聚力往往会增强。因为这时,群体与外部的矛盾激烈程度超出了群体内部的矛盾程度,群体内部成员很容易在群体领导的号召下团结起来。这也是为什么企业管理者或国家统治者在应付企业或国家的内部矛盾纷争时,通过引入外部矛盾来分散成员的注意力,转移矛盾焦点,以求暂时息事宁人。

　　(6)历史上的成功。如果某个群体有非常成功的历史,它不仅容易建立起群体合作精神来团结现有的群体成员,同时对于群体外的人员也具有很强的吸引力和诱惑力。一般来说成功的企业与不成功的企业相比,更容易得到新员工的青睐,因此,成功企业对新进人员选择面更广,这将使其能够从中挑选到优秀的人员,由此,群体的成功将进入一个良性循环的轨道。

12.3.3 群体内互动

　　对群体互动的研究包括群体内互动和群体间互动两大部分。在群体成员间的互动中,最常出现的现象是从众性(详见本章第三节)和社会惰化(详见本章第六节)。除此之外,还有几种群体互动过程中经常会出现的现象。

1. 协同效应

　　协同效应是指由两种以上的物质相互作用所产生的效果不同于单一物质作用的总和,简单来说就是"1+1>2"。这种现象与"社会惰化"现象的表现正好相反,"社会惰化"现象所代表的是负协同效应,群体互动的结果小于个体努力累加之和。例如,复杂的工作任务往往采用多功能团队的形式加以完成,因为这种方式可以利用团队成员的多种技能和知识,从事个体成员所无法单独从事的一些活动。在这种情况下,群体活动的绩效水平将大于个体绩效水平的简单加总,我们就说协同效应出现了。

　　协同效应和社会惰化效应的产生可以用图12-6进行解释。

个体成员努力程度 效果的简单叠加　＋　过程增量　－　过程减量　＝　实际的群体绩效

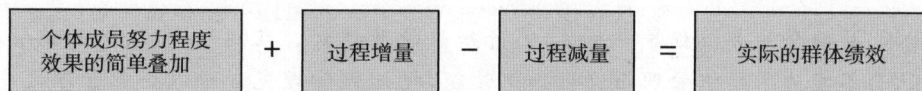

图 12-6　实际群体绩效产生的过程

当群体互动过程中的过程增量大于过程减量时,群体的绩效就呈现出"1 ＋1＞2"的协同效应;当过程增量小于过程减量时,群体的绩效就呈现出"1 ＋1＜2"的社会惰化效应。

🔒 管理工具 12-1

知识管理

知识管理(Knowledge Management,KM)是网络新经济时代的新兴管理思潮与方法。管理学者彼得·德鲁克早在 1965 年即预言:"知识将取代土地、劳动、资本与机器设备,成为最重要的生产因素。"由于 20 世纪 90 年代的信息化(资讯化)蓬勃发展,网际网络建构入口网站、数据库以及应用电脑软件系统等工具,知识管理成为组织累积知识财富,创造更多竞争力的新世纪利器。

所谓知识管理,是指在组织中建构一个人文与技术兼备的知识系统,让组织中的信息与知识,透过获得、创造、分享、整合、记录、存取、更新等过程,达到知识不断创新的最终目的,并回馈到知识系统,个人与组织的知识得以永不间断地累积,这将成为组织的智慧资本,有助于企业做出正确的决策,以适应市场的变化。

在信息时代里,知识已成为最主要的财富来源,企业的成功越来越依赖于企业所拥有知识的质量,企业和个人的最重要任务就是对知识进行管理。知识管理将使企业和个人具有更强的竞争实力,并做出更好的决策。

知识管理实施的五个步骤:

第一步:认知

认知是企业实施知识管理的第一步,主要任务是统一企业对知识管理的认知,梳理知识管理对企业管理的意义,评估企业的知识管理现状,帮助企业认识是否需要知识管理,并确定知识管理实施的正确方向。主要工作包括:

全面完整地认识知识管理,对企业中高层进行知识管理认知培训,特别是让企业高层认识知识管理;

利用知识管理成熟度模型等评价工具多方位评估企业知识管理现状及通过调研分析企业管理的主要问题;

评估知识管理为企业带来的长、短期效果,从而为是否推进知识管理实践提供决策支持,制定知识管理战略和推进方向等。

第二步:规划

知识管理的推进是一套系统工程,在充分认知企业需求的基础上,详细规划也是确保知识管理实施效果的重要环节。这个环节主要是通过对知识管理现状、知识类型的详细分析,并结合业务流程等多角度,进行知识管理规划。在规划中,切记知识管理只是过程,而不能为了知识管理而进行知识管理,把知识管理充分融入企业管理之中,才能充分发挥知识管理的实施效果。主要工作包括:

1. 从战略、业务流程及岗位来进行知识管理规划,进行企业管理现状与知识管理发展的真实性分析。

2. 制定知识管理相关战略目标和实施策略,并对流程进行合理化改造。

3. 在企业全面建立知识管理的理论基础。

第三步:试点

此阶段是第二阶段的延续和实践,按照规划选取适当的部门和流程依照规划基础进行知识管理实践,并从短期效果来评估知识管理规划,同时结合试点中出现的问题进行修正。

主要工作内容:每个企业都有不同的业务体系,包括生产、研发、销售等,各不同业务体系的任务特性均不相同,其完成任务所需要的知识亦有不同,因此需要根据不同业务体系的任务特性和知识应用特点,拟定最合适、成本最低的知识管理方法,这称为知识管理模式分析(KMPA)。另外,考虑到一种业务体系下有多方面的知识,如何识别关键知识,并判断关键知识的现状,进而在 KM 模式的指导下采取有针对性的提升行为,这可以称为知识管理策略规划(KSP)。所以,此阶段的重点是结合企业业务模式进行知识体系梳理,并对知识梳理结果进行分析,以确定知识管理具体策略和提升行为。

第四步:推广和支持

在试点阶段不断修正知识管理规划的基础上,知识管理将大规模在企业推广,以全面实现其价值。推广内容:知识管理试点部门的实践在企业中其他部门复制;知识管理全面融入企业业务流程和价值链;知识管理制度初步建立;知识管理系统的全面运用;实现社区、学习型组织、头脑风暴等知识管理提升计划的全面运行,并将其制度化。

第五步:制度化

制度化阶段既是知识管理项目实施的结束,又是企业知识管理的一个新开端,同时也是一个自我完善的过程。要完成这一阶段,企业必须重新定义战略,并进行组织构架及业务流程的重组,准确评估知识管理在企业中实现的价值。

这一阶段,企业开始意识到知识管理是企业运作的一种战略,而且有必要成为综合企业运作机制的一部分,从而把知识管理全面融入企业战略、流程、组织、绩效等管理体系。在此基础上,知识管理将逐渐演变企业核心竞争力的一部分,有力促进企业每一位员工的发展。

2. 社会促进效应

你是否曾注意到,当你在进行某项活动时,由于其他人的在场会给你带来一些积极的影响。比如有可能你在平常的跳远练习时最多只能跳到 4.8 米,而你在参加运动会时却跳到了 5 米。社会促进效应是指当个人与其他人一起工作时,由于他人的在场而激发了自己的工作动机,由此而引发的绩效水平提高的倾向。那么社会促进效应怎样才能被观察到呢?如果活动者的工作效率与工作激情的变动方向一致,并且随着旁观者的增多而有所提高时,就意味着社会促进效应出现了。像演讲、艺术表演以及竞技运动等活动都具有很明显社会促进效应，这些活动的结果与参与者的自身激情的大小之间具有强烈的正相关关系。

3. 社会致弱效应

你是否遇到过类似的事情，曾经私下反复练习一首歌至唱得非常出色，但是当与朋友一起去卡拉 OK 时却唱得结结巴巴。这种现象与社会促进效应正好相反，称为社会致弱效应，它是指个体在群体中所取得的工作成效比其单独进行时要差得多的情况。当活动者的绩效水平与工作激情的变动呈负相关关系时，社会致弱效应就出现了。例如，医生动手术、科学家进行实验时就不宜有观众在场观看，因为在这种情境中，工作者可能会由于其他人的在场而刻意表现自己，从而分散了他所应该真正关注的问题方面的注意力。

4. 社会标准化效应

社会标准化效应是指成员在群体共同活动中对事物的知觉和判断，以及工作的速度和效率趋于同一化的倾向。社会标准化效应的出现是由于群体中的成员在相互作用和相互影响的过程中，产生模仿、感染、暗示和遵从等心理过程，从而形成群体的行为模范，并进一步形成群体的标准所导致。这种行为标准一方面起到了引导各成员行为的作用，另一方面发挥着评价尺度的功能。

12.3.4 群体间互动

两个或多个群体之间的互动是群体互动过程的又一种表现形式，它与群体内部互动过程不一样，群体内部互动过程反映的是群体内部成员个体之间的行为特征，而群体间互动集中反映的是组织中群体与群体之间相互作用的行为特性。所以，群体间互动是不同工作群体之间的相互影响和相互依赖关系的体现，它表现的是不同群体间交互作用的过程。群体之间的互动并不总是积极的，当群体之间是合作态度时，群体的互动将表现为建设性的积极互动；如果群体之间存在利益冲突时，群体之间的互动将表现为破坏性的消极互动。

1. 群体间互动的影响因素

影响群体间互动的因素多种多样，主要归纳起来有如下八个方面。

（1）目标。群体是实现组织目标的基本单位，同时，每个组织中的群体又都拥有自己的目标。群体间的互动也就表现为多目标间的碰撞。群体间良好的互动关系来自各群体目标的融合。当某一群体在实现自身目标的同时能够为其他群体创造实现自身目标的有利条件时，群体间的互动才具有建设性。

（2）群体间的依赖程度。组织中的群体是相互影响、相互依赖的。这种依赖关系可以分为三种：一是联营式依赖关系，这种关系存在于功能相对独立，但是它们的共同产品会为组织的目标作出贡献的两个群体之间；二是顺序式依赖关系，这是指一个群体依赖于另一个群体的投入，而且这种依赖关系是单向的、不可逆的；三是互惠式依赖关系，这种关系表明两个群体之间必须通过交换投入和产出才能使得各自的目标得以实现，任何单方面的不合作，损害的都是双方的利益。一般情况下，群体间的互动较多地发生在依赖程度较高的群体之间。

（3）任务及环境的确定性。任务和环境的不确定性带来的是群体间互动的大量需求，但同时又给群体间的互动造成相当大的困难。低不确定性的任务是规范的，低不确定性的环境是稳定的，所以在稳定的环境中从事规范性工作的群体可以不必与其他群体进行很多相互作用，即使需要一些互动，这种互动过程也应该是流畅的。反过来说，在不稳定的环境中从事规范性低的工作的群体需要获得更多的信息,从而需要与其他群体进行更多的互动,但是这种互动过程需要克服大量的障碍。

(4)时间。不同的群体对工作时间取向的认识是各不相同的,这种认识上的不同往往导致不同群体间互动过程的不协调和不配合。比如生产部门的人员关注的可能是当天的生产安排和本周的生产率等诸如此类的短期目标,而研发人员则可能更加关注长期目标,因为研发的周期很长,所以研发人员考虑的可能是 5 年之后我们的客户使用什么样的产品。这种时间取向上的差异主要是来自专业化的分工和群体成员的专业背景的差异。

(5)群体行为的选择性。群体行为的自由度和固化程度体现出群体行为的可选择性大小。如果一个群体在完成工作任务目标时,所拥有的资源范围越广,服务的对象越多,我们就说它的行为自由度比较大,固化程度比较低。这样的群体在完成工作任务的过程中就必须与其他的群体进行更多的互动,因此,这样的群体就应该具有更强的互动能力,即对互动过程的把握和控制能力更强。与这样的群体互动,互动过程应该更为有效。

(6)资源配置。降低群体间冲突,促使群体互动向积极的方向发展的一个关键因素是组织资源的合理、有效配置。如果组织资源的配置偏离了组织发展的要求,必将引起群体间的不合作,冲突在所难免。

(7)相对地位。在组织中,并非每个群体的地位都一样重要,因此在群体间的互动过程中就会出现地位差异。这种地位差异的大小取决于互动过程中,一方相对于另一方的影响力的大小,即互动权力的大小。互动权力的大小集中表现为权力的强度、权力的范围以及权力的影响程度。

(8)组织文化氛围。组织文化氛围对组织中的群体间互动过程起着关键性的作用。在相互信任、彼此关心、开放、灵活、负责的组织文化氛围中,群体的互动过程更为积极、有效,而在消极的文化氛围中,群体互动过程也会变得消极、被动。

2. 群体间互动的管理方法

对群体间互动过程进行有效的管理可以达到降低冲突水平、推进组织目标实现的目的,从而使得群体间的互动行为及过程对组织产生建设性或积极的作用。其主要管理方法有如下几种。

(1)制定规则与工作程序。构建一套正规的规则与工作程序是管理群体间互动过程的最简单、最经济的方法。规则和工作程序可以有效地约束群体行为,使群体间的互动行为在规定的框架之内进行。另外,明确的规则和工作程序将有助于降低部门或工作群体之间的信息流动和相互作用的需求,以减少冲突发生的概率。

(2)划分等级层次。在规则和工作程序不足以解决群体间互动过程时,划分等级层次就成为首选的办法。这种办法旨在通过一种上下级的关系来明确各自的工作权限,从而可以提供在两个群体发生矛盾不能解决时的一种求助方式。

(3)明确任务计划。规则和工作程序所确立的只是组织内部信息流动的方向和顺序以及相应的权力分配,比如谁向谁汇报、谁归谁领导等问题,但是遇到具体的问题时往往还需要建立明确的任务计划体系来帮助具体项目的运转。通过明确任务计划使得参与项目的各个群体明白自己处于项目执行链的哪一个环节,上游群体是谁,下游群体是谁,应该如何和他们进行工作交接等细节问题,进而可以降低发生责任推诿、互相扯皮等现象的概率。

(4)建立有效的沟通机制。为了能够增进群体间的相互了解,培养群体间相互信任、相互支持的氛围,有效沟通机制的建立是必不可少的措施之一。通过建立有效的沟通机制可以减少群体间的误会和摩擦,降低冲突水平,形成积极的互动。而组织中纵向沟通渠道的畅通还可以使组织高层管理者洞察和掌握群体间互动过程是否处于良好的状态。

（5）联合型团队。针对群体之间经常发生的问题,可以通过设立联合型团队的方式加以解决,这时的团队成员扮演着群体间桥梁的角色。这些成员的存在将有助于抛弃部门本位主义思想,有助于增进不同部门人员之间的理解和合作。

（6）综合部门。当群体间的关系过于复杂,以至于前面的方法都不能得以有效地解决时,组织就应该考虑设立包含这些群体的一个综合性的部门。共同完成任务的两个或多个群体构成这个部门的成员。这种方法所需要付出的代价是高昂的,但是当这些群体之间的正常互动关系对于组织来讲是至关重要时,采取这种方法就是必要的。

12.4 团队的作用

12.4.1 团队概述

1. 团队的含义

团队的概念是由群体演变而来的,一般认为,群体是指为了实现某个特定的目标,由两个或更多的相互影响、相互作用、相互依赖的个体组成的人群的集合体。然而在群体的发展演变过程中,科层制度随之出现,类似于政府机构,在公司和组织内建立了相对森严的等级制度。但是在经济发展的全球化趋势下,企业之间的竞争越来越激烈,组织所处的环境变化越来越快,不确定性大大增加,传统的科层组织受到挑战,目前组织内的很多工作兼具复杂性与分工协调性的特色,仅仅依靠个人的力量根本无法完成,只有依赖员工组成的团队,集合团队中每个人的能力与特色,同心协力才能完成。因此,如何让组织中的员工组成团队,在团队中互相合作,不但发挥个人专长及工作潜能,也能与其他员工愉快合作,相互学习,充分发挥团队的精神与力量,已成为组织成功的关键所在。团队管理的概念也由此应运而生。

西方学者从不同的角度对团队下了定义。

斯蒂芬·罗宾斯(1994)认为,团队是指一种为了实现某一目标而由相互协作的个体所组成的正式群体。

刘易斯(Lewis,1993)认为,团队是由一群认同并致力于去达成共同结果而努力的组织。在刘易斯的定义中强调了三个重点:共同目标、工作相处愉快和高品质的结果。

沙勒斯等人(Salas et al,1992)认为,一个团队是由两个以上具有不同背景及特色的人所组成的,他们被赋予特定的角色与功能,并表现出不同的功能,在有限的期间内一起互动,相互依存,机动式地完成共同目标或具有特别价值的任务。沙勒斯等人的定义除了再度提到共同目标外,还提到了团队队员的相互依存性。

盖兹贝克和史密斯(Katezenbach & Smith,1993)对团队的定义目前在团队的文献中被广泛采用。他们认为,一个团队是由少数具有技能互补的人所组成,他们认同于一个共同目标和一个能使他们彼此担负责任的程序。

夏克(Shonk,1992)则从协调和共同目标的观点,将团队定义成两个以上的个人一起协调他们的活动来完成共同的目标。夏克强调,共同的目标和协调的活动使得这群人成为团队。

综上所述,团队是一群为数不多的、具有相互补充技能的人组成的一个群体,他们相互承诺,具有明确的团队目标且共同承担团队责任。

2. 团队的特征

由以上定义,我们可以看出团队具有以下特征:

(1)团队规模有限制。一般来说,人员规模应当在2～25人,最好为8～12人。限制人员规模的目的是为了确保所有成员之间都能够充分了解并且互相发生影响;同时也保证了团队结构的简单化和组织目标的纯正——团队人员规模大的话就不可避免地会出现分化,出现等级,最后出现"目标替代",使得团队的目标被上层精英的个人目标所替代。

(2)团队成员具有不同的技能、知识或经验,每个队员都能对这个团队做出不同的贡献。队员能了解彼此的角色、特长及重要性,他们在团队中分工合作,分享信息,交换信息,并相互接纳,能够认识到每个成员缺一不可,少了任何一个成员,团队的目标将无法顺利实现。

(3)团队成员共同承担团队成败的责任。团队成员的责任分担可以从两个层面来加以分析:第一个层面,团队成员在平常的团队运作过程中或团队会议中共同分摊团队的工作,如团队的领导角色(team leadership)或团队的各项任务指派。第二个层面是针对团队的最后成果而言的。团队的存在都有其特定任务,能否达成此任务便有成败责任归属问题,而团队的特色之一即在于顺利完成团队的目标时,全体团队将分享此成果,共同接受组织的激励与奖励。同样地,当团体无法顺利完成特定任务时,则全体团队成员将共同承担失败的责任,而非单独由团队的领导者(team leader)或管理者(manager)来承担。

(4)团队的建立以完成团队的共同目标为主要任务。当人们为了共同的目标工作在一起时,信任和承诺会随之而来。因此,拥有强烈集体使命感的团队必将作为一个集体,为了团队的业绩表现共同承担责任。这种集体责任感常常可以产生丰厚的集体成果作为激励,组织的工作成果又反馈强化了这种集体责任感。从另一角度看,单纯为了改进工作、交流、组织效率而组建的集团很难成为高效率的团队。只有当设定了适当的目标以及实现目标的方式之后,或者在团队成员一起共同承担责任之后,才有可能建成一支高效的团队。

(5)团队集结了各种不同技能、专业知识和经验的人员,一起为组织解决问题,团队在组织中的功能上优于个人。因此,我们可以这样理解团队:一小群具有不同技能的人相互依存地工作在一起。这群人认同于某一共同目标,为了达成这一目标,他们扮演好自己的角色,贡献自己的能力,彼此分工合作,沟通协调,为达成目标而齐心努力,并为此目标的实现与否共同承担责任。

3. 团队的构成要素

团队具有五个基本要素,简称"5P",即目标(purpose)、人员(people)、定位(place)、职权(power)和计划(plan)。这五个要素的紧密结合构成了一个团队的整体框架。

(1)目标

每个团队都应该有一个既定的目标,为团队成员导航,使其知道要向何处去。没有目标的团队就没有存在的价值。尽管团队具体目标各不相同,但是所有的团队都有一个共同的目标,那就是:把工作上相互联系、相互依存的人们组成一个相互协作的群体,使之能够以更有效的合作方式达成个人的、部门的、组织的和企业的目标。为完成共同的目标,成员之间彼此合作,这是构成和维持团队的基本条件。事实上,也正是这共同的目标,才确定了团队的性质。团队必须先有目标,才有团队。更重要的是,团队的目标赋予团队一种高于团队成员个人总和的认同感。这种认同感为如何解决个人利益和团队利益的碰撞提供了有意义的标准,使得一些威胁性的冲突有可能顺利转变为建设性的突破,也正因为有团体目标的存在,团队中的每个人才有可能知道个人的坐标在哪儿,团队的坐标在哪儿。

☀ 管理故事 12-2

雁的启示

每年的 9 月至 11 月,加拿大境内的大雁都要成群结队地往南飞行,到美国东海岸过冬,第二年的春天再飞回原地繁殖。在长达万里的航程中,它们要遭遇猎人的枪口,历经狂风暴雨、电闪雷鸣及寒流与缺水的威胁,但每一年它们都能成功往返。雁群一字排开成"V"字形时,比孤雁单飞提升了 71% 的飞行能量。

每只雁振翅高飞,也为后面的队友提供了"向上之风",这种省力的飞行模式让每只雁最大限度地节省能量。当某只雁偏离队伍时,它会立刻发现单独飞行的辛苦及阻力,会立即飞回团队,善用前面伙伴提供的"向上之风"。

当领头的雁疲倦时,它会退到队伍的后方,而另一只雁则飞到它的位置上来填补。其实,艰难的任务需要轮流付出,当某只雁生病或受伤时,会有其他两只雁飞出队伍跟在后面,协助并保护它,直到它康复,然后它们自己组成"V"字形,再开始飞行追赶团队。

(2)人员

团队目标是通过团队成员具体实现的,个人是构成团队最核心的力量,所以人员的选择是团队建设与管理中非常重要的一个组成部分。在一个团队中可能需要有人出主意,有人订计划,有人实施,有人协调不同的人一起去工作,还有人去监督团队工作的进展,评价团队最终的贡献。不同的人通过分工来共同完成团队的目标,在人员选择方面要考虑人员的能力如何,技能是否互补,人员的经验如何。

☀ 管理故事 12-3

团结的力量

从前,吐谷浑国的国王阿豺有 20 个儿子。这 20 个儿子个个都很有本领,难分上下。可是他们自恃本领高强,都不把别人放在眼里,认为只有自己最有才能。平时 20 个儿子常常明争暗斗,见面就互相讥讽,在背后也总爱说对方的坏话。

阿豺见到儿子们这种互不相容的情况,很是担心。他明白敌人很容易利用这种不睦的局面来各个击破,那样一来国家的安危就悬于一线了。阿豺常常利用各种机会和场合来苦口婆心地教导儿子们停止互相攻击、倾轧,要相互团结友爱。可是儿子们对父亲的话都是左耳朵进、右耳朵出,表面上装作遵从教诲,实际上并没放在心上,还是依然我行我素。

阿豺的年纪一天天老了,他明白自己在位的日子不会很久了。可是自己死后,儿子们怎么办呢?再没有人能教诲他们,调解他们之间的矛盾了,那国家不是要四分五裂了吗?究竟用什么办法才能让他们懂得要团结起来呢?阿豺越来越忧心忡忡。

有一天,久病在床的阿豺预感到死神就要降临了,他也终于有了主意。他把儿子们召集到病榻跟前,吩咐他们说:"你们每个人都放一支箭在地上。"儿子们不知何故,但还是照办了。阿豺又叫来自己的弟弟慕利延,说:"你随便拾一支箭折断它。"慕利延顺手捡起身边的一支箭,稍一用力,箭就断了。阿豺又说:"现在你把剩下的19支箭全都拾起来,把它们捆在一起,再试着折断。"慕利延抓住箭捆,使出了吃奶的力气,咬牙弯腰,脖子上青筋直冒,折腾得满头大汗,始终也没能将箭捆折断。

阿豺缓缓地转向儿子们,语重心长地开口说道:"你们也都看得很明白了,一支箭,轻轻一折就断了,可是合在一起的时候,就怎么也折不断。你们兄弟也是如此,如果互相斗气,单独行动,很容易遭到失败,只有20个人联合起来,齐心协力,才会产生无比巨大的力量,可以战胜一切,保障国家的安全。这就是团结的力量啊!"

儿子们终于领悟了父亲的良苦用心,想起自己以往的行为,都悔恨地流着泪说:"父亲,我们明白了,您就放心吧!"

阿豺见儿子们真的懂了,欣慰地点了下头,闭上眼睛安然去世了。

(3)团队的定位

团队的定位包含两层意思:

①团队整体的定位,包括团队在企业中处于什么位置,由谁选择和决定团队的成员,团队最终应对谁负责,团队采取什么方式激励下属等。

②团队中个体的定位,包括各个成员在团队中扮演什么角色,是制定计划还是具体实施或评估。

(4)职权

团队中领导人的权力大小跟团队的发展阶段相关,一般来说,团队越成熟领导者所拥有的权力相应越小,在团队发展的初期阶段领导权相对比较集中。团队的职权取决于两个方面:

①整个团队在组织中拥有什么样的决定权,如财务决定权、人事决定权、信息决定权。

②组织的基本特征,如组织的规模有多大,组织的业务是什么类型等。

(5)计划

从团队角度看,计划有两层含义:

①由于目标的最终实现,需要一系列具体的行动方案,因此,可以把计划理解成目标的具体工作程序。

②按计划进行可以保证团队目标的顺利完成。只有在计划的规范下,团队才会一步一

步地贴近目标,从而最终实现目标。

4. 团队与群体的区别

在现实生活中,人们往往把团队与群体混淆在一起,其实团队与群体不尽相同。所有的工作团队都是群体,但只有正式群体才有可能成为工作团队。罗宾斯认为工作团队通过其成员的共同努力能够产生积极的协同作用,其团队成员努力的结果使团队的绩效水平远大于个体成员绩效的总和。他又对团队与普通群体的区别做了深入研究,得出四个结论:一是群体强调信息共享,团队则强调集体绩效;二是群体的作用是中性的(有时是消极的),而团队的作用往往是积极的;三是群体责任个体化,而团队的责任既可能是个体的,也可能是共同的;四是群体的技能是随机的或不同的,而团队的技能是相互补充的。

图 12-7 显示了工作团队和工作群体的区别。

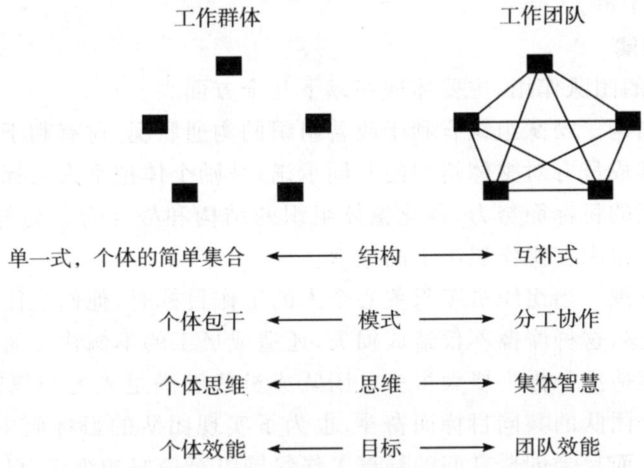

工作群体　　　　　　　　　　工作团队

单一式,个体的简单集合　←——　结构　——→　互补式

个体包干　←——　模式　——→　分工协作

个体思维　←——　思维　——→　集体智慧

个体效能　←——　目标　——→　团队效能

图 12-7　工作群体与工作团队

为了说明团队与群体之间的差别,举个简单的例子。在一个班级内一起上课的人可以说是一个群体,老师扮演着领导者的角色,学生看重的都是个人的成绩表现,老师评价学生的表现也是以个人的成绩为主。这个班级的目标也与学校的使命相同,但这个班级的学生之间,并不具有不同知识、技能或经验,也就是不具相互依存性,因此,这个班级只能称为群体而非团队。群体与团队之间的区别如表 12-2 所示。

表 12-2　团队与群体之间的区别

群　　体	团　　队
群体规范与人们从事的任务没关系	团队规范以任务为导向
群体中的成员不一定要参与到需要共同努力的集体工作中,不存在积极的协同作用	通过其成员的共同努力能够产生积极协同作用
群体的绩效仅仅是每个群体成员个人贡献的总和,不能够使群体的总体绩效大于个人绩效之和	其团队成员努力的结果使团队的绩效水平远大于个人成员绩效的总和

12.4.2 团队的作用

1. 充分利用资源

首先,任何组织现存的各种资源都往往存在着不平衡,其部分冗余不可避免。实行团队制,可以在组织原有的工作不受影响的情况下开拓许多新的工作领域,完成更多的工作任务。

其次,当某种工作任务需要多种技能、渠道和经验时,显然,由若干成员组成各有特色并集思广益的团队来做,通常会比个人干得更好,因为团队有助于组织更好地利用雇员的才能。

此外,在复杂多变的环境中,团队工作的模式比传统的部门结构更灵活,反应更迅速,它能快速地组合、重组、解散,可以大大提高组织资源的利用率。由此,以完成专门任务为目的的"团队"也就盛行于世。

2. 增强组织效能

增强组织效能的团队作用,主要体现在以下几个方面。

(1)完善组织结构。团队组织有利于改善组织的沟通状况,这有利于弥补组织的一些缺陷。而且,团队及其成员有对整体组织的共同承诺,鼓励个体把个人目标升华为团队和组织的目标,共同为组织的目标而努力,强化整体组织的结构和战斗力。另外,团队能够增强组织的灵活性,有利于组织在操作层次上的应变。

(2)强化组织氛围。当组织员工只关心个人的工作目标时,他们往往会与其他同事工作目标的实现发生摩擦,这种摩擦不仅造成损失,还造成员工的不愉快。而"不愉快"也造成损失,这种损失比摩擦造成的损失要大得多。团队成员能够满足人的归属需要和成员之间的友情,他们为了整个团队的共同目标而奋斗,也为了实现团队的目标而主动地谋求合作,合作不仅会减少冲突,而且会创造良好的局部工作氛围以至良好的组织总体氛围。

(3)增强组织灵活性。市场环境的新变化是组织普遍采用团队形式的主要原因,组织要想在激烈的竞争环境下生存、发展,都必须改变过去等级分明、决策缓慢、人浮于事、对外界变化的应变能力差的管理模式。团队工作以灵捷和柔性为其竞争战略,给予团队成员必要的团队工作技能训练,团队的共同价值取向和文化氛围使组织能更好地应付外部环境的变化和适应组织内部的改革和重组。

3. 提高组织决策技能

团队工作模式以计算机网络、信息处理软件为支撑技术,团队成员通过建立企业内联网Intranet 和企业外部网 Extranet 实现信息的共享和集成,消除传统组织结构(如宝塔式的科层结构)中由于层层传递所造成的信息失真和延误,提高信息传递的质量和速度。

4. 提升内在工作动力

提升内在工作动力的团队作用主要体现在以下几个方面。

(1)增加自主决策权。实行团队体制,能够达到促进组织成员对工作高度参与和自主决策的激励功效,这就使得团队成员们能够产生巨大的动力。团队中的民主气氛和成员对团队以至对整个组织的归属感,使团队成员能够提高工作参与度,通过工作参与满足自身的成就感等心理需求。

(2)褒奖动力和约束惰性。一方面,工作团队由传统的科层组织中的被动接受命令转变为拥有独立的决策权,使团队成员拥有一个更大的活动天地,有宽松、自主的氛围,极大地激励团队成员的工作积极性。另一方面,团队的气氛会给那些因存在"免费搭便车"的企图而产生偷懒动机的参加者施加压力,迫使他们为团队的绩效、荣誉而努力工作。

5. 增强凝聚力

每个团队都有特定的团队任务和事业目标,团队鼓励每个参与者把个人目标融入和升华为团队的目标并作出承诺,这就使企业文化建设中的核心问题——共同价值观体系的建立,变成可操作性极强的管理问题。同时,团队的工作形式要求其参加者只有默契地配合才能很好地完成工作,促使他们在工作中有更多的沟通和理解,共同应付工作的压力。

6. 充分体现人本管理

团队鼓励其成员一专多能,并对团队成员进行工作扩大化训练,要求团队成员积极参与组织决策。由于团队工作形式培养了团队成员的技术能力、决策和人际处理能力,使团队成员从机器的附属中解放出来,所以,团队充分体现了以人为本的管理思想。

7. 多方面促进组织效益的提高

团队这种形式有产生正向协同作用的功能,它可以大大提高局部组织的生产效率和整体的经济效益。当工作任务和日常决策权交给团队后,团队可以自动运转起来,管理层就能够摆脱日常事务管理而去思考和处理更重要的问题。同时,决策权下放给团队,团队就能够根据环境的变化灵活处理问题,有利于组织的目标和决策较好地实现,从而达到促进组织绩效提高和组织发展的目的。

总之,从全球的角度看,团队建设和管理的潮流方兴未艾,这说明团队体制是成功的。但是,这种成功又是有条件的。有研究发现,在利润、生产率、产品质量都处于劣势的组织中,即使采用团队体制也很难对绩效产生影响,团队在这里也"回天乏力";而在一些已经有了高绩效的公司中,引入团队反而有可能使绩效水平降低。因此,对团队不能一味迷信,而应当科学地加以研究和运用。

12.5　团队的形成及类型

12.5.1 团队的发展阶段

蒙特伯罗(Montebello)和布泽塔(Buzzotta)将团队的发展划分四个阶段:初创阶段、动荡阶段、规范阶段、运作阶段。各个阶段可能有不同的名称,但是大多数团队都会经历以下发展阶段,它们谨慎相处,相互竞争,和谐融洽,协作进取。稍作改动,这些表述就成为团队发展四个阶段模式的基础,如表 12-3 所示。

表 12-3　团队发展阶段及团队运作状况

发展阶段	团队动作状况
初创期	不确定性
初见成效期	团队成员之间相互竞争
持续发展期	团队成员之间和谐融洽
成熟期	团队成员之间协作进取

1. 初创期的团队

新形成的团队表现出高度的不稳定性,因此其成员只是名义上为团队工作。这样的团队没有统一的愿景,缺乏运作规范,通常也没有明确的领导职责。从本质上讲,新形成的团队缺少组织文化,所以成员缺少对团队的认同。

仅仅定期开会,甚至要求佩戴标志性的徽章是不会将一群人变成一支团队的。从积极的一面说,新组建团队的成员表现出谨小慎微。团队成员通过评价其他成员的态度和能力,来决定自己怎样做比较合适,他们对团队的归属属于暂时性的。从消极的一面来说,团队成员可能保持很强的个人主义意识或保持对其他组织而非本团队的忠诚。这种现象在新组成的团队中是很正常的。因为团队成员之间需要时间相互适应,这个阶段工作效率一般很低。

2. 初见成效期的团队

确立一整套愿景之后,团队开始完成组织所授予的使命。蒙特伯罗和布泽塔称这一阶段为竞争阶段。因为在这一阶段,成员提出了有关团队使命、目标及领导等问题。作为一支名义上的团队,其成员仍然没有明确的团队意识和团队文化意识,但是这一阶段相对上一阶段多了一些活力。从初创到持续发展的过程中,团队成员表现出为了其在组织中的地位或影响力而相互竞争,或对组织中的事情更加漠不关心。成员之间可能会相互挑战,在目标和指导问题上发生争执,并且想方设法争取领导权。同时团队中的成员也开始认识到团队中的个体有些是能够满足团队需要的专家。

不同的团队在这一阶段所需的时间各不相同,如果团队中相当一部分人过去曾在一个紧密协作的团队中工作过,这一过程可能会短一些。如果团队是由那些第一次参加团队的人组成,并试图建立一支有统一目标的团队,那可能需要更长的时间。然而,有些团队在这一阶段可能会陷入困境,无法在操作程序和优先权的问题上达成共识,甚至出现常规问题都存在分歧的现象。而且,一些成员的性格可能与他人格格不入。在这个阶段陷入困境的团队,很可能从初见成效转变为功能失调。

3. 持续发展期的团队

随着时间的推移,团队成员建立起(正式或非正式的)团队运作规则和对每位成员的期望。无论其发展道路如何,持续发展的团队已经制定出自己的组织原则,所以他们可以像一个整体一样发挥作用。团队各成员基本上接受了团队运作程序,这是因为他们对团队工作所取得的结果表示满意或者他们已经习惯性地认为"本该如此"。无论是在运作程序中还是在完成任务方面,成员之间的合作比竞争显得更为重要。尽管成员在讨论新的途径或职位时仍会有分歧,但是这一阶段团队成员把不一致视为不同观点的表现。团队中的每个成员都应该发表不同的观点。

4. 成熟期的团队

成熟的团队能紧密合作,因为团队成员已将团队文化完全消化吸收进而融为自我意识的一部分。他们了解团队对每个成员的期望,因此他们会将时间和精力花在实质问题上而非一些程序问题上。团结的团队通常为自己制定很高的标准,因为他们了解自己的能力,并且相信每个人都能履行自己的职责。团队成员为自己的团队及自己能为团队的成功做出贡献而感到自豪。

不过,成熟的团队也有变得僵滞的危险。由于团队成员都了解各自的观点和办事方式,他们会变得自以为是,做事想当然而不是深思熟虑。群体的意见代替了团队讨论中有建树的观点:一种明显的或确实存在的压力去适应而非质疑群体的现状代替了个人的洞察力和贡献。当团队进入这一阶段,再也不会寻找,也不会接受新的观点和新的思维方式,他们养成了自己团队的官僚主义。团队中的成员关系束缚了团队自身,使其无法为组织创新和提高组织效率发挥应有的作用。团队发展各个阶段的效率和特征如表 12-4 所示。

表 12-4　团队发展各个阶段的效率和特征

阶段	效率	工作关系
1 初创期	低	戒备的、谨慎的、不承担责任的
2 初见成效期	低—中	好争辩的、定位的
	无—低	群体在这一阶段陷入困境
3 持续发展期	中—高	合作的、相互支持的、善于沟通的
4 成熟期 1	高	协作的、整体化的、高标准的
成熟期 2(呆滞)	中	常规的、不接受外部观点的

12.5.2 团队的常见类型

在组织中,团队有多种类型,常见的主要有三种,即问题解决型团队、自我管理型团队和多功能型团队。

1. 问题解决型团队

在 20 世纪 80 年代,团队刚刚产生,灵敏团队的形式大多都很相似,这些团队一般由来自同一个部门的 5～12 个员工组成,他们每周聚会几个小时,讨论如何提高产品质量、生产效率和改善工作环境等问题。我们把这种团队称为问题解决型团队(problem-solving team),如图 12-8 所示。

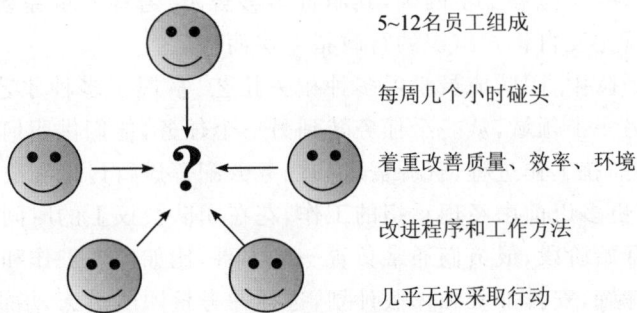

5～12名员工组成

每周几个小时碰头

着重改善质量、效率、环境

改进程序和工作方法

几乎无权采取行动

图 12-8　问题解决型团队

问题解决型团队应用最广的是质量小组。这种工作团队由职责范围内的员工及主管人员组成,人数一般在 8～10 人。他们定期聚会,讨论所面临的质量问题,调查问题的原因,提出解决问题的建议,并采取一些有效的行动。

在问题解决型团队里,成员主要就如何改进工作程序和工作方法互相交流看法或提出建议。这种团队有时不能根据这些建议单方面采取行动,因此,在调动员工参与决策的积极性方面尚有不足。

2. 自我管理型团队

自我管理型团队(self-managed team),也称依靠自我或自我指导的团队。它不仅注意问题的解决,而且执行解决问题的方案,并对工作结果承担责任。自我管理型团队通常由10~15人组成,被赋予相当的自主权。一般而言,成员责任范围包括控制工作节奏和进度,决定工作任务的分配,安排工间休息等。完全自我管理型团队甚至可以挑选自己的成员,并让成员相互进行绩效评估。这样,主管人员的重要性就下降了,甚至可以被取消。如图12-9所示。

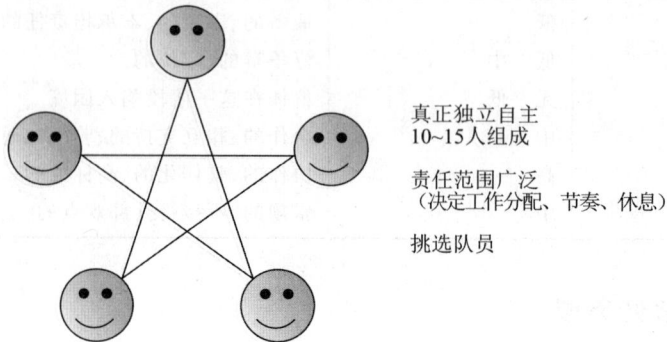

真正独立自主
10~15人组成

责任范围广泛
(决定工作分配、节奏、休息)

挑选队员

图 12-9　自我管理型团队

在自我管理型团队中,每个成员都不构成正式组织结构中的"岗位"或担任特定的"职务",他们仅仅在团体中各自扮演一定的"角色",这个角色不是组织在聘用员工时由工作合同、职务说明书、岗位规范明确规定的,而是团队根据各人的天赋、特长、爱好、技能自觉地经过整合形成的。因此,团队能面对不断出现的新问题,以合作精神来处理与商议解决这些问题的途径与方法。而各个成员都以团队目标为导向,打破了以前的诸如"岗位责任制"、"承包任务制"等框框,这样看似分工不明确,其职责不够规范、考绩不够系统的团队合作,解决问题的途径却往往要比发自正式组织的行政指令快而有效。

在自我管理型团队中,团队成员学习多种相关技艺,掌握了多种才艺,成员们就能灵活地从一个领域转到另一个领域,从一个任务转到另一个任务,他们供职何处往往取决于哪里最需要他们,他们共同就工作进程、资源需求和任务分配等进行讨论和决策。随着成员们的积极进取,他们承担更多以前由经理承担的工作,花在团队会议上的时间也大大增多。自我管理型团队形成的开始阶段,成员们通常负责一些小事,比如内务工作和安全培训;随后,他们转向管理自己的考勤,安排加班和休假计划,选择并考核团队员工,培训同事,同主要客户直接打交道;随着经验的不断增多,自我管理型团队可以超越操作性的事项,着手改进群体的任务安排,设计一套新的奖励体制,并为扩大自我管理型团队计划提供建议等。

研究表明,自我管理型团队有其优势,也有其不足。自我管理的优势主要表现在以下几点:

(1)增进了员工的工作灵活性;

(2)工作分类减少,操作效率提高;

(3)群体忠诚度和工作满意度提高。

自我管理型团队的不足主要包括:

(1)需要较长时间建立自我管理型团队,经常需要跨年度才能形成;

（2）自我管理型团队需要较高的培训投资；

（3）工作循环可能导致早期的低效率；

（4）缺勤率、离职率偏高；

（5）一些员工可能不能适应这样的团队结构，它一般需要工作成熟度较高的员工构成。

自我管理型团队是一种团队合作和参与方式，作为组织正式运作的一种方式，得到来自于组织的强有力的支持。同时，需要注意的是，个人主义的文化价值观、受劳动合同保护的固定工作分工、经理们对失去权力和工作威胁的意识等在一定程度上也会产生阻碍作用。

3. 多功能型团队

多功能型团队（cross-function team）是为了完成某项任务，由来自同一等级、不同工作领域的员工组成。如图 12-10 所示。

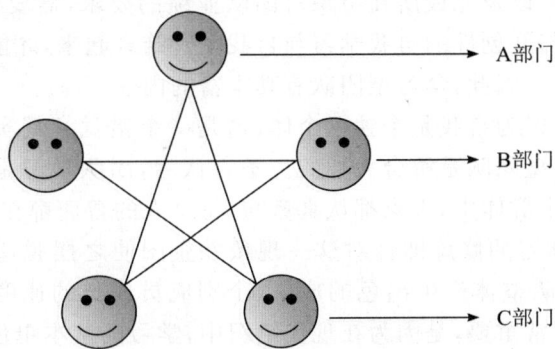

图 12-10 多功能型团队

多功能型团队的兴起是在 20 世纪 80 年代末。当时，著名的汽车制造公司如丰田、尼桑、本田、宝马、通用汽车、福特、克莱斯勒等都采用了多功能型团队来完成复杂的项目。

摩托罗拉公司在铱项目开发中应用了多功能型团队。这个项目是开发一个能够容纳 66 颗卫星的大型网络。"一开始我们就认识到，要以传统形式来完成规模如此巨大、工程如此复杂的项目，并准时完成任务是不可能的"，项目总经理说。在项目的第一年一直到项目进行到一半时，由 20 个摩托罗拉员工组成的多功能团队每天早晨聚会一次。后来，这个团队的成员扩展到包括其他十几个公司的专家，如道格拉斯公司的专家、马丁马瑞塔公司的专家、通用电气公司的专家、亚特兰大科技公司的专家、俄罗斯克兰尼切夫公司的专家等。

多功能型团队能促使组织内不同领域的员工之间交换信息，激发新的观点，解决面临的新问题，协调复杂的项目。同时，多功能型团队的形成又不能一蹴而就，在其形成的早期阶段往往需要消耗大量的时间，团队成员需要学会处理复杂多样的工作任务，在成员之间，尤其在不同背景、经历和观点的成员之间，容易产生冲突，需要不断地沟通。

12.5.3 团队类型的新发展

1. 学习型团队

在信息技术和知识经济不断发展，经济全球化迅猛推进的背景下，企业组织如果要生存、要发展,它的学习速度就必须快于(至少等于)外界环境变化的速度,也就是说,比它的竞争对手学得更快、更好的能力,才是该企业唯一属于自己的优势。

学习型团队作为学习型组织(learning organization)中的细胞,是 20 世纪 90 年代产生的一种新概念。学习型团队也可以说是"进化式团队",它要求团队对巨变的外部环境具有很强的学习能力、适应能力和进化能力。全球畅销书《第五项修炼——学习型组织的艺术与实务》的作者彼特·圣吉(Peter Senge)曾被美国《商业周刊》推举为当代最杰出的管理大师之一。圣吉认为,学习型团队根本意义在于阐明了其生命活力的源泉。学习应包括观念的根本转变及实际运作的改进。学习在传统的含义上已经失去了它原来的主要意义,已经变成吸收知识或者获得信息的手段,而这与真正的学习还有很大一段距离。通过学习,人们重新创造自我,能够做到从未能做到的事情,重新认知这个世界及人们跟它的关系,以及扩展创造未来的构想。对学习型团队来说,单是适应与生存是不够的。一个团队,为了适应激烈竞争的市场并生存下去,以及完成所在组织对团队业绩的要求,需要向别人学习,这虽然是基本而必要的,但必须与开创性的自我学习与自我完善结合起来,才能让团队中每个成员从工作中发现生命的意义。因此,学习型团队有其丰富的内涵。

爱因斯坦说:"人类以为自我是个独立个体,这是一个错觉。"其实我们每个人都与周遭世界是一个整体。学习型团队是符合人性的。圣吉认为,团队学习是"五项修炼"之一。以往有一个现象,即在一个群体中,大家都认真参与,每个人的智商都在 120 以上,但是集体的智商却只有 62。团队学习的修炼即针对这一现象并企图使之摆脱这种困境。当团队真正在学习的时候,不仅团队整体产生出色的成果,个别成员成长的速度也比其他的学习方式快。团队学习之所以非常重要,是因为在现代组织中,学习的基本单位是团队而不是个人。

管理工具 12-2

企业核心能力

一、企业核心能力的含义

核心能力是企业在长期生产经营过程中的知识积累和特殊的技能(包括技术的、管理的等)以及相关的资源(如人力资源、财务资源、品牌资源、企业文化等)组合成的一个综合体系,是企业独具的与他人不同的一种能力。

企业持续竞争的源泉和基础在于核心能力。核心能力是在 1990 年由两位管理科学家哈默尔和普拉哈拉德在《哈佛商业评论》发表《企业核心能力》一文中提出的,核心能力和企业能力理论在企业发展和企业战略研究方面迅速占据了主导地位,成为指导企业经营和管理的重要理论之一。它的产生代表了一种企业发展的观点:企业的发展由自身所拥有的与众不同的资源决定,企业需要围绕这些资源构建自己的能力体系,以实现自己的竞争优势。根据麦肯锡咨询公司的观点,所谓核心能力是指某一组织内部一系列互补的技能和知识的结合,它具有使一项或多项业务达到竞争领域一流水平的能力。核心能力由洞察预见能力和前线执行能力构成。洞察预见能力主要来源于科学技术知识、独有的数据、产品的创造性、卓越的分析和推理能力等;前线执行能力产生于这样一种情形,即最终产品或服务的质量会因前线工作人员的工作质量而发生改变。

企业核心能力是企业的整体资源,它涉及企业的技术、人才、管理、文化和凝聚力等各方面,是企业各部门和全体员工的共同行为。

二、核心能力源自学习型团队

核心能力积累的关键在于创建学习型组织,在不断修炼中增加企业的专用资产、不可模仿的隐性知识等。湖南有家公司以打造学习型企业为目标,依照"学习型组织"管理理论进行企业再造,积极建立继续教育、终身学习和共同参与、全体受益的良好学习机制,推进企业与员工共同进步、共同发展。公司要求全体人员转变思想观念,在学习目的上,把创建学习型组织当成企业管理革命的武器,通过创建活动,使企业管理模式从"制度加考核"转变到"学习加激励"上来;在学习态度上,变被动学习为主动学习,将学习转变为创造力,变成企业基业长青的有效工具。在学习方法上,坚持内外结合、工余结合、培训与自觉结合。公司通过建立和完善三级中心组学习制度,即决策层、管理层、操作层,针对新的增压技术、绘图软件、新工艺和质量体系、市场营销、财务管理、精益生产等先进的管理方法和经验以及法律、法规方面的知识,公司采取专题培训与班前会相结合,利用专题辅导、组织研讨、团队训练、读书心得交流等多种学习形式,促进员工提高知识水平、业务能力和综合素质。在创建学习型组织过程中,公司坚持做到学习有计划、内容有安排、过程有检查、效果有考核,使全体成员全身心地投入并有能力不断学习,让全体成员工作中体验到生命意义,通过学习增强创造自我、扩展未来的能量。

2. 虚拟团队

(1)虚拟团队的兴起

随着经济全球化进程的加快和先进的多媒体网络、信息通信技术的普遍应用,一种新型的团队工作模式应运而生,这就是虚拟团队。

所谓虚拟团队,是一种以虚拟组织形式出现的新型工作组织模式,是一些人由于具有共同理想、共同目标或共同利益,结合在一起所组成的团队。虚拟团队通过电话、网络、传真或可视图文来沟通、协调,甚至共同讨论、交换文档,便可以分工完成一件事先拟定好的工作。换句话说,虚拟团队由进行实际工作的真实的团队人员组成,在虚拟的工作环境下,并在虚拟组织的各成员相互协作下提供更好的产品和服务。

(2)虚拟团队的特点

虚拟团队作为一种新型的团队形态,具有不少优于传统的实体性团队的特征。

①组织资源的最优整合。虚拟团队大多是跨企业间或企业的子公司,甚至是跨地区、跨国家界限的组织形式。虚拟团队以信息技术为支撑,进行跨地区的实时交流,完成特定任务,因而团队边界非常宽泛。虚拟团队在整合团队的各种资源时,要以同时在团队内部和跨越团队边界的范围来进行,其资源的选择余地和优化程度可能非常高。

②多元文化的最优整合。虚拟团队是由不同国籍、不同文化背景,承担不同经营管理职能的个人构成的跨国界团队。虚拟团队的多元文化特征可以帮助团队成员具有全球化的视野和意识,提高团队成员国际知识水平和跨文化交流的能力、多元文化意识,避免公开和潜在的文化冲突与障碍。

③低成本,高效率。虚拟团队的大部分信息交流活动都是借助于互联网和通信技术等

来完成的,从而减少了公务差旅费、办公与会议场地的租用费等一系列费用。IBM 公司采用虚拟团队模式减少了世界各地的办公室数量,既能够大幅度节省费用开销,又能够大幅度提高生产率。惠普公司的统计数据表明,以虚拟团队方式工作的销售人员,其利润水平是传统销售人员的两倍。

④满足成员对高品质工作和生活的需求。虚拟团队成员可以实现"在家办公",这有利于帮助成员调整工作和闲暇的时间表,满足成员追求高品质工作和生活的双重需要,从而达到提高生产率和提高员工满意度的双重功效。

⑤功能特点专长化。虚拟组织只保留自己的核心专长及相应的功能,比如专于设计就只保留设计功能,专于制造的就只保留制造功能,而将其他非专长能力及相应的功能去掉。"专长化"可以看作是对实体组织"完整化"的否定。

⑥运作方式合作化。虚拟团队完成一个项目时必须借助于其他能在功能和资源上形成互补关系的企业,通过和其他企业的合作来完成一次运作过程。在虚拟团队运作过程中,通过合作关系形成一个合作网络,在这个合作网络上,每个团队成员都不具有驻留性,即在合作网络上不时有网络中的企业离去和网络外的企业进入,进进出出均依据项目需要而定。

⑦存在方式离散化。虚拟团队本身在空间上的存在不是连续的,它的资源、功能呈离散状态分散在世界的不同地方,彼此之间通过高效的信息网络连接在一起,高效的信息传递超越了时空障碍。

3. 跨组织团队

跨组织团队是对传统组织界限的超越,是对企业外部流程或者市场的重组。跨组织团队是组织之间通过团结合作、合力创造价值的方法来产生变化的结果。跨组织团队基于合作而形成的新关系被称为伙伴关系,这种伙伴关系是对传统交易关系的超越。目前,跨组织团队的合作形式主要有以下几种。

(1)企业与供应商之间的合作。这一方式的合作是指双边跳出组织界限,将各自公司内的流程甚至公司内部的功能加以整合。

(2)企业与客户之间的合作。这一方式的合作是指通过二者之间的信息沟通实现"消费、生产"的一体化,从而使自身获得市场。

(3)企业与竞争者或其他企业之间的合作。这一方式的合作主要是指双方共同致力于某些项目(技术、市场等)的开发,以类似战略联盟的形式实现互惠互利。

跨部门(组织)团队是和现代企业管理的企业再造理论联系在一起的。随着现代企业内部组织形式逐渐向团队形式的过渡,随着各种团队的结构和功能的不断调整,随着团队不断向开放性、灵活性和虚拟性发展,团队已经不再仅仅限于具有某种单独的功能,这时,跨部门(组织)团队成为团队发展的主流。例如,在财富 1000 强的公司中运用着各种不同类型的团队,其应用比率从 47% 到 100% 不等,而且这些公司几乎都运用项目团队制,项目团队一般通过跨职能的人员结合在一起来完成各项目,是一种典型的跨部门团队。

12.6　团队建设

12.6.1 团队效能

1. 团队效能的定义

在广义的界定团队效能的操作定义中，Nadler，Hackman 和 Lawer（1979）认为团队效能（team efficiency）是团队最终活动的结果，可以从三个方面来评价。第一，生产结果，指团队生产的产品必须符合或超过组织所规定的质量、产量标准；第二，成员满意感，指团队活动的结果带来成员之间良好的关系，成员具有满意感，并有利于他们之间长期的合作和发展；第三，继续合作的能力，指团队在完成任务后，成员之间的人际关系得到进一步的加强，有利于成员继续一起工作。

Hackznan（1987）则认为，团队效能是指团队实现预定目标的实际结果，主要包括三个方面：①团队产出的产品达到的绩效标准，比如个人绩效、团队绩效；②团队发展的一种提高团队成员共同工作能力的过程，比如承诺、内聚力等；③团队成员在团队中的经历是否令人满意，比如成员满意感。

Eric 和 Kennech（1990）认为团队效能包括团队绩效和可行性。绩效用组织内部或外部的人员在收到团队的产品、服务和信息后，对团队工作的可接受性程度进行衡量。可行性主要从两方面进行衡量：①工作对团队成员的满意感产生的影响程度；②工作对团队作为整体工作单元的前景影响程度。

戚振江和王端旭（2003）对团队效能的界定，采用较为宽泛的思路，将与团队情境相关的多方面结果均作为团队效能，并把团队效能划分为三个维度：①以产品的数量和质量进行描述的业绩效能；②员工态度；③行为结果。业绩效能指标包括生产效率、生产力、反应时间、产品和服务质量、客户满意和创新；员工态度指标包括团队成员满意感、成员承诺、管理信任；行为结果指标包括缺勤、离职和安全。

本书则倾向于采用 Eric 和 Kennech（1990）对团队效能的界定，即团队效能由团队绩效（周边绩效）和组织绩效（任务绩效）共同构成。任务绩效是指任务的完成情况，即职务说明书中所规定的绩效。它与组织的技术成分直接相关，是传统绩效评估的主要成分。周边绩效是指一种心理和社会关系的人际与意志行为，是一种有助于完成组织工作的活动。它侧重于测量组织成员在工作职责外具备的与工作绩效相关的某些品质特征，如帮助他人、团结协助等，这类行为也被称为组织公民行为、亲社会的组织行为等。

2. 团队效能的影响因素

团队效能的发挥，受到很多因素的影响，既有团队所处的组织环境的影响，又有团队自身内部因素的影响。

（1）团队沟通

团队沟通是团队内部成员之间共享信息，共同解决问题，做出有效决策的互动过程。沟通的目的是使团队成员对团队目标、任务和问题有共同的了解，以达到目标一致、思想一致和精神团结。在对传统团队的研究中发现，互动性的沟通是团队工作的必然行动，团队的效能在很大程度上受到沟通质量的影响。另外,团队的决策来源于团队成员间的人际沟通和信息沟通。团队成员之间人际沟通越顺利,越有利于培养成员之间的信任感,越有利于产生高效合作;团队成员之间的信息交流越顺畅,团队决策的有效性越高,团队效能也越高。

（2）团队气氛

团队气氛是团队成员对团队目标、团队运作、团队结构等具体情景的认知或心理体验。当团队成员对团队目标、团队运作、团队结构等有充分的认知,明确知道团队的发展与个人发展的关系密切,整个团队的凝聚力就会比较强,团队成员间互帮互助,容易形成一种信任的氛围,这样的团队氛围将有利于团队效能的提高;与此相反,如果成员对团队的目标、团队如何运作、团队的结构等不了解,对团队没有形成一种认同感和归属感,将难以形成一种互信互助的氛围,团队成员间的心理距离较大,相互间的联系不足,这样的团队氛围将不利于团队效能的提高,长此以往甚至会降低团队效能。

（3）目标认同

团队绩效的目标可以有很多形式:数量、质量、速度、准确性等。研究证实,与缺乏团队目标（或难以定义的目标）相比,具体的团队目标可以提高团队的绩效。通常,团队绩效目标与个体绩效.目标同时存在。当团队目标与个体目标发生冲突时,其结果就会导致团队机能失调。但是,即使团队目标与个体目标一致,两个不同水平绩效目标同时存在时的效果并不比任一目标类型单独存在时要好,特别是当个体目标和群体目标同时存在时,所产生的绩效并不比群体目标单独存在时所产生的绩效高。

（4）团队特征

①团队异质性。团队效能受团队成员异质性影响的程度究竟有多大,这是一个复杂的问题。Campion 等人（1993）研究发现,团队成员背景的异质性与团队效能没有相关或负相关的关系。而 Magjuka 和 Baldwin（1991）通过调查研究同样的一些问题发现,团队规模越大、团队成员的异质性越大以及获得信息的途径越畅通,这些因素与团队效能的关系就越明确。Jackson 等人（1995）通过评论并总结有关多样性（指群体内的异质性）与团队效能之间关系,认为团队构成的异质性与团队的创造力和决策的有效性有关,并把异质性定义为个性、性别、态度、背景或经验因素的混合物。Kanter（1989）研究表明,异质性的组织更有可能获得成功,来自不同背景的员工更能在一起工作并向其组织目标靠近,组织的绩效也越高。总的来说,认为群体成员背景的异质性与团队效能成正相关关系,并且在创造性和智力性任务中,团队成员的异质性对团队绩效也有影响。

②成员熟悉度。团队成员之间的熟悉度对团队效能是有影响的。有关这一问题的早期研究（主要是对飞机座舱机组的研究）认为,由相互熟悉的人们组成的团队总体上要比由相互不熟悉的人们组成的团队能更有效地合作;也有学者通过调查相互间熟悉度不同的煤矿工人在 15 个月中的劳动生产率（每班产煤吨数）、工作表现和产煤环境,发现较低的熟悉度与较低的劳动生产率相关。建立时间较长的团队,团队成员间的熟悉度较高,在一定程度上有效性更高;而刚建立的团队,团队成员间的熟悉度较低、团队成员的不同背景来源和相互间的不断沟通磨合会使团队更具活力。

③团队规模。团队规模对团队效能的影响成倒 U 形,即团队规模过大或过小都会降低团队效能。当团队规模变大时,成员间的心理距离增大,在规模较大的团队中,成员满意感

较低,参与度也较低,相互间的协作少于小型团队;当团队规模变小时,虽然成员间的关系较亲密,满意感和参与感都较高,但团队的执行力相对较弱;团队只有在一个适中的规模,才能取得最大的团队效能。研究表明,成员总数为奇数的群体比成员总数为偶数的群体更好,因为团队成员总数为奇数时,可以降低投票时发生僵局的所可能性。5～7 人组成的团队在执行任务时,会比更大或更小的一些群体都更有效。

（5）团队领导行为

团队领导属于这个团队,是团队中的一员,并从团队内部对团队施加影响。团队领导负责为团队提供指导,为团队制定长远目标,在适当的时候代表团队处理与组织内其他部门的关系。团队领导对于团队工作的有效性与组织中领导的作用机制相似。有学者对动作团队的研究发现,领导命令有助于团队成员形成相似、正确的心智模型,进而通过团队沟通过程影响团队的有效性。与组织中变革型领导相似,团队领导通过培养团队自我管理能力、授予自我领导权力、采用分布式或轮换式领导形式,缓解团队冲突,处理团队运作障碍,提高团队凝聚力,进而影响团队的有效性。

（6）组织支持

团队作为组织的基本结构,它与组织发生广泛的联系,组织支持也会对团队效能产生影响。组织支持可以分为组织对个人、组织对团队、团队对个人的支持,这三类支持对团队的效能都有着不同程度的影响,而其中组织对团队的支持与团队效能之间的关系最为密切。组织对团队的支持,有利于提高团队成员的积极性,使团队得以顺利开展工作,提高团队的效能。

12.6.2 塑造高效团队

团队虽然是一种行之有效的群体运作方式,但是其形式本身并不能自动保证高效率的运作,况且,在实际运营中还会碰到很多的困难和问题,所以团队组建成功并不意味着高绩效的产生。团队要想真正发挥作用,达到组织的愿望,就必须塑造高效的团队。高效团队（high-performance team）的塑造必须解决团队管理中存在的问题,不断调整和完善使团队成熟起来。

高效团队的塑造需要从以下几个方面着手。

1. 明确的目标

制定具体的、可以衡量的、现实可行的绩效目标,为团队运营设立愿景。在工作过程中将共同目标转化为具体的工作要求,比如,将销售商的退货率减少 50%,将毕业班的数学成绩由 60 分提高到 95 分。确定明确的具体工作目标,让具体工作目标与整体目标建立联系,可以让团队凝结成一个强有力的整体。其原因有以下三点:一是具体的团队业绩目标能够以一种不同于企业整体任务和个人工作目标的方式来定义工作产出,简单地每次例行公事般的集会决策不可能长久维持团队的优秀业绩;二是具体的团队业绩目标能够增进团队内部明晰的沟通和建设性的碰撞;三是具体目标的可行性能帮助团队集中精力于如何获得结果。

2. 适度的规模

为了使团队成员之间能够相互充分了解并且互相发生影响,保证团队结构的简单化和组织目标的纯正,应当严格控制团队成员的数目,一般不要超过 12 人。适当的团队规模,容易形成较强的团队凝聚力、忠诚感和相互信赖感。

3. 适宜的团队结构

从团队层级的角度来看,团队可以分为团队领导和普通团队成员。团队应选择合适的领导和结构来协调团队成员的不同意见并解决团队中的日常问题,例如,如何安排工作日程,如何解决内部冲突,如何分配具体的工作任务使之与团队成员的个人能力相匹配,如何做出和修改决策以及如何获取外部资源等。

在挑选普通团队成员时,首先考虑成员的能力、性格、角色的合理搭配,实现个人能力的优化组合,达到团队系统功用最大化。一个团队一般需要三种不同技能类型的人:具有技术专长的成员;具有发现问题、解决问题和决策技能的成员;善于聆听、反馈、拥有解决冲突及调和人际关系技能的成员。

其次,要考察个人的价值观是否与团队相同,以减少和避免录用后"搭便车"行为的出现。

再次,要求团队成员有良好的个人教育背景、技术能力以及与人沟通的能力。

最后,要对不合格的人员设立灵敏的检测和淘汰机制,并准备充足的合格人员"蓄水池",以保证人员的可获得性。

4. 合理的激励机制

团队应建立平等明晰的评价标准,让每位团队成员的贡献都可以衡量,每位成员都可以清楚地看到谁做了什么,而且都对自己的行为负责。尽管团队中有一定余地可以兼容不同工作风格的员工,但也要制定统一的业绩标准(工作的效率和品质是所有成员都应当遵守的基本标准),以防止"鞭打快牛"的不公平现象,避免团队内由此引发冲突。

要改变传统的以个人导向为基础的绩效评估与奖酬体系,除根据个人贡献进行评估和奖励外,还应当以群体为基础进行绩效评估和利润分享,鼓励合作而不是鼓励某一个优秀的个人。除了基本的个人薪酬系统之外,还可以设定一种以团队完成任务为前提的个人奖金。另外,给员工的晋升、加薪以及其他各种激励都以他们在团队合作中的表现为衡量标准。

工作设计方面,由于认识到团队成员的工作动力主要来自工作本身,应采用灵活合理的工作方式,使团队成员体会到工作的意义和价值。另外,设计合理的容错规则也是一种重要的方法,例如,可以规定人员创新失误的资金补贴范围。

5. 团队培训

通过培训来保证团队成员的价值观与团队价值观的一致,矫正团队成员的个人行为,保证团队成员工作的高效率。

在团队培训中,成员对新知识和信息的接受至关重要。培训已经不是传统意义上集中时段的训练,而应该是即时的、全方位的学习,要让团队成员感觉到学习的紧迫性,并把每个学习机会转变成交流和合作的机会。为此,必须制定周密的培训计划,实现培训思路的根本转变。

6. 团队文化建设

首先,增强成员对团队的认同感,使团队成员为自己是团队的一员而感到自豪。如果团队成员都能有"风雨同舟"、"同呼吸,共命运"的感觉,将会对团队管理非常有利。

其次,让每个团队成员认识到他们之间的协作以及贡献对于团队的成功至关重要的。换句话说,没有他们的贡献,团队将会以失败告终。

团队文化建设可以贯穿到管理的各个环节。比如,在绩效考核和薪酬管理方面,充分体现团队的特点,以集体的成果来决定创造的价值;把团队价值观贯穿于培训的始终,在宽松的环境中,树立团队的榜样。总之,要持之以恒地把团队管理必需的理念渗透到每个团队成员的行为中。

7. 培育团队成员之间的信任

高效的团队建设,离不开团队成员之间高度的信任。在团队的信任构建方面,团队信任形态的动态演进模型(图 12-11)得到了大多数学者的认可。

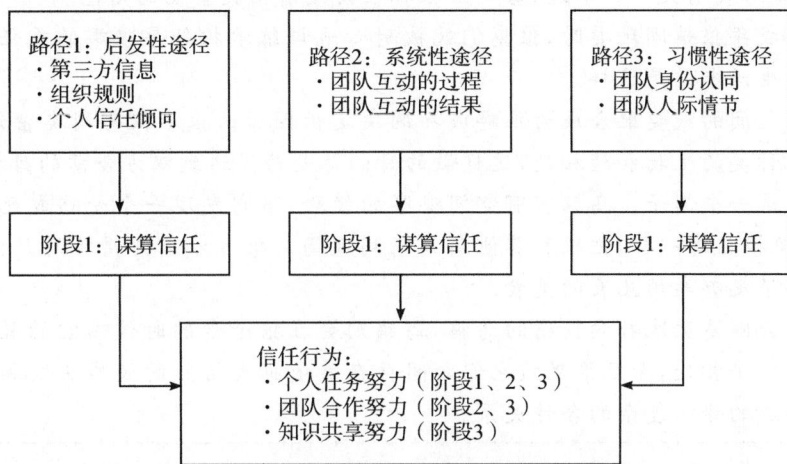

图 12-11　团队信任形态的动态演进模型

模型认为,团队成员可以通过三种可能的途径构建信任。在团队组建之初,团队成员可能有很高的动机去评价参与方的可信性,但人事机制的缺乏限制了他们对于参与方可信性的评估能力,促使他们采取简单的启发性途径利用互动环境中隐含的边缘信息来构建信任。于是,第三方信息、组织规则、个人信任倾向等信息就扮演了构建信任的主要角色。这在一定程度上解释了为什么在团队构建初期及暂时性团队中存在较高程度的信任;当团队成员逐渐积累起参与方的人际知识,他们有能力进行认知性的信息收集、分析与评价。当能力与动机结合在一起时,他们便投入到对参与方可信性的积极评价中,这样信任构建的系统性途径就启动了。随着团队成员对参与方人际知识的不断累积,双方构建起一个成功的信任交往历史,他们对于评价对方可信性的动机显著降低。基于对参与方的深入了解,团队成员往往能够建立起信任的习惯模式,甚至可以认同他人的需求与偏好,真正视其为利益共同体。这种基于认同的信任往往包含了强烈的人际情结,并真心关注对方福利。

❋ **管理故事** 12-4

狼的团队精神

广阔无垠的旷野上,一群狼踏着积雪寻找猎物。它们最常用的一种行进方法是单列行进,一匹挨一匹。领头狼的体力消耗最大。作为开路先锋,它在松软的雪地上率先冲开一条小路,以便让后边的狼保存体力。领头狼累了时,便会让到一边,让紧跟在身后的那匹狼接替它的位置。这样它就可以跟在队尾,轻松一下,养精蓄锐,迎接新的挑战。

在一对头狼夫妇的带领下,狼群中每一匹狼要为了群体的幸福承担一分责任。比如,在母头狼产下一窝幼崽后,通常会有一位"叔叔"担当起"总保姆"的工作,这样母头狼就可以暂时摆脱责任,和公头狼去进行"蜜月狩猎"。狼群中每个成员都不希望做固定的猎手、保姆或哨兵——不过,每一匹狼都在扮演着至关重要的角色。

早在与成年狼嬉闹玩耍时,狼崽们就被耐心地训练承担领导狼群的重任。它们这样做是因为生活本该是这样。

狼与狼之间的默契配合成为狼群成功的决定性因素。狼不仅与同类密切合作,还可以与其他种类的生物和睦相处,这样做的目的就是为了达到双方合意的目标。

乌鸦就是一个例子。乌鸦富有空间观察的经验,当它发现一个受伤或死掉的猎物时,通常会像报信者一样,把狼和其他乌鸦叫到现场。狼可以撕开猎物的尸体,于是就为大家提供了足够享用几天的美食。

狼有时会闹着玩地扑向狡猾的乌鸦,乌鸦则会在狼进食的时候啄它的屁股。两种动物不仅能和平相处,而且很显然它们之间存在着依据大自然的效率法则和数千年的经验逐渐形成的错综复杂的合作关系。

12.6.3 团队管理与评估

1. 团队管理的途径

团队管理的途径有很多的描述,但大致有四种:人际关系途径、角色界定途径、价值观途径以及任务导向途径。

(1)人际关系途径。这是在团队成员间形成较高程度的社会意识及个人意识。例如,通过帮助团队成员学会如何互相倾听,或者如何了解团队中其他成员的经历,更好地理解彼此的个性从而进行有效交流,将有助于人们共同工作。

(2)角色界定途径。这界定了团队成员参与团队活动时以什么样的角色出现,目的是明确每个人对自己的期望、整个群体的规范以及不同的群体成员所分担的责任。这意味着团队清楚地意识到自己作为一个工作单位的角色。它的运作既有实效又有效率,因为每个成员都清楚地理解自己的位置、角色和责任。

(3)价值观途径。这是指要发展成员间的相互理解,重点是团队成员对其正在做的事情的整体立场,以及他们所采取的价值观,而不是组成团队的个人的性格或者他们所担当的角色。通过确保团队中的每个人都拥有共同的价值观,确保团队的工作目的反映这些价值观,团队成员就能够有效地共同工作,并且能够感知到自己的个人行为是如何为团队的共同目标做出贡献,并如何反映团队的共同价值观念的。

(4)任务导向途径。这是强调团队的任务以及每个团队成员能够对这项任务的完成所做贡献的独特方式。在这一途径中,重点不是关于成员是什么样子,而是关于成员所拥有的技能以及这些技能如何对整体做出贡献。因此,这一途径十分强调不同团队成员之间的信息交流,也强调根据完成任务所需的资源、技能以及实际步骤对团队的任务进行实际分析。

2. 对团队的评估

根据组织内部团队之间的影响力和它对有效完成团队任务的价值,卡特森伯奇和史密斯(1993 年)提出用团队行为曲线来评估团队表现,该曲线对团队建设也有一定的启发,如图 12-12 所示。

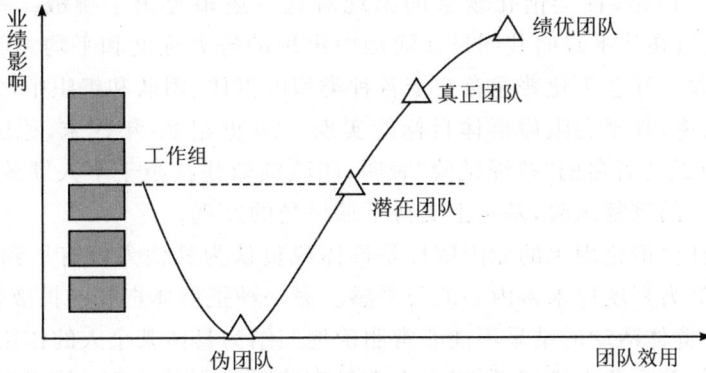

图 12-12　团队行为曲线

在这个模型中,工作群体没有任何特别需要去发展和改进它的表现,但是工作群体并不一定就不好。在有些组织中,工作群体是非常适用的。工作群体和团队的区别在于工作群体强调个人完成他们自己领域的任务,没有共同的责任。

而真正的团队是由很少的一些人组成的,他们有共同的目标,团队中每个成员共同对团队所需达到的目标负责,同样也对团队采用的总的工作方法负责。但这并不等于说团队中的每个人都是一样的,一个真正的团队由具有互补性技能的人组成,如果工作需要,他们也愿意学习新的技能。由于他们在一起工作,因此,他们创造出的价值比以工作群体为基础或者各自为战的群体创造出的东西多得多。

在工作群体向团队转化的过程中,存在着很多风险,其中之一就是成为伪团体。一群人被别人称为团队或自称为团队,也具有团队的潜力,但就是在实际工作时根本不协作或根本没有集体责任感。许多向团队工作转化的组织没有认真考虑什么样的团队是真正的团队,最终成为由许多伪团队组成的组织。如图 12-12 中所示,伪团队的工作效果还不如工作群体。

潜在的团队是介于工作群体和真正的团队之间的群体。这样的群体认识到有必要改善其表现,并且确实想做点什么。但是由于缺乏明确的共同目标,也由于他们把工作重点放在个人责任上而没能真正形成相互协作的风气,因此阻碍群体的发展。如果有合适的领导和恰当的管理,一个潜在的团队就会很快转变为一个真正的团队,相应的生产率也会提高。然而,更常见的情况是,潜在团队因没有明确的方向,仍旧漫无目的地发展。

高效团队是把团队的潜力发挥到极致的团队。表现出色的高效团队成员不仅对自己团队的成功负责,也关心其他人的成长和发展。这是由于在团队中形成了紧密的交往和共同的责任。这种团队的成绩很大,它经常能达到看起来不可能达到的目标。

12.6.4 团队面临的挑战

1. 社会惰化

一般而言,群体作为一个整体的生产力就算不出现协同效应,也至少不应低于群体成员个体生产力之和。但是,社会惰化现象的出现对这一逻辑提出了挑战。社会惰化(social loafing)是团队成员在从事趋向共同目标活动中出现的努力程度和平均贡献随着群体成员增加而减少的现象。社会惰化普遍存在于各种类型的群体、团队和组织中,它会降低群体凝聚力,影响工作效率,甚至会阻碍群体目标的实现。20 世纪 20 年代末,德国心理学家瑞格曼(Ringelman)所做的著名的"拉绳试验"表明,团队绩效往往小于个人绩效的总和。后来,其他一些相似任务的重复试验,基本上支持了瑞格曼的发现,

有一种关于社会惰化现象的原因解释是群体成员认为其他人没有尽到应尽的职责,因而降低了自己的努力程度以求得内心的公平感。另一种把群体责任的扩散作为对社会惰化现象的解释,由于群体活动的结果不能非常明确地归结为具体某个人的作用,个人投入与群体产出之间的因果关系非常模糊,所以个人就具有降低在群体中努力的倾向,也即是说,如果个体在群体中的绩效无法体现和衡量时,群体的效率就会大打折扣。

2. "搭便车"问题

"搭便车"问题(free-rider problem)又称"偷懒"问题,是指在团队活动中,由于团队成员的个人贡献与所得报酬没有明确的对应关系,或者由于其他激励措施不利,从而造成每个成员都有减少自己的成本支出而坐享他人劳动成果的机会主义倾向。"搭便车"导致团队成员缺乏努力工作的积极性,使团队工作无效率或低产出。实际上,团队面临的一个问题是个体之间相互"搭便车"行为的发生。例如,在团队中有的人在为团队的总绩效来回奔波拼命工作,而有的人守株待兔坐享其成。虽然这两种情况下两种人组成的团队还是能把团队的任务完成,但是长此以往,团队成员的积极性必定会慢慢消退,彼此被同化,积累到一定时候,团队处于瘫痪状态。

3. 难以实施准确的个人绩效考核

绩效评价就是为了客观地对个人的能力、工作状况和适应性,个人的个性、资质、习惯和态度,以及对组织的相对价值进行有组织的、实事求是的评价,它是人力资源管理的核心工作。团队作为一个整体,也有绩效,但在团队中,传统的个人绩效考核方法常常难以奏效。这是由于团队活动具有高度合作的性质,团队成员具有较强的互补性,团队的产出是团队成员共同努力的结果。由于团队活动的特点,在团队中容易产生较严重的信息不对称现象,使得团队中单个成员的努力水平不可观测,团队绩效表现为团队成员共同努力的结果,单个成员的绩效常常无法被准确地度量。

4. 个性化与团队合作的冲突

采用团队形式的一大障碍是个体阻力。团队成员的成功与否不再由个人绩效决定。要成为一名优秀的团队成员,个体必须学会与别人进行开放而坦诚的沟通,学会面对差异并解决冲突,学会把个人的目标升华为团队的利益。这对许多团队成员来说,是一项艰难的任务,甚至可能意味着有些团队成员无法完成这一任务。在下面两种情况下,塑造团队队员面临着最艰巨的挑战:①组织文化是高度个人主义的;②在高度重视个人成就感的组织中推行团队方式。通常组织可以通过选拔、培训与奖励等方式来塑造团队成员的合作性,降低个性

化与团队合作的冲突。

5. 员工多元化

员工多元化是使员工个人区别于他人的差异化的特征,包括性别、种族、民族、年龄和身体状况等。有时候也包含其他因素,比如婚姻状况、父母情况和宗教信仰等。目前,世界各国的员工多元化趋势都在加强。团队成员个体间在各种因素上都存在着差异,这使得团队的管理面临着新的挑战——如何管理团队成员的多元化,既尊重个体独一无二的特性和贡献,又提高组织的共同观念。而随着员工多元化趋势的发展,陈旧观念是认为某个人属于特定的阶层和团体(比如老年人团体),并且将有关这一团体或阶层的某些观念强加在这个人身上(比如,老年人缺乏创造力),歧视思想会增加,在团队中对某些特定人群的歧视妨碍了被歧视人员潜力的正常发挥。

Milliken 和 Martins(1996)指出,员工多元化是一把双刃剑,一方面可以带给团队更多的信息与知识,进而提升企业的绩效;另一方面,会因为潜在的小集团主义的出现影响信息的有效利用。

本章提要

本章主要阐述了群体和团队的特征与发展。群体是指两个以上的人组成有共同目的、相互依存、相互作用的集合体。群体属性主要包括角色、规范、地位、规模和群体成员结构。群体的行为特征主要表现为从众性、群体压力、去个性化和群体凝聚力等方面。群体发展的五阶段模型以及间断—平衡模型可以让我们更清楚地认识群体发展过程。在群体的互动过程中会出现协同效应、社会惰化效应、社会促进效应、社会致弱效应、社会标准化效应等各种群体互动效应。

团队的概念由群体演变而来,是指一群为数不多的、具有相互补充技能的人组成的一个群体,他们相互承诺,具有明确的团队目标且共同承担团队责任。一个成熟的团队一般要经过四个阶段的发展,即初创期、初见成效期、持续发展期和成熟期。团队的类型主要包括解决问题型团队、自我管理型团队、多功能型团队、学习型团队、虚拟型团队和跨组织型团队。

团队绩效是团队活动的最终成果,它受多种因素影响,包括团队沟通、团队气氛、目标认同、团队特征、团队领导行为以及组织支持。因此,如果组织希望构建一个高效团队时,应该从以下几个因素着手:目标、规模、团队结构、激励机制、团队培训、团队信任以及文化建设。团队管理会面临很多的挑战,例如,社会惰化、“搭便车”、难以考核、个体与团体合作冲突、员工多元化等问题。

关键概念

- 群体(group)
- 群体属性(group attribute)
- 角色(role)
- 角色冲突(role conflict)
- 规范(norms)
- 协同效应(synergy effect)
- 从众(conformity)

- 去个性化(deindividuation)
- 社会惰化(social loafing)
- 社会促进效应(social facilitation)
- 群体绩效(group performance)
- 团队(team)
- 团队效能(team efficiency)
- 解决问题型团队(problem-solving team)
- 高效团队(high-performance team)
- 自我管理型团队(self-managed team)
- "搭便车"问题(free-rider problem)
- 多功能型团队(multi-functional team)
- 虚拟型团队(virtual team)

思考习题

1. 描述你所属群体的特征及类型,并思考你在各个群体中扮演的角色以及所面临的角色冲突。

2. 试着回顾你所处的群体之中出现的各种互动现象,例如,协同效应、社会惰化效应和从众行为等,并解释其原因。

3. 对比分析你所属不同群体之间凝聚力的高低差异,并做出解释。

4. 群体之间互动的影响因素有哪些? 根据你的实际体会列出各种影响因素的相对重要性程度,排序并做出合理的解释。

5. 团队与群体的区别有哪些?

6. 团队发展的阶段是怎样的? 请举例加以说明。

7. 研讨你身边的高效团队的特征。

8. 结合平时参加的各种团队活动,分析团队管理面临着的挑战。

技能实训

1. 团队练习——搭建高楼

目的:这个练习设计旨在帮助理解团队角色、团队发展以及其他发展和维持有效团队的议题。

材料:培训师给每个小组提供足够的拼装玩具块或类似的材料以完成分配的任务。每个团队应该有相同或非常相似数目和形状的玩具块,培训师需要一个测量皮尺和秒表。学生在设计阶段可以使用书面材料(如第二步所示),培训师向所有团队分发一份团队目标表和高楼效能规格表。

说明:

第一步:培训师把班级分成几个团队。根据班级的大小和可用空间,每个团队可以有4～7名成员,但是所有团队的规模应该大致相等。

第二步:每个团队有20分钟时间设计一个高楼。它只能使用提供的材料,独自矗立并且能够提供最佳的投资回报。队员们可以在纸上作图或制表以辅助设计。团队可以在这个阶段自由练习高楼的建造,更好的情况是,每个团队被分到他们自己的房间,这样可以使他们的设计具有保密性。在这个阶段,各小组完成培训师分发的团队目标表,这张表规定了高楼规格效能表也是由教师分发的。

第三步:每个团队向培训师展示他们已经队完成的团队目标表。接下来,所有团队来到同一房间,培训师宣布开始建造。建造的时间会被密切监控,培训师会不时地通报活动所用的时间(尤其是在没有时钟的房间)。

第四步:一旦建成高楼,各小组通知培训师并记下培训师确定的耗用时间。他们可能会被要求帮助培训师计算建造高楼所使用的积木块数和塔的高度,把这个信息也写在团队目标表上。然后,团队计算出它的收益。

第五步:公布结果后,同学讨论有助于团队效能的团队动力因素。团队成员们将讨论他们的战略、分工(团队角色)、团队内的专家和其他团队动力因素。

2. 团队建设游戏——泰坦尼克号

一个人在紧急情况下,才能更好地发挥其潜在的创造力和主观能动性,下面的游戏将帮助我们练习在遇到困难时,如何做计划、如何合作以及如何有效地利用有限资源。

游戏规则和程序:

(1)培训师给大家讲述下面的故事:泰坦尼克号即将沉没,船上的乘客(学员)需在"泰坦尼克号"的音乐结束之前利用仅有的求生工具——七块浮砖,逃离到一个小岛上。

(2)培训师指导学员布置游戏场景:将 25 m 的长绳在空地上摆成一个岛屿形状,在另一边摆 4 条长凳,用另外的绳子作为起点。

(3)给学员 5 分钟时间讨论和试验。

(4)出发时,每一个人必须从长凳的背上跨过(就如同从船上的船舷栏杆上跨过),踏上浮砖。在逃离过程中,船员身体的任何部分都不能与"海面"——地面接触。

(5)自离开"泰坦尼克号"起,在整个的逃离过程中,每块浮砖都要被踩住,否则培训师会将此浮砖踢掉。

(6)全部人达到小岛之后,并且将所有浮砖都拿到小岛上,游戏才算完成。

相关讨论:

(1)你们组可以想出什么样的办法来达成目标?

(2)小组是否确定出领导者? 是根据什么确定的? 撤离方案的形成是领导的决定还是小组讨论的结果?

(3)你们的方案是否坚决贯彻到底了? 中间发生了什么变化? 为什么?

(4)事后回顾当初的方案觉得是否可行? 有更好的方案吗? 为什么当时没有想到或没有提出来?

(5)小组是如何分配组员撤离的先后次序的? 考虑到了什么因素?

总结:

(1)如何应付突如其来的紧急情况,反映了一个人头脑的清醒程度和他的应变能力;同时,如何利用有限的资源更大限度地达成我们的目的,也是观察一个人想象力和创造力的最好途径。

(2)在我们面临危险的时候,每个人都会有不同的想法,此时就需要出现一个领导者的角色,否则大家七嘴八舌,互相不服,最后只会使得整个集体都受到损失。如何选择这个领导者是一个很关键的问题,但是关键的关键是此人一定要能够服众,让大家都听他的。

参与人数:10～12人一组。

时间:30分钟。

场地:户外。

道具:木砖24块(每组6块),4张椅子,两条长绳(25 m)。

应用:

(1)创新思维训练;

(2)应变能力的培养;

(3)团队合作精神培养。

3.团队建设游戏——风中劲草

游戏目的:帮助学员体会信任的建立,取决于自己对团队成员的信心,相互之间的沟通是树立这种信心的基础,一旦信任完全建立,你会感觉到团队的工作气氛是那么的轻松、愉快。

游戏配置:

形式:8人一组为最佳。

类型:建立信任,团队精神。

时间:15～20分钟。

材料及场地:不需要材料,空地。

适用对象:所有学员。

操作程序:

(1)培训师让每组学员围成一个向心圆,而培训师自己站在中央来做示范。

(2)培训师双手绕在胸前,做出以下的沟通对话。

——培训师:"我叫……(自己的名字),我准备好了,你们准备好了没有?"

——全体团队成员回答:"准备好了"。

——培训师:"我倒了?"

——全体团队成员:"倒吧!"

(3)这时培训师整个身体完全倒在团队成员的手中,团队成员把培训师顺时针推动两圈。

(4)在培训师做完了示范之后,小组中的每位成员都要来试一试。

有关讨论:

(1)该游戏最难的地方是哪里,下次你会怎样改进。

(2)在活动过程中,你感觉团队的合作精神怎样,是否有信任感。

参考文献

[1]乔忠.管理学[M].北京:机械工业出版社,2012.

[2]王心娟,庞学升,崔会保.管理学原理[M].北京:清华大学出版社,2011.

[3]吴价宝.管理学原理[M].北京:高等教育出版社,2011.

[4]傅夏仙.管理学[M].杭州:浙江大学出版社,2007.

[5]娄成武,魏淑艳.现代管理学原理[M].北京:中国人民大学出版社,2008.

[6]张智光,蔡志坚.管理学原理——领域、层次与过程[M].北京:清华大学出版社,2010.

[7]〔美〕理查德·L.达夫特.管理学原理[M].北京:机械工业出版社,2012.

[8]赵应文.组织行为学概论[M].北京:清华大学出版社,2011.

[9]陈春花,杨忠,曹洲涛.组织行为学(第二版)[M].北京:机械工业出版社,2013.

[10]郭志文.组织行为学[M].上海:上海财经大学出版社,2010.

[11]章文光,公共组织行为学[M].北京:北京师范大学出版社,2009.

[12]熊勇清.组织行为管理(原理·实务·案例)[M].长沙:湖南人民出版社,2011.

可扫码获取本章课件资源:

第 13 章　沟通与冲突管理

本章学习重点：

- 描述什么是沟通,沟通的作用及沟通过程；

- 掌握正式沟通与非正式沟通的区别；

- 掌握语言沟通与非语言沟通的优缺点；

- 掌握有效沟通的管理方法；

- 了解冲突的类型和根源；

- 掌握冲突管理的基本策略和方法。

❀ 开篇案例

惠普:开放的"沟通之道"

1938年,惠普公司的创始人比尔·休利特和戴维·帕卡德利用业余时间在一间简陋的汽车房以538美元的原始资金开始创业,并于1939年1月1日正式创办了仅由他们两人组成的合伙企业。从此,惠普公司经历了80年的风雨,逐渐成长为如今全球领先的,面向大中小企业、研究机构和个人用户的技术解决方案提供商,其服务区域遍及170多个国家和地区,在IT基础设施、全球服务、商用和家用计算机以及打印和成像等诸多领域居领导地位,并位列全球500强公司前列。

是什么让这家企业如此神奇,持续而又有活力地成长呢? 其答案就在于惠普的企业文化,在于蕴含其中的有效沟通理念。

虚心倾听——实行"走动式的管理"

惠普公司非常重视为员工创造最佳的沟通氛围,这既增强了员工个人的满意度和成就感,同时也确保了公司能够有效地进行信息沟通。同时,惠普公司通过与客户进行有效沟通,既与客户之间建立了紧密的联系,又为其产品的开发与推广提供了高价值的全面信息。

这项政策是惠普公司的一个帮助经理和监督者了解其属下员工和他们正在做的工作,同时使他们自己也更加平易近人的办法。"走动式的管理"是经理同工厂工人一起致力于解决问题的做法,它克服了书面指令难以面面俱到的缺点,使管理者亲自参与,深入实际。

《惠普之道》一书中特别指出,"走动式的管理"虽然听起来简单明了,但做起来要一些必要的条件。例如,并非每位经理都能轻松自如地做到"走动式的管理",它必须是经常的、友好的、不特别专注某个问题的,而且是不安排时间表的——但绝不是漫无目标的。由于它的主要目的是要弄清楚人们的思想和意见,这就需要经理虚心倾听。

建立信任——推行"开放式沟通"

这项政策的核心是对员工、职能直线经理、人力资源经理、人力资源部雇员等的作用和责任进行明确规定,确保惠普的开放式工作环境的形成。

例如,在员工的责任条款中规定,员工有责任公开提出问题;与直接上司讨论解决问题的最佳选择;明朗而真实地进行沟通交流;了解解决方案应该包括与他人进行交谈;清晰表述具体需要的管理行动等。在职能直线经理的责任条款中包括公开倾听员工提出的问题和关注点,争取充分理解;做主解决问题;识别并寻求人力资源经理的帮助以找到解决方案;采取清晰、决定性的行动解决问题等。

"开放式沟通"政策旨在建立相互信任和理解,以及创造一种环境,使员工可以自由表达他们的思想、意见和问题。不管雇员的问题是属于个人的,还是同工作有关的,"开放式沟通"政策鼓励他们同一位合适的经理讨论这种问题,寻求问题的解决办法。通过这项政策,人们乐意提出他们可能有的问题或关心的问题,而且经理通常也能够很快地找出令人满意的解决办法。

比尔·休利特和戴维·帕卡德都经常参加不同雇员的"开放式管理"的沟通工作，员工通常讨论的是普遍关心的问题，而不是个人的不满。"开放式沟通"政策是惠普管理哲学不可分割的一部分，而且这个做法鼓励并保证了沟通交流不仅是自上而下的，而且也是自下而上的。

倡导热情——比尔的"戴帽子过程"

在《惠普之道》中特别提到了一个有效的沟通案例就是比尔·休利特的"戴帽子过程"。惠普公司 1967 年在纽约市电气和电子工程师学会的贸易展览会上展示了它的一台计算机。一位富有创造性的创新者满怀热情地提出一种新思想，第一次找到比尔·休利特，而比尔·休利特马上戴上一顶"热情"帽子，他认真地倾听，在适当的地方表示惊讶，一般是表示赞赏，同时问一些十分温和、不尖锐的问题。

几天以后，比尔·休利特把创新者叫来，戴的是"询问"帽子。这次他提出了一些非常尖锐的问题，对创新者的思路进行了深入的探讨，有问有答，问得很详细，然后就结束了，未做出最后决定。

不久以后，比尔·休利特戴上"决定"帽子，再次会见这位创新者。在严格的逻辑推理下做出了判断，对这个思路下了结论。即便是最后的决定否定了这个项目，但这个过程也给予这位创新者一种满足感。这是"惠普之道"倡导人们继续保持热情和创造性的一个极为重要的沟通方式。

亲密交流——营造浓郁的家庭气氛

惠普的创始人在公司内部营造了浓郁的家庭气氛，并在其年轻的企业里也创造了对这种亲密的情感沟通方式的认同感。"野餐"被惠普的创始人认为是"惠普之道"的重要内容之一。

在早期，惠普公司每年在帕洛阿尔托地区为所有的雇员及其家属举行一次野餐。这是一项大规模活动，主要由雇员自己计划和进行。比尔·休利特和戴维·帕卡德以及其他高级行政人员负责上菜，从而使他们有机会会见所有的雇员及其家属。这是一项很受欢迎的福利，因此后来决定在世界其他地区有惠普人聚居的地方也这样做。此外，惠普公司还采取了包括会见所有雇员及其家属在内的多种多样的感情交流方式。

没有什么东西比亲自的相互沟通更能促进合作和团队精神建立，在雇员之间建立一种信任和理解的气氛了。

满足客户——有效的外部沟通

惠普公司获得成功的根本基础，是努力满足顾客的需要。惠普鼓励公司的每个人经常考虑如何使自己的活动围绕为顾客服务这一中心目标，认真地倾听客户的意见。"热忱对待客户"位于惠普公司提出的七个价值观的首位，"倾听客户的意见"也是惠普之道的核心部分。

在惠普公司，为顾客服务的思想首先表现为倾听客户意见，并据此提出新的思路和新的技术，在这个基础上开发有用的重要产品。这些新的思路成为开发新产品的基础，而新产品将满足顾客潜在的重要需求。除此以外，惠普公司还提供许多不同种类的产品，以满足不同顾客的需求。

资料来源：http://scitech.people.com.cn/n/2015/0818/c1057-27475985.html

沟通是现代企业管理的命脉。对企业内部而言,良好的沟通是组织成员有效工作的基础与信息桥梁,可以使管理者的决策更加有效,引导员工更好地理解、执行管理者的意图和决策,提高工作效率。沟通还是人际关系情感的基石,良好的沟通成就健康的人际关系,培养精诚合作的氛围,有利于激发员工的积极性。对企业外部而言,企业与竞争对手之间、企业与政府、公众、媒体之间等各方面的关系,也离不开熟练掌握和应用管理沟通的原理和技巧。本章从沟通的内涵入手,主要介绍了沟通的过程和企业沟通的基本类型,接下来探讨有效沟通过程中存在的各种障碍,并对克服这些障碍的方法进行阐述,最后介绍了组织冲突的内涵以及冲突管理的基本策略和方法。

13.1　沟通与沟通过程

据美国一项调查表明,大部分管理者每个工作日至少要花 80% 的时间与他人进行直接沟通,换言之,管理者每小时中至少有 48 分钟是用在开会、打电话、在线交流或非正式交谈上。管理者另外 20% 的时间一般是花在文书工作上,但实际上这些工作仍然还是以阅读和写作的方式在进行着沟通。沟通贯穿于管理的每一个阶段,在任何时候,企业管理都离不开沟通。有效的沟通不仅是企业经营管理中的润滑剂,也是管理者发挥团队最佳效能的重要工具和手段。

13.1.1 沟通的含义

沟通(communication)一般指人与人之间的信息交流过程,是人们相互之间发生联系的最主要的形式。人醒着时大约有 70% 的时间花在各种形式的沟通过程中,包括与人交谈、读书、看报、上课、听广播、看电视等,都是在进行沟通。在现代企业经营管理过程中,沟通是指为达到一定的目的,将信息、意义和情感在个人或群体间进行传递、理解与交流的过程。这其中包括信息在企业内部各层次、各部门的流动,以及在企业与客户、供应商、监管者等外部环境之间的流动。

首先,沟通包含着信息的传递。如果信息或想法没有被传递到,则意味着沟通没有发生。当领导对秘书下达某一指令时,秘书根本不在岗位上,并没有听到指令,这就不能构成沟通。其次,在沟通过程中,信息不仅需要被传递,还需要被理解。秘书回来后听取了领导的指令,虽然他很认真地在听,但他并不明白领导的意思,此时,沟通也没有成功。最后,秘书就自己疑惑的部分提出问题,领导做出了解答,双方通过交流充分理解了对方的观点和见解,此时,沟通成功。

13.1.2 沟通的功能

著名管理学家巴纳德说过:"高层管理人员的首要作用,就是发展并维持意见沟通系统。"很多学者都认同,比较完美的企业领导者用约 30% 的工作时间进行战略和策略思考以及处理相关事务,剩下的约 70% 的时间则用于与他人沟通。实际上,即使是进行战略和策略思考时也必须以沟通作为基础,因为管理者没有信息就不可能做出决策,而信息只能通过沟通得到。对管理者来说,有效沟通不容忽视。管理者不仅要充分地表达他们的观点,影响他人行为,调动员工的工作积极性,还要善于应付各种冲突,营造良好的人际关系环境,实现组织目标。具体来说,沟通的功能主要有四种:信息传递、情感交流、控制功能和激励功能。

1. 信息传递

信息的采集、传送、整理、交换,无一不是沟通的过程。沟通为个体和群体提供了决策所需的信息,使决策者能够确定并评估各种备选方案,权衡利益,从而做出正确的选择。事实证明,许多决策的失误都是由于信息不完备、沟通不顺畅造成的。掌握沟通技巧,了解如何有效地传递信息是正确决策的前提和基础。

2. 情感交流

从管理角度讲,管理者应该为员工创造一个宽松的环境,包括物质环境和心理环境两部分。心理环境的建设是管理者往往容易忽视的部分,而这部分内容对员工是否能够出色地完成任务,是否能够从工作中得到满足感起着关键的作用。员工可以通过群体间的沟通来表达自己的满足感和挫折感,因此沟通提供了一种宣泄情感的情绪表达机制,满足了员工的社交需要,有助于构建和谐的人际关系,而和谐的人际关系又使沟通更加顺畅。

3. 控制功能

沟通可以通过不同的方式来控制员工的行为,员工们必须遵守企业中的权力等级和正式的指导方针。例如,通过正式沟通,管理者能准确、及时地把握员工的工作进展、工作瓶颈,并为其提供支持和帮助,进而保证个人、部门,乃至整个企业的工作协调进行。另外,非正式沟通也控制着员工的行为。当工作群体中某个人十分勤奋,使他人相形见绌时,其他人会通过非正式沟通的方式控制这种行为,比如孤立对方、冷嘲热讽甚至拳打脚踢等。

4. 激励功能

沟通是激发员工工作热情和积极性的一个重要方式。通过上情下达和下情上传,帮助员工进行目标设置,实现目标过程中的持续反馈,适当授权和参与等,满足员工的尊重和自我实现需要,他们的工作热情和积极性就会自然而然地得到提升,而这些过程都离不开有效的沟通。无论是杰克·韦尔奇领导下的通用电气,山姆·沃尔顿领导下的沃尔玛,还是赫布·凯莱赫领导下的西南航空,公司内部的几乎每一位员工都能清楚得了解这些领导者的主张,也都知道他们对员工有什么期望,因为他们是优秀的沟通者,也是公司员工良好的工作伙伴,他们一直在密切留意员工和公司运营的情况。为了了解下情,他们乐于与员工讨论工作,并乐此不疲。他们非常清楚公司的运营情况,甚至是细节。正是这些领导者积极主动与员工沟通的意愿和非凡的沟通力,强化了他们对整个公司的影响力,他们对公司事务的热情参与也大大激发了员工们的工作激情,从而推动公司迅速成长。

需要指明的是,这四种功能无轻重之分。就任何一个企业而言,它是由若干个子系统组成的复杂系统,就其所处的环境而言,需要与外部环境的各个要素发生千丝万缕的联系,沟通的意义就在于使企业形成一个整体,这需要在一定程度上控制员工、激励员工、提供情感表达的手段,同时通过内外部环境的信息交换做出正确的决策,维持企业在市场上的生存与发展。

❈ 管理故事 13-1

"有缺陷"的步话机

在比利时巴克曼实验工厂,为了促进部门间的联系,其生产经理皮埃·马丁投资5 000美元,安装了一个较高级的内部通信系统,为18名雇员配备了步话机,使仓库工人可以直接与发货部门联系。可是,一个意外的结果出现了。18名工人中有两名工人步话机运转不正常,能听到所有部门的对话。马丁说:"他们没有告诉我。最后,我在开会时,那两名工人对什么都关心,提出许多问题,同时又提出解决其他部门问题的方法。"当马丁发现原因是"有缺陷"的步话机时,没有去修理它们。相反,他将先进的系统卖掉,重新安装了一套低级的系统,让每个人都能听到其他人的谈话。

13.1.3 沟通过程

美国管理畅销书作者玛丽·布恩说:"我们的管理者每天都在考虑沟通什么,却没有考虑怎么去沟通。"沟通是一个过程,而不仅仅是沟通信息内容本身。因此,了解沟通发生的过程,尤其是沟通发生的各个环节,才有助于管理者真正改善和提升沟通的效果。

完整的沟通过程包括七个要素:发送者、接收者、信息、渠道、噪声、反馈和环境。沟通过程是信息的发送者将信息按照一定的程序进行编码后,通过信息沟通的渠道传递给信息接收者,信息的接收者将收到的信息进行解码处理,然后再反馈给发送者。这样信息的意义就从一个人那里传递给了另一个人。此外,信息的传递过程还会受环境和一些噪声的影响。沟通的具体过程如图13-1所示。

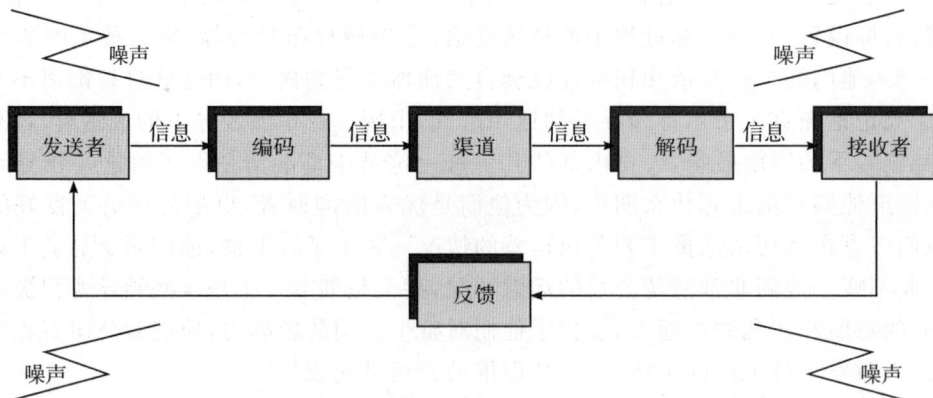

图 13-1　沟通的过程

1. 发送者

发送者是信息的来源,是希望将信息传递给另一方的组织或个人。发送者必须充分了解接收者的情况,选择合适的沟通渠道以利于接收者理解。要顺利完成信息的输出,发送者要将头脑中的想法和主张按照接收者能够理解的方式进行编码而生成信息,如将中文翻译成英文,将设计思路转化为图表,将想法撰写为邮件等都是信息编码的过程。

信息的编码受到四个条件的影响：技能、态度、知识和社会文化。首先是技能，比如教师授课时必须掌握牢固的专业知识，否则很难把知识有效地传递给学生。有效的沟通应包括听说读写以及逻辑推理等基本技能。其次，先入为主的态度会影响有效沟通。例如员工听说新来的主管非常严苛，那么无论主管摆出的姿态多么亲和，在一段时间内，双方之间的沟通也不会顺畅。第三，沟通还受到人们在某一具体问题上所掌握的知识范围的限制。我们无法传递自己不知道的东西。最后，不同的社会文化系统也影响着人们的认知和态度，从而影响沟通。比如，中国人将"肥肉"引申为"美差"、"好东西"，到嘴的肥肉要是吃不上就很遗憾；当通过编码将这一想法转化为信息时，"肥肉"直译为"fat meat"，在美国人看来那是"毫无价值，该扔掉的东西"。在国际商务沟通过程中，特别需要注意跨文化带来的影响。

✳ **管理故事 13-2**

跨文化沟通

联想集团的首席执行官比尔·阿梅里奥说："沟通是我每天都在做的事情。我经常在北京、香港、新加坡、美国等地出差，与当地的经理人讨论公司的发展。"像阿梅里奥这样的跨文化沟通者在许多公司已变得非常普遍。印度维普罗的总裁韦·保罗说："现在，许多创业公司一开始就是微型跨国公司，20 名员工在硅谷，10 名员工在印度。如果公司的产品不止一种，有些产品可能在马来西亚或中国制造，有些设计在中国台湾，而客户支持在印度或菲律宾，工程方面则可能在俄罗斯及美国，这将成为未来的潮流。"

在这股潮流中，沟通技巧日益成为跨国团队合作的基石。如何促进习惯、文化不同的高层管理团队高效互动？以下是联想、通用电气等优秀公司的经验。

1. 高层管理者要做榜样。阿梅里奥现在已经会说"你好"和"谢谢"。他还参加一个"沉浸式"中文学习项目，以便了解更多的中国文化。

西门子中国区总裁郝睿强乐于做中国经理的导师。他和经理们单独见面，帮助他们规划自己的职业发展；给他们讲解他们平时不太接触的东西，比如制度是如何建立的、决策是怎样产生的等，让他们熟悉西门子的企业文化。

2. 了解双方的思维和习惯。阿梅里奥的感受是，美国和欧洲的经理人擅长表达自己的想法，而且希望让所有的人都了解自己的想法。中国的经理人往往倾听得更多，而且他们经过深思熟虑后才会表达自己的观点。美国及欧洲的同事要明白，如果中国同事没有说话只是在点头，这并不一定意味他们表示同意。

3. 参加业务会议，保持有效沟通。通用电气（GE）中国公司的首席培训官白思杰经常要为各业务集团的经理人设计培训课程，他把集团内的培训经理看作自己最大的客户，通过会议与他们保持有效的沟通。"我们会保持经常的交流，我会参加他们的会议，会见各个业务集团的负责人，试着了解他们的人才需求。"另外，他还从培训经理那里拿到各个级别领导力培训项目的候选人名单。"因为培训中心并不了解业务集团的具体情况，哪些人适合参加什么培训。而他们有人才库的储备，会提出合适的人选。"

4. 设定标准，避免沟通误解。白思杰说："几年以前，我们有 45 个不同版本的 Coaching(教练)课程。布达佩斯的培训师和上海的培训师使用完全不同的术语和技巧。现在我们努力制定一个标准的 GE 版本，做到在程序、术语和训练方法上都是同样的。"白思杰的目标是，让不同国家的经理人受到相同的训练，这样他们就不会产生不必要的沟通误解。

5. 创造沟通的机会。有效的沟通，往往是在轻松活泼的环境中实现的。为此，联想公司举办中秋乒乓球大赛，还邀请到了 1992 年奥运会乒乓球冠军，让他和公司的经理人进行比赛。阿梅里奥领衔的外方团队，在双打比赛中与以董事长杨元庆为首的中方团队展开了较量，结果以微弱比分负于后者。通过乒乓球比赛这样的非正式沟通活动，中外管理人员展现了自己的所长和团队精神，加深了彼此的了解和信任。

资料来源：http://www.ceconline.com/mycareer/ma/8800047666/01/？pa_art_7

2. 接收者

接收者是发送者的信息传递对象，是接受信息、解释信息并给出反馈的组织或个人。接收者必须从事信息解码的工作，即将信息转化为他所能理解的想法和感受。与发送者相似，这一过程要受到接收者的经验、知识、才能、个人素质以及对信息输出者的期望等因素的影响。总的来说，发送者应该擅长写作或说话，接收者应该擅长阅读或倾听，而且二者均应具备一定的逻辑推理能力。

3. 信息

信息就是发送者所要传递的内容，由发送者要与接收者分享的思想和情感组成。当我们说话的时候，语言是信息；当我们写作的时候，文字是信息；当我们绘画的时候，图案是信息。但是，一些手势和表情等隐藏的信息往往容易被忽视，在很多情况下，这些也许是更为重要的信息。比如在面试和商务谈判过程中，语言传递的信息未必作准，而一个简单的眼神接触和头部动作，常常就能了解对方的真实态度和情绪，找到对方观点的蛛丝马迹。同时，许多非语言信息在不同的文化中会有差异，如在西方文化中，黑色是葬礼的颜色，而在东方文化中，白色是葬礼的颜色。同样的信息，发送者和接收者可能有着不同的理解，这可能是发送者和接收者的差异造成的，也可能是由于发送者传送了过多的不必要信息。

4. 渠道

渠道是指传输信息的媒介载体，渠道的主要任务是保证沟通双方信息传递所经的通路顺畅。没有渠道，信息则无法传递，沟通也就无法完成。沟通渠道有很多，可以是口头沟通如面谈、电话交谈等，也可以是书面沟通如电子邮件、公文告示等，还可以是借助不同媒介的如电视、广播、报纸、网络等。不同的渠道各有利弊，选取何种沟通渠道应根据沟通双方的个性、时间限制、设备条件以及场合、方便程度等来综合考虑，比如企业活动邀请重要客户，正式的请柬比电子邮件要合适得多。但是，即使是在通信技术高度发达的今天，在各种沟通渠道中，影响力最大的仍然是面对面的传统沟通方式，这就不难理解，为什么一到美国总统大选的时候，候选人总是要周游全国，亲自在公众面前演讲拉票。

5. 反馈

反馈是信息接收者对信息发送者的信息做出的反应，如甲给乙说了一个笑话，乙听了付诸一笑，这个笑就是乙的反馈，表示他接收并理解了对方的意思。反馈使得沟通成为一个双向交互的过程,可以检验信息沟通的效果。通过反馈可以判断信息接收者是否正确理解了信息的内容,从而及时调整发送者的信息发送,以便达到更好的沟通效果。

值得注意的是,反馈并非总是自觉发生的,也并非总是一次就能完成的。如果发送者没有要求反馈,或者接收者认为没有必要进行反馈,又或者接收者想当然认为对方已经得到反馈,这时反馈往往就不会发生。因此,为了确保沟通的成功,发送者应该要求接收者及时进行反馈。如果信息没有一次性传达成功,双方要进行第二次甚至更多次的信息传递和反馈过程,直到达成共识。

6. 噪声

噪声是沟通过程中的干扰因素,妨碍人们进行有效的沟通。噪声发生于信息发送者和接收者之间,存在于发送者、接收者、渠道等其他各个环节,主要分成三种形式:外部噪声、内部噪声和语义噪声。外部噪声来源于环境,它阻碍对信息的发送、收听和理解,例如嘈杂的环境和场所;内部噪声来源于发送者和接收者本身,例如注意力不集中、信念、偏见等都会导致内部噪声;语义噪声主要是指发送者的信息不充分,信息没有按照接收者易于理解的方式进行有效编码,接收者对某些词语情感上存在抵触等。

总之,噪声作为一种干扰源,无论产生于沟通过程中的哪一个环节,都会增加信息编码和解码中的不确定性,使得信息模糊、失真,导致沟通的失败。一般可以借助重复传递信息、增加信息的强度、改变编码方式等途径来克服。

7. 背景

沟通过程的最后一个要素是背景。背景是指沟通发生的情境。它影响沟通的每一个要素,同时也是影响整个沟通过程的关键因素。在沟通过程中,许多意义是由背景提供的,甚至词语的意义也会随背景而改变。同样一句:"你真够坏的!"如果是亲密的同事在谈成一个大订单时亲切交谈的背景,那么这句话并不是谴责的意思,而意味着欣赏、赞美。可以设想,如果将这句话用于其他情境,其意义会是什么,其所指的对象会做出怎样的反应。

需要注意的是,信息发送者与接收者的角色是不断转换的,前一个时间的信息接收者,则成了下一个时间的信息发送者。在企业经营管理中,每一个人都必须很好地了解如何有效地理解别人和被别人理解,了解沟通过程中信息的编码、解码和传递机制,只有这样,才能提高沟通的有效性和准确性。

13.2　沟通类型

沟通发展到今天,已被看作是组织协调及行为的一项重要功能,是组织实现目标的重要工具。然而在沟通的类型划分上,可谓仁者见仁,智者见智。依照不同的划分标准,可以把沟通分为不同的类型。

13.2.1 正式沟通与非正式沟通

按照沟通的渠道进行划分,可以将沟通分为正式沟通和非正式沟通。

1. 正式沟通

正式沟通(formal communication),一般指在组织系统内,依据组织明文规定的原则进行的信息传递与交流。例如组织与组织之间的公函来往、组织内部的文件传达、召开会议、上下级之间的定期信息交换等。正式沟通的优点是：沟通效果好，比较严肃，约束力强，易于保密，可以使信息沟通保持权威性。重要的信息和文件的传达、组织的决策等，一般都采取这种方式。其缺点在于，因为依靠组织系统层层传递，所以很刻板，沟通速度较慢，此外也存在着信息失真或扭曲的可能。

(1)正式沟通的流向

正式沟通按照信息的流向可以分为下行沟通、上行沟通和平行沟通。

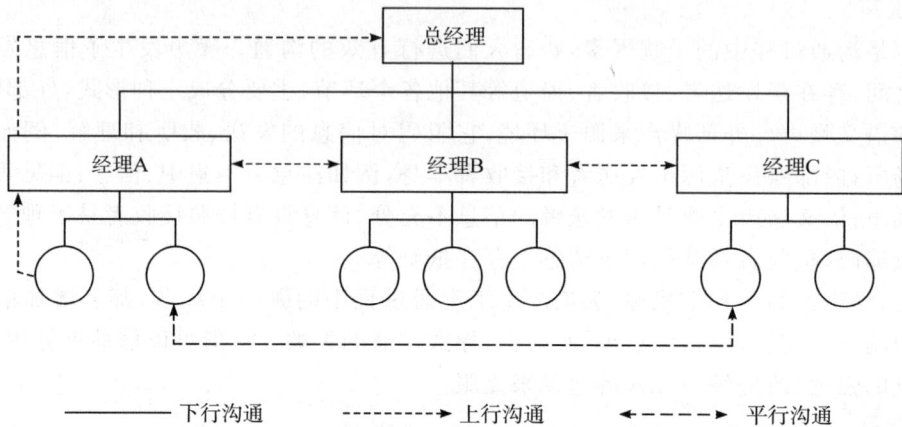

图 13-2　正式沟通的流向

①下行沟通

这是在传统组织内最主要的沟通流向。通常下行沟通的目的是为了控制、指示、激励和评估，其形式包括任务指派、下达指示、管理政策宣示等。一般以命令方式传达上级所决定的政策、计划、指令之类的信息，有时颁发某些资料供下级使用等。

缺陷：如果组织的结构包含多个层次，通过层层转达，其结果往往使信息发生歪曲，甚至遗失。尼柯斯曾经调查过 100 家工业企业的沟通效率，发生在逐级传递中的信息漏损如图 13-3 所示。同时这种沟通过程缓慢，耗费较多时间。如果组织内部缺乏民主管理的文化传统，这种沟通容易导致权力至上的氛围，影响士气，挫伤员工的积极性。为了使下行沟通可以有效地进行，必须要有一个完善的信息反馈系统，同时不拘泥于形式，将信息直接传递给急需的人员和部门。

②上行沟通

主要是下级的意见向上级反映，目的是要有一条让管理者听取员工意见、想法和建议的通路，通常存在于参与式和民主的组织环境之中。典型的形式包括下属依照规定向上级所提出的正式书面或口头报告、意见箱、建议制度、申诉制度、座谈会等。上行沟通在一定程度上达到管理控制的目的。

缺陷：上行沟通的信息经常受到沟通环节上各级主管人员的阻碍，使信息发生与事实不符或压缩的情形，"报喜不报忧"。当管理层次增加以后，基层的声音就很难传达到高层领导那里。此外，即使信息到了高层领导那里，也不一定能够受到充分的重视。要解决这些问题，管理层有责任营造一种畅所欲言的环境，打破上下级之间的等级壁垒，实现尽可能的平等交流。在沃尔玛，这一信条得到了完美的体现。沃尔玛公司一再强调倾听基层员工意见

最初的消息

董事会	100%
副总裁	63%
部门主管	56%
工厂经理	40%
一线工长	30%
职工	20%

最终的消息

图 13-3　组织的信息漏损

的重要性,在公司内,沃尔玛实行门户开放政策,即任何时间、地点,任何员工都有机会发言,都可以口头或书面形式与管理人员乃至总裁进行沟通,提出自己的建议和关心的事情,包括投诉受到不公平的待遇。公司保证提供机会讨论员工们的意见,对于可行的建议,公司会积极采纳并用来管理公司。

③横向沟通

主要是同层次、不同业务部门之间的沟通,企业运用横向沟通来弥补信息纵向流动的不足。美国加利福尼亚州立大学对企业内部沟通进行研究后得出"沟通的位差效应"。他们发现,来自领导层的信息只有 20%～25% 被下级知道并正确理解,而从下到上反馈的信息则不超过 10%,横向交流的效率则可达到 90% 以上。进一步的研究发现,横向交流的效率之所以如此之高,是因为横向交流是一种以平等为基础的交流。横向沟通可以使办事程序简化,节省时间,提高工作效率;可以使组织各部门间相互了解,有助于培养合作精神,克服本位主义倾向;还可以培养员工之间的友谊,满足员工的社会需要,改善工作态度。

缺陷:在正式沟通系统内,横向沟通的机会并不多,如委员会和举行会议等方式,往往所费时间人力甚多,而实际沟通效果却不大。因此,组织为顺利进行沟通,必须依赖非正式沟通以弥补正式沟通的不足。

(2)正式沟通的网络

不同的组织结构形成了多种多样的沟通网络模式,组织内正式沟通常见的网络类型主要有以下五种:链式(chain)、环式(circle)、Y 式(Y)、轮式(wheel)、全通道式(all channel)。

①链式

这是一个平行网络,其中居于两端的人只能与内侧的一个成员联系,居中的人则可分别与两人沟通信息。在组织系统中,它相当于一个纵向沟通网络,代表信息逐级自上而下或自下而上进行传递。在这个网络中,信息经过层层传递、筛选,容易失真,各个信息传递者所接收的信息差异很大,平均满意程度有较大差别。在管理中,如果某一组织系统过于庞大,需要实行分权授权管理,那么,链式沟通网络是一种行之有效的方法。

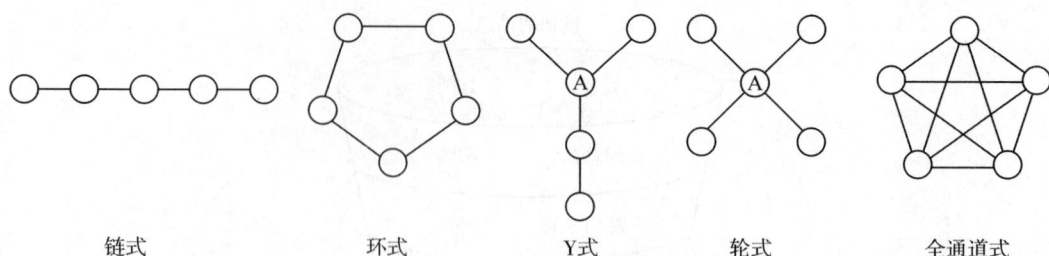

图 13-4　正式沟通的网络

②环式

此形态可以看成是链式形态的一个封闭式控制结构,表示 5 个人之间依次联络和沟通。其中,每个人都可同时与两侧的人沟通信息,但不允许其他交流,信息传递速度慢而且单调。在这个网络中,组织的集中化程度和管理者的预测程度都较低;畅通渠道不多、不分主次是这一模式的重要特征,因而组织成员具有比较一致的满意度,组织士气高昂。如果组织中需要创造出一种高昂的士气来实现组织目标,环式沟通是一种有效的措施。

③Y式

这是一个纵向沟通网络,可以看作是链式沟通的拓展,其中只有一个成员 A 位于沟通的中心,成为沟通的中介。如果上下级关系为正 Y 形,下级就要听从多头指挥,信息内容容易发生冲突,导致下级无所适从,进而影响组织效率。如果上下级关系是倒 Y 形,大体相当于组织领导、秘书班子再到下级主管人员或一般成员之间的纵向关系,越到下级信息传播面越大,是常见的沟通渠道模式。这种网络集中化程度高,解决问题速度快,组织中管理人员预测程度较高,但是该网络易导致信息曲解或失真,除中心人员 A 外,组织成员的平均满意程度较低。适用于主管人员的工作任务十分繁重,需要有人进行信息的筛选以节省时间,同时又要对组织实行有效控制的情况。

④轮式

这是一个控制型网络,其中只有一个成员 A 是各种信息的汇集点与传递中心。在组织中,相当于一个主管领导直接管理几个部门的权威控制系统。这种模式传递信息的速度快,信息不易被过滤,但 A 要接收和处理大量的信息。此模式集中化程度高,解决问题的速度快。主管 A 的预测程度很高,但是组织沟通的渠道很少,组织成员的满意度普遍偏低,士气低落。轮式网络是加强组织控制、争时间、抢速度的一个有效方法。如果组织接受紧急攻关任务,要求进行严密控制,则可采取这种网络。

⑤全通道式

这是一个开放式的网络系统,其中每个成员之间都有一定的联系,彼此了解。沟通主体地位平等,无明显的中心人物,信息传递速度快而且丰富,同时多向高频次的沟通能够激发创新思维。此网络中组织的集中化程度及管理者的预测程度均很低。由于沟通渠道很多,组织成员的平均满意程度高且差异小,所以士气高昂,合作气氛浓厚。这对于解决复杂问题,增强组织合作精神,提高士气均有很大作用。但是,由于这种网络沟通渠道太多,容易造成混乱、耗时,影响工作效率。在实际组织中,这种模式适用于群体决策、集思广益解决困难问题,加强协调合作,激发创造力的情况。

表 13-1　五种正式沟通网络优缺点比较

标准	沟通网络				
	链式	环式	Y 式	轮式	全通道式
速度	慢	慢	中	快	快
准确性	低	低	中	高	中
领导者的体现	中	无	中	高	无
成员士气	中	高	中	低	高

上述只是几种典型的沟通形式,实际上现实组织中的沟通模式要复杂得多,一般不会以某种模式单独存在,常常表现为一种模式为主、多种模式结合。各种沟通模式均有其优缺点,如果注重沟通速度的话,轮式和全通道式是最佳选择。如果对沟通的准确性要求高,则链式、Y 式和轮式比较适合。轮式结构容易产生集权,而环式和全通道式可以提高员工的满意度。可见,对于不同的任务、不同的要求,管理者应使用不同的沟通渠道网络,进行有效的人际沟通,逐步提高组织的管理工作水平。

2. 非正式沟通

美国通用(GE)公司执行总裁杰克·韦尔奇(Jack Welch)被誉为"20 世纪最伟大的经理人"之一。在他上任之初 GE 公司内部等级制度森严,结构臃肿,韦尔奇通过大刀阔斧的改革,在公司内部引入"非正式沟通"的管理理念。韦尔奇经常给员工留便条,亲自打电话通知员工有关事宜,在他看来沟通是随心所欲的。他努力使公司的所有员工都保持着一种近乎家庭式的亲友关系,使每个员工都有参与和发展的机会,从而增强管理者和员工之间的理解、相互尊重和感情交流。

非正式沟通是指以社会关系为基础,通过正式组织途径以外的信息交流和传达方式。非正式沟通不是以组织系统,而是以私人接触来进行沟通。这种沟通代表个人,途径非常多且无定式。最常见的非正式沟通渠道是传闻或小道消息。实际上,任何组织都存在着这种非正式沟通途径,它与正式沟通并存于组织中,却可以跨越层级,员工可以通过这种方法跟组织中的任何一个人进行沟通。

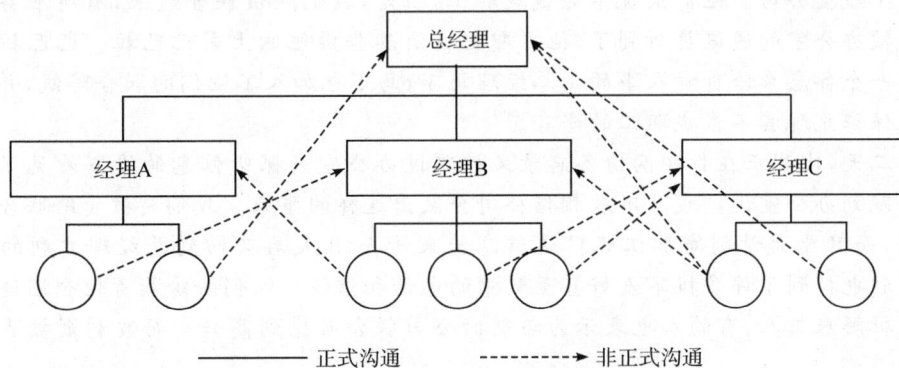

　　——　正式沟通　　------▶　非正式沟通

图 13-5　正式沟通与非正式沟通的关系

非正式沟通是非正式组织的副产品,它一方面满足了员工的需求,另一方面也弥补了正式沟通系统的不足。当正式沟通途径闭塞时，非正式沟通为组织决策提供了支持，是正式沟通的有机补充。在许多情况下，来自非正式沟通的信息反而获得接收者的重视。由于传递这种信息一般以口头方式，不留证据，不负责任，许多不愿通过正式沟通传递的信息，却可能在非正式沟通中迅速传播。

但是，过分依赖这种非正式沟通途径，也有很大危险，因为这种信息遭受歪曲或发生错误的可能性相当大，而且无从查证。尤其与员工个人关系较密切的问题，例如晋升、待遇、改组之类，常常发生所谓"谣言"。这种不实消息的散布，往往造成组织的困扰。对于这种沟通方式，管理者既不能完全依赖用以获得必需的信息，也不能完全加以忽视，而是应当密切注意错误或不实信息发生的原因，设法提供组织人员正确而清晰的事实，加以防止。

同正式沟通相比，非正式沟通的优点是：沟通形式灵活，直接明了，速度快，容易及时了解到正式沟通难以提供的信息，真实地反映员工的思想、态度和动机。非正式沟通能够发挥作用的基础是组织中良好的人际关系。其缺点在于：非正式沟通难以控制，传递的信息不确切，容易失真，并且可能导致小集团、小圈子的建立，影响员工关系的稳定和组织的凝聚力。

✳ 管理故事 13-3

小道消息

斯塔福德航空公司是美国北部一个发展迅速的航空公司。然而，最近在其总部发生了一系列的传闻：公司总经理波利想出卖自己的股票，但又想保住自己总经理的职务，这是公开的秘密了。他为公司制定了两个战略方案：一个是把航空公司的附属单位卖掉，另一个是利用现有的基础重新振兴发展。他自己曾对这两个方案的利弊进行了认真的分析，并委托副总经理本杰明提出一个参考的意见。本杰明曾为此起草了一份备忘录，随后叫秘书比利打印。比利打印完后去了咖啡厅，在喝咖啡时碰到了另一位副总经理肯尼特，并把这一秘密告诉了他。

比利对肯尼特悄悄地说："我得到了一个极为轰动的最新消息。他们正在准备成立另外一个航空公司。他们虽说不会裁减职工，但是，我们应该联合起来，有所准备啊！"这话又被办公室的通讯员听到了，他立即把这消息告诉他的上司巴巴拉。巴巴拉又为此写了一个备忘录给负责人事的副总经理马丁，马丁也加入了他们的联合阵线，并认为公司应保证兑现其不裁减职工的诺言。

第二天，比利正在打印两份备忘录又被路过办公室来探听信息的摩罗看见了。摩罗随即跑到办公室说："我真不敢相信公司会做出这样的事来。我们要被卖给联合航空公司了，而且要大量削减职工呢！"这信息传来传去，3天后又回到总经理波利的耳朵里。波利也接到了许多极不友好甚至敌意的电话和信件。人们纷纷指责他企图违背诺言而大批解雇工人，有的人也表示为与别的公司联合而感到高兴。而波利则被弄得迷惑不解。

资料来源：http://zhidao.baidu.com/link? url=-tAc-I9FFLj6L5ogn19KKv0XU3tCXA0XMzdv5QGtq-jlI3qfj XLZ4Bt9RuhYNf5cZAqlqr2o5BEwCxhiHpoCMq

（1）非正式沟通的网络

非正式沟通形式不拘,比较灵活随便,因而在美国这种途径被称为"葡萄藤"(grape-vine),用以形容非正式沟通枝繁叶茂,随处延伸。这种藤式网络把整个组织串联起来,超越了部门、单位以及层级,从最高层管理者到最基层员工无所不包。非正式沟通网络依照最常见至最少见的顺序分为以下四种:

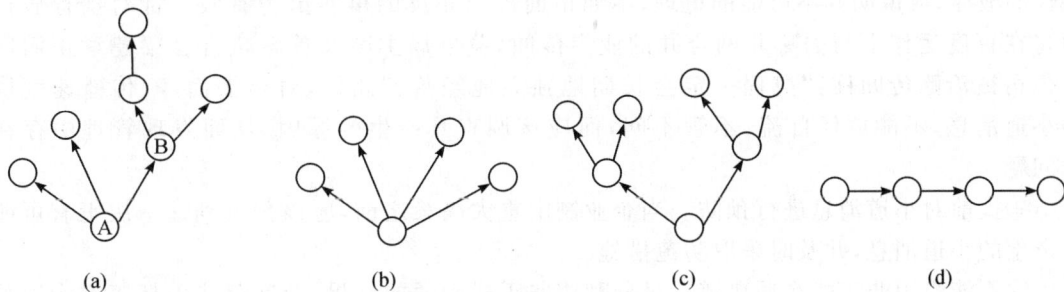

图 13-6　非正式沟通网络

①集群连锁

在沟通过程中,可能有几个中心人物,由他们转告若干人,而且有某种程度的弹性。如图 (a)中的 A 和 B 两人就是中心人物,代表两个集群的"转播站"。这种网络形式具有较高的传播效率,如小道消息的传播就是采用这种形式。

②密语连锁

由一人告知所有其他人,犹如其独家新闻。这种形式中所有的消息都是由一个人发送的,这个人不一定是该非正式沟通网络的领导,可能只是率先获得信息或喜欢传递各种消息,如在私人宴会的闲谈中透露消息的人。

③随机连锁

碰到什么人就转告什么人,并无一定中心人物或选择性,完全是随机的。

④单线连锁

在个人之间相互转告,由一人转告另一人,他也只继续转告一个人,这种情况最为少见,也最容易失真,但在传递不宜公开的信息和机密时最为适合,如传递商业机密时常采取这种形式。

（2）非正式沟通在管理上的意义和对策

在传统的管理及组织理论中,并不承认这种非正式沟通的存在;即使发现有这种现象,也认为要将其消除或减少到最低程度。但是,当代的管理学者知道,非正式沟通的存在是根深蒂固、无法消除的,且有着正式沟通难以达到的效果。如果能够对企业内部非正式的沟通渠道加以合理利用和引导,就可以帮助企业管理者获得许多无法从正式渠道取得的信息,在达成理解的同时解决潜在的问题,从而最大限度提升企业内部的凝聚力,发挥整体效应。对于非正式沟通管理者可以采取如下对策:

①保持正式沟通渠道的畅通。非正式沟通的产生和蔓延,主要是由于员工得不到他们所关心的消息。因此,管理者越是故作神秘,封锁消息,则背后流传的谣言越猖獗。正本清源,管理者应尽可能保证组织正式沟通系统的公开通畅,种种不实的谣言自然就会消失。

②了解组织非正式沟通网络的情况。管理者可以设法去发现在非正式沟通的网状模式

中,谁与谁相关联,谁是信息传播的关键人物,有必要时可以利用这些关键人物来传递和澄清某些事实。曾经美国西南部的一家公司在调查谁是公司最有影响力的人物时获得了一份耐人寻味的名单,它包括了一些工程师、中层管理者,还包括了收银员、司机、秘书,甚至还包括了一名清洁工。

③及时正确地处理非正式沟通中的信息。要想予以阻止已经产生的谣言,与其采取防卫性的驳斥,或说明其不可能的道理,不如正面提出相反的事实更为有效。针对携程旅行网将在百度运作下与去哪儿网合并的业界传闻,董事局主席及首席执行官梁建章正面回应公司被洽购传闻称:"携程一定会长期地独立地经营。"此外,对传播面广、传播速度快的小道消息,不能放任自流、不管不问,而应该调查其产生的原因,从而发现管理中存在的问题。

④提前对小道消息进行预防。当企业制定重大决策之前,应该预见到这一决策有可能会产生的小道消息,并及时采取防范措施。

⑤不能滥用非正式沟通渠道。过分利用非正式沟通的结果,会冷落或破坏正式沟通系统,甚至组织结构。而管理者设法自非正式沟通渠道中探听消息,也可能会造成组织背后的一套"谍报网"和众多"打小报告者",从而带来管理上的问题。

管理工具 13-1

走动管理

走动管理(management by wandering around,简称 MBWA)是指高阶主管利用时间经常抽空前往各个办公室走动,以获得更丰富、更直接的员工工作问题,并及时了解所属员工工作困境的一种策略。这是世界上流行的一种新型管理方式,强调高阶主管应及时搜集第一手的信息,了解员工的实际工作状况,并给予加油打气,以弥补正式沟通渠道的不足。

日本经济团体联合会名誉会长士光敏夫采用"身先士卒"的做法,一举成为日本享有盛名的企业家。在他接管日本东芝电器公司前,东芝已不再享有"电器业摇篮"的美称,生产每况愈下。士光敏夫上任后,每天巡视工厂,遍访了东芝设在日本的工厂和企业,与员工一起吃饭,闲话家常。清晨,他总比别人早到半个钟头,站在厂门口,向工人问好,率先示范。员工受此氛围的感染,促进了相互间的沟通,士气大振。不久,东芝的生产恢复正常,并有了很大发展。

资料来源:http://baike.baidu.com/view/1400441.htm? fr=aladdin

13.2.2 语言沟通与非语言沟通

在沟通过程中,根据沟通符号的种类分别有语言沟通和非语言沟通,语言沟通又包括口头语言沟通、书面语言沟通和电子媒介沟通。

1. 口头语言沟通

口头语言沟通是指借助于口头表达的方式进行的信息传递和交流,如会议、面谈、讨论、电话、演讲等。口头语言沟通的优点在于快速传递和快速反馈。在这种方式下,信息可以在最短时间内进行传递,并在最短时间内得到对方的答复。口头语言沟通是一种双向沟通,具有亲切感。但是,当信息经过多人传递时,口头语言沟通的主要缺点就会暴露出来。信息传递的人数越多,信息失真的可能性就越大。同时口头语言沟通不如书面语言沟通准备得充分,缺乏信息交流的记录,复核起来有一定困难。

2. 书面语言沟通

书面语言沟通是以文字为媒介的信息传递,主要包括文件、报告、信件、备忘录、布告栏等任何传递书面文字或符号的手段。

书面语言沟通具有全面直观、更具逻辑性、更清晰的优点,而且信息可以长期保存,随时核实,不容易出现信息失真的情况。一位法国管理者曾经说过除非被写下来,否则一切都是不真实的。同时,书面沟通的内容易于复制、传播,这对于大规模沟通来说,是一个十分重要的条件。当然,书面语言沟通也有缺陷,它耗费时间。同样是 1 小时的测验,通过口试传递的信息远比笔试多得多。事实上,花费 1 个小时写出来的东西只需 10～15 分钟就能说完。其次,书面语言沟通缺乏及时的反馈。口头语言沟通能使接收者对于自己听到的信息迅速做出回应,而书面语言沟通则不具备这种内在的反馈机制,其结果是无法保证发出的信息是否到达以及是否被正确地理解。

3. 电子媒介沟通

信息技术已经彻底改变了组织成员的沟通方式。例如,技术明显改进了管理者监控个人和团队绩效的能力,为员工提供了更多信息共享的机会,使得组织中的成员无论身处何地都能一天 24 小时充分沟通。今天,最常用的电子媒介沟通方式包括电子邮件、即时信息(IM)、传真机、内联网和外联网等。网络计算机系统对当前的管理沟通有着重大的影响。许多企业现在都通过开通官方网站、微博、微信、BBS 等方式与内外部环境保持积极的沟通。另外,诸如智能手机、笔记本电脑以及其他袖珍移动沟通设备为组织保持联络提供了一套全新的方法。利用无线通信技术,员工不必坐在电脑前就可以实现与组织其他成员的沟通。因此,电子媒介沟通的引进也同时改变了员工的工作形式和组织的结构,出现了SOHO一族和各类虚拟组织,使组织架构及工作形式更为灵活。

电子媒介沟通的优点在于传递速度快,信息容量大,实现了远程的即时沟通,方便跨国公司、集团公司的沟通运作,并大大降低了成本。但也正由于电子媒介沟通的方便快捷,很容易造成信息过量,处理电子邮件、传真、视频会议的需要形成了数据的高峰,可能会导致信息流失和沟通效率的降低。另外,心理学家研究表明,平时很少出现在办公室的经理可能在晋升上吃亏,沦为办公室政治的牺牲品,因为他们接触不到办公室里的小道消息而错过许多非正式的沟通机会。同时,使用电子媒介存在着很大的安全隐患。德国《明镜》周刊于 2014 年 3 月 22 日最先曝出美国国安局监视华为公司总部网络的消息。美国《纽约时报》随后跟进做出类似报道。两家媒体均称消息基于美国国安局承包商前雇员爱德华·斯诺登。报道说,美国国安局侵入华为深圳总部的电子邮件档案,获取公司高层之间的内部沟通信息,甚至窃取了华为各产品的保密源代码。华为副总裁及国际媒体事务负责人斯科特·赛克斯 23 日在一份分发给媒体的声明中说:"如果报道中的(监听)活动属实,华为谴责此类入侵和渗透公司内部网络及监听通信的行为。"赛克斯说,在数字时代,公司网络时常遭到不同来源地攻击和调查。"华为不认可这种威胁网络安全的行为。华为愿意与各方政府、行业股东和用户一道,以开放和透明的方式,共同面对有关网络安全的全球挑战。"

4. 非语言沟通

非语言沟通是指通过人的动作和行为等非语言符号系统来传递信息的沟通方式,包括身体动作、体态、表情、语气语调、空间距离等。美国传播学家艾伯特·梅瑞宾的研究表明,人与人之间的沟通高达 93% 是通过非语言沟通进行的,只有 7% 是通过语言沟通的。而在非语言沟通中,有 55% 是通过面部表情、形体姿态和手势等肢体语言进行的,只有 38% 是通过音调的高低进行的。因此,艾伯特·梅瑞宾提出了一个著名沟通公式:沟通的总效果＝7% 的语言＋38% 的音调＋55% 的肢体语言。可见,语言并非人际沟通的唯一方式,非语言信号同样能够透露沟通者的思想和感受,非语言沟通提供的信息量往往超过语言沟通,是不容忽视的沟通方式。它不但可以加强、扩大语言手段的效果,如赞许、点头、微笑,还可以弱化、抵消语言手段的效果,如眼神闪烁、言不由衷,所以"察言观色"是管理者一项重要的沟通技能。

✳ **管理故事** 13-4

身体语言的秘密

身体语言(body language)包括眼神、走路姿势、站立的姿势以及手势等。身体语言十分丰富,可以表达各种思想感情,并且不同的文化代表不同的意思。下面是一些常见的手势语在不同文化中的含义:

1. 翘大拇指(thumb)。在中国,翘大拇指表示"好",用来称赞对方干得不错、了不起、高明,这个意思在世界上许多国家都是一样的。英美人伸大拇指,向上翘,意为"It's good."或"It's OK."。伸大拇指,向下翘,意为"It's bad."或"I don't agree it."。但是在一些国家还有另外的意思。比如,在日本,它还表示"男人"、"你的父亲"、"最高";在韩国,还表示"首领"、"自己的父亲"、"部长"和"队长";在澳大利亚、美国、墨西哥、荷兰等国,则表示"祈祷命运";到了法国、印度,在拦路搭车时可以使用这一手势;在尼日利亚,它又表示对远方亲人的问候。此外,一些国家还用这一手势指责对方"胡扯"。

2. 将拇指和食指(forefinger)弯曲合成圆圈,手心向前。这个手势在美国表示"OK",在日本表示钱,在拉丁美洲则表示下流低级的动作。

3. 用食指点别人。这在欧美国家是很不礼貌的责骂人的动作。英美人把大拇指和食指组成圆,其余三指伸直,意为"Excellent"。

4. 伸出食指。在美国表示让对方稍等;在法国表示请求对方回答问题;在缅甸表示请求、拜托;在新加坡表示最重要的;在澳大利亚则表示"请再来一杯啤酒"。

5. 伸出食指和中指(middle finger)做 V 字状。"V"是英文 victory 和法文 victory(胜利)的第一个字母,故在英国、法国、捷克等国此手势含有"胜利"之意。但在塞尔维亚语中这一手势代表"英雄气概",在荷兰语中则代表"自由"。

7. 将手掌(palm)向上伸开,不停地伸出手指(finger)。这个动作在英美国家是用来招呼人的,意即"Come here"。

8. 伸出中指:这个手势在法国、新加坡表示"被激怒"和"极度不愉快";在墨西哥表示"不满";在澳大利亚、突尼斯表示"侮辱";在法国还表示"下流行为"。

9. 伸出小指(little finger)。在日本表示女人、女孩子、恋人;在韩国表示妻子、妾、女朋友;在菲律宾表示小个子、年轻或表示对方是小人物;在泰国、沙特阿拉伯表示朋友;在缅甸、印度表示要去厕所;在英国表示懦弱的男人;在美国、韩国、尼日利亚还可以表示打赌。

非语言沟通的优点:适当的非语言沟通能够强化语言沟通的效果,并且更加生动和直接,如一个眼神、一个简单的身体姿势、一个特别的站位等,都代表了沟通的含义。看到学生们无精打采或低头看手机时,无须言语,教师就知道学生们已经厌倦了;同样,当书本开始合上,教室里嗡嗡作响时,学生们传达的信息已经十分明确——该下课了。

非语言沟通的缺点:单独使用非语言沟通形式容易导致错误或模糊的信息传递,比如上班时遇到一言不发、一脸不快的老板,员工可能会以为自己哪里做错了而惴惴不安,实际上这位老板有可能只是牙疼病又犯了。不恰当的非语言沟通形式还可能起到削弱沟通效果的作用,比如老板一边声称很认真地在听取员工的汇报,一边却无意识地打了个呵欠,并看了下手表,员工可以得出的结论是老板对他的报告并不感兴趣。最后,非语言沟通的应用范围比较窄,往往只是在面对面的沟通中使用。

表 13-2　各种沟通方式优缺点比较

沟通方式	举例	优点	缺点
口头	面谈、讲座、会议、电话	快速传递、快速反馈,信息容量大	容易失真,核实困难
书面	报告、备忘录、信件、内部期刊等	持久、有形,可以核实	效率低,缺乏反馈
电子媒介	传真、网络、电子邮件、微信、微博	快速传递,信息容量大,远程沟通,成本低	信息过量,安全隐患
非语言	动作、体态、表情、语气语调、空间距离	信息意义十分明确,内涵丰富、灵活	传递距离有限,界限模糊,只可意会不可言传

13.2.3 单向沟通与双向沟通

按照沟通的互动性划分,可分为单向沟通和双向沟通。

1. 单向沟通

单向沟通是指在沟通过程中,发送者和接收者这两者之间的地位不变,一方只发送信息,另一方只接收信息,如演讲、报告、下指令等,信息呈单向流动,双方无论语言或情感上都没有反馈。单向沟通的速度快,信息发送者的压力小,能够保持发出信息的权威性,适用于任务急、工作简单、无须反馈的情形。但是接收者没有参与感,容易产生挫折、埋怨和抗拒,不利于双方的情感交流。且由于缺乏反馈,信息接受率较低,难以把握沟通的实际效果。

2. 双向沟通

双向沟通是指在沟通过程中,发送者和接收者两者之间的位置不断交换,且发送者是以协商和讨论的态度面对接收者,信息发出以后还需及时听取反馈意见,必要时双方可进行多次重复商谈,直到双方共同明确和满意为止,如交谈、协商、谈判等。双向沟通的特点是气氛活跃,有反馈,准确性高,接收者有参与感,人际关系较好。但是发送者随时可能受到接收者的反驳与挑剔,因此发送者的心理压力较大,同时信息传递速度相对较慢,易受干扰且缺乏条理。

表 13-3　单向沟通与双向沟通的比较

项目	比较
时间	双向沟通比单向沟通需要更多的时间
信息和理解的准确程度	双向沟通比单向沟通更准确
接受者和发送者置信程度	在双向沟通中,接收者和发送者都比较相信自己对信息的理解
噪音	由于与问题无关的信息较易进入沟通过程,双向沟通的噪音比单向沟通要大得多

严格意义上来说,单向沟通并不是真正的沟通,仅仅是一方把信息传递给另一方,至于对方是否收到、是否理解完全不予理会;双向沟通才是真正的沟通,双方通过一系列反馈达成共识。但也不能因此否定单向沟通,一般来说,例行公事、有章可循、无可争论的情况下可以采用单向沟通;处理新问题、上层组织的决策会议等,双向沟通的效果比较好。组织如果只重视工作的快速与成员的秩序,宜采用单向沟通;如果要求工作的正确性高,重视成员的人际关系,则宜用双向沟通。从管理者个人来讲,如果经验不足,无法当机立断,或者不愿下属指责自己无能,想要树立权威,那么单向沟通比较有利。

13.3　沟通管理

沟通是一项表面简单而实际非常困难和复杂的活动,之所以如此,主要源于沟通的实质内涵——沟通的有效性。现代企业管理者都把有效沟通看作是事业成功的关键,这一方面说明了在管理中有效沟通至关重要,另一方面更说明了有效沟通并非易事,需要沟通各方付出许多的心血和努力。

13.3.1 有效沟通的障碍

沟通是一个双向互动的过程,存在着各种各样的障碍,无论是信息发送者和接收者的主观原因,还是外部环境的客观因素,都可能造成信息的丢失或曲解,影响沟通效能的发挥。

1. 技术性沟通障碍

技术性沟通障碍指的是信息编码、沟通环境中存在的障碍,主要包括语义分歧、媒介障碍和信息过载。

(1)语义分歧

语义分歧指的是因对语义的不同理解引起的障碍。它是由我们沟通所使用的符号自身的局限性而产生的。信息沟通的符号多种多样,如语言、文字(包括图像)、肢体语言等,这些符号通常有多种含义。出于年龄、教育和文化背景差异等因素的影响,同样的符号对于不同的人来说含义是不一样的。比如,一个拥有博士文凭的工程师和一个初中毕业的操作工人之间,后者将很难理解前者的一些用语。再如,管理层对"利润"、"投资回报率"等词汇的意义是非常清楚的,但对于一线员工来说却并不见得。此外,信息中的词语有时会无意中激发各种各样的感情,这些感情可能又会更进一步歪曲信息的含义。有一个笑话:主人请客吃饭,眼看约定的时间已过,只来了几个人,不禁焦急地说:"该来的还不来。"已到的几位客人听后扭头走了两位。主人意识到他们误解了自己的话,难过地说:"不该走的又走了。"结果,剩下的客人都离他而去。

⁂ **管理故事** 13-5

秀才买柴

有一个秀才去买柴,他对卖柴的人说:"荷薪者过来!"卖木柴的人听不懂"荷薪者"(担柴的人)三个字,但是听得懂"过来"两个字,于是把柴担到秀才面前。秀才问他:"其价如何?"卖柴的人听不太懂这句话,但是听得懂"价"这个字,于是就告诉秀才价钱。秀才接着说:"外实而内虚,烟多而焰少,请损之。"(你的木柴外表是干的,里头却是湿的,燃烧起来,会浓烟多而火焰小,请减些价钱吧。)卖柴的人因为听不懂秀才的话,于是担着柴走了。

资料来源:http://baike.baidu.com/view/584233.htm? fr=aladdin

（2）媒介障碍

媒介障碍指的是由沟通渠道的效率引起的障碍。首先,种种干扰常使沟通过程的信息传递渠道受阻或不通畅,从而影响沟通的效果。比如会议过程中的电话铃声、不速之客、环境噪声等,都会影响双方的信息传递。其次,选择的沟通渠道所能容纳的信息太少,接收者得不到解码所需的丰富信息,无法达成沟通的效果,例如电子邮件不足以说明企业的整个员工福利体系。第三,管理者与员工之间、员工与员工之间,客观上均存在着空间距离。正是由于空间距离的阻隔,双方无法进行面对面的交流和沟通,从而使得人们在选用沟通媒介时受到限制。比如,电话沟通虽然便捷,但无法看到双方的面部表情、手势动作和体态姿势,难以达到使对方心领神会之效。

（3）信息过载

信息过载指的是信息量超过了个人或系统所能接受、处理或有效利用的范围,从而产生的沟通障碍。信息过载是信息时代信息过于丰富的负面影响之一。有关报道称,到 2016 年互联网上每年所传的视频,一个人需要 600 万年才能看完。同样,在企业中,员工每天都必须收发大量的邮件,对信息反应的速度远远低于信息传播的速度;管理者面临的信息量更为巨大,邮件、电话、传真、会议等形成了数据的高峰,要全部处理和消化几乎不可能,只能挑选、忽略、延迟或遗忘某些信息,这将严重干扰决策的有效性,导致信息流失和沟通效率的降低。

2. 心理性沟通障碍

心理性沟通障碍是指由于人的情感、价值观或者习惯而产生的沟通障碍,主要包括选择性感知、情绪影响、过去经验和地位差异。

（1）选择性感知

人们对于信息的理解接收和发送都是知觉的一种形式,由于种种原因,人们总是习惯接收部分信息,而摒弃另一部分信息,即选择性感知。影响选择性感知的客观因素如组成信息的各个部分的强度不同,对接收人的价值大小不同等,都会致使一部分信息容易引人注意而为人接受,另一部分则被忽视。如很多员工只关心与他们的物质利益有关的信息,而不关心组织目标、管理决策等方面的信息。影响选择性感知的主观因素与个人心理品质有关,在接受或转述一个信息时,符合自己需要的与自己有切身利益关系的,很容易听进去,而对自己不利的,有可能损害自身利益的,则不容易听进去,凡此种种,都会造成信息扭曲,影响沟通。

（2）情绪影响

由于身体状况、家庭问题、人际关系等因素,信息发送者或接收者的情绪波动很可能会阻碍有效沟通。比如,同样是和员工沟通绩效问题,一种情景是该员工刚与妻子吵完架,另一种情景是该员工刚刚获得公司的嘉奖,哪种情况下沟通效果会比较好呢? 自然是第二种。情绪的体验对沟通内容的理解、表达、详细程度存在很大的影响。当员工心情烦躁、不平静时,往往简单回答敷衍了事,甚至不能理解他人的表达内容。情绪的体验还会影响沟通方式,当情绪体验为低落、抑郁时人们多选择动作与表情来代替语言沟通。情绪体验对沟通对象的选择也存在影响,当情绪体验为愉快、喜悦时,沟通对象选择性广,平时不喜欢接触的人都可以成为沟通对象。

（3）过去经验

沟通过程中,人们会根据自己过去正面或负面的经验对事物做出不正确的假设,或是将自己的个人信念、价值观等作为判断的标准,这种经验和判断标准产生于过去的特定情境中,当情境改变后,如果仍然按照过去的办法去处理事情,往往就会导致偏差。例如,以前曾对女性员工有过负面评价的管理者会把这种经验扩大到其他女性员工身上,这名管理者在日后聘用过程中也许会降低女性员工的比例。

（4）地位差异

有效沟通取决于上级与下级、管理者与员工之间的全面有效的合作。但在很多情况下,这些合作往往会因下属的恐惧心理以及沟通双方的地位差异而形成障碍。一方面,如果管理者过分威严,给人造成难以接近的印象,或者管理人员缺乏必要的同情心,不愿体恤下情,都容易造成下级人员的恐惧心理,影响信息沟通的正常进行。另一方面,不良的心理素质也是造成沟通障碍的因素。比如员工在电梯口遇见领导,打完招呼后想说些什么却又不知从何说起,这时往往就会出现一段尴尬的沉默。研究表明,地位的高低对沟通的方向和频率有很大的影响。地位悬殊越大,信息越倾向于从地位高的流向地位低的。

3. 管理性沟通障碍

管理性沟通障碍是指组织的内部结构以及组织长期形成的传统及气氛,对内部的沟通效果产生的不良影响,主要包括来源信度、组织氛围和信息过滤。

（1）来源信度

信息来源的可信度不同会造成沟通的障碍,不同的信息发送者可能会有不同的效果。一项研究表明,日本的总经理要比美国同行们多享受 75 分钟的睡眠。专家指出,这一差别主要归功于日本人在经商、解决问题时所衍生出的一种强烈的互信感。如果上级朝令夕改、言行不一,缺乏公信力,那么下属会对其发布的信息持怀疑态度,并且在情感上加以拒绝,双方无法互相信任,不仅浪费时间,还会影响沟通的效果。"狼来了"的故事,就是个典型代表。

（2）组织氛围

组织氛围体现了一个企业的沟通观念、领导方式、沟通体制等,影响着沟通的效果。造成组织沟通障碍的氛围主要表现在:①不同意见就是负面的,对下属提出的不同意见,上级总是抱着负面的看法,所以下属不敢提负面的意见,因为组织的氛围不允许,认为负面就是不好;②害怕冲突,员工在沟通过程中时常担心,要说的话会不会与所提到的部门产生冲突,以后在与这些部门的工作配合上是否会有困难等。如果答案是肯定的,那么员工就会将沟通内容进行必要处理。可见,一个良好的组织氛围营造开诚布公的沟通环境,激发员工畅所欲言;相反,沉闷的组织氛围不仅会让员工觉得非常压抑,而且不利于员工能动性的发挥。

（3）信息过滤

信息过滤是指有意操纵信息以利于自己的利益或无意中对信息的加工和改编。过滤可能存在组织的各个层次和各种沟通过程中,如下级会因为担心受到批评而只告诉上级想听到的信息,上级会因为担心造成恐慌而不愿向下级发布不利好的消息等。过滤的程度主要取决于组织架构的层次和组织文化两个因素。组织纵向层次越多,沟通的等级链条越长,则信息过滤的机会就越多,信息从最高决策层传递到下属单位不仅容易产生信息的失真,而且还会浪费大量时间,影响信息的及时性。有时,横向部门间的竞争也会导致信息过滤从而出现信息不对称。组织文化则通过奖励系统鼓励或抑制此类过滤行为。

13.3.2 克服沟通的障碍

对有效沟通障碍因素进行分析,目的就在于可以采取适当的沟通技巧解决这些障碍,从而提高沟通的效率。

1. 运用反馈

有效沟通是一种动态的双向行为,而双向的沟通应得到充分的反馈,只有沟通的主客体双方都充分表达了对某一问题的看法,才具备有效沟通的意义。

反馈可以是语言的,也可以是非语言的。管理者为了核实信息是否得到接收和理解,可以询问一系列有关该信息的问题,或是让接收者复述该信息,如果复述的信息正如他的本意,则理解与准确性就有了保证。当然,反馈并不一定都是以语言的方式来表达,有时行动比语言更为明确。比如销售总监要求销售经理每周一上交销售周报,当有人未能按时提交时,销售总监自然得到了反馈。

此外,反馈还可以分为正面的反馈和建设性的反馈。正面的反馈就是对对方做得好的事情予以表扬,希望好的行为再次出现。建设性的反馈就是针对对方做得不足的地方提出改进的意见。需要引起注意的是,指出对方做得正确或者错误的地方仅仅是一种主观认识,反馈是管理者为了使员工做得更好而提出的表扬或者建议。因此,建设性反馈是一种建议,而不是批评。

2. 简化语言

由于语义分歧和信息过载等沟通障碍的存在,人们在沟通过程中应该根据接收者的具体情况选择措辞,并注意表达的逻辑顺序,使发送的信息清楚明确,更易于接收者理解。例如,证券公司管理者在对内沟通时可以多使用简洁的金融术语,"最近这个股票正好除权,可以购买",所有人都理解其含义,沟通十分便利;对外沟通时所用的语言又要有所不同,"最近这个股票的股息刚刚分配过,这时股票通常比较便宜,逢低买进将来涨价空间比较大。"在本群体外使用术语会带来诸多问题,因此在沟通时要尽量通过比喻、联想等方式将专有名词直白化,采用让对方听得懂的方式进行信息编码,以使信息清楚明确。

管理工具 13-2

FAB 原则

在表达观点的时候,有一个非常重要的原则,就是 FAB 原则。F 就是 feature,即属性;A 就是 advantage,即优势;B 就是 benefit,即利益。

在阐述观点的时候,按照这样的顺序来说,对方更容易懂,容易接受。

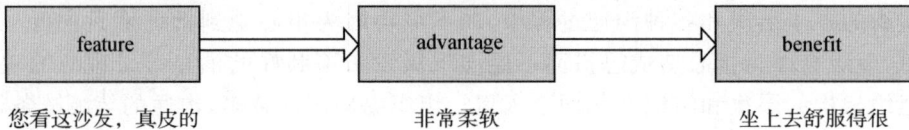

feature	advantage	benefit
您看这沙发,真皮的	非常柔软	坐上去舒服得很

资料来源:http://baike.baidu.com/view/1791788.htm? fr=aladdin

3. 积极倾听

信息经常会被错误地解码,而沟通双方却都对错误一无所知,这就是为什么倾听如此重要。按照影响倾听效率的行为特征,倾听可以分为五种层次,从层次一到层次五代表着沟通能力、沟通效率不断提高的过程。

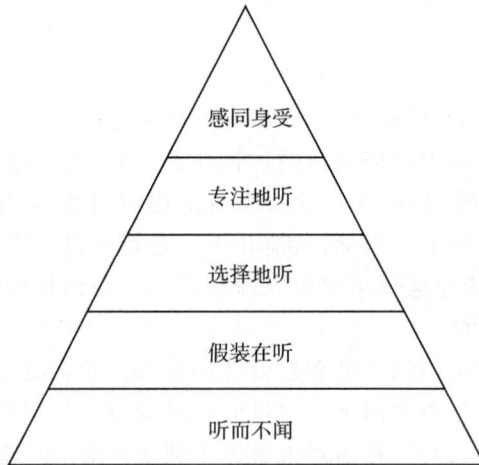

图 13-7　倾听的五种层次

听而不闻:对对方表达的信息置之不理,心里想着无关紧要的事情或者一味地想要辩驳,这种层次上的倾听往往导致人际关系的破裂。

假装在听:倾听者假装对别人的话题感兴趣,常通过点头或者微笑让发言者误以为所说的话完全被听懂了,但真正的注意力并没有放在发言者身上,常常错过重要的语句和表情,导致错误的理解。

选择地听：只听符合自己期望或想听到的内容，与自己意思相左的一概自动消音过滤掉，这种倾听的效果也不好。

专注地听：倾听者积极主动地听对方所说的话，对发言者所传递的信息内容进行准确解码和客观评价，并做出积极反应，如点头、微笑、身体前倾等，这种倾听能够激发对方的注意，但是很难引起对方的共鸣。

感同身受：这种倾听要求人们站在对方的立场上去思考问题并解决问题，也就是我们说的"换位思考"。它需要听者付出努力，全神贯注于对方的陈述并做出恰当的回应。

事实上，大概 60％的人只能做到第一种层次的倾听，30％的人能够做到第二层次，15％的人能够做到第三层次，而达到第四种层次水平以上的倾听者大概只剩下 5％。每个人都应该重视倾听，学习倾听技巧，提高积极倾听的效果。作为优秀的倾听者要注意四项基本要求：专注，移情，接受，对完整性负责的意愿。

专注：心理学家研究表明，人们说话的速度是 120～180 字每分钟，听的速度是 600～800 字每分钟，也就是说人们思维处理信息的速度是说话速度的 4～5 倍，这使得倾听时大脑有相当多的时间闲置未用，这时注意力就容易涣散。所以积极倾听不仅要全神贯注于信息发送者正在讲述的内容，而且要排除各种分散注意力的念头，了解每一条信息的来龙去脉，融入对方刚刚讲述的内容中去。

移情：鉴于不同的发送者在态度、兴趣、需求和期望方面各有不同，移情要求将自己置身于发送者的位置，站在对方的角度来看问题，努力去理解发送者所要表达的含义而不是自己想理解的意思，因此移情能使接收者更易于准确理解某一信息的真正内涵。

接受：积极倾听表现为接受，即并不急于对信息做出自己的判断，而是先认真聆听他人所说的话。这样接收者不至于过早判断或解释，而使听到的信息失真，从而提高了自己获得所沟通信息完整意义的能力。

对完整性负责：听者要千方百计地从沟通中获得说话者所要表达的信息。为了达成这一目标，人们可以在倾听内容的同时倾听情感以及善于提问来确保理解的准确性。

✳ **管理故事** 13-6

学会倾听

美国知名主持人林克莱特一天访问一名小朋友，问他说："你长大后想要当什么呀？"小朋友天真的回答："嗯——我要当飞机的驾驶员！"林克莱特接着问："如果有一天，你的飞机飞到太平洋上空所有引擎都熄灭了，你会怎么办？"小朋友想了想："我会告诉坐在飞机上的人绑好安全带，然后我挂上降落伞跳下去。"当时在场的人都笑得东倒西歪时，林克莱特注视着孩子，想看他是不是自作聪明的家伙，没想到接着孩子的两行热泪夺眶而出，这才使林克莱特发觉这孩子的悲悯之心远非笔墨所能形容。于是林克莱特问他说："为什么要这么做？"孩子的答案透露出一个孩子真挚的想法："我要去拿燃料，我还要回来。"

资料来源：http://www.docin.com/p-362872527.html

4. 控制情绪

人是情感的动物,天生受情绪的支配,很多时候都难免会有不理智的时候。带着不良情绪进行沟通时,很可能会对接收的信息产生错误的理解,或是发布不够清晰准确的信息。此时,最简单的办法是暂停进一步的沟通直至恢复平静。

5. 管理信息流

管理信息流是指沟通双方采取措施尽可能避免信息过载的现象。对于发送者而言,不要一次性发送过多的信息。对于接收者而言,必须将收到过量信息的情况及时予以反馈。事实上,管理者每天接触的信息量太大了,不得不靠助手来为其进行信息过滤。李嘉诚先生始终保持着阅读报纸的习惯,助理们会准备当天全球媒体的标题摘要,李嘉诚先生从中选出感兴趣的,再由人立即翻译成中文进行后续阅读。

6. 合理运用沟通渠道

自由开放的多种沟通渠道是使有效沟通得以顺利进行的一大保证。信息除了通过面对面的方式进行直接传递外,还可以借助各种媒介进行传递,如书面、电话、电视、网络等。不同的渠道各有利弊,管理者需要根据沟通的情境选择合适的沟通渠道,保证信息的畅通无阻和完整性。如图 13-8。

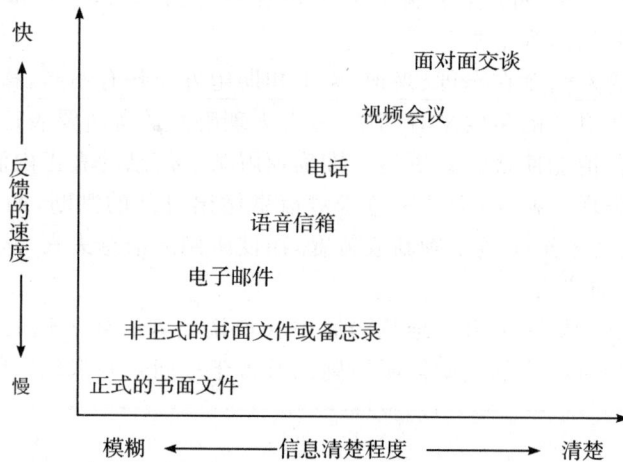

图 13-8 几种沟通渠道的比较

7. 创建良好的沟通环境

从管理的角度考虑,沟通是一个长期积累和长期不懈努力的过程,因此,沟通不仅仅是管理中的技巧和方法,更是一种组织制度。纵观国内外管理成功的企业,无不通过制度性措施营造坦诚沟通的组织氛围。如经常性的员工会议,与会者可以不拘形式自由提问,而管理者则积极倾听并迅速予以反馈。此外,国内外众多高层管理者都养成了与员工一起就餐的习惯,以非正式的聊天方式无拘无束谈天说地,目的在于营造一种坦率、自由的沟通氛围,缩小管理者和被管理者之间的距离。

13.4　组织的冲突管理

通过上述学习我们了解到沟通过程中总会存在障碍,组织与内外部环境之间不可避免地会产生摩擦,摩擦程度越大,组织的协调成本就越高,这也就是冲突的由来。冲突是指人们由于某种抵触或对立状况而感知到的不一致的差异。冲突是客观存在,不可避免的。只要有一方感觉到差异的存在,就会产生冲突;产生冲突后,一方会努力去抵消另一方的行为,因为这种行为将妨碍他实现目标或利益受损。

13.4.1 冲突观念的变迁

人们对冲突的看法随着社会的发展和认识的提高有一个变迁的过程,存在着三种主要观点:

第一,传统观点(20 世纪 30 年代至 40 年代)。这是冲突的早期观点,认为所有的冲突都是不良的、消极的,它常常作为暴乱、破坏、非理性的同义词,是有害无益的,必须避免冲突。比如霍桑实验得出的结论就把冲突单纯地看成是由于沟通不良、人际间缺乏坦诚和信任、管理者对员工的需求和抱负不敏感所带来的破坏性后果。

第二,人际关系观点(20 世纪 40 年代至 70 年代中叶)。这种观点认为冲突是任何群体和组织与生俱来、不可避免的结果,但它并不一定是坏的,存在着对群体工作绩效产生积极影响的潜在可能性。这种观点建议组织要接纳冲突,使它的存在合理化,适当地控制和利用冲突。

第三,相互作用观点(20 世纪 70 年代以后)。这种观点代表当代思想,认为冲突不仅可以成为群体内的积极动力,某些冲突对于群体的有效工作是必不可少的,融洽、和平、安宁、合作的组织容易对变革的需要表现出冷漠、静止和迟钝。这一理论的主要贡献在于鼓励冲突,即鼓励管理者维持一种冲突的最低水平,从而使群体保持旺盛的生命力,善于自我批评和不断创新。

从相互作用观念可以看出,简单认为冲突好或坏是不恰当也不成熟的。在组织中,冲突具有二重性,即具有建设性和破坏性两个特征。建设性冲突多是由于冲突各方目标和根本利益差别不大,但手段、方式等不同而引起的功能正常的冲突,例如决策层在资源分配问题上产生分歧,各方通过更系统的分析来论证己方观点,不仅不会危害反而会促进组织的根本利益和长远目标。破坏性冲突多是由于组织资源和利益分配方面的矛盾而引起的功能失调性冲突,员工发生相互抵触、争执甚至攻击等行为,从而导致组织效率下降,阻碍甚至破坏组织的生存与发展。对于管理者来说,冲突是管理的对象而不是消灭的对象。为了更好地管理冲突,管理者必须了解冲突的来源、冲突类型以及熟悉冲突管理的基本策略及方法。

13.4.2 冲突的来源

组织冲突无处不在,人际处理会产生冲突,资源分配会产生冲突,信息不畅会产生冲突,时间分配会产生冲突,管理决策会产生冲突,价值观不同也会产生冲突……大体上,冲突的来源可以概括为三类:沟通、结构和个人因素。

1. 沟通差异

由于人们在年龄、教育、文化背景、情绪、性别等方面的差异造成沟通中的语义分歧,地位差异导致的沟通不畅,根据以往经验对信息进行自我甄别、层层过滤造成的信息失真,以及信息过载、沟通媒介上的噪音干扰等,都会导致冲突。研究表明,过多或过少的沟通都会增加冲突的可能性。因此,沟通应该维持在一个充分合理的水平。

2. 结构差异

由于组织结构本身设计不良,造成整合上的困难,最后导致冲突。比如多头领导时冲突就在所难免。又或者某项任务的完成高度依赖于其他部门,双方配合不到位时就会产生严重的冲突。不同的绩效考核系统也会导致部门之间产生冲突。研究表明,组织规模越大、任务越专业化、领导风格专制、员工高度参与等情况下会加大冲突的可能性。

3. 个人差异

最重要的个人差异来自于价值系统与人格特征的不同。组织成员有不同的信仰,遵循着不同的价值观念,对于许多重要的问题,如加班、合作、升迁、服从、竞争等方面的看法也不同,由此导致的冲突更难以解决。加之独特的个性特点,其结果是有的人可能令人感到尖刻、难以接近或不可信任,这些人格上的差异也会导致冲突。

13.4.3 冲突的类型

组织中的冲突可以分为三大类:个人层次、群体层次和组织层次。各冲突层次间,自下而上的冲突层次关系是一种基础关系、支撑关系;自上而下的冲突层次关系是一种包容关系、制约关系。组织中不同层次的冲突具有相互作用、相互关联的内在互动关系。

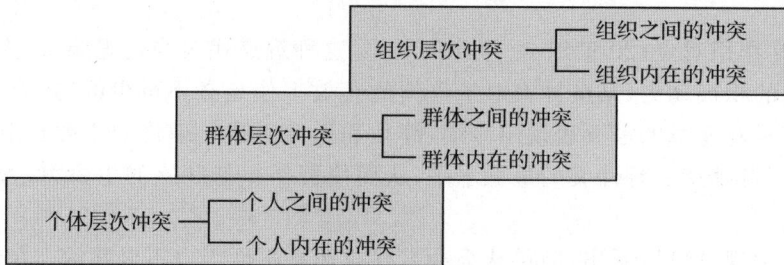

图 13-9　冲突的类型

1. 个体层次的冲突

由于组织成员的社会背景、教育程度、性格、态度等方面的差异,个体层次的冲突在任何组织内部都是不可避免的,是组织层次冲突和群体层次冲突的基础。

(1)个人内心冲突

这种冲突常常涉及个人某种形式的目标、价值、判断、认知或情感等。当个人因为不确定性难以做出决定,或个人行为将导致相互排斥的结果时,就会导致个人内心的紧张冲突。比如员工在选择工作岗位时,一个岗位工资高,但工作性质没有发展前途;另一个岗位工资不太高,却有着很大的晋升空间。面临这种情况时,不论选择哪个岗位,都有利有弊,让人费心烦躁,于是就出现了个人内心的冲突。

（2）个人角色冲突

个人在社会组织中的角色通常指个人在组织中所处的位置，必须执行的一系列相关活动，以及被要求承担的职责和呈现出的形象等。当一个人被要求扮演两种或两种以上的相互矛盾或不一致的角色时，就会发生个人的角色冲突。比如，组织中的基层管理者经常由于上级领导的角色要求与下级对自己的角色期望不一致而陷于角色冲突之中。个人角色冲突与个人所面临的压力、个人对工作的不满意程度、个人缺乏组织的认同感、失去对工作的信心等存在较紧密的联系。

（3）人际间冲突

人际间冲突常见于人与人之间在认知、态度、价值观、行为或追求目标上的矛盾和分歧，是一种普遍存在的冲突类型，也是其他各种冲突的基础和诱因。组织内形形色色的矛盾和问题常常直接或间接地表现为各种各样的人际间冲突。例如，为了增加单店的销售收入，星巴克的 CEO 吉姆·唐纳德决定在店内向顾客提供早餐三明治，然而公司创始人舒尔茨却认为加热三明治时奶酪发出的味道可能会破坏纯正的咖啡香味，从而影响星巴克咖啡的核心价值。人际间冲突与个人的内心冲突和角色冲突密切相关，后者常常是前者的诱因。

2. 群体层次的冲突

群体层次的冲突处于一种"承上启下"的位置，包括群体内部冲突和群体间的冲突。

（1）群体内部冲突

除了群体范围内的人际冲突外，个人与群体间的冲突逐渐引起了人们的重视。任何群体都有其特定目标，为了维护运行秩序，要求组织成员按照规章制度，规范个人行为以符合群体目标；然而组织成员会有其个人目标、利益和期望，当两者之间不能协调一致，产生分歧、摩擦甚至对抗时，就会发生个人与群体间的冲突。例如，任务团队在攻坚时期要求员工 24 小时在公司待命，员工却有很多私事需要处理，二者之间就产生了巨大的矛盾。

（2）群体间的冲突

群体间的冲突一般指的是组织内部群体之间在相互交往过程中，由于诸如强调自身的立场观点、利益，忽略对方和共同的利益等多种原因，彼此间发生分歧、争论和对抗行为。例如，库存积压时，财务部门指责生产部门没有做好生产计划，生产部门指责销售部门没有完成任务指标，销售部门指责财务部门没有做好控制等。很多时候，群体间的冲突是由于组织原因而不是个人原因造成的，当权力重叠或任务相依时，群体间会产生严重的冲突，从而直接或间接影响到群体绩效乃至整个组织的绩效。

3. 组织层次的冲突

组织层次的冲突可以分为组织内部的冲突与组织之间的冲突两种类型。

（1）组织内部冲突

该类冲突实际包括了个人层次冲突和群体层次冲突的所有类型，再加上个人与整个组织之间的冲突。当李开复决定离开微软到 Google 公司任职时，微软对他提出了诉讼。

（2）组织间冲突

任何组织都是一个生存于特定环境中的开放系统。组织为了自身的生存与发展，必须与外界环境进行各种要素的交换，在此过程中必然与其他组织发生联系，当发生联系的组织之间由于目标、利益的不一致，或者市场、资源、人才等的竞争而形成矛盾、对立、对抗时，就会发生多种多样的组织之间的冲突。比如企业与竞争对手之间的冲突，经过一年多的拉锯战,王老吉"商标战"落幕,广药集团最终战胜加多宝公司,收回了王老吉的商标使用权。又如企业与消费者之间的冲突,2011年,味千拉面的骨汤被披露为并非猪骨原汤,而是浓缩骨汤,引起了消费者和媒体的批评。

任何组织都属于一个更为广泛的环境系统中的子系统,任何组织都难以避免与其他组织之间的冲突,一个成功的组织是在正确地处理与其他组织之间的冲突中发展起来的。现代企业有关满足"利益相关者"、建立"战略联盟"、企业"竞争战略"等理论与实践,就包含了处理组织间冲突的宝贵思想与方法。

13.4.4 冲突的管理

随着组织外部环境日趋复杂多变,组织内部分工日趋精细具体,不同主体之间的相互往来日益密切,多层次、多种类、多作用的冲突现象十分普遍,冲突问题越来越突出,任何组织都无法避免和忽视冲突的存在与影响。因此,管理者能不能正视冲突,学习、掌握冲突管理的科学知识,提高冲突管理的艺术技巧,及时、正确、有效地实施冲突管理,趋利避害地驾驭冲突,直接关系到组织的生存与发展。

1. 冲突管理的基本策略

冲突管理的策略模式已有多种,应用最广的策略模式是美国行为科学家托马斯(K. Thomas)用二维空间描述的冲突模式。该模式以沟通者潜在意向为基础,认为冲突发生后,参与者有两种可能的策略以供选择:关心自己和关心他人。其中,"关心自己"表示在追求个人利益过程中的武断程度,即自以为是的程度,为纵坐标;"关心他人"表示在追求个人利益过程中与他人合作的程度,为横坐标,由此定义冲突行为的二维空间。于是,就出现了五种不同的冲突管理策略:强制、合作、妥协、迁就和回避。

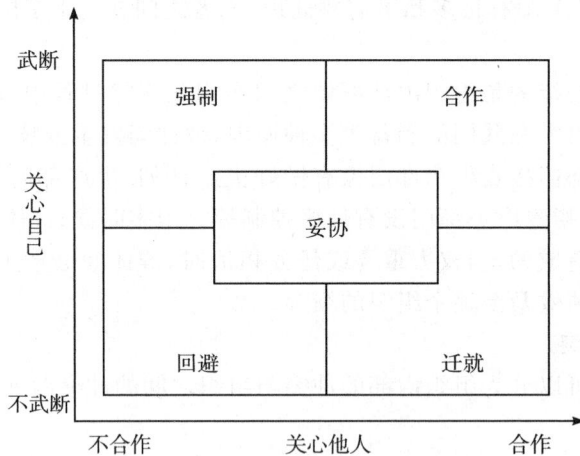

图 13-10　托马斯冲突管理模式

（1）强制策略（dominating）

强制策略是一种"我赢你输",武断而不合作的处理模式。冲突一方往往只是为了实现自己的目标而不顾他人的利益,常常通过权力、地位、资源、信息等优势向对方施加压力,迫使对方退让、放弃或失败来解决冲突问题。这种策略有时能帮助个人实现目标,但难以使对方心悦诚服,会导致负面的评价。

强制策略常用于以下场合：①冲突各方中有一方具有压倒性力量；②冲突发展在未来没有很大的利害关系；③冲突中获胜的成本很高，赢的"赌注"很大；④冲突一方独断专行，另一方则消极而为；⑤冲突各方的利益彼此独立，难以找到共赢或相容部分；⑥冲突一方或多方坚持不合作立场。

（2）回避策略（avoiding）

回避策略是指既不合作又不武断，既不满足自身利益又不满足对方利益的处理模式。冲突一方试图将自己置身事外，任凭冲突事态自然发展，以"退避三舍"、"难得糊涂"的方式处理冲突问题。回避策略可以避免冲突问题扩大化。当冲突主体相互依赖性很低时，还能够避免、减少冲突的消极后果。然而，对于重要问题采取置之不理的态度是不明智的，过多地运用这种方式，会招致对手的受挫、非议，影响冲突的解决，降低工作绩效。

回避策略常用于以下场合：①冲突主体中没有一方有实力去解决问题；②与冲突主体自身利益不相干或输赢价值很低；③冲突一方或多方不关心、不合作；④彼此缺少信任、沟通不良、过度情绪化等，不适合解决冲突。

（3）合作策略（integrating）

合作策略指的是在高度合作精神和武断的情况下，尽可能地满足冲突主体各方利益的处理模式。冲突双方尽可能地扩大合作利益，采取合作、协商的态度，寻求新的资源和机会，扩大选择范围，"把蛋糕做大"，追求冲突解决的"双赢"模式。采取合作态度的人往往具有如下特点：①将冲突视为自然现象，具有积极作用；②冲突双方相信彼此平等，应有平等待遇；③双方充分沟通，信任对方；④不会仅仅为了局部利益而牺牲整体的利益。

合作策略经常用于以下场合：①冲突双方不参与权力斗争；②双方未来的正面关系很重要，未来结果的赌注很高；③双方都是独立的问题解决者；④冲突各方力量对等或利益互相依赖。

（4）迁就策略（obliging）

迁就策略指的是高度合作且武断程度较低，主要考虑对方的利益和愿望，压制或牺牲自己的利益及意愿的处理模式。这种态度旨在从长远角度出发换取对方的合作，要么是不得不屈从于对方的势力和意愿。此策略往往会赢得对方的好评，但同时也被视作软弱和顺从。

迁就策略常被使用的场合为：①各自利益极端相互依赖，必须牺牲某些利益去维持正面关系；②力量过于悬殊，希望以让步换取维持自身利益或在未来其他问题上的合作；③己方缺乏使用其他策略处理冲突的能力；④己方对冲突结果的期望值低，采取消极的或犹豫不决的态度。

（5）妥协策略（compromising）

妥协策略指的是一种合作性和武断性均处于中间的状态，倾向于将各方的不同观点加以平衡，通过一系列的谈判、让步，避免陷入僵局，部分满足双方的要求和利益。妥协策略是一种被人们广泛使用的处理冲突方式，有助于改善和保持冲突双方的和谐关系，尤其在促成双方一致的愿望时十分有效。较之合作态度，妥协态度不追求双方的最佳满意程度，而是取得各方适中的、部分的满足，在满足对方最小期望的同时做出让步。在竞争过程中要谨慎使用该策略，着重防止满足短期利益在前、牺牲长远利益在后的妥协方案。

妥协策略经常使用于以下场合：①冲突双方中没有一方有能力稳赢；②双方未来的利益有一定的相互依赖性和相容性，有某些合作、磋商或交换的余地；③双方实力相当，任何一方都不能强迫或压服对方;④双方各自独立,互不信任,无法共同解决问题,但赢的赌注较多。

上述 5 种冲突管理策略若从冲突双方相互间的得失权衡来看,竞争为彼失己得,合作为各有所得,妥协为各有得失,回避为各无所得,迁就为彼得己失。根据权变理论思想,我们不能断言何种策略有效性最高。事实上,影响冲突管理策略有效性的因素很多,每一种策略的有效性必须放到具体冲突的情境中去考察。

2. 冲突管理的基本方法

冲突管理的实际操作需要运用沟通、谈判、数据搜集与分析、冲突管理的规划、仲裁等多种多样的技术方法。管理者需要根据不同的冲突类型选择使用,但在使用的过程中,必须坚持冲突管理的三大核心职能:(1)预防破坏性冲突;(2)激发建设性冲突;(3)解决破坏性冲突,使已经发生冲突的潜在损失最小化。

(1)预防破坏性冲突

破坏性冲突造成组织成员心理紧张、焦虑,导致人与人之间相互排斥、对立,破坏组织的协调统一,阻碍组织目标的实现。因此,管理冲突首先应该以预防对组织、群体乃至个人的破坏性冲突为主,预防工作可以从实际出发,适当选用以下方法措施。

①合理选人

为了预防破坏性冲突,在组建工作团队时,管理者应该根据性格、素质、价值观、利益取向、人际关系等进行匹配,合理架构组织,切不可让无法相处的成员进行"搭配",埋下破坏性冲突的根源。例如,两位有价值的员工,一个是老烟枪,一个坚决禁止吸烟,那么就不能把两人安排在同一个密闭空间里工作。如果两个格格不入的组织成员间发生了冲突,管理者应当将其中一人或将二者都调往其他部门。

②扩大资源基础

冲突尤其是破坏性冲突的重要根源之一是由于组织资源的稀缺性,冲突各方为了实现各自目标进行资源争夺而造成的。比如公司今年的新产品研发预算只有 800 万元,3 个研发部门各自提出了 300 万元的预算请求,冲突必然会发生。所以,管理者在分配资源时要以共同利益为导向,把各方的利益尽可能与共同利益捆在一起,"锅里有碗里才有",各方要为整体目标的实现做出妥协;或者努力把蛋糕做大,争取额外的预算,各方各取所需,减少因有限资源争夺而导致的破坏性冲突。

③内部分工协作的改进

许多破坏性冲突是由于个人、团队的工作责任、权力和利益界限不清楚或配置不当,导致彼此在工作中的扯皮、争夺、对立等行为而产生的。例如,超市仓库员和理货员间常常因补货问题造成冲突。理货员认为仓库员送货不及时,影响贴标价和上货,仓库员则反过来指责理货员没有预留充足的时间。因此,清晰的权责利界定、合理的流程安排、有效的沟通机制能够帮助组织成员间产生正确的预期,合理地安排各自的工作,减少破坏性冲突的发生。

④加强教育培训

组织成员拙劣的人际关系处理能力也会导致破坏性冲突的产生与发展。冲突双方对于潜在冲突或正常问题的解决不当,无事转成小事,小事变成大事,严重影响团队氛围和工作效率。因此,管理者应当开展相应的教育培训工作,如沟通技巧培训、工作岗位轮换等,提高组织成员换位思考的能力,提高他们处理各种矛盾问题的正确性和成功率,从而有效预防破坏性冲突的发生。惠普公司因其完善的培训体系被形象地比喻为一所"没有围墙的大学"。学习发展部是中国惠普公司专门负责培训的部门,包括公共平台培训、专业平台培训及领导力培训,其中不乏沟通技巧、演讲技巧、自我激励等方面的课程。

(2)激发建设性冲突

近年来,越来越多的企业管理者已经清醒地认识到,冲突并非都是坏事。一团和气的企业氛围未必能带来好的经济效益,相反,建设性冲突的存在却能激发员工的积极性和创造性,利于企业健康发展。联想集团的联想研究院有三条议事规则:缺乏反对意见的重大决策需慎重决定;提倡建设性冲突;只有专家,没有权威。倡导建设性冲突,使得联想研究院造就了对事不对人的氛围,令联想新产品层出不穷。所以,运用一定的技巧,诱导和激发建设性冲突就显得十分必要。

①改变组织文化

管理者要激发建设性冲突,首先就要在企业中营造鼓励冲突的氛围,摈弃将冲突视为"洪水猛兽"、完全否定一切冲突的传统观念。对敢于向现状挑战、倡议革新观念、提出不同看法、进行独创性思考的员工予以奖励。对于冲突过程中出现的少数意见和观点,管理者不能轻易否定和挖苦,而要冷静地分析,对引起冲突的原因进行深入思考与论证。同时,管理者还要为冲突双方提供必要信息,让不同观点交锋,引导建设性冲突深入展开。

②运用沟通

良好的沟通是激发建设性冲突的最佳途径之一。充分有效的沟通,加快企业内部信息流动,促进员工的积极思维,减少漠然态度,提高冲突水平。作为管理者要带头参与沟通,直接引发建设性冲突。在通用电气,韦尔奇经常与员工面对面地进行沟通,与员工进行辩论,通过真诚的沟通直接诱发同员工的良性冲突,从而不断发现问题,改进管理,最终使通用电气成为市场竞争中的佼佼者,也使他自己成为最有号召力的企业家之一。

③引入竞争

冲突的重要诱因是竞争,一个没有内部竞争的企业想诱发建设性冲突是不可能的。这个技巧要求企业有意识地加大竞争力度,制造"鲶鱼效应"。一般可以采取以下两种方法:方法一,管理者安排或任命一位总是具有"与众不同的看法"的角色,即人们所说的"任命一名吹毛求疵者",让其专挑毛病,专唱对台戏,从而打破定向思维、从众效应,激发必要的冲突。方法二,通过外聘方式引进背景、价值观、态度或管理风格与当前成员不相同的个体,来增加群体中的新思想、新做法,造成新与旧的碰撞、刺激和互动,从而激发建设性冲突,提高群体或组织的活力。

④变革组织

通过重新进行工作设计,组合工作部门,改变原有组织关系和规章制度,企业流程再造等组织变革,打破原有平衡和利益格局来提高组织冲突水平。传统企业的组织结构,尤其是直线职能结构特别容易诱发破坏性冲突,这对于企业目标的实现非常不利。因此,企业进行变革的总体趋势是减少管理层次,扩大管理幅度,广泛引入工作团队,实现组织结构的扁平化、网络化、虚拟化。新型企业组织结构讲求平等,重视沟通,利于建设性冲突的产生,进而提升企业管理水平。

(3)解决破坏性冲突

不管人们有多么美好的愿望,冲突是客观存在的。当破坏性冲突不可避免地发生后,必须采取有效措施对组织造成的损害加以处理,从而控制或减少其负面影响。

①熟知冲突处理风格

尽管大多数人都会根据不同情境的变化来调整自己对冲突的反应,然而每个人都有自己习惯和偏好的冲突处理风格,例如"和事佬"和"偏执狂"。这种潜在的冲突处理风格往往影响着组织成员在冲突中可能的行为反应以及经常采取的冲突处理方式。了解和熟悉自己与冲突各方的冲突处理风格,才能扬长避短,对症下药,避免习惯或错误方法导致冲突的进一步恶化。

②审慎选择准备处理的冲突

组织中的冲突绝不会简单、孤立地存在,总是复杂多样、相互关联的,并不是所有的冲突都需要处理。一些冲突如鸡毛蒜皮不值得花费精力,还有一些冲突在自己的能力之外不可能解决,这两种冲突都不值得管理者花费过多的时间和精力,此时"回避"可能是最合适的做法。通过回避不必要的和不可能解决的冲突,可以提高整体的管理效率。因此,管理者应当区分冲突的不同类型和处理价值,谨慎地挑选出那些有价值、有意义,自己又有能力、有义务处理的冲突来进行处理,只有这样才能有效提高冲突管理水平。

③评估冲突根源和当事人

冲突不是在真空中产生的,它的出现总是有原因的。解决冲突方法的正确选择很大程度上取决于对冲突根源和冲突当事人的了解和把握。因此,应当全面仔细地挖掘冲突产生的具体原因,是沟通差异、结构差异还是个人差异导致的;应当把工作的重点放在冲突各方的关键人物身上,什么人卷入了冲突,冲突双方各自的基本情况是什么。站在冲突双方的角度,设身处地看待冲突,深入地理解冲突的实质,力求有的放矢,则处理成功的可能性会大大提高。

④选择合适的处理方法

冲突具有不同层次和不同类型,每种冲突有其相对应的处理方式,每种方式都各有利弊。如果冲突处理方式选择不当,冲突管理就可能事倍功半。常见的处理方式有:

a. 冲突双方自助式解决冲突。即冲突双方各自代表自身利益,面对面地采取讨论、谈判、磋商、沟通等方法来解决冲突。

b. 冲突双方代理式解决冲突。即冲突双方委托代理人(如律师、朋友、雇员、工会领导等)来解决冲突。

c. 第三方调停式解决冲突。即当冲突双方无法自行解决冲突时,双方共同邀请非当事人的第三方或上级使用劝说、讲道理、建议新的解决方案等办法来加以调停,解决冲突。

d. 第三方强制式解决冲突。即当冲突双方或请第三方调停都无法解决冲突时,由非当事人的第三方运用权威或法定权力强行制止和处理双方的冲突。如冲突事件的仲裁、法院裁决或上级行政处理意见等。

上述冲突处理方式在实际运用中不应局限于单纯、孤立地使用,有时需要交叉或复合使用,效果更佳。

本章提要

1. 沟通是指为达到一定的目的,将信息、意义和情感在个人或群体间进行传递、理解与交流的过程。沟通具有信息传递、情感交流、控制和激励四项功能。

2. 完整的沟通过程包括七个要素：发送者、接收者、信息、渠道、噪声、反馈和环境。简单来说，就是信息的发送者将信息进行编码后，通过沟通渠道传递给接收者，接收者将收到的信息进行解码，然后再反馈给发送者，在此过程中还受到环境和噪声的影响。

3. 按照沟通的渠道进行划分，可以将沟通分为正式沟通和非正式沟通。正式沟通按照信息的流向又可以分为下行沟通、上行沟通和平行沟通。不同的组织结构形成了多种多样的正式沟通网络模式，在实际企业中常常表现为一种模式为主、多种模式结合。组织中还存在着大量的非正式沟通。非正式沟通形式不拘，比较灵活随便，且有着正式沟通难以达到的效果，管理者可以加以合理利用和引导。

4. 根据沟通符号的种类，可以将沟通划分为口头语言沟通、书面语言沟通、电子媒介沟通和非语言沟通。这四种方式各有利弊，管理者可以根据特定情境灵活选用。

5. 管理沟通过程首先要认识影响有效沟通的障碍，主要包括技术性、心理性、管理性三大类。然后采取适当的沟通技巧去除这些障碍，从而提高沟通的效率。

6. 冲突是指人们由于某种抵触或对立状况而感知到的不一致的差异。在组织中，冲突具有建设性和破坏性的双重特征，适当的冲突水平可能会提高组织的工作绩效。

7. 冲突的来源有很多，主要归纳为沟通差异、结构差异和个人差异。组织中的冲突可以分为三大类：个人层次、群体层次和组织层次，不同层次的冲突具有相互作用、相互关联的内在互动关系。

8. 应用最广泛的冲突管理策略有五种：强制、合作、妥协、迁就和回避，每一种策略的有效性必须放到具体的冲突情境中去考察。在实际应用过程中，管理者必须坚持冲突管理的三大核心职能：预防破坏性冲突、激发建设性冲突和解决破坏性冲突。

关键概念

- 沟通（communication）
- 解码（decode）
- 编码（encode）
- 正式沟通（formal communication）
- 上行沟通（upward communication）
- 下行沟通（downward communication）
- 平行沟通（horizontal communication）
- 非正式沟通（informal communication）
- 葡萄藤（grapevine）
- 信息过滤（information filtering）
- 信息过载（information overload）
- 选择性感知（selective perception）
- 倾听（listening）
- 冲突（conflict）

思考习题

1. 什么是有效沟通？沟通过程中可能存在哪些障碍？

2. 电子媒介如何影响沟通过程？与传统沟通媒介相比有何利弊？

3. 简述正式沟通的五种网络模式。

4. 组织内的小道消息传播是否应该禁止？为什么？

5. 联系实际遇到的沟通问题，试运用本章的沟通技巧进行解决。

6. 如何正确理解冲突？举例说明冲突可能会带来的积极效果。

7. 简述冲突管理的基本策略。

技能实训

1. 假如学院要举办一项活动，你作为负责人需要选择某个企业进行活动的赞助洽谈。拟定一个与该企业负责人洽谈的活动方案并进行场景模拟，使用该方案来进行有效沟通，促成双方合作。

2. 撕纸游戏，目的在于了解沟通过程的复杂性。

第一阶段：给每位同学发一张纸，由教师发布以下指令：

(1)大家闭上眼睛，全程都不能发声；

(2)将纸对折，再对折，在右上角撕去一个角，然后转动180度，再将手中所拿纸的左上角撕去；

(3)睁开眼睛，把纸打开，进行对比。

第二阶段：再给每位同学一张纸，重复上面的动作，只不过这次可以提问。

问题讨论：

(1)第一阶段为什么会出现这么多不同的结果？

(2)第二阶段为什么还是会有误差？

3. 根据自己的兴趣选择一个企业，上网找出近年来该企业所涉及的一项冲突，并对其冲突管理过程进行讨论。

讨论的问题包括：

(1)冲突属于哪种类型？

(2)冲突的来源是什么？

(3)冲突对企业有什么影响？

(4)企业运用了哪些冲突管理方法，效果如何？

(5)你有更好的方法和建议吗？

参考文献

[1]杜慕群.管理沟通案例[M].北京：清华大学出版社，2013.

[2]郝红.管理沟通[M].北京：科学出版社，2010.

[3]冯国珍.管理学(第二版)[M].上海：复旦大学出版社，2011.

[4]韩瑞.管理学原理[M].北京：中国市场出版社，2013.

[5]郝红.管理沟通[M].北京：科学出版社，2010.

[6]上海国家会计学院.领导、沟通与谈判[M].北京：经济科学出版社，2011.

[7]范逢春.管理学[M].北京：清华大学出版社，2013.

[8]熊勇清.管理学(原理、方法与案例)[M].北京：北京交通大学出版社，2010.

[9]陈晔.管理学(第二版)[M].北京:科学出版社,2012.

[10]张满林.管理学(理论与技能)[M].北京:中国经济出版社,2010.

[11]孙元欣.管理学——原理·方法·案例(第二版)[M].北京:科学出版社,2011.

[12]史蒂芬 P.罗宾斯.管理学原理与实践(原书第 8 版)[M].北京:机械工业出版社,2013.

可扫码获取本章课件资源:

第 14 章　控　制

本章学习重点：

- 理解控制的概念，控制与计划的关系，有效控制的原则；

- 掌握控制的内容，控制的过程；

- 理解控制的类型：按控制的时点、主体、侧重点、结构和来源分类；

- 掌握控制的方法和工具：财务控制、产品质量控制、物流控制、生产进度控制、管理控制信息系统。

开篇案例

华为的质量管理体系

2000 年之前,华为处于发展初级阶段,明确提出了"以客户为中心"的唯一价值观。但质量如何帮助实现这个价值观,还没有受到公司足够的重视。

从 2000 年开始,华为走上了发展的快速通道,有了完整的产品体系,而且开始了全球化的历程。但是在高速增长过程中,质量问题突显,客户的抱怨声越来越大。以客户为中心的华为员工不吝惜时间与成本,一趟一趟飞到客户身边,把坏的产品换回来,通过售后服务去弥补质量带来的问题。

从客户那里换回来的坏设备的单板,以及一趟一趟来回飞的机票,被华为公司总裁任正非装裱在相框里,成为当年质量大会的"奖品"。而这个"奖品"则成为很长一段时间大家办公桌上最重要的一个摆设,时时刺激着每一位当事人。

2000 年的质量大会成为华为公司将质量定为核心战略的一个起点。华为质量体系的建设,历经了一个近二十年的漫长、曲折的过程。

1. 跟着客户成长起来的质量体系

2000 年的华为,将目标锁定在 IBM,要向 IBM 这家当时全球最大的 IT 企业学习管理。当年,引入 IBM 公司帮助华为构建集成产品开发 IPD 流程(integrated product development,即集成产品开发,是一套产品开发的模式、理念与方法)和集成供应链 ISC 体系(Internet service customer,即网络服务客户,是一种最新的电子商务营销方法)。

那时,印度软件开始快速崛起,任正非认为软件的质量控制必须向印度学习。所以,华为建立了印度研究所,将 CMM 软件能力成熟度模型引入华为。

IPD+CMM 是华为质量管理体系建设的第一个阶段。IPD 和 CMM 是全球通用的语言体系,这期间也是华为国际化业务大幅增长的时期,全球通用的语言使得客户可以理解华为的质量体系,并可以接受华为的产品与服务。

第一阶段帮助华为实现了基于流程来抓质量的过程。在生产过程中,人的不同会导致产品有很大的差异,而这套体系通过严格的业务流程来保证产品的一致性。

随着华为的业务在欧洲大面积开展,新的问题出现了:欧洲国家多,运营商多,标准也多。华为在为不同的运营商服务时,需要仔细了解每一家的标准,再将标准信息返回国内的设计、开发、生产制造环节。欧洲的客户认定供应商质量好不好,有一套详细的量化指标,比如接入的速度是多少,稳定运行时间是多少,等等。

在几年前,业界有新手机发布的时候,在不同的国家要有不同的发布时间,原因在于每个国家用户的需求不同,政府监管要求不同,行业质量标准也不同。手机厂商就必须要针对不同国家做适配后再发布。经过多年的摸索,华为现在已经可以全球统一发布新款手机,而这完全基于这些年对于标准的摸索。

这是华为质量体系建设的第二个阶段,在这个磨炼的过程中,华为渐渐意识到标准对于质量管理的作用。随着欧洲业务成长起来的,是华为自己的一套"集大成的质量标准"。在这个阶段,在流程基础上,强化了标准对于质量的要求,通过量化指标让产品得到客户的认可。

接下来,华为的开拓重点到了日本、韩国等市场,来自这些市场客户的苛刻要求让华为对质量有了更深入的理解。在拓展欧美市场时,只要产品有一定的达标率就可以满足客户要求,就被定义为好产品。但是产品达标率到了日本就行不通,在日本客户看来,无论是百分之一、千分之一的缺陷,只要有缺陷就有改进的空间。

工匠精神,零缺陷,极致,这些词时时折磨着华为的员工。在流程和标准之外,质量还有更高的要求,这需要一个大的质量体系,更需要一个企业质量文化的建设。只有将质量变成一种文化,深入公司的每一个毛细血管,所有员工对质量有共同的认识,才可能向"零缺陷"推进。

2007 年 4 月,华为公司 70 多名中高级管理者召开了质量高级研讨会,以克劳士比"质量四项基本原则"(质量的定义、质量系统、工作标准、质量衡量)为蓝本确立了华为的质量原则,这是华为质量史上的"十一届三中全会"。会议后,克劳士比的著作《质量免费》(*Quality Is Free*)在华为大卖,主管送下属,会议当礼品,这本冷门书居然在华为公司热得不行。

这是华为质量体系的第三个阶段,从那个时候,开始引入克劳士比的零缺陷理论,做全员质量管理,构建质量文化,每一个人在工作的时候,都要做到没有瑕疵。

客户的需求在变,没有一套质量体系是可以一成不变的。完成了流程、标准、文化的纬度建设,华为又遇到了新问题:如何让客户更满意。此时,卡诺的质量观成为华为学习的新方向。

日本的卡诺博士(Noriaki Kano)定义了三个层次的用户需求:基本型需求、期望型需求和兴奋型需求,他是第一个将满意与不满意标准引入质量管理领域的质量管理大师。

基本型需求是顾客认为产品"必须有"的属性或功能,比如手机的通话功能。当其特性不充足时,顾客很不满意;当其特性充足时,客户无所谓满意不满意。期望型需求要求提供的产品或服务比较优秀,但并不是"必需"的产品属性或服务行为,有些期望型需求连顾客都不太清楚,但是他们希望得到的。兴奋型需求要求提供给顾客一些完全出乎意料的产品属性或服务行为,使顾客产生惊喜。当其特性不充足时,并且是无关紧要的特性,顾客无所谓;当产品提供了这类需求中的服务时,顾客就会对产品非常满意,从而提高顾客的忠诚度。

围绕客户满意度,华为的质量建设进入第四个阶段——以客户为中心的闭环质量管理体系。这就要求基础质量零缺陷之外,要更加重视用户的体验。也正因为这个以客户为中心的闭环质量管理体系,华为获得了"中国质量奖"。

2. 零缺陷跟随客户导向不断完善

从流程管理,到标准量化,而后是质量文化和零缺陷管理,再到后来的以客户体验为导向的闭环,华为质量管理体系是跟随客户的发展而逐渐完善的,在这一过程中还特别借鉴了日本、德国的质量文化,与华为的实际相结合,建设尊重规则流程、一次把事情做对、持续改进的质量文化。

华为有着复杂的业务线条,质量体系也相当复杂,由文化与机制两部分相辅相成并且互为支撑,很难用一张完整的架构图来说明华为的质量体系。用华为消费者 BG 手机质量与运营部长 Mars 的话说:质量不是独立的,是一种结果。要达成产品的质量,需要每一个人的工作质量去保证。如果只是一个独立的组织作为监管方去抓质量,肯定是抓不好的。

在这样的体系内,每一个人对于最终的质量都有贡献。质量与业务不是两张皮,而是融在产品开发、生产以及销售、服务的全过程中。所以,华为的质量管理是融入各个部门的工作流程中去开展的。

在质量管理自身上,也需要创新的思想、工具、方法。华为花巨资建立了一套完整的流程管理体系,涵盖了从消费者洞察、技术洞察、技术规划、产品规划、技术与产品开发、验证测试、制造交付、上市销售、服务维护等各个领域,并且有专门的队伍在做持续优化和改进。

华为在 2010 年建立了一个特别的组织——客户满意与质量管理委员会(英文简称 CSQC)。这个组织作为一个虚拟化的组织存在于公司的各个层级当中。在公司层面,由公司的轮值 CEO 亲任 CSQC 的主任,而下面各个层级也都有相应的责任人,从而保证每一层级的组织对质量都有深刻的理解,知道客户的诉求,把客户最关心的东西变成华为改进的动力。

这是一个按照公司管理层级而来的正向体系,在华为还有源于客户逆向管理质量的体系。比如运营商 BG,每年都会召开用户大会。在这个大会上,邀请全球 100 多个重要客户的 CXO 来到华为,用三天的时间,分不同主题进行研讨,研讨的目的就是请客户提意见,给华为梳理出一个需要改进的 TOP 工作表单。然后华为基于这个 TOP 清单,每一条与一个客户结对,并在内部建立一个质量改进团队,针对性解决主要问题。第二年大会召开时,第一件事就是汇报上一年的 TOP10 改进情况,并让客户投票。

这个逆向管理是基于华为的"大质量观"。华为认为的质量不仅仅是大家普遍认识的耐用、不坏,而是一个大质量体系,包括基础质量和用户体验,不仅要把产品做好,还要持续不断地提升消费者的购买体验、使用体验、售后服务体验,把产品、零售、渠道、服务、端云协同等端到端每一个消费者能体验和感知的要素都做好。

一个源于管理层级的正向体系,一个源于客户的逆向体系,如何实现闭环?各层级的 CSQC 必须定期审视自己所管辖范围的客户满意度,当然包括产品质量本身,也包括各个环节的体验,并且找到客户最为关切的问题,来制定重点改进的项目,保证客户关切的问题能够快速得到解决。同时,还要针对客户反馈去举一反三,再不断改善质量管理体系,使得这一体系跟随客户的要求不断演进。

在全球,能以"零缺陷"为管理体系的企业并不多,而演进到以客户满意度为基础的大质量观的企业更是少见。克劳士比的"零缺陷"质量文化已经帮助华为在竞争中胜出,接下来能够让华为长远生存下去的是,如何以客户满意度为中心,持续改进的质量体系。

华为的价值观是以客户为中心,所以华为的质量观也与其他企业不同。"我们是从客户的角度看质量,所以满足客户需求的、用户期待的,都应该算作质量,都是我们要持续改进的。"Mars 说。

3. 零缺陷，第一次就把事情做对

零缺陷观念意味着质量是完完全全地符合要求，而不是浪费时间去算计某个瑕疵的可能危害能否容忍，其核心就是"第一次就把事情做对"，并且是在所有环节上都要第一次就把事情做对。

对于公司来讲，就是每一个层级都要把事情做对。华为认为这需要分层分解，全员参与：在公司层面需要有明确的目标牵引，在管理层要有明确的责任，在员工层面要有全体参与的意愿和能力。

在公司的最高层，每年轮值 CEO 都会设定质量目标，实行目标牵引。轮值 CEO 设定目标的原则是：如果质量没有做到业界最好，那么就把目标设为业界最好，尽快改进。如果已经达到业界最好，那每年还要以不低于 20% 的速度去改进。华为 2001 年就引入盖洛普，每年对客户进行调查，并对质量打分，这个分数成为第二年设定目标的基数。

从管理层来讲，在不同的产品体系里每年都会对管理者做质量排名，排名靠后的主管要问责。这一规划每年都坚定执行，促进后进的主管，让每个主管都尽最大的力量往前跑，让管理层真正起到带头作用。

在员工层面，华为强调全员参与。全员参与有两个层面的问题要解决：一是意愿，二是能力。从意愿上，华为会设定考核目标，将质量作为员工考核的重要项目，同时也会设定很多奖项对质量方面表现突出的员工实施奖励。从能力上，公司引进很多先进的管理方式，员工都要经过必要的培训，为全体员工提供提高质量的方法和工具，以保证每一个人都有能力去参与。

做到零缺陷，除了对内部的每一个环节做到可控，还要对全价值链进行管理。一个企业不能独立地做好质量，以手机为例，有几百个器件、上千种上层物料，需要依赖整个产业链的高质量才能成就最终产品的高质量。有一次华为的手机摄像头出现问题，反复测试后发现是摄像头的胶水质量有问题。摄像头企业是华为的供应商，胶水企业是摄像头企业的供应商，上游的上游出一点点小的问题，都会造成最后产品的问题，这就要求华为要把客户要求与期望准确传递到华为整个价值链，共同构建质量。

在对供应链的管理上，华为有三点做法：第一是选择价值观一致的供应商，并用严格的管理对它们进行监控。第二是优质优价，绝不以价格为竞争唯一条件。对每一个供应商都有评价体系，而且是合作全过程的评价。这个分数将决定其在下一次招标中能否进入。这个评分体系分为 A、B、C、D 档，当评分在 D 档的时候，就直接清除出供应商资源池，不会再被采用。第三点是华为自身也要做巨大的投资，在整个产线上建立自动化的质量拦截，一共设定五层防护网，包括元器件规格认证、元器件原材料分析、元器件单件测试、模块组件测试、整机测试。华为在生产线上做了五个堤坝，一层一层进行拦截，即使某些供应商的器件出现漂移，华为也能尽早发现并拦截。

华为的质量管理，就是将"一次把事情做对"和"持续改进"有机结合起来，在"一次把事情做对"的基础上"持续改进"，不断反思，不断构建质量管理体系，坚持不放过问题。

资料来源：根据 https://www.sohu.com/a/241815729_505788 等网络资料综合整理

任何一个组织,无论计划制定得多么完善,组织机构设置得多么合理,领导方式与激励手段采取得多么有效,都不可能保证所有的活动都完全按照计划执行。在计划的实施过程中,组织内外因素的影响,使得计划的实际执行情况与计划所应达到的目标之间必然会存在一定的偏差。那么,如何保证有效地执行计划呢? 这就需要控制。

14.1 控制的基础

控制是管理的重要职能之一。从广义看,管理过程也就是一个控制过程,管理的计划、组织、领导等职能都是通过控制系统向既定目标运行。从狭义上说,控制是与其他职能并列,保证系统目标实现的一种专门职能。控制的目的在于保证企业实际的生产经营活动及其成果同预期的目标相一致。因此,控制是管理过程不可分割的一部分,是各级管理人员的一项重要工作。

14.1.1 控制的概念

"控制"一词,最初来源于希腊文"操舵术"、"驾船术",意指领航者通过发号施令将偏离航线的船只拉回正常的轨道上来。后来,"控制"的内涵延伸为按照预定的目标,对某一个过程施加影响的行动。事物的发展往往会偏离预定的目标,出现一些预料之外的现象,这时,决策者必须立即做出判断,采取措施使其朝着预定的目标发展。

随着管理实践活动的深入,人们对控制的认识也越来越充分,不少管理者对控制提出了自己的观点。

管理科学的先驱法约尔曾这样描述控制:"在一个企业中,控制就是核实所发生的每一件事是否符合所规定的计划、已发布的指示及所制定的原则,其目的是要指出计划实施过程中所出现的缺点和错误,以便改正和避免再犯。对一切的事、人和工作活动都要控制。"

美国管理学家孔茨在他的名著《管理学》中写道:"控制工作就意味着确定标准、执行标准、衡量执行情况,并采取措施努力纠正偏差的一系列工作。"

因此可以认为,所谓控制,就是根据事先规定的标准,监督检查各项活动,并根据偏差或调整行动或调整计划,使两者相吻合的过程。简单而言,控制就是管理者确保实际活动与规划活动相一致的过程。

控制作为管理工作最重要的职能之一,是管理过程不可分割的一部分。管理的计划、组织和领导等其他职能,必须伴随有效的控制职能,才能真正发挥作用,组织的整个管理过程只有依靠控制职能才能得以有效运转,循环往复。同其他管理职能一样,控制职能是组织中各个层次的管理者必须承担的主要职责。

14.1.2 控制与计划的关系

控制与计划的关系相当密切。如果说计划工作是谋求有连续性的、一致性的以及彼此有衔接的计划方案,那么控制工作则是做到务必使一切管理活动都按照计划进行。因此,计划与控制实质上是一个问题的两个方面。

控制与计划的关系具体表现在以下几个方面：

1. 计划为控制提供衡量的标准。没有计划，控制就成了无本之木；而控制是计划得以实现的必要保证，离开了适当、必要的控制，计划将流于形式。

2. 计划和控制的效果分别依赖于对方。计划越明确、详细和全面，控制工作就越容易进行，效果也就越好；而控制越准确、合理和有效，就越能保证计划的实现，并能提供更多的反馈信息，从而提高计划的质量。

3. 许多有效的控制方法首先就是计划方法，如预算、目标管理、网络分析技术等。

4. 计划工作本身必须要有一定的控制，这样才能保证计划工作的质量；控制工作本身也需要有一定的计划，离开了计划，控制工作将寸步难行，更谈不上达到控制的真正效果。

14.1.3 控制的必要性

无论计划制定得如何周密，由于各种各样的原因，人们在执行计划的活动中总是会或多或少地出现与计划不一致的现象。管理控制的必要性主要是由下述原因决定的。

1. 环境的变化

如果企业面对的是一个完全静态的环境，其中各个影响企业活动的因素永不发生变化，例如，市场供求、产业结构、技术水平等，那么企业管理人员便可以年复一年、日复一日地以相同的方式组织企业经营，工人可以以相同的技术和方法进行生产作业，因而，不仅控制工作，甚至管理的计划职能都将成为完全多余的东西。事实上，这样的静态环境是不存在的，企业外部的一切每时每刻都在发生着变化。这些变化必然要求企业对原先制定的计划进行控制，从而对企业经营的内容做相应的调整。

2. 管理权力的分散

只要企业经营达到一定规模，企业主管就不可能直接地、面对面地组织和指挥全体员工的活动，时间与精力的限制要求他委托一些助手代理部分管理事务。由于同样的原因，这些助手也会再委托其他人帮助自己工作。这便是企业管理层次形成的原因。为了使助手们有效地完成托付的部分管理事务，高一级的主管必然要授予他们相应的权限。

因此，任何企业的管理权限都制度化或非制度化地分散于各个管理部门和层次。企业分权程度越高，控制就越有必要。控制系统可以反馈被授予了权力的助手的工作绩效等信息，以保证授予他们的权力得到正确的利用，促使组织的业务活动符合要求。如果没有控制，没有为此而建立的相应的控制系统，管理人员就不能检查下级的工作情况，即使出现滥用权力或活动不符合计划要求等情况，管理人员也无法发现，更无法采取及时的纠正行动。

3. 工作能力的差异

即使企业制定了全面完善的计划，经营环境在一定时期内也相对稳定，对经营活动的控制也仍然是必要的。这是由不同组织成员的认识能力和工作能力的差异所造成的。完善计划的实现依赖于每个部门严格按计划要求进行工作。然而，由于组织成员是在不同的时空进行工作的，他们的认识能力不同，对计划要求的理解可能存在差异；即使每个员工都能完全正确地理解计划的要求，但由于工作能力的差异，他们的实际工作结果也可能在质和量上与计划要求不符。某个环节可能产生的偏离计划的现象，会对整个企业活动造成冲击。因此，加强对这些成员的工作控制是非常必要的。

14.1.4 有效控制的原则

1. 全局性原则

现代管理中的控制应该是系统的控制,必须具有全局性的观念。全局性是系统管理最重要的特点,先从整体出发来提出目标;在确定整体目标的前提下,再从整体出发考虑与其各下层组织的关系,最终要体现在实现整体目标这一点上。一个组织是由许多部分组成的。组织的目标或特定功能也要由许多子目标或指标来综合形成,整体目标与各部门的子目标是相互联系、相互制约的,部分服从整体,要把各个局部的控制与整体的控制有机地协调控制,才能确保目标的实现。

2. 经济性原则

组织的一切经济活动都应以较少的费用支出来取得较多的收益,即经济性,控制工作也不例外。一项控制活动,只有当它带来的收益超过其所需的费用时,才是值得的。控制工作的经济性,可通过费用收益分析方法来确定。要实现控制的经济性,首先应根据组织规模的大小、所要控制的问题的重要程度,以及控制费用和所能带来的收益等几方面来设计详略程度不同的控制系统。其次,所选用的控制技术和控制方法,应该是能够以最少的费用就可以检查和阐明工作偏差及其发生原因。

3. 关键性原则

任何组织都不可能做到对每一个部门、每一个环节的每一个人在每一个时刻的工作情况进行全面控制。全面控制的代价极高,这是与控制的经济性要求相抵触的。有效控制要求组织在建立控制系统时,从影响组织经营成果的众多因素中选择若干关键环节作为重点控制对象,并据此在相关环节上建立预警系统或控制点。坚持控制的关键性原则,可以适当扩大管理幅度,从而达到既降低成本,又改善信息沟通的效果,使控制工作更加卓有成效。

4. 客观性原则

客观性就是坚持实事求是的原则。在控制工作中,坚持一切从实际出发来认识问题,而不能只凭个人的主观经验或直觉判断来采取行动。客观的控制源于对组织的实际状况及其变化的客观了解和评价,因此,控制过程中所采用的技术方法和手段必须能正确地反映组织运行在时空上的变化程度与分布状况,准确地判断和评价组织各部门、各环节的工作与计划要求的相符或背离的程度。失去客观性,控制工作不但达不到目的,甚至会走向反面,导致不良后果。

5. 及时性原则

控制过程是一个动态过程,要根据组织内部因素和外部环境的变化来进行,迅速地发现偏差和纠正偏差,以避免偏差的进一步扩大,或防止偏差对组织产生的不利影响的扩散。信息是控制的基础,要做到控制的及时性,信息的收集和传递就必须及时,如果信息处理的时间过长,那么导致时间滞后就可能使纠偏失去的实际意义。要克服时滞所带来的问题,最好的办法就是采用前馈控制的方法,采取预防性的措施,以减少或杜绝偏差的发生。

6. 灵活性原则

控制的灵活性是指控制系统本身能适应主客观条件的变化,持续地发挥其作用。在某种特殊情况下,一个复杂的管理计划可能失常,控制就应当报告这种失常的情况。它还应当含有足够灵活的要素,以便在出现任何失常情况下都能保证对运行过程的管理控制。可见,控制工作本身也应该是变化的,其依据的标准、衡量工作所用的方法等也要随情况的变化而变化。此外,组织的计划要根据组织内部因素和外部环境的变化来调整。如果在制定计划时就考虑到多种计划方案,给予计划一定灵活性,相应的控制系统设计也有些灵活性,当组织活动出现未曾料到的情况变化时,就更有利于灵活控制。

7. 适度性原则

控制的目的是保证组织目标的顺利实现,但过度的控制会给被控制者带来某种不愉快。适度的控制应能同时体现两个方面的要求:一方面,要认识到过多的控制会对人造成伤害。对组织成员行为的过多限制,会扼杀他们的积极性、主动性和创造性,从而影响他们的工作热情和个人能力的发展,最终会影响组织的效率。另一方面也要认识到,过少的控制将不能使组织活动有序地进行,不能保证组织中各部门活动进度和比例的协调,就将造成资源的浪费。此外,过少的控制还可能会助长个人主义,使一些人无视组织的要求,不讲贡献,甚至利用个人的某种有利地位为自己谋求不正当利益,轻则妨碍组织的发展,重则会使组织涣散或崩溃。

控制是否适度,通常受到许多因素的影响。其判断标准要随活动的性质、管理层次以及下属的受培训程度等因素而定。一般来说,科研机构中的控制程度应少于生产企业;企业中对科室人员的控制要少于生产现场;对受过严格训练、能力较强的管理人员的控制要低于那些缺乏必要训练的新任管理者或单纯的执行者。

8. 人本原则

管理人员要充分考虑到组织成员对纠偏措施的不同态度,协调好组织成员之间的关系,争取更多人的理解和支持,以保证纠偏措施能更顺利地进行。如果一项控制活动不为人们所理解,也就无法取得人们的信任,更不用说让他们不折不扣地去执行,这样控制就会归于失败。要特别注意控制系统对人的心理影响,注意人这个控制的中心因素。这包括控制者的理解和掌握,以及纠偏工作实际执行者的理解和支持。只有全体组织成员都理解了,大家才能互相配合、同心协力地去完成控制的目标和标准。特别是管理者在化解因控制工作所带来的矛盾时,时时处处都要树立服务的立场,"己所不欲,勿施于人"。如果能够在广泛吸收组织成员参与的情况下,建立一套合理、准确、高效而又灵活的控制系统,再尽可能充分地披露有关信息,让更多的人加入监督,就会有助于逐步消除甚至避免人们的反控制。当然,最好的办法还是让人们实现自我控制。

14.1.5 有效控制的特征

1. 准确性

一个提供不准确信息的控制系统将会导致管理层在应该采取行动的时候而并没有行动,或根本没有出现问题而采取行动。因此,一个准确的控制系统应是可靠的,并且能提供正确的数据。

2. 适时性

控制系统应该能及时地改变管理层的注意力,使之防止某一部门出现对组织造成严重伤害的行为。最好的信息,如果是过时了,也将是毫无用处的。因此,一个有效的控制系统必须能够提供及时的信息。

3. 经济性

一个控制系统在运用过程中,从经济角度上看必须是合理的。任何控制系统产生的效益都必须与其成本进行比较。为了使成本最少,管理层应该尝试使用能产生期望结果的少量的控制。

4. 灵活性

控制系统应该具有足够的灵活性适应各种不利的变化,或利用各种新的机会。几乎没有处于极稳定的环境而不需要适应性的组织,即使是高度机械式的结构,也需要随时间和条件的变化调整其控制方式。

5. 通俗性

一个不容易理解的控制是没有价值的。因此,有时需要用简单的控制手段来代替复杂的控制手段。一个难于理解的控制系统会导致不必要的错误,会挫伤员工的积极性,以致最终会被遗忘。

6. 标准合理性

控制的标准必须是合理的且能达到的。如果标准太高或不合理,它将不会起到激励作用。雇员通常不愿意指责上级要求得太高而显得无能。因此控制标准应该是一套富有挑战性的、能激励员工表现得更好的标准,而不是让人感到泄气或鼓励欺诈的标准。

7. 战略高度

管理层不可能控制一个组织中的每一件事,即使是能够这样做,也将是得不偿失。由此看来,管理层应该控制那些对组织行为有战略性影响的因素。控制应该包括组织中关键性的活动、作业和事件。也就是说,控制的重点应放在容易出现偏差的地方,或放在偏差造成的危害很大的地方。例如,在某一个部门中,人工成本是每月 2 万美元,邮寄费用是每月 50 美元。显然前者如果超出 5% 比后者超出 20% 更要紧。因此必须在人工成本上采取更严格的控制,而邮寄费用的控制就不是那么重要。

8. 强调例外

由于管理层不可能控制所有的活动,因此他们的控制手段应该顾及例外情况的发生。一种例外系统可以保证当出现偏差时管理层不至于不知所措。比如,公司管理政策赋予管理者的权力是:每月不超过 200 美元的年工资增长额批准权,每笔支出不超过 500 美元的审批权,并且年度总支出不超过 5 000 美元,如果超出上述标准则需经上级管理部门的批准。这些检验点是一种对权力进行约束的控制手段,同时还可以免除上级对日常开支的大量检查工作。

9. 多重标准

如果管理者采用一个单一的衡量标准,如单件利润,那么员工就会在这方面下功夫并使之看起来很好。而多重标准则会减少这种狭隘的工作方式。

多重标准具有双重效果。由于多重标准比单一标准更难于把握,因此它可以防止工作中出现做表面文章的现象。此外,实际工作是很难用单一指标进行客观评价的,所以多重标准能够更准确地衡量实际工作。

10. 纠正行动

一个有效的控制系统不仅可以指出一个显著偏差的发生,而且还可以建议如何纠正这种偏差。也就是说,它应该在指出问题的同时给出解决问题的方法。其实现方法常常依赖于建立一种"如果……那么"的原则。比如"如果"单位收入下降 5％，"那么"单位成本也必须降低相同的量。

14.2　控制的内容与控制过程

14.2.1　控制的基本内容

控制的内容也就是控制的对象，斯蒂芬·罗宾斯将控制的内容归纳力对人员、财务、作业、信息和组织的总体绩效五个方面的控制。

1. 对人员的控制

组织的目标是要由人来实现的，员工应该按照管理者制定的计划去做，为了做到这一点，就必须对人员进行控制。对人员控制最常用的方法是直接巡视，发现问题马上纠正。另一种有效的方法是对员工进行系统化的评估，通过评估对绩效好的予以奖励，使其维持或加强良好表现；对绩效差的就采取相应的措施，纠正其出现的行为偏差。

2. 对组织绩效的控制

组织绩效是组织上层管理者的控制对象，组织目标的达成与否都从这里反映出来。无论是组织内部的人员，还是组织外部的人员和组织（如证券分析人员、潜在的投资者、贷款银行、供应商以及政府部门）都十分关注组织的绩效。要有效实施对组织绩效的控制，关键在于科学地评价、衡量组织绩效。各个组织的绩效指标往往不同，取决于各个组织的目标取向，生产率、产量、市场占有率、员工福利、组织的成长性等都可能成为衡量指标。

3. 对财务的控制

为保证企业获取利润，维持企业的正常运作，必须要进行财务控制。财务控制包括审核各期的财务报表，保证一定的现金存量，保证债务的负担不致过重，保证各项资产都得到有效的利用等。预算是最常用的财务控制衡量标准，因此也是一种有效的控制工具。

4. 对作业的控制

所谓作业，就是指从劳动力、原材料等资源到最终产品和服务的转换过程。组织中的作业质量在很大程度上决定了组织提供的产品或服务的质量。作业控制就是通过对作业过程的控制，来评价并提高作业的效率和效果，从而提高组织提供的产品或服务的质量。组织中常见的作业控制有生产控制、质量控制、原材料购买控制、库存控制等。

5. 对信息的控制

随着人类步入信息社会，信息在组织运行中的地位越来越高，不精确的、不完整的、不及时的信息会大大降低组织效率。因此，在现代组织中对信息的控制显得尤为重要。对信息的控制就是要建立一个管理信息系统，使它能及时地为管理者提供充分、可靠的信息。

14.2.2　控制的过程

尽管控制的对象各不相同，但控制工作的过程基本是一致的，大致可分为以下四个阶段：①确定控制标准；②衡量实际工作绩效；③将实际工作绩效与标准进行比较并分析偏差；④采取管理行动纠正偏差。控制工作的过程如图 14-1 所示。

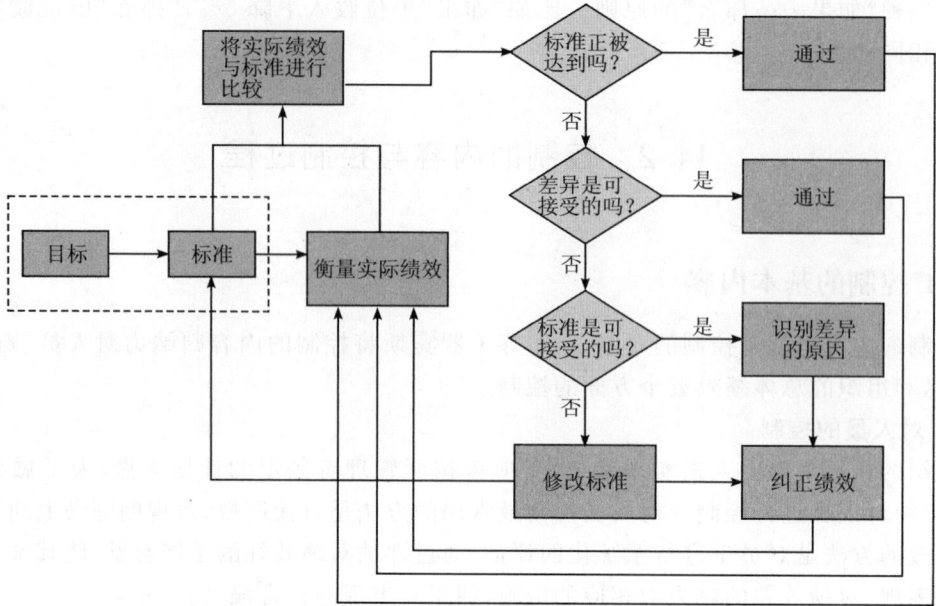

图 14-1　控制工作的过程

1.确定控制标准

（1）控制标准概述

简单地说,标准就是评定工作绩效的尺度。标准是控制的基础,离开了标准就无法对活动进行评价,控制工作也就无从谈起。因此,控制标准是控制能否有效实行的关键,没有切实可行的标准,控制就可能流于形式。

控制标准来源于计划目标,由于计划的详细程度和复杂程度不一样,计划目标不一定适合控制工作的要求,需要将其细化或具体化,并制定相应的控制标准。这是管理者实施控制的第一阶段,也是有效控制的基础。

（2）常见的控制标准与要求

控制的标准多种多样,有定量化标准和定性化标准两大类,相比较而言,定量化标准更能保证控制的准确性。因此,在实际控制工作中,应尽可能地采用定量化标准。常见的控制标准主要有以下四种:

①实物量标准。实物量标准即非货币标准,如耗用的原材料和劳动力、完成的产品产量等。

②价值标准。价值标准即货币标准,用来反映组织的经营状况,包括成本标准、收益标准、资金标准等。

③时间标准。它是指完成一定工作而需耗费的时间限度,如工时定额、交货期、工程周期等。

④质量标准。它是指工作应达到的要求,或产品与劳务所应达到的品质标准,如产品等级、合格率等。

控制标准必须满足一定的要求,才能保证控制工作的有效性。这些要求主要有以下几点:简明,即对标准的说明和表述要明确,通俗易懂,易于理解和接受;适用,即标准要以计划为基础,要有利于组织目标的实现;可行,即标准不能过高,也不能过低,应该是绝大多数员工经过努力都可以达到的;易于操作,即标准要便于比较、衡量、考核过程中的使用。

(3)制定控制标准的方法

实际工作中,常用的制定标准的方法有以下三种:

①统计方法

它是指利用历史资料,在统计分析的基础上,制定当前工作的控制标准。这些历史数据可以是本单位的,也可以是外单位的。据此建立的标准,可能是历史数据的平均数,也可能是高于或低于中位数的某个数,比如上四分位值或下四分位值。

利用本企业的历史性统计资料为某项工作确定标准,具有简便易行、成本低廉的好处。但是,据此制定的工作标准可能低于同行业的卓越水平,甚至是平均水平。这种情况下,即使企业的各项工作都达到了标准的要求,但也可能造成劳动生产率的相对低下,制造成本的相对高昂,从而造成经营成果和竞争能力劣于竞争对手。为了克服这种局限性,在根据历史性统计数据制定未来工作标准时,充分考虑到行业的平均水平,并研究竞争企业的经验是非常必要的。

②工程方法

严格地说,工程方法也是运用统计方法来制定控制标准,不过它不是对历史性统计资料的分析,而是通过对工作情况进行客观的定量分析来进行的。比如,工人操作标准是劳动研究人员在对构成作业的各项动作和要素的客观描述与分析的基础上,经过消除、改进和合并而确定的标准作业方法;劳动时间定额是受过训练的普通工人以正常速度按照标准操作方法加工某个产品或零部件所需的平均必要时间。

工程方法是通过对控制对象进行全面、科学的分析,以分析所得到的数据和参数为基础来制定控制标准。这种方法制定的控制标准准确性高,但成本高,耗时长。用工程方法制定的常见标准有劳动定额、生产线节拍、维修间隔等。

③经验估算法

它是指由经验丰富的管理者来制定标准。实际上,并不是所有工作的质量和成果都能用统计数据来表示,也不是所有的企业活动都保存着历史统计数据。对于新从事的工作,或对于统计资料缺乏的工作,可以根据管理人员的经验、判断和评估来为之建立标准。这种方法是以上两种方法的补充。其优点是运用面广,简单易行,但不足之处在于以经验为依据,科学性不强。利用这种方法来建立工作标准时,要注意利用各方面的管理人员的知识和经验,综合大家的判断,给出一个相对先进合理的标准。

2. 衡量实际工作绩效

衡量实际工作绩效是控制工作的第二个阶段,也是控制过程中工作量最大的阶段。该阶段的主要内容就是通过采集实际工作的数据与信息,了解和掌握工作的实际情况。衡量实际工作绩效的两个核心问题是衡量什么和如何衡量。

事实上,"衡量什么"在衡量工作之前就已经得到了解决。在确定控制标准的过程中,依据计划目标制定出的各种控制标准就是所要衡量的内容。所以,这里主要介绍如何衡量。

(1)选择切实可行的衡量手段

在衡量实际工作绩效时,管理者通常会选择使用三种衡量手段,分别是口头汇报、书面报告和直接观察。这些信息分别有其长处和短处。在实际使用的时候综合应用可以大大增加信息的来源，并提高信息的可信程度。

①口头汇报

口头汇报分为正式汇报和非正式汇报两种。正式汇报往往用于某些公众场合，如会议；非正式汇报往往是一对一的情况通报和信息沟通，如电话交谈、个别交谈等。口头汇报这种方法的优点是方便快捷，能够得到立即反馈；其缺点是不便于存档查找和重复使用，而且汇报的内容容易受到汇报人的主观影响。

②书面汇报

书面汇报往往在计划结束或告一段落后进行，是将实际工作中采集到的数据以一定的方法进行加工处理后得到的文字资料，如会计报表、经济报表等。书面汇报的优点是节省时间，效率较高，而且易于保存；其缺点是资料的应用价值受到原始数据真实性和全面性的影响。

③直接观察

直接观察就是由负责控制的人员亲临工作现场，通过观察、与工作人员现场交谈来了解工作的实际情况。这种方法给管理者提供了关于实际工作情况的第一手资料，从而避免了可能出现的遗漏、忽略和信息的失真。特别是对基层工作人员的工作情况进行控制时，直接观察是一种非常有效的方法。但这种方法也存在许多局限性，如费时费力，不能全面了解各方面的工作情况等。

衡量实际工作绩效实际上是一个信息的收集过程。任何信息收集过程都要注意所获取信息的质量问题。因此，在利用上述方法进行衡量工作时，要特别注意所获取信息的准确性、及时性、可靠性和实用性。随着信息技术的发展，越来越多的企业建立起管理信息系统（MIS），这就使信息的获取变得非常方便、快捷，从而大大减少了衡量实际工作绩效的工作量，为有效控制的实施创造了良好的条件。

（2）确定适宜的衡量频度

有效的控制要求确定适宜的衡量频度，这就意味着，衡量频度不仅体现在控制对象的数量即控制目标的数量，而且体现在对同一标准的测量次数或频度上。对控制对象或要素的衡量频度过高的话，不仅会增加组织费用，而且还会引起有关人员的不满，影响他们的工作态度，从而对组织目标的实现产生负面影响；但衡量和检查的次数过少，则有可能造成许多重大的偏差不能被及时发现，不能及时采取措施，从而影响组织目标和计划的完成。

适宜的衡量频度取决于被控制活动的性质、控制活动的要求。例如，对产品质量的控制常常需要以件或小时、日等较小的时间单位来进行，而对新产品开发的控制则可能需要以月为单位。

（3）选择适宜的衡量主体

对工作成效进行衡量的人是工作者本人，还是同一层级的其他人员，又或者是上级主管或职能部门的人员？衡量的主体不同，则控制的类型和效果就有差别。例如，目标管理因执行者同时又是成果的衡量者和控制者，而被归入自我控制方法。

（4）建立有效的信息反馈系统

衡量实际工作情况的目的是为管理者提供有用的信息，为后续纠正偏差提供依据。但是,并不是所有衡量绩效的工作都直接由负责纠偏的主管人员和部门进行,这就应该建立有效的信息反馈系统,使反映实际工作情况的信息既能迅速地收集上来,又能适时地传递给恰当的主管人员,并能迅速地将纠偏指令下达到有关人员,以便对问题进行处理。

信息要符合以下三点基本要求,以有效地服务于管理控制工作。

①信息的及时性

首先,信息的收集要及时。信息具有很强的时效性,对那些无法追忆和不能再现的重要信息,如果不能及时记录和收集,过后则很难再获取。而且,对于多数信息来说,如果不能及时收集,信息的利用价值会大大地降低。因此,组织内部要建立健全统计、保存原始记录的基础工作,应促使组织成员养成重视信息收集的意识,培养他们掌握信息收集的方法。

其次,信息的加工、检索和传递工作要及时。如果信息不能及时提供给各级主管人员及相关人员,信息的使用价值就会消失,而且会给组织带来有形或无形的巨大损失。

②信息的可靠性

管理人员只有依靠准确可靠的信息,才能做出正确的决策。信息的可靠性首先来源于准确,包括准确地收集信息、完整地传递信息等环节。在经济领域,完全可靠的信息是较难收集的,而高质量的决策又要求相对可靠的信息。因此,要提高信息的可靠性就需要认真分析、研究事物的本质规律,同时要尽量多地收集相关信息。在现实生活中,许多企业投入大量资金,全面而规范地开展市场调查工作,就是为了获得可靠的市场信息。在我国,仅仅看到局部的、表面的、暂时的现象就盲目投资,由此造成巨大经济损失的案例数量不少。这些案例从反面验证了可靠信息的重要性。

③信息的适用性

信息的收集是为了使用,而组织中的不同部门甚至同一部门在不同时期对信息的种类、范围、内容、详细程度、准确性、使用频率的要求等都可能是不同的。如果对这些部门不加区分地提供信息,不仅不利于做出正确的决策,反而会加重管理部门的负担。信息不足和信息过多同样有害。因此,工作人员要对衡量工作所获得的信息进行整理分析,并保证在管理者需要的时候,尽量提供精炼而又能满足控制要求的全部信息。

3. 将实际工作绩效与标准进行比较并分析偏差

获得了实际工作绩效的结果后,接下来第三个阶段就是将衡量结果与标准进行比较,并对比较的结果进行分析。

比较的结果有两种可能:一种是存在偏差,另一种是不存在偏差。需要注意的是,只有实际工作与标准之间的差异超出了一定的范围,我们才认为存在偏差。偏差有两种情况:一种是正偏差,即实际工作绩效优于控制标准;另一种是负偏差,即实际工作绩效劣于控制标准。出现正偏差,表明实际工作取得了良好的绩效,应及时总结经验,肯定成绩。但正偏差如果太大也应引起注意,这可能是因为控制标准制定得太低,这时应对其进行认真分析。出现负偏差,表明实际工作的绩效不理想,应迅速准确地分析其中的原因,为纠正偏差提供依据。

偏差产生的原因是多种多样的。例如,某企业某月的实际销售额低于计划的销售额,原因可能是销售部门工作不力,可能是产品质量有所下降,也可能是竞争对手降低了产品价格,也可能是宏观经济因素引起的需求疲软,还可能是该月的销售计划制定得不切实际。因此,对于造成偏差的原因,管理者应仔细分析。一般而言,造成偏差的原因可归结为三大类:计划或标准制定得不合理、组织内部因素的变化以及组织外部环境因素的变化。

（1）计划或标准制定得不合理

计划或标准制定得过高或过低,都会造成偏差。在制定计划或标准时不切实际,盲目乐观,把目标定得过高,有时甚至根本达不到,如过高的利润目标、市场占有率等,这种情况就必然出现负偏差;相反,在制定计划或标准时过于保守,低估自己的实力,把目标定得太低,很容易达到,这种情况就容易出现正偏差。

（2）组织内部因素的变化

这是指组织中人、财、物等资源供给配置状况或人员行为的结果等与计划中的前提条件不符,具体包括生产的物质条件、资金的供给、员工的工作态度和工作能力等。如果这些组织内部因素、现实情况与计划的前提条件不符,就会导致偏差的发生。例如,质量管理部门的工作不力而造成产品质量下降,生产设备的故障会造成生产任务不能及时完成等。

（3）组织外部环境因素的变化

这是指组织外部环境因素,如经济、技术、政治、社会、供应商、顾客、竞争对手等因素与计划中的前提条件不符。这种不符就会导致偏差的发生,如利率的上升会造成财务费用的增加,竞争对手加大促销力度会造成销售额的下降等。

4. 采取管理行动纠正偏差

采取管理行动纠正偏差是控制工作的最后一个阶段,可使工作的实际情况与计划相一致。由于偏差是控制标准与实际工作绩效之间的差距,因此纠正偏差的方法也不外乎以下两种:要么改进工作绩效,要么修订控制标准。

（1）改进工作绩效

如果偏差分析的结果表明计划或标准是符合实际情况的,偏差是由于实际工作绩效不理想所产生的,那么管理者就应该采取一定的纠正行动来有针对性地改善实际工作绩效。这种纠正行动可以是管理策略的调整、组织机构的变动、培训计划的改变以及人事方面的调整等。例如,发现造成销售收入下降的原因是由于产品技术陈旧,就要通过增加研发投入来改变这种状况;当发现工人完不成生产任务的原因是操作不当,就需要对其提供额外的培训,使其熟练掌握操作技术。

（2）修订控制标准

正如前面所述,产生偏差的原因可能来自不合理的标准,标准制定得过高或过低都会造成偏差的出现。如果标准脱离实际,导致多数员工、多数部门无法实现控制目标时,管理部门应适当降低标准;相反,如果实际工作绩效已远远超过了标准,则应在充分肯定工作的情况下,适当提高标准。标准的修订在管理控制中是不可避免的,这是由于在组织管理中,一些不确定因素的影响往往难以预测,同时,管理环境的变化会导致管理目标和标准的变化。从某种意义上说,管理控制就是一个不断制定标准、实施标准、修订和完善标准的过程。值得注意的是,在修订标准时,应从实际情况出发,强调标准的客观性,避免管理人员主观因素的消极影响。

14.3　控制的类型

按照不同的分类标准,控制有多种类型。

14.3.1　前馈控制、现场控制和反馈控制

根据控制时点的不同,即控制活动侧重于组织活动过程的不同阶段,可以将控制分为前馈控制、现场控制和反馈控制。三者之间的关系如图 14-2 所示。

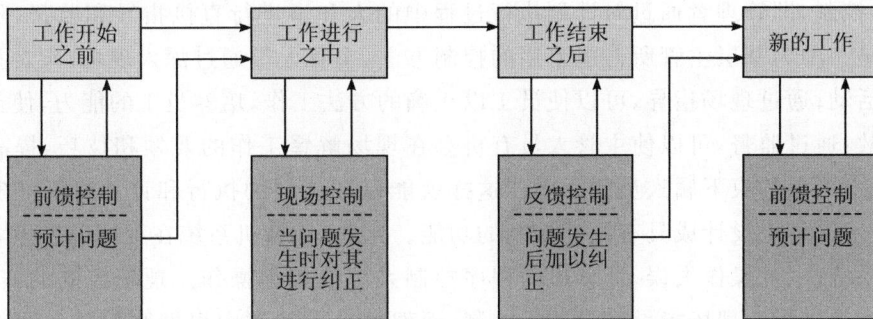

图 14-2　前馈控制、现场控制和反馈控制三者之间的关系

1. 前馈控制

前馈控制也叫事前控制或预先控制。它是指在组织活动开始之前的控制。其特点是能在偏差发生之前就采取各种预防措施,防止偏差的出现或尽可能地减少偏差的出现,从而把偏差带来的损失降到最低程度,做到"防患于未然"。

前馈控制的内容包括依据组织的计划标准检查人、财、物、信息等资源的准备情况及预测其产生的效果两个方面。这是一种面向未来的控制。这类控制一般建立在经验预测的基础之上,尽可能降低偏差发生的概率。前馈控制的方法是:

(1)挑选和安置管理与非管理人员。这两类人员的选择目的与实质没有原则的差别,主要看候选人的技术、个人特点与职务要求是否适应。对被选中的人员必须在任务所需的方法和过程上进行训练。

(2)原材料的检查。经加工制成成品的原材料必须符合质量标准,同时必须保持充足的库存,以保证供应来满足顾客的要求。原材料的质量检查一般可通过随机抽样来进行,对达不到质量要求的予以退货。

(3)资本预算。为更新现有设备和扩大组织发展的需要,必须筹集资本,因而要清楚地算出获得未来的收益所需付出的投资额。

(4)进行财务预算。有充足的财政资源才能保证组织活动的正常运转,因此要通过预算,特别是现金和流动资金预算来控制财政资源的来源与支出,确保组织正常活动的有效进行。

总之,前馈控制的中心问题是防止组织中所使用的资源在质和量上产生偏差,其重点是

预先对组织中的人、财、物、信息、时间等进行控制和检查，合理配置，使其符合预期的标准，从而保证计划的实现。由于前馈控制可以避免预期出现的偏差，有利于提高组织活动的效率，因此是人们最渴望使用的控制类型。这种控制需要及时和准确的信息，但难以获得，因而人们不得不借用现场控制和反馈控制两种类型。

现实生活中前馈控制的实例很多，如企业的财务预算、原料检查等活动，管理部门制定规章制度及相关实施细则，在人才招聘之前拟定对应聘者的具体要求，驾车者上坡时提前加速，猎人射击正在奔跑的野兽时总要瞄准野兽的前方等，都是前馈控制的实例。

2. 现场控制

现场控制也叫过程控制、同期控制。它是指计划执行过程中所实施的控制，是一种同步的、适时的控制，即管理者通过对计划执行过程中的人和事进行直接指导和监督，随时纠正偏差。这是一种为基层主管所普遍采用的控制方法，主管人员通过深入现场，亲自指导和监督员工的活动；通过现场指导，可以使员工以正确的方法工作，培养员工的能力，使员工的工作更有成效；通过监督，可以使主管人员有机会在现场解释工作的要领和技巧，提高员工的工作能力，也可以约束下属人员的活动。这样就能保证计划的执行和计划目标的实现。此外，有些技术设备也设计成具有同期控制的功能。比如，计算机系统在程序设计中就设置了同期控制系统，一旦操作失误，计算机的程序控制系统会拒绝操作。现场控制的实例很多，基层主管人员进行的现场指导就是过程控制；而驾驶员在行驶中根据路况随时调整方向和速度也是过程控制的典型。

在进行现场控制时，主管人员必须采取的行动是：

（1）向下属指示恰当的方法和过程；

（2）监督下属的工作，以保证下属很好地完成任务。

在进行现场控制时，主管人员还需要注意以下几个问题。

（1）控制应遵循按计划确定的标准，要注意避免单凭主观意志进行工作，否则，将导致标准的多元化，无法统一测量和评价。

（2）指导和控制的内容应当与被控制对象的工作特点相适应。对于从事简单重复性体力劳动的工人或许控制越严格效果越好，而对于从事创造性劳动的知识分子，控制则不宜过严，控制的重点应当转向如何创造出良好的工作环境，并激发创造力。

（3）管理人员必须亲临现场考察，而不是仅仅听取汇报，因为亲自考察是管理人员获取真实信息最可靠的途径。

（4）现场控制要求控制人员有较高的素质，特别是要有敏锐的观察力、快速的反应能力和灵活多变的控制手段

3. 反馈控制

反馈控制也叫事后控制和成果控制，是在计划执行后进行的控制，也就是从组织活动进行后的信息反馈中发现偏差，分析原因，采取措施，纠正偏差，从而起到控制的作用。其目的是防止已经发生或即将发生的偏差今后再度发生或扩大。另外，能够为未来计划的制定提供借鉴。反馈控制是历史最早的控制类型，传统的控制方法几乎都属于这一类型。反馈控制的方法有：

（1）财务报告分析。管理人员可定期通过组织的财务报告来评估组织发展情况,这是企业中最常用的方法。财务报告通常包括资产负债表、收入报告、资金来源和使用报告。管理人员通过对财务报告中包含的资料进行分析,及时掌握利润率、流动性和偿付能力的指标变化,弄清组织的发展状态。

（2）标准成本分析。企业发展事先都要有预定成本,这可作为企业的标准成本。会计制度向管理人员提供了能将实际成本与标准成本进行比较的信息,以便及时对超标准的成本分析原因,进行控制。

（3）质量控制分析。即根据有关产品的属性和特性的资料来检查产品质量,确定生产过程是否在控制之中。

（4）员工的工作绩效评估。这是反馈控制最不好把握的方法,因为任何组织中最关键也最复杂的因素是人。员工绩效评估困难的因素一是标准难以客观明确,二是多数工作必须由一个以上的评估标准或尺度来衡量,三是评估者的偏好不一,等等。这些因素使员工工作绩效评估实行起来有一定的难度,从而可能导致评估的准确性打折扣。但又是重要和必须要进行的。理想的做法是:绩效标准应来自于计划职能,标准要反映每个员工为实现组织目标应做的贡献。信息由组织职能提供,按时传送到相应的管理人员手中。现场考察是对员工绩效评估的主要信息来源,因为对管理人员来说首要的管理责任就是对下属的工作绩效有客观的考察。此外,增加考核评估的次数也有益于提高评估的准确性,如此,则评估将会收到真实效果,有利于发挥控制工作的作用。

反馈控制位于活动的终点,其致命弱点在于滞后性,从衡量结果、比较分析到制定纠偏措施及实施,整个活动已经结束,活动中产生的偏差已经在组织系统内部造成了损失,只能内部消化并且无法补偿。

反馈控制虽然不尽如人意,但与前两种控制类型相比,反馈控制也有明显的优点。一是反馈控制为管理者提供了检验计划执行效果的真实信息,如果反馈信息显示标准与实际的偏差很小,则说明计划比较合理,反之,则说明计划需要调整。二是反馈控制的信息可以促进员工工作绩效的提高。反馈的信息好则表明员工的工作绩效好,可以激励员工的工作积极性,反馈信息差则可以促使员工改进工作,有益于后面的工作。总之,反馈控制有其特有的优点,在现实中应用较广。而且有些时候,反馈控制是能采取的唯一控制手段,尤其是在影响组织运行的不确定性因素较多的情况下更是如此。

以上三种控制方式各有优点和缺点,在实际应用中往往配合使用,并与管理的其他职能相互渗透,共同构成管理活动的全部过程。预先控制虽然是面向未来的控制,能预先避免出现问题,但有些突发事件是难以预测和防不胜防的,必须辅之以现场控制,否则,将前功尽弃。而且,无论前馈控制还是现场控制,都无法看清计划执行的结果,而只能在事后才能看清,所以更多的控制要通过事后控制来进行。另外,在管理活动循环发展的过程中,控制类型也具有相对性,对前一阶段是反馈控制,对后一阶段往往是前馈控制。因此,控制的类型需要配套使用。

✳ **管理故事** 14-1

曲突徙薪

有位客人到某人家里做客,看见主人家的灶上烟囱是直的,旁边又有很多木材。客人告诉主人说,烟囱要改曲,木材需移去,否则将来可能会有火灾,主人听了没有作任何表示。

不久主人家里果然失火,四周的邻居赶紧跑来救火,最后火被扑灭了,于是主人烹羊宰牛,宴请四邻,以酬谢他们救火的功劳,但并没有请当初建议他将木材移走、烟囱改曲的人。

有人对主人说:"如果当初听了那位先生的话,今天也不用准备筵席,而且没有火灾的损失,现在论功行赏,原先给你建议的人没有被感恩,而救火的人却是座上客,真是很奇怪的事呢!"主人顿时省悟,赶紧去邀请当初给予建议的那个客人来吃酒。

14.3.2 间接控制和直接控制

从控制主体的角度来看,控制可以分为间接控制和直接控制。

1. 间接控制

间接控制即着眼于发现工作中出现的偏差,分析偏差产生的原因,并追究责任人的责任,以改进未来工作的控制活动。间接控制的主体是直接责任者的监督人。比如,一所大学的教学质量低下,学生的学习成绩和能力差,毕业就业困难,教育行政管理机构通过教学质量评估,追查校长责任,并采取纠正措施。这类控制就属于间接控制。它是基于这样一些事实,即人们常常会犯错误或没有觉察那些将要出现的问题,因而也就不能采取适当的纠正或预防措施。在实际工作中,产生偏差的原因很多,对于由于主管人员缺乏知识、经验和判断力所造成的管理失误和工作上的偏差,可以运用间接控制帮助纠正,这对比较规范、程序化的工作尤其有效。同时,间接控制还可以帮助主管人员总结经验,提高管理水平。

间接控制最明显的缺点是滞后性,即它是在出现了偏差、造成了损失后,才采取措施,因此其控制成本较高。此外,有效的间接控制还取决于以下假设同时存在:

(1)工作绩效可以准确衡量。

(2)人们对工作绩效具有责任感。

(3)有充分的时间衡量工作绩效,发现偏差。

(4)偏差能够及时被发现。

(5)有关部门能够及时出台纠正措施。

然而,上述五项假设在实际管理活动中难以同时满足,从而使间接控制容易失效。例如,由主管人员的决策能力、预见性和领导水平等因素导致的工作绩效通常难以准确衡量;责任感的强弱难以衡量;主管人员不愿意花费时间调查产生偏差的原因,从而造成对违反标准的活动的纵容;有时虽然发现了偏差,而且能找出偏差的原因,但没有相应的纠偏措施出台,也会导致控制失效。鉴于此,人们便更多地借助直接控制方法来实现管理的有效控制。

2. 直接控制

直接控制是相对于间接控制而言的。直接控制即着眼于培养更好的主管人员,使他们能熟练地应用管理的概念、技术和原理,以系统的观点来开展和改善他们的管理工作,从而防止出现因管理不善而造成不良后果的控制活动。在组织内部,相对于管理活动而言,直接控制的主体是管理者或直接责任者。可见,直接控制通过提高主管人员的素质来进行控制工作。其基本假设是:合格的主管人员产生的差错最少,他们能敏锐地发现已经出现的问题,及时觉察到即将出现的问题,并能及时地采取有效的纠正措施。合格的主管是指具有管理的技能、经验,能熟练地应用管理的概念、原理和技术,以系统的观点来进行管理工作的人员。直接控制原理认为,主管人员及其下属的素质越高,就越不需要间接控制。

有效的直接控制依赖于三个假设前提:

(1)主管人员主观上没有故意犯错误的企图和行动。

(2)客观上,合格的主管人员所犯错误最少。

(3)管理工作的绩效可以衡量,而且管理的概念、原理和方法是一些有用的判断标准。

进行直接控制有许多优点:

(1)由直接控制的假设决定,它特别重视对主管和成员的素质要求,以便向成员分派任务时具有较大的准确性。

(2)直接控制可以促使主管人员主动发现偏差,采取纠正措施,从而使控制更有效,实质是倡导自我控制的办法。

(3)直接控制有助于提高主管人员的威信,增加下属对他们的信任和支持,从而有利于整个计划目标的实现。

(4)由于管理人员的素质提高,自然减少了偏差发生的概率,有可能节约控制的成本。

直接控制在现实中的例子也很多,比如,新教师上岗前的培训、各级国家机关公务人员的廉政教育等都是直接控制的例子。

14.3.3 任务控制、管理控制和战略控制

依据控制的侧重点的不同,可以把控制分为任务控制、管理控制和战略控制。

1. 任务控制

任务控制也称为运营控制、作业控制,是基层管理者对生产作业和其他具体的业务活动进行的控制活动。任务控制由基层管理人员如生产车间的主任、学校的教研室主任等来进行,其主要任务是:监督组织的生产活动以保证其按计划进行;监督组织的产品或服务质量,以保证其符合预定的标准等。任务控制以反馈控制为主,其依据的信息来自组织内部,主要有会计信息、库存信息、生产进度信息、产品质量信息等。

2. 管理控制

管理控制是一种财务控制,也称为责任预算控制,即利用组织的财务数据来观测组织的活动状况,以此考核组织各部门的工作绩效,确保组织正常运行的活动。财务控制为各种类型组织管理者提供了一个比较与衡量支出的定量标准。它主要由组织的财务部门进行控制。其控制的信息来源是组织各部门的财务数据和报表。这种控制类型在组织中使用很广泛,不仅企业使用,而且在学校、政府和医院等组织中广泛使用。但是,过分依赖管理控制也会给组织的发展带来限制。在管理实践中,由于有些非预算目标对组织运行和增强活力、对组织的长远发展极为重要,过于依赖财务控制可能会失去对这样一些重要目标的把握,因此,许多管理专家越来越强调要把预算控制和战略控制结合起来,才能保证组织实现自己的长远目标和得到持续的发展。

3. 战略控制

战略控制是由组织的高层管理人员进行的对组织的长远计划实现程度的控制。由于组织面临的环境的不断变化,特别是突发性的变化往往使得组织高层制定的战略不可避免地会出现过时、失效等问题,从而需要对计划和目标做出重大修改或重新厘定。而要实现战略计划的修改,对战略的实施进行系统化的检查、评价和控制就成为高层管理者的一项重要工作。一个完整的战略控制过程一般包括以下几个步骤:

(1)定期进行战略回顾。主要是提出组织的战略方向,明确战略目标。

(2)选择战略控制目标。主要包括衡量战略性活动的进展情况,制定控制行动的方案等。

(3)设立达成目标的水准。主要包括确定目标精度,选择重点目标,明确标准等。

(4)战略性活动的监督。包括定期报告活动执行情况,准确评价等。

(5)战略性干预。根据环境条件的变化,重新制定和调整组织战略。

一般情况下,战略控制是相对稳定的控制,这种控制依据的信息主要来自组织外部,如组织所处的政治、经济形势的变化情况的信息、汇率和利率的变动等信息。战略控制往往与管理控制配合使用才能更好地发挥作用。

14.3.4 集中控制、分散控制和分层控制

依控制结构的不同,控制可分为集中控制、分散控制和分层控制。

1. 集中控制

集中控制即在管理系统中建立一个控制中心,由它来对所有的信息进行集中统一的加工、处理,并发出指令,以此对管理活动实行控制。集中控制比较适用于组织规模和信息量不很大,控制中心对信息的获取、存储和加工效率较高的组织。比如,有的企业设立的生产指挥部、中央调度室等采取的就是集中控制。而在管理系统庞大、组织规模和信息量极大时,就不宜采用集中控制,以免加大信息传递和反馈的时滞,使系统反应迟钝,延误决策时机。此外,一旦控制中心发生故障,会造成系统的瘫痪,风险极大。因此,采取集中控制时一定要考虑组织的实际情况。

2. 分散控制

分散控制即在管理系统中设立多个控制中心,由它们对系统的信息进行分散的加工、处理、监控和发布指令,以实现对管理活动的有效控制。分散控制的优点是:

(1)在系统中分散决策、分散风险,个别控制环节的故障不会引发整个系统的瘫痪;

(2)分散控制对控制系统的信息存储和处理能力的要求相对较低,易于实现;

(3)分散控制的反馈环节少,控制系统具有反应快、时滞短、控制效率高、应变能力强等优点。

但分散控制也有明显的缺点,即难以使各分散的系统做到相互协调,与总体目标保持一致,从而危及总体的控制系统。

3. 分层控制

分层控制即把集中控制与分散控制结合起来的控制方式。它有两个特点:

(1)管理系统的分系统都有自己的独立控制能力和控制条件,从而有可能实施对分系统自身的控制。

(2)整个管理系统分为若干层次,上一级层次对下一级层次的控制采取指导性、导向性

的间接控制,在分层控制中,特别要注意防止缺乏间接控制,自觉不自觉地滥用直接控制,并且多层次地、向下重叠地推行直接控制的弊病。

14.3.5 正式组织控制、群体控制和自我控制

根据控制的来源不同,可以将控制分成正式组织控制、群体控制和自我控制三种类型。

1. 正式组织控制

正式组织控制是由管理人员设计和建立起来的一些机构或人员来进行控制,如规划、预算和审计部门等都是正式组织控制的典型例子。组织可以通过规划指导成员的活动,通过预算来控制费用,通过审计来检查各部门或各成员是否按规定进行活动,并提出更正措施。在企业中,普遍实行的正式组织控制的内容有操作标准化、保护企业财产的安全性、质量标准化、防止滥用权力以及对员工的工作进行指导和评价等。

2. 群体控制

群体控制基于群体成员的价值观念和行为准则,它是由非正式组织发展和维持的。非正式组织有自己的一套行为规范,虽然这些规范往往是不成文的,但对其成员有很大的约束力。群体控制可能有利于达成组织目标,也可能给组织带来危害,所以要对其加以引导。

3. 自我控制

自我控制即个人有意识地按某一行为规范进行活动。例如,一个员工不愿意收受回扣,可能是由于他具有诚实、廉洁的品质,而不单单是怕被发现遭处分。这种控制成本低,效果好,但要求人员有较高的素质,要求上级给予下级充分的信任和授权,还要把个人活动与成果报酬联系起来。

✳ **管理故事 14-2**

七个和尚分粥的故事

从前,山上的寺庙有七个和尚,他们每天分食一大桶粥,可是每天可以分食的粥都不够。为了兼顾公平,使每个和尚都基本能吃饱,和尚们想用非暴力的方式解决分粥的难题。

一开始,他们拟定由一个小和尚负责分粥事宜。但大家很快就发现,除了小和尚每天都能吃饱,其他人总是要饿肚子,因为小和尚总是自己先吃饱再给别人分剩下的粥。

于是,在大家的倡议下又换了一个小和尚,但这次却变成只有小和尚和主持人碗里的粥是最多最好的,其他人五个人能够分得的粥就更少了。

饿得受不了的和尚们提议大家轮流主持分粥,每天轮一个。这样,一周下来,他们只有一天是饱的,就是自己分粥的那一天,其余六天都是肚皮打鼓。

大家对这种状况不满意,于是又提议推选一个公认道德高尚的长者出来分粥。开始这位德高望重的人还能基本公平,但不久他就开始为自己和挖空心思讨好他的人多分,使整个小团体乌烟瘴气。

这种状态维持了没多长时间,和尚们就觉得不能够再持续下去了,他们决定分别组成三人的分粥委员会和四人的监督委员会,这样公平的问题基本解决了,可是由于监督委员会提出多种议案,分粥委员会又屡屡据理力争,互相攻击扯皮下来,等分粥完毕时,粥早就凉了。

最后,他们总结经验教训,想出一个办法,就是每人轮流值日分粥,但分粥的那个人要等到其他人都挑完后再拿剩下的最后一碗。令人惊奇的是,在这个制度下,7只碗的粥每次都几乎是一样多,就像用科学仪器量过一样,这是因为每个主持分粥的人都认识到,如果7只碗里的粥不一样,他确定无疑将享用分量最少的那碗。从此和尚们都能够均等地吃上热粥。

14.4 控制方法与技术

管理过程包括了计划、组织、领导与控制等基本职能,根据管理三维金字塔体系结构,每一个管理领域,例如生产管理、市场营销管理、物流管理、财务管理等,都需要进行管理控制,都需要对该领域的目标、决策方案和计划等进行控制。由于每一个管理领域还包含了许多细分的下属领域,因此管理控制的内容是十分丰富的,且不同的控制对象有着不同的控制内容和特殊性,需要分别进行研究。

14.4.1 财务控制

1. 预算控制

(1)预算含义

预算是有效地组织短期计划和控制的重要工具。企业在未来的几乎所有活动都可以利用预算进行控制。所谓预算,就是用数字特别是用财务数字的形式来描述企业未来的活动计划。它预估了企业在未来时期的经营收入或现金流量,同时也为各部门或各项活动规定了在资金、劳动、材料、能源等方面的支出不能超过的额度。预算控制就是根据预算规定的收入与支出标准来检查和监督各个部门的生产经营活动,以保证各种活动或各个部门在充分达成既定目标、实现利润的过程中对经营资源的利用,从而费用支出受到严格有效的约束。

预算具有三个特点。第一,计划性。预算是一种特殊的计划,主要构成内容是数字,包括数量目标、对目标数字的说明、预算时间等。第二,预测性。预算从字面上来理解就是预先测算,因而也属于预测的内容,是关于收入与支出的预测,具有相当的特殊性和专业性。所以,预算控制要运用预测方法。第三,控制性。预算是对组织涉及收入及支出的活动拟定的数量化标准,用预算作为控制标准比其他控制标准更明确、更具体、更具可控性。

(2)预算的种类

①按预算控制的力度可分为刚性预算和弹性预算

刚性预算是指在执行进程中没有变动余地的预算,一般来说,刚性预算不利于发挥执行人的积极性,环境适应性较弱。刚性预算只能在重点项目上采用。常见的刚性预算是控制

上限或控制下限的预算,如严格要求的财政支出预算和财政收入预算等

弹性预算是指预算指标有一定的调整余地,执行人可灵活地执行的预算。这种预算的控制力稍弱,但有较强的环境适应性,能较好地满足控制的要求。在预算控制中弹性预算比较常见。

②按预算的内容可分为支出预算和收入预算

支出预算是指为完成组织活动支付货币的预算,一个组织,可以没有收入预算,但不可能没有支出预算。做好支出预算是一项十分重要的工作。

收入预算是指对组织活动带来货币收入进行的预算。一般来说,只有企业性质的组织和政府才有收入预算。

收入预算与支出预算是密切相关的。一般原则是:以收定支,在收入预算的基础上确定支出预算。

③按预算的范围可分为总预算和部门预算

总预算是指以组织整体为范围,由组织的最高管理机构批准的预算。

部门预算是指各部门根据总预算和本部门的实际情况安排的预算。

总预算与部门预算不是简单的总体与部分的关系,而是相互支持、相互补充的关系。有的部门预算是全包含在总预算之中的,有的并不全包含在总预算之中。另外,不同的组织对预算的分类也不一样,如企业常常把财务预算称为总预算。

(3)预算的作用

制定预算有以下四个基本作用。

①为战略计划做进一步安排

战略计划一般在年初制定,是以当时可供使用的信息为基础并由相对较少的管理者制定的,而且范围较广。预算是在预算年度开始前一些时候制定的,使用的是最新的信息,而且以各层次管理者的判断为基础,是战略计划的具体细化。

②协调

组织中的每个责任中心的管理者都会参加预算制定。当汇总他们的意见时,可能有不一致的地方。最可能的情况是,总量上或者就某些产品系列而言产销量不吻合。在组织中,成品发运计划与生产该产品所需零部件到货计划不吻合。又如,直线式组织内需要支持性机构提供的服务水平比计划要提供的服务水平高。在预算的制定过程中,这些不一致的地方要找出来并加以解决。

③指定责任

审批后的预算应明确每个管理者的责任。预算也授权责任中心管理者可自由支配一定数量的开支。

④业绩评估的基础

预算是预算人员对上级的承诺,因此它是评价业绩的尺度。这一承诺可能因为其基础的改变而改变。但无论如何,它是业绩评估的最好的起点。

(4)预算的内容

不同企业,由于生产活动的特点不同,预算表中的项目会有不同程度的差异,但一般来说,预算内容要涉及以下几个方面:收入预算、支出预算、现金预算、资金支出预算、生产负债预算。

①收入预算

收入预算和下面要介绍的支出预算提供了关于企业未来某段时期经营状况的一般说明,即从财务角度计划和预测了未来活动的成果以及为到得这些成果所需付出的费用。

由于企业收入主要来源于产品销售,因此收入预算的主要内容是销售预算。销售预算是在销售预测的基础上编制的,即通过分析企业过去的销售情况、目前和未来的市场需求特点及其发展趋势,比较竞争对手和本企业的经营实力,确定企业在未来时期内,为了实现目标利润必须达到的销售水平。

由于企业通常不止生产一种产品,这些产品也不仅在某一个区域市场上销售,因此,为了能为控制未来的活动提供详细的依据,便于检查计划的执行情况,往往需要按产品、区域市场或消费者群(市场层次)为各经营单位编制分项销售预算。同时,由于在一年中的不同季度和月度销售量往往不稳定,所以通常还需预计不同季度和月度的销售收入。这种预计对编制现金预算是很重要的。

②支出预算

企业销售的产品是在内部生产过程中加工制造出来的,在这个过程中,企业需要借助一定的劳动力,利用和消耗一定的物质资源。因此,与销售预算相对应,企业必须编制能够保证销售过程得以进行的生产活动的预算。关于生产活动的预算,不仅要确定为取得一定销售收入所需要的产品数量,而且更重要的是要预计为得到这些产品、实现销售收入需要付出的费用。不同企业,经营支出的具体项目可能不同,但一般都包括直接材料预算、直接人工预算和附加费用预算。

直接材料预算是根据实现销售收入所需的产品种类和数量,详细分析为了生产这些产品,企业必须利用的原材料的种类数量。它通常以实物单位表示,考虑到库存因素后,直接材料预算可以成为采购部门编制采购预算、组织采购活动的基础。

直接人工预算需要预计企业为了生产一定数量的产品,需要哪些种类的工人,每种类型的工人在什么时候需要多少数量,以及利用这些人员劳动的直接成本是多少。

直接材料和直接人工只是企业经营全部费用的一部分。企业的行政管理、营销宣传、人员推销、销售服务、设备维修、固定资产折旧、资金筹措以及税金等,也要耗费企业的资金。对这些费用也需要进行预算。这就是附加费用预算。

③现金预算

现金预算是对企业未来生产与销售活动中现金的流入与流出进行预测,通常由财务部门编制。现金预算只能包括那些实际包含在现金流程中的项目:赊销所得的应收款在用户实际支付以前不能列作现金收入;赊购所得的原材料在未向供应商付款以前也不能列入现金支出;而需要今后逐年分摊的投资费用却需要当年实际支出现金。因此,现金预算并不需要反映企业的资产负债情况,而是要反映企业在未来活动中的实际现金流量和流程。企业的销售收入、利润即使相当可观,但大部分尚未收回,或收回后被大量的库存材料或在制品所占用,那么它也不可能在目前给企业带来现金上的方便。通过现金预算,可以帮助企业发现资金的闲置或不足,从而指导企业及时利用暂时过剩的现金,或及早筹齐维持营运所短缺的资金。

④资金支出预算

上述各种预算通常只涉及某个经营阶段,是短期预算,而资金支出预算则可能涉及好几个阶段,是长期预算。如果企业的收支预算被很好地执行,企业有效地组织了资源的利用,那么利用这些资源得到的产品销售以后的收入就会超出资源消耗的支出,从而给企业带来盈余,企业可以利用盈利的部分来进行生产能力的恢复和扩大。这些支出,由于具有投资的性质,因此对其计划安排通常称为投资预算或资金支出预算。资金支出预算的项目包括:用于更新改造或扩充包括厂房、设备在内的生产设施的支出;用于增加品种、完善产品性能或改进工艺的研究与开发支出;用于提高职工和管理队伍素质的人事培训与发展支出;用于广告宣传、寻找顾客的市场发展支出等。

⑤资产负债预算

资产负债预算是对企业会计年度末期的财务状况进行预测。它通过将各部门和各项目的分预算汇总在一起,表明如果企业的各种业务活动达到预先规定的标准,在财务期末企业资产与负债会呈现何种状况。作为各分预算的汇总,管理人员在编制资产负债预算时虽然不需做出新的计划或决策,但通过对预算表的分析,可以发现某些分预算的问题,从而有助于采取及时的调整措施。比如,通过分析流动资产与流动债务的比率,可能发现企业未来的财务安全性不高,偿债能力不强,可能要求企业在资金的筹措方式、来源及其使用计划上作相应的调整。另外,通过将本期预算与上期实际发生的资产负债情况进行对比,还可发现企业财务状况可能会发生哪些不利变化,从而指导事前控制。

(5)预算的局限性

由于预算的实质是用统一的货币单位为企业各部门的各项活动编制计划,因此它使得企业在不同时期的活动效果和不同部门的经营绩效具有可比性,可以使管理者了解企业经营状况的变化方向和组织中的优势部门与问题部门,从而为调整企业活动指明了方向;通过为不同的职能部门和职能活动编制预算,也为协调企业活动提供了依据;更重要的是,预算的编制与执行始终是与控制过程联系在一起的,编制预算是为企业的各项活动确立财务标准,用数量形式的预算标准来对照企业活动的实际效果,大大方便了控制过程中的绩效衡量工作,也使之更加客观可靠;在此基础上,很容易测量出实际活动对预期效果的偏离程度,从而为采取纠正措施奠定了基础。

由于这些积极作用,预算手段在组织管理中得到了广泛运用。但在预算的编制和执行中,也暴露了一些局限性,主要表现在以下几点。

第一,它只能帮助企业控制那些可以计量的特别是可以用货币单位计量的业务活动,而不能促使企业对那些不能计量的企业文化、企业形象、企业活力的改善予以足够的重视。

第二,编制预算时通常参照上期的预算项目和标准,从而会忽视本期活动的实际需要,因此会导致这样的错误:上期有的而本期不需的项目仍然沿用,而本期必需上期没有的项目会因缺乏先例而不能增设。

第三,企业活动的外部环境是在不断变化的,这些变化会改变企业获取资源的支出或销售产品实现的收入,从而使预算变得不合时宜。因此,缺乏弹性、非常具体特别是涉及较长时期的预算可能会过度束缚决策者的行动,使企业经营缺乏灵活性和适应性。

第四,预算特别是项目预算或部门预算,不仅对有关负责人提出了希望他们实现的结果,而且也为他们得到这些成果而有效开支的费用规定了限度。这种规定可能使得主管们在活动中精打细算,小心翼翼地诺守不得超过支出预算的准则,而忽视了部门活动的本来目的。

只有充分认识了上述局限性,才能有效地利用预算这种控制手段,并辅之以其他工具。

2. 比率分析法

(1)比率分析法含义

比率分析法通过一些比率分析企业的一些实际情况。如流动比率可以反映一家公司的偿债能力和经营的风险程度,存货周转率可反映企业存货周转速度,投资报酬率反映企业运用投资的效果等。比率可以简单明了地反映企业的各种活动,可以利用比率作为控制的一种手段。例如,企业的负债比例应尽量控制在60%以下,企业财务风险就较小。

单个地去考虑反映经营结果的某个数据,往往不能说明任何问题。企业本年度盈利100万元,某部门本期生产了5 000个单位产品,或本期人工支出费用为85万元,这些数据本身没有任何意义。只有根据它们之间的内在关系,相互对照分析才能说明某个问题。比率分析就是将企业资产负债表和收益表上的相关项目进行对比,形成一个比率,从中分析和评价企业的经营成果和财务状况。

(2)比率分析法类型

利用财务报表提供的数据,可以列出许多比率,常用的有两种类型:财务比率和经营比率。

①财务比率

财务比率可以帮助了解企业的偿债能力和盈利能力等财务状况。常见的财务比率包括流动比率、负债比率和盈利比率。

流动比率是企业的流动资产与流动负债之比。它反映了企业偿还需要付现的流动债务的能力。一般来说,企业资产的流动性越大,偿债能力就越强;反之偿债能力则弱,这样会影响企业的信誉和短期偿债能力。因此,企业资产应具有足够的流动性。资产若以现金形式出现,其流动性最强。但要防止为追求过高的流动性而导致财务资源的闲置,使企业失去本应得到的收益。

负债比率是企业总负债与总资产之比。它反映了企业所有者提供的资金与外部债权人提供的资金的比率关系。只要企业全部资金的利润率高于借入资金的利息,且外部资金不在根本上威胁企业所有权的行使,企业就可以充分地向债权人借入资金以获取额外的利润。一般来说,在经济迅速发展时期,债务比率可以很高。20世纪60年代到70年代初,日本许多企业的外借资金占全部营运资金的80%左右。确定合理的债务比率是企业成功的举债经营的关键。

盈利比率是企业利润与销售额或全部资金等相关因素的比例关系,反映了企业在一定时期从事某种经营活动的盈利程度及其变化情况。常用的比率有销售利润率和资金利润率。

销售利润率是销售净利润与销售总额之间的比例关系,反映了企业一定时期的产品销售中是否获得了足够的利润。将企业不同产品、不同经营单位在不同时期的销售利润率进行比较分析,能为经营控制提供更多的信息。

资金利润率是指企业在某个经营时期的净利润与该期占用的全部资金之比,它是反映企业资金利用效果的一个重要指标,反映了企业是否从全部投入资金的利用中实现了足够的净利润。

同销售利润率一样,资金利润率也要同其他经营单位和其他年度的情况进行比较。一般来说,要为企业的资金利润率规定一个最低的标准。同样一笔资金,投入到企业运营后的净利润收入,至少不应低于其他投资形式(比如购买股票或债券)的收入。

②经营比率

经营比率也称活力比率,是与资源利用有关的几种比例关系。它们反映了企业经营效率的高低和各种资源是否得到了充分利用。常用的经营比率有库存周转率、固定资产周转率、销售收入与销售费用的比率这三种。

库存周转率是销售总额与库存平均价值的比例关系,它反映了与销售收入相比库存数量是否合理,表明了投入库存的流动资金的使用情况。

固定资产周转率是销售总额与固定资产之比,它反映了单位固定资产能够提供的销售收入,表明了企业固定资产的利用程度。

销售收入与销售费用的比率表明单位销售费用能够实现的销售收入,在一定程度上反映了企业营销活动的效率。由于销售费用包括了人员推销、广告宣传、销售管理费用等组成部分,因此还可进行更加具体的分析。比如,测度单位广告费用能够实现的销售收入,或单位推销费用能增加的销售收入等。

反映经营状况的这些比率也通常需要进行横向的(不同企业之间)或纵向的(不同时期之间)比较,才更有意义。

3. 审计控制

审计是对反映企业资金运动过程及其结果的会计记录财务报表进行审核、鉴定,以判断其真实性和可靠性,从而为控制和决策提供依据。根据审查主体和内容不同,可将审计划分为三种:由外部审计机构的审计人员进行的外部审计,由内部专职人员对企业财务控制系统进行全面评估的内部审计,以及由外部或内部的审计人员对管理政策及其绩效进行评估的管理审计。

(1)外部审计

外部审计是由外部机构(如会计师事务所)选派的审计人员对企业财务报表及其反映的财务状况进行独立的评估。为了检查财务报表及其反映的资产和负债的账面情况与企业真实情况是否相符,外部审计人员需要抽查企业的基本财务记录,以验证其真实性和准确性,并分析这些记录是否符合公认的会计准则和记账程序。

外部审计实际上是对企业内部虚假、欺骗行为的一个重要而系统的检查,因此起着鼓励诚实的作用。由于知道外部审计不可避免地要进行,企业就会努力避免做那些在审计时可能会被发现的不光彩的事。

外部审计的优点是审计人员与管理当局不存在行政上的依附关系,不需看企业经理的眼色行事,只需对国家、社会和法律负责,因而可以保证审计的独立性和公正性。但是,由于外来的审计人员不了解内部的组织结构、生产流程的经营特点,在对具体业务的审计过程中可能会遇到困难。此外,处于被审计地位的内部组织成员可能产生抵触情绪,不愿配合,这也可能增加审计工作的难度。

(2)内部审计

如其名称所示,内部审计是由企业内部的机构或由财务部门的专职人员来独立地进行的。内部审计兼有许多外部审计的目的。它不仅要像外部审计那样核实财务报表的真实性和准确性,还要分析企业的财务结构是否合理;不仅要评估财务资源的利用效率,而且要检查和分析企业控制系统的有效性;不仅要检查目前的经营状况,而且要提供改进这种状况的建议。

内部审计是企业经营控制的一个重要手段,其作用主要表现在三个方面。

第一,内部审计提供了检查现有控制程序和方法能否有效地保证达成既定目标和执行既定政策的手段。例如,制造质量完善、性能全面的产品是企业孜孜以求的目标,这不仅要求利用先进的生产工艺,工人高质量地工作,而且对构成产品的基础原材料有相应的质量要求。这样,内部审计人员在检查物资采购时,就不仅限于分析采购部门的账目是否齐全、准确,而且将力图测定材料质量是否达到要求。

第二,根据对现有控制系有效性的检查,内部审计人员可以提供有关改进公司政策、工作程序和方法的对策建议,以促使公司政策符合实际,工作程序更加合理,作业方法被正确掌握,从而更有效地实现组织目标。

第三,内部审计有助于推行分权化管理。从表面上来看,内部审计作为一种从财务角度评价各部门工作是否符合既定规则和程序的方法,加强了对下属的控制,似乎更倾向于集权化管理。但实际上,企业的控制系统越完善,控制手段越合理,越有利于分权化管理。因为主管们知道,许多重要的权力授予下属后,自己可以很方便地利用有效的控制系统和手段来检查下属对权力的运用状况,从而可能及时发现下属工作中的问题,并采取相应措施。内部审计不仅评估了企业财务记录是否健全、正确,而且为检查和改进现有控制系统的效能提供了一种重要的手段,因此有利于促进分权化管理的发展。

虽然内部审计为经营控制提供了大量的有用信息,但在使用中也存在不少局限性,主要表现在:内部审计可能需要很多的费用,特别是如果进行深入、详细的审计的话;内部不仅要搜集事实,而且需要解释事实,并指出事实与计划的偏差所在,要能很好地完成这些工作,而又不引起被审计部门的不满,需要对审计人员进行充分的技能训练。即使审计人员具有必要的技能,仍然会有许多员工认为审计是一种"密探"或"查整性"的工作,从而在心理上产生抵触情绪,如果审计过程中不能进行有效的信息和思想沟通,那么可能会对组织活动带来负激励效应。

（3）管理审计

外部审计主要核对企业财务记录的可靠性和真实性;内部审计在此基础上对企业政策、工作程序与计划的遵循程度进行测定,并提出必要的改进企业控制系统的对策建议;管理审计的对象和范围则更广,它是一种对企业所有管理工作及其绩效进行全面系统地了解和鉴定的方法。管理审计虽然也可以由组织内部的有关部门进行,但为了保证某些敏感领域得到客观的评价,企业通常聘请外部的专家来进行。

管理审计的方法是利用公开记录的信息,从反映企业管理绩效及其影响因素的若干方面将企业与同行业其他企业或其他行业的著名企业进行比较,以判断企业经营与管理的健康程度。

反映企业管理绩效及其影响因素主要有以下几个:

①经济功能。检查企业产品或服务对公众的价值,分析企业对社会和国民经济的贡献。

②企业组织结构。分析企业组织结构是否能有效地达成企业经营目标。

③收入合理性。根据盈利的数量和质量(指盈利在一定时期内的持续性和稳定性)来判断企业盈利状况。

④研究与开发。评价企业研究与发展部门的工作是否为企业的未来发展进行了必要的

新技术和新产品的准备,管理当局对这项工作的态度如何。

⑤财务政策。评价企业的财务结构是否健全合理,企业是否有效地运用财务政策和控制来达到短期和长期目标。

⑥生产效率。保证在适当的时候提供符合质量要求的必要数量的产品,这对于维持企业的竞争能力是相当重要的。因此,要对企业生产制造系统在数量和质量的保证程度以及资源利用的有效性等方面进行评估。

⑦销售能力。销售能力影响企业产品能否在市场上顺利实现。这方面的评估包括企业商业信誉、代销网点、服务系统以及销售人员的工作技能和工作态度。

⑧对管理当局的评估。即对企业的主要管理人员的知识、能力、勤劳、正直、诚实等素质进行分析和评价。

管理审计在实践中遇到了许多批评,其中比较重要的意见认为,这种审计过多地评价组织过去的努力和结果,而不致力于预测和指导未来的工作,以至于有些企业在获得了极好评价的管理审计后不久就遇到了严重的财政困难。

尽管如此,管理审计不是在一两个容易测量的活动领域进行了比较,而是对整个组织的管理绩效进行了评价,因此可以为指导企业在未来改进管理系统的结构、工作程序和结果提供有用的参考。

14.4.2 产品质量控制

1. 产品质量控制的概念

产品质量是指产品适应社会生产和生活消费的需要而具备的特性,它是产品使用价值的具体体现。它包括产品内在质量和外观质量两个方面。产品内在质量包括产品的性能、寿命、可靠性、安全性、经济性、使用便利性和舒适度、易维修性和环保性等,产品外观质量包括产品的光洁度、造型、色泽和包装等。产品质量的形成主要经过产品的设计、原材料采购、制造(含加工、安装和调试等)、包装、检验、运输、售后服务和辅助生产等过程,其中任何一个环节出问题都可能影响产品质量。产品质量控制就是在产品质量形成的各个环节上,通过测定产品的实际质量特性,将其与质量标准进行比较,并对它们之间存在的差异采取改进措施的过程。

2. 产品质量控制的内容

产品质量控制的内容非常丰富,从产品的设计到成品出厂,从产品运输到售后服务,都需要进行质量控制。下面只简单介绍产品质量控制的一些主要内容。

(1)产品设计质量控制

产品设计是产品质量形成的最前沿的阶段,如果产品设计出了问题,将导致产品的先天不足,后续的质量控制是无法弥补的。因此,质量控制的重点应放在设计阶段,产品质量控制应从制造阶段进一步提前到设计阶段。首先提出这一观点的是日本著名质量管理专家田口玄一博士。20 世纪 70 年代,田口玄一提出了田口质量理论,将产品质量控制分为离线质量控制(主要指产品设计质量控制)和在线质量控制(主要指产品制造质量控制),并认为产品质量首先是设计出来的,其次才是制造出来的。产品设计质量控制的控制内容包括产品能否满足用户需求和社会发展、产品的成本和经济效益、产品使用的安全性和可靠性、产品是否易于使用、产品的外观和包装、制造工艺和技术先进性与合理性等方面的质量控制过程。

（2）原材料质量控制

原材料是指组织用于生产产品并构成产品实体的购入物品，以及购入的用于产品生产但不构成产品实体的辅助性物资等。原材料可分为原料及主要材料、辅助材料、半成品、修理用备件、包装材料、燃料等。原材料质量是决定产品质量的基础条件，采用劣质的原材料是不可能生产出高质量成品的。原材料质量控制工作包括供应商的选择、原材料采购、原材料入库检验、原材料储存、原材料（如电子元器件）的老化和筛选等方面的质量控制过程。

（3）工序质量控制

工序是指组成产品生产整个过程的各段加工环节，也指各段加工环节的先后次序。工序质量是构成产品质量的重要因素，因此在产品生产过程中必须要对工序质量进行严格的控制。工序质量是多种因素共同作用下的结果，其主要控制因素有 6 个（5M1E）：操作者（man）的文化程度、技术水平、劳动态度、质量意识和身体状况等；机器设备及工艺装备（machine）的技术性能、加工精度、使用效率和维修状况等；原材料（material）的性能、规格、成分和形状等；工艺规程、操作规程和工作方法（method）的正确性、先进性和标准化等；测量器具和测量方法（measurement）的精确度、先进性和科学性等；工作环境（environment）的温度、湿度、照明、噪音和清洁卫生等。工序质量控制就是对以上 5M1E 的各种因素进行监督、检查和纠正偏差。此外，工序质量控制还需要其他质量控制过程的配合，如人力资源质量控制和原材料质量控制等。

管理工具 14-1

六西格玛

六西格玛（6σ）概念于 1986 年由摩托罗拉公司的比尔·史密斯提出，属于品质管理范畴，西格玛（$\sum$，σ）是希腊字母，这是统计学里的一个单位，表示与平均值的标准偏差。旨在生产过程中降低产品及流程的缺陷次数，防止产品变异，提升品质。因此，6σ 管理法是一种统计评估法，核心是追求零缺陷生产，防范产品责任风险，降低成本，提高生产率和市场占有率，提高顾客满意度和忠诚度。6σ 管理既着眼于产品、服务质量，又关注过程的改进。

6σ 模式是一种自上而下的革新方法，它由企业最高管理者领导并驱动，由最高管理层提出改进或革新目标（这个目标与企业发展战略和远景密切相关）、资源和时间框架。6σ 有一套全面而系统地发现、分析、解决问题的方法和步骤，也就是由界定、度量、分析、改进、控制（DMAIC）构成的改进流程。

界定：确定需要改进的目标及其进度。企业高层领导确定企业的策略目标，中层营运目标可能是提高制造部门的生产量，项目层的目标可能是减少次品和提高效率。

测量：以灵活有效的衡量标准测量和权衡现存的系统，收集数据，了解现有质量水平。

分析：利用统计学工具对整个系统进行分析，找到影响质量的少数几个关键因素。

改进：运用项目管理和其他管理工具，针对关键因素确立最佳改进方案。

控制：监控新的系统流程，采取措施以维持改进的结果，以期整个流程充分发挥功效。

(4)产品件质量控制

工序质量控制是对影响产品加工质量的各工序的条件和环境进行控制,以现场控制为主的产品件质量控制是对在制品、半成品和产成品的质量进行控制,以反馈控制为主。在制品是指正在加工,尚未完成的产品;半成品是指经过一定生产过程且检验合格交付半成品仓库保管,但尚未制造完工成为产成品,仍需进一步加工的中间产品;产成品是指组织已经完成全部加工过程,合乎技术标准并已验收入库,可以送交订货单位或对外销售的产品。产品件质量控制工作包括在各道工序中和加工后对在制品、半成品和产成品进行质量检验,对检验数据进行统计分析,发现和剔除不合格品,对质量问题进行处理和纠正等管理过程。

3. 产品质量控制的常用方法

产品质量控制的方法有很多,下面仅列举几个常见的质量问题分析和控制的方法,以便读者对这些方法有一个初步的了解。另外需要提示的是,产品质量控制的方法有时也可以用于其他管理控制问题。

(1)抽样检验法

抽样检验法是运用抽样检验技术,判断产品是否达到控制标准的产品质量控制方法。它是从已交检的一批产品中,随机抽取数量为 N 的样本进行测试,将测试的不合格率与质量标准进行比较,以判断整批产品是否符合质量要求。

(2)直方图法

直方图法是通过对收集到的貌似无序的数据进行图表化处理,来判断和预测产品质量及不合格率的方法。直方图又称质量分布图,是一种几何形图表。它是根据从生产过程中收集来的质量数据分布情况,画成以组距为底边、以频数为高度的一系列连接起来的直方矩形图,如图 14-3 所示。直方图绘制好后,将它与质量标准对比,观察直方柱是否都落在界限范围内,是否有相当的余地以及偏离程度如何,来判断项目是否能稳定地产出符合质量要求的产品。

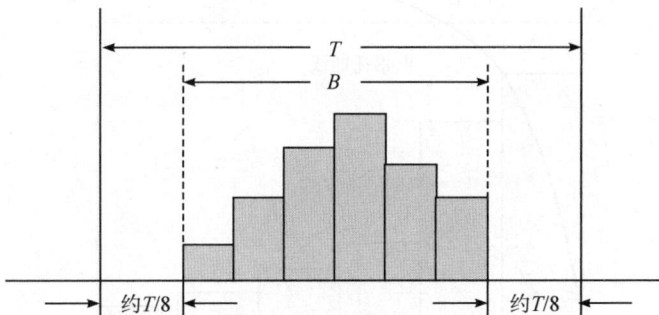

图 14-3 直方图示例

(3)控制图法

控制图法是根据数理统计原理,为分析和判断工序或产品件质量是否处于稳定状态或规定范围内,采用控制界限图进行质量控制的方法。控制图的基本形式如图 14-4 所示。当质量特性值超出上或下控制线时,说明产品质量出现了非正常状态,需要采取控制措施了。

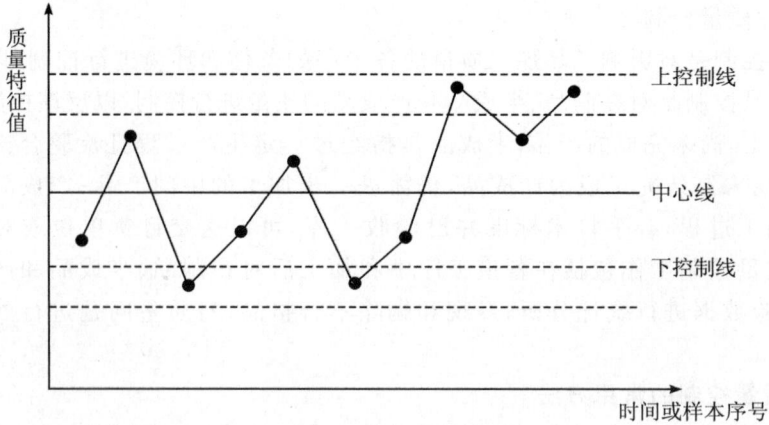

图 14-4　控制图示例

（4）排列图法

排列图法，又称主次因素分析法、帕累托（Pareto）图法，它是找出影响产品质量主要因素的一种简单而有效的图表方法。

排列图是根据"关键的少数和次要的多数"的原理而制作的。也就是将影响产品质量的众多影响因素按其对质量影响程度的大小，用直方图形顺序排列，从而找出主要因素。它由两个纵坐标、一个横坐标及若干个直方形和一条折线构成。左侧纵坐标表示不合格品出现的频数（出现次数或金额等），右侧纵坐标表示不合格品出现的累计频率（如百分比表示）；横坐标表示影响质量的各种因素，按影响大小顺序排列；直方形高度表示相应因素的影响程度（即出现频率为多少）；折线表示累计频率（也称帕累托曲线）。如图 14-5 所示。

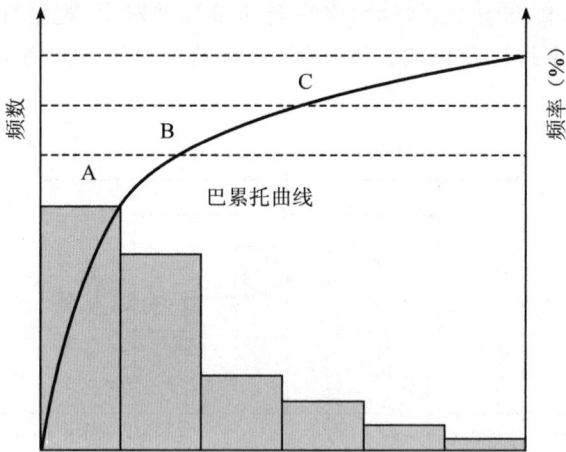

图 14-5　排列图示例

通常根据累计百分比将影响因素分为三类：占 0～80％ 为 A 类因素，也就是主要因素；80％～90％ 为 B 类因素，是次要因素；90％～100％ 为 C 类因素，即一般因素。由于 A 类因素占存在问题的 80％，此类因素解决了，质量问题大部分就得到了解决。

（5）因果分析图法

因果分析图法是用图示的方法表示产生某质量问题的若干原因，以及各原因的原因，如此层层分析,直至找到其根本原因。这是一种透过现象看本质的质量分析方法。因果分析图由日本质量管理学家石川馨提出,又称为鱼刺图、鱼骨图和石川图。图 14-6 给出了因果分析图法的一个示例。

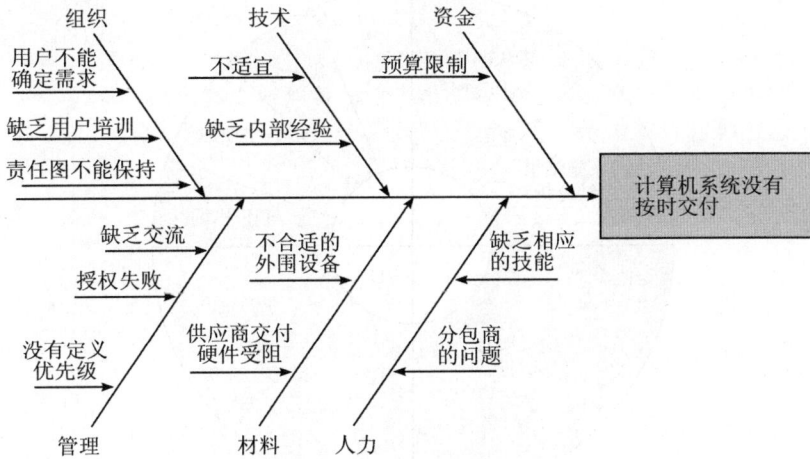

图 14-6　因果分析图示例

管理工具 14-2

全面质量管理

"全面质量管理"(Total Quality Management,TQM)概念是美国通用电气公司的费根堡姆和质量管理专家朱兰在 20 世纪 50 年代末提出的。他们认为"全面质量管理是为了能够在最经济的水平上,并考虑到充分满足客户要求的条件下进行生产和提供服务,把企业各部门在研制质量、维持质量和提高质量的活动中构成为一体的一种有效体系"。60 年代初,美国一些企业根据行为管理科学的理论,在企业的质量管理中开展了依靠职工"自我控制"的"无缺陷运动"(Zero Defects),日本在工业企业中开展质量管理小组(Q.C.Circle/Quality Control Circle)活动,使全面质量管理活动迅速发展起来。

全面质量管理的基本方法可以概况为"四句话十八字",即"一个过程,四个阶段,八个步骤,数理统计方法"。

一个过程,即企业管理是一个过程。企业在不同时间内,应完成不同的工作任务。企业的每项生产经营活动,都有一个产生、形成、实施和验证的过程。

四个阶段,根据管理是一个过程的理论,美国的戴明博士把它运用到质量管理中来,总结出"计划(plan)—执行(do)—检查(check)—处理(act)"四阶段的循环方式,简称 PDCA 循环,又称"戴明循环"。

八个步骤,为了解决和改进质量问题,PDCA 循环中的四个阶段还可以具体划分为八个步骤。(1)计划阶段:分析现状,找出存在的质量问题;分析产生质量问题的各种原因或影响因素;找出影响质量的主要因素;针对影响质量的主要因素,提出计划,制定措施。(2)执行阶段:执行计划,落实措施。(3)检查阶段:检查计划的实施情况。(4)处理阶段:总结经验,巩固成绩,工作结果标准化;提出尚未解决的问题,转入下一个循环(见下图)。

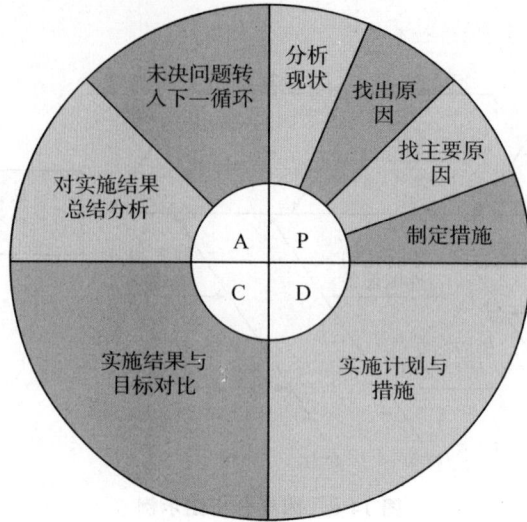

在应用 PDCA 四个循环阶段、八个步骤来解决质量问题时,需要收集和整理大量的书籍资料,并用科学的方法进行系统的分析。最常用七种统计方法:排列图、因果图、直方图、分层法、相关图、控制图及统计分析表。这套方法以数理统计为理论基础,不仅科学可靠,而且比较直观。

全面质量管理注重顾客需要,强调参与团队工作,并力争在企业内部形成一种文化,以促进所有员工设法、持续改进组织所提供产品/服务的质量、工作过程和顾客反应时间等。它由结构、技术、人员和变革推动者四个要素构成(如下图所示),只有这四个方面全部齐备,才会有全面质量管理这场变革。

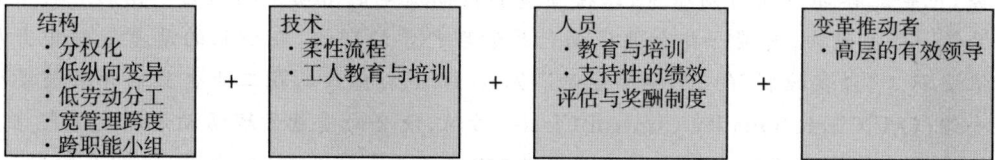

全面质量管理的组成要素

全面质量管理有三个核心的特征:全员参加的质量管理、全过程的质量管理和全面的质量管理。

全员参加的质量管理即要求全部员工,无论高层管理者还是普通办公职员或一线工人,都要参与质量改进活动。参与"改进工作质量管理的核心机制"是全面质量管理的主要原则之一。

全过程的质量管理必须在市场调研、产品的选型、研究试验、设计、原料采购、制造、检验、储运、销售、安装、使用和维修等各个环节中都把好质量关。其中,产品的设计过程是全面质量管理的起点,原料采购、生产、检验过程是实现产品质量的重要过程;而产品的质量最终在市场销售、售后服务的过程中得到评判与认可。

全面的质量管理是用全面的方法管理全面的质量。全面的方法包括科学的管理方法、数理统计的方法、现代电子技术、通信技术。全面的质量包括产品质量、工作质量、工程质量和服务质量。

另外,全面质量管理还强调以下观点:

1. 用户第一的观点,并将用户的概念扩充到企业内部,即下道工序就是上道工序的用户,不将问题留给用户。

2. 预防的观点,即在设计和加工过程中以预防为主为核心,变管结果为管不良因素,消除质量隐患。

3. 定量分析的观点,只有定量化才能获得质量控制的最佳效果。

4. 以工作质量为重点的观点,因为产品质量和服务均取决于工作质量。

14.4.3 物流控制

1. 物流控制的概念

物流控制是组织内部控制的一项十分重要的内容,物流费用的降低已被看作是继降低原材料资源消耗和降低人力资源消耗之后的"第三利润源泉",近年来已引起企业界的广泛关注。物流控制即控制组织的产、供、销全过程的物资流动,包括对原材料、在产品、半成品和产成品等各类物资从采购、投料、库存、运输和销售等各个环节都要进行严格监控,将物资按需要的数量,以恰当的方式,在要求的时间内,送到规定的地点,也就是控制资金在组织实物化过程。实践表明,加强物流控制是组织从内部找利润的有效途径,也是增强组织竞争力的有力举措。物流控制的核心环节是库存控制,因为库存包含了原材料、在产品、半成品和产成品等各类物资的仓储,也是联系采购、投料、运输和销售等各个环节的中心环节和缓冲器。

2. 物流控制的内容

从以上概念可以看,物流控制所涉及的范围非常广泛,采购、投料、库存、运输和销售等各个环节都有物流控制问题。其中,主要的控制点归纳起来在于采购过程、保管过程和产出过程的物流控制。

(1)采购过程控制

采购是企业物资供应部门按已确定的物资供应计划,通过市场采购、加工定制等各种渠道,取得企业生产经营所需要的各种物资的经济活动。采购过程控制是对企业供应环节员工行为与物流的控制,其目的是保证生产原料的质量、数量和时效,降低采购成本。采购过程控制是物流控制的第一环节,对企业的经营至关重要。进行采购过程控制主要应做好采购制度、采购数量、采购价格和采购招标等几方面工作。

首先,应建立严格的采购制度,规范采购基础工作。建立严格、完善的采购制度,不仅能规范企业的采购活动,提高效率,杜绝部门之间扯皮,还能预防采购人员的不良行为。采购制度应当明确规定物资采购的流程、采购合同的签订评审、各有关部门的责任和关系、物资采购的申请、审批权限等,强化对请购、审批、采购、验收付款等环节的控制。可通过各需要部门填制"请购单"进行控制,会计部门依据"请购单"核对库存、有关合同及预算,无误后筹资付款,以控制盲目采购。

其次,加强采购数量的控制。管理不善的采购作业所导致的生产缺料或物料过剩会造成企业的损失。因此企业应根据生产状况按计划用量和库存量的变化来控制采购量,科学地制定合理采购间隔时间和采购量。

再次,严格控制采购价格。采购时要比质比价,即同等材料比价格、同等价格比质量、同等质量比服务,考虑质量、价格、服务、交货期、付款条件等综合因素,做到至少货比三家,综合分析。

最后,对企业大宗材料必须公开招标采购。应制定适合企业的物资采购和招标管理办法,成立公开采购管理小组,实施透明操作,杜绝了采购中的不正之风及暗箱操作的弊端,既可缩短物流时间,减少流通费用,又可让供应商直接了解企业的需求。

(2)保管过程控制

原材料保管过程的控制,即对物资的验收、储存和发放等过程的监控,也就是原材料的库存控制。这是物流控制的中间环节。原材料库存控制一方面要尽量压低库存量,减少库存成本和资金占用,另一方面又要保证有一定的库存量,避免缺货,以满足生产环节的需要。其主要任务有:利用现有的库存容量,将各类物资的库存量控制在合理的范围内,正确测算出最大库存量、最大合理库存量、经济订货批量、订货点、最小安全库存量和订货提前期等控制量,在保证供应的前提下尽可能降低库存水平,提高库存周转率;所有原材料购进后必须按规定程序验收入库,包括采购人员核对、检验人员检验、保管人员接受和财务人员入账等过程;对仓库的物料进行盘点、数据处理、保管、发放等,通过执行防腐、温湿度控制等手段,使保管的实物库存保持最佳状态,减少库存积压、浪费、报废和贬值的风险;根据各种可能出现的扰动及时进行控制,例如,生产计划的更改、设计方案的改变、货运时间的延长、未按期发货等。

(3)产出过程控制

产出过程控制是指对组织产出的在产品和半成品在各车间、各工序间流转,最后形成产成品,并实现销售的物流过程的控制,这是组织物流控制的最后环节。加强这一环节的控制,有利于减少因管理不善造成的在产品、半成品和产成品短缺、丢失和损坏等问题,保证提供下一物流环节和最终客户所需产品的供应,以实现组织投入产出率等管理目标。总体来说,组织要通过建立健全相关管理制度,加强在产品物流管理,以及半成品和产成品的入库、保存和出库管理,完善并严格遵守入库单、领料单、库存台账、销售出库发票和提货单等各类相关单据和台账的填写、核对和审批制度,并通过这些管理手续和信息流及时发现产出过程物流的问题和偏差,查找出问题的原因,并采取相应的措施解决问题,实现控制目标。

物流控制的方法和技术有很多种,而且对于不同的物流控制问题有不同的方法,这里仅介绍了两种订货控制方法。其中,定量订货控制法的订货批量固定,订货周期不固定,适用于品种数量少、平均占用资金大、需重点管理的物资;而定期订货控制法的订货周期固定,订货批量不固定,适用于品种数量大、平均占用资金少、只需一般管理的物资。

3. 物流控制的常用方法

(1)定量订货控制法

定量订货法是指当库存量下降到预定的最低库存量(订货点)时,按规定数量(一般以经济批量 EOQ 为标准)进行订货补充的一种库存控制方法。其原理如图 14-7 所示,当库存量下降到订货点 R 时,即按预先确定的订购量 Q 发出订货单,经过交纳周期(订货至到货间隔时间)LT,库存量继续下降,到达安全库存量 S 时,收到订货 Q,库存水平上升,如图

14-7 所示。

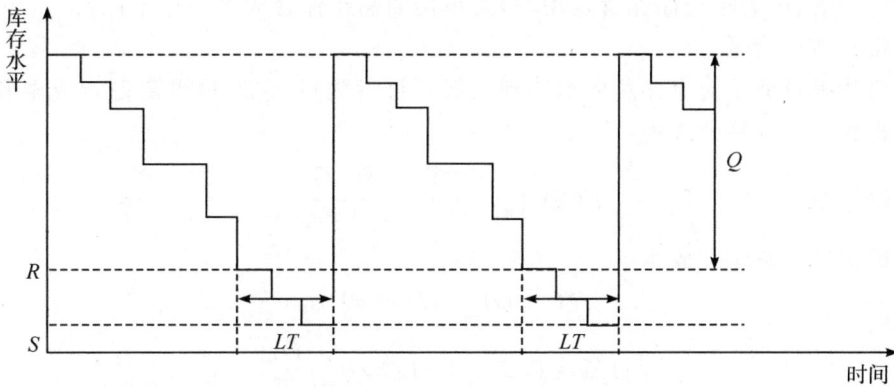

图 14-7 定量订货控制法的原理

该方法主要靠控制订货点 R 和订货批量 Q 两个参数来控制订货,达到既最好地满足库存需求,又能使总费用最低的目的。在需要为固定、均匀和订货交纳周期不变的条件下,订货点 R 由下式确定:

$$R = LT \times D/365 + S$$

式中,D 是每年的需要量。

订货量的确定依据条件不同,可以有多种确定的方法。

①基本经济订货批量(Economic Order Quantity,EOQ)

基本经济订货批量是简单、理想状态的一种。通常订货点的确定主要取决于需要量和订货交纳周期这两个因素。在需要是固定均匀、订货交纳周期不变的情况下,不需要设安全库存,这时订货点:

$$R = LT \times D/365$$

式中,R 是订货点的库存量;

LT 是交纳周期,即从发出订单至该批货物入库间隔的时间;

D 是该商品的年需求量。

但在实际工作中,常常会遇到各种波动的情况,如需要量发生变化,交纳周期因某种原因而延长等,这时必须要设置安全库存 S,这时订货点则应用下式确定:

$$R = LT \times D/365 + S$$

式中,S 是安全库存量。

订货批量 Q 依据经济批量(EOQ)的方法来确定,即总库存成本最小时的每次订货数量。通常,年总库存成本的计算公式为:

年总库存成本=年购置成本+年订货成本+年保管成本+缺货成本

假设不允许缺货的条件下,年总库存成本=年购置成本+年订货成本+年保管成本,即

$$TC = DP + DC/Q + QH/2$$

式中,TC 是年总库存成本;

D 是年需求总量;

P 是单位商品的购置成本;

C 是每次订货成本,元/次;

H($H=PF$,F 为年仓储保管费用率)是单位商品年保管成本,元/年;

Q 是批量或订货量。

经济订货批量就是使库存总成本达到最低的订货数量,它通过平衡订货成本和保管成本两方面得到。其计算公式为:

$$EOQ=\sqrt{\frac{2CD}{H}}=\sqrt{\frac{3CD}{PF}}$$

此时的最低年总库存成本

$$TC=DP+H(EOQ)$$

年订货次数 $N=D/EOQ=\sqrt{\frac{DH}{2C}}$

平均订货间隔周期 $T=365/N=365EOQ/D$

②批量折扣购货的订货批量

供应商为了吸引顾客一次购买更多的商品,往往会采用批量折扣购货的方法,即对于一次购买数量达到或超过某一数量标准时给予价格上的优惠。这个事先规定的数量标准称为折扣点。在批量折扣的条件下,由于折扣之前购买的价格与折扣之后购买的价格不同,因此,需要对原经济批量模型做必要的修正。

在多重折扣点的情况下,先依据确定条件下的经济批量模型,计算最佳订货批量(Q^*),而后分析并找出多重折扣点条件下的经济批量,如表 14-1 所示:

表 14-1　多重折扣价格表

多重折扣价格表						
折扣区间	0	1	…	t	…	n
折扣点	Q_0	Q_1	…	Q_t	…	Q_n
折扣价格	P_0	P_1	…	P_t	…	P_n

其计算步骤如下:

a. 用确定型经济批量的方法,计算出最后折扣区间(第 n 个折扣点)的经济批量 Q_n^*,与第 n 个折扣点的 Q_n 比较,如果 $Q_n^* \geqslant Q_n$,则取最佳订购量 Q_n^*;如果 $Q_n^* < Q_n$,就转入下一步骤。

b. 计算第 t 个折扣区间的经济批量 Q_t^*。

若 $Q_t \leqslant Q_t^* < Q_{t+1}$ 时,则计算经济批量 Q_t^* 和折扣点 Q_{t+1} 对应的总库存成本 TC_t^* 和 TC_{t+1},并比较它们的大小,若 $TC_t^* \geqslant TC_{t+1}$,则令 $Q_t^* = Q_{t+1}$,否则就令 $Q_t^* = Q_t$。

如果 $Q_t^* < Q_t$,则令 $t=t+1$,再重复步骤 b.,直到 $t=0$,其中 $Q_0=0$。

③分批连续进货的进货批量

在连续补充库存的过程中,有时不可能在瞬间就完成大量进货,而是分批、连续进货,甚至是边补充库存边供货,直到库存量最高。这时不再继续进货,而只是向需求者供货,直到库存量降至安全库存量,又开始新一轮的库存周期循环。分批连续进货的经济批量,仍然是使存货总成本最低的经济订购批量。如图 14-8 所示。

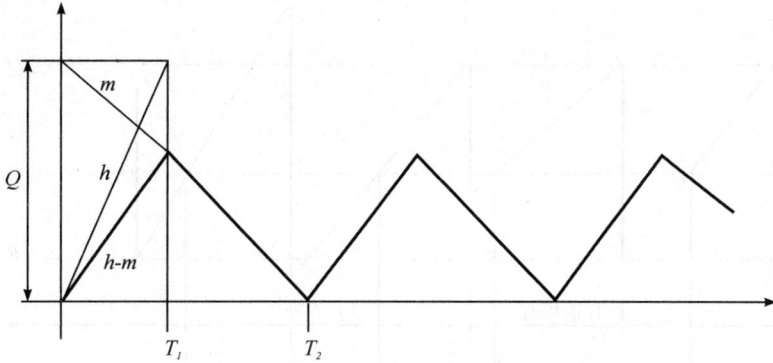

图 14-8 分批连续进货的进货批量

设一次订购量为 Q,商品分批进货率为 h(kg/天),库存商品耗用率为 m(kg/天),并且 $h>m$。一次连续补充库存直至最高库存量需要的时间为 t_1,该次停止进货并不断耗用直至最低库存量的时间为 t_2。

由此可以计算出以下指标: $t_1 = Q/h$;在 t_1 时间内的最高库存量:$(h-m)t_1$;在一个库存周期($t_1 + t_2$)内的平均库存量:$(h-m)t_1/2$;仓库的平均保管费用:$[(h-m)/2] \cdot (Q/H) \cdot PF$。

经济批量

$$Q^* = \sqrt{\frac{2CD}{PF(1-\frac{m}{h})}}$$

在按经济批量 Q^* 进行订货的情况下,每年最小总库存成本

$$TC^* = DP + \sqrt{2CD \cdot PF(1-\frac{m}{h})}$$

每年订购次数

$$N = D/Q^*$$

订货间隔周期

$$T = 365/N = 365XQ^*/D$$

(2)定期订货控制法

定期订货法是按预先确定的订货时间间隔按期进行订货,以补充库存的一种库存控制方法。其基本原理如图 14-9 所示。每隔一个固定的时间周期检查库存项目的储备量。根据盘点结果与预定的目标库存水平的差额,以及交纳周期(从检查库存、订货至到货的间隔时间)内的物资消耗量,来确定每次订购批量。这里假设需求为随机变化,因此,每次盘点时的储备量都是不相等的,为达到目标库存水平 Q_0 而需要补充的数量也随着变化。这类控制方法的控制变量是检查时间周期 T 和目标库存水平 Q_0。

订货周期一般根据经验确定,主要考虑制定生产计划的周期时间,常取月或季度作为库存检查周期,但也可以借用经济订货批量的计算公式确定使库存成本最有利的订货周期。

$$订货周期=1/订货次数=Q/D$$

目标库存水平是满足订货期加上提前期的时间内的需求量。它包括两部分:一部分是

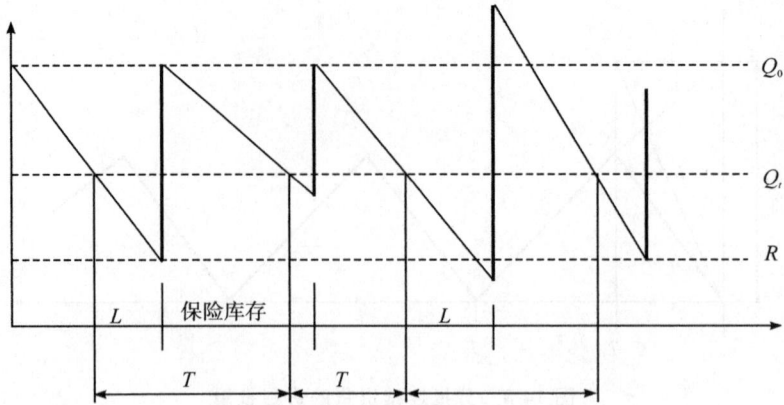

图 14-9　定期订货控制法的原理

订货周期加提前期内的平均需求量,另一部分是根据服务水平保证供货概率的保险储备量。

$$Q_0 = (T+L)r + ZS$$

式中,T 为订货周期;

L 为订货提前期;

r 为平均日需求量;

Z 为服务水平保证的供货概率查正态分布表对应的 t 值。

S 是订货期加提前期内的需求变动的标准差。若给出需求的日变动标准差 S_0,则

$$S = S_0\sqrt{T+L}$$

依据目标库存水平可得到每次检查库存后提出的订购批量:

$$Q = Q_0 - Q_t$$

式中,Q_t 为在第 t 期检查时的实有库存量。

🔒 管理工具 14-3

供应链管理

供应链管理(Supply Chain Management,SCM)就是指在满足一定的客户服务水平的条件下,为了使整个供应链系统成本达到最小而把供应商、制造商、仓库、配送中心和渠道商等有效地组织在一起来进行的产品制造、转运、分销及销售的管理方法。供应链管理包括计划、采购、制造、配送、退货五大基本内容。

计划:这是 SCM 的策略性部分。需要有一个策略来管理所有的资源,以满足客户对产品的需求。好的计划是建立一系列的方法监控供应链,使它能够有效、低成本地为顾客递送高质量和高价值的产品或服务。

采购:选择能为产品和服务提供货品和服务的供应商,和供应商建立一套定价、配送和付款流程并创造方法监控和改善管理,并把对供应商提供的货品和服务的管理流程结合起来,包括提货、核实货单、转送货物到制造部门并批准对供应商的付款等。

制造:安排生产、测试、打包和准备送货所需的活动是供应链中测量内容最多的部分,包括质量水平、产品产量和工人的生产效率等的测量。

配送:很多"圈内人"称为"物流",调整用户的订单收据,建立仓库网络,派递送人员提货并送货到顾客手中,建立货品计价系统,接收付款。

退货:这是供应链中的问题处理部分。建立网络接收客户退回的次品和多余产品,并在客户应用产品出问题时提供支持。

现代商业环境给企业带来了巨大的压力,不仅仅是销售产品,还要为客户和消费者提供满意的服务,从而提高客户的满意度。科特勒表示:"顾客就是上帝,没有他们,企业就不能生存。一切计划都必须围绕挽留顾客、满足顾客进行。"要在市场上赢得客户,必然要求供应链企业能快速、敏捷、灵活和协作地响应客户的需求。常见的供应链管理方法如下:

1. 快速反应

快速反应(quick response,QR)是指物流企业面对多品种、小批量的买方市场,不是储备了"产品",而是准备了各种"要素",在用户提出要求时,能以最快速度抽取"要素",及时"组装",提供所需服务或产品。QR 是美国纺织服装业发展起来的一种供应链管理方法。

2. 有效客户反应

有效客户反应(efficient consumer response,ECR)是 1992 年从美国的食品杂货业发展起来的一种供应链管理策略,也是一个由生产厂家、批发商和零售商等供应链成员组成的,各方相互协调和合作,更好、更快并以更低的成本满足消费者需要为目的的供应链管理解决方案。有效客户反应是以满足顾客要求和最大限度降低物流过程费用为原则,能及时做出准确反应,使提供的物品供应或服务流程最佳化的一种供应链管理战略。

14.4.4 生产进度控制

1. 生产进度控制的概念

生产进度控制,又称生产作业控制,是在生产计划执行过程中,对有关产品生产的数量和期限的控制。其主要目的是保证完成生产作业计划所规定的产品产量和交货期限指标。生产进度控制是生产控制的基本方面,狭义的生产控制就是指生产进度控制。

2. 生产进度控制的内容

生产进度控制的基本内容主要包括投入进度控制、工序进度控制和出产进度控制。其基本过程主要包括分配作业、测定差距、处理差距、提出报告等。

工序进度控制是指对产品(零部件)在生产过程中经过的每道加工工序的进度控制。在成批单件生产条件下,每个工作地所需加工零件种类多,工艺、工序不固定,因此,只控制投入和产出是不够的,还需控制工序进度。对于那些加工周期长、工序多的产品(零部件)更需要。一般按工票和加工路线单进行控制。在大量生产条件下,生产连续性强,每个工作地都固定加工一种或几种零件,一般通过控制制品数量来实现工序进度控制的目的。

生产进度控制贯穿整个生产过程,从生产技术准备开始到产成品入库为止的全部生产活动都与生产进度有关。习惯上人们将生产进度等同于出产进度,这是因为客户关心的是能否按时得到成品,所以企业也就把注意力放在产成品的完工进度上,即出产进度。

3. 生产进度控制的常用方法

(1)甘特图

甘特图以图示的方式通过活动列表和时间刻度形象地表示出任何特定项目的活动顺序与持续时间。基本是一条线条图,横轴表示时间,纵轴表示活动(项目),线条表示在整个期间上计划和实际的活动完成情况。它直观地表明任务计划在什么时候进行,以及实际进展与计划要求的对比。下面举图书出版例子来说明甘特图,如图 14-10 所示。

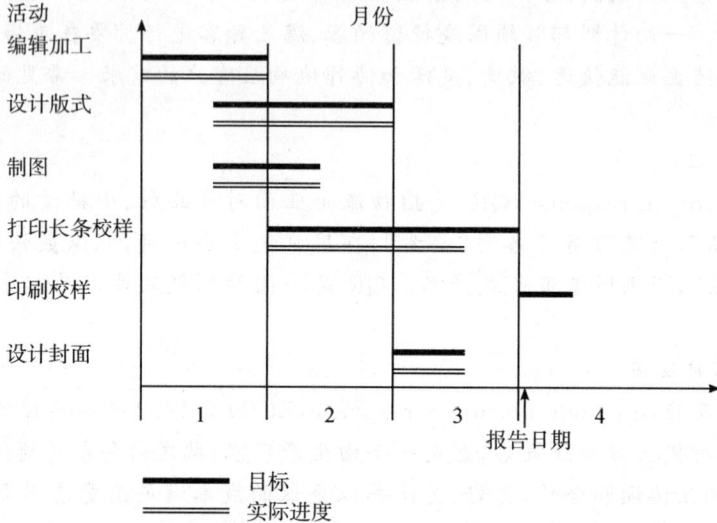

图 14-10　图书出版甘特图

资料来源:斯蒂芬·P.罗宾斯著.管理学(第七版).北京:中国人民大学出版社,2004:239

时间以月为单位,表示在图的下方,主要活动从上到下列在图的左侧,时间框内的实心线条表示各项活动的计划进度,空心线条表示各项活动的实际进度。在本例中,截至报告日期这一时点,除了打印长条校样外,其他活动都按计划完成。甘特图可用于检查工作完成进度。它表明哪件工作如期完成,哪件工作提前完成或延期完成。管理者由此可便利地弄清一项任务(项目)还剩下哪些工作要做,并可评估工作进度。

(2)里程碑计划

里程碑是项目中的重大事件完成时间点,通常指一个阶段性工作成果的完成时间。里程碑计划是一个目标计划,它表明达到特定的里程碑的计划时间。里程碑计划通过建立里程碑和检验各个里程碑的到达情况,来控制项目工作的进展和保证实现总目标。下面举创建一家管理咨询公司的里程碑计划为例来说明,如表 14-2 所示。第一列为创建一家管理咨询公司项目的五个阶段性工作成果,第一行显示出了各阶段性工作成果的完成时间点(即里程碑),实心三角表示计划完成时间,管理者通过查看各阶段性工作成果在相应时点是否产生,便可评估工作进度,并采取相应的控制措施。

表 14-2　创建一家管理咨询公司的里程碑计划

事件(里程碑)	1 月 20 日	2 月 10 日	3 月 15 日	4 月 5 日	5 月 30 日
资金筹措到位	▲				
找到商业合伙人		▲			
总裁确定			▲		
办公地点确定				▲	
建立一支高素质的咨询队伍					▲

（3）香蕉曲线比较法

香蕉曲线由两条以同一开始时间、同一结束时间的 S 形曲线组合而成。其中,一条 S 形曲线是工作按最早开始时间安排进度所绘制的,简称 ES 曲线;而另一条 S 形曲线是工作按最迟开始时间安排进度绘制的,简称 LS 曲线;第三条 S 形曲线是工作按实际进度所绘制的,简称 R 曲线。除了项目的开始和结束点外,ES 曲线在 LS 曲线的上方,同一时刻两条曲线所对应完成的工作量是不同的。在生产项目实施过程中,理想的状况是任一时刻的实际进度（R 曲线）在 ES 曲线和 LS 曲线所包区域内,如图 14-11 所示。

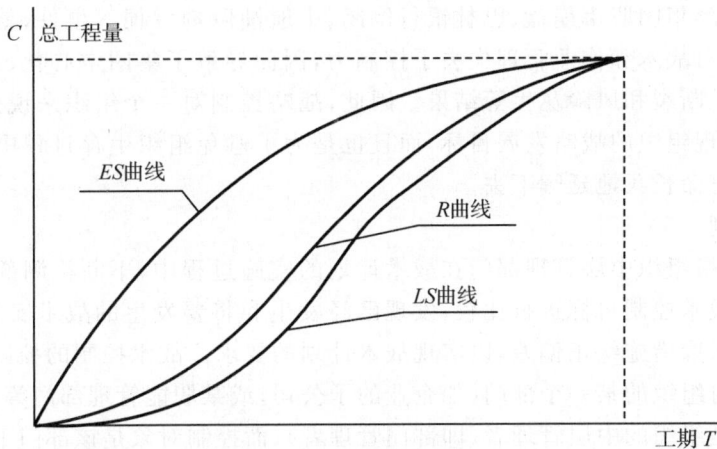

图 14-11　香蕉曲线图

14.4.5 管理层次的集成控制

从管理层次的维度看,管理控制包含战略控制、战术控制和作业控制等几个层次。由于早期的管理控制多集中在较低的层次,因此有些管理者认为,管理控制属于中层或基层管理的问题,甚至有些管理学著作把管理层次分为这样三个层次:战略决策层、战术管理层和运行控制层,认为战略层的主要功能是进行决策,战术层进行管理,而基层管理的任务主要是运行中的控制。其实,就像每一个层次都在进行管理都需要做出决策一样,组织的各个层次也都需要进行管理控制。

近年来企业经营者越来越意识到战略控制的重要性,但是战略控制与战术和作业控制相脱节的现象仍然很普遍。这一节我们首先介绍各管理层次的控制问题,然后将各控制层次构建成一个具有有机联系的多层次集成控制系统。

1. 各管理层次的控制

（1）战略控制

战略控制是指组织在经营方向战略和管理领域战略的实施过程中，不断监测和预测组织内部和外部环境的变化趋势，检查组织在这种环境下为达到战略目标所进行的各项活动的进展情况，评价实施组织战略后的组织绩效，把它与既定的战略目标与绩效标准相比较，发现已经发生和将要发生的战略实施中的偏差，分析产生偏差的原因，采取措施纠正偏差，使组织战略的实施更好地与组织所处的内外环境相协调，从而更好地实现组织的战略目标。组织战略控制的内容包括市场营销战略控制、生产战略控制、研究与开发战略控制、人力资源战略控制、财务战略控制、供应与物流战略控制、信息系统战略控制等方面。

组织战略控制能力与效率的高低是组织成功实施战略决策的重要保障，也是制定战略决策的一个重要制约因素，它决定了一个组织的战略执行力的大小。若战略控制能力强、控制效率高，则组织高层管理者可以做出较为大胆的、发展速度较大的战略决策；否则，则只能做出较为稳妥和较为保守的战略决策。

战略控制的控制对象是战术管理层（同理，战术控制的控制对象是作业管理层，而作业控制的控制对象是执行层），例如总公司的控制对象是子公司或事业单元。一些学者指出，早些年发生的德隆集团股市崩盘、巴林银行倒闭、中航油巨额亏损等事件，就是因为这些集团的战略管理层对战术和作业管理失去了控制力，因而导致了集团空心化、运作偏离战略、授权失控、资金链断裂和风险丛生等结果。因此，战略控制对一个组织来说是十分重要的，它不仅是为了实现组织的战略发展目标，而且也是为了避免组织生存过程中的各种隐患和危机，使组织的寿命长久地延续下去。

（2）战术控制

战术控制是指组织中层管理部门在战术计划的实施过程中，不断检测部门环境和战术执行效果，并与战术控制目标进行比较，发现已经发生和将要发生的战术实施偏差，分析产生偏差的原因，采取措施纠正偏差，以实现战术计划的要求。战术控制的控制范围比战略控制窄小，通常是对组织的某一个部门（如企业的子公司，或某职能管理部门等）的活动进行控制，其控制主体是组织的中层管理者（即部门管理者），而控制对象是该部门下属的作业管理层。某项战术计划的战术控制期与其计划期一致，比相应的战略控制期短，一个战略控制期（如 5 年）可分为若干个战术控制阶段（如以 1 年为一个阶段）。因此，对于前馈控制，战术前馈控制对环境因素的分析和预测也比战略控制的时间跨度短一些，重点是对与该部门的活动相关的环境变化进行中期预测。

此外，战术控制不仅是实现战术计划的保障，也是实现战略控制的保障。首先，战术计划是由战略规划分解而来的，只有实现了战术计划，才有可能实现战略控制目标；其次，战略控制的措施需要战术控制层来实现；第三，战术控制层无法纠正的偏差，需将有关信息反馈到战略控制层，从更高的管理层面去解决，以保证战略和战术两个层面控制目标的实现。

（3）作业控制

作业控制是指组织基层管理部门在作业计划的实施过程中，不断检测作业单元的环境和作业计划的执行效果，并与作业控制目标进行比较，发现已经发生和将要发生的作业实施的偏差，分析产生偏差的原因，采取纠偏措施，以实现作业计划的要求。作业控制的控制范围更加窄小,通常是对组织的某一个作业单元(如企业的车间、班组、工段、仓库、营业部和销售点等)的活动进行控制,其控制主体是组织的基层管理者(即作业单元管理者),控制对象就是该基层管理者管辖的组织执行层的某一作业单元。与其他控制层不同,作业控制的控制对象已不属于管理层,而是直接对执行系统进行控制。因此,作业控制是组织的终端控制,如果作业控制失败,其他各层控制都不可能成功。

某项作业计划的作业控制期与其计划期一致,比相应的战术控制期短,一个战术控制期(如 1 年)可分为若干个作业控制阶段(如以 1 个月为一个阶段)。因此,对于前馈控制,作业前馈控制对环境因素的分析和预测也比战术控制的时间跨度更短,重点是对与该作业单元活动相关的环境变比进行短期调查、分析与预测。如预测下个月的市场销售量,估计某一次促销活动的近期效果等。

此外,作业控制不仅是实现作业计划的保障,也是实现战术控制的保障。同理,作业计划是由战术计划分解而来的,只有实现了作业计划,才有可能实现战术控制目标,而只有实现了战术控制目标,才有可能实现战略控制目标。其次,战略控制和战术控制的措施最终需要作业控制层来实现。第三,作业控制层无法纠正的偏差,需将有关信息反馈到战术控制层甚至战略控制层,从更高的管理层面去加以控制,从而保证战略、战术和作业各层面的控制目标的实现。

2. 高层管理者对低层的授权与控制

现代大型企业或集团公司管理层次较多,高层管理向子公司和下级授权是一项十分重要的战略管理艺术,不懂得授权就是不懂得管理。如今,有越来越多的高层管理者认识到授权的必要性。有些管理学家认为,组织内部三个层次主管的授权范围应占各自工作的比重分别为:上层主管 60%～85%,中层主管 50%～75%,下层主管 35%～55%。也就是说,主管们的大部分工作事实上可通过授权交给他人完成。对于一个抱有雄心和气魄的组织主管来说,授权已经成为一项必然的"战略选择"。

然而,授权与控制是一对让许多高层管理者十分头疼的矛盾。在授权盛行的同时,主管们也常常抱怨:"我把这项工作交给下属后,我对他们的工作进度一无所知,不知道他们干得是否恰当,能否按期完成。我总感到不踏实,很想把他们叫过来作详细的汇报,但又觉得不妥,因为这项工作已经授权了,不该过多地干涉他们⋯⋯"因此,仅有授权是不够的,要成功地实施授权,就必须对授权加以控制,这就需要构建良好的控制系统。其实,即使在集权制组织里,控制也是十分重要的。

授权使组织变得具有活力和富有创造性,但授权后很容易失去对下级管理层的控制力,反之,控制过于严格,又会打击下层管理者的积极性。因此,组织经营者既不能架空战略层对下层的控制,也不能用强权和集权化的战略控制取代战术和作业管理。

3. 各管理层次的控制方法

由于战略控制的层次较高,其控制目标比较笼统,难以给出确切的控制指标,而且控制对象范围较广,控制时间跨度较长,影响因素较多,因此战略控制的难度较大。常见的比较刚性的控制方法大都是为较低的控制层次设计的,能够较好地解决战术和作业控制问题,而用于战略控制的难度较大。

在管理控制的常用方法中,大多数都适合中低层管理控制,也有一些方法经过适当改造后也能适用于战略控制。例如,适合作业控制的方法有控制图法、抽样检验法、帕累托图法

（ABC 分类控制法）、直方图法、定量订货控制法、定期订货控制法、预算控制法、现场审核控制法、指标分解控制法、标准成本控制法和市场调查控制法等；适合于战术控制的方法有甘特图控制法、关键路径控制法、帕累托图法、因果分析图法、预算控制法、报告分析控制法、比率分析控制法、审计控制法、价值分析控制法、量本利分析控制法、市场调查和预测控制法等；经改进也能适用于战略控制的方法有因果分析图法、战略预算控制法、战略报告控制法、比率分析控制法、战略审计控制法、量本利分析控制法和市场长期预测控制法等（张智光，2009）。

14.4.6 综合控制

随着市场竞争的加剧，企业需要实施控制的活动范围越来越广，此时单纯依靠一种方法去控制企业各个层面以及各种类型的管理活动，控制的效果就会大打折扣。因此，企业需要综合采用多种方法对企业运营的整个过程进行控制。实施综合控制（comprehensive control）的直接目标，是提高员工个人的工作绩效，进而在此基础上实现提高企业整体绩效的根本目标。在本部分将介绍两种有代表性的综合控制方法。

1. 平衡计分卡控制

平衡计分卡作为一种综合控制方法，打破了传统的单一使用财务指标衡量业绩的方法，在财务指标的基础上加入了未来驱动因素，即财务、顾客、内部流程以及员工的创新与学习四项指标。

运用平衡计分卡的思想进行管理控制，其实质是建立一套从四个方面对公司战略管理的绩效进行财务和非财务的综合评价。通过平衡计分卡来实施管理控制的基本原理和流程包括以下几点。

(1)以组织的共同愿景与战略为内核，运用综合与平衡的哲学思想，依据组织结构，将公司的愿景与战略转化为下属各责任部门在财务、顾客、内部流程、员工的创新与学习四个方面的系列具体目标，并设置相应的四张计分卡。其基本框架见图 14-12。

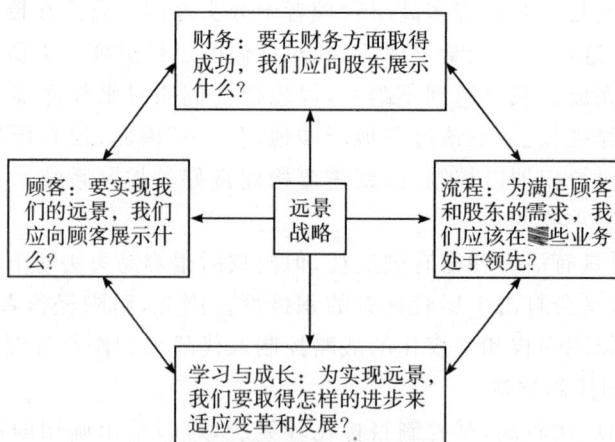

图 14-12　平衡计分卡

(2)依据各责任部门分别在财务、顾客、内部流程、创新与学习这四个方面确定可具体操作的目标，设置对应的绩效评价指标体系。这些指标不仅与公司战略目标高度相关，而且以先行和滞后两种形式，同时兼顾和平衡公司的长期和短期目标、内部与外部利益，综合反映战略管理绩效的财务与非财务信息。

（3）由各主管部门与责任部门共同商定各项指标的具体评分规则。一般是将各项指标的预算值和实际值进行比较，对应不同范围的差异率，设定不同的评分值。以综合评分的形式，定期（通常是一个季度）考核各责任部门在财务、顾客、内部流程、创新与学习四方面的目标执行情况，及时反馈，适时调整战略偏差，或修正原定目标和评价指标，确保公司战略得以顺利与正确地实行。

基于控制目标建立的平衡计分卡系统，不仅能有效克服传统的财务评估方法的滞后性，偏重短期利益和内部利益，以及忽视无形资产收益等诸多缺陷，而且是一个科学的、集公司管理控制与绩效评估于一体的管理系统。

2. 综合绩效控制

绩效管理作为企业内部管理体系的一个重要组成部分，在对提升企业竞争能力、塑造企业的核心竞争力方面的作用越来越大。然而，绩效管理作为企业管理体系中一个非常重要的环节，困扰着很多的企业管理者。对于绩效管理中存在的种种问题，一个有效的解决方式是建立分层、多模式的综合绩效控制体系，并注重营造一个好的绩效控制氛围。

首先，"分层"是指依照企业目标对企业的各管理层级所承担的责任确定不同类型的指标进行考核。这包括：公司指标，如以利润为主的财务指标；一级、二级等单位指标，以分解的 KPI 指标和支持指标为主；个人指标，以业绩指标或个人能力指标为主。

其次，"多模式"是指根据不同被考核层次的特点采取不同的方式进行考核。这包括通过 KPI 等方式对组织的考核；根据岗位的重要程度和职责特点采用 KPI、360 度或个人能力评估方式对个人的考核。

最后，"综合"是指根据不同的考核单位和不同的考核层次采用不同综合成绩的方式。这包括：公司成绩，以"当年财务指标＋增长率＋来年发展潜力"进行加权综合；一、二级单位的成绩，以"上级单位成绩＋本级单位成绩＋下级单位成绩"进行加权综合；单位主管综合成绩，以"个人素质评估成绩＋上级单位成绩＋本级单位成绩＋下级员工能力成绩"进行加权综合；员工个人综合成绩，以"员工能力成绩＋上级单位成绩"进行加权综合；个人绩效工资，是"绩效工资额度与个人综合成绩"的结合；综合手段，即强制执行与沟通疏导结合、经济性薪酬与非经济性薪酬结合、项目效益和组织效益结合、员工能力与对企业的贡献结合。

总之，综合绩效控制即在总体企业目标分解的基础上，以 KPI 为考核的主要模式，根据考核对象的不同性质确定不同的考核项目，针对组织和个人对实现组织目标的贡献，结合组织业绩和个人业绩以及个人与岗位能力匹配的情况，对个人成绩进行综合评价的方式，并将这一结果按一定的比重与每个员工个人的激励联系起来的一整套的绩效管理制度。

14.4.7 管理控制信息系统

管理控制过程乃至组织的整个管理都离不开信息，因而也离不开对信息进行有效收集、存储、加工、传输、维护和使用的管理信息系统。信息技术的应用是管理现代化的主要标志之一，管理信息系统正改变着组织的运作方式和管理方式，因而也改变着组织的控制方式、控制效率和效果。

1. 管理控制信息系统的概念

管理控制信息系统是管理信息系统的一种类型,是一类管理控制功能比较突出,以管理控制为主要目的,或者说是面向管理控制的管理信息系统。对于一个功能比较全面的管理信息系统来说,它必定包含管理控制信息系统的功能,这时,管理控制信息系统只是这种管理信息系统的一个子系统。因此,我们得首先介绍管理信息系统的概念。

管理信息系统(management information system,MIS)是一个以人为主导,利用计算机硬件、软件、网络通信设备以及其他办公设备,进行信息的收集、传输、加工、储存、更新和维护,以实现组织的管理目标、提高效益和效率为目的的人—机系统。该系统支持组织的各个管理维度的集成化管理,包括组织的高层管理、中层管理和基层管理等各管理层次,计划、组织、领导和控制等各管理过程,以及生产管理、营销管理、人力资源管理和财务管理等各管理领域。

管理控制信息系统(management control information system,MCIS)是一个为组织的管理控制服务的计算机信息系统。它对组织的信息资源进行统一管理;辅助有关管理人员对控制对象的运行状态和运行结果,以及组织环境信息进行采集;对信息进行加工、分析和处理,如环境预测、组织运行状态的评价和分析、运行状态与目标的比较、偏差分析、控制方案的辅助决策等;构成一个多回路管理控制系统的信息网络;向管理控制系统各类机构提供计划信息、目标信息、反馈信息、前馈信息、过程信息和控制信息等有关信息,以支持组织各个层次、各个领域的管理控制工作。

2. 管理控制信息系统的特征

由以上管理控制信息系统的定义可以看出,MCIS具有以下特征。

(1)MCIS是一个人—机系统

这里的"人"包括作为控制主体的各类管理控制人员(即管理控制信息系统的"用户")、作为控制客体的组织内部和外部成员,以及作为系统管理者的相关技术人员;"机"是指计算机硬件、软件、网络通信设备、控制客体的检测设备、办公自动化(office automation,OA)设备等。人—机系统由"人"和"机"两部分组成,这两个部分是缺一不可的,它们相互联系构成一个具有特定的功能的有机整体。与工程控制系统(如自动化控制系统)不同,管理控制的控制对象是包含了各类人员的组织,因此MCIS不是单纯的机器系统,MCIS不可能完全取代管理者独立地、自动地进行管理控制。而且,在MCIS中,人居于主导地位,各级管理人员通过MCIS的辅助作用,对管理客体进行控制。

(2)MCIS不仅是一个技术系统,而且是一个管理控制系统和社会系统

尽管管理控制信息系统是综合运用计算机技术、网络技术、通信技术、信息技术、管理理工程技术等科学技术的先进的硬件与软件系统,但是它和一条自动化生产线不同,不是一个单纯的技术系统。首先,MCIS是一个管理控制系统。在MCIS的开发过程中,需要对组织现有的管理控制系统(可能是人工系统或初步的信息系统)进行分析,然后针对现有系统存在的问题,以及管理人员对管理控制的需求,根据科学、先进的管理控制系统的理论和模型,设计出适合于该组织实际情况的更加有效的管理控制系统。然后,运用信息系统开发技术,从技术层面上去实现这一设计方案。可见,这样开发出来的管理控制信息系统不仅仅是一个技术系统,它还注入了先进的管理控制理论和思想,实际上规定了组织管理控制的新的模式、流程和方法,已成为一种新型的管理控制系统。其次,MCIS联系着各类管理人员和被控制的人员(包括组织内部的管理者和操作者,以及组织外部的相关人员),它不仅规定了组

织的管理控制模式,实际上也规定了这些人员之间相互作用的组织内部与外部的社会关系,即这些人员在共同的生产经营活动过程中彼此间所结成的以这种管理控制模式为基础的相互关系,包括物质的和非物质的关系。从一些组织开发和实施管理控制信息系统失败的案例中,我们可以看到,其失败的原因有时并不在于技术上的问题,而在于管理体制、组织文化和人际关系等方面的问题。总之,管理控制信息系统不仅仅是一个技术系统,更是一个管理控制系统和社会系统。

（3）MCIS 是一个管理控制的集成化系统

组织的管理控制问题是一个涉及组织的不同管理层次和各个领域,以及计划、组织和领导等管理过程的有机整体。例如,组织的成本控制就不仅仅是财务部门或生产部门的事情。它涉及从组织的宏观成本战略到微观的成本计量的不同管理层次,从采购成本到销售成本、从生产成本到管理成本的不同管理领域,以及从成本计划到成本监管的不同管理过程。因此,管理控制信息系统是一个管理控制的集成化系统,局部地和孤立地进行成本控制是难以奏效的。这种集成化包括不同管理领域的横向集成、不同管理层次的纵向集成,以及不同管理过程的第三维集成。

（4）MCIS 的任务

总体上说,管理控制信息系统的任务就是辅助管理者进行组织的管理控制,具体来说就是进行管理控制相关信息的收集、传输、加工、储存、维护和使用。例如,计划执行状态和组织环境信息的收集,反馈信息、前馈信息、控制指令的传输,反馈信息的评价、与控制目标的比较和偏差分析,环境信息的分析和预测,各类相关信息在数据库中的储存和管理,新信息的添加、旧信息的更新、错误信息的修正、无用信息的删除等信息维护工作,管理者通过系统能够方便地检索、处理、获得和传递信息等。

（5）MCIS 的目的

管理控制信息系统的目的有两个:提高管理控制的效率（efficiency）和提高管理控制的效能（effectiveness）。在提高效率方面,运用管理控制信息系统可以大大节省管理者在收集检测信息、储存各类控制信息、传输控制指令和控制信息的预处理等方面的时间、精力和成本。在提高效能方面,利用 MCIS,管理人员可以缩短控制的滞后性,减少偏差造成的损失;能够更加准确地预测环境的变化,以便在偏差发生之前提前采取控制措施;可以更加科学地制定正确和有效的控制方案。

2. 管理控制信息系统的结构与功能

（1）管理控制信息系统的结构

从以上介绍可知,管理控制信息系统的种类很多,因而也有各自不同的结构。图 14-13给出了一般管理控制信息系统的基本结构。MCIS 由三个部门组成:用户终端、信息处理器和信息源。在用户终端,组织的各类管理控制人员是系统的用户,他们首先接触到的是计算机系统、网络系统和其他设备的硬件资源,如计算机显示屏、键盘、鼠标、多媒体设备、打印机等输入输出设备和网络设施。通过这些硬件资源,用户可以进入 MCIS 的人机交互界面,以便使用系统的软件资源和信息资源。信息处理器通过 MCIS 的应用程序系统进行信息的输入、提取、加工和处理。信息处理的内容很丰富,大致可以分为三个层次:控制信息的预加工、初加工和深加工。

信息的预加工包括运行状态反馈信息和环境监测信息的整理和查询等,信息的初加工

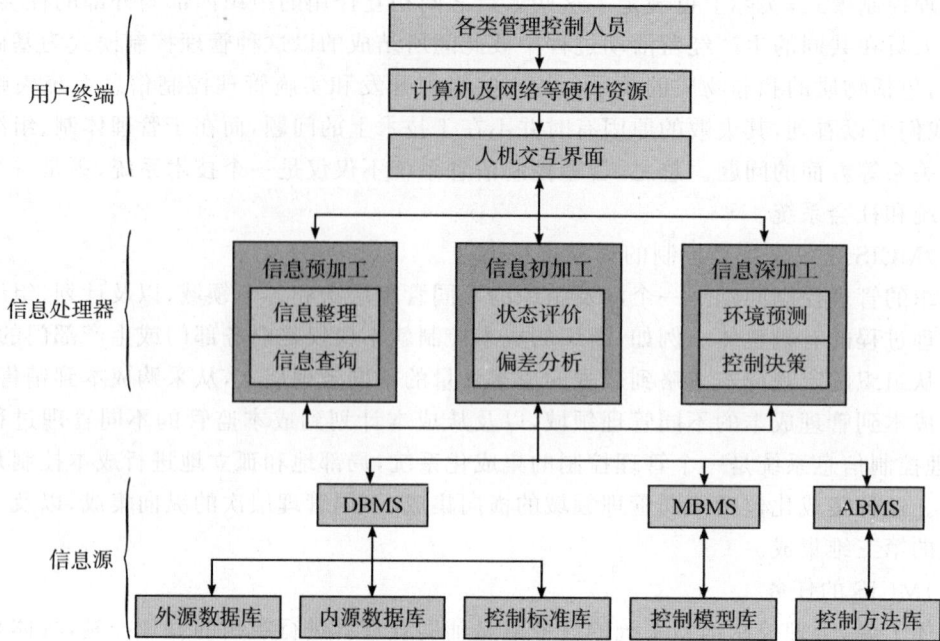

图 14-13　控制信息系统的基本结构

包括组织运行状态、环境状态和运行偏差的分析与评价等,信息的深加工包括环境的预测和辅助控制决策等。在信息处理器的处理过程中,需要调用信息源的各种资源,包括各类控制数据库、模型库和方法库。数据库包括组织的外源信息数据库、内源信息数据库和控制标准数据库。在进行信息深加工时,有时还需要调用模型库中的控制模型和方法库中的控制方法。数据库、模型库和方法库分别由数据库管理系统(data base management system,DBMS)、模型库管理系统(model base management system,MBMS)和方法库管理系统(arithmetic base management system,ABMS)进行统一管理和维护。对于智能化信息系统,还需要有知识库(knowledge base,KB)、知识库管理系统(knowledge base management system,KBMS)和知识推理机(inference engine)等组件。此外,系统的各个部分均由系统管理人员根据用户的需要进行管理和维护。

(2)管理控制信息系统的功能

①收集、传递和储存管理控制信息

信息收集是指通过管理控制信息系统的信息输入功能收集管理控制信息。信息输入的方式包括手工录入、利用移动外存(如移动硬盘、优盘、光盘等)输入、通过扫描仪输入、由生产线传感器输入、通过 POS 系统(point of sales,销售点终端)的读卡器读入、通过条形码(bar code)扫描器输入等。其中,手工录入的管理控制信息来源途径较多,包括各类业务账单、统计报表、工作台账、各类计划和报告、市场调查信息和现场观察数据等。信息传递是指通过计算机网络将控制信息在管理者和控制客体(含操作者)之间、管理者和管理者之间、操作者和操作者之间、数据库和应用程序之间、组织和环境之间等进行管理控制信息的快速传递。此外,MCIS 还具有信息储存的功能,即运用数据库技术将组织的管理控制信息按照某种规范、有序的数据结构形式,存放在计算机数据库中,进行统一管理,从而保证管理控制信息相互独立,冗余度较小,并有良好的共享性和整体性。

管理控制信息的收集、传递和储存功能是一个有机的整体,其综合目的是实现 MCIS 信息的一致性、系统性和及时性。其中,信息的一致性是指 MCIS 能够提供同一格式的信息,以简化统计工作,降低信息成本;信息的系统性是指 MCIS 能够提供全面、大量和结构化的信息,能够根据不同部门和不同层次的管理控制需要,提供不同详尽程度和有不同侧重面的管理控制信息;信息的及时性是指 MCIS 便于及时地采集、传输、储存和提供管理控制信息。

②维护管理控制信息

MCIS 建立以后,在系统的运行过程中,信息维护是一个十分重要的工作。这就要求 MCIS 具有十分便捷、安全和可靠的信息维护功能。信息维护包括信息的更新、修正、添加和删除等具体内容。如果信息得不到及时维护,管理控制者就无法通过 MCIS 获得所需要的信息,而相反,过时的、错误的、冗余的和不一致的信息却大量地充斥信息系统,那么,MCIS 就会失去进一步存在和发展的生命力,将会被管理者所遗弃。分析企业信息系统运用的失败案例可以看到,许多组织并不是败在系统开发上,而是输在系统的维护上。

③加工管理控制信息

以上是 MCIS 的基础功能,而管理控制信息的加工或处理才是 MCIS 的核心功能,它能够为管理者提供对控制工作更有价值的二次信息(未加工的原始信息称为一次信息)。

MCIS 信息加工功能分为预加工、初加工和深加工三个层次。信息的预加工是指在组织运行状态反馈信息和环境监测信息录入时或录入后,对信息进行整理和查询等处理,具体包括信息的过滤、筛选、校验和检查,信息的汇总、排序和分类等功能。信息的初加工包括组织运行状态的分析和评价、组织外部和内部环境信息的分析和评价、各类管理控制信息的初步统计、反馈信息与控制标准的比较分析、偏差性质的分析等。信息的深加工是指运用相关的数学模型和算法,对组织内部和外部环境进行预测,对组织的财务状况进行经济分析,对质量控制信息进行统计分析,对组织绩效进行定量化系统评价,对控制方案进行仿真或优化,对非确定型控制问题进行决策分析等以支持或辅助管理者制定并实施反馈、前馈和现场控制的各类决策方案。

④使用管理控制信息

MCIS 的以上各项功能最终需要通过管理者的使用才能真正发挥作用。因此,MCIS 的人机界面、人机交互功能、信息或报告的输出形式、信息查询的方式等都需要满足各类管理者的要求和管理控制风格,实现用户友好,否则,MCIS 的各种功能将难以发挥应有的作用。MCIS 的使用可分为一般使用和高级使用等不同的层次。MCIS 的一般使用包括组织运行状态报告的获得、控制信息的查询、反馈与前馈信息和控制指令的通信、管理控制相关文档的处理、电子会议的召开等。MCIS 的高级使用是指更进一步地发掘 MCIS 的辅助决策功能,充分有效运用 MCIS 的信息深加工功能。例如,在线反馈控制、利用环境预测进行前馈控制、管理控制的优化决策、利用成本预算进行全组织成本监控、运用质量控制模型和评价体系进行全面质量管理等。

本章提要

本章主要阐述了控制原理和方法。控制是检查、监督组织的各种活动,以保证按计划进行,并纠正各种重要偏差的过程。控制和计划作为管理的两大职能,相互之间具有不可分割的联系,计划为控制提供了标准,而控制则负责对计划的执行情况实施控制。控制可以按照多种标准进行类别的划分,如前馈控制、现场控制与反馈控制,集中控制与分散控制,任务控制、管理控制与战略控制,直接控制与间接控制,以及正式组织控制、群体控制与自我控制。控制内容主要是对人员、组织绩效、财务、作业和信息进行控制。控制过程主要包括四个环节,分别是确定控制标准,衡量实际工作绩效,将实际工作绩效与标准进行比较并分析偏差,采取管理行动纠正偏差。常见的控制方法有财务控制、产品质量控制、物流控制、生产进度控制、管理层级的集成控制、综合控制和管理控制信息系统。

关键概念

- 控制(controlling)
- 控制方法(control method)
- 前馈控制(feedforward control)
- 现场控制(concurrent control)
- 反馈控制(feedback control)
- 集中控制(centralized control)
- 分散控制(decentralized control)
- 战略控制(strategic control)
- 直接控制(direct control)
- 间接控制(indirect control)
- 正式组织控制(formal organization control)
- 管理控制信息系统(management control information system,MCIS)
- 群体控制(group control)
- 自我控制(self control)
- 控制过程(control process)
- 财务控制(financial control)
- 预算控制(budget control)
- 产品质量控制(product quality control)
- 物流控制(logistic control)
- 生产进度控制(production schedule control)
- 集成控制(integrated control)
- 平衡计分卡(the Balanced Scorecard)

思考习题

1. 什么是控制? 控制与计划之间的相互关系如何?
2. 控制过程包括哪些阶段的工作?
3. 控制有哪些类型?
4. 如何进行有效的控制?
5. 常见的控制方法有哪些?
6. 预算控制包括哪些方面?

7. 产品质量控制包括哪些方面？

8. 物流控制包括哪些方面？

技能实训

1. 大学期间,你负责自己的一部分财政开支。你对个人预算的管理能力或许预示着你今后对公司预算的管理能力。回答下列问题,以评估自己的预算习惯。如果这个说法不完全适合你的情况,那么根据你在类似情况下的做法来回答问题。

(1)钱一到手,我就快速花光。

(2)每周(月)初,我都要列出我全部的固定开支。

(3)每周(月)末,我好像从来没有什么钱节余下来。

(4)我能支付所有的花销,但好像总是没钱用于娱乐。

(5)我现在还存不下钱,等大学毕业后再说吧。

(6)我入不敷出。

(7)我有一张信用卡,但每个月总把账户余额花得精光。

(8)我用信用卡透支。

(9)我知道每周外出吃饭、看电影及其他消费要花多少钱。

(10)我全部用现金支付。

(11)买东西时,我追求价廉物美。

(12)朋友需要时,我会借钱给他们,即使这样做会使我的现金告急。

(13)我从不向朋友借钱。

(14)我每个月存点钱,以备真正需要时用。

评分与说明:对(2)、(9)、(10)、(13)、(14)题回答"是",说明你有着训练有素的预算习惯;对(4)、(5)、(7)、(11)题回答"是",意味你有一定的预算习惯;对(1)、(3)、(6)、(8)、(12)题回答"是",表明你的预算习惯很差。如果你诚实地回答了问题,你会发现,在你的身上三种习惯兼而有之。看看你能够在哪些方面提高自己的预算能力。

2. 采访四位其他专业的学生,确保其中两位是优等生,另外两位是普通学生。告诉他们你将对采访获得的信息保密,只会在你的调研报告中使用这些信息,且不会透露他们的姓名。你要遵守你的承诺。

(1)询问他们如何学习,平日阅读量有多少,他们如何完成一篇课程报告或如何复习参加考试。

(2)询问他们是否使用了控制机制,如本章提到过的反馈控制。

(3)他们是否为其学习设定了标准？他们将实际表现和标准进行比较吗？当学习绩效低于预期时会发生什么(例如,他们的分数比预期低)?

将优等生与普通学生进行比较,利用采访结果撰写一个报告,提交给导师。

参考文献

[1]乔忠.管理学[M].北京:机械工业出版社,2012.

[2]王心娟,庞学升,崔会保.管理学原理[M].北京:清华大学出版社,2011.

[3]吴价宝.管理学原理[M].北京:高等教育出版社,2011.

［4］傅夏仙.管理学［M］.杭州：浙江大学出版社,2007.

［5］娄成武,魏淑艳.现代管理学原理［M］.北京：中国人民大学出版社,2008.

［6］张智光,蔡志坚.管理学原理——领域、层次与过程［M］.北京：清华大学出版社,2010.

［7］〔美〕理查德 L.达夫特.管理学原理［M］.北京：机械工业出版社,2012.

［8］赵应文.组织行为学概论［M］.北京：清华大学出版社,2011.

［9］陈春花,杨忠,曹洲涛.组织行为学(第二版)［M］.北京：机械工业出版社,2013.

［10］郭志文.组织行为学［M］.上海：上海财经大学出版社,2010.

［11］章文光,公共组织行为学［M］.北京：北京师范大学出版社,2009.

［12］熊勇清.组织行为管理(原理・实务・案例)［M］.长沙：湖南人民出版社,2011.

可扫码获取本章课件资源：

图书在版编目(CIP)数据

管理学原理/颜明健主编.—3 版.—厦门:厦门大学出版社,2019.7
ISBN 978-7-5615-6332-8

Ⅰ.①管… Ⅱ.①颜… Ⅲ.①管理学 Ⅳ.①C93

中国版本图书馆 CIP 数据核字(2016)第 301707 号

出 版 人	郑文礼
责任编辑	睢 蔚
封面设计	蒋卓群
技术编辑	许克华

出版发行	厦门大学出版社
社 址	厦门市软件园二期望海路 39 号
邮政编码	361008
总 编 办	0592-2182177 0592-2181406(传真)
营销中心	0592-2184458 0592-2181365
网 址	http://www.xmupress.com
邮 箱	xmupress@126.com
印 刷	厦门市万美兴印刷设计有限公司

开本	787mm×1092mm 1/16
印张	34
插页	2
字数	828 千字
印数	1～4 200 册
版次	2019 年 7 月第 3 版
印次	2019 年 7 月第 1 次印刷
定价	78.00 元

本书如有印装质量问题请直接寄承印厂调换

厦门大学出版社
微信二维码

厦门大学出版社
微博二维码